复旦文史丛刊

动物与中古政治宗教秩序（增订本）

陈怀宇 著

上海古籍出版社

图书在版编目(CIP)数据

动物与中古政治宗教秩序/陈怀宇著. —增订本. —上海: 上海古籍出版社, 2020.12
(复旦文史丛刊)
ISBN 978-7-5325-9633-1

Ⅰ.①动… Ⅱ.①陈… Ⅲ.①动物—关系—政治—研究—中国—中古②动物—关系—宗教—研究—中国—中古 Ⅳ.①D092.2②Q95

中国版本图书馆 CIP 数据核字(2020)第 077896 号

复旦文史丛刊
动物与中古政治宗教秩序(增订本)
陈怀宇 著
上海古籍出版社出版发行
(上海瑞金二路 272 号 邮政编码 200020)
(1) 网址: www.guji.com.cn
(2) E-mail: guji1@guji.com.cn
(3) 易文网网址: www.ewen.co
常熟新骅印刷有限公司印刷
开本 635×965 1/16 印张 33 插页 5 字数 458,000
2020 年 12 月第 1 版 2020 年 12 月第 1 次印刷
印数: 1—1,500
ISBN 978-7-5325-9633-1
B·1154 定价: 138.00 元
如有质量问题,请与承印公司联系

"复旦文史丛刊"编纂说明

复旦大学文史研究院成立后,致力于推动有关中国文化与历史的研究,近期重心是围绕着"从周边看中国"、"批评的中国学研究"、"交错的文化史"和"域外有关中国的文字资料与图像资料"、"宗教史、思想史与艺术史的综合研究"等课题进行探讨,同时,也鼓励其他相关文史领域的各类研究。为此,复旦大学文史研究院与上海古籍出版社合作,出版这套"复旦文史丛刊",丛刊不求系统与数量,唯希望能够呈现当前文史研究领域中的新材料、新取向、新视野和新思路,并特别愿意鼓励和收录年轻学人的著作。

本丛书基本体例如下:

(一)本丛刊收录有整体结构和完整内容的有关中国文史的研究专著,不收论文集。

(二)本丛刊内所收专著,一般字数在25—40万字,个别情况可以超过此限。

(三)接受国外以其他语言写成的专著的中文译本。

(四)注释一律采用页下注,书后要有《引用文献目录》,如有《人名索引》和《书名索引》,则更为欢迎。

（五）本丛刊设立匿名审稿制度，由复旦大学文史研究院聘请两位国内外学者担任匿名审稿者，如两位审稿者意见和结论彼此相左，则另请第三位审稿者审查。

（六）本丛刊由上海古籍出版社负责编辑出版。

2008 年 5 月

目 录

增订本前言 / 1

缘起 / 1

导论：动物、宗教与秩序 / 1

    一、引言 / 1

    二、理论框架与方法论的检讨 / 10

    三、主题的阐释：动物、政治与宗教 / 33

    四、材料的解读：叙事、隐喻与象征 / 38

    五、结语 / 46

第一章　中古时期佛教动植物分类 / 49

    一、引言 / 49

    二、佛教动物分类学 / 53

    三、佛教植物分类学 / 80

    四、结语 / 97

第二章　从十二时兽到十二精魅：南北朝隋唐佛教文献中的十二生肖 / 99

    一、引言 / 99

    二、从四方顺序的转换看世界观的转换 / 103

    三、从十二时兽到十二精魅：六朝隋唐佛道思想的交融 / 121

    四、结语 / 146

第三章　中古佛教驯虎记 / 151

    一、引言 / 151

    二、早期佛教文献所见自然空间及其猛虎论述 / 156

    三、高僧驯虎记 / 167

四、结语 / 199

第四章　由狮而虎：中古佛教人物名号变迁 / 210
　　一、引言 / 210
　　二、狮、虎作为人物名号及其文化背景 / 214
　　三、狮子在佛教中的象征意义及其与佛陀之联系 / 234
　　四、结语 / 255

第五章　装饰与象征：中世纪视野中的猛兽与王权 / 258
　　一、引言 / 258
　　二、地中海东岸、南亚、美洲的猛兽与政治、宗教文化 / 263
　　三、隐喻和象征：虎与中国古代政治秩序 / 281
　　四、结语 / 309

第六章　中古圣传所见九龙吐水之源流 / 314
　　一、引言 / 314
　　二、早期佛传文献中所见龙王叙事 / 316
　　三、从《普曜经》看从印度二龙到中华九龙之变化 / 332
　　四、佛教九龙之说对中古道教和政治圣传之影响 / 352
　　五、结语 / 364

总结 / 367
　　一、跨文化视野中的中世纪 / 367
　　二、政治和宗教史上的人类与动物关系 / 372

参考书目 / 378

附录一　动物史的起源与目标 / 439

附录二　历史学的动物转向与后人类史学 / 452

附录三　动物与宗教：争论与反思 / 462

附录四　传统与现代的交织：从亚洲视角重访虎人传说 / 487

增订本前言

拙著《动物与中古政治宗教秩序》在 2012 年出版后至今已近十年，去年突然接到上海古籍出版社徐卓聪编辑的来信，告知要重印拙著。我当即表示希望将近年已刊数篇中文文章一并收入，以便增加一点新内容。其中有关学术史和方法论回顾与反思的文章系应王晴佳教授邀请而撰，先后发表在《史学集刊》和《史学月刊》的史学理论专栏。有关亚洲虎人的一篇论文则由李鉴慧教授邀请发表在《成功大学历史学报》动物史专号。我要特别感谢他们的盛意和信任。2012 年以来，也有数篇书评指出了书中的一些问题，我将这些书评转给了编辑，尽量吸收了文中提出的中肯意见和建议，也很感谢这些细心的读者。

拙著出版后，欧美一些读者也开始关注书中的一些议题。在他们的建议和督促下，我开始撰写一部英文书稿。南恺时（Keith Knapp）教授在组织北美学术会议动物史讨论组时多次邀请我参加，并经常分享心得体会。我也有幸参与了陈金华教授组织的不列颠哥伦比亚大学佛教动物研究会议。夏维明（Meir Shahar）教授两次邀请我去特拉维夫大学和希伯来大学参加以色列动物与宗教研究组会议，其中一篇会议论文由胡司德（Roel Sterckx）教授推荐给维也纳大学跨文化哲学期刊（Polylog）动物研究专号发表。而在希伯来大学会议上与薛凤（Dagmar Schäfer）教授的不期而遇,也让我有机会去柏林马普学会科技史研究所(MPIWG)动物组做了两个月暑期研究,在柏林时,张幸博士对我帮助甚多,也结识了一群学有专长的动物史同行。在德国访学期间,金燕和夏德明(Dominic Sachsenmaier)教授安排我到哥廷根大学东亚系分享了对动物史的一些看法。此后,汲喆教授邀请我到法国国立东方语言学院做了一次讲演。所有这些报告经修改整合,形成一部英文书稿,不久将由哥伦比亚大学出版社刊行,以后将作为本书续篇以中文出版。我很感谢这些同行和老友对我的信任和支持,让我在本书出版后继续在这一领域进行相关研究。

最后,非常感谢上海古籍出版社责任编辑杨立军先生高效而细致的工作,正是他的努力才使本书的增订本得以很快问世。

缘　起

本书可算我的 *Habilitationsschrift*。以德国的学术传统而言,这是一部和我的博士论文在研究领域、研究材料、研究方法等诸方面均十分不同的著作,没有指导委员会,从选题到搜集资料再到撰述,基本上在独立状态下完成了这部作品。但是,毫无疑问,和十年前动笔写作的博士论文相比,此书处理学术问题在深度和广度上都更为成熟。直到全书写完,并且通过了审查,丛刊主编以及丛刊学术委员会决定接受此书出版,我决定撰写这篇缘起,以便向读者交代全书的写作过程。

这部书稿陆陆续续写了近六年。我的博士论文《中古中国寺院主义的复兴》完成于2005年,旋即于2007年在纽约出版。其中有一小节提示了唐代高僧道宣(596—667)关于动植物分类的论述,只有数页篇幅。因为当时受论文体例限制,我未将这一主题展开。2005年初,受高田时雄先生邀请赴京都大学人文科学研究所做报告,便将这一主题展开,撰成一篇独立的文章,整理了中古时期中国佛教关于动植物分类的基本论述,这是本书第一章的初稿。在阅读相关材料过程中,又发现一些新问题,特别是《大集经》及其注疏中有关十二生肖形象变化的论述引起我的兴趣,遂撰成一篇长文,于2007年发表于荣新江、侯旭东两先生主编的《唐研究》南北朝隋唐史专号,探讨了十二生肖排列顺序、方位与佛教世界观变迁之间的联系,以及十二生肖从时兽变成精魅的历程,这便是第二章的原型。这篇文章也意犹未尽,我在阅读材料过程中发现了更多问题,但因关注点转向其他领域,没有正式成文,只是留下了一些笔记暂作积累。

同时,我先后阅读了西方学者关于动物与宗教研究的大量论文和著作,注意到欧美学界已经将动物与宗教研究发展成一个全新的学术领域,我试图通过广泛的阅读和浏览对这一领域获得一个总体把握,最终决定就管见所及撰写一部书稿,以彰显中古时期动物对于中国宗教发展的重要性。其中,2000年以来的一些著作对我思考这一主题影响较大,这些著作主要包括胡司德(Roel Sterckx)在2002年出版的《早期中国动物与神灵文化》(*The Animal and Daemon in Early China*)、奥尔森(Thomas Allsen)在2006年出版的《欧亚史上的皇家狩猎》(*The Royal Hunt in Eurasian History*),康笑菲师姐在2006年出版的《狐仙》(*The Cult of Fox: Power, Gender and Popular Religion in Late Imperial China*),以及科林斯(Billie Jean Collins)主编的《古代近东动物史》(*A History of the Animal World in the Ancient Near East*)。我也注意到英文版《剑桥中国科技史》丛书中并无全面论述古代动物的卷册。而科林斯主编的这部书列入莱顿博睿出版社的东方学手册(Handbuch der Orientalistik/Handbook of Oriental Studies, 1952—)丛书,该丛书关于动物史的部分并未涵盖中国地区。我曾在美国亚洲学会年会上遇到博睿的编辑,开玩笑说我想写一部书来填补这个空白,但这样规模的大书显然不可能由一人承担。不过,我开始以完成一部中文书稿为目标陆续撰述一些相关章节。

后来,台北中研院文哲所刘苑如女史邀请我为她所主编的会议论文集贡献一章,我便提交了讨论中古佛教传记中有关高僧驯虎叙事的一篇论文,这是第三章雏形。2009年朱凤玉和汪娟两位女史又邀请我为张广达先生庆寿文集撰文,我考虑到张先生曾发表有关唐代豹猎的论文,便从书稿第四章中拿出第一节发表于庆寿文集。第四章第二小节则发表于丁敏教授为《政大中文学报》组织的佛教文献学专号,出版于2010年底。2010年夏李鸿宾教授邀请我到中央民族大学作报告,我简要介绍了第六

缘　起

章中的主要内容。2010年秋葛兆光和刘震先生邀请我参加复旦文史研究院主办的"佛教史研究的方法与前景"研讨会,我虽不克与会,但提交了论文,即导论部分中的一节。

另外,胡司德教授给我寄来他的已刊文章,使我有机会借鉴这些文章修改拙作。司马德琳(Madeline Spring)教授也送给我她的大作。第一章讲动植物分类的文章英文本较简略,经修改发表在《亚洲史学刊》(*Journal of Asian History*),主编塞诺(Denis Sinor)教授帮助我作了一些修订,可惜他已于2011年初去世了。第三章有些想法获益于与太史文(Stephen F. Teiser)、柏夷(Stephen R. Bokenkamp)教授的交谈,并在法鼓佛教学院主办的国际佛教学会(IABS)第十六届大会上发表,黎义恩(Ted Lipman)、俞永峰(Jimmy Yu)先生、朱天舒女史的提问促使我重新思考一些问题,并对相关内容作了修改。尚需说明的是,我撰写了一篇《虎去雉驯》的英文稿,在纽约州立大学奥尔巴尼分校东亚系举办的美国唐学会成立二十五周年纪念大会上宣读,原拟作为第四章放入本书,但因英文书稿尚未正式发表,一些观点尚未考虑成熟,而且这一主题似乎枝蔓较多,不得不放弃。读者可留意以后发表的论文。

上述这些单独发表的文章除给张先生庆寿文集的一篇之外,均有幸获得匿名审查,使得发表的文章尽可能吸收了审查人的意见,收获良多。梁丽玲、汪娟两位学姐也帮我看过给张先生庆寿文集的文章,指出了一些疏漏。在这些单篇论文收入本书过程中,我又对这些章节进行了删订和增补。首先是清除了前后重复的部分,仅在行文中提醒读者前后参见。其次,对一些表述不清楚、不准确的文字部分进行了修正,并核对了引文,更新和补充了一些新见资料,希望给读者提供新信息以作进一步思考。最后,我一向认为做中国研究必须走出朝代史、走出中国时空樊篱,因而亦在本书中尝试在全球视野下来看动物与佛教的关系,增加了一些其他地区、其他宗教传统中处理动物的内容,以便读者能从更广阔的背景理解本书讨论的主题。比如第一章加入了摩尼教、祆教、基督教对动物分类的论述,作为佛教动物分类的参照。第三章增补了基督教中有关圣徒驯化猛兽的叙事和论述。第五章回顾了西亚、欧洲、美洲顶级捕食者作为政治权力象征的内容。虽然本书主要处理佛教文献,但所考虑的问题当然溢出佛教之外,并试图讨论宗教研究领域的一般性问题,只不过以佛教作为讨论问题的起点、以佛教文献作为讨论问题的主要材料,因而此书并未定名为《动物与中古政治佛教秩序》,而是《动物与中古政治宗教秩序》。

我很感谢那些曾审查过本书一些章节并提出疑问和修改意见的学者,正是他们细心而善意的评论,使得书稿避免了很多错误,提升了学术品质。当然,书中遗留的各类错误完全由我个人负责。本书也有一些章节从未正式发表过,读者可以从这些章节中获得全新的阅读体会。总之,以上种种因缘,促使我刊布此书,相信不同领域和背景的读者都能从本书得到启发。我也尽量将相关参考文献列出,以备有兴趣的读者作进一步检索和参考,以期未来有更多学者参与动物与宗教的研究。

写作这本书的过程中,我的学术生涯亦经历了诸多变化。随着年岁的增长,我益发服膺教学相长的古训。对我而言,这些年来虽于学术研究实践算略有经验,但教书却是一个和学生交流互动不断学习的全新过程。虽然我理解大部分学生不可能走上学术之路,但仍然将一些同学视为将来的同行,常和他们在课堂上坦诚交流意见。在多年的教学生涯中,我有幸服务于多所教育单位,和来自世界各地诸多不同宗教、文化、专业背景下成长的学生一起成长,故而十分珍惜和他们交流的机会,在课堂上常常会有意想不到的收获。因此,我想首先特别感谢那些陪伴我在教室中度过一段快乐时光的本科生和研究生。他们在课上的提问刺激了我重新思考很多论题,我也曾与他们分享我的一点浅见。很多人一生也许只有一次机会出现在我的课堂上,特别是那些上佛教导论和中国宗教导论课以完成学分要求的学生,但是双方给彼此留下的精神遗产会在很长的时间之内留下印记。

在本书撰写过程中,先后为我提供了具体撰文机会和修改意见的良师益友包括郑阿财、朱凤玉、汪娟、梁丽玲、高田时雄、胡司德、塞诺、司马德琳、荣新江、侯旭东、雷闻、刘苑如、丁敏、李鸿宾、太史文、柏夷、葛兆光、

缘　起

刘震、孙英刚、王献华、黎义恩、俞永峰、朱天舒、张小贵等等，以及《唐研究》《政大中文学报》《亚洲史学刊》和其他文集的审稿人、编辑、助理。感谢他们帮我指出文中的问题，使我避免了很多错误，也感谢出版这些刊物的出版社允许我将先行发表的文章修改后在此刊出。2005年在京都时也和参加报告会的竺沙雅章、沈卫荣、王丁、潘哲毅等先生进行了交流，感谢他们的意见和建议。

张广达先生和徐庭云老师多年来对我一直颇多照顾和鼓励，而且实际上这一主题的具体研究也受到他们一些论著的启发。陆扬先生看过一些章节，提供了很多线索，和他谈话总是轻松愉快而富有收获。在与康笑菲师姐的交谈中，也获得不少启发。刘后滨、张铭心、许全胜、萧越、董文静、王苗、杨继东、罗漪文等先后帮我在北京、上海、京都、密歇根、台北查阅了一些中文、日文、西文资料，应该在此铭谢。2008年秋后滨在鄙校访学，我们几乎每个周末都聚在一起讨论学术和生活。我要特别感谢他耐心聆听我一些不成熟的想法，使我有机会整理思绪，并更多地了解和重视中古政治和制度史，也度过了一段相互切磋的快乐时光。我也想特别感谢相识二十年的好友张涛博士在我多次访问北京时给予很多照应。

最后，感谢复旦文史研究院葛兆光先生和两位审查委员支持本书列入复旦文史丛刊出版。同时很感谢上海古籍出版社童力军、刘海滨先生及出版社其他同仁为本书出版提供了具体的帮助。

这本书的完成当然是内在学理使然，基本上可以算是我个人满足学术好奇心的产物。而且很大程度上，这本书是为爱女普普写的，在给她讲维尼熊和跳跳虎、米老鼠和唐老鸭的过程中，我的思路也日益清晰起来。这实际上变成了无形中普普在督促我完成这部小书。因此我想应该将这本小书献给普普。这本书写完之后，我也打算花更多时间给她讲讲更多发生在世界各地的动物故事。

导论：动物、宗教与秩序

一、引言

　　动物在古代宗教传统中具有无可替代的重要作用,如在宗教文献中总是将其所谓教主与动物联系在一起,日本所藏室町时代十五、十六世纪的《三教图》描绘了释尊骑象、孔子骑麟、老子骑牛的形象,用以象征佛、儒、道三教传统[1]。尽管在神学、基督教史、艺术史、生物伦理学乃至科技史研究领域,学者们不断对宗教中的动物主题进行跨学科探讨,直至近些年宗教学者们才开始组织起来,试图以"动物与宗教"为主题确立一个全新的学术领域[2]。这主要表现在"动物与宗教"于 2003 年首次作为一个独立的学术小组(Animals and Religions consultation)进入美国宗教学会(AAR),且一开始仅有三年测试期。传统上,学术界对动物与宗教的研究主要限于基督教与动物的研究。但最近二十年来学者们开始重视研究动物在非基督教宗教传统中的地位和角色,一些专著也陆续出版。这里举若干偏重思想文化分析的著作

---

　　[1]　如见 *Dokyo no bijutsu*, *Taoism Art*,大阪：大阪市立美术馆,2009 年,图板 no.261, p.209.
　　[2]　传统上科学家和宗教学家主要围绕生物学和宗教学进行讨论,特别表现为创世说(creationism)与进化论(evolution theory)之间的争论,这一争论至今没有一致的答案;其争论的概说见 Robert T. Pennock, "Biology and Religion," in David L. Hull and Michael Ruse eds., *The Cambridge Companion to the Philosophy of Biology*, Cambridge: Cambridge University Press, 2007, pp.410 – 428.

为例，如任教于塔夫茨大学的学者瓦尔多(Paul Waldau)对基督教和佛教物种主义观念的研究[1]，任教于加拿大康科迪亚大学的学者福尔慈(Richard C. Foltz)对伊斯兰传统与穆斯林文化中动物的研究[2]，犹太拉比学者伊萨克斯(Ronald H. Isaacs)对犹太思想与传统的动物的研究[3]，任教于剑桥大学的胡司德(Roel Sterckx)对早期中国宗教中的动物的研究[4]。

2006年哥伦比亚大学出版社刊行了一本论文集，厚达680余页，来自世界各地的数十位学者参与了这本书的撰写，其主题覆盖了几乎所有重要的宗教传统中关于动物的论述[5]。其中中国部分有胡司德撰写的

---

[1] Paul Waldau, *The Specter of Speciesism: Buddhist and Christian Views of Animals*, Oxford: Oxford University Press, 2001.

[2] Richard C. Foltz, *Animals in Islamic Tradition and Muslim Cultures*, Oxford: Oneworld Publications, 2006. 作者原本主要研究伊朗语世界的宗教，近些年转向宗教与自然的研究，这本书很大程度上是这一学术转向的产物。作者坦诚地指出自己并非探索这一主题的最佳人选，只是因为个人的兴趣才写成这本书，而且很大程度上是写给对伊斯兰教了解不多的读者看的。此书一共分为七章，第一章总论伊斯兰文献材料中的动物，特别关注阿拉伯风俗在认识动物中的角色、《古兰经》中的宇宙等级秩序、对食肉的态度等等；第二章则关注伊斯兰教法对动物的处理，如对野兽和家畜的区分，对环保的看法和处理等等；第三章从科技史角度探讨动物在伊斯兰科学和哲学史上的地位；第四章转而讨论伊斯兰文学和艺术中的动物；第五章讨论当代伊斯兰思想家对动物权利的重视；第六章研究了伊斯兰素食主义；第七章是一个个案研究，重点谈伊斯兰文化对狗的态度。

[3] Ronald H. Isaacs, *Animals in Jewish Thought and Tradition*, Northvale, NJ: Jason Aronson Inc., 2000. 作者是一位非常有影响的犹太教拉比，这本书毋宁说是面向普通读者的通俗介绍，并非严肃的学术著作，但其讨论的范围相当广泛，举凡希伯来《圣经》中的鸟、兽、虫、鱼均有涉及，也提示了犹太仪式、梦境、法术、预兆中的动物形象，还从文学角度讲了一点犹太谚语、故事中的动物，以及《圣经》人名中的动物，比如 Rachel 指母羊，Shual 指狐狸，Deborah(昵称常作 Debby)指蜜蜂，Aryeh 和 Ari 均指狮子。本书在第四、五章中也将涉及一点动物与佛教名号的关联，实际上这种人物名号与动物的关联在世界各地的各个宗教传统中乃是普遍的。

[4] Roel Sterckx, *The Animal and the Daemon in Ancient China*, Albany: State University of New York Press, 2002. 有关中国宗教与动物的作品还有概述性的中文著作，如莽萍：《物我相融的世界：中国人的信仰、生活与动物观》，北京：中国政法大学出版社，2009年，此书涉及面很广，从早期中国讲到儒释道对动物的看法与态度，又从少数民族信仰对动物的态度再讲到民间信仰对动物的看法。还有从中国科技史角度讨论动物的著作，郭郛、李约瑟、成庆泰：《中国古代动物学史》，北京：科学出版社，1999年，但此书并未特别关注宗教中的动物。

[5] Paul Waldau and Kimberley Patton eds., *A Communion of Subjects: Animals in Religion, Science, and Ethics*, New York: Columbia University Press, 2006. 哥大出版社是动物与宗教研究的主要推动者，2009年又出版了一本通论各个宗教中认识动物权利和对待动物的新书，即 Katherine Wills Perlo, *Kinship and Killing: The Animal in World Religions*, New York: Columbia University Press, 2009；此书前五章主要讨论了希伯来文《圣经》、犹太教、基督教、伊斯兰教、佛教对动物的看法，第六章至第九章讨论动物权利。作者批判地讨论了这些世界宗教对于保护动物权利的立场和态度，指出二十世纪以前这些宗教基本上是从经文的角度来讨论保护动物权利的权威，同时从非常一般性地角度讨论动物权利。其全书着眼点是当前实际活动的动物权利保护运动。

导论：动物、宗教与秩序

早期中国宗教祭祀中的动物，特别是动物作为人与神之间的媒介以及动物作为祭祀牺牲品所起到的作用[1]。安德森（E. N. Anderson）与拉菲尔斯（Lisa Raphals）撰写了关于道教与动物的一章，他们指出在道教中动物虽然频繁出现，但常常在文献中被用于比喻和教谕，即以动物的比喻来说明一些道教教义，而以这些教义而言，似乎动物的基本功能仍是满足人类社会的食用和劳动需要。同时，在道教文献中，想象和幻想的动物占据了很大的空间，在这个空间中，普通动物获得了道德、精神和萨满式的能力。最后，六朝时期的道士常常被描绘为与动物有特殊关系的人物[2]。罗德尼·泰勒（Rodney Taylor）撰写了有关儒家动物观的章节，他认为儒家关注的是个人和世界的道德秩序，这使得动物常常被儒家排除在关注之外，但儒家的精神原则常常教导人们如何与其他生命体相处才能达到和谐的社会与伦理秩序[3]。

很可惜的是，这部厚重的大书中没有关于中国佛教与动物的章节。汉文佛教文献对于动物的论述极为丰富，值得仔细探讨。这里先就目前学界对动物与宗教特别是多学科的研究理论与方法略作提示，然后再以若干个案分析来看中国中古宗教对动物的论述及其文化史意义。

传统上动物与宗教的研究常常看作是宗教宇宙论（cosmology）、生命观（views on life and afterlife）研究传统的一部分。以往的研究在讨论宇

---

[1] Roel Sterckx, "Of a Tawny Bull We Make Offerings: Animals in Early Chinese Religion," Paul Waldau and Kimberley Patton eds., *A Communion of Subjects: Animals in Religion, Science, and Ethics*, 2006, pp. 259–272.

[2] E. N. Anderson and Lisa Raphals, "Daoism and Animals," Paul Waldau and Kimberley Patton eds., *A Communion of Subjects: Animals in Religion, Science, and Ethics*, 2006, pp. 275–290.

[3] Rodney Taylor, "Of Animals and Humans: The Confucian Perspective," in *Animal Sacrifices: Religious Perspectives on the Use of Animals in Science*, ed. by Tom Regan, Philadelphia: Temple University Press, 1986, pp. 237–263; 收入 Paul Waldau and Kimberley Patton eds., *A Communion of Subjects: Animals in Religion, Science, and Ethics*, 2006, pp. 293–307. 其他讨论儒家对动物的看法的文章见 Donald N. Blakeley, "Listening to the Animals: The Confucian View of Animal Welfare," *Journal of Chinese Philosophy* vol. 30, no. 2 (2003), pp. 137–157; Bai Tongdong, "The Price of Serving Meat: On Confucius's and Mencius's Views of Human and Animal Rights," *Asian Philosophy* vol. 9, no. 1 (2009), pp. 85–99; Fan Ruiping, "How Should We Treat Animals? A Confucian Reflection," *Dao: A Journal of Comparative Philosophy* vol. 9, no. 1 (2010), pp. 79–96.

宙观时，特别关注的主题乃是万物起源。这一主题之所以受到特别的重视，以宗教学的文化构建背景而言，主要来自基督教思想影响下的学术传统。基督教最重视的主题之一是神创论，即关注万物是否被创造，或者出自其他起源，创世论且尤其关注人的起源。基督教的生命观则关注人的生命之由来、目标与灵魂之拯救。基督教认为人具有不朽之灵魂（immortal soul），因此死后灵魂的归属乃是基督教中最受重视的观念之一。虽然基督教认为动物也是上帝的创造物，但是因为其重视人的生命，往往忽视了与人类世界密不可分的动物世界[1]。动物世界是自然界的一部分，但又与人的世界相互作用，共同塑造人类世界并造成人类世界现今的状态。

宗教的宇宙论一定要讨论到动物的层面，因为需要对一切生命体进行分类。中世纪教会认为，上帝创造的生灵（living spirits）可以分成三类：第一类，不为肉体所束缚者；第二类，为肉体所束缚却不与肉体同朽者；第三类，为肉体所束缚且与肉体同朽者。第一类实际上是天使，善良的天使与恶的堕落天使均包括在内；第二类主要是指人类；第三类则是人类之外的动物（non-human animals）[2]。但是欧洲中世纪基督教思想也继承了古代希腊哲学的看法，认为人类也是动物，只不过是理性的动物，和动物还是不同。中世纪基督教思想对动物中的狗却有非常高的评价，认为狗在动物中最为聪明，其感觉比其他野兽都要灵敏，并且能认识自己的名字，它还热爱人类、保护人类，甚至为主人而死[3]。

在十七世纪耶稣会士以易洛魁语写的传教书中，生命体则以三种方

---

[1] 不过，中世纪欧洲也产生了伟大的动物学著作，如 Saint Albertus Magnus (1192? - 1280), *Albertus Magnu "On Animals": A Medieval "Summa Zoologica"*, (Foundations of Natural History), eds. By Irven Michael Resnick and Kenneth Kitchell, Baltimore: John Hopkins University Press, 1999.

[2] Robert Bartlett, *The Natural and The Supernatural in the Middle Ages*, The Wiles Lectures given at the Queen's University of Belfast, 2006, Cambridge: Cambridge University Press, 2008, pp. 72 - 73. 作者在说明这一段观点时引用的是 Gregory the Great, *Dialogi* 4. 3. Edited by Adalbert de Vogüé.

[3] Bartlett, *The Natural and The Supernatural in the Middle Ages*, pp. 91 - 92.

导论：动物、宗教与秩序

式出现，树(trees)、动物(animals)、人与精灵(humans and spirits)[1]。在这一论述中，动物与人类显然并非同类。不过，此书也讲述了人类和动物相似之处，即人和动物都需要吃东西以维持生命并使生命逐渐成长；动物与人一样都有肉体，肉体会变老、生病、死亡，甚至腐烂消失。但是和动物不同，人是有灵魂的，因而人也就能够超越非人类动物。人活着的时候，灵魂与肉体同在，人的灵魂并不存在于某个特定的器官，而是存在于头脑、心脏、肉体、血液、胸部和四肢之中，就像维持人生命的药物(medicine)一样，也就是人的精神。人如果死亡，那这一精神也随之离开人逐渐腐烂的肉体[2]。

近年来，学者们在研究宗教的历史与文化时，十分重视在人的宗教经验与社会经验的维度之外再加上一个自然经验的维度。而在这个自然经验的维度之中，最重要的因素之一便是动物[3]。这样可以将动物、宗教、文化等多种因素综合起来考察人类社会空间(social space)、自然空间(natural space)与精神空间(spiritual space)之间的相互作用和影响，以及这些空间所共同构成的人类生活的网络。

我们应该首先注意的是，宗教并非总是单纯从人类社会产生出来的经验，宗教的经验来自人和自然界的相互作用，来自人与动物的交往经验，甚至动物本身的经验，这些因素之间亦有密切联系。当然，有时所谓动物的经验也是从人的经验出发，由人进行叙事和书写。质言之，作为非动物的人类，如何探知动物本身的经验在科学上、哲学上仍然是正在争论的问题，即所谓子非鱼，安知鱼之乐？从文化研究的角度而言，也许我们仍只能局限于讨论人类叙述和书写所再现的动物经验。

---

[1] John Steckley edited and translated, *De Religione: Telling the Seventeenth-Century Jesuit Story in Huron to the Iroquois*, Norman: University of Oklahoma Press, 2004, pp. 51 - 53. 此书为温达特(Wendat)语写成，只有53页，可能撰写者为说法语的比利时耶稣会士Father Philippe Pierson。温达特语属于居住在以前加拿大安大略省南部易洛魁人休伦(Huron)部落的语言。

[2] *De Religione*, 2004, pp. 60 - 67.

[3] 世界各个文化对自然的理解有异同，John A. Moore 进行了系统考察；参见 "Understanding Nature: Form and Function," *American Zoologist* vol. 28, no. 2 (1988), pp. 449 - 584.

其次,除了实际经验之外,动物在宗教中的象征意义非常重要。宗教中常常出现基于一种想象而对动物进行叙述和书写。实际上,自然史离开不了心灵史,也离不开意识形态的历史。从一个广阔的学术上下文来说,过去从科技史角度对动物的研究缺陷十分明显[1],更多地从科学实验的角度来讨论关于人对于动物的科学性知识,而对人类对动物的心理体验和想象认识不够重视,也不关心想象和意识创造的所谓虚幻的动物,比如龙、凤、金翅鸟、麒麟。以叙事而言,人类起源的传说大多数和动物有关,如最近白桂思(Christopher Beckwith)列举了中央欧亚地区各个游牧部落起源的传说,大多数和动物有关,如突厥、蒙古部落的远祖起源均和狼有关[2]。在人类的宗教生活中,可以毫不夸张地说,动物乃是人类最重要的朋友,和神一样重要。

我们以下从以动物为中心的角度对前人的研究取径略加回顾。以动物为中心的研究主要体现在神学、哲学的研究,以及新近发展出来的生物伦理学中。神学以外的研究则通常是自然史、科技史和文化史的研究取向,将人与动物的关系视为人与自然关系中的分支[3]。过去对动物本身的研究主要集中在科技史和文化史的研究领域。科技史的研究有时对精神空间特别是宗教中由信仰者体验和描述的个人体验所反映的灵性空间较为忽视[4]。而文化史研究则更为重视人类以不同媒介来塑造人类社

---

[1] 很多论著论及科学和宗教之争的研究虽然考虑了神学、创世论、进化论、环境、生态等等议题,但对于动物单独作为一个重要议题并不多见,比如 Christopher Southgate 主编的一本大书便没有专门讨论动物的章节;见 Christopher Southgate ed., *God, Humanity and the Cosmos*, second edition revised and expanded as *A Companion to the Science-Religion Debate*, London and New York: T & T Clark International, 2005.

[2] Christopher I. Beckwith, *Empires of The Silk Road*, Princeton: Princeton University Press, 2009, pp. 2 – 12, "Central Eurasian National Origin Myths";并参见 Julian Baldick, *Animal and Shaman: Ancient Religions of Central Asia*, New York: New York University Press, 2000, p.37.

[3] Roger S. Gottlieb, ed. *This Sacred Earth: Religion, Nature, Environment*. New York and London: Routledge, 1996.

[4] 一些学者试图建立佛教与科学之间的联系,特别是佛教宇宙观和现代地理学以及佛教坐禅与脑科学之间的联系,但这一努力在佛教学界并未取得共识;有关争论的讨论见 Donald S. Lopez Jr., *Buddhism and Science: A Guide for the Perplexed*, Chicago: University of Chicago Press, 2008.

导论：动物、宗教与秩序

会需要的动物形象和自然空间[1]。

针对以上科技史和文化史的人类中心主义（anthropocentricism）思路，一些学者主张进行"动物研究"（animal studies），即以动物为主要研究对象，但从多角度多视野进行研究，将这一研究提到与"美国研究"（American Studies）、"文化研究"（Cultural Studies）等新兴学科同等的学科研究（disciplinary studies）与跨学科研究（interdisciplinary studies）的层次上，大量的著作是讨论当代动物的生存状况及其思想基础[2]。学术界还存在一个和"动物研究"类似的研究领域"人与动物关系研究"（human-animal studies），出现了相关的研究学会、研究所和学习项目[3]。相关的丛书也陆续出版，比如莱顿博睿出版社（Brill Academic Publishers）出版了一套丛书，即以此为名。

但是这一所谓"动物研究"作为新兴学科的定义并不是很明确和严格，其重点是借重当代批判理论重新思考人与动物的关系，而其讨论基点主要有两方面，一是所谓动物性（animality），即什么是动物，动物的性质（nature）或属性（properties）为何？这其实常常也和讨论人性（humanity）并列在一起，讨论人的性质亦和讨论动物的性质紧密相连。二是动物和人类的区别，这一问题和前一问题也联系在一起[4]。总之，现在学者们

---

[1] 关于这一领域最为全面的讨论见 Linda Kalof and Brigitte Resel eds., *A Cultural History of Animals*, 6 volumes, Oxford: Berg Publishers, 2007；这六卷按时代分段包括 Volume 1: Antiquity to the Dark Ages (2500BC – 1000AD), Volume 2: The Medieval Age (1000 – 1400), Volume 3: The Renaissance (1400 – 1600), Volume 4: The Enlightenment (1600 – 1800), Volume 5: The Age of Empire (1800 – 1920), Volume 6: The Modern Age (1920 – 2000).

[2] Dave Aftandilian, "Introduction: Of Bats, Animals Studies, and Real Animals," in *What Are the Animals to Us? Approaches from Science, Religion, Folklore, Literature, and Art*, ed. by Dave Aftandilian, Knoxville: The University of Tennessee Press, 2007, pp. xi – xiii. 作者还列出了1994年以来在动物研究领域出版的数十种著作，见 pp. xviii – xx.

[3] 参见 James Serpell, *In the Company of Animals: A Study of Human-Animal Relationships*, Cambridge: Cambridge University Press, 1996; Adrian Franklin, *Animals and Modern Cultures: A Sociology of Human – Animal Relations in Modernity*, London: Sage, 1999; Marc Bekoff ed., *Encyclopedia of Human – Animal Relationships*, Westport, CT: Greenwood Publishing Group, 2007; Clifton Flynn, ed., *Social Creatures: A Human and Animal Studies Reader*, New York: Lantern Books, 2008.

[4] Matthew Calarco, *Zoohrapgies: The Question of the Animal from Heidegger to Derrida*, New York: Columbia University Press, 2008, pp. 2 – 3.

研究宗教中的动物,为获得一个更为全面的认识,除了注意科技史、文化史的取向,同时亦希望从其他自然科学特别是生物学和认知科学中获得启发。宗教研究也是值得注意的角度。对动物的定义、界定问题并非本书所能解决,故在此姑且列出一些较为重要的争论,但并不急于下结论。

  宗教史中人与动物相遇经验常常是物理的、现实的真实存在,但也常常以譬喻式的、想象的、象征的方式出现,即动物在人的宗教生活中作为譬喻、想象、象征出现。布里克利(Alan Bleakley)认为动物常常出现在人类的三层经验之中。首先是出现在生物的经验之中,即人生活经验中出现真实的、自然中的动物;其次是动物出现在人的心理经验之中,即出现在人的文化与想象之中;再是出现在人的概念经验之中,这主要指动物作为象征符号出现于文献书写和意识思想之中[1]。吉尔胡思(Ingvild Sælid Gilhus)认为古典时代的希腊各个哲学流派一直讨论动物的地位,但后来斯多葛学派逐渐占据主流话语。这派认为人类和动物之间的主要区别在于逻各斯(Logos),动物没有人类独有的理性。她还指出,同一种动物在基督教文化中象征的对象不同,所象征的文化价值也不同,如基督被描述为狮子[2],象征其拯救的力量,撒旦作为狮子出现则是邪恶的象征。因此,动物的文化价值乃由人类对其描述、譬喻、修饰、书写的方式决定[3]。

  当前的动物与宗教研究主要关注基督教、犹太教、伊斯兰教等亚伯拉罕诸宗教传统,对佛教和其他传统与动物的研究较弱。佛教的宇宙论和生命观与亚伯拉罕诸宗教非常不同。佛教发展出转世轮回思想,认为有六道众生,注意十二因缘和万物的缘起,这其中包括各类生命体之间相互转化。具体到佛教与动物的研究,在进入正式讨论之前我们必须先明确讨论对象。要明确讨论对象则需要我们对这一对象进行定义。我们这里

---

[1] Alan Bleakley, *The Animalizing Imagination: Totemism, Textuality and Ecocriticism*, New York: St. Martin's Press, 2000, pp. 38–40.

[2] 中世纪的文献中也记载了公鹿作为耶稣的象征,见 John Cummins, *The Hound and the Hawk: The Art of Medieval Hunting*, 1988, pp. 82–83.

[3] Ingvild Sælid Gilhus, *Animals, Gods and Humans: Changing Attitudes to Animals in Greek, Roman and Early Christian Ideas*, London & New York: Routledge, 2006, pp. 3–12.

导论：动物、宗教与秩序

讨论的动物，主要是指人类以外的动物（non-human animals），在佛教中，动物的名称比较多样，如梵文 tiryaña，巴利文 tiracchāna，而佛典中的中译名称则包括畜生、傍生、横生，有时则以梵文音译为底栗车，这在《法苑珠林》卷六畜生部之会名部多有说明。在佛教看来，有生必有死，所以继承和发展了五趣四生轮回（saṃsāra）的生命观。五趣（趣，即 gati）主要包括转世轮回的五种途径，即地狱、饿鬼、畜生、人、天，而四生主要指生命诞生的四种形式，包括卵生、胎生、湿生、化生。

佛教的动物观也可以看作是佛教生命观中重要的组成部分，这主要体现在畜生道作为轮回转世系统五趣或六道之一，五趣主要指天、人、畜生、饿鬼和地狱，六道则加上了阿修罗道。畜生道通常与饿鬼、地狱也被称为三途，在这三途转世的众生属于比人道低的物种，因此在这个意义上说，在佛教转世轮回理论中动物的身份地位要低于人的身份地位，如果一个人生前造了恶业，很可能来世投胎时不得已而降级到畜生道。佛教中对动物的分类、说明和解释极为丰富，在早期佛教的三藏中有大量提及动物的文献。这些文献反映了佛教对动物的认识、想象、解释和运用[1]。哈里斯（Ian Harris）认为佛本生故事中以猴子出现最为频繁，比如佛陀曾在前生以名为难提（Nandiya）的猴子的形象出现[2]，而大象也是频繁出现在佛本生故事中的动物。这多少反映了早期佛教对南亚地区自然界中常见动物的认识。他还注意到这些故事中出现的动物形象均比较正面，互相照顾，和谐共处，为人类的行为提供一种指南，这主要归结为这些动物实际上在本生故事中作为佛陀前生形式出现。早期佛教中的动物似乎也有思想，但其道

---

[1] 如 James P. McDermott, "Animals and Humans in Early Buddhism," *Indo-Iranian Journal* 32: 4 (1989), pp. 269 – 280；此文主要是基于巴利文经藏和律藏的伦理学研究，讨论动物作为有情的地位，主要根据佛教的业以及转世轮回理论，从八正道的角度指出动物受戒的无效、比丘与动物发生关系将被逐出僧伽、动物不应被捕杀伤害、不应被偷盗等等。作者得出结论，认为在早期佛教中处理人与动物的关系基于以下原则：爱善（loving kindness, metta）、慈悲（compassion, karunā）、同情之喜悦（sympathetic joy, muditā）、平等（equanimity, upekkhā）。

[2] 比如 *Cūla Nandiya Jātaka*，见 E. B. Cowell ed., *The Jataka or Stories of the Buddha's Former Birth*, *Book II*, translated by W. H. D. Rouse, Cambridge: At the University Press, 1895; New Delhi: Asian Educational Services, 2000, reprinted edition, pp. 140 – 142.

德地位不甚明确[1]。大乘佛教中关于动物的讨论也很丰富,当代学者多探讨不杀生和慈悲放生的思想与实践[2]。在汉文佛教文献中,出现了更多提及动物的注释和撰述文献,这些文献一方面继承了早期佛教三藏文献关于动物的叙事和论述,另一方面也体现了中国文化的本土特色,我们可以看到佛教关于动物的论述在入华之后进行了长期不断地适应与调整。

二、理论框架与方法论的检讨

这一部分的检讨将主要围绕神学、哲学、文化史、科技史等领域对动物的研究,最后再交代本书的研究在当代学术史坐标中的位置。从学术取向来说,长期以来,动物就成为神学、哲学、思想史、科技史研究的对象。神学主张上帝因为对其所创造之物十分垂怜,从而关心其所创造的地球、人、森林、河流、动物、植物,人是上帝按照其形象创造出来的,人作为生命体(human beings)要比其他自然生命体(natural beings)高等,人只是在受诱惑而堕落之后才导致人性(human nature)的败坏从而降低到动物性或兽性(animal nature)的层面[3]。考虑到地球上的资源十分有限,人类社

---

[1] Ian Harris, "A Vast Unsupervised Recycling Plant: Animals and the Buddhist Cosmos," Paul Waldau and Kimberley Patton eds., *A Communion of Subjects: Animals in Religion, Science, and Ethics*, New York: Columbia University Press, 2006, pp. 207 – 217. 还有学者专门讨论佛教五戒之第一戒不杀(ahiṃsā)与非暴力,见 Christopher Key Chapple, *Nonviolence to Animals, Earth and Self in Asian Traditions*, Albany: State University of New York Press, 1993;此书发端于 Tom Regan 组织的会议论文,后 Chapple 将其进行改写和丰富,发展成一本小书,此书内容亦包括耆那教中的不杀和非暴力思想。第一章讨论非暴力思想在早期印度婆罗门思想传统眼中的两个异端即耆那教和佛教中的起源,第二章讨论非暴力思想在佛教中的发展及其在东亚的传播,以及素食思想与实践的发展。此书偏重古代印度思想对非暴力的理解。

[2] Philip Kapleau, *To Cherish All Life*, Rochester, NY: Zen Center, 1986; Kenneth Kraft ed., *Inner Peace, World Peace: Essays on Buddhism and Nonviolence*, Albany: State University of New York, 1992; Tony Page, *What Does Buddhism Say About Animals*, London: UVAKIS Publications, 1998; idem. , *Buddhism and Animals: A Buddhist Vision of Humanity's Rightful Relationship with the Animal Kingdom*, London: UVAKIS Publications, 1999; Norm Phelps, *The Great Compassion: Buddhism and Animal Rights*, NY: Lantern Books, 2004.

[3] Mikael Stenmark 区分了关于人性的三种理论,基督教理论(人性由上帝创造,因堕落而出现问题)、社会学理论(人原本是白板一块,即所谓 Blank Slates,其人性因社会环境而被塑造,乃是社会的产物)、达尔文主义的进化论(人性存在自然选择的进化式发展),见 "Theories of Human Nature: Fallen Angels, Rising Beasts or Blank Slates," in Carl Reinhold Bråkenhielm ed., *Linnaeus and Homo Religiosus: Biological Roots of Religious Awareness and Human Identity*, Proceedings from a Conference at the Faculty of Theology, Uppsala University, 30th of May — 2nd of June 2007 in Connection with the Celebrations of the Birth of Carl von Linnaeus. Uppsala: Uppsala Universitet, 2009, pp. 129 – 157.

导论：动物、宗教与秩序

会开始扩张之后，城市化进程影响到了自然，生活在地球上的动植物日益受到威胁，有些动植物种类开始灭绝，既然动植物会走向灭绝，同样是创造物的人类当然也会灭绝。比如神学家雷根斯坦（Lewis G. Regenstein）在他的书中指出早期一神教的创立者和信徒对上帝创造的万物一开始便充满喜悦、好奇和敬畏。在他看来，自然和野外生活激发了《圣经》中许多预言，一个人如果不能欣赏自然环境，则无法充分理解《圣经》中的教义及其象征意义[1]。他进一步引用了巴克纳（Elijah D. Buckner）的著作《动物之不朽》，指出《圣经》主张动物有智力，也有灵魂[2]。

哈佛神学家帕顿（Kimberley Patton）撰文批判了传统学界认为神学以人为中心轻视动物的观点，她认为神学以神为中心思考问题，而神学家们似乎建立了一种从神到人再到动物三层秩序的叙事，这实际上也不合理。帕顿重新解读了《圣经》文献、相关注释以及基督教传统中的神秘主义作品，提出新的看法，认为人和动物无论是作为物种还是个体，均和神有其自身特殊的、神圣的、应区别对待的、高度紧张的关系。她认为神和动物之间存在的关系在亚伯拉罕三种宗教即犹太教、基督教、伊斯兰教中体现在以下三方面，首先是神对动物的神圣同情，其次是神与动物之间实际上是相互感知的，最后是动物在仪式层面对上帝的尊崇[3]。她批评一些学者仅仅将动物看成是无知觉的上帝创造物，被动接受自己的命运，而实际上，在亚伯拉罕诸宗教文献中，可以说动物也有自己的宗教性。这也正如瓦尔多为2005年新版《宗教百科全书》所撰写的"动物"词条所指出的，宗教甚至可以理解为动物所创造、动物所实践的存在[4]。

---

[1] Lewis G. Regenstein, *Replenish the Earth: A History of Organized Religion's Treatment of Animals and Nature — Including the Bible's Message of Conservation and Kindness toward Animals*, New York: The Crossroad Publishing Company, 1991, p. 15.

[2] E. D. Buckner, *The Immortality of Animals: And the Relation of Man as Guardian, from a Biblical and Philosophical Hypothesis*, Philadelphia: George W. Jacobs & Co., 1903.

[3] Kimberly Patton, "'He Who Sits in the Heavens Laughs': Recovering Animal Theology in the Abrahamic Traditions." *The Harvard Theological Review* 93, no. 1 (2000), pp. 401-434.

[4] Paul Waldau, "Animals," in *The Encyclopedia of Religion*, vol. 1, New York: Macmillan Reference USA, 2005, 2nd edition, pp. 355-362.

在十三世纪,神学家阿奎那(Thomas Aquinas)宣称,自然界显然也有等级秩序,而人类位于这个等级秩序的顶端,能掌控所有位于他之下的物种,人以神的旨意掌控其他比人等级低的物种,因为人有理性,所以其对其他物种的掌控由其理性决定。因此,动物的生命之所以被保存,不在于其自身的意义,乃在于其对人类的意义[1]。在他看来,人们不应对动物有爱怜甚或友谊,因为动物并非理性的上帝创造物,而友谊必须建立在理性基础之上。这一看法在教会内部长期以来成为共识。基督教神学一直主张人类在很多方面与动物不同,人类有道德责任感、自由意志、罪感、灵魂不朽等等,而动物并没有,所以对于动物的伤害与对人类的伤害不同,并非违背神的旨意。这一主张将动物排斥在人类道德系统之外,从而为人类在神学观念下捕食、贬低动物提供了道德基础。十五世纪约克的爱德华大公宣称,如果任何兽类有恶灵附体,那毫无疑问一定是猫。中世纪人们对宠物的理解主要是从功能上看,如某些动物被人类用来做特殊的工作,如猫和狗,狗作为牧羊犬出现很早,在十二世纪非常普遍[2]。有学者通过分析《圣安东尼传》(*Vita Antonii*)指出这篇四世纪的文献体现了基督教神学思想中将隐修士塑造成上帝与动物之间的调和者,而动物成为显示神意的工具,隐修士在沙漠中能够不受野兽伤害也是为了显示上帝与其子民的亲密感(intimacy)[3]。

基督教的动物观影响了中世纪人们对于动物的态度,其教义乃是人

---

[1] Joyce E. Salisbury, *The Beast Within: Animals in the Middle Ages* (New York and London: Routledge, 1994), pp. 16–17. 同时,她还从性(sexuality)的角度讨论中世纪基督教从性的认识的角度将人与动物进行区别,动物因缺乏人类特有的理性而比人类有更强的性欲,同时动物性交的方式比如背入式也和人不同,所以基督教传统中人类的面对面性交方式被称为传教士式性交,另外,变态的性活动也不为人类所为,正是这些特征将人性和兽性区别开来,见 p. 84.

[2] Richard Thomas, "Perceptions versus Reality: Changing Attitudes Towards Pets in Medieval and Post-medieval England," in Aleksander Pluskowski ed., *Just Skin and Bones? New Perspectives on Human-Animal Relations in the Historical Past*, British Archaeological Reports International Series 1410, Oxford: Archaeopress, 2005, p. 95.

[3] Dag Øistein Endsjø, *Primordial Landscapes, Incorruptible Bodies: Desert Asceticism and the Christian Appropriation of Greek Ideas on Geography, Bodies, and Immortality*, American University Studies, Series VII, Theology and Religion, vol. 272, New York and Bern: Peter Lang, 2008, pp. 77–79, 此书作者是 Ingvild Sælid Gilhus 的学生。

导论：动物、宗教与秩序

们捕食动物的思想基础。塞莉丝伯利（Joyce E. Salisbury）在讨论中世纪动物作为食物时也提示了狩猎的议题，指出中世纪人们狩猎时所使用的辅助性动物主要有猎狗和鹰隼类捕食性鸟类，并区分了两类狩猎活动。一类是人们使用猎犬发现猎物的气味，然后和猎人们一起将猎物赶至隐藏在暗处的箭手们跟前，箭手们放箭之后，由猎犬找到受伤的猎物。另一类则有较高的仪式化倾向，即由具有特殊训练的猎犬将猎人引至猎物出没之地，猎人放出猎犬追逐猎物，猎犬抓住猎物带至猎人跟前，由猎人以矛或剑将猎物杀死[1]。同时她还注意到中世纪教会制定了法律，禁止人们食用业已被动物咬过的任何动物，不食用动物啃噬过的动物乃是人不同于野兽的重要特征，因此肉类之所以作为食物，必须来自人类自己狩猎到的动物。换言之，如果一只动物杀死了另一只动物，则这一猎物不能作为人类的食物。其实，在中世纪教会律典中，任何已经为动物食用过的肉类以及其他食物乃至于饮料等等不能再为人类食用，只有这样才能将人类与野兽区分开来。这样，教会以法律的形式，从基督教立场将人们的狩猎和饮食行为规范化，实际是为了定义人们的基督教身份[2]。

近现代自然神学以及环境神学的出现，使得动物低人一等的观念受到挑战。首先，神学家们意识到人与动物的关系并非常常是捕食者和牺牲品的关系，人类在人与动物关系中不总是充当牧人或者饲养员的角色。其次，人类对神所代表的绝对真实并不能充分把握，这决定了人的思想和行为存在很大的局限性，在对动物的认识和处理上显然也有很大的局限性[3]。这一理解是强调神、人和动物之间相互关系的复杂性，但仍然以人为中心，动物乃是人的认识和处理的对象，动物并不能反过来认识和处理人类。他们对人类的态度和行为或许可以说是较为简单的，比如攻击

---

[1] Joyce E. Salisbury, *The Beast Within: Animals in the Middle Ages*, pp. 43 – 46.
[2] Ibid., p. 67.
[3] 其讨论见 Frederick Ferré, "Theodicy and the Status of Animals," in *American Philosophical Quarterly* vol. 23, no. 1 (1986), pp. 23 – 34; 收入 Ann Loades and Loyal D. Rue eds., *Contemporary Classics in Philosophy of Religion*, La Salle, IL: Open Court, 1991, pp. 249 – 270.

和友好的态度,这或许只能说是本能,而不涉及社会性的学习和改变。

以神学立场而言,西方一些神学家曾将人类的状况理解为从动物性(animality)到神性(divinity)的中间站,而在所有生灵中人类最为接近神,这即是西方思想传统中的人类中心主义。在这一视野中,自然生命体不同于人类生命体,动物性和人性不同,动物在宇宙秩序中低于人类,上帝创造动物也是为了人的需要。西方思想史上的主流观点是人模拟动物高等,因为人类拥有理性、语言以及自我意识。这一思想传统不仅由亚里斯多德奠定基础,后来由斯多葛、圣奥古斯丁、托马斯·阿奎那、笛卡尔、康德继承,他们认为只有人类才值得道德考虑,因为只有人类是理性的,且有语言的能力、自觉的能力以及道德责任的能力。还有些思想家特别提及动物在宗教生活中的意义,比如巴塔耶(George Bataille)认为在宗教生活中人类为了寻找一种失去的亲密感(a lost intimacy),而动物即指这种失去的亲密对象,因此动物在人类宗教生活中起到极为重要的作用[1]。

德里达可能是当代哲学家中最为重视动物研究的学者之一。在2001—2003年,他曾在法国高等社会科学学院讲授野兽与君主为主题的课程,指出野兽和君主的一些共通特点,因为他们均不受法律约束,由此他进一步研究动物和人类在力量、权利、正义等议题上的联系和异同[2]。德里达对动物有很多论述。他的讨论提示了传统观点认为人和动物不同的属性,比如裸体的羞耻感、对穿着的态度、语言、理性、逻辑、历史、笑、哀悼、礼物等等。这种观点认为动物没有羞耻感,因为动物没有裸体的意识,也没有自我意识,而人的羞耻感来自自我意识;而他试图消解这些单一层面的人性与动物性之间的分别,认为人和动物之间不能简单用单一的界限来区别开来,而两者之间可能存在更为复杂多样的结构和界限。

---

[1] George Bataille, *Theory of Religion*, trans. by Robert Hurly, New York: Zone Books, 1989.
[2] Jacques Derrida, *The Beast and the Sovereign*, vol. 1, Chicago: University of Chicago Press, 2009;对大陆哲学关于动物论述的相关评论见 Mathew Calarco, *Zoographies: The Question of the Animal from Heidegger to Derrida*, New York: Columbia University Press, 2008; Matthew Calarco and Peter Atterton eds., *Animal Philosophy: Essential Readings in Continental Thought*, London and New York: Continuum, 2004.

导论:动物、宗教与秩序

因此德里达虽然同情动物权利运动支持保护动物,其出发点却和生物伦理学立场存在较大差异,他更多地关心本体论问题[1]。

考诸中世纪史料,德里达的理论假设实际上难以成立。比如,动物并非总是不受人类社会的法律约束。在历史上,动物受审判甚至被收监判刑的例子并不罕见。有学者指出,十三世纪以来直至启蒙运动时期,欧洲一些地区特别是法国、瑞士、提洛尔、荷兰、德国等地,对动物的审判广泛存在,留下来的审判记录显示这类审判非常严肃,其使用的术语与人类法庭的审判完全一样,而参与的律师亦很专业。从历史资料来看,有些记录显示,被判服刑的猪不得不给监狱缴付和一个犯人同样的伙食费用。从审判的结果来看,基本上对动物的审判可以分为两类,一类是世俗法庭审判家畜对人的伤害和残杀,比如1266—1268年间在巴黎附近发生的猪伤害儿童的案件,审判结果通常是对肇事猪进行绞刑或活埋,偶尔是砍头。狼、熊等野兽,甚至狗均未出现在这类案件之中。另一类是宗教法庭审判影响人类生产和生活的害虫、软体动物、啮齿动物的案件,其中蝗虫、水蛭、鼠类较为常见,而宗教法庭通常予以驱邪处理的判决。目前已知最早的案例出现在1338—1339年间的提洛尔地区[2]。从这些案例来看,中世纪法庭对审判动物完全按照与人的审判一样的模式和程序进行。

在欧洲历史上,神学和哲学关系非常密切,基督教思想中对动物的论述也有其希腊思想渊源。古希腊时期很多哲学家、思想家对人、神、动物的关系均有所注意并或多或少有所申说[3]。比如毕达哥拉斯

---

[1] Jacques Derrida, "The Animal That Therefore I Am (More to Follow)," *Critical Inquiry* vol. 28, no. 2 (2002), pp. 369–418, translated by David Wills;此文译自德里达的演讲集 *L'Animal autobiographique: Autour de Jacques Derrida*, ed. Marie-Louise Mallet, Paris: Galilée, 1999, pp. 251–301.

[2] Peter Dinzelbacher, "Animal Trials: A Multidisciplinary Approach," *Journal of Interdisciplinary History* 32:3 (Winter, 2002), pp. 405–421.

[3] 普通希腊男人的意识是对生灵进行对立的二分,如希腊人与野蛮人、男人与女人、自由人与奴隶、人与动物;见 Andrew Stewart, *Art, Desire, and the Body in Ancient Greece*, Cambridge: Cambridge University Press, 1997, p. 9;其他研究见 John Heath, *The Talking Greeks: Speech, Animals, and the Other in Homer, Aeschylus, and Plato*, Cambridge: Cambridge University Press, 2005; Sarah Hitch, *King of Sacrifice: Ritual and Royal Authority in the Iliad*, Cambridge, MA: Center for Hennic Studies, Harvard University, 2009.

（Pythagoras of Samos，公元前 570—495）即主张人的灵魂可不断在人身、动物身甚至植物之中轮回转世，直至永生。因为这种灵魂是可以穿越物种边界的，因而其精神功能和道德义务也可以在不同物种如人与动物之间转移。毕达哥拉斯并因此而反对食用肉类。另一位哲学家恩培多克勒（Empedocles，公元前 490—430）也认为人的灵魂会轮回，因此一个人以动物献祭时，这只动物牺牲的灵魂（soul）可能来自其某位家庭成员，这时献祭变成一种谋杀行为。据此，他主张对动物必须采取不杀和不吃的态度。

柏拉图也比较相信灵魂的轮回理论[1]。他在他的《理想国》中谈到人的灵魂时，将其分为天理（reason）、人欲（desire）、精神（spirit）三部分。色诺芬则说多神论使得希腊宗教生活仅仅是人类在神圣领域的反射，诸神以人的形式出现，因为人乃是创造出诸神形象的始作俑者。有学者指出，这一人类自我中心塑造诸神形象的观点，看来也适用于人对动物形象的塑造。不同的文化模式和象征系统实际上造就了人类认识动物的经验和与动物建立的关系[2]。略言之，人实际上生活在两个动物世界中，一个是真实的自然的动物世界，一个是感觉、思考、想象出来的动物世界，即人类自己通过心理感受、理性、想象构建出来的动物世界。

直到二十世纪下半叶，许多伦理学家开始重新思考这一传统认知，挑战西方哲学传统中关于动物的固有观念，从而引发了动物权利运动（Animal Rights Movement）的兴起。这些学者之中，以澳大利亚学者辛格（Peter Singer）的影响最大，特别是他指出人类对待动物的道德考虑应该基于动物是有情（sentience），能体验痛苦与喜悦，他的理论被称为功利主

---

[1] 这些观点的分析见 Catherine Osbore, *Dumb Beasts and Dead Philosophers: Humanity and the Humane in Ancient Philosophy and Literature*, Oxford: Clarendon Press, 2007, chapter 3: "On the Transmigration if Souls: Reincarnation into Animal Bodies in Pythagoras, Empedocles, and Plato," pp. 24–63；第四章 "On Language, Concepts, and Automata: Rational and Irrational Animals in Aristotle and Descartes" 分析亚里斯多德和笛卡尔对语言、概念、自动等人和动物区别的讨论。

[2] Laura Hobgood-Oster, *Holy Dogs and Asses: Animals in the Christian Traditions*, Urbana and Chicago: University of Illinois Press, 2008, p.13.

义理论(utilitarian theory, utilitarianism)。辛格从实际运用(utility)出发,认为所有有情均能够考虑自己的利益。有情都是自我的主体,这种主体性乃是拥有道德地位的必要条件。有情能够体会喜悦和痛苦,从而获得道德地位。体会喜悦和痛苦乃是主体与世界互动的复杂系统的一部分。山川河流没有主体意识,没有利益的考虑,所以没有道德地位,它们也没有考虑其利益是否被保护或损害的意识。

但是辛格的理论被很多学者批判,这些批评者认为其道德理论乃是基于利益交换价值。虽然辛格认为在体会喜悦与痛苦上动物和人类的利益相同,但是其他学者指出,实际上人类的有情利益和动物的有情利益非常不同,前者更为复杂。况且,人类因拥有理性能力从而对喜悦和痛苦的理解更为精致,这一点甚至约翰·密尔(John Stuart Mill)早就已经指出。辛格对犹太-基督教传统对动物的态度有极为严肃的反思,他认为动物权利的进步乃是随着宗教的衰落出现的,因为西方宗教传统总体上而言存在对动物的偏见,拒绝给予动物和人类同样的平等的权利,虽然这些宗教认为人类和动物同为上帝的创造物[1]。

另一位学者雷根(Tom Regan)则提出了内在价值理论(inherent value theory, 或者 inherentism)。在他看来,动物有认知(cognition)、自我意识(self-awareness)和自我决定(self-determination)等能力,理应获得相应的尊重。雷根从认知系统出发,强调有情的认知能力,包括理解、记忆、欲望、相信、自由意识、意愿以及对未来的感觉,他主张动物作为有情有自在、自治的能力,它们有自己的喜好,并且有能力发起有利于自己的行动,换言之,它们是行动时带有意愿的个体。

---

[1] Peter Singer, "Animal Protection and the Problem of Religion," Paul Waldau and Kimberley Patton eds., *A Communion of Subjects: Animals in Religion, Science, and Ethics*, 2006, pp. 616-618. 他原本是澳洲学者,父母是二战时从维也纳流亡至澳洲的犹太知识分子。他先后任教于莫纳什大学和墨尔本大学。1999 年以来一直担任普林斯顿大学的生物伦理学讲座教授,曾因其激进的左翼立场遭受保守学生抗议,后来虽在普大兼任教职,但主要活动仍在澳洲。对启蒙运动时期近代动物权利观念的起源,一项重要研究见 David Perkins, *Romanticism and Animal Rights, 1790-1830*, Cambridge: Cambridge University Press, 2003.

尽管辛格和雷根两人对动物的道德地位有根本不同的理解,但在引发人们重新思考动物的道德地位、促使人们改变其偏见调整对待动物的态度上则目标相对一致[1]。雷根关于动物具有认知和自觉的看法遭到心理学家的反驳,心理学上并不认为动物具有和人一样的认知能力,也并不具有意识和自觉。不过,这一反驳并不拒绝动物享有不受伤害的权利[2]。上述学者对于动物权利的关注,被学界认为是生物伦理学(bioethics)的中心议题,而生物伦理学被哲学界看作是应用伦理学的分支,而这在注重形而上学以及知识论的传统哲学视野中乃是一个非常小的学科。

以科学为主要依据研究动物的科学家、心理学家以及人文学者则和上述伦理学家有非常不同的立场。早在1969年,科学家即对动物中最聪明的物种之一海豚进行了深入研究,结果表明海豚并不具有和人类似的认知、自觉和交流能力[3]。这一观点在动物学界被广泛接受,迄今仍未遇到有力挑战。其他学者也从不同角度考虑动物和人在智力上的差异。正如斯坦纳(Gary Steiner)指出的,根据前苏联科学家维戈茨基(Lev Vygotsky)的研究,动物的智力与人类的智力存在根本差异。虽然动物也能思考,但从未达到客观再现的能力。动物思考的主要功能是建立联系(bonds)与关系(relationships)二者基础之上。语言学家乔姆斯基不认为动物能发展出与人类语言类似的语言,语言仍然是人类与动物的根本分别。基于概念的语言能力对于人类而言是唯一的[4]。

动物是否有语言行为和能力,在科学界一直存在争议。早在十九世

---

[1] Gary Steiner, *Anthropocentrism and its Discontents: The Moral Status of Animals in the History of Western Philosophy*, University of Pittsburgh Press, 2005, pp. 1 – 2.

[2] Clive Wynne 认为动物不具有和人一样的认知和自觉,也基于此点拒绝给予动物权利;见他的著作 *Do Animals Think?* Princeton: Princeton University Press, 2004. W. Tecumseh Fitch 在他给 Wynne 的书所写的书评 "Animal Cognition and Animal Rights"(载 *Current Anthropology* Vol. 47, No. 3, June 2006, pp. 559 – 561)中接受前者,但否定了 Wynne 拒绝给动物免受伤害的权利,认为 Singer 所指出的动物有受伤害的感觉乃是不可否认之论。

[3] W. E. Evans and J. Bastian, "Marine Mammal Communication," in H. Anderson ed., *The Biology of Marine Mammals*, New York: Academic Press, 1969, pp. 425 – 475.

[4] Noam Chomsky, *New Horizons in the Study of Language and Mind*, Cambridge: Cambridge University Press, 2000.

纪,动物行为专家和原始语言学者伽纳(Richard Lynch Garner)一直试图利用留声机技术研究动物特别是猩猩和猴子的语言,即所谓猿语(simian language)[1],以挑战达尔文的进化论,并促使人们重新思考人和动物的区别。他的试验后来由英国动物行为学者马尔勒(Peter Marler)继承并发展,这位学者在上个世纪八十年代发表的试验结果称生活在肯尼亚的长尾黑颚猴对已经记录的声音有反映[2]。

另外,格里芬(Donald Griffin)认为尽管动物的中枢神经系统较为简单,但动物的行为不完全是生物体的本能,而是有意识的而且理性的,动物能考虑一些可以选择的行动并选择较为适合自己处境的行动,获得自己想获得的利益,避免自己认为存在的危险[3]。本书并无意假装站在动物的立场辨析和维护动物的权利,因为这并非本书的任务。只不过,这里将这些目前学界存在的争论列出,供读者参考,以便读者在一个更为广阔的学术语境中理解本书将要讨论的一些主题。

哲学的研究与文化史的研究密切相关,因为文化史的一些观念能在哲学史上找到依据。在狩猎史研究中,卡特米尔(Matt Cartmill)从人类学的立场出发,分析了希腊时代人们从事狩猎的缘由。根据他的看法,当时希腊人从理性的角度看待人类和动物,前者有理性,后者没有理性,在这个意义上,古典时期的狩猎活动可以看作是一种人性对野性的战争,也是文化对自然的战争,因为在人们的意识中,野性的动物是非理性的,不能服从理性的人类,所以人类才从这个立场来将杀戮野生动物合理化。在古典希腊,狩猎乃是战争游戏,成年男子从事狩猎乃是作为一种格斗训练为以后参加真正的战争做准备。希腊人在人体艺术上非常在意表现男性

---

[1] 其代表性著作见 Richard Lynch Garner, *Apes and Monkeys: Their Life and Language*, Boston and London: Ginn & Company, 1900.

[2] 对这一试验的学术史考察见 Gregory Radick, *The Simian Tongue: The Long Debate about Animal Language*, Chicago: University of Chicago Press. 2007.

[3] Donald Griffin, "From Cognition to Consciousness," Paul Waldau and Kimberley Patton eds., *A Communion of Subjects: Animals in Religion, Science, and Ethics*, 2006, pp. 481–504.

不同凡响的特征[1]。他接着指出，基督教的早期神父多继承了希腊思想，推崇理性、睿智、灵性的人类，而鄙视肉体的、本能的动物，人类对动物并无道义和责任可言，如作者引了一个出自《旧约》的例子认为保罗指出上帝并不在乎动物。教会神父和中世纪的思想家们普遍认为人类是物质世界的中心。但即便如此，狩猎在教会看来并非是一件值得支持的活动[2]。至中世纪后期，狩猎才逐渐成为广泛流行于上层阶级，并成为贵族阶级身份、地位和荣誉的象征之一。

但以动物为中心的历史研究目前定义不明，尽管一些学者常常宣称自己在写动物史(history of animals)研究，但这一领域的实际定义在学界存在颇多争议。比如，法吉(Erica Fudge)女士指出，研究动物史面临两个困难，一是动物没有留下任何文献，尽管动物的行为叫喊被记录、叙述，但这都是人类的文献行为；二是历史学总是对历史进行分期，而动物对历史分期没有概念，这给历史学者组织历史材料留下了难题。因此，她认为没有所谓动物史，只有人类对待动物的态度和行为的历史，我们只能研究人类对动物的诸多再现(representations)，这决定了学者很难对动物的过去做经验主义的研究，即重现历史，而只能作后结构主义的分析，即历史如何通过文献来建构。

法吉总结了三类关于所谓动物史的研究，第一类乃是思想史的研究，即研究动物在人类文化中的意义；第二类着重于讨论动物的物质性，即动物在人类物质和社会生活中的存在，这一研究以动物为中心[3]；第三类是所谓整体史研究(holistic history)，这一取向既关注人类与其他物种的

---

[1] Matt Cartmill, *A View to a Death in the Morning: Hunting and Nature through the History*, Cambridge: Harvard University Press, 1993, chapter three, "Virgin Huntress and Bleeding Feasts," pp. 28 – 30; 以及 Andre Stewart, *Art, Desire, and the Body in Ancient Art*, Cambridge: Cambridge University Press, 1997, pp. 63 – 85. 这之前, Maurice E. F. Bloch 主要从研究暴力的角度看待狩猎，见他的著作 *Prey into Hunter: The Politics of Religious Experience*, The Lewis Henry Morgan Lectures, 1984, Cambridge: Cambridge University Press, 1992.

[2] Cartmill, *A View to a Death in the Morning: Hunting and Nature through the History*, pp. 47 – 75.

[3] 如 Linda Kalof, *Looking at Animals in Human History*, London: Reaktion Books, 2007; Rod Preece 则研究了人类对动物的感情，见 *Awe for the Tiger, Love for the Lamb: A Chronicle of the Sensibility to Animals*, London: Routledge, 2002.

导论：动物、宗教与秩序

关系，也关注人类各个群体内部的关系，同时认为人类在认识、对待、书写其他物种的过程中才能界定自己的身份，即在与其他物种的交往中获得自身存在的意义[1]。简而言之，如果动物没有理性、没有道德层面[2]，不能发展出自己的语言和文化，那么它们也就不可能构建它们自己的宗教空间，也就谈不上能发展出所谓以动物为中心和主体的宗教研究。从科学和学术的角度说，我们只能讨论动物的情感和行为。

不过，文化研究领域的学者则注意到，科学家在描述动物行为和习性时，其所使用的所谓科学语言也并非是中立的、客观的、科学的，而是带有很强的人类文化的构建特征，换言之，学术界常常使用拟人化（Anthropomorphism）的语言来描述动物的行为和习性。这是因为人类的思想意识以及语言乃由社会和文化因素所塑造，所以也需要揭示科学家所使用语言的内涵和上下文[3]。

如果要探讨动物与中国佛教的关联，我们不能不将其放置在一个当代学术的坐标系中进行考察。这个当代的学术坐标系以下面三个学术传统构成，首先是自然、动物与宗教的研究，其次是动物与中国宗教的研究，再加上佛教与中国社会的研究。下文将对这三个传统进行一些说明。这些学术传统所关注的学术旨趣各异，使用的研究方法和材料也十分不同。但是，学术界对动物的研究基本上可以略分为两类，即以人为中心的研究和以动物为中心的研究。传统上以人为中心的研究是主流，如动物的文

---

[1] Erica Fudge, "A Left-Handed Blow: Writing the History of Animals," in Nigel Rothfels ed., *Representing Animals*, Bloomington: Indiana University Press, 2002, pp. 6 – 10. 对于所谓整体研究，作者提到了两个例子，Kathleen Kete, *The Beast in the Boudoir: Petkeeping in Nineteenth-Century Paris*, Berkeley and Los Angeles: University of California Press, 1994; Harriet Ritvo, *The Animal Estate: The English and Other Creatures in the Victorian Age*, London: Penguin, 1990.

[2] 当然也有学者将动物的一些情感和行为模式定义为动物的道德，因为道德也有一个不断发展的过程，我们所讨论的道德的历史可以追溯到远古时期人类行为模式所反映出来的道德；见 Celia Deane-Drummond, "Are Animal Moral? A Theological Appraisal of the Evolution of Virtue," in Carl Reinhold Bråkenhielm ed., *Linnaeus and Homo Religiosus: Biological Roots of Religious Awareness and Human Identity*, pp. 25 – 39.

[3] 详细分析见 Eileen Crist, *Images of Animals: Anthropomorphism and Animal Mind*, Philadelphia: Temple University Press, 1999; 以及 Robert W. Mitchell, Nicholas S. Thompson, and H. Lyn Miles eds., *Anthropomorphism, Anecdotes, and Animals*, Albany: State University of New York, 1997.

化史研究,重视人类社会对动物的认识、想象、描述和书写,研究文学和艺术形式再现动物的形象,探讨动物在人类社会历史发展过程中的地位和角色[1]。

动物的文化史研究的一个重要分支是狩猎文化史,这一领域主要研究动物的狩猎训练、狩猎活动,以及这些与活动相关的仪式、社会秩序、政治象征[2]。比如奥金斯(Robin S. Oggins)出版《诸王与鹰:中古英格兰的鹰猎》一书,探讨中古英格兰王室对猎鹰(hawk)、猎隼(falcon)的获得、训练,狩猎及其与政治权力的关系,鹰隼狩猎作为一项中世纪的运动以象征贵族身份始于王室,然后才扩散至其他社会阶层;这项运动也走过从简单初级的阶段到逐渐复杂化和专业化的历程,比如鹰隼训练师作为一项职业出现等等。作者也指出,至十二世纪,鹰隼狩猎训练被纳入上层阶级的教育内容,士人、仕女均能以鹰隼进行狩猎。因为很多贵族在教会中担任高级教职,这些教士在教会也有狩猎运动,甚至教会还制定了教士从事这一运动的规则,而教士也写下了不少有关这些狩猎活动的著作[3]。

---

[1] James Turner, *Reckoning with Beast: Animals, Pain, and Humanity in the Victorian Mind*, Baltimore: The Johns Hopkins University Press, 2000; Robert Darnton, *The Great Cat Massacre and Other Episodes in French Cultural History*, New York: Basic Books, 1984; Hilda Kean, *Animal Rights: Political and Social Change in Britain since 1800*, London: Reaktion, 1998; Francis Klingender, *Animals in Art and Thought to the End of the Middle Ages*, Cambridge: M. I. T. Press, 1971; Janetta Rebold Benton, *The Medieval Menagerie: Animals in the Art of the Middle Ages*, New York: Abbeville Press, 1992; J. Berlioz and M. -A. Polo de Beaulieu eds., *L'animal exemplaire au Moyen Âge, Ve-XVe siecles*, Rennes: Presses Universitaires de Rennes, 1999; Sieglinde Hartmann ed., *Fauna and Flora in the Middle Ages: Studies of the Medieval Environment and Its Impact on the Human Mind*. Beihefte Zur Mediaevistik. Bern and Frankfurt: Peter Lang Publishing, 2007; Aleksander Pluskowski ed., *Breaking And Shaping Beastly-Bodies: Animals as Material Culture in the Middle Ages*, Oxford: Oxbow Books, 2007; Dominic Alexander, *Saints and Animals in the Middle Ages*, Woodbridge, UK: Boydell Press, 2008; Linda Kalof and Brigitte Resl ed., *A Cultural History of Animals*, vol. 1, Antiquity to the Dark Age (2500BC - 1000AD); vol. 2, The Medieval Age (1000 - 1400), Oxford: Berg Publishers, 2009.

[2] 如 John Cummins, *The Hound and the Hawk: The Art of Medieval Hunting*, London: Weidenfeld and Nicolson, 1988, ; Matt Cartmill, *A View to a Death in the Morning: Hunting and Nature through History*, Cambridge, MA: Harvard University Press, 1993, 此书讨论动物狩猎与人类社会的早期发展以及身份认同等问题; Thomas Allsen, *The Royal Hunt in Eurasian History*, Philadelphia: University of Pennsylvania Press, 2006, 此书考察中央欧亚大陆发生的狩猎史,也涉及狩猎仪式和政治象征。

[3] Robin S. Oggins, *The Kings and Their Hawks: Falconry in Medieval England*, New Haven and London: Yale University Press, 2004, p. 49; 111; 120 - 121.

导论：动物、宗教与秩序

从佛教角度而言，值得思考的问题非常之多，如佛教为何单列出动物作为六道轮回中众生之一？动物道在佛教宇宙论、末世论中地位如何？如何理解动物在佛教宇宙观中的起源与终结？它和其他众生之间的社会关系如何？相对于其他五道众生，它有何特殊性？这也许需要从古代印度人的自然实践知识、固有的婆罗门教传统、佛教自身创造三方面来探讨。如果六道轮回乃是佛陀觉悟之后所体悟的真理，因此动物之道的存在乃是佛陀体悟真理所作出的归纳和认识，其作为真理在佛陀说法之中有何意义？这些问题均值得仔细研究。

第一个传统主要围绕对于动物与宗教的研究，传统上主要体现在人类学上，在这一领域有关动物和宗教的关系的探讨当然以人类（*Homo sapiens*）为中心。一般认为人类与其他哺乳动物的区别主要体现在三方面的进化，如制造工具（tool making）、有象征性行为和语言（symbolic behavior and language）、驯化培植动植物（the domestication of plants and animals）等[1]。其他因素还包括对死亡的预知、艺术创作、举行葬仪、个人装饰、审美等等，以及有能力进行长期记忆、做事有计划、对目标和地点有认知、做出决定、预知结果[2]。但近来在学界出现很强的学科交叉研究趋势，学者们从不同角度以及综合自然科学、社会科学和人文科学来重新审视一些传统学术的假说，特别关于人类与动物之间的界限。但就最近一些学者对动物世界的所谓文化性探讨来看，其结论基本上均是否定性的，换言之，象征性语言、社会教养和学习

---

[1] Pat Shipman, "The Animal Connection and Human Evolution," *Current Anthropology* Vol. 51, No. 4 (August, 2010), pp. 519-538. 作者指出这一系列进化仰赖于人类与动物的关联，即进化过程乃是为了驯化和猎取动物，以及超越动物。

[2] Anna Belfer-Cohen and Erella Hovers, "Modernity, Enhanced Working Memory, and the Middle to Upper Paleolithic Record in the Levant," *Current Anthropology* vol. 1 Supplement 1 (2010), pp. 167-175; Miriam N. Haidle, "Working-Memory Capacity and the Evolution of Modern Cognitive Potential: Implications from Animal and Early Human Tool Use," *Current Anthropology* Vol. 51, Supplement 1 (2010), pp. 149-166. 这一特辑是 Thomas Wynn and Frederick L. Coolidge 主编的专号，题为 *Working Memory: Beyond Language and Symbolism*，文章出自 Wenner-Gren Symposium 的会议论文。

等文化行为并不存在于动物世界[1]。

其中对于自然和文化的界定即重新受到学界的重视,文化是否是区分动物和人类的一个标准受到很大挑战。从信息传播学的角度,一些传统学者认为,所谓自然的信息(natural information)即是通过基因传播的信息,而文化的信息(cultural information)则通过教育和学习传播。古典人类学家泰勒(Edward B. Taylor)对文化有一个经典的定义,文化乃是包含知识、信仰、艺术、道德、法律、风俗以及其他人作为社会成员所获得的能力与习惯共同构成的复合体。这一定义引起动物研究者的批评,后者认为这个定义完全体现了人类中心主义,他们认为动物也有文化。在他们看来,文化可以被重新定义为学习和模仿的能力与行为以及能将这样的学习和模仿的能力和行为传递给其他成员的机制,因而很多动物也有他们(非它们)的文化。当然很多学者特别是科学家并不赞成这一看法,认为没有证据可以支持动物和人类一样有社会认知(social cognition)能力,其模仿和学习更多的是生物本能,而并非复杂的有目的地改变其他成员的想法,也没有特定的信仰和愿望,因而还是与人不同,人在教育和学习过程有判断和修改的意志和行为,动物也没有,只是机械地简单模仿[2]。

本书认为,从宗教学的角度看,仪式的研究或许也可以帮助我们重新思考人和动物的关系[3]。仪式是一种文化和社会概念与行为,因其

---

[1] 如 Kevin N. Laland and Bennett G. Galef eds., *The Question of Animal Culture*, Cambridge, MA: Harvard University Press, 2009,其中 Bennett G. Galef, Kim Hill 的文章主要探讨动物是否有文化的问题; Raymond H. A. Corbey, *The Metaphysics of Apes: Negotiating the Animal-human Boundary*, Cambridge: Cambridge University Press, 2005; Wiktor Stoczkowski, *Explaining Human Origins: Myth, Imagination and Conjecture*, translated by Mary Turton, Cambridge: Cambridge University Press, 2002. 从语言角度的探讨见 Michael Silverstein, "'Cultural' Concepts and the Language-Culture Nexus," *Current Anthropology* vol. 45, no. 5 (December, 2004), pp. 621-652,他主要分析语言对于构建人类社会性(sociality)与文化概念的形成的作用,同时指出仪式也是构建社会相互关系交流信息和转变社会关系的重要媒介,语言交流过程中使用语言的时间、地点、场合、方式均会影响人的社会关系,维持或改变社会网络中成员的社会身份。

[2] Holmes Rolston III., "Genes, Brain, Mind: The Human Complex," in Kelly Bulkeley ed., *Soul, Psyche, Brain: New Directions in the Study of Religion and Brain-Mind Science*, New York: Palgrave MacMillan, 2005, pp. 10-35.

[3] 对仪式研究领域的了解,最主要依赖这本书,Jens Kreinath, Jan Snoek, Michael Stausberg ed., *Theorizing Rituals: Annotated Bibliography of Ritual Theory, 1966-2005*, Leiden: Brill, 2007.

导论：动物、宗教与秩序

通过特定的表演对参与者的社会关系进行定义，并对参与者的社会身份进行确认或改变。表演在人类学界被认为乃是一种组织原则，涉及表演者、艺术形式、观众或听众、场景等要素，服饰装束、图像符号、语言、动作等均是表演中艺术形式的体现[1]。而仪式的表演时间和空间、具体表演方式、上述这些因素所蕴含的世界观均受文化背景限制。仪式表演过程中，当然是使用工具或者道具和语言，这实际上牵涉到前面讨论的人和动物的两个重要区别，制造工具和使用象征性语言。

同时，仪式表演过程中也体现了人对动物的模仿和象征性解释和表演，并赋予参与者所希望的意义，这些都是动物界不曾实现的文化和社会实践。从这个意义上说，仪式作为一种文化和社会行为亦将人类与动物区分开来，重新对人的身份进行定义。另外，仪式的酝酿、表现和解释，实际上也影响整个社区和群体的血缘和社会关系的构建和发展，人和动物的关系、人和人的关系、个人和群体的关系，均在仪式的表演中得以再现和赋予特定意义。

在人类学上，对动物祭祀的研究是一个古老的主题。最近普特罗普鲁（Maria-Zoe Petropoulou）女士出版的一本书在前言中回顾了古典人类学对于这一主题的主要观点。比如泰勒（Edward R. Taylor）认为牺牲是将礼物献给神，以显示人对人的敬重。史密斯（W. Robertson Smith）认为动物牺牲乃是部落的神圣象征，即图腾。部落成员通过分享动物的血肉，来肯定成员们与图腾以及他们相互之间的联系。弗雷泽（J. G. Frazer）认为牺牲乃是将不朽的魂灵从其所停留的有限肉体中解放出来。胡伯特（H. Hubert）和莫斯（Marcel Mauss）认为人和神之间的交流，牺牲过程是从世俗到神圣的转变。伊文思-普里特查（E. E. Evans-Pritchard）认为牺

---

[1] Richard Bauman, "Verbal Act as a Performance," *American Anthropologist* New Series vol. 77, no. 2 (1975), pp. 290 - 311. 此文特别指出表演的研究涉及民俗学、文学批评、语言学和人类学，早已跨越了学科界限。

牲中的动物乃是人的替代品[1]。传统上在基督教研究中,以及受到基督教思想传统影响的近代宗教学中,把动物作为神、怪、崇拜对象(Gods, Demons, Cult)的研究取向,其实都是处理所谓宗教中敬拜行为和仪式的对象。这主要因为基督教教义和实践均非常忌讳偶像崇拜,认为这是偶像主义(idolatry),也即是异教主义(paganism)。这类古典人类学的研究虽然成果显著,但目前的人类学研究已经大大拓宽了人们的视野,特别体现在对动物与宗教仪式的研究。

除了动物用于祭祀之外,动物作为灵媒以及狩猎对象的意识均由人类学者重新加以考察[2]。同时,动物考古学(zooarchaeology)对于动物在古代经济生活和宗教生活中的重要意义的研究也非常重要,很多学者在这一领域作出了一些重要的研究[3]。比如英国考古学者注意到,野猪、红鹿、鱼

---

[1] Maria-Zoe Petropoulou, *Animal Sacrifice in Ancient Greek Religion, Judaism, and Christianity, 100 BC—AD200*, Oxford: Oxford University Press, 2008, pp. 2–7. 日本学术界近些年对动物牺牲也有很多讨论,见山根洋平:《動物供犠における人間と動物との関係から導かれる宗教性についての一考察》,《異文化研究》4号,2010年,页27—42;中村生雄、赤坂憲雄、三浦佑之編:《狩猟と供犠の文化志》,东京:森話社,2007年;中村生雄:《祭祀と供犠:日本人の自然観・動物観》,京都:法藏館,2001年;中村生雄、三浦佑之編:《人と動物の日本史》4《信仰のなかの動物たち》,东京:吉川弘文館,2009年。

[2] 如Paul Waldau and Kimberley Patton主编的文集中收入以下这些文章,John Grim, "Knowing and Being Known by Animals: Indigenous Perspectives on Personhood," Paul Waldau and Kimberley Patton eds., *A Communion of Subjects: Animals in Religion, Science, and Ethics*, 2006, pp. 373–390; Kimberley Patton, "Animal Sacrifice: Metaphysics of the Sublimated Victim," pp. 391–405; Elizabeth Lawrence, "Hunting the Wren: A Sacred Bird in Ritual," pp. 406–412; Christopher McDonough, "Ridiculus Mus: Of Mice and Men in Roman Thought," pp. 413–422; Eric Mortensen, "Raven Augury from Tibet to Alaska: Dialects, Divine Agency, and the Bird's-Eye View," pp. 423–436.

[3] George Speake, *Anglo-Saxon Animal Art and Its Germanic Background*, Oxford: Oxford University Press, 1980; Siv Kristoffersen, "Transformation in Migration Period animal art," *Norwegian Archaeological Review*, vol. 28, no. 1 (1995), pp. 1–17; Catherine Smith, "Dogs, Cats and Horses in the Scottish Medieval Town," *Proceedings of the Society of Antiquaries of Scotland* 128 (1998), pp. 859–885; Ellen Hambleton, *Animal Husbanry Regimes in Iron Age Britain*, British Archaeological Reports British Series 282. Oxford: Archaeopress, 1999; Peter Metcalf and Richard Huntington, *Celebrations of Death: The Anthropology of Mortuary Ritual*, Cambridge: Cambridge University Press, 2001, 2nd edition; Mark Maltby, *Animals and Archaeology in Northern Medieval Russia: Zooarchaeological Studies in Novgorod and its Region*, Oxford: Oxbow Books, 2009; Aleksander Pluskowski, "The Zooarchaeology of Medieval 'Christendom': Ideology, the Treatment of Animals and the Making of Medieval Europe," *World Archaeology*, 42/2 (2010), pp. 201–214; Mark Maltby, *Animals and Archaeology in Northern Medieval Russia: Zooarchaeological Studies in Novgorod and its Region*, Oxford: Oxbow Books, 2009. 日本学界的讨论如土肥孝:《儀禮と動物——縄文時代の狩獵儀禮》,《季刊考古学》11号,1985年,页51—57;宇田川洋:《動物意匠遺物とアイヌの動物信仰》,　　　　(接下页)

导论:动物、宗教与秩序

等动物在古代和中世纪的宗教生活中十分重要[1]。不同颜色的猪用于祭祀不同的对象,罗马人在不列颠活动时(公元43—约410年),用白色的野猪祭祀天神(celestial deities),而用黑色的野猪祭祀恶神(infernal deities)[2]。

狩猎仪式的研究在人类学中也较为兴盛。如早在1926年发表的《北半球的熊的仪式主义》一文中,作者哈罗维尔(A. Irving Hallowell)首先回顾了人类与动物世界的关系,认为主要体现在实用和心理两方面,前者指人类使用动物作为食物以及驯化动物用于经济活动,后者指人类原始文化中与动物相联系的信仰、风俗等等,而后者在前者的基础上发展起来,但是动物在信仰、风俗中的意义则需要根据具体地区、具体文化传统进行具体考察[3]。在描述了从欧亚大陆到北美洲各地原始部落采取不同武器和手段猎杀熊时,作者特别考察了杀死熊之后的仪式,如在北美西南地区,熊被猎杀之后,部落群众聚集在一起,围绕死熊跳起舞蹈,熊爪周围放满珠子,进行装饰,而食用熊肉者须将脸涂黑,似是表示对死熊的尊敬。

(接上页)《東京大学文学部考古学研究室研究紀要》第8号,1989年,页1—42;松井章:《古代・中世の村落における動物祭祀》,《国立歴史民俗博物館研究報告》61号,1995年,页55—71;内山純蔵:《縄文の動物考古学——西日本の低湿地遺跡からみえてきた生活像》,京都:昭和堂,2007年。日本对中国古代动物的考古学研究,见冈村秀典,《中國古代における墓の動物供養》,《東方学報》第74册,2002年,页1—181;同作者:《先秦時代の供犠》,《東方学報》第75册,2003年,页1—80。

[1] Howard Williams, "Animals, Ashes & Ancestors," in Aleksander Pluskowski ed. *Just Skin and Bones? New Perspectives on Human-Animal Relations in the Historical Past*, British Archaeological Reports International Series 1410. Oxford: Archaeopress, 2005, pp. 19 – 40; Sue Stallibrass, "Art, Archaeology, Religion and Dead Fish: A Medieval Case Study from Northern England," ibid., pp. 105 – 112.

[2] Krish Seetah, "Butchery as a Tool for Understanding the Changing Views of Animals: Cattle in Roman Empire," in Aleksander Pluskowski ed. *Just Skin and Bones? New Perspectives on Human-Animal Relations in the Historical Past*, British Archaeological Reports International Series 1410. Oxford: Archaeopress, 2005, p. 5; Judy Urquhart, *Animals on the Farm*, London: MacDonald & Co., 1983, p.82.

[3] 早期狩猎的文化人类学研究见 A. Irving Hallowell, "Bear Ceremonialism in the Northern Hemisphere," *American Anthropologist* 28 (1926), pp. 1 – 175. 对于二十世纪上半叶动物与宗教关系的评述,见 Ivar Paulson, "The Animal Guardian: A Critical and Synthetic Review," translated from German by Nancy E. Auer, *History of Religions* Vol. 3, no. 2 (1964), pp. 202 – 219,他认为两方面的研究值得重视,一是动物的骨头用于仪式,二是关于动物灵魂的问题;并指出要注意研究中的用词,为此特意指出他自己坚持使用 animal guardian 一词指 animal spirit 和 deity of animal,其意义在于通过特定仪式动物被认为可以保护猎人或渔夫,这一保护仰赖于猎人认为动物拥有灵魂。较近的狩猎的文化人类学研究见 Matt Cartmill, *A View to a Death in the Morning: Hunting and Nature Through History*, Cambridge, MA: Harvard University Press, 1993.

而一些地区则在熊被捕杀之后举行一种将敌人转化成朋友的仪式。对死熊的尊敬并举行仪式显示这种尊敬,也可以在西伯利亚地区的仪式实践中找到类似的表现,甚至加入了音乐歌唱以及其他更为复杂的仪式内容[1]。本书在一些章节特别关注仪式表现的时空性及其所反映出的文化意义,比如虎贲的陈列表演,在时空上也涉及参与者和观看者的不同心理状态,以及这种心理状态对参与成员的身份认识的影响。

　　第二个学术传统乃是动物与中国宗教的关系。如果我们对学术史进行反思,可以看到中国上古史学者注意动物与宗教、政治权力关联的研究。动物的象征与政治正当性、合法性以及政治权威的确立结合在一起;但是这种象征实际上是以人们的日常经验以及基于这种日常经验建立的对动物的认知为基础。如张光直将商周时期青铜器上装饰用的动物分成两类,即真实世界中的动物和想象中的神秘动物。有关上古时期动物在政治、宗教、社会和文化生活中的意义,讨论的学术著作十分丰富[2]。最

---

[1] A. Irving Hallowell, "Bear Ceremonialism in the Northern Hemisphere," pp. 76–80. 长期在西伯利亚地区考察的 Piers Vitebsky 也指出,当地人并不食用死熊,如果袭击人的熊被杀死,其毛皮将被剥离用于取暖,但熊肉将被埋藏地下,以示尊敬。见 Piers Vitebsky, *Reindeer People: Living with Animals and Spirits in Siberia*, London: HarperCollins Publishers, 2005, pp. 259–284. 他还注意到,在西伯利亚地区,当地的萨满常常以动物的皮、毛等装饰自己,打扮成动物的形象,并以巫术将自己变成动物的化身,传达灵意。

[2] K. C. Chang, *Art, Myth, and Ritual: The Path to Political Authority in Ancient China*, Cambridge: Harvard University Press, 1983, pp. 56–80; David N. Keightley, "The Religious Commitment: Shang Ideology and the Genesis of the Chinese Political Culture," *History of Religions* 17 (1978), pp. 211–225. 商周时期龙的研究, Hayashi Minao, "Inshū dōki ni awareru ryū ni tsuite," in *Tōhō gakuhō* 23 (1953), pp. 181–210; Eleanor von Erdberg Consten, "A Terminology of Chinese Bronze Decoration," *Monumenta Serica* 16: 1–2 (1957), pp. 208–254; 17 (1958), pp. 245–293. Cheng Te-kun, "Animal in Prehistoric and Shang China," *Bulletin of the Museum of Far Eastern Antiquities* 35 (1963), pp. 129–163; K. C. Chang, "Changing Relationships of Man and Animal in Shang and Chou Myth and Art," in *Early Chinese Civilization: Anthropological Perspectives*, Cambridge: Harvard University Press, 1976, pp. 149–173. Jessica Rawson, Sarah Allan, "Sons of suns: Myth and Totemism in early China," *Bulletin of the School of Oriental and African Studies* 44 (1981), pp. 290–326; M. Rostovtzeff, *The Animal Style in South Russia and China*, Princeton Monographs in Art and Archaeology 14. Princeton: Princeton University Press, 1929; reprinted edition, New York: Hacker, 1973; Robert Bagley, "Ornament, Representation, and Imaginary Animals in Bronze Age China," *Arts Asiatiques* 61 (2006), pp. 17–29; Wang Tao, "Shang Ritual Animals: Colour and Meaning (part 1)," *Bulletin of the School of Oriental and African Studies* 70: 2 (2007), pp. 305–372; idem, "Shang Ritual Animals: Colour and Meaning (part 2)," *Bulletin of the School of Oriental and African Studies* 70: 3 (2007), pp. 539–567.

导论：动物、宗教与秩序

近更由胡司德(Roel Sterckx)对动物与古代礼乐世界的秩序进行了详尽的研究[1]。尽管上古史中的动物在学术界是热门话题，但学术界对中古史中动物的地位和角色尚缺乏深入的研究，仅仅限于对一些个别动物进行具体名物考证与文化史研究，虽然这些著作在材料上不断有所扩展，从传世文献到考古材料，从碑铭到墓志，均有涉及，但对于学术问题的提出和学术分析的框架而言，并无较大进展。

我们这里略微提示一下更为宽广的学术史回顾。考虑到中古史研究的系谱，可以看出中古史研究和上古史非常不同。上古史偏重对古典文献和考古资料的研读和解释。在欧洲，中古史研究长期是僧侣的特权，或者以僧侣以及教会学院学者为主导，除了语言的优势之外，亦因为其研究的神学和哲学传统极为深厚。但是教会学者更多地以研究追求灵性的修行，并将学术看成是神旨的阐释。而现代宗教学者则过多关注人类社会和文化的结构以及人类社会成员的社会和文化活动，特别二十世纪五六十年代以来宗教生活史更为流行[2]。日本学者黑田俊雄提出了一个以公家、武家和寺家三大社会集团及其权力为中心的框架解释日本中世史，这实际上将宗教列为日本中古史上最为重要的势力之一。中国中古史的

---

[1] Roel Sterckx, "An Ancient Chinese Horse Ritual," *Early China* vol. 21 (1996), pp. 47–79; idem., "Transcending Habitats: Authority, Territory and the Animal Realm in Warring States and Early Imperial China," *Bulletin of the British Association for Chinese Studies* 1996, pp. 9–19; idem., "Transforming the Beasts: Animals and Music in Early China," *T'oung Pao* vol. 86, no. 1–3 (2000), pp. 1–46; idem., *The Animals and Daemons in Ancient China*, Albany: State University of New York Press, 2002; 胡司德之后的研究有 John S. Major, "Animals and Animal Metaphors in *Huainanzi*," *Asia Major* (third series), vol. 21, no. 1 (2008), pp. 133–151; Ulrike Middendorf, "Inside the Minds of Animals: Towards a Theory of Consciousness and Feeling in Early China," *A Passion for China: Essays in Honour of Paolo Santagelo, for His 60th Birthday*, ed. Chiu Ling-yeong, with Donatella Guida, Leiden: Brill, 2006, pp. 237–258.

[2] 从教会史到宗教文化、生活史的提示，见 Giles Constable, "From Church History to Religious Culture: The Study of Medieval Religious Life and Spirituality," in *European Religious Cultures: Essays Offered to Christopher Brooke on the Occasion of his Eightieth Birthday*, ed. Miri Rubin (London: Institute of Historical Research, 2008), pp. 3–16; idem., "Recent Trends in the Study of the Middle Ages," *Annual of Medieval Studies at CEU* (Central European University, Budapest), ed. by J. A. Rasson and B. Zsolt Szakács, vol. 15 (2009), pp. 355–365; John Van Engen, "The Future of Medieval Church History," *Church History* 71 (2002), pp. 492–522.

研究基本上不重视理论框架,大多数讨论在内藤湖南、陈寅恪等现代史学奠基人的框架下关注具体史实考订,常常局限于文献学的推论,亦对学者们对欧洲、日本中古史的研究不太在意。

具体而言,前辈学者特别是汉学家在他们的一些著作中提示中古时代人们对动物的认知。如薛爱华的一些论著揭示了中古动物文化史的重要意义[1]。他在《朱雀》一书第十、十一章,讨论唐代南越地区的植物和动物以及朱雀[2],其中植物部分包括热带雨林、奇妙植物与有毒植物,薛爱华指出植物在巫术、宗教和象征上的使用与其药用很难完全区别开。他将有用的植物分为食用植物(edible plants)、香料植物(aromatic plants)和观赏植物(beautiful plants)等等[3]。薛爱华讨论的动物还包括鱼、蛙、爬行动物(如龟、鳖、蜥蜴、鳄鱼)、龙及其近亲(在南北各地,龙都是雨神,控制农业的繁荣)、夔、哺乳动物(大象、牛、野猪)、鸟类等等。司马德琳(Madeline Spring)继承了薛爱华对中古文学的动物研究传统,探讨了唐诗中的动物寓意,特别分析了唐诗中的鹤、猫、鼠、牛、马等动物[4]。这些研究在具体的领域均做出了开拓性的贡献,不过,动物王国与人类社会以及神界相互关系的构建在中国中古学术界并未引起很多学者的注意,毕竟中古史学者仍然将其主要注意力放在人类社会的研究,而非人以外的空间和界域。

在这里还要提出来讨论的第三个学术传统是西文学术界对佛教与中国社会互动的研究。这里主要举出三个最具有代表性的学者为例。荷兰

---

[1] Edward H. Schafer, "Cultural History of the Elaphure," *Sinologica* 4 (1956), pp. 251-274; idem., "Hunting Parks and Animal Enclosures in Ancient China," *Journal of the Economic and Social History of the Orient* 11 (1968), pp. 318-343. 更早一些关注动物文化史的学者是高罗佩,他撰写了《长臂猿考》,Robert Hans van Gulik, *The Gibbon in China: An Essay in Chinese Animal Lore*, Leiden: E. J. Brill, 1967.

[2] Edward H. Schafer, *The Vermilion Bird: T'ang Images of the South*, Berkeley: University of California Press, 1967, pp. 165-247.

[3] Ibid., p. 169.

[4] Madeline K. Spring, *Animal Allegories in T'ang China*, American Oriental Series, vol. 76, New Haven: American Oriental Society, 1993. 还有学者关注古代和中古时期葬仪中的动物,如 Danielle Eliasberg, "Pratiques funéraires animales en Chine ancienne et Medieval," *Journal Asiatique* vol. 280, no. 1 (1992), pp. 115-144.

导论：动物、宗教与秩序

学者许理和(Erik Zürcher)为当代西方的中国佛教社会史研究奠定了根基,他的《佛教征服中国》(The Buddhist Conquest of China)谈论了佛教传入中国之后从王室佛教到士族佛教(gentry Buddhism)的转化,也讨论了跨文化翻译实践的议题,后来他更发表一系列文章讨论佛典早期汉译史。许理和深受二十世纪五六十年代社会史思潮的影响,非常重视宗教生活中各个社会集团王室、士族等的参与,并从翻译文献的语言特点看其所针对的读者(readership)群体。这些人的身份和地位在社会中的政治、文化生活中扮演了不同的角色,在宗教生活中也应当不同。不过,许理和主要使用了梁代和唐代《高僧传》中的材料,而梁代慧皎的《高僧传》比较偏重江南地区。后来侯旭东主要利用造像记材料提供了关于北朝地方佛教社会的详细图景,大大丰富了我们对于北朝民众佛教实践的认识[1]。谢和耐(Jacques Gernet)则主要利用新出土的敦煌文书研究佛教对于中国中古经济发展的影响,他这一研究的学术背景也同样受到二十世纪五六十年代欧洲社会经济史研究趋势的影响[2]。中国学者对此领域也有不少研究,比如姜伯勤在1987年出版了《唐五代敦煌寺户制度》。经济生活的研究之外,社会日常生活的系统研究主要有郝春文根据敦煌文献对归义军时期敦煌地区寺院生活的讨论,他在1998年出版了《晚唐五代宋初敦煌僧尼的社会生活》一书。

不过,这些研究主要依据敦煌文献,到底多大程度上可反映中原的面

---

[1] 侯旭东：《五、六世纪北方民众佛教信仰——以造像记为中心的考察》,北京：中国社会科学出版社,1998年。在许理和之前,最为重要的佛教社会史著作是塚本善隆的《中国佛教史研究》(北魏篇),许理和之后学界对佛教社会史的研究,参见太史文在《佛教征服中国》第三版前言中的评说,见 Stephen F. Teiser, "Social History and the Confrontation of Cultures: Forward to the Third Edition," in Erik Zürcher, The Buddhist Conquest of China. The Spread and Adaptation of Buddhism in Early Medieval China, the third edition, Leiden: Brill, 2007, pp. xiii – xxxvii.

[2] Jacques Gernet, Buddhism in Chinese Society: An Economic History from the Fifth to the Tenth Centuries, translated by Franciscus Verellen, New York: Columbia University Press, 1998;此书较法文原版有较大的修订,随后在1999年 Silk 发表长篇书评论文,参见 Jonathan Silk, "Marginal Notes on a Study of Buddhism, Economy and Society in China," Journal of the International. Association of Buddhist Studies Vol. 22, no. 2 (1999), pp. 359 – 396. 谢和耐也写过人与动物的区别的文章,见 Jacques Gernet, "Ce qui distingue l'homme de l'animal," Mélanges de Sinologie offerts à Monsieur Jean-Pierre Diény (I), Études chinoises vol. 18, no. 1 – 2 (1999), pp. 15 – 30.

貌,仍值得商议,因为毕竟敦煌是个较为特殊的地区,其在归义军统治下,在政治结构、经济规模、民族构成、文化传统等方面均与中原地区存在巨大差异。后来太史文(Stephen F. Teiser)一方面继承了许理和的社会史思路,一方面也开拓了一些新思路,他关注的重点是佛教思想进入中国社会并被接受和变化的过程。他利用敦煌出土的所谓佛教疑伪经作为主要材料,重点讨论佛教作为外来文化进入中国中古孝道思想与家庭发展历史中的意义,也关注佛教地狱思想和拯救思想进入中国社会的历程。他特别探讨了佛教的重要宗教思想如转世轮回、地狱等观念在中国被接受的过程和机制[1]。他的思路有很强的社会史与思想史结合的取向,同时也深深植根于近代西方宗教学发展的基督教背景,即关注死后世界、灵魂归宿、天堂地狱等基督教中非常重要的主题。我们应该注意的是,这些带有浓厚社会史取向的学者关注的主要是宗教在社会生活中的意义。最后,有关佛教与中国社会的互动方面,还有一些研究涉及动物,只不过其研究的重点是佛教的素食主义和放生实践[2]。换言之,动物并非这一研究取向关注的中心议题[3]。

研究动物在宗教生活中的意义,不能忽视这些前人已经取得的成就,但也需要推进前人没有注意的领域和主题。从以上对三种学术传统的总结来看,学界对于动物与宗教的研究虽然很重视,积累很深厚,但对动物与中国宗教仍然处于积累阶段,即使是对中国宗教中的动物进行研究,也主要集中在上古时代,而研究佛教与中国社会的互动方面未将动物作为考察对象。弥补学界在这些方面的不足,正是本书研究的意义和刊布的理由。

---

〔1〕 Stephen F. Teiser, Ghost Festival in Medieval China, Princeton: Princeton University Press, 1988; idem., The Scripture on the Kings and the Making of Purgatory in Medieval Chinese Buddhism, Honolulu: University of Hawaii Press, 1994; idem., Reinventing the Wheel: Paintings of Rebirth in Medieval Buddhist Temples, Seattle: University of Washington Press, 2007.

〔2〕 我们后面在讨论唐代道宣对动物进行分类的问题时将列出相关论著目录,可供读者参考。

〔3〕 日本学者则在研究素食时注意动物的主题,如中村生雄:《日本人の宗教と動物観:殺生と肉食》,东京:吉川弘文馆,2010年。

三、主题的阐释:动物、政治与宗教

前文对学界一些有着广泛影响的研究的回顾,可以帮助我们了解目前的主要趋势和这些趋势对我们研究宗教与动物有何启发。我们应该关注宗教与动物史上的社会史取向,所谓社会史,在这里并非是指二十世纪五六十年代以来兴起的关注所谓下层或者平民阶层社会的历史[1],而是关注古典社会学意义上的社会关系的历史研究,即研究动物在社会关系中的角色与地位及其功能。

最近戴维斯(Natalie Zemon Davis)教授在霍尔堡纪念奖颁奖典礼上演讲时回顾了欧美史学界所谓"去中心"史学(Decentering History)的历程,她特别指出这一趋势主要体现在三波变化,前两次变化都和社会史有关,如第一波兴起于二战之后,史学界关注农民、艺人、工匠等社会下层民众的历史;而第二波变化是指六十年代以来史学界转向关注女性、家庭和性别的研究;第三波则主要体现在史学界转向关注后殖民主义时代取得独立的地区,如北非、阿拉伯世界等等,注意在研究殖民帝国扩张史、传教士传教之外当地民众的感受、抵抗、知识交换、历史记忆等等。在史学的新发展过程中,正如戴维斯指出的,动物、植物也作为重要的历史角色,与人类分享历史的叙事[2]。本书当然也希望将动物的研究置于这一大背景之下考虑,使读者能从本书提示的动物参与人类史发展的过程看到人类历史的丰富和多样。

本书将通过一些具体的研究,希望揭示动物在复杂的社会关系构建过程中有着十分重要的意义,这里面涉及的构建中古社会关系的主要角色包括文人、僧人、皇帝、庶人,即这些人构成多重社会秩序,政治秩序、宗

---

[1] 在中文历史学界,虽然有很多对社会史的理论讨论,但在史学实践中,所谓的社会史实际上是社会生活史的简称,学者们致力于描述古代人民的社会生活,这与"古典社会史"如受马克思主义影响注重社会结构和阶层分析如郭沫若《中国古代社会研究》等相背离。姑且称这类社会史为"新社会史",以示与古典社会史相区别。本书主张重新重视古典社会学如韦伯、马克思等人的一些认识,也许应被看作是复古,也为了和新社会史相区别,姑且戏称为"后新社会史",聊供读者一哂。

[2] Natalie Zemon Davis, "Decentering History: Local Stories and Cultural Crossings in a Global World," *History and Theory* vol. 50, no. 2 (2011), pp. 188–202,特别 p. 190.

教秩序、文化秩序。这里所谓政治秩序主要指不同政治群体对于政权的态度和认知,以及这种不同态度和认知如何影响政治人群的行为。而宗教秩序主要指僧人、在家信徒、非宗教势力共同构建的秩序。文化秩序指文化实践团体如文人、僧人学者通过写作、传播和教化构建的文化结构和文化意义。这里关注的重点是动物如何在这些复杂的社会秩序中以不同面貌出现,并被书写、认知,从而影响这些社会秩序的构建。比如在政治生活中,以皇帝为中心的王权权威的确立离不开动物的装饰和象征。具体到佛教的宗教生活,狮子则常常被用来装饰佛陀在僧团中的权威形象。同时,驯化猛虎则被用于塑造高僧的形象。我们如果分析动物在佛教文献和图像中由这些文献和图像的作者用来进行叙事、修辞、隐喻、象征,可以更为细致地理解动物在人类通过宗教生活构建复杂社会和心理关系中所扮演的角色和体现的意义。

我们的研究可以从学理的梳理和借助日常经验来进行两方面的考察。造就历史上中国佛教的因素实际上可以划分为两方面。一方面佛教弘法僧由南亚、中亚介绍佛教教义和实践,逐渐建立了佛教在华发展的基调;另一方面佛教在输入中国的过程中也不断受到中国固有传统思想和实践的影响,这些影响无疑也改造了外来的宗教,也重新塑造了许多新的因素。在佛教逐渐建立其在华主体性之后,中国传统的道教和儒家的思想与实践也受到佛教思想和实践的影响,这主要反映在思维、制度和文化实践(cultural practice)等方面。所谓文化实践,主要包括叙事文学、绘画和雕刻艺术等等。

宗教关系中出现的张力除了反映人对神的敬畏,也反映人对帝王(king and ruler)的敬畏,如同帝王对神的依赖和服从[1]。在前现代的政治和社会生活中,臣属对君王的依赖与服从,乃至于合作,作为一种政治上的等级秩序,也容易让人联想到自然界的食物链所造成的内部秩序,因

---

[1] Walter Burkert, *Creation of the Sacred: Tracks of Biology in Early Religions*, Cambridge: Harvard University Press, 1996, pp. 94 - 101.

导论：动物、宗教与秩序

为早期社会发展过程中，人也处于这个食物链的结构之中，因而这种日常经验特别容易让人们敬畏居于食物链高端地位的动物。与之相关的是人们用仪式（ritual）来构建各种关系。仪式表演和再现是人与神（敬献牺牲）、帝王与神（帝王作为神的代表）、民众和动物沟通（动物通灵、动物作为神的代表、驯化），以及帝王将权威加诸人民（帝王构建王权威仪、权威、合法性）的主要手段[1]。在这种情况下，自然宗教中的动物常常作为神的一类出现，动物和神一样都是民众崇拜敬献的对象。动物因此可看作是自然秩序、社会秩序特别是政治秩序、宗教秩序构建过程中的关键因素。

思想史，特别是政治思想史、宗教思想史以及艺术思想史中与动物相关的层面非常丰富，这些思想史与动物的关联也和人们的日常生活实践经验分不开，受到人们日常生活实践的启发和限制，甚至改造。简单而言，佛教僧人对动物的认知，除了来自文本的传统之外，还有日常生活的传统，因为日常生活经验非常重要，特别是一旦作者想要将动物象征介绍给其他读者和听众，一定要让其他人能够在其生活经验和常识基础上理解并接受这种认知，则高僧往往要用本土资源来代替佛教文本中的叙述；因为本土资源能够被本土读者和听众理解并接受。比如唐代的高僧道宣（596—667）曾撰文对佛教社区可能遇到的动物进行分类，虽然这个分类基于《四分律》的律典传统，但他在解释传统律文时没有提及很多热带地区十分常见的动物，如狮子、犀牛、象、孔雀等等，这些动物在早期佛教中极为常见，居然没有出现在道宣的视野中，这可能反映了他个人日常生活经验局限在北方地区[2]。又比如狮子，不产于中国，古代社会也没有公共动物园，一般民众不太可能了解和认识这样的动物。中国僧人常常在

---

[1] Thomas Allsen 分析了狩猎动物仪式在欧亚史上作为王权构建方式的历史，见 *The Royal Hunt in Eurasian History*, Philadelphia: University of Pennsylvania Press, 2006.
[2] 拙撰《初唐时期佛教动植物分类——道宣〈量处轻重仪〉研究之三》，高田时雄主编：《唐代宗教文化与制度》，京都：京都大学人文科学研究所，2007 年，页 13；英文本"A Buddhist Classification of Plants and Animals in Early Tang China," *Journal of Asian History* 43: 1 (June, 2009), pp. 38–39. 增订本见本书第一章。

佛教叙事中出现狮子的地方代之以中国听众和读者熟悉的虎。之所以举这个例子，乃是为了说明，作为政治和宗教权力与权威的象征，狮子和虎各自在南亚和东亚作为森林之顶级捕食者的面貌出现，确实出自本地人对这些动物的日常经验。

采纳动物的形象作为权力和权威的象征绝对不是政治上层一厢情愿的考虑，这些象征也和普通民众对动物的认知和体会等日常经验分不开。中国自古以来每个政权所采纳的动物象征，如带有图像、表演的性质，则必然是针对特定的观赏对象，这些对象既包括统治阶层内部的观众，他们通过观赏这些动物的象征，建立对于政治权威的认同感和畏惧感；也包括政治上层的下属以及普通民众，他们在观赏动物象征的过程中，因为个体对于自然界动物秩序的感受也参与其中，逐渐构建出一种对于政治权威的恐惧感和敬畏感。这种象征，不仅仅是存在于政治上层所设定的典章制度的层面，也对普通民众的观念和行为存在很多触动、影响、规劝和震慑。人类社会对动物的形象塑造机制可以说是文化资本（cultural capital）和象征资本（symbolic capital）形成的过程，因为这种象征的运用可以带来政治利润和利益。

每个人生活所处的地理环境不一样，每个人的人生境遇、知识框架和储备、对外界的感知和认识也不同。换言之，个人的日常经验常常带有地方和个人特点，这些特点会影响一个人的写作，会遗留在一个人留下的著作之中。如果我们将目标投向一些个案，可以发现作为个体的佛教内部学者常常将自己所理解和认识的个人经验和知识引入来解释经典中的内容，并将他们个人的解释纳入重新界定的经典中，从而以地方化开端，而以经典化结束。比如道宣将他对动植物的地方性认识、个性化认识写入《量处轻重仪》，后来这一文献被纳入佛教大藏经体系。这当然一方面反映大乘佛典之开放性，另一方面反映律师个人的经验在中古时期改造佛教世界观和对自然的认知中扮演了重要角色。

对佛教中所有的动物进行全面、系统、广泛地研究，并非本书的任务。这里仅选择一些个案进行研究。那么是否在选择这些动物过程中会导致

导论:动物、宗教与秩序

人为构建动物在佛教中的中心与边缘地位? 换言之,是否存在某些动物基于佛教生活的中心地位,而另外一些动物则处于次要地位? 答案似乎是肯定的,因为动物的中心与边缘地位受很多因素影响,比如动物王国的秩序如何构建? 何种动物处于这一动物王国的何种地位? 在不同的地区动物王国的秩序很不一样。在不同的文化中,不同的动物也被用于不同的叙事,赋予不同的隐喻和象征意义,因为在不同文化中生活的人们对于动物的认识和体验非常不同,这些对动物的不同认识和体验塑造了动物在文化中的不同形象。

我们这里要探讨的动物当然居于中心地位。这一研究将主要讨论一些处于当事人想象和概念中心的动物如狮、虎、龙等等。其他动物也很重要,不同的动物在人类社会不同的生活方式和层面中扮演的角色不同[1],但在佛教生活中肯定不如狮、虎、龙这些动物重要。如果简单而言,也许可以说,在不同地域、不同的自然条件与地理环境,不同的动物对于人类的政治、经济、宗教、文化艺术生活影响是非常不同的。比如马对中亚历史、象对于南亚历史、狼对于北亚历史、虎对于东亚历史十分重要,其重要性要超过大多数动物,即使不是所有其他动物。

迪尔凯姆在讨论宗教时,认为宗教乃是社会现象,对于这一立场的论述离不开两点。首先是社区的凝聚依靠对于某一图腾的共同信仰,图腾同时是神与社会的象征,因而神与社会并无二致,动物常常作为社区的象征以及图腾的象征出现;其次是将神圣与世俗分开,而仪式乃是人们接近神圣的行为,人对神圣性的建构实际上也将自己的特定社区视为一个道

---

[1] Stuart Piggott, *Wagon, Chariot and Carriage: Symbol and Status in the History of Transport*, London: Thames and Hudson, 1992; Bernard S. Bachrach, "Animals and Warfare in Early Medieval Europe," *Settimane di Studio del Centro Italiano di Studi sull'alto Medioevo*, 31 (Spoleto, 1985), pp. 707 – 764; Peter Raulwing, *Horses, Chariots, and Indo-Europeans: Foundations and Methods of Chariotry Research from the Viewpoint of Comparative Indo-European Linguistics*, Budapest: Archaeolingua, 2000; Sandra L. Olsen, Susan Grant, Alice M Choyke, and Laszlo Bartosiewicz, *Horses and Humans: The Evolution of the Human-Equine Relationship*, British Archaeological Report, International Series 1560, Oxford, 2006; David W. Anthony, *The Horse, the Wheel, and Language: How Bronze-Age Riders from the Eurasian Steppes Shaped the Modern World*, Princeton: Princeton University Press, 2007; Beverley Davis, "Timeline of the Development of the Horse," *Sino-Platonic Papers* No. 177, August, 2007.

德社会,从而将神圣的道德社会与世俗社会相区别[1]。第一条主要讲宗教秩序建立的规则,而第二条则指出宗教将世俗秩序与宗教秩序分开的规则。

不过,社会也是一个各类人类和自然因素以及人类、动物的心理状况共同构建的产物。宗教秩序的建立不仅依赖制度与实践,宗教秩序的塑造亦受到宗教语言、文献的影响。宗教的语言、文献当然也深受社会、文化语境的影响。以早期佛教为例,狮子作为佛陀象征亦受南亚社会、文化语境的影响,一方面,狮子在南亚一些地区乃被视为百兽之王,君临天下,如佛陀摧伏各种外道,建立自己在智慧和道德上的权威;另一方面,在古代南亚一些地区,狮子与王权联系在一起,佛陀出身王族,这很容易让人们接受狮子作为佛陀尊贵地位的观念。到了中国,中国僧人面对的是熟悉中国自然环境中常见的猛虎的听众,所以将猛虎引入到各类场合取代原本属于印度狮子的地位和角色。

四、材料的解读:叙事、隐喻与象征

这里主要对阅读文献、解读文献中应该引起注意的议题进行一些说明。有关动物与中国佛教的主要资料包括视觉、书写、口传、仪式表演(visual, written, oral, ritual)等方面的材料,即文献、艺术、考古、碑刻铭文,以及田野考察,但田野调查资料需更多运用民俗学、人类学的方法进行探讨[2]。但是,一方面,要想真正恢复所谓历史的真实,穷尽所有材料根本是不可能的事,材料永远是有限的、片面的、残缺的,历史本身的丰富性根本不是我们后人通过收集材料所能反映的,特别是文献和图像材料仅能反映二维世界,永远不可能进入三维世界,基本上声音、语气材料就不可能收集到,所以仅仅以文献和图像材料来研究历史,根本不可能帮助我们真正深入当时人的思想和精神世界,知人论世,何其难哉! 从常识出

---

[1] Emile Durkheim, *The Elementary Forms of Religious Life*, translated and with an introduction by Karen E. Fields, New York: The Free Press, 1995, pp. 99 – 168; Giangranco Poggi, *Durkheim*, Oxford: Oxford University Press, 2000, pp. 141 – 168.

[2] 葛兆光先生在评论日本道教研究时,敏锐地指出日本学者一方面注意欧洲的人类学、民俗学研究而注重田野经验,一方面亦仍旧注重传统文献的研究;见"文献学与历史学的进路",收入他的论文集《域外中国学十论》,上海:复旦大学出版社,2002年,页85;此书虽是论文集,却有多篇文章检讨学术史和方法论,值得重视。

导论：动物、宗教与秩序

发,可知日常生活变量甚多,人是否能在一生中永远保持合乎一贯逻辑尚且是个问题,因为人的理性生活受各类因素影响,乃存在相当复杂的变化。很多学者和思想家常在日常砥砺中迅速改变其看法与立场,这都是很正常的。人的意识和潜意识很复杂,自己能掌握的部分却并不多,而别人到底能了解多少这些意识和潜意识,恐怕也是未知数,但肯定非常有限。有时当事人自己亦未必完全清楚自己的处境。无论是文字、口述和图像材料,其产生的上下文都存在很多偶然的因素,并非完全反映理性思考或构思的结果。因此,我对所谓穷尽史料以还原历史的真实这样传统的史学追求持保留态度。

另一方面,随着当代科学技术的发展,我们能够掌握的材料虽然很多,因为每个人的研究主题和关注点不同,实际上在运用材料的过程中自觉不自觉地带有主观性、选择性。我们不应随便宣称掌握了大量资料,因为这些所谓"大量"与真正的历史相比而言,是非常有限而破碎的。陈寅恪也说过"吾人今日可依据之材料,仅当时遗存最小之一部;欲借此残余断片,以窥测其全部结构,必须备艺术家欣赏古代绘画雕刻之眼光及精神,然后古人立说之用意与对象,始可以真了解。"[1]实际上,根据学者个人的研究取向和训练,材料也被构建出围绕特定主题的所谓中心材料与边缘材料,我们因此也不可能将所有材料用于写作,而不得不随时作出取舍。我想强调的是,学者永远要对史料的性质、历史的性质、史学之间的张力保持清醒和警惕的头脑,史料之于史学而言自然至为关键,但与历史的真实而言,则相去甚远。

我们需要根据自己研究的课题,寻找、发掘、重新构建所谓关键材料或者中心材料,来揭示这些材料与所探讨主题直接相关的历史和文化上下文,这要求对议题和材料两者之间的逻辑联系有非常清醒的认识。近二十年来,学术界日益重视对材料性质的反思和审视,学者们逐渐基于这

---

[1] 陈寅恪:《冯友兰〈中国哲学史〉上册审查报告》,《金明馆丛稿二编》,北京:三联书店,2001年,页279。

些反思和审视提出新问题,这些学术趋势比传统上仅仅对材料进行就事论事的研究要深入许多,也给我们提供了对历史更为丰富的理解。借用佛教的术语,任何文献或口述材料的产生,乃是集体共业和个人别业共同作用的产物。因而我们应分析这两方面的因素,并找出它们之间的关联。

从这个意义上说,对材料进行精细的解读并从中看出问题乃是本书的主要追求。白桂思近来提出一个看法,认为对于古代的第一手材料要仔细定义和讨论。他指出古代和中古史学者一般所谓原始史料(primary sources),比如正史和典制体史书,甚至碑铭文献,实际上全部是二手史料(secondary sources),这些材料实际上是文献记录者编辑或者进行文学构思的作品,已经带有创作者的想法和思路。它们被认为是原始史料仅仅在它们是迄今可获得的最早关于当时记录的材料。白桂思并列举了两个例子,包括古代所谓的《实录》和古突厥碑铭[1]。这一看法当然对我们很有启发意义。

实际上,所有原始文献相对于历史真实本身来说都是二手材料,都带有书写者个人文化和个人经验所共同塑造的文化因素。传统的研究往往仅从这些材料所记录的信息中寻找所谓历史的真相,但常常不注意这些材料的性质、目的,以及和这些材料相关的作者与读者之间的联系。本书在讨论动物和佛教的关系时,也会注意材料本身的性质、文体及其功能。对史料性质的重视虽然很大程度上会导致研究史学的实践过程中第一手材料和第二手材料的判断更为艰难,甚至模糊二者的区分,但是可能促使我们思考材料所能反映的问题的规模和限度。

具体而言,说到佛教文献的性质及其利用,传统学界一般将传世的佛教文献分成大藏经文献和藏外文献。这种划分实际上非常成问题,因为大乘佛教传统中的大藏经原本就是一个不断扩展的性质,大藏经的成立仅仅反映了古代僧人的传统佛教知识和思维,其权威往往由在朝廷支持

---

[1] Christopher I. Beckwith, *Empires of the Silk Road: A History of Central Eurasia from the Bronze Age to the Present*, Princeton: Princeton University Press, 2009, p.385, endnote 1.

导论：动物、宗教与秩序

的寺院系统中掌握一定权力的高僧构建，并非代表佛教社区全体成员的意见。随着改朝换代，甚至编纂大藏经高僧的构成和身份的变化亦常常造成大藏经结构和取舍标准的变化，可以说，中古时期大藏经的编纂既有朝廷的影响，又继承了前代的经验，同时也带有编纂者个人的认知。

当代欧美学术界最为流行的《大藏经》版本是日本学者高楠顺次郎和渡边海旭等人主编的《大正大藏经》（此版本目前由设立在台北的中华电子佛典协会进行了数字化，非常便利学界使用），虽然成书于二十世纪二三十年代，但代表了当时日本学者对大藏经的成熟水平。虽然其断句和文字均有颇多问题，仍是较为有用的现代版本[1]。传统上，佛教文献学自十九世纪以来，受历史比较语言学的影响，侧重于校订文字，为读者提供经过文献考订（textual criticism）之后形成的所谓校订本或批判性版本（critical edition）。其缺点亦十分明显，即其关注主要在文字的增补校订，而对于不同时代不同版本文字同异背后的文化史和思想史背景略有忽视。实际上，每个时代在政治、经济和文化因素影响下，加上书写、印刷技术在不同程度上的运用，文字的同异乃需要置于一个更为宽广的背景下考虑。

不过，有趣的是，《大正大藏经》在大分类上按照原始文本的出现地将全部文献分成印度撰述、中国撰述、日本撰述三类，一方面反映了当时日本学者的近代民族—国家观，一方面也反映了他们试图提供一个和传统大藏经（如《高丽大藏经》《乾隆大藏经》等）的编排不同的视角。不过，这一按照地域进行分别的分类实际上并不带有学术的考虑，没有从学术角度按照文本的性质对这些文献进行划分，对于文献实践的文化史，即文献的创作、书写、疏解等实践的思想背景、文化背景并未加以说明，仅考虑了文献的创作地域范围。地域是一个因素，语言是另一个因素，《大正藏》中收集的佛教文献多半都是以汉文或者汉字的形式保存下来，反映

---

[1] 本书中大量引用了这一版本中的文字，但重新进行了标点，并参考其他版本，对相异的文字部分进行了辨析，不过，本书一些研究并不局限于做简单的文字辨析，而是试图揭示不同版本文字变化之后的文化史背景，因为很多时候，这些文字的不同反而体现了时代的思想变化和特色。

了其主要面向能够读懂汉文或者汉字的读者。

日本大正时代学者按照民族国家理论假设对佛教文献划分部类当然很成问题,这也提醒我谨慎使用貌似约定俗成的一些术语。本书将在地理和文化两个意义上使用印度一词,一是印度实际上是地理概念,指印度次大陆地区,和南亚可以互换使用,因此在一些场合也使用南亚一词;二是按照学界约定俗成的用法来使用印度,将其视为文化概念,指古代天竺,比如所谓印度婆罗门教,即指古代天竺地区的婆罗门教。而提及所谓古代印度关于龙的叙事,实际也指天竺地区。

但是本书避免使用印度佛教一词。当提及佛教入华之前的传统时,本书一般称为"早期佛教"(early Buddhism),或有时称早期南亚佛教,包括天竺和锡兰传来的佛教传统。印度佛教的概念产生在十九世纪,乃是现代学术的产物。和它类似的概念还有很多,包括原始佛教、根本佛教、部派佛教(Nikaya Buddhism)等,这些概念和上座部佛教(Theravada Buddhism)类似,乃是现代佛学的发明,很大程度上由西方东方学家构建。近些年,很多学者开始反思这些名词出现的基督教和西方文化中心主义背景,基本上"早期佛教"已被公认为比较中性[1]。所以,本书提及入华前的佛教传统,一般泛称为早期佛教。早期佛教文献所使用的语言也较为复杂,除了梵文、巴利文、佛教混合梵文之外,还包括其他中亚语言。早期佛教文献存在一个文献化过程,即从口传统到书面传统的发展过程,很多文献原文已经佚失,但保存在汉文译本之中。当我说早期佛教文献时,亦请读者注意此点。

本书主张将中古佛教文献按照其性质从作者(authorship)和读者(readership)的立场分成三类,即译作、注释、创作。基于这样的分类,要对所有汉文佛教文献进行重新分类、归类,分析其思想特点和产生的背景,因为固然全部佛教文献均由佛教作者撰成,但这些佛教作者一方面因为其作为佛教徒的群体身份(collective identity)分享一些关于佛教的共

---

[1] 西方、日本学界对此讨论颇多,参见拙撰《佛教、佛学、佛法:中国佛教与现代性》,《清华哲学年鉴》(2008),北京:当代中国出版社,2009年,页164—210。

导论：动物、宗教与秩序

识，另一方面每个个体在撰述过程中实际上亦在其作品中带有个人的文化与知识背景、趣味和偏见[1]。比如唐代僧人道宣（596—667）通过注疏和撰述留下的文献也体现了他个人作为一位南朝遗民后代的家庭和寺院文化背景，同时也有个人的偏见和局限，比如他虽推崇江南佛教[2]，但因从未有在南方的生活经验，他对南方流行的动植物的认知乃是十分有限的，本书第一章对其动植物分类的研究即揭示了这一点。

简言之，对佛教文献根据其作者和读者进行分类乃是因为译者（translator）、注者（annotator or commentator）和作者（author 或 composer）从他们自身的文化处境出发来撰述文章，而他们的文化处境对于其撰述起源与目标均有深厚的影响，早期佛教作者留下的作品在后代佛教注疏家的阐释下，也出现了不同的思想和形态，这些都是值得注意的思想和文本变化。其实，从这一角度将佛教文献分成三类即译文（translation）、注疏（annotation, commentary）、创作（composition），亦可以帮助我们理解造成中国佛教传统中所谓中心经典（central scriptures）和边缘经典（marginal scriptures）的缘由。也可以认识佛教文献知识的生成、流变、定型、保存、流传。总之，这是佛教文献传统的创造与再创造的过程。

本书的学术旨趣是通过对常见文献中有关动物的部分进行细致分析来找出其中值得讨论的重要问题，即动物如何因为其在自然秩序中的地位和作用成为人类社会构建政治和宗教秩序的媒介。研究欧洲史的学者指出通过研究魔鬼和魔法可了解自然的运作、历史的诸多过程、宗教纯性的维持、政治权威和秩序的性质[3]。其实这个思路也适合本书对动物的

---

[1] 相关理论的探讨见 Martha Woodmansee and Peter Jaszi eds., *The Construction of Authorship: Textual Appropriation in Law and Literature*, Durham: Duke University Press, 1994.

[2] 详细的讨论见拙著 *The Revival of Buddhist Monasticism in Medieval China*, New York: Peter Lang Publishing, 2007.

[3] Stuart Clark, *Thinking with Demons: The Idea of Witchcraft in Early Modern Europe* (Oxford: Oxford University Press, 1997), p. viii; 研究圣徒和圣性的学者也深受这一思路影响，见 Simon Distchfield, "Thinking with Saints: Sanctity and Society in the Early Modern World," *Critical Inquiry* 35 (2009), pp. 552–584. 不同时代对于过去的书写和运用非常不同，存在许多意识形态的影响；相关讨论见 Yitzhak Hen and Matthew Innes ed., *The Use of the Past in the Early Medieval Ages*, Cambridge: Cambridge University Press, 2000.

处理,通过研究动物亦可了解中古时期自然的运作、历史的进程、宗教和政治权威与秩序的性质,从而在科学、历史、宗教和政治四个方面来了解人类生活经验的丰富性和复杂性。这里的分析特别注重研究古代文献中有关动物的叙事以及叙事所反映的宗教和政治隐喻、象征意义,并进而探讨形成这些叙事在历史上的变化,及其所反映的宗教和政治隐喻、象征意义背后的一般与特殊文化、自然背景。这一学术追求也要求本书在处理具体议题时既要注重学理分析,亦需兼顾历史上的个人实际经验与生活常识。

在以下部分我想通过若干具体个案来讨论佛教文献中有关动物的叙事传统,以及这些叙事传统如何运用隐喻和象征的手法来塑造佛教的思想和意识。这里要集中讨论的叙事文献主要包括佛传和僧传,即早期三藏文献中的佛陀传记以及中国中古流传下来的高僧传记。分析这些佛陀传记和高僧传记在中国中古时代的各类叙事方式和内容,研究其中对动物进行书写的隐喻、象征意义[1],可以帮助我们重新认识佛教文化史上一些不太为人注意却有深刻启示的断片,也可以让我们更为深入地理解佛教文化进入中国、与中国固有文化因子发生相互影响的复杂过程。

佛陀传记种类繁多,来源十分复杂。早期汉文译经中出现了很多种

---

[1] 在欧洲动物文学的研究中,这一方面的材料很多,如 Joyce E. Salisbury 以法兰西的玛丽(Marie of France)在 1155—1189 年间收集的 103 首寓言(H. Spiegel ed. And trans. , *Marie de France: Fables*, Toronto: University of Toronto Press, 1987)以及奥多(Odo of Cheriton)收集的 117 首寓言(J. C. Jacobs trans. , *The Fables of Odo of Cheriton*, Syracuse: Syracuse University Press, 1985)为主要材料讨论了中世纪欧洲的动物寓言,指出这些寓言实际上是借动物作为隐喻来说人类社会的秩序,在这些故事中,弱的动物代表人类社会的弱者,弱势动物群体代表了人类社会的弱势群体,狮子和鹰则以捕食者形象出现,以其他动物为食;同时,这些收集和改编者也将自己的道德诉求注入这些动物寓言。见" Human Animals of Medieval Fables," in Nona C. Flores ed. , *Animals in the Middle Ages: A Book of Essays*, New York and London: Garland Publishing, Inc. , 1996, pp. 49 - 65. 公鹿在中世纪文学作品中常被用来象征德性和英雄行为,母鹿则作为女性恩典的象征出现,见 John Cummins, *The Hound and the Hawk: The Art of Medieval Hunting*, London: Weidenfeld and Nicolson, 1988, p. 132. Joyce E. Salisbury 也在 *The Beast Within: Animals in the Middle Ages* 一书中讨论了 Marie de France 收集的寓言,这些寓言展示了一个动物的等级社会,动物的行为被用来批评人的行为,贵者滥用权力,富者贪婪无耻、毫无同情心,这是中世纪以寓言教育民众的典型代表,见 pp. 117 - 122。当然关于这些故事的文学批评的研究还有不少,不一一列举。和欧洲中世纪对动物寓言故事的研究相比,佛教动物寓言故事的研究略显凋零,但近来有较大进展。梁丽玲对佛教动物寓言故事及其对东亚民间文学的影响,做了开拓性的研究,见《汉译佛典动物故事之研究》,台北:文津出版社,2010 年。

导论：动物、宗教与秩序

佛陀传记,这些佛陀传记也以图像的形式流行于中亚和敦煌地区,这即是所谓的佛传壁画,描绘佛陀从成胎、出生、出家、成道、讲法、涅槃等人生重大经历。在佛教文献中,佛陀传记作为一种圣传出现,对佛陀一生行事的描述和叙事总是为了塑造佛陀无上威严和智慧的形象。在佛陀传记中,动物频繁出现在佛陀的人生历程中。佛陀甫一出生,即有龙王为佛陀喷水浴身。这样的叙事表面看上去平淡无奇,实际上细究起来,可以研究的问题较多。比如印度的龙与中国的龙完全是两种不同的"动物",佛教进入中国的早期阶段,译经者如何将在不同文化语境下产生的龙的概念嫁接在一起,乃是值得认真思考的问题。

以《普曜经》为例,该经叙述佛陀出生时,有九龙为之吐水浴身,这便是中国的概念进入佛传翻译文学。检早期的梵文文献《游戏神通》(*Lalitavistara*),可知原文为难陀(Nanda)和优婆难陀(Upananda)二龙,并非九龙。九龙乃是中国译本的创造,以中国传统对九龙作为帝王权力威仪的象征来用于佛传中象征佛陀作为太子降生时的威仪。这就是一个佛教文化进入中国与当地文化因子相结合十分明显的例子[1]。而九龙浴佛这样的叙事后来居然成为佛教叙事传统进入了道教老子传记和中国唐朝帝王的叙事中,可以说早期汉译佛传受中国传统影响,反过来到中古时期又作为一种佛教传统来影响道教圣传和中国王朝圣传的叙事传统。再比如佛教中的金翅鸟(Garuda)、中国传统文化中的凤凰、希腊—基督教文化中的 Phoenix 在形象和象征意义上亦十分接近[2],值得深究。

中古僧传中出现了有关虎的丰富叙事,这是中国佛教在中古时期的新发展。这些有关虎的叙事,有些来自对早期佛教传统的改造,有些则是

---

[1] 早在1932年,陈寅恪在《莲花色尼出家因缘跋》一文中即指出"佛法之入中国,其教义中实有与此土社会组织及传统观念相冲突者"。见《陈寅恪集》之《寒柳堂集》,北京：三联书店,2001年,页173。此文原载《清华学报》1932年1月第七卷第一期。其实不单是社会组织、传统观念,中、梵文的不同表达习惯亦对佛经翻译有影响。

[2] 对 Phoenix 的经典研究见 R. Van den Broek, *The Myth of the Phoenix — According to Classical and Early Christian Traditions*, Leiden: E. J. Brill, 1972; Françoise Lecocq, "L'iconographie du phénix à Rome," in *Images de l'animal dans l'Antiquité: Des figures de l'animal au bestiaire figuré*, Caen: Presses universitaires de Caen, 2009, pp. 73–106.

中国佛教的创造。虎在早期佛教中远不如狮子重要，可以说狮子乃是早期佛教中的中心动物，而虎则处于边缘地位[1]。可是到了中国中古时期，虎乃是中心动物，狮子不产于中国，自然被边缘化。尽管狮子作为佛陀权威象征和装饰的叙事传统也进入了汉文佛教文献，但对于中国僧人来说，还是对产自中国本土的猛虎更为熟悉。所以，早期汉文译经《大集经》中出现的十二生肖在被译成汉文的过程中，狮子的位置为虎取代。狮子作为称号常常出现在早期佛教文献中，而中古僧传中则常出现带虎字的僧人美称，如律虎等等。这都是佛教叙事传统为中国文化因子改造的例子。

又，僧传也有大量的僧人与虎的互动叙事，有驯虎者，有以虎为法徒、法侣者，僧人驯化猛虎方式亦非常多样，内容十分丰富。这些叙事一方面说明中国中古时期猛虎广泛分布，从而在僧人日常生活中扮演重要角色；另一方面也说明僧传撰述者有意以虎这一中国中古自然界秩序中最高捕食者的地位和角色为中介，来塑造僧侣的修行形象和道德能力。总体而言，从这些叙事来看，只有修行达到一定程度的所谓高僧，才有可能通过其慈悲力以及超自然法术驯化自然界的猛虎，并与之和谐共处。作为僧人转化他者的行为，他们驯化猛虎的仪式也值得分析。如果我们将这类叙事与儒家、道教对待猛虎的态度和行为放在一起考虑，可以看出不同价值系统对于猛兽的不同态度及其处理方式。所以本书也引用了一些基督教中圣徒与猛兽为邻的例子，同时考察了儒家思想背景下构建出的所谓虎去雉驯的政治修辞，并与佛教文献所反映的修辞相比较，试图找出其中的相似性与相异性。

五、结语

总而言之，具体到本书的研究，从学术史发展的逻辑来看，选择中古时期动物在中国政治、宗教秩序中的地位、角色和意义主要有以下的考

---

[1] 在 2005 年出版的《宗教百科全书》(*Encyclopedia of Religion*, edition 2, New York: Macmillan Reference USA, 2005) 第二版中有 Kathryn Hutton 撰写的"狮子"词条（原刊 1987 年第一版《宗教百科全书》），但此书没有单列"虎"的词条。

导论：动物、宗教与秩序

虑。研究这一问题首先是宗教学的思路，其次是中国研究的思路。但中国研究的思路上，学界对在政治史和宗教史背景下的上古动物研究较多，对中古较为忽视，所以选择中古时期可以从上古时期往下看。因为中国研究领域对中古动物的研究不够重视，因而这方面的研究文献较为缺乏，只能更多地从其他宗教传统中的动物研究中汲取营养，发展出新问题。当然，本书所讨论的议题极为有限，遗留的问题和引发的问题只能留待以后再加以考察，或期待其他学者继续推进这些领域的研究。

本书的研究也试图跨出朝代史的樊篱，对长时段的变化做出解释，如讨论十二生肖的变化和九龙在中国宗教传统中的流变均从四世纪讨论到八世纪；同时也注意跨越空间的距离，试图从一个更为宽广的世界史视野来看问题。如讨论古代和中世纪猛兽的政治象征意义，几乎涉及欧亚美等洲的主要古代文明区域。一些前辈学者早已指出，我们研究中国，要从中国看中国、从亚洲史看中国、从世界看中国，故不能止步于仅仅讨论中国境内的对象。

本书从第一章开始讨论初唐时期佛教僧人对动、植物进行的分类，这一分类一方面继承了佛教律典的传统，另一方面也结合了分类者的文化背景以及个人日常生活经验。随后在第二章讨论南北朝隋唐佛教文献中十二生肖形象和意义的变化，这一变化可以看出佛教世界观在中国文化背景中被理解、接受、扭曲、修改的过程。在第三章讨论驯虎叙事，从这一讨论中可知僧人作为中世纪社会秩序中的特殊群体，与动物在日常生活中结下不解之缘，而其与动物相伴的行为亦被塑造成理想的宗教实践模式，这一模式与欧洲基督教所塑造的圣徒与动物相伴的形象可以对应。第四章讨论中古佛教文献中的动物名号变迁，着重讨论佛教在进入中国文化之后从以狮子为主要象征性动物变成以虎为主要象征性动物的过程，同时追溯了狮子在塑造佛教思想和实践权威过程中如何被赋予特殊意义，以及这一意义与古代印度次大陆自然环境之关系。第六章讨论九龙在中古文献中的流变。首先探讨上文已经提到的佛教文献《普曜经》汉译术语问题，探讨中国古代作为政治权威象征符号出现的九龙如何出现在汉译佛教文献中,然后揭示了这一主题如何进入道教文献传统,以及其影响如何又进入政治话语的过程。这些章节均是从具体史料出发来提出新问题,并从各个角度来解决这些新问题。在具体讨论中也引入了文学批评、人类学分析等手段对材料进行细致地分析。第五章谈世界史视野下的猛兽与权力,则更多是从基本假设出发提出新问题,将猛兽作为象征在古代政治权力和权威构建中的意义放在一个世界史的上下文中考察,并试图提出世界各地动物与人类社会发展过程中出现的一些具有共通性和关联性的问题。

之所以这样安排本书的写作,在我看来,本书不仅服务于史学读者,也同时希望其他领域的学者对本书提出的问题感兴趣。此书更不希望将读者对象局限在中国研究的范围,也希望能引起研究其他国家和地区的学者的兴趣。

第一章　中古时期佛教动植物分类

一、引言

在前文导论中我们已略微提及了佛教的宇宙观,可略知动物在佛教六道轮回转世理论中的地位。动物世界内部亦是一个十分复杂的系统,构建出十分复杂的秩序,这样的秩序可以从不同的角度进行认识,分类乃是认识这一秩序的方式之一。动物的分类问题在古代世界很早就进入当时人的视野,或基于各个文化的世界观,或基于各个地区人们的日常经验观察。

前科学时代人们对动植物的分类并没有太多科学价值,偏重动植物对人类社会的功用、潜在功用以及象征意义,但对人类学、历史学研究古人对自然秩序的认知和价值观较有意义,也有学者称这类认知为民族生物学(ethnobiology),这一领域关注的问题也因而主要集中在两点,即人类社会如何利用自然以及人类社会如何看待自然。古人对动植物较早的分类认知主要包括民间对动植物属(folk genus)的认识、民间对动植物种(folk species)的认知、生命形式的分类和分等,这些认知主要包括观察、分辨自然界中的动植物[1]。

在佛教传统中，古代文本留下了很多关于动植物分类的记载。对于佛教的动物分类，很多学者都进行了探讨。本章主要处理中国佛教中的动物分类问题。其主要文献也以汉文文献为重点。通过分析记载动物分类的汉文文献，我们一方面要探讨佛教进行动物分类的传统认识，另一方面也要探讨中国佛教僧人如何根据其学术和实际生活经验重新解释传入中国的佛教动物分类论述。动物和植物，在中古汉文文献的探讨中，均作为寺院财产出现，因此，从寺院生活与自然环境密切联系的角度出发，本章将动物和植物放在一起讨论，以揭示自然、历史和宗教、文化之间的相互作用。

本章将主要讨论中古时期中国佛教对动物的分类，在中国佛教中，对于动物的讨论当然很多，对于动物的分类也有很多不同的看法，这里所依据的主要材料为唐代道宣律师(596—667)所作《量处轻重仪》，因其提供寺院处理财产的详细指南时借重了很多中国传统思想，体现了中古佛教在中国本土思想影响下的发展，值得仔细研究[2]。《量处轻重仪》是律师道宣所写用来处理寺院财产所有权和使用权的指南，在这部著作中道宣继承了佛教传统中所谓重物和轻物的基本分类，这也即是寺院财产的集体和个人所有权问题，重物由寺院收执保存作为常住公有财产，轻物可以由僧人个人支配和使用成为私人财产。道宣在《量处轻重仪》一书中对寺院财产的分类基本上基于《四分律》(*Caturvargika-vinaya*)，但在很多细节上或者参考了《十诵律》(*Daśabhānavāra-vinaya*)，或者加入他自己对

---

[1] 相关研究见 Darrell Posey and William Leslie Overal ed., *Ethnobiology: Implications and Applications. Proceedings of the First International Congress of Ethnobiology*, Belém: Museu Paraense Emílio Goeldi, 1990; Brent Berlin, *Ethnobiological Classification: Princeples of Categorization of Plants and Animals in Traditional Societies*, Princeton: Princeton University Press, 1992; Roy Ellen, *The Cultural Relations of Classification, an Analysis of Nuaulu Animal Categories from Central Seram*, Cambridge: Cambridge University Press, 1993; Paul Sillitoe, "Ethnobiology and Applied Anthropology: Rapprochement of the Academic with the Practical," *Journal of the Royal Anthropological Institute* vol. 12, issue supplement, 2006, pp. 119–142.

[2] 本章实际上出自研究道宣《量处轻重仪》的系列论文之一，着重分析该书中提到的动物和植物。

第一章 中古时期佛教动植物分类

佛教义学的新发明[1]。本章要研究的主要对象其实是《量处轻重仪》中极其微不足道的处理动植物分类的部分,所以本章的讨论仅仅限于道宣本人作为一位佛教戒律专家的动植物分类知识,其他律师以及其他历史时期其他宗教传统的动植物分类不予讨论,仅作为相关历史背景出现。

道宣在《量处轻重仪》中按照《四分律》的传统把寺院财产略分为十三大类,其中第二大类包括田地、园林、农作物[2]。他提到的蔬菜和水果如下:"一、园圃所种菜蔬(其例有四),初谓现植五生种,一根种(萝卜、姜、芋之属)、二茎种(即榴、柳及菜属)、三节种(即萝勒、蓼、芹等)、四杂种(蔗、竹、荻、芦)、五子种(荾、荏之属);二离地菜茹";以及"二、栽种五果之树(其例有三):初现树五果,谓壳果(即胡桃)、肤果(即梨、柰、林禽、木瓜等)、核果(即桃、杏、枣、柿等)、角果(山泽诸豆)、䕴果(松柏子等);二离地果子;三树枝皮壳"。在《量处轻重仪》所列寺院财产中,第九类为守僧伽蓝人,包括六类:一、施力供给,二、部曲客女,三、奴婢贱隶,四、家畜,五、野畜,六、畜恶律仪。

对于后面三种动物,道宣给出了一个清单:畜诸家畜即驼、马、驴、牛、羊等;畜诸野畜即猿猴、獐、鹿、熊、罴、雉、兔、山鸡、野鹜、鹅、雁等类,以及鸡、猪、鹦鹉、鸠鸟等;畜恶律仪即猫、狗、鸦、枭、鹰、鹞、鼠、盅鼠等[3]。在这些动物之前,他列出了一些人类劳动力的名目,比如部曲、奴婢等。可以看出,道宣此处是把人力和动物列在一起的,都是寺院的财产。道宣的这个清单给我们提供了一个分析佛教高僧怎样在中国佛教传统中看待动植物和对其进行分类的范例。

本章试图在中古历史的上下文中来研究道宣的这个清单,从中发现

---

[1] 有关这一问题,参考拙撰《以〈量处轻重仪〉为例略说道宣律师之义学》(《复旦哲学评论》第三辑,2006 年,页 78—90)一文。我还研究过《量处轻重仪》中的医书名称,并试图从中找出道宣的医学知识与同时代孙思邈的医学知识之间的关联;见《道宣与孙思邈医学交流之一证蠡测》,《敦煌吐鲁番研究》卷九,2006 年,页 403—408。本章系《量处轻重仪》研究之三的修订稿。

[2] 《大正藏》四五册,页 841 上栏,此处仅给出重要的部分,下文同样处理。文中所引《大正藏》原文根据其内容重新进行句读标点,同时参考了中华电子佛典(CBETA)和标点本的标点,以下不一一说明。

[3] 《大正藏》四五册,页 845 中栏。

51

人们对于动植物的观念和认识在早期佛教和大乘佛教传统之间、中原天竺佛教传统之间、中国南方北方传统之间以及道宣时代与其他时代传统之间的同异。动植物和人类社会一样，生活在社会中，生活在历史中，无法脱离其历史和社会的环境而独立存在，而道宣也不能脱离其所处的历史环境来凭空构建关于动植物的知识提出一个清单。每个文化和每种语言都对动植物有他们自己的定义和称呼。

本章所谓动植物基本局限于中国佛教高僧所谈论的动植物。本章试图利用佛教和非佛教历史史料中对于道宣所列动植物的一些记载，为道宣谈到的动植物及其分类提供一个上下文，分析将注重道宣作品中提到的这些动植物的历史意义和地理环境。从中国佛教的立场而言，这些动植物一方面为僧团的生存提供了一个物质基础，另一方面也在佛教僧团成员的修行上提供了参照物，为佛教修行者的精神和信仰诉求提出了新的问题，即怎样在教义许可特别是佛教戒律的条件下来处理这些动植物。

作为当时长安地区佛教僧团的一位领袖，道宣在制定一些僧团管理制度方面贡献颇多，其中之一就是划分动物和植物的种类以便寺院可以在遵守律法准则和维护成员修行环境的前提下来处理这些动植物。尽管道宣在他诸多著述中都提到动植物以及它们和人类的关系，但经常不过是在一般意义上提到这些动植物，没有给出特定的历史和文化上下文。比如，他提到所谓四生，只是从佛经中拿来这一名词用以指代所有宇宙间的生命，但没有进一步解释[1]。即便是道宣留下的繁琐注疏《四分律删繁补阙行事钞》也囿于注疏体例，未能清晰明了地直接对中国佛教社区提出他自己的主张。

与道宣留下的很多注疏不同，《量处轻重仪》是个人的创作，体现了道宣本人对具体问题的一些思考。作为寺院处理财产的手册，这部著作中提供了清晰的寺院财产分类处理说明。根据这个文献，我们可以看到道宣怎样改造早期佛教的传统使之适合中原僧团的使用[2]。从下面的

---

〔1〕　道宣：《中天竺舍卫国祇洹寺图经》，《大正藏》四五册，页882下栏。
〔2〕　佛教对自然界的一般态度，参见 Peter Harvey, *An Introduction to Buddhist Ethics* (Cambridge: Cambridge University Press, 2000)，第四章，页150—186。

第一章　中古时期佛教动植物分类

分析可以看出,所谓一般意义上的众生平等是不存在的,法律意义上的众生平等在佛教中亦不存在。在道宣律师所作作为寺院法律文献的寺院财产处理手册中,作为寺院财产的部曲、奴婢和动物列在一起,动物更被区分为地位不同的三类,植物中的五辛更被禁止食用,而这些观念均来自佛教的传统。

二、佛教动物分类学

对动物进行分类是处理动物和人类以及人类与自然关系的重要步骤。而有关中国历史传统中动物分类的研究并不多,最近一些年才有不少新的研究[1]。中国中古时代寺院并不能建在自然世界之外,所以动物不可避免地也会参与到寺院活动中来,成为寺院成员日常生活的一部分[2]。有很多社会史学家把这些动物对寺院生活的参与看成是纯粹的经济活动,但是,事实上他们的参与应该在一个多学科综合的条件下来考察,包括经济的、宗教的、伦理的甚至生物的角度。仅仅从宗教伦理而言,处理动物常常是十分重要的主题,学界探讨颇多[3]。我们以下先简单提

---

〔1〕 讨论中古时代中国动物分类的著述不多;参见张孟闻:《中国生物分类学史述论》,《科学》26卷1期,1943年,页22—82;邹树文:《中国古代的动物分类学》,李国豪、张孟闻、曹天钦等编:《中国科技史探讨》,香港:中华书局香港分局,1986年,页511—524;郭郛、李约瑟、成庆泰:《中国古代动物学史》,北京:科学出版社,1999年,第四章,页131—141;郭郛综述了《尔雅》、《管子》、《礼记》、《吕氏春秋》、《考工记》、《本草纲目》等书籍中的动物分类思想;苟萃华:《中国古代的动物学分类》,《科技史文集》,1980年第四期,页43;苟萃华等:《也谈中国古代的生物分类学思想》,《自然科学史研究》,1982年第四期,页167;苟萃华等:《中国古代生物学史》,北京:科学出版社,1989年;高曜庭:《我国古代动物分类学的初步探讨》,《动物学报》,1975年第四期,页298。

〔2〕 动物:Skt. *tiryaña*, Pali. *tiracchāna*,佛典中的中译还包括:畜生,傍生,横生。梵文名底栗车。关于佛教中畜生名称的讨论,见《法苑珠林》卷六畜生部之会名部,见《大正藏》册五三,页317中栏。

〔3〕 Padmanabh S. Jaini, "Indian Perspectives on the Spirituality of Animals," in *Buddhist Philosophy and Culture: Essays in Honour of N. A. Jayawickrema*, ed. David J. Kalupahana and W. G. Weeraratne (Colombo, Sri Lanka: N. A. Jayawickrema Felicitation Volume Committee, 1987), pp. 169–178; Sakya Trizin, *A Buddhist View on Befriending and Defending Animals* (Portland: Orgyan Chogye Chonzo Ling, 1989); Christopher Chapple, *Karma and Creativity*; *Nonviolence to Animals, Earth, and Self in Asian Traditions* (Albany, New York: State University of New York Press, 1993); Mary Evelyn Tucker and Duncan Williams eds., *Buddhism and Ecology: The Interconnection of Dharma and Deeds* (Harvard University Center for the Study of World Religions, 1997); Eric Reinders, "Animals, Attitude toward: Buddhist Perspective," in William M. Johnston ed. *Encyclopedia of Monasticism* (Fitzroy Dearborn, 2000), pp. 30–31.

示学界对于欧洲中世纪动物的研究,然后再分析道宣对于动物的分类和认识及其思想史和文化史背景。

对于欧洲中世纪动物的综合研究,学者们也已经取得了丰硕成果。比如,塞莉丝伯利(Joyce E. Salisbury)从动物作为财产、食物,动物作为人类典范,人作为动物等角度探讨了中世纪欧洲的动物。其中从与本章内容相关的动物作为财产而言,她指出动物作为人类财产始于最早人们驯化狗并用之来协助狩猎。欧洲最早驯化的动物是野牛和猪,后来山羊和绵羊也从地中海地区引入欧洲,马也被驯化,成为人们的食物,并用于生产活动。她指出,基督教神学家们很早就认识到动物可以同时作为财产和财产的破坏者,上帝可控制(control)野生猛兽,而人类可以驯服(tame and domesticate)动物。所以在基督教话语中,野兽和家畜是两个关于动物的主要概念。但她同时指出,有些动物是很难归入这两大类的,比如猫,它们并非驯化的动物,却和人类分享空间,服务人类的捕鼠活动。

由于基督教的广泛影响,中世纪人们普遍认为动物低人一等,甚至在十一世纪教会制定了法律宣称人类的高等,禁止动物在任何领域超过人类。中世纪动物作为财产主要体现在三方面,一是动物肉作为人类的消费食物和动物毛皮作为衣料,二是用于生产劳动,三是作为体现拥有者的身份地位。塞莉丝伯利主要提示了狗、黄牛、公牛、马、羊等动物在中世纪人类社会和经济生活中作为财产的意义,同时,在动物界内部也因其在人们眼中外形和品性不同存在等级之分。

有趣的是,作者还指出,基督教思想对于动物在人类消费生活中的意义有其特殊解释,伊甸园时代的人类吃素,因而并不需要食用动物肉类,也不穿衣,不需要消费动物皮毛[1]。山羊和绵羊在宗教传统中扮演不同的文化角色,山羊在欧洲基督教传统中常常被妖魔化,甚至在斯堪的纳维亚地区,因受基督教影响,山羊也由原本作为祭祀的牺牲变成与恶魔联系

---

[1] Joyce E. Salisbury, *The Beast Within: Animals in the Middle Ages*. London: Routledge, 1994.

第一章　中古时期佛教动植物分类

在一起的邪恶动物；而绵羊则常常以祭品形象出现[1]。在中世纪的北欧地区特别是芬兰城市中较为活跃的动物是牛，其次是绵羊、山羊、猪、马、猫、狗等等，也有少部分野兽活动[2]。这些均说明在中古社会宗教社区和驯化以及野生动物之间的互动非常密切，宗教社会的思想、认知、仪式均可看到动物的参与，这类参与又反过来塑造了宗教社会的思想发展和仪式构建。

在早期佛教当中，虽然佛教并没有提供一个清晰的动物世界的等级结构，但动物被认为在智力上较人类而言更为低级。仅仅从佛教戒律中来看，杀死一只小型动物和杀死一只大型动物所受到的惩罚几乎一样[3]。在轮回转世理论之中，尽管动物和人一样可以根据他们所造下的业来转世，但畜生道明显低于人道。轮回理论中也有关于动物的分类，这一分类反映在道世的著作《法苑珠林》之中，道世与道宣同时代，亦居于西明寺。《法苑珠林》卷六有《畜生部》，专门讨论六道之一的畜生道。其中《畜生部》之下又分为十部，第二部为会名部，讨论畜生的各种名称，也提到了地狱、鬼、傍生、人、天等五趣中的动物，并进行了分类。这个分类则主要根据动物的足的数量，其文略云：

> 如捺落迦中，有无足者如娘矩咤虫等[4]，有二足者如铁嘴鸟等，有四足者如黑骏狗等，有多足者如百足等。于鬼趣中，有无足者如毒蛇等，有二足者如乌鸱等，有四足者如狐狸、象、马等，有多足者如六

---

[1] Kristina Jennbert, "Sheep and Goats in Norse Paganism," in Barbro Santillo Frizell ed., *Pecus. Man and Animal in Antiquity. Proceedings of the Conference at the Swedish Institute in Rome*, September 9 – 12, 2002, Rome: The Swedish Institute in Rome, 2004, pp. 160 – 166.

[2] Auli Tourunen, "A Zooarchaeological study of the Medieval and Post — Medieval town of Turku," Ph. D. thesis at Humanistic Faculty of the University of Turku, Turku, 2008, pp. 82 – 124.

[3] Lambert Schmithausen, *Buddhism and Nature: The Lecture delivered on the Occasion of the EXPO 1990. An Enlarged Version with Notes* (Tokyo: The International Institute for Buddhist Studies, 1991); idem., "The Early Buddhist Tradition and Ethics: VI. The Status of Animals," *Journal of Buddhist Ethics* (1997). James P. McDermott, "Animals and Humans in Early Buddhism," *Indo-Iranian Journal* 32: 4 (1989), pp. 269 – 280, 此文主要以巴利文经藏和律藏材料探讨早期佛教中人与动物关系的伦理基础；Bimal Churn Law, "Animals in Early Jain and Buddhist Literature," *Indian Culture* 12: 1 (1945), pp. 1 – 13.

[4] 娘矩咤虫，梵文 nyaṭkūṭa，指一种针口虫。据《玄应音义》卷二十二，"此云粪屎虫。有觜如针，亦云针口虫。穿骨食髓者也。"

足、百足等。于人趣三洲中,有无足者如一切腹行虫,有二足者如鸿雁等,有四足者如象、马等,有多足者如百足等。于拘卢洲中,有二足者如鸿雁等,有四足者如象、马等,无有无足及多足者。彼是受无恼害业果处故。四天王众天及三十三天中,有二足者如妙色鸟等,有四足者如象、马等,余无者如前释。上四天中,唯有二足者如妙色鸟等,余皆无者。[1]

这一分类没有出现在道宣的著作中。道世还说依据《楼炭经》(*Lokasthāna*)畜生大约有三种,即鱼、鸟、兽,其中鱼有六千四百种,鸟有四千五百种,兽有二千四百种。这个说法和中国传统典籍如《尔雅》中的鸟、兽、虫、鱼四类分类法十分接近,唯没有虫类。道世并指出《正法念处经》(*Saddharmasmṛtyupasthānasūtra*)中更记载畜生种数有四十亿。另一方面,在早期佛教伦理中,人类还是被放在动物之前。瓦尔多(Paul Waldau)讨论了早期佛教传统中的动物权利[2]。他指出佛教传统不杀生的第一条戒律提供了一个佛教试图推行普世慈悲作为绝对伦理准则的基础,但畜生(*tiracchāna*)与人类不同,因为他们没有精神的层面(spiritual dimension)[3]。瓦尔多认为佛教对众生的看法和其他主要的宗教和哲学传统一样都是在伦理上的人类中心主义观[4]。而道宣在很大程度上不外于这一传统,他对于动植物的讨论仍然是在寺院经济生活的框架之内,

---

[1] 《大正藏》册五三,页317中栏。捺落迦即是那洛迦,地狱道的梵文 Naraka 音写。《法苑珠林》似乎在体例上参考了南朝梁代僧旻、宝唱等《经律异相》,但有关动物的部门则内容相当不同。《经律异相》卷四七、四八为畜生部,其中有三个分部分别是杂畜生部、禽畜生部、虫畜生部,这个分类大约受了中国传统分类的影响。而其中杂畜生部也仅列出部分佛经故事中常见的动物,如象、马、牛、驴、狗、鹿、铭陀、狐、狼、猕猴、兔、猫狸、鼠等;禽畜生部包括金翅、千秋、雁、鹤、鸽、雉、乌等;虫畜生部包括龙、蛇、龟、鱼、蛤、谷贼、泳中虫、虱等。这里面的龙显然不是现实中的动物。但将龙列入这一特征对后世《太平广记》中收录有关动物故事的畜生部分显然有影响。

[2] Paul Waldau, *The Specter of Speciesism: Buddhist and Christian Views of Animals* (Oxford University Press, 2001), chapters 6 and 7; 同作者,"Buddhism and Animals Rights," in Damien Keown ed., *Contemporary Buddhist Ethics* (The Curzon Critical Studies in Buddhism Series. Richmond, Surrey, England: Curzon Press, 2000), pp. 81 – 112; Paul J. Waldau and Kimberley Patton (eds.), *A Communion of Subjects: Animals in Religion, Science and Ethics* (New York: Oxford University Press, 2004).

[3] Paul Waldau, "Buddhism and Animals Rights," in Damien Keown ed., *Contemporary Buddhist Ethics* (Richmond, Surrey, England: Curzon Press, 2000), pp. 85 – 93.

[4] 同上, p. 105.

第一章　中古时期佛教动植物分类

以人的需要为首要考虑因素。

在印度—伊朗诸宗教（Indo-Iranian Religions）传统中,把人和动物都看成是众生（sentient beings）有很长的历史[1],此处的众生是指有一定智力且有一定感情的生物,这种感情包括对死亡的恐惧和对痛苦的体验。在琐罗亚斯德教中,动物主要被分成善兽和恶兽两类。摩阿查密（Mahnaz Moazami）主要根据阿维斯塔语和帕拉维语文献探讨 xrafstars（即 evil animals）在该教仪式中的重要意义,他指出该教对动物的分类依据该教善恶二元论亦分成善恶两类。善的动物可以用以祭祀诸神,而恶的动物乃受恶灵派遣,为恶灵行事,它们生活在黑暗世界,不仅对抗善的动物,也破坏水土和植物,带来污染和不净。该教文献中 xrafstars 的形式有阿维斯塔语 xrafstra-和帕拉维语 xrafstar,在琐罗亚斯德教中主要指爬虫和两栖类动物,如蛙、蛇、乌龟、蜥蜴、蝎子、蚂蚁、甲壳虫、蝗虫等,狮、豹、狼等动物虽然也由恶灵驱遣,但被称为 dadān,即野兽,而非恶兽。琐罗亚斯德经典中亦记载了专门杀戮这些恶兽的仪式和驱邪法术,杀戮这些邪恶之兽可帮助善灵净化世间并获得功德。琐罗亚斯德教认为,地狱在北方寒冷阴湿之地,充满恶灵驱使的各类恶兽,其中特别可怕的是蛇或者龙一类的怪兽,狼则是野兽中十分凶猛、残酷无情的一种,常常和其他恶魔一起出现,威胁人类的生存,摧毁善灵控制下的世界。猫也被划分到恶兽的行列,与狗作为人类的伙伴不同。另外,这些恶兽也常常会带来疾病、瘟疫等极具破坏性的力量[2]。

摩尼教中关于动物的分类也有学者进行探讨。早在二十世纪二十年

---

[1] 动物的定义在阿拉伯和伊斯兰文化中较为复杂,如仅从语言词汇来看,阿拉伯语中也有一词 hayawān 指生灵,包括人和动物,但是这个词在《古兰经》中仅出现一次,指死后生活的存在。《古兰经》中指动物的词为 dābba（复数 dawābb）,常常被译成野兽,动物有时也称为 anām。anām 一词则指人类和动物等生灵。《古兰经》声称真主在水中创造了所有动物,并且这些动物是一对一对地创造的,所以它们成双出现。人类在阿拉伯语文献中有时称为会说话的动物（al-hayawān al-nātiq）,不过,《古兰经》中有时认为非人类的动物也会说话;参见 Richard C. Foltz, *Animals in Islamic Tradition and Muslim Cultures*, Oxford: Oneworld Publications, 2006, pp. 11 - 12.

[2] Mahnaz Moazami, "Evil Animals in the Zoroastrian Religion," *History of Religion*, vol. 44, no. 4 (2005), pp. 300 - 317.

代,萨尔顿(George Sarton,1884—1956)就已经注意到摩尼教试图把万物分成五类[1]。而施密德(Hanns-Peter Schmidt)进一步揭示了摩尼教分类及其传统,首先他认为五类生物包括人类、四脚兽、飞行动物、水栖动物和爬行动物,其次指出这五种分类出现在大夏语、粟特语以及突厥语文献之中。甚至拉丁文作家奥古斯丁也提到了五类分法,只不过在他的分法中这五种生物的顺序是逆转的[2]。在摩尼教传统中,突厥系统的所有的生物被分成五组:两条腿的人类、四条腿的生物、飞行类生物、水中的生物、用腹部爬行的生物。在拉丁语中,它们则是: animalia/bipedia, quadrupedia, volantia, natantia, 以及 serpentia[3]。无论如何,在这一系统中,人类都和动物列在一起,并且列为第一类。这种分类法毫无疑问也体现在佛教中,道宣也把人列在第一位。

　　道宣写作《量处轻重仪》是为了建立一套可行的符合中国寺院生活实际的分类和处理寺院财产的规范。所以,在这一著作中他特别对寺院拥有的劳动力和动物进行了分类。他的文本中有以下几点值得注意:首先,他继承了早期佛教的传统把劳动力和动物列在一起。就佛教的基本教义而言,动物和人类一样,均为众生有情,所以列在一起没有任何不可。然而道宣此处的处理明显仅仅以所有权为基础,即这些劳动力和动物作为常住物其所有权和使用权都属于寺院,即僧团集体所有,他们构成寺院经济收入和财产的一部分[4]。道宣提到的植物也同样是寺院财产的一部分。但是它们常常不是被捐献的,而是在寺院拥有的土地上被"生产"出来的。这种把没有人身自由的劳动力与动植物同列在一起的传统在佛教相当常见,如隋代阇那崛多译《佛本行集经》(*Abhiniṣkramaṇasūtra*)卷三七略云:"有一巨富婆罗门,姓大迦旃延,其家多有资财、珍宝、奴婢、六

---

　　[1] George Sarton, *Introduction to the History of Science* (Baltimore, Pub. for the Carnegie institution of Washington by the Williams & Wilkins company, 1927), p. 333.
　　[2] Hanns-Peter Schmidt, "Ancient Iranian Animal Classification," *Studien zur Indologie und Iranistik* 5/6 (1980), p. 231.
　　[3] 同上,p. 232.
　　[4] 李时珍《本草纲目》也把人和动物列在一起,参见郭郛《动物的分类》一文,载郭郛、李约瑟、程卿泰:《中国古代动物学史》,北京:科学出版社,1999年,第四章,页137。

第一章 中古时期佛教动植物分类

畜、谷、麦、豆、麻、屋宅、园林,种种丰足。"[1]六畜是已经被人们驯养动物的泛称,而谷、麦、豆、麻主要指日常生活必需的粮食。可见将奴婢与动植物列在一起作为富家财产乃是古代天竺等级社会的传统[2],进而大乘戒律如《梵网经》(*Brahmājālasūtra*)卷下也接受了这种说法:"若佛子,故贩卖良人、奴婢、六畜,市易棺材、板木、盛死之具,尚不自作,况教人作? 若故作者,犯轻垢罪。"[3]可见,奴婢与六畜并举乃是佛典历来的传统。

其次,道宣将早期佛教中的良人、奴婢、六畜等概念拓展开,根据当时中国的情况加入了新因素,将第九类寺院财产分成了六类。如佛教传统中记载的良人、奴婢变成了施力、供给、部曲、客女、奴婢、贱隶;而同时道宣也把寺院接受的动物主要分为三类,家畜、野畜,以及所谓被戒律拒绝的动物。很明显,这个分法基于动物与人类社会的关系[4]。道宣的分类强调这些动物与寺院经济生活的结合程度。而第三类动物的存在则反映了戒律对于寺院生活中经济伦理的指导性意义。

我们必须注意到道宣给出的动物清单反映了许多历史信息,这些信息的反映是因为道宣在接受佛教传统处理动物分类时实际上根据他自己当时所处的状况有所判断和调整,折射出他的知识来源和历史与地理观念。我们先来看看印度古代对于动物的看法,再将其和道宣的分类进行比较。史密斯(Brian. K. Smith)的研究显示,在古代印度,通常由两类动物:家畜(*grāmya*,字面上的意思:村子中的,出自 *grāmā*,即村子),野畜

---

[1] 《佛本行集经》那罗陀出家品第四一,《大正藏》册三,页 825 上栏。
[2] 后汉支娄迦谶译《佛说无量清净平等觉经》卷三、曹魏康僧铠译《佛说无量寿经》卷下也有类似说法。中国本土经典《梵网经》卷下也提到良人、奴婢、六畜。《别译杂阿含经》卷九更是把妻子和六畜作为世俗牵挂列在一起,并出现在佛所说偈中;见《大正藏》册二,页 439 中栏。这一佛教传统被道教继承,如下文引用的《太上洞玄灵宝业报因缘经》卷二《业报品》中把转世成奴婢和转世成六畜列在一起,也反映了叙述者将奴婢看成和动物同样等级的思想。这一传统较为复杂,将另文详论。
[3] 《大正藏》册二四,页 1005 下栏。
[4] 有关动物分类学的一般传统见 George G. Simpson, *Principles of Animal Taxonomy*, New York: Columbia University Press, 1962. 有关民间动物分类的理论探讨参见 E. S. Hunn, *Tzeltal Folk Zoology: The Classification of Discontinuities in Nature*, London: Academic Press, 1977.

(*āramya*，字面上的意思：丛林中的,出自 *āraṇya*)[1]。他指出一部古代天竺的《天启经》(*Baudhāyana-Śrauta-Sūtra*)(24：5)给出了一些动物的名字,其中所谓村里的动物有：奶牛、马、山羊、绵羊、人、驴、骆驼或者是骡子。而七种丛林中的动物包括偶蹄动物,有脚的动物如狗、鸟类、爬行动物,大象,猴子,以及河水中的动物[2]。

茨默曼(Francis Zimmermann)在研究妙闻(Suśruta)的作品《妙闻本集》时指出,这一文献主要依据古代印度的《阿育吠陀》或《生命吠陀》传统阐释其医学思想,在这一思想传统中,尽管动物的分类与肉类的分类联系在一起,因而动物被分成驯化的和野生的两类,但也存在其他的分类系统,如按照生物地理特点将动物分成所谓干地动物和湿居动物两类。同时,这一医学传统又按照另外一些标准将动物分成水生的、沼泽的、驯化的、肉食的、单蹄的动物等几类。而肉食动物、单蹄动物这样的类别则带有现代动物学的意义[3]。

后来,他又指出在人与动物关系上,有趣的是,人也被列为食肉动物,动物则作为人的食物或者人的敌人出现。古代印度传统和其他古老传统一样,并不严格区分真实的和想象的动物,在生物和精神的因素之间并无严格的从属关系。同时,动物的形象与魔鬼的形象常常混淆在一起,并且动物常常充当诸神的化身或者坐骑。当然他也提示了所谓动物的胎、卵、湿、化四生形式,只不过他的讨论重点是医学,因此更多地专注于食物作

---

[1] Brian K. Smith, "Classifying Animals and Humans in Ancient India," *Man* 26：3 (1991), pp. 527–548；同作者：*Classifying the Universe: The Ancient Indian Varna System and the Origins of Caste* (New York：Oxford University Press, 1994), p. 241. 古代伊朗有好几种分类系统,比如在 *Yašt* (13.74) 一书中,动物被分为驯养 *pasuka* 和野生 *daitika* 两种；参见 Hanns-Peter Schmidt, "Ancient Iranian Animal Classification," *Studien zur Indologie und Iranistik* 5/6 (1980), pp. 214–215. 他也提示了在《黎俱吠陀》中同样把动物分为驯养和野生两种,见 Schmidt, 1980, p. 233.

[2] Brian K. Smith, *Classifying the Universe: The Ancient Indian Varna System and the Origins of Caste*, p. 248.

[3] Francis Zimmermann, *The Jungle and the Aroma of Meats: An Ecological Theme in Hindu Medicine*, Delhi：Motilal Banaesidaa Publishers, 1999, pp. 96–124. 此书原本以法文出版,题为 *La jungle et le fumet des viandes. Un thème écologique dans la médecine hindoue*, Paris：Éditions du Seuil, 1982,后译成英文由加利福尼亚大学出版社在 1987 年刊行,此处参考的是印度版。

第一章　中古时期佛教动植物分类

为一切众生活动的基础[1]。

最后,他还特意讨论了古代印度的动物分类问题。比如在他引述的古代印度《往世书》(purāṇa)中,grāmya 和 āraṇya 分别指驯化和野生动物,各包括七类动物,前者包括牛、山羊、人、绵羊、马、骡、驴;而后者则包括被捕食的动物、偶蹄兽、大象、猴子、鸟类、两栖动物、爬行动物。在这一分类系统中,人也被列为驯化的动物。而所谓驯化的动物,亦被认为是可以作为祭品献给神的动物,当然有时人作为祭品可以用猪来替代。吠陀文献中,用于献祭的动物包括人、马、牛、绵羊和山羊。印度史诗《摩诃婆罗多》中的野生动物则是七种四足动物,包括狮、虎、野牛、水牛、大象、熊、猴子。

而在印度古代梵文辞典《阿玛拉宝藏》(Amarakośa)中,其第二部又分成十个部分,讨论梵文文献中的宇宙观,前五部分讨论地球,分成雅利安人居住的心脏地带和蛮人居住的荒僻地带,适合人居住的地带被看成是城镇,而野外被称为山区,山区有很多野生动、植物。后五部分主要是对人进行四个社会等级划分,并以不同的动物进行对应,其对应关系基本上是功利性和以人为中心的。如刹帝利种,对应的动物是所谓王室训练的动物大象和马。吠舍对应的动物是牛一类的和农业生产相关的动物。首陀罗以下等级以及居住在山区的蛮族所对应的动物则是狗和猪[2]。这基本上是以婆罗门等级作为出发点发展出来的分类系统,反映了该教士种姓对其他社会阶层的蔑视。

康纳德(Roswith Conard)根据考古资料列出了古代印度文明驯化的家畜,包括牛、绵羊、山羊、猪、马、骆驼、狗以及鸡。值得注意的是,上面康纳德列出的动物中至少五种也出现在道宣的清单之中,即骆驼、马、绵羊、山羊,以及牛。康纳德还列出了一些其他可能已经被驯化的动物如公牛、水牛、大象、猫以及孔雀等动物,其中孔雀、老虎以及犀牛在古代印度宗教

---

[1] 上揭著作,pp. 195–196.
[2] 上揭著作,pp. 210–217.

生活中扮演十分重要的角色[1]。

他举出的这三种动物似乎太过简略,实际上在印度宗教生活中扮演重要角色的动物远远超过这些,因为在印度教和佛教神话中,神祇常常和各类象征联系在一起,而每个神祇均有自己的伴侣、后代、圣地、名号、化身(Avatara)、瑞相、武器、颜色、数字、花、服饰、珍宝、装饰、真言、随从、坐骑(vahanas),比如在婆罗门教中,梵(Brahma)的坐骑为鹅、毗湿奴(Vishnu)的坐骑为蛇、湿婆(Shiva)的坐骑为牛,战神卡提克亚(Kartikeya)的坐骑则是孔雀。在尼泊尔地区流行的佛教中,阿弥陀佛的坐骑为孔雀,东方不动如来佛的坐骑为象,毗卢遮那佛的坐骑为龙,不空成就如来的坐骑为金翅鸟,宝生如来的坐骑为狮子[2]。在这一背景中,动物实际上扮演了神构建其身份认同的重要角色。

甚至早在吠陀时代,动物就在古代印度社会的宗教生活中充当重要角色。奥登伯格(Hermann Oldenberg)在其经典名著《吠陀之宗教》第一

---

[1] Roswith Conard, "The Domestic Animals in the Cultures of India," *Journal of Indian History* 52 (1974), pp. 76 – 78. 哈拉帕地区的考古发掘中发现了在一种古印上刻有一种可能是湿婆原型的图像,其头部有三面,以交脚姿势坐于王座之上,周围簇拥着象、虎、犀、牛四种动物;参见 Herbert P. Sullivan, "A Re-Examination of the Religion of the Indus Civilization," *History of Religions*, Vol. 4, No. 1 (Summer, 1964), pp. 118 – 119;关于牛作为圣物,参见 Harris, Marvin. "The Cultural Ecology of India's Sacred Cattle," *Current Anthropology*, Vol. 33, No. 1, Supplement: Inquiry and Debate in the HumanSciences: Contributions from Current Anthropology, 1960 – 1990 (Feb., 1992), pp. 261 – 276;狮子在早期佛教文化中极为重要,参见本书第五、六章的讨论。狮子和虎在印度也作为 Durgā 女神的坐骑出现,见 Stephanie Tawa Lama, "The Hindu Goddess and Women's Political Representation in South Asia: Symbolic Resource or Feminine Mystique?" *Revue Internationale de Sociologie*, 11: 1 (2001), pp. 5 – 20. Trilok Chandra Majupuria, *Sacred and Symbolic Animals of Nepal: Animals in the Art, Culture, Myths and Legends of the Hindus and Buddhists*, Kathmandu: Sahayogi Prakashan Tripureswar, 1977, p. 102 指这位女神的坐骑为狮子, pp. 128 – 129 提到了印度犀牛乃是独角,犀角有重要的药用价值。这位女神首先出现在印度古代史诗《摩诃婆罗多》中,未见于《罗摩衍那》和《摩奴法典》,有学者认为这是印度古代部落神,而非出自雅利安文明,见 B. C. Mazumdar, "Durgā: Her Origin and History," *Journal of The Royal Asiatic Society of the Great Britain and Ireland* Vol. 38, No. 2 (1906), pp. 355 – 362. 这一女神也与厄里沙地区的王权关系密切,见 Burkhard Schnepel, "Durga and the King: Ethnohistorical Aspects of Politico-Ritual Life in a South Orissan Jungle Kingdom," *The Journal of the Royal Anthropological Institute*, Vol. 1, No. 1 (March, 1995), pp. 145 – 166.

[2] Trilok Chandra Majupuria, *Sacred and Symbolic Animals of Nepal: Animals in the Art, Culture, Myths and Legends of the Hindus and Buddhists*, Kathmandu: Sahayogi Prakashan Tripureswar, 1977, pp. 7 – 38, 诸佛的坐骑见 p. 59;这本书讨论了在印度教和佛教神话传说中出现的五十种动物,包括自然的、想象的、创造的动物,但虎不在其列。并参见同作者, *Sacred Animals of Nepal and India*, Lashkar, 2000.

第一章　中古时期佛教动植物分类

章中共列出七个专节集中讨论吠陀宗教中的动物,在其他章节中也偶尔讨论到动物。在他看来,古代吠陀宗教中各类神鬼与动物的关系值得特别对待。表现出凶恶本性的野兽常常被看成是神鬼的使者或者代表,只有某些动物如乳牛被看成是有用的动物。在吠陀宗教中动物崇拜也很普遍,比如蛇、白蚁、龟、马等等。很多神鬼都被描述成动物的形状,特别是怀有敌意、会带来疾疫的神鬼往往以动物的面貌出现。其中,地蛇(ahi budhnya)以及独腿山羊(aja ekapād)两种动物最为突出,地蛇乃是蛇鬼的形状,而独腿山羊作为天地之柱,支撑整个世界。其他作为神鬼形状的动物还包括乳牛、马等等。动物也作为神鬼的所有品比如侍者、奴仆、坐骑出现,如同人驯化、使唤动物一样,吠陀宗教中诸神也驯化、驱使他们的动物,特别是鹰、马、山羊。

奥登伯格还提示了动物在宗教仪式中作为诸神的代表出现,并将这一现象归纳为"动物癖(animal fetishism)",在这类仪式实践中,公牛、马、山羊作为因陀罗、阿耆尼成为人们献祭的对象。最后,一些动物也在图腾崇拜中被当作一些部落的祖先,因为有些动物出现在人名中,比如鱼(Matsya)、山羊(Aja)等等。婆罗门种姓的迦叶家族(Kaśyapa)的祖先被称为龟,其在这一家族历史上的地位相当于宇宙的创造者世主(Prajāpati)。其他出自动物的家族还包括出自猪氏的乔答摩(Gotama)、出自 calves 氏的 Vatsa、出自狗氏的 Śunaka、出自猫头鹰氏的 Kauśika、出自蛙氏的 Māṇḍūkeya 等等。而乳牛乃是诸神之母。熊和蛇也被一些部落当成祖先[1]。

在古代婆罗门教中,最高的神能转世为各类物种的形式,这一形式乃是宇宙中多重转世的源泉和不灭之种,这一形式的一些颗粒和部分可以创造出各式各样的生灵,半神、人、动物等等(*Srimad-Bhagavata Book* I, Discourse III: 5)。最高的神有很多动物的形式,最初是一条鱼,然后是龟、公猪、矮人(dwarf)、人狮(manlion)。他作为罗摩(Rama)出现时与猴

---

[1] Hermann Oldenberg, *Die Religion des Veda*. Berlin: Verlag von Wilhelm Hertz, 1894, ss. 68–87; English translation, *The Religion of the Veda* by Shridhar B. Shrotri, Delhi: Motilal Banarsidass, 1988, pp. 36–43.

子在一起,作为克利希那(Krishna)时有乳牛环绕[1]。

　　以管见所及,佛教文献中似乎以龙树(Nāgārjuna)造、鸠摩罗什(Kumārajīva)译《十住毗婆沙论》(Daśabhūmikavibhāṣā)卷一列出的动物名单较为详尽,被称为畜生的动物包括:猪、狗、野干、猫、狸、狄、鼠、猕猴、玃、虎、狼、师子、兕、豹、熊、罴、象、马、牛、羊、蜈蚣、蚰蜒、蚖、蛇、蝮、蝎、鼋、龟、鱼、鳖、蛟、虬、螺、蜂、乌、鹊、鸱、枭、鹰、鸽[2]。而其他律典文献中出现的动物名单很多,但相对而言提到较多的是象、马、牛、羊、驴、猿、猴、麞、鹿、孔雀、雉等,可见这些动物在古代印度十分常见。如东晋时佛陀跋陀罗、法显译《摩诃僧祇律》(Mahāsāṃghikavinaya)卷三三提到寺院不能收受的动物包括象、马、牛、水牛、驴、羊、麞、鹿、猪、鹦鹉、孔雀、鸡[3]。《十诵律》卷五七则给出了另外一个名单:牛、马、骆驼、驴、骡、猪、羊、犬、猿、猴、麞、鹿、鹅、雁、孔雀、鸡[4]。《根本说一切有部毗奈耶》(Mūlasarvāstivāda Vinayavibhaṅga)卷四把动物分成两足和四足。两足包括人和鸟,四足包括象、马、驼、驴、牛、羊、麞、鹿、猪、兔等[5]。萧齐时僧伽跋陀罗译《善见律毗婆沙》(Samantapāsādikā nāma vinayaṭṭhakathā)卷六提到的动物有麞、鹿、猕猴、孔雀、翡翠雁、雉[6]。《四分律》没有提到

---

[1] O. P. Dwivedi, "Satyagraha for Conservation: Awakening the Spirit of Hinduism," in Roger S. Gottlieb, ed. *This Sacred Earth: Religion, Nature, Environment*, New York and London: Routledge, 1996, pp. 155 - 156.

[2] 《大正藏》册五四宋代法云编《翻译名义集》卷二《畜生篇》提供了许多动物的梵文音写,如:那伽,秦云龙;宫毗罗,此云蛟,有鳞曰蛟龙;叔叔逻,此云虬;僧伽彼,此云师子;邬波僧诃,或优婆僧伽,梁云小师子,又云狡狼;伽耶,或那伽,或那先,此云象;瞿摩帝,此云牛;揭伽,此云犀牛;阿湿婆,此云马;蜜利伽罗,此云鹿;悉伽罗,此云野干;摩斯咤,或么迦咤,或末迦咤,此云猕猴;舍舍迦,此云兔;曷利拏,总言麞鹿等类;迦陵频伽,此云妙声鸟;迦兰陀,此云好声鸟;拘耆罗,或拘翅罗,此云好声鸟,又云鸬鸥;嘶那夜,此云鹰;臊陀,或叔迦婆嘻,此云鹦鹉;僧娑,或亘娑,唐云雁;究究罗,或鸠鸠咤,此云鸡;斫迦逻婆,此云鸳鸯;者婆耆波迦,《法华经》云命命鸟;舍利,此云春莺,即黄鹂;舍罗,此云百舌鸟;迦布德迦,或迦迦,此云鸽;摩由逻,此云孔雀文;阿梨耶,此云鸱,姞栗陀。此云鹫,或揭罗阇,此云雕鹫;毗啰拏羯车婆,此云龟;摩竭,或摩伽罗,此云鲸鱼,雄曰鲸,雌曰鲵;坻弥,具云帝弥祇罗,此云大身鱼;失收摩罗,即鳄鱼;臂卑履也,此云蚁子。该篇并结合《尔雅》、《礼记》、《博物志》、《说文解字》、《山海经》等中国传统典籍中的相关记载作了一些解释。

[3] 《大正藏》册二二,页495中栏到下栏。

[4] 《大正藏》册二三,页424下栏。

[5] 《大正藏》册二三,页646下栏。

[6] 《大正藏》册二四,页715中栏。

第一章　中古时期佛教动植物分类

麇、鹿,这是十分奇怪的。

在佛教律典中,前述动物大多数能和人类和睦相处。有些动物不能和人类和睦相处,遇到它们则成为某种灾难,一般称为虎狼难、狮子难。比如《四分律》卷三、五以及《十诵律》卷五、一三、二三、三四等多处提到所谓恶兽,包括师子、虎、豹、豺、狼、熊、罴。这些动物其实就是六道轮回中畜生道的动物形象。如唐代悟达国师知玄(811—883)在《慈悲水忏法》卷中提到在畜生道的动物身即主要包括这些恶兽,其文略云:"若在畜生,则受虎、豹、豺狼、鹰、鹞等身;或受毒蛇、蝮、蝎等身,常怀恶心;或受麇、鹿、熊、罴等身,常怀恐怖。"[1]前者怀恶心者是指生性凶狠以攻击其他动物为生的恶兽,后者怀恐怖的动物是指生活在前者攻击性动物威胁中的动物。

道世《法苑珠林》卷六《畜生部》也有《业因部》、《受报部》讨论畜生道的转世问题。佛教中受动物身的思想在道教中也有反映。这主要反映在破坏道教者乃是过去动物的投生,而投生的动物也扩展到鸟、兽、虫、鱼以及令人不快的微生物。如成书于隋唐之际形成的《太上洞玄灵宝业报因缘经》卷二《恶报品》即指出,不喜见訾毁三洞大法经典者,生野兽中;诽谤出家法身者,过去生六畜身;破坏灵观、玄坛、圣像者,堕毒蛇身;不敬天尊大道法身者,过去生六畜中;不信经法宿命报对者,生鸟兽中;轻慢出家法身者,过去生猪狗中;侵常住福地者,过去生粪秽中,历千万劫,复生污水中,为细线虫;淫犯出家法身者,过去生厕溷中,为蛆虫;邪淫好色者,过去生豭猪中,经之数劫,生诸般野牛之中;偷盗三宝财物者,过去生奴婢,复生六畜、种种禽兽之中,难复人身;啖食三宝果实、蔬菜者,过去生饿虎、毒蛇中,被人打猎;偷盗斋食及供养宝器法食者,过去生蟒蛇身;毁坏大道形像者,见世生饿狗、毒虫身,过去生猿猴等身;偷盗经像、财物者,过去生两头毒蛇、恶虫身;骂詈出家法身者,过去生野犴身;凌辱出家法身者,过去生蝇、蛆中;破斋犯戒者,过去生虎、豹、饿狼之中;借常住三宝财

---

[1]《大正藏》册四五,页973上栏。

物不还者,过去生蛇、狮、虮、蟟、壁蛛等蛆中;杀猎众生者,过去生六畜恶兽中;爱食野兽等肉者,过去生麋鹿中;持心不坚固、好弄出家人者,见世得猿猴报,死入镬汤地狱,经无量劫后,生诸鼠趣中;欺忽三宝、偏眼斜视三宝者,过去生鳝鱼、水蛭中等等。鸟、兽、虫、鱼的分类出自中国传统[1],而非佛教传统。但是业报、转世轮回思想均出自佛教,所以《太上洞玄灵宝业报因缘经》卷二《业报品》显然是中国传统和佛教思想交融的产物[2]。

野鹿是古代天竺常见之动物,如著名的鹿野苑就多有野鹿活动。《高僧法显传》卷一也有记载。有关唐代时期天竺的动物,我们幸运地在玄奘的《大唐西域记》卷二看到这样一条:"鱼、羊、麋、鹿,时荐肴馔。牛、驴、象、马、豕、犬、狐、狼、师子、猴、猨,凡此毛群,例无味噉,噉者鄙耻,众所秽恶。"[3] 很明显,除了牛、驴、马、犬等之外,这些动物大多数属于野兽,而食用这些野兽的肉非古代天竺人所为。这个名单中的动物下文将用来和道宣的名单进行比较。

在道宣的分类中,驯化的畜生包括骆驼、马、驴、牛、羊等等[4],这些动物可以是常住僧伽的合作财产。这些动物附属的各种鞍、缰绳等用品也归常住僧伽所有,但控制这些动物的鞭子和棍杖除外,按照《量处轻重仪》的说法,这些给动物带来痛苦的物品应被烧毁。虽然如此,常住僧伽

---

[1] 实际上在泰国当地人也将动物分类鸟、虫、兽、怪兽等部类,见 Stanley Jeyaraja Tambiah, "Animals Are Good to Think and Good to Prohibit," in *Culture, Thought, and Social Action: An Anthropological Perspective*, Cambridge, MA: Harvard University Press, 1985, pp. 192–211.

[2] 对该经的介绍见劳格文(John Lagerwey)所撰条文, Kristofer Schipper and Franciscus Verellen eds., *The Taoist Canon: A Historical Companion to the Daozang* (Chicago: University of Chicago Press, 2004), pp. 518–520.《太上洞玄灵宝三涂五苦拔度生死妙经》也有类似的思想。

[3] 《大正藏》册五一,页 878 上栏。

[4] 薛爱华(Edward H. Schafer)列出了以下驯养的动物:马、猪、骆驼、羊、驴、骡、狗等等,参见 *The Golden Peach of Samarkand: A Study of T'ang Exotics* (Berkeley, Los Angles, and London: University of California Press, 1963), pp. 58–78;以及野生动物,参见 pp. 79–91. 对于骆驼在古代中国的自然史研究,参见 Stanley J. Olsen, "The Camel in Ancient China and an Osteology of the Camel," *Proceedings of the Academy of Natural Sciences of Philadelphia*, Vol. 140, No. 1 (1988), pp. 18–58;一般认为骆驼起源于北美,更新世时进入南美和亚洲,更新世末骆驼在北美绝迹;周代时人们已认识到骆驼是一种驯化的动物,而到汉代北方地区已广泛使用骆驼。

第一章　中古时期佛教动植物分类

对这些动物的所有权和使用权实际上赋予了他们奴役这些动物的权利，这种经济伦理和佛教本身以慈悲对待众生的态度是相矛盾的[1]。

施密德豪森(Lambert Schmithausen)早就指出，早期佛教给人们留下的一般印象是：作为动物而存在是十分不幸的，远比作为人类存在要痛苦得多；原因之一是动物往往为人类所奴役、驱使和鞭打[2]。他这种看法显然基于佛教中畜生道低于人道的佛教众生观。实际上，在古代印度种姓社会中，低级种姓中的人照样被高级种姓中有权力者奴役、驱使和鞭打。将动物列为和人相比较为低级的有情，显然也反映了一种古代朴素的人类中心主义(anthropocentrism)世界观。佛教中动物和人可以互相转世轮回的观念植根于更古老的吠陀传统中的思想，即人死之后，其灵魂可进入动物甚至植物之中[3]。

虽然道宣在其寺院守则中拒绝鞭子和棍杖，但他并不主张寺院放弃使用动物作为运输和劳作的工具。但值得注意的是，道宣没有列出大象。大象在印度是十分常见的用于运输物品的动物，在唐代也常常出现在广东地区，但道宣没有提到，可见其在中国僧团经济生活和日常运输的作用远不如在印度普遍和重要。其实道宣时代被人类驯化的动物很多，但并不都能用于经济生产活动，所以道宣没有列出。这可能反映了寺院经济生活和非寺院经济生活不同取向的一个侧面。

道宣在《量处轻重仪》还使用了另外一个词来称呼家畜，即六畜。六畜或许是佛教借用中国传统中对家畜的说法，如《翻译名义集》卷二有"底栗车"条，略云："此云畜生，畜即六畜也。《礼记注》云：牛、马、羊、犬、豕、鸡。"[4]此处所引《礼记注》或即郑玄注者。但这个牛、马、羊、犬、

---

[1] 高万桑从农业、道德和牺牲三个方面研究了中国宗教中的牛戒，见 Vincent Goossaert, *L'Interdit du Bœuf en Chine. Agriculture, Éthique et Sacrifice*, Bibliothèque de l'Institut des Hautes Études Chinoises volume XXXIV, Paris: Collège de France, Institut des Hautes Études Chinoises, 2005, 其中也特别提示了佛教对待牺牲的态度，见 pp. 51 – 61.

[2] Lambert Schmithausen, *Buddhism and Nature*, 1991, p. 16.

[3] Hermann Oldenberg, *Die Religion des Veda*. Berlin: Verlag von Hermann Wiltz, 1894, ss. 562 – 564; English translation, *The Religion of the Veda* by Shridhar B. Shrotri, Delhi: Motilal Banarsidass, 1988, pp. 322 – 323.

[4] 《大正藏》册五四，页1087中栏。

豕、鸡六种家畜的清单在佛教中没有对应。六畜显然在佛教文献中通常仅用于泛称。有时仅指家畜，例如东晋瞿昙僧伽提婆译《增壹阿含经》卷九《惭愧品》提到六畜时仅列出五种动物：猪、鸡、狗、牛、羊[1]。这相当于下文我们将要讨论的《黄帝内经·素问》中所谓五畜。《素问》中五畜的排列顺序为牛、犬、羊、猪、鸡。相对于儒家经典中的六畜说而言，五畜说可能是阴阳家为对应五行而发展出来的动物分类传统，此一问题需另文讨论。但《增壹阿含经》中所列五类动物显然是《素问》中的五畜。这五畜与前引《礼记注》的说法相比仅仅少了一种动物。其实，《礼记》中似乎并无六畜说法，在《周礼》中六畜、六牲更为常见，而《尔雅·释畜》的六畜作马、牛、羊、豕、狗、鸡。《周礼·天官冢宰》庖人条还有六兽六禽的说法。但吴国时支谦译《撰集百缘经》（*Avadānaśatakaṃ*）卷三《化生王子成辟支佛缘》提到六畜，则列出四种：象、马、牛、羊[2]。有时则泛指所有畜生，如姚秦竺佛念译《出曜经》（*Dharmapada Udānavarga*）卷二二略云：

> 虽寿百年，无慧不定者，世多有人，不知惭愧，与六畜不别，犹如骆驼、骡、驴、象、马、猪、犬之属，无有尊、卑、高、下。人之无智，其譬亦尔。愚闇缠裹，莫知其明。是故，说曰：虽寿百年，无慧不定也，不如一日黠慧有定者。[3]

此处虽提到六畜，却列出七种动物，且从语气上，明显是指一般意义上的动物。道宣在《量处轻重仪》中所使用的六畜一词应该也是对家畜的泛称。

道宣列出的第二类动物是野畜，即野生动物，包括猿、猴、麋、鹿、熊、

---

[1] 狗在其他版本中作猫。见《大正藏》册二，页587中栏。
[2] 《大正藏》册四，页213上栏；有关支谦译经的评价，见 Jan Nattier, *A Guide to the Earliest Chinese Buddhist Translations: Texts from the Eastern Han and Three Kingdoms Periods*, Bibliotheca Philologica et Philosophica Buddhica X, Tokyo: The International Research Institute for Advanced Buddhology, Soka University, 2008, pp. 116–148. 那体慧提示，与安世高译经专注于《阿含》经和论书、支娄迦谶译经专注于大乘经典不同，支谦译经内容和体裁较为广泛，但她不认为《撰集百缘经》为支谦所译，因僧祐《出三藏记集》中没有记录。
[3] 《大正藏》册四，页725上栏。

第一章 中古时期佛教动植物分类

罴、雉、兔、山鸡、野鹜、鹅、雁等,以及鸡、猪、鹅、鸭。道宣指出这些动物可能会污染佛教的伽蓝净土,所以寺院不能拥有这些动物,但同时关押它们的笼具也应被烧毁。而后面四种动物在非佛教寺院地区广为人知并用于各种目的。值得注意的是,在中国传统中它们通常被视作家禽[1]。家禽的观念也为僧人接受,如慧皎《高僧传》卷一二《释法相传》云法相在山中苦修,"诵经十余万言,鸟、兽集其左右,皆驯若家禽"[2]。而道宣的分类中似乎没有家禽的概念。慧琳《一切经音义》卷三五"禽兽"条指出两足有羽毛能飞的动物叫禽,而四足有毛野走的动物叫兽。道宣在这里却并不区分禽和畜,相反区分家畜和野畜,这主要因为家畜在寺院经济生活中扮演一定角色,而家禽则在寺院生活中不发挥重要作用[3]。

但是这类动物也偶尔出现在寺院之中,如《续高僧传》卷七《释法朗传》云法朗修行高明,所以能够感物,"房内畜养鹅、鸭、鸡、犬,其类繁多,所行见者,无不收养。至朗寝息之始,皆寂无声。游观之时,鸣吠喧乱。斯亦怀感之矣"[4]。这里面提及的诸多家禽乃是法朗出于慈悲收养的无主禽类,可能因为和法朗在一起时间长了能适应法朗的起居而不打扰。但在僧传中被说成是法朗修行感物所致。

野畜部分的猿、熊、罴等动物在古代印度也被列为野生动物[5],而熊、罴等在印度被称为恶兽,只有麇、鹿偶尔被当地人民食用。但根据上引知玄《慈悲水忏法》,可知在佛教有关六道轮回的教义中麇、鹿、熊、罴俱是恶兽。在道宣的文本中,这些动物以及关押它们的笼具和枷锁不应

---

[1] 道宣没有讨论鸟类和水族动物以及虫类。有关鸟类的分类,参见 Lewis Mayo, "The Order of Birds in Guiyi jun Dunhuang," *East Asian History* 20 (2000), pp. 1–59.
[2] 《大正藏》册五〇,页406下栏。
[3] 宋代李昉编《太平广记》收集了不少志怪小说的资料,将其中出现的动物分为兽、禽、水族、虫族等类,其中包括并不存在的龙,而在传奇小说中屡屡出现的龙、虎、狐、蛇则占据多卷篇幅;见418—479卷。据傅飞岚研究,《太平广记》中收录的这些故事实际取材于比它成书早半个世纪由杜光庭编纂的《录异记》,此书存八卷,收录了很多发生在四川的异事,其研究见 Franciscus Verellen, "Shu as a Hallowed Land: Du Guangting's *Record of Marvels*," *Cahiers d'Extrême-Asie* 10 (1998), pp. 213–254.
[4] 《大正藏》册五〇,页477下栏。
[5] Brian K. Smith, *Classifying the Universe: The Ancient Indian Varna System and the Origins of Caste* (New York: Oxford University Press, 1994), p. 248.

该被寺院接受。如果寺院收到的捐施中包括这些动物，寺院应该将它们全部放生，因为它们有碍于修道[1]。在这一点上，道宣认为放生的理由是它们有碍于寺院成员的修道，而不是广义上的对动物的慈悲，可见他的关怀仍然以人为中心，以寺院成员的精神生活为中心。

从上可以看出，古代印度常见的一些动物在唐代中国并不常见，所以没有出现在道宣给出的名单中。道宣没有提到的印度常见动物主要有野干、狮子、犀牛、象、鹦鹉、孔雀等。如慧超《往五天竺传》提及在拘尸那国（Kuśinagara）佛陀涅槃处有塔，而往彼处礼拜的香客往往为犀牛、大虫所损，此处大虫应指虎。可能在印度这一地区犀牛和虎较为常见。野象在印度本地当然也十分常见，如《大唐大慈恩寺三藏法师传》卷三提到玄奘曾途经中印度的钵罗耶伽国，该国西内森林中很多恶兽野象。而野干（Sigāla）是佛经文献中常常提到的动物，在唐代传奇作品中出现十分频繁，如在《太平广记》中所引唐代传奇故事中出现就非常普遍[2]。

大象在中国并非罕见，也许因为在北方不常见，所以道宣不提，关于这一点下文再讨论。而狮子（Sīha）则是从域外引入的珍贵动物品种，在天竺和师子国则十分常见，如《高僧传》卷三《法显传》就记载法

---

[1] 日本学术界对放生有许多著述。黄依妹：《戒殺放生と仁の思想》，《鷹陵史学》，1987年第13期，页29—55；桑谷祐顕：《放生思想における共生》，《日本仏教学会年報》，1999年第64期，页213—227；千葉照観：《中国における放生思想の展開：施食思想との関連を中心に》，《天台学報》，1993年第36期，页89—95；苫村高纲：《智者大师の放生池について》，《宗学院论辑》，1976年第22辑，页72—85；藤井教公：《天台智顗と"梵網経"》，《印度学仏教学研究》90，1997年，页241—247。其他英文论著有：Chün-fang Yu, *Renewal of Buddhism in China: Chu-Hung and the Late Ming Synthesis* (New York: Columbia University Press, 1981); Joanna F. Handlin Smith, "Liberating Animals in Ming-Qing China: Buddhist Inspiration and Elite Imagination," *Journal of Asian Studies* 58: 1 (1999), pp. 51–84; Duncan Williams, "Animal Liberation, Death, and the State: Rites to Release Animals in Medieval Japan," in Mary Evelyn Tucker and Duncan Williams eds. *Buddhism and Ecology: The Interconnection of Dharma and Deed* (Cambridge: Harvard University Press, 1997), pp. 149–164.

[2] 这是一种印度、西域的野狐狸，常在佛经文献中出现在譬喻故事中，但在汉文文献中也有不少例子，除了译经之外，唐代道世所编《法苑珠林》中大量引用有关野干的例子。后来狐狸更进入民间宗教，作为妖女的一种象征形象。有关研究参见 Xiaofei Kang, *The Cult of the Fox: Power, Gender and Popular Religion in Late Imperial and Modern China* (New York: Columbia University Press, 2006).

第一章　中古时期佛教动植物分类

显去朝拜者阇崛山,遇到一些狮子。根据正史记载,历朝历代西域均向中原进贡狮子[1]。但道宣在《量处轻重仪》中对于狮子也毫不措意,足见其主要关注中国常见的动物。可是令人惊讶的是,道宣居然没有在《量处轻重仪》的动物清单中列出汉文佛教史传中十分常见的老虎。道宣只是在谈到处理作为寺院财产的皮毛重服时强调僧人不得畜师子、虎、豹、獭皮及余可恶十种皮[2]。

佛教史传中屡屡出现僧人消止虎灾的记载,略举数例如后。如《高僧传》卷五《竺僧朗传》记载前秦时泰山的金舆谷多虎灾,僧朗去了之后才驯服这些猛兽,百姓得以顺利通行无阻。《续高僧传》卷一五《志宽传》云:

> 时川邑虎暴,行人断路,或数百为群,经历村郭,伤损人畜,中有兽王,其头最大,五色纯备,威伏诸狩。遂州都督张逊远闻慈德,遣人往迎。宽乃令州县立斋行道,各受八戒,当夕虎灾销散。[3]

又《续高僧传》卷一六《法聪传》云襄阳伞盖山亦有虎灾,法聪前去帮助消除。他入定时有十七只大虎出现,他给这些老虎一一授三归戒,告诫它们不得危害百姓,又让弟子帮助用布条系在虎颈以驯服。过了七日,镇守襄阳的梁晋安王萧纲设斋饲虎,终于消除虎灾。此事唐代亦十分常见。如《宋高僧传》卷二〇《神鉴传》在闽地怀安西北也有虎灾,神鉴去修行之后虎灾止息。我们在第三章中会专门讨论僧传中广为流行的高僧驯虎叙

---

[1] 唐徐坚辑《初学记》卷29《兽部·狮子一》引用了《尔雅》对狻猊的描述、《汉书·西域传》对狮子的描述。并引司马彪《续汉书》所记章和元年(87)安息国献狮子之事;以及《十洲记》、张华《博物志》、宋炳《狮子击象图》等所记载的狮子。关于北魏接受波斯所献狮子,见《洛阳伽蓝记》卷3,页1012b—c;唐代的记载见后晋刘昫《旧唐书》卷3《太宗本纪》记贞观九年(635)夏四月壬寅,康国献狮子;卷8《玄宗本纪》记开元十年(722)波斯国遣使献狮子;分别见标点本页45、184;《全唐文》卷169收录姚涛的《请却大石国献狮子疏》,认为狮子作为猛兽仅食肉,从碎叶到神都,一路上花费甚巨,请皇帝以慈悲放弃让石国进献狮子。其事亦见《旧唐书》卷89《姚涛传》(标点本,页2903)以及《册府元龟》卷327《宰辅部·谏诤第三》。拂林国亦在开元十年(722)正月,遣吐火罗大首领献狮子二;见《唐会要》卷99,页1779;《旧唐书》卷198《西戎·拂菻国》,标点本,页5315。Edward H. Schafer, *The Golden Peaches of Samarkand: A Study in Tang Exotics*, Berkeley: University of California Press, 1963, pp. 84-87;赵汝括:《诸蕃志》,页111;并见《册府元龟》卷968,《外臣部·朝贡第一》。

[2] 《大正藏》册四五,页851中栏。

[3] 《大正藏》册五〇,页543下栏。据上下文,此事见于隋炀帝时。

事,此处不赘。

中古时代,道宣动物清单中没有列出的虎、豹等野兽南北方各地均可见到,且中古时期的佛教史传则常常将虎、豹并提。这种两兽并提的写作方式来源于中国传统,其他还有牛马、熊罴、犬羊等两兽并提,见于先秦诸子以及《史记》、《汉书》等典籍,可见乃是中国传统[1]。中古时期的记载亦颇多,如《魏书》卷一〇〇《勿吉传》云高句丽北旧肃慎国所在地有勿吉国,国南的太白山有虎、豹、罴、狼害人。杨炫之《洛阳伽蓝记》卷三记载北魏孝庄帝永安末年在巩县山阳有人送上二虎一豹。《续高僧传》卷二〇《善伏传》略云初唐时善伏在伏牛山常与虎豹为伴;同书卷二七《普安传》略云普安在北周灭法期间栖隐于终南山之楩梓谷西坡遇到虎、豹而虎、豹不食他;《宋高僧传》卷一〇《志满传》略云唐代宣城黄连山虎、豹成害;同书卷一二《惟靖传》云唐代明州(今宁波)附近的禅林寺有虎、豹到寺门拜访。《旧唐书》卷一九一《方伎传》有关于慧能的一段故事,大意略云粤地韶州山中本来虎、豹颇多,自从慧能至韶州广果寺之后,虎、豹即自动散去。

值得注意的另外一点是,道宣的清单中有一些动物也许主要生活在中国北方地区。徐庭云近来的研究表明,唐代在关中和中原地区,特别是陕西、山西、宁夏、安徽等地麋鹿比较多[2]。王利华也注意到麋鹿在华北地区并不罕见[3]。她们没有特别说明当时麋鹿在南方的情况。但《续高僧传》卷二六《慧重传》云隋仁寿四年慧重送舍利到隆州(今四川)禅寂寺

---

[1] 如《仪礼·乡射礼》第五云"大夫布侯,画以虎、豹;士布侯,画以鹿、豕";《礼记·郊特牲》云:"虎豹之皮,示服猛也。束帛加璧,往德也";《论语·颜渊篇》云"虎、豹之鞟,犹犬羊之鞟";《孟子·滕文公下》云:"驱虎、豹、犀、象而远之,天下大悦。"《韩非子·八说》第四七云"虎、豹必不用其爪牙,而与鼹鼠同威";《商君书·画策》第一八云:"虎、豹、熊、罴,鸷而无敌,有必胜之理也";魏武帝曹操有诗《北上行》云"熊罴对我蹲,虎豹夹道啼"等等。

[2] 徐庭云:《隋唐五代时期的生态环境》,《国学研究》第八卷,2001年,页209—244,特别是页215—216。其他有关唐代虎、象分布的研究,参见翁俊雄:《唐代虎、象的行踪——兼论唐代虎、象记载增多的原因》,《唐研究》卷三,1997年,页381—394。张广达先生提供了唐代贵族使用中亚引入的猎豹(Cheetah)进行豹猎的一个研究,见《唐代的豹猎——一个文化传播的实例》,《唐研究》第七卷,2001年,页177—204。

[3] 王利华:《中古华北的鹿类动物与生态环境》,《中国社会科学》2002年第三期,页188—200。

第一章 中古时期佛教动植物分类

建舍利塔,有野鹿跑到塔下。可知当时四川有野鹿活动。同卷《道生传》云隋代仁寿二年道生送舍利到楚州(今江苏淮安)[1],也有野鹿跑到舍利塔下。但这些野鹿的出现,正如《广弘明集》卷一七所收《庆舍利感应表》中所说的"野鹿来听,鹤游塔上",都是作为舍利感应故事而记载于佛教史传,其真实性难以判断。

徐庭云还指出猿猴在南方比较活跃,通过研究一些保存在唐诗中的材料,她指出这两种动物主要生活在贵州、四川、湖南、湖北、江西、浙江和安徽等长江沿岸地区。只是很偶然的情况下,唐人也可能在陕西和河南遇到猴。老虎和大象则活跃于很多地区,在广东和安徽,人们有时能看到大象,而北方城乡地区偶尔可以看到老虎。熊则活跃于江苏广陵地区[2]。

大象、犀牛主要活跃在南方热带、亚热带地区[3],但道宣根本没有提到佛经中的重要角色大象、犀牛。虽然象牙、犀角一向被看作是南方地区进贡中原的珍稀物品,但象、犀本身不太和寺院经济生活发生纠葛,这也许也是道宣未提及这两种动物的原因。《翻译名义集》卷二"揭伽"条引《尔雅》云:"南方之美者,梁山之犀、象。注曰:犀牛皮角、象牙骨。"[4]揭伽即犀牛。《一切经音义》卷一九"犀牛"条引《尔雅》描述犀牛:"形似水

---

[1] 此楚州在《广弘明集》卷一七隋安德王雄百官等《庆舍利感应表》中济州、莒州、营州等山东地区列在一起,似应归为相邻的江苏地区,见《大正藏》册五二,页 219 下栏;而在《法苑珠林》卷四〇中则与齐州、莱州等山东地区列在一处;见《大正藏》册五三,页 601 下栏。

[2] 同上,页 216—222。

[3] 谢爱华提了南方的大象,他指出大象的故事几乎被遗忘,因为现在中国的很多地方大象已经绝迹。他回顾了大象在中国史上的存在,例如商代中原地区已经开始驯化大象,五世纪时在河南和湖北仍有大象的踪迹,六世纪是在淮南地区大象亦不鲜见,唐代潮汕的东北地区仍有大象。但他也指出大象在唐诗中甚少出现。见 Edward H. Schafer, *The Vermilion Bird: T'ang Images of the South*, Berkeley: University of California Press, 1967, pp. 224 - 226；薛爱华也谈到了犀牛,指出中古中国的犀牛属于所谓亚洲犀或印尼犀,即苏门答腊犀,个头较小,且有双角,犀牛角在唐代中国被用来制作各种工艺品。他指出犀牛一词在中国文学中没有重要的角色,"象犀"这样的词实际指它们的价值所在,即"象牙和犀角"。见 Schafer, *The Vermilion Bird*, pp. 226 - 228. 印度犀牛则是独角(unicorn),在佛教中用来象征僧人修头陀行的特性。近来陈元朋又考察了犀牛与犀角的问题,见氏撰《传统博物学里的"真实"与"想象"——以犀牛与犀角为主体的个案研究》,《政大历史学报》33 辑,2010 年,页 1—81。

[4] 《大正藏》册五四,页 1088 下栏。

牛,大腹,脚有三蹄,黑色二角,好食棘,亦有一角者。"[1]《续高僧传》卷一七《释慧思传》云陈朝都督吴明彻因敬重在南岳弘法的慧思而敬奉犀枕一具;同卷《释智𫖮传》云智者大师有犀角、如意香炉。

其实,犀牛在早期佛教文献中也常常被用来譬喻佛教僧人的头陀行,指僧人不乐世俗喜好,孤独修行。这在早期佛教文献中较为常见,有时是以犀牛作譬喻,有时则以犀角作譬喻,甚至在犍陀罗语写本中有《犀牛经》残本发现[2]。略举数例为证,以犀牛作譬喻者,如竺法护译《德光太子经》中有"常乐独处譬如犀,无有恐畏如师子"之句,来赞颂修菩萨行僧人的遗世而独立性格[3];在那连提耶舍译《月灯三昧经》中则有"远离一切诸我所,游行世间犹如犀"之句。以犀角作譬喻者,如支谦译《佛说须摩提长者经》中云"如犀一角,独处山林";南朝梁代曼陀罗仙共僧伽婆罗等译《大乘宝云经》中云"自度自脱等于犀角"。这么重要的动物道宣都没有提到,大概也是他个人的经验所限。因此,也许可以说道宣提到的许多动物主要是北方地区常见的动物,他对南方的典型动物似乎不是很熟悉和敏感。

在道宣的分类中驯化和野生动物之外的第三类动物包括猫、狗、鹰、鼠等。我们或许可以说这些动物其实是现代概念的所谓宠物。当然,在中世纪欧洲,也有宠物的概念,中世纪人们对自然和动物的认识深受当时教会的影响,有时并不对人类和动物进行明确区分,而所谓宠物,多半因为这些动物有实用功能。当时作为宠物出现的动物包括猫、狗、猴等等。不少考古材料能够证明,除了普通常见的宠物如猫狗之外,还有猩猩、鹦

---

[1] 《大正藏》册五四,页424中栏。
[2] 学界对到底是犀牛还是犀角并无定论,主张犀牛者认为犀牛的独行习性符合苦行者性格,主张犀角则因为犀角只有一只,也反映常乐独处的修行性格;其讨论见 K. R. Norman, "Middle Indo-Aryan," in Jadranka Gvozdanovich, *Indo-European Numerals*, Trends in Linguistics, Studies and Monographs 57, Berlin: Mouton de Gruyter, 1992, pp. 199 – 241; K. R. Norman, "Solitary as Rhinoceros Horn," *Buddhist Studies Review* 13, 1996, pp. 133 – 142; Richard Salomon, *A Gandhārī Version of the Rhinoceros Sūtra*, Seattle: University of Washington Press, 2000. 汉文译经中也有犀牛和犀角两种用法。
[3] 此经有梵文和藏文写本遗存,上引一句的翻译见 Daniel Boucher, *Bodhisattvas of the Forest and the Formation of the Mahāyāna: A Study and Translation of the Rāṣṭrapālaparipṛcchā-sūtra*, Honolulu: University of Hawaii Press, 2008, p. 123, 126.

第一章　中古时期佛教动植物分类

鹉等从英格兰以外地区输入的动物[1]。在道宣的话语中,这些所谓宠物也不被允许在寺院中生活[2]。

至于猎捕这些动物的弓箭等武器更不能被寺院接受。道宣继承了佛教的传统,把这些宠物称为所谓恶律仪的动物,把寺院不允许拥有的器械称为恶律仪具。这其实并不是《四分律》的传统,《四分律》似乎没有所谓恶律仪的说法。而《十诵律》卷五六,偶尔提到恶律仪,意为以一因缘故说一切罪,为恶律仪。而这是和善律仪相对的概念。后者指以一因缘故说一切无罪。道宣在《量处轻重仪》一文中处理动物的规定中提到恶律仪,可能受大乘佛教思想的影响。恶律仪在大乘佛教中有十二恶律仪和十六恶律仪两种说法。十二恶律仪出自后汉译者不明之《大方便佛报恩经》卷六,包括以下十二类:屠儿、魁脍、养猪、养鸡、捕鱼、猎师、网鸟、捕蟒、咒龙、狱吏、作贼、王家常差捕贼[3]。可见其中大多数属于人类侵害动物的行为。

这一说法还出现在《萨婆多毗尼毗婆沙》(*Sarvāstivādavinayavibhāṣā*)卷一、北凉昙无谶译《菩萨地持经》(*Bodhisattvabhūmi*)卷八,以及敦煌出土写本《律戒本疏》和《地持义记》卷四。到了昙无谶译《大般涅槃经》卷二九,增加到十六恶律仪:为利饴养羔羊,肥已转卖;为利买已屠杀;为利饴养猪豚,肥已转卖;为利买已屠杀;为利饴养牛犊,肥已转卖;为利买已屠杀;为利养鸡令肥,肥已转卖;为利买已屠杀;钓鱼;猎师;劫夺;魁脍;网

---

[1] 见 Richard Thomas, "Perceptions versus Reality: Changing Attitudes Towards Pets in Medieval and Post-medieval England," in Aleksander Pluskowski ed., *Just Skin and Bones? New Perspectives on Human-Animal Relations in the Historical Past*, British Archaeological Reports International Series 1410, Oxford: Archaeopress, 2005, pp. 95 - 104. 有学者指出,宠物史研究可能是受马克思主义影响的社会史的分支,这一取向将宠物放在城市文化中考察,因为宠物可以被看作是不受传统史学重视的弱势群体。某位学者以笔名 Charles Phineas 发表了一篇文章"家庭宠物与城市异化"("Household Pets and Urban Alienation," *Journal of Social History*, vol. 7, no. 3, 1974, pp. 338 - 343),虽然是调侃社会史读者的一个玩笑式论文,但实际上预告了动物史的兴起。其回顾见 Erica Fudge, "A Left-Handed Blow: Writing the History of Animals," pp. 4 - 5. 欧洲近代有很多关于狗的叙事,其研究见 Teresa Mangum, "Dog Years, Human Fears," in Nigel Rothfels ed., *Representing Animals*, Bloomington: Indiana University Press, 2002, pp. 35 - 47.

[2] 大乘戒《梵网经》卷下也指出长养猫狸猪狗者犯轻垢罪;见《大正藏》册二四,页 1007 中栏。

[3] 《大正藏》册三,页 161 上栏。

捕飞鸟;两舌;狱卒;咒龙[1]。此处可看出屠杀动物重复出现了四次,仅从十六律仪的说法上,这种重复似乎不是偶然。刘宋慧俨等译《大般涅槃经》同样提到十六恶律仪。其他提到十六恶律仪的还有刘宋求那跋摩译《菩萨善戒经》卷七,以及梁代僧人宝亮等集《大般涅槃经集解》卷五七、六〇,智顗《法界次第初门》卷上、慧远《大乘义章》卷七、湛然撰《法华玄义释签》卷一五等,显然十六恶律仪说在中国更为流行,尤其天台一系。而智俨所集《华严经内章门等杂孔目》卷三则同时提到十二恶律仪和十六恶律仪。其中,净影寺慧远在《大乘义章》卷七中对十六恶律仪的解释最为详尽:

> 出《涅槃经》,无作之恶,常生相续,说为律仪,律仪不同,宣说十六:一为利养羊,肥已转卖;二为利故,买买已屠杀;三为利养猪,肥已转卖;四为利故,买买已屠杀;五为利养牛,肥已转卖;六为利故,买买已屠杀;七为利养鸡,肥已转卖;八为利故,买买已屠杀;九者钓鱼;十者捕鸟;十一猎师;十二劫盗;十三魁脍;十四两舌,专行破坏;十五狱卒;十六咒龙。《毗昙论》中宣说十二:一者屠羊,二者养猪,三者养鸡,四者捕鱼,五者捕鸟,六者猎师,七者作贼,八者魁脍,九者守狱,十者咒龙,此与前同;十一者屠犬,十二者司猎。此二异前。言屠羊者,如《毗昙》说,以杀害心,若卖若杀,悉名屠羊。摄十六中,第一、第二言养猪者,亦以杀心;若卖若杀,悉名养猪。摄十六中,第三、第四养鸡亦尔。摄十六中,第七、第八言捕鱼者,杀鱼自活,捕鸟猎师,亦复如是。言作贼者,常行劫盗。言魁脍者,常主杀人,以自存活。言守狱者,守狱自活。言咒龙者,谓咒龙蛇,戏乐自活。言屠犬者,谓旃陀罗,屠犬自活。言司猎者,所谓王家主猎者是。然就屠羊者,虽不起心,杀余众生,而于一切诸众生,所得恶律仪。一切众生悉皆可有,作羊理故,余者皆尔。问曰:此等七律仪中,几律仪摄? 释言,若依《涅槃》所说,杀、盗、两舌,三律仪摄。以此三种,损恼处多,故偏说之。《毗昙》所说,唯杀盗摄,作贼是盗,余皆是杀。十六律

---

[1] 《大正藏》册一二,页538中栏。

第一章 中古时期佛教动植物分类

仪,辨之如是。[1]

从这个解释来看,饲养牛、羊、猪、鸡等家畜家禽是不被允许的。捕鱼、打猎也是恶律仪。这里的恶律仪动物也包括羊、牛、猪等家畜,可是道宣的恶律仪动物名单和家畜家禽是分开的,而恶律仪动物主要包括猫、狗等小动物[2]。可见道宣并没有完全接受早期佛教三藏中的说法,而是对旧的分类系统进行了小小的改革。值得注意的是,无论是十二恶律仪还是十六恶律仪,显然都是大乘佛教的传统,因为这两种说法均仅出现在注重菩萨思想实践的大乘佛教文献之中。而在《量处轻重仪》一文中讨论处理动物时,道宣毫无疑问也用这种大乘佛教的思想来解释当时佛教传统上被认为是小乘的《四分律》。

道宣同时指出,寺院不能杀生和买卖动物,否则会给出家人带来恶业。在佛教中,第一条戒律就是不能杀生,伤害有情众生。正如施密德豪森指出的,古代印度的苦行宗教,比如耆那教和佛教,伤害有情被看作是极其根本的非道德的,一方面而言,杀生给杀生者死后带来极为罪恶后果的恶业,另一方面,有情都非常害怕死亡并且在痛苦面前退缩[3]。他并指出在古代印度不仅人类和动物被看成是有情,连植物和种子也被视作有情。这种非杀的传统为中国佛教徒所继承。道宣甚至说买卖动物比杀生更为恶劣。对于寺院来说,慈悲的原则在对待动物的事情上也是严格遵守的,或者按照道宣的说法,在寺院中建立起慈悲圣宅[4]。

和儒家不同的是,中古时期的中国佛教不把动物拿来作为祭品,不用动物作为祭品贡献给佛、法、僧三宝[5]。所以,在俗信徒捐献给寺院的动物不

---

[1]《大正藏》册四四,页 615 上栏。
[2] T. H. Barrett 讨论了禅诗中的猫,认为在九世纪猫在佛教寺院日常生活中和狗一样常见;见 "The Monastery Cat in Cross-cultural Perspective: Cat Poems of the Zen Masters," in James A. Benn, Lori Meeks, and James Robson eds., *Buddhist Monasticism in East Asia. Places of Practice*, London and New York: Routledge, 2010, pp. 107 – 124.
[3] 前揭 Lambert Schmithausen, *Buddhism and Nature* (Tokyo, 1990), p. 5.
[4]《大正藏》册四五,页 845 下栏。
[5] 拙著 *The Revival of Buddhist Monasticism in Medieval China* (New York: Peter Lang, 2007)第二章讨论了迎舍利的仪式。佛教反对用动物做祭品,只有舍身供养。在早期佛教中有萨垂王子舍身饲虎等故事,见于诸多譬喻类佛经和佛本生故事经典,如《撰集百缘经》、《贤愚经》等。

被用来供奉佛或僧,而是用来供给寺院的日常经济需要。有学者考察过儒家对待动物的立场,认为儒家看待动物的角度来自儒家的仁义和回馈的价值观[1]。还有学者认为在历史上的古代印度,佛教保护了动物使它们不受祭祀之苦,这种做法也许正是佛教对抗婆罗门教祭祀仪式的一个有力的武器[2]。

在中国佛教教团中,戒律对于约束成员行为规范十分重要,而律师是解释律典的权威,他们也在给动物分类上起到关键作用,道宣即是一例。道宣把所有寺院可能接受的物品都进行分类。他的分类主要基于印度的佛教传统,这些传统来自诸多当时已经翻译成汉文的律典。中国佛教律师们也常常根据当时的历史条件来修改他们的分类。而正如有学者指出的,在前佛教社会,通常统治者或先王先圣扮演给动物分类的角色[3]。

在古代印度伊朗文明中,宗教教士往往在给万物分类中担负责任。他们对于动物分类的讨论主要体现在他们的宗教圣典之中,特别比如《阿维斯塔》(*Avesta*)以及帕拉维文献,《黎俱吠陀》(*Ṛgveda*)、《班达希圣》(*Bundahišn*)等。这些宗教典籍的分类系统反映了他们的宗教价值系统,服务于他们自身的宗教需要。比如在琐罗亚斯德教,动物被分成善的和恶的两种,基于它们是谁创造的,是光明之神阿胡拉马兹达(Ahura Mazdā/Ohrmazd)还是黑暗之神安哥拉曼纽(Angra Mainyu/Ahriman)[4]。当然就现有的材料来看,很难具体说到底多大程度上中国佛教律师在戒律运用方面采用了印度的佛教传统,这一课题仍值得进一步研究,目前仅

---

[1] Donald N. Blakeley, "Listening to the Animals: The Confucian View of Animal Welfare," *Journal of Chinese Philosophy* 30: 2 (2003), pp. 137–158. 他使用的材料来自孔、孟、朱熹和王阳明等人,但忽略了汉唐一段历史时期。

[2] Christopher Key Chapple, "Animals and Environment in the Buddhist Birth Stories," in Mary Evelyn Tucker and Duncan Ryūken Williams eds., *Buddhism and Ecology: The Interconnection of Dharma and Deeds* (Cambridge, MA: Harvard University Press, 1997), pp. 131–148, esp. 140.

[3] Roel Sterckx, "Animal Classification in Ancient China," *East Asian Science, Technology and Medicine* 23 (2005), pp. 96–123; 他主要分析《尔雅》一书中的动物分类思想:鸟、兽、虫、鱼;并参见同作者 *The Animal and Daemon in Early China* (Albany: State University of New York, 2002), 第三章;以及同作者论文,"Transforming the Beasts: Animals and Music in Early China," *T'oung Pao* 86: 1–3 (2000), pp. 1–46.

[4] Hanns-Peter Schmidt, "Ancient Iranian Animal Classification," *Studien zur Indologie und Iranistik* 5/6 (1980), pp. 209–244;施密德说,摩尼教和琐罗亚斯德教都把动物看成是邪恶的生灵,但是它们必须被保护因为它们身体中含有光明的因素,见该文页232。

第一章　中古时期佛教动植物分类

可能对一些个案作分析。

道宣将动物分成三类的传统之外,唐初还有十二时兽的分类传统,这主要指隋唐时期佛教的十二时兽之说和中国传统的十二生肖之说开始结合。佛教的十二时兽之说也出现在道宣的著述之中,但非常简短,见于《中天竺舍卫国祇洹寺图经》卷一[1]。这里可以看到该寺知时之院的运转情况,有漏刻院计算时间,漏刻院有金山金城,四门有十二人唱时。而十二个时辰与时兽的出没相呼应。这个十二时兽之出没的常例就是佛教中的十二时兽理论。据中国佛教文献的引用和发挥来看,这一十二时兽理论似来自北凉时期昙无谶所译《大方等大集经》(*Mahāvaipulya-Mahāsamnipata-sūtra*),该经卷二三讲到菩萨可能化身为兽像在东、西、南、北四方的山窟中修行以调伏众生。本书第二章中将对《大集经》中提到的十二时兽进行详细探讨。

但关于恶兽的说法,中国南朝的律师僧祐在《释迦谱》里面提到"魔毒益盛,召四部十八亿众,变为师子、熊、罴、猨、猴之形,或虫头人躯虺蛇之身"。这种以动物的形象来描述魔众,明显是受《十诵律》中狮子、熊、罴等所谓恶兽的影响。另外在《弘明集》卷一四所收《竺道爽檄太山文》中引《黄罗子经玄中记》曰:

> 夫自称山岳神者,必是蟒蛇;自称江海神者,必是鼍、鼉、鱼、鳖;自称天地父母神者,必是猫、狸、野兽;自称将军神者,必是熊、罴、虎、豹;自称仕人神者,必是猨、猴、玃;自称宅舍神者,必是犬、羊、猪、犊;门户、井灶、破器之属,鬼魅假形,皆称为神,惊恐万姓。[2]

此处可见当时人把一些恶神跟恶兽联系在一起。但是道宣没有采用恶兽的说法,他仅仅使用"恶律仪"来称呼那些有损修行的动物。在他的《续高僧传》有不少高僧驯虎和给动物授菩萨戒的故事,可能在唐代出家人已经习惯和这些猛兽打交道,并不把它们当作恶兽看待。这也是早期佛

---

[1]《大正藏》册四五,页884下栏。
[2]《大正藏》册五二,页91下栏。

教传播到中原之后经过一段时间发生的变化。

三、佛教植物分类学

植物分类学在中国有很长的历史[1]。在《荀子》里面,植物被分成草、木两类。战国时期,一些更为精致复杂的分类出现了。比如,在一些典籍中,植物被分成百卉、百谷、百果、百蔬、百药等五类。中国古代第一个系统的植物分类可能出自《尔雅》一书。在这部书里,编者发展出中国古代以医用植物为主的分类传统[2],但本章不涉及医学的研究。医学类书籍如本草经也对植物有很多分类。如成书于西汉之前的《神农本草经》中把药物分为上、中、下三品,其中植物类药物占了绝大多数,其基本类别包括草、木、果、米、菜等若干类。此书早已经为佛教学者所知,至少在安世高的译经中已经提到该书,如安世高所译《佛说柰女祇域因缘经》这一有关印度古代神医耆婆(Jīvaka)的经典即提到《本草经》[3],这里提到的《本草经》应该便是《神农本草经》。唐代沙门慧祥撰《古清凉传》卷下则明确提到《神农本草经》。陶弘景(456—536)在中国历史上第一次全面系统地整理和研究了《本草经集注》,增加不少南北朝时期的新内容。

总而言之,中国早期的分类系统原则在于植物外观形式和用途[4]。

---

[1] Nguyen Tran Huan, "Esquisse d'une histoire de la biologie chinoise des origines jusqu'au IVᵉ siècle," *Revue d'histoire des sciences* 10 (1957), pp. 31-37; Joseph Needham, "The Development of Botanical Taxonomy in Chinese Culture," *Actes du douzi'me congrés international d'histoire des sciences* (1968), pp. 127-133. 有关药用植物,参见 Hu Shiu-ying, *An Enumeration of Chinese Materia Medica* (Hong Kong: Chinese University Press, 1980). 早期中国的植物学,参见 E. Bretschneider, "Botanicon sinicum. Notes on Chinese Botany from Native and Western Sources," *Journal of the North China Branch, Royal Asiatic Society*, 16, 25, 29 (1881-1895), reprinted in Nendeln, Lichtenstein, 1967.

[2] 中国植物学会编:《中国植物学史》,北京:科学出版社,1994年,页12—14。

[3] 此书和同出安世高的《佛说柰女耆婆经》应为同本异译。有关耆婆的情况,参见陈明:《古印度佛教医学教育略论》,《法音》2000年第4期,页22—27;同作者:《印度古代医典中的耆婆方》,《中华医史杂志》2001年第4期,页202—206;以及《耆婆的形象演变及其在敦煌吐鲁番地区的影响》,国家图书馆善本特藏部编《文津学志》第一辑,国家图书馆出版社,2003年5月,页138—164。

[4] 中国植物学会编:《中国植物学史》,北京:科学出版社,1994年,页10—12;并参见 Francesca Bray, "Essence and Utility. The Classification of Crop Plants in China," *Chinese Science* 9 (1989), pp. 1-13. 对于中国早期博物学著作的评价,参见 E. Bretschneider, "The Study and Value of Chinese Botanical Works," *Chinese Recorder* 3 (1870), pp. 157-163.

第一章 中古时期佛教动植物分类

到了初唐,高宗朝显庆年间中央政府支持由苏敬主持修造的官方著作《新修本草》把植物按其形式和用途分成五类:草、木、果、米谷、菜[1]。此书被慧琳(737—820)《一切经音义》引用。如关于芋的注释,《一切经音义》卷八即云:"于遇反,韵英芋,蹲鸱草也。苏敬《本草》云:芋,一名茨菰,约有六种差别,所谓青芋、紫芋、真芋、白芋、连禅芋、野芋,并皆有毒,其中唯野芋最甚,食之煞人,以灰水煮之乃可食也。"[2]《新修本草》成书于659年,修成后由官方颁行天下。所以当时活动于长安的学问僧道宣对此信息应该不会不知。

尽管大多数中古时代的出家人并不参加农业劳动,但他们面临一个对寺院所拥有的植物进行分类以便处理所有权和使用权问题。道宣在《量处轻重仪》中提出的分类是基于植物的实用性将其分成五种蔬菜、五种果树和五种谷类[3],类似的说法还见于道宣著《四分律删繁补阙行事钞》卷中。在道宣的分类系统中,所谓五种蔬菜被称为五生种,包括根种、茎种、节种、杂种、子种。第一种根种包括萝卜[4]、姜[5]、芋[6]等植物。姜是佛经中用来苦行的重要食物,如《中阿含经》(*Madhyamāgama*)卷一六《蜱肆经》(*Pāyāsisuttanta*)载蜱肆(Pāyāsī)王开始修福时,仅仅食

---

[1] 中国植物学会编:《中国植物学史》,页38—43,特别页41。
[2] 《大正藏》册五四,页351上栏。
[3] 关于古代印度的植物,参见 Trilok Chandra Majupuria, *Religious and Useful Plants of Nepal and India: Medicinal Plants and Flowers as Mentioned in Religious Myths and Legends of Hinduism and Buddhism* (Lashkar, 1988; D. P. Joshi 修订版, 1989); Lambert Schmithausen, *The Problem of the Sentience of Plants in Earliest Buddhism* (Studia Philologica Buddhica, Monograph Series 6, Tokyo: The International Institute for Buddhist Studies, 1990), 同作者 *Plants as Sentient Beings in Earliest Buddhism* (Faculty of Asian Studies, Australian National University, Canberra, 1991)。
[4] Latin: *Raphanus sativus*. 有关其栽培,参见李璠:《中国栽培植物发展史》,北京:科学出版社,1984年,页107—109。
[5] Latin: Zingiber offcinale. 李璠认为这种植物源于中国西部云贵高原地区,见上引书,页132—133;古代印度和中国都有广泛种植,参见 Berthold Laufer, *Sino-Iranica: Chinese Contributions to the History of Civilization in Ancient Iran, with Special Reference to the History of Cultivated Plants and Products* (Chicago, 1919); 林筠因译:《中国伊朗编——中国对古代伊朗文明史的贡献着重于栽培植物及产品之历史》,北京:商务印书馆,1964年,2001年重印本,页376—377。
[6] Latin: *Colocasia esculentum*. 其在中国的历史,参见苏颂:《图经本草》,福州:福建科学技术出版社,1988年,页488—489。

用一片姜。同经卷三九讲到须达哆居士修行时吃"糠饭麻羹,姜菜一片"。而在《大般涅槃经》中,姜汤则常常用来治疗水病之人。《十诵律》卷二则将姜列入五种尽形药的根药之一,这五种药包括舍利、姜、附子、波提毗沙、菖蒲根。其实,玄奘《大唐西域记》卷二讲到天竺时把姜列为该地蔬菜之一种[1]。佛经中所述的吃姜苦行在中国也有信徒实践。《高僧传》卷九《单道开传》云传主:"单道开,姓孟,燉煌人。少怀栖隐,诵经四十余万言。绝谷,饵栢实,栢实难得,复服松脂。后服细石子,一吞数枚,数日一服,或时多少啖姜椒,如此七年。"[2]道宣清单中的茎种包括榴、柳等植物。此处榴或即石榴,产自西域安国,又称安石榴,据慧琳《一切经音义》卷二七引《博物志》云此物由张骞出使西域和胡桃、葡萄等一起带回,中原才开始种植安石榴,但在古代一直种植不广,至少佛教史传中十分罕见。《南史》卷三二《张畅传》云邺下出石榴。根据《佛国记》,法显注意到葱岭东西两侧的草、木、果、实不同,但有三种和汉地一样,它们是竹、安石榴、甘蔗。玄奘《大唐西域记》卷一也记载屈支国即今库车一带出产葡萄、石榴,以及梨、柰、桃、杏等水果。

第三种节种包括萝勒、蓼、芹等植物[3]。《四分律》卷一三提到节生种,则包括苏蔓那华、苏罗婆、蒱醯那、罗勒、蓼及其他。萝勒一名亦见于道宣《四分律删繁补阙行事钞》卷七,作为心种植物之一种。慧琳《一切经音义》卷二六解释《大般涅槃经》有"节子"条,指出包括兰香、芹、蓼梯子、矩属草等,因为这些植物"有节即生,故也"。宋代元照《四分律行事钞资持记》卷九认为蓼即是兰香。道宣《量处轻重仪》也说到所谓余留种子,包括萝卜子、蔓菁子、兰香、荽、蓼、葵子等。从这里看来,似乎兰香和蓼是两种物品。道宣《续高僧传》卷一七《玄嶷传》记载有武则天作天后时受玄嶷食蓼一事感动,允许其从道入佛,剃度为僧,入住佛授

---

[1]《大正藏》册五一,页878上栏。
[2]《大正藏》册五〇,页387中栏;中华书局标点本,页361。此处"或时多少啖姜椒"一句可能缺一字,因为按照常理,应该是八个字,四字一句,共两句。
[3] 李璠认为有两种 Oenanthe javanica 和 Apium graveolens。道宣说的可能是前者,在中国的栽培更为广泛。李璠前揭书页138—139。

第一章　中古时期佛教动植物分类

记寺。

第四类包括蔗、竹、荻、芦等植物[1]。这些都是中国常见的植物。慧琳《一切经音义》卷二和卷八都有芦苇条,引《尔雅》和《玉篇》。其实,宋代的苏颂在1061年完成的《图经本草》也给出了很详细的植物分类,其中水果植物还包括芋和蔗两种,而道宣把它们看作是蔬菜。《续高僧传》中有这两种植物作为供养僧人食物的记载。该书卷二〇《释世瑜传》略云:

> 大业十二年(616),往绵州震响寺伦法师所出家。一食头陀,勤苦相续。又往利州,入籍住寺。后入益州绵竹县响应山,独住多年,四猿供给山果等食。有信士母家生者,负粮来送,惊讶深山。常烧熏陆、沉水香等。既还山,半路见两人形甚青色,狀貌希世,负莲华、蔗、芋而上,云我供给禅师去也。然其山居三年之中,食米一石七斗。[2]

《比丘尼传》卷二《普贤寺宝贤尼传》则记载宝贤出家前吃葛和芋为生:

> 十六丁母忧,三年不食谷,以葛、芋自资,不衣缯纩,不坐床席。十九出家,住建安寺,操行精修,博通禅、律。宋文皇帝深加礼遇,供以衣食。及孝武,雅相敬待,月给钱一万。[3]

此是苦行作为尽孝的一种修行。但出家之后,颇有苦尽甘来之意。我们今天常常把道宣提到的这些植物称作经济作物或粮食作物[4]。考虑到它们的经济和实用价值,它们在寺院生活中的重要性不亚于寺院之外,因

---

[1]《新修本草》(卷一七)引陶弘景《本草经集注》认为蔗这种植物主要栽培在中国东南。苏颂有所讨论,见前引《图经本草》,页487—488。

[2]《大正藏》册五〇,页595上栏。

[3]《大正藏》册五〇,页941上栏;英译文见 Kathryn Ann Tsai trans., *Lives of the Nuns: Biographies of Chinese Buddhist Nuns from the Fourth to Sixth Centuries*, A translation of the *P'i-ch'iu-ni Chuan*, compiled by Shih Pao-ch'ang, Honolulu: University of Hawaii Press, 1994, p.62.

[4] 经济植物的研究,见胡先骕:《经济植物学》,北京:中华书局,1953年;古代蔬菜的研究见 Li Hui-lin, "The Vegetables of Ancient China," *Economic Botany* 23 (1969), pp.253-260. 经济植物的起源,参见 N. I. Vavilov, *The Phyto-geography Basis for Plant-breeding, Origin and Geography of Cultivated Plants* (Cambridge: Cambridge University Press, 1992).

为它们满足寺院成员的日常需要。所以,道宣才强调它们的所有权属于寺院[1]。出家人个人不得私自拥有这些植物。

道宣所列植物清单中最后一种包括荽、苴等植物[2]。慧琳《一切经音义》卷六五引《博物志》称荽作为一种香菜其实在汉武帝时才由张骞自西域引入,故又称胡荽,江南称胡绥。《魏书》卷一一四《释老志》讲到道教徒东莱人王道翼躲在韩信山隐居四十余年,断粟食荽[3]。据敦煌出土文书,在唐人昙旷撰《大乘百法明门论开宗义决》中,我们可以看到当时各地人民对这一植物的不同叫法:

> 如香荽花者,即今时人所食用者胡荽菜是。然此荽字,数体不同,或作荽字,或作绥字。然其随方所呼又别,若河西人,呼为胡荽;若山东人,呼为绥荽;若江淮人,呼为香荽。[4]

很可能因为南方已有传统种植的菱藕,所以为了区别而把胡荽成为香荽。道宣对胡荽的称呼显然不是来自江淮。此物变成五辛之一也是较晚的事,在唐代还未列入五辛,如《宋高僧传》卷二九《慧日传》中,传主称天竺原有五辛,到了中国只有四种:一蒜、二韭、三葱、四薤,胡荽并非五辛之一,因此所食无罪。他还说此物根如萝卜,且出土辛臭。宋人法云(1085—1158)编《翻译名义集》卷三《什物篇》有"荤辛"条,指出"荤而非辛,阿魏是也;辛而非荤,姜芥是也;是荤复是辛,五辛是也。《梵网经》云:不得食五辛,言五辛者,一葱、二薤、三韭、四蒜、五兴渠"[5]。同篇"兴渠"条谓此物出乌茶婆他那国,该国人平常均食用此物,又称作阿魏[6]。则说《翻译名义集》尚没有提到胡荽作为五辛之一。而元人所编

---

[1] 谢重光:《晋唐寺院的园圃种植业》,《中国社会经济史研究》1990年第三期,页1—7。
[2] 《大正藏》册四五,页841上栏。
[3] 《魏书》卷一一四,标点本页3054—3055。
[4] 《大正藏》册八五,页1086下栏。
[5] 《大正藏》册五四,页1108中栏。参见高延对该经的翻译与研究,Jan J. M. De Groot, *Le code du Mahāyāna en Chine: son influence sur la vie monacale et sur le monde laïque*, Amsterdam: Johannes Müller, 1893.
[6] 义净在《南海寄归内法传》卷三说西域和东夏药物出产不同时特别指出西方此物丰饶。《一切经音义》卷四五、六七亦有关于此药的提示。

第一章　中古时期佛教动植物分类

《敕修百丈清规》卷五护戒条将葱、韭、蒜、薤、园荽列为五荤。

正如前文所说，道宣在《量处轻重仪》中对物品的分类很大程度上采用了《四分律》的传统，然后借鉴了当时的现实历史状况进行了改造。经过考察那些道宣列出的植物，如同那些他列出的动物一样，的确可以看到许多历史和地理的因素。首先我们可以看到道宣显然把《四分律》中提到的印度果类清单进行了改造。《四分律》卷四三提到当时比丘食用的水果包括胡桃、椑桃、婆陀、庵婆罗、阿婆梨等，以及藕根、迦婆陀、菱芰、藕子。而道宣给出的名单只有上述清单中的胡桃。《十诵律》卷二六则提到佛陀听饥馑时比丘可以食用胡桃、栗、枇杷，以及莲根、莲子、菱芰、鸡头子等。据《一切经音义》卷八"藕"条，引《尔雅》、《玉篇》、《说文》等云藕又名莲根、水芝丹、莲、芙蕖根等。这里面大多数植物都没有出现在道宣《量处轻重仪》的所谓现树五果清单中。以下我们还要讨论何以一些天竺常见的热带果类没有出现在道宣的清单之中。

同时，道宣列出的植物清单显示它们其实主要是一些在中国北方培植的植物，也可能主要是满足北方人的食用需要。因此道宣的清单主要建立在他对于北方植物的了解之上，也比较适用于北方地区的寺院生活。为何我们会得出这样的结论呢？如果仔细观察道宣文中出现的术语，可以看出一些线索，因为这些术语可能来自北方。道宣列出的许多果类植物可以说主要是北方的果类。道宣提示了所谓现树五果[1]，包括壳果、肤果、核果、角果、檖果五类[2]。第一类包括这样一些水果：胡桃、栗。胡桃在法云的《翻译名义集》卷二四有记录。但是，劳费尔（Berthold Laufer）

---

[1] Skt. *Pañca-phalāni*. 陈寿：《三国志》《魏书》，卷一六，页511、841；并见于魏收：《魏书》页2222、2243、2272—2274、2278等；以及《北史》页915、3131、3212、3224—3225等；但后者可能来源于佛教史料，因为提到的地方均和西域有关。

[2] 五果出现在竺法护所译《佛说盂兰盆经》中，见《大正藏》册一六，页779中栏；梁代宗懔撰《荆楚岁时记》"七月十五日僧尼道俗悉营盆供诸佛"条即引用《盂兰盆经》提到用五果作供养。《魏书》和《北史》的《西域传》提到下列西域各国多五果：高昌、色知显、伽邑尼、薄知国、阿弗太汗、呼似密、诺色波罗、早伽至、伽不单、拔豆；《隋书》卷八三《西域传》则提到阗多五果。而关于南海诸国的记录却不提五果，这是让人十分意外的。有关《盂兰盆经》的讨论见 Stephen F. Teiser, *Ghost Festival in Medieval China* (Princeton: Princeton University Press, 1988), pp. 48-56.

认为这种水果来自伊朗,因为它的汉文译名来自 *pārasī* ,指来自波斯的[1]。他也注意到在四世纪,这种植物在中国人之间鲜为人知。他引用了苏颂的《图经本草》,认为胡桃主要在北方培植[2]。其实玄奘在《大唐西域记》卷一二"钵铎创那国"条提到该国种植了胡桃:"睹货逻国故地也,周二千余里。国大都城据山崖上,周六七里。山川逦迤,沙石弥漫,土宜菽麦,多蒱陶、胡桃、梨、柰等果。"[3]而天台智者大师弟子灌顶所编《国清百录》卷三记载仁寿元年当时任皇太子的杨广施物给天台山众,其中即包括胡桃一笼。杨广布施给天台山的清单如下:

> 石香鑪垆一具(并香合三枚)、大铜钟一口、鸺纳袈裟一领、鸺纳褊袒二领、四十九尺幡七口、黄绫裙一腰、毡二百领、丝布祇支二领、小幡一百口、和香二合、胡桃一笼、衣物三百段、柰糤一合、石盐一合、酥六瓶。[4]

可见胡桃是这一清单中唯一的植物品种。为何只施胡桃,或许因为此物在南方不易见到之故。第二类果包括梨、柰、林檎、木瓜等[5]。第三类水果包括桃、杏、枣以及柿[6]。第四类果包括山泽诸豆。最后一组果类包

---

[1] Laufer, *Sino-Iranica: Chinese Contributions to the History of Civilization in Ancient Iran, with Special Reference to the History of Cultivated Plants and Products* (Chicago, 1919), pp. 254–256.

[2] 同上书 p.257. 苏颂指出胡桃在陕西和山西种植广泛,见《图经本草》,页494—495。

[3] 《大正藏》册五一,页940中栏。

[4] 《大正藏》册四六,页814中栏。

[5] 梨见苏颂:《图经本草》,页496—497。林檎即林檎。道宣此处将柰和林檎二者进行了区分。李璠认为柰比林檎略大,但均在北方广泛种植;见前引李著,页178—179。有关苹果栽培史的详尽研究,见张帆:《频婆果考——中国苹果栽培史之一斑》,《国学研究》卷一三,2004年。张帆认为柰和林檎形状、品种相近,但与苹果不同,因为苹果主要出产于热带、亚热带地区。看来道宣没提苹果,正说明他不太熟悉这种天竺常见果物。木瓜见《图经本草》,页486—487。

[6] 杏即Latin: *Prunus armeniaca*. 也主要培植在北方,见李璠书,页172—174。枣主要在西北和北方栽培,李璠书,页196—198;苏颂:《图经本草》,页497—498。柿子则南北均有,见《图经本草》,页485—486。小南一郎广泛引用佛道典籍以及民间文学材料研究了中国古代传说中桃的象征意义,他指出桃和佛手、石榴常作为"三多"吉祥图案出现,而桃象征长寿;民间三月三日祭祀西王母乃是蟠桃会的祭祀之节日;他还注意到桃木亦作为除魔的咒术道具出现,如桃人、桃木俑的使用,栽种桃树可退恶鬼;他也讨论了蟠桃树作为宇宙树之一种的意义;详细讨论见氏撰:《桃の傳說》,《東方学報》第七二册,京都:京都大学,2000年,页49—77。

第一章　中古时期佛教动植物分类

括松柏子。道宣还列出了当时可以干制的果类,如枣、李、柑、橘、橙、栗、柚等[1]。

佛教史传中颇有一些高僧仅食用这些果类为生的故事。据《高僧传》卷十一记载,一位高僧释僧从隐居在始丰瀑布山,学兼内外,不吃五谷,仅靠食用枣子、栗子为生,快一百岁了还精力充沛,礼佛读诵一点不懈怠。《续高僧传》卷十二《释慧觉传》更记载唐初僧人慧觉到青州取枣,"于并城开义寺种之,行列千株,供通五众"[2]。青州枣十分有名,以至于《续高僧传》卷一九《释法藏传》记载杨坚相北周时赐法藏法服一具、杂彩十五段、青州枣一石。登基之后的开皇二年(582)遣内史舍人赵伟宣敕每月供给法藏茯苓、枣、杏、苏油、柴炭等物以为恒料。《宋高僧传》卷一九《释惟忠传》记成都法定寺有大枣树。《宋高僧传》卷一一则记载元和末年释灵祐隐居在大沩山,和猿猴为伍,靠食用橡子、栗子为生。同书卷二〇记载释法藏隐居在庐山五老峰,也食橡子、栗子为生。同书卷一二则记载释日照在会昌灭法之后隐居在衡山山洞之中,以栗子为食、溪流为饮度日。

很明显,道宣的清单中忽略了许多在南方热带和亚热带地区十分常见的果类,比如荔枝、龙眼、橄榄、椰子等[3],以及上述《四分律》、《十诵律》中提到的莲根、莲子、菱芡、鸡头子等。它们在中国古代文献中出现十分频繁,比如《南方草木状》就提到这些植物种植于中国南方[4]。椰子在《摩诃僧祇律》卷一四中和胡桃、石榴一起并列作为桧裹穤类水果。玄奘《大唐西域记》卷一一记载僧伽罗国南浮海数千里有一个地方叫那罗稽罗洲,人民以椰子为食。此条被道宣《释迦方志》引用,可见道宣并

---

〔1〕　李子即 Latin: *Prunus salicina*,见 李璠书,页 169—170;栗子种植见李璠书,页 199—201。
〔2〕　《大正藏》册五〇,页 521 上栏。
〔3〕　荔枝的栽培见《图经本草》,页 489—490;橄榄的栽培见《图经本草》,页 499—500;椰子的栽培见李璠书,页 223—224。菠萝近代才传入南方。而香蕉的情况较为复杂。有关热带植物芭蕉在佛经中的记载则十分常见。
〔4〕　英译本有 Li Hui-lin, trans. *Nan-fang ts'ao-mu chuang. A Fourth Century Flora of Southeast Asia* (Hong Kong: Chinese University Press, 1979); Ma Tai-loi, "The Authenticity of the *Nan-fang ts'ao-mu chuang*," *T'oung Pao* 64 (1978), pp. 218–252.

87

非不知世上有椰子。慧琳《一切经音义》卷三五有椰子果条,指出广州比较多椰子,"其果甚美,兼有浆,甜如蜜果,有皮壳,堪为酒杓"[1]。

荔枝是另一种道宣没有讨论的南方水果,而根据学者研究,主要长于岭南的此物在西汉已为中原地区了解,如《上林赋》所载[2]。佛经中较早的出现可能是在西晋竺法护所译《舍头谏太子二十八宿经》,其文略云:"是诸树木,名曰安波奈,桃、李、枳、枣、栗、杏、瓜、樱桃、胡桃、龙目、荔枝、梨、葡萄,根茎枝节,花实各别。"[3]玄应(649?—661)《一切经音义》卷五四解释该经的名物龙目时引用《本草经》指出此物一名益智,形状大的龙目看上去像槟榔,长在南海山谷。《新唐书》卷四三《地理志》把荔枝列为南海土贡品。而《旧唐书》卷一六六《白居易传》记载白居易在《荔枝图序》中这样描述荔枝:

> 荔枝生巴、峡间,形圆如帷盖。叶如桂,冬青;华如橘,春荣;实如丹,夏熟。朵如蒲萄,核如枇杷,壳如红缯,膜如紫绡,瓤肉莹白如雪,浆液甘酸如醴酪。大略如此,其实过之。若离本枝,一日而色变,二日而香变,三日而味变,四、五日外,色、香、味尽去矣。[4]

唐玄宗时期,此物因常常要进贡给朝廷供杨贵妃享用,被杜牧作诗《过华清宫》讽刺,乃至于后世广为人知。元开撰《唐大和上东征传》提到日本遣唐僧人在岸州品尝荔枝:

> 荣叡、普照师从海路经四十余日到岸州。州游弈大使张云出迎,拜谒引入,令住开元寺。官寮参省设斋,施物盈满一屋。彼处珍异口味,乃有益知子、槟榔子、荔支子、龙眼、甘蔗。[5]

---

[1]《大正藏》册五四,页543上栏。
[2] 有关荔枝在中国的栽培简史,参见罗桂环:《我国荔枝的起源和栽培发展史》,《古今农业》2001年第3期,页71—78;周肇基:《历代荔枝专著中的植物学生态学生理学成就》,《自然科学史研究》,1991年,第10卷1期,页35—47;周作的日译本见渡部武译:《中國の歴代〈荔枝譜〉に見える荔枝栽培の歴史と技術》,《アジア・アフリカ言語研究》40卷,1993年,页127—142;更为详尽的研究见陈元朋:《荔枝的历史》,《新史学》14卷2期,2003年,页111—178。
[3]《大正藏》册二一,页413中栏。此处龙目即是龙眼旧称。
[4]《旧唐书》卷一六六,标点本,页4352。
[5]《大正藏》卷五一,页991上栏。

第一章 中古时期佛教动植物分类

此处荔枝和槟榔、龙眼、甘蔗等热带、亚热带水果并列，但此处记载似乎和《一切经音义》矛盾，如果益智是龙眼，不应该提到两次。在传统古籍中，龙眼常和荔枝并提。比如《后汉书》卷四《和帝纪》即提到南海地区进贡龙眼和荔枝。

另一种道宣没有提到的南方水果是芒果，它的汉语名字是庵罗，来自梵文的 āmra[1]。这种水果在佛经中记载十分普遍，可见在天竺乃是常见果树。如《杂阿含经》(Saṁyuktāgama) 卷二一提到佛住庵罗聚落庵罗林中[2]。其他如《大般涅槃经》(Mahā-parinirvāṇa-sūtra)、《大集经》(Mahāvaipulya-mahāsaṁnipāta-Sūtra)、《贤愚经》[3]、《十诵律》、《善见律

---

[1] ficus carica, 梵文 āmra, 日文 ichijiku, 新波斯文 anjīr。Berthold Laufer, 1919, p. 552. 其拉丁文名为 mangifera indica。劳费尔提到芒果是一种印度土生土长的水果，被称作是印度水果之王。它也被看作是印度最美味的水果，见 Lambert Schmithausen, *The Problem of the Sentience of Plants in Earliest Buddhism* (Tokyo: The International Institute for Buddhist Studies, 1991), p. 37.

[2] 《杂阿含经》有巴利文、汉文的全译本，也有梵文和犍陀罗语写本残片；其比较研究见 Andrew Glass, *Four Gāndhārī Saṁyuktāgama Sūtras: Senior Kharoṣṭhī Fragment 5*, with a contribution by Mark Allon. Gandhāran Buddhist Texts vol. 4. Seattle: University of Washington Press, 2007. 巴利文本的新英译本见 Bodhi Bhikhu, *The Connected Discourses of the Buddha: A New Translation of the Saṁyutta Nikāya*, 2 vols., Oxford: Pali Text Society, 2000. 关于梵文写本的研究，见 Ernst Waldschmidt, "Central Asian Sūtra Fragments and Their Relation to the Chinese Āgamas." In Heinz Bechert ed., *Die Sprache der ältesten buddhistischen Überlieferung/The Language of the Earliest Buddhist Tradition*, Symposien zur Buddhismusforschung 2, Göttingen: Vandenhoeck and Ruprecht, 1980, pp. 136–174. 榎本章雄：《〈雜阿含經〉関係の梵語寫本斷片——〈Turfan 出土梵文寫本目録〉第五卷をめぐって》，《佛教研究》15 (1985)，页 81—93；同作者 Enomoto Fumio, "On the Formation of the Original Texts of the Chinese Āgamas," *Buddhist Studies Review* 3: 1 (1986), pp. 19–30; idem., "Sanskrit Fragments from the Saṁyuktāgama discovered in Bamiyan and Eastern Turkestan," in Fumio Enomoto, Jens-Uwe Hartmann, and Hisashi Matsumura, *Sanskrit-Texte aus dem buddhistische Kanon: Neuentdeckungen und Neueditionen*, erste Folge, *Sanskrit-Wörterbuch der buddhistischen Texte aus den Turfan-Funden*, Beiheft 2, Göttingen: Vandenhoeck & Ruprecht, 1989, pp. 7–16; idem., *A Comprehensive Study of the Chinese Saṁyuktāgama*, pt. 1, Saṁgītinipāta, Kyoto, 1994; idem., "On a Sanskrit Fragment of the Saṁyuktāgama in the Hoernle Collection: The Chronology of the Chinese Version of the Saṁyuktāgama, Vasubandhu and Paramātha's Translation of the Abhidharmakośabhāṣya," in 櫻部建编：《初期佛教からアビダルマへ：櫻部建博士喜壽記念論集》，京都：平乐寺书店，2002 年，pp. 139–153.

[3] 有关贤愚经的研究，见 Victor H. Mair, "The Khotanese Antecedents of the Sūtra of the Wise and the Foolish (Xianyu jing)", in John R. McRae and Jan Nattier eds., *Buddhism across Boundaries: Chinese Buddhism and the Western Regions* (Taipei: Fo Guang Shan Foundation for Buddhist & Culture Education, 1999): 361–420; idem., "The Linguistic and Textual Antecedents of The Sūtra of the Wise and the Foolish (Hsien-yü ching) with an appended translation of 'Sudatta Raises a Monastery'", *Sino-Platonic Papers* 38, April, 1993; 梁丽玲：《贤愚经研究》，台北：法鼓文化出版公司，2002 年；三谷真澄：《旅顺博物馆所藏〈賢愚經〉漢文寫本について》，《印度学佛教学研究》52 卷 2 期，2005 年，页 236—239。

毗婆沙》(即通常所称《善见律》,*Samantapāsādikā*)等中也十分常见。《善见律》卷一四,此果树与椰子树并列。道世编《法苑珠林》卷四六《慎用部》引《大集经》云庵罗果作为僧物。宋代法云编《翻译名义集》卷三《五果篇》指出此物"其果似桃而非桃,似柰而非柰"。天竺多庵罗果也为玄奘证实。《大慈恩寺三藏法师传》卷二略云玄奘在北印度之砾迦国城西道北有一大片庵罗林。在道宣所编撰之《释迦氏谱》、《释迦方志》、《广弘明集》中也都提到庵罗果,但道宣在《量处轻重仪》中未提。看来,它在道宣的时代对于北方的寺院和僧团不是那么著名,也没有很大需求[1]。

另外,无花果也是佛经中出现十分普遍的名字[2],也没有出现在道宣的清单之中。劳费尔说这种植物可能是从印度或波斯传入中国的,但输入时代不早于唐代。到了明代李时珍著《本草纲目》,他提示说这是一种当时南方特别是江浙、湖广、闽粤地区广泛种植的植物。在古籍中它常常以优昙钵一名出现,实际来源于梵文的音译,但有时也以映日一名出现,来自新波斯语的意译。劳费尔已经注意到在玄奘的著作中这种植物在印度有栽种[3]。也许中国佛教僧团在道宣时代仍然不熟悉这种植物的种植,因此道宣也就没有提到它。

道宣植物分类中的五谷包括房谷、散谷、角谷、芒谷、舆谷[4]。这五谷也出现在佛经的很多汉译本当中[5]。其实五谷的名称本身在中国传统中出现很早,可以追溯到周代,但仅包括五种谷类个体,不是五种谷的分类。五种谷类的房、散、角、芒、舆等特定名称似乎仅见于道宣《量处轻

---

[1] 有关洛阳寺院的果树研究,参见服部克彦:《北魏洛陽における仏教寺院と果樹園》,《印度学仏教学研究》31,1967年,页382—386。

[2] 满久崇麿:《仏典の植物》,东京:八坂书房,1977年,页30—32。

[3] Berthold Laufer, *Sino-Iranica*, pp. 411 -414. 运用段成式的《酉阳杂俎》的资料,李璠认为这种植物唐代引入中国,见《中国栽培植物发展史》,页221。

[4] 密宗文献中,五谷包括: Hordeum vulgare, Ch. 大麦, Skt. yava; Triticum aestivum, Ch. 小麦, Skt. *Godhūma*; Oryza, Ch. 稻谷, Skt. Sāli; Ch. 小豆, Skt. Masūra; Sesamum indicum, Ch. 胡麻, Skt. atasī.

[5] 有关稻谷文化的研究,参见山口裕文、河瀬真琴编:《雑穀の自然史——その起源と文化を求めて》,札幌:北海道大学图书刊行会,2003年,页3—29。

第一章　中古时期佛教动植物分类

重仪》。在慧琳所著《一切经音义》中,引用了阳承天的《字统》一书,五谷的名称包括穗谷、散谷、角谷、芒谷、树谷[1]。这些谷类具体包括粟、黍、高粱、菽、稷、稻、麦、苴、豆以及麻。道宣在此处这一有趣的分类中将苴和麻都列为谷类,这一思想实际上来源于中国固有传统,而非佛教的分类系统。

苴在苏颂的《图经本草》中有所讨论,苏颂记录说在南方它的名字是苏,而在北方它的名字是苴[2]。显然道宣使用了它的北方名字。而麻在中古时代是十分普遍的食物。道宣还在文中提到角谷包括各种豆类植物和巨胜[3]。巨胜一名还出现在《本草经》中,这本书利用《汉书·西域传》的数据把巨胜看成是胡麻,可能是汉代由张骞出使西域传入。可是,后来的一些学者却主张巨胜与胡麻不同。比如陶弘景(456—536)在他的《神农本草经》中指出方茎的是巨胜,圆茎的是胡麻。葛洪则认为巨胜不过是胡麻的一种。苏颂在《图经本草》卷一八中专列米部,列出了胡麻、两种豆类、玉米、谷类等,实际上不仅包括了许多道宣列出的植物,还远远超出了其范围。

道宣的植物分类虽然主要基于《四分律》,但也有所取舍,并参考了其他佛教文献,可能是为了中国僧团读者的需要。比如,在《四分律》中,道宣所谓五生种中的茎种实际上是枝种,意思接近,用语不同。而在《摩诃僧祇律》里面出现的五生种和道宣《量处轻重仪》完全一致[4]。其实,五生种一词亦出现在汉译《摩诃僧祇律》之中,见于此书卷二六、三十、三八、四十,另外唐开业寺僧人爱同摘录的《弥沙塞羯磨》也提到所谓净五生种[5]。其后唐代义净译《根本说一切有部毗奈耶》卷二七、《根本说一切有部比丘尼毗奈耶》卷一三也提到五生种。净影寺慧远在其所著《大

---

[1]《大正藏》册五四,页 403 中栏。研究参见梁家勉:《中国古代植物形态分类学的发展》,倪根金编:《梁家勉农史文集》,北京:中国农业出版社,2002 年,页 413—423。
[2]《图经本草》,页 514—516。
[3] Berthold Laufer, *Sino-Iranica*, pp. 288-296. 劳费尔指出这种植物主要在北方栽培。
[4]《大正藏》册二二,页 339 上栏至中栏。
[5]《大正藏》册二二,页 226 上栏。

般涅槃经义记》卷五也提到出家人不畜五生种。而在道宣《四分律删繁补阙行事钞》中多次提到五生种,如卷七、八、一二。显然,仅从五生种一词的使用上看,道宣继承的是大众部的传统。但是自唐以后,属于法藏部的《四分律》的传统由道宣发扬光大,因这一文献在唐代的广为流行,其所使用的名词术语似乎也为许多地区接受,乃至于敦煌地区出土的佛教律仪文书如《四分戒本疏》卷三、《宗四分比丘随门要略行仪》均使用了五生种的说法。

另一方面,五种植物的说法在佛教中有很长的历史,反映了古代印度人对五种可食用的植物的看法。以下通过分析佛经和律典以及中国僧人撰述典籍中的植物分类以及名称,对比道宣使用的所谓五生种植物名称,可略知道宣所提供的植物清单与天竺植物的差异。佛经中五生种的名称十分常见。如东晋瞿昙僧伽提婆译《中阿含经》卷二六中提到根种子、树种子、果种子、节种子、种子等五种并称之为五谷种子[1]。这个说法在道宣的作品中没有体现。

刘宋时求那跋陀罗译《杂阿含经》卷二则有关于五种种子的另外一种说法:根种子、茎种子、节种子、自落种子、实种子[2]。同经卷三一所列五种种子的名称又不同:根种子、茎种子、节种子、枝种子、种子[3]。《杂阿含经》卷二出现的五种种子名有四种出现在刘宋佛陀什、竺道生等译《五分律》卷六中,即根种子、茎种子、节种子以及实种子,并宣称所有的草木都从这四种种子中生长[4]。同律卷二六给出了五种可以食用的种子:根种子、接种子、节种子、果种子、子种子,这五种种子须以剥净、截净、破净、洗净、火净等五净法处理之后才可以食用。但上述文献均未列出哪些植物可归入各种种子产生的植物。

《摩诃僧祇律》提供了详细的植物名单。如该律卷一四提到根种、茎

---

[1]《大正藏》册一,页593上栏。
[2]《大正藏》册二,页8下栏。
[3]《大正藏》册二,页224下栏。
[4]《大正藏》册二二,页42上栏。

第一章　中古时期佛教动植物分类

种、心种、节种、子种是为五种。根种包括姜根、藕根、芋根、萝卜根、葱根。茎种如尼拘律、秘钵罗、优昙钵罗、杨柳等。尼拘律，慧琳《一切经音义》卷一二称拘律陀，又称无节树，法云编《翻译名义集》卷三，尼拘律又称尼拘律陀或尼拘卢陀，汉译无节，非常高大，叶子像柿树，并引《宋高僧传》卷一《义净传》指出此树即是中国的杨柳树，有误[1]。秘钵罗可能也称作庠钵罗或者毕钵罗，《一切经音义》卷八认为是菩提树之一种。据《一切经音义》卷一二、《翻译名义集》卷三的解释，优昙钵罗原意指祥瑞花或天花。

节种包括竹、苇、甘蔗等。心种包括萝卜、蓼、蓝等。子种即是十七种谷：裹核种（呵梨勒[2]、鞞醯勒[3]、阿摩勒[4]、佉殊罗、酸枣）、肤裹种（秘钵罗、破求、优昙钵罗、梨、柰）、谷裹种（椰子、胡桃、石榴）、桧裹种（香菜、苏、荏）、角裹种（大小豆、摩沙豆）、鹦鹉喙（若鸟喙破落地、伤如蚊脚）、时种（谷时种谷、麦时种麦）、非时种（谷至麦时、麦至谷时）、水种（优钵罗花、拘物头花[5]、香亭花）、陆种（十七种谷）[6]。《摩诃僧祇律》卷三指出十七种谷包括：一稻、二赤稻、三小麦、四矿麦、五小豆、六胡豆、七大豆、八豌豆、九粟、十黍、十一麻子、十二姜句、十三阇致、十四波萨陀、十五莠子、十六脂那句、十七俱陀婆。十七种谷的名称亦出现在宋代律师

---

[1] 其他译名还有尼拘类、尼拘罗、尼拘屡、尼拘拖等，Skt. *nyagrodha-vṛkṣa*，*nigrodha*；Pali *nigrodha*。全佛编辑部编：《佛教小百科》30《佛教的植物》云此树学名 Ficus indica，形似榕树，产于印度、锡兰、缅甸等地，果实可食用；见《佛教的植物》（上），台北：全佛文化事业有限公司，2001年，页56—57。

[2] Heritaka（helile，诃黎勒）是另一种道宣没有提到的植物，但却常常出现在佛教文献以及《唐本草》、《图经本草》之中。有关研究见李鸿宾：《大谷文书所见镔铁输石诸物辨析》，《文史》，1992年第34辑，页148—151。

[3] 其他译名还包括毗醯勒、毗梨勒等，产于印度、锡兰、马来西亚等地，学名 Terminalia belerica roxb，用来治皮肤病；见前揭《佛教的植物》（下），2001年，页25—27。

[4] 这些都是果药树，见《四分律》卷二二；上面这三种果的果汁可用来治疗眼疾，见唐代伽梵达摩译：《千手千眼观世音菩萨治病合药经》，《大正藏》卷二〇，页104上栏。五种果药包括诃梨勒、阿摩勒、鞞醯勒（Vibhītaka）、胡椒、毕钵罗。

[5] 优钵罗花与拘物头花的梵文分别作 Utpala 和 Kumuda。取两者的根舂成汁，澄清之后即得到舍楼伽浆；见《善见律毗婆沙》卷一七。佛教文献中的莲花有五种：波头摩（Padma，即红莲花）、优钵罗（Uppala，即青莲花）、泥卢钵罗（Nilotpala，青莲花）、拘物头（Kumuda，即黄莲花）、芬陀利（Puṇḍarīka，白莲花）。前揭《佛教小百科》30《佛教的植物》（上），2001年，页97—98。

[6] 《大正藏》册二二，页339上栏至中栏。

元照(1048—1116)所著《四分律行事钞资持记》中三上,名称大体相同,唯十三作阇鼓,十四作婆罗陀,十六作脂那[1]。他注明梵文的名称并无确指具体是何物。《四分律》卷一二也列出了五种:根种、枝种、节生种、覆罗种、子子种。根种包括呵梨陀姜、忧尸罗、贸他致咤、卢捷、陀楼及余根所生种者[2]。枝种包括柳、舍摩罗、婆罗醯他及余枝种等[3]。节生种包括苏蔓那华、苏罗婆、蒱醯那、罗勒、蓼及余节生种者[4]。

覆罗种包括甘蔗、竹、苇、藕根及余覆罗生种者。子子种即子还生子者[5]。道宣在《四分律删繁补阙行事钞》卷中之三略有说明,指出覆罗种在汉文中叫作杂种[6]。他所著的《四分律比丘含注戒本》卷中也沿用了这五种种子的名称[7]。后秦时弗若多罗译《十诵律》卷一〇认为草木有五种子,包括根种子、茎种子、节种子、自落种子、实种子。根种子包括藕、罗卜、芜菁、舍楼楼[8]、偷楼楼。茎种子包括石榴、葡萄、杨柳、沙勒。节种子包括甘蔗、粗竹、细竹。自落种子包括蓼、阿修卢、波修卢、修伽罗、菩提那。实种子包括稻、麻、麦、大豆、小豆、褊豆[9]。《萨婆多毗尼毗婆沙》卷六也记载了和《十诵律》一样的五种种子,显然出自一个传统。

从上可以看出,单以五种种子的名称而论,《杂阿含经》与《十诵律》

---

[1] 《翻梵语》卷一〇饮食名部分列出阇致和阇鼓两条,前者释为声,后者释为酒浆;《长阿含经》第四分《世记经》忉利天品第八有婆罗陀花;脂那可能是《一切经音义》卷二六卢脂那花的缩写,见《大正藏》册五四,页472下栏。

[2] 呵梨陀姜即Haliddi,《翻梵语》卷一〇谓即黄姜;忧尸罗即Usīra,《一切经音义》卷六五谓即香茅;贸他致咤即Bhaddamuttaka,《翻梵语》卷一〇谓即藋头香;卢捷,《翻梵语》卷一〇谓即黄莲;陀楼,《善见律毗婆沙》卷一五谓外国香草名。

[3] 舍摩罗即Asasttha,《善见律毗婆沙》卷一五谓舍摩即菩提树,见《大正藏》册二四,页780下栏。据梵文原语,可知舍摩亦可作舍摩罗。《善见律毗婆沙》卷一五谓婆罗醯他,贝多树也,见《大正藏》册二四,页780下栏。《大正藏》整理本注明该词诸本不同,罗醯他在宋、元、明诸本中作醯罗。

[4] 《添品妙法莲华经》卷六,《善见律毗婆沙》卷一五作稣摩那华;《翻梵语》卷一〇草名部分有苏婆婆条,释为好得;蒱醯那,《善见律毗婆沙》卷一五作菩醯那。

[5] 《大正藏》册二二,页641下栏。并见于《四分戒本》疏食卷一,《大正藏》册八五,页600上栏;以及《宗四分比丘随门要略行仪》,《大正藏》册八五,页658上栏。

[6] 《大正藏》册四〇,页77上栏。

[7] 《大正藏》册四〇,页443下栏。

[8] 或作舍楼伽,据《翻译名义集》卷三或即藕根。但据前注则此物是忧钵罗花与拘物头花根汁之混合物,而这两种均是莲花,故未知孰是。

[9] 《大正藏》册二三,页75中栏。

第一章 中古时期佛教动植物分类

一致。两部文献的译者都来自天竺。义净译《根本说一切有部毗奈耶》卷二七列出种子村的五种种子：根种、茎种、节种、开种、子种。根种包括香附子、菖蒲、黄姜、白姜、乌头附子等。茎种包括石榴树、柳树、蒲萄树、菩提树、乌昙跋罗树、溺屈路陀树等[1]。节种包括甘蔗、竹、苇等。开种包括兰香、芸薹、橘、柚等子。子种包括稻、麦、大麦、诸豆、芥等[2]。从以上的梳理可以看出，道宣已经为了适应中国读者的需要，完全放弃天竺植物的音写译名，并且极少提到中原罕见的天竺植物。

道宣在《量处轻重仪》中揭示的植物分类和天竺植物分类有所不同，同时也和中国传统中的一些植物分类很不一样。比如陶弘景的《本草经集注》的分类法建立了所谓三品说，唐代《新修本草》有所继承[3]，而苏颂《图经本草》也同样采用。道宣在《量处轻重仪》中给出的分类主要集中在寺院所必需的粮食作物和经济作物上，所以主要包括蔬菜、水果和谷物。他的确也提到一些树木，但主要是果树。

作为一位佛教律师，他没有全部继承中国传统的植物分类方法，没有特别注重传统上所谓"草木"的分类。他也根本没有把药用植物纳入寺院财产植物分类的讨论之中。他并没有试图提供一个全面综合性的植物分类，只是把对于寺院生存十分必需的植物做一个大概的分类作为处理寺院财产的指南[4]。

中国传统的五谷、五果、五蔬或五菜的说法来自《黄帝内经》。《黄帝内经》之《素问》部第二二篇名为《藏气法时论篇》，其文略云：

　　肝色青，宜食甘，粳米、牛肉、枣、葵皆甘；心色赤，宜食酸，小豆、

---

[1] 乌昙跋罗树，据《一切经音义》卷八，即优昙花，见《大正藏》册五四，页351下栏；同书卷一二"乌昙跋罗"条解释："梵语花名。旧云优昙波罗花，或云优昙婆罗花，叶似梨，果大如拳，其味甜，无花而结子，亦有花而难值。故经中以喻希有者也。"见《大正藏》册五四，页385下栏。溺屈路陀，义净译《佛说大孔雀咒王经》卷上该词又作溺嫯路陀；见《大正藏》册一九，页421上栏。
[2] 《大正藏》册二三，页776中栏，同译者译《根本说一切有部苾刍尼毗奈耶》卷一三，页974中栏内容同。
[3] 前揭《中国植物学史》，页41。《新修本草》的研究，参见森鹿三：《本草学研究》，大阪：武田科学振兴财团，杏雨书屋，1999年，页2—34。
[4] Lambert Schmithausen, *The Problem of the Sentience of Plants in Earliest Buddhism* (Tokyo: The International Institute for Buddhist Studies, 1991), pp. 36–46.

> 犬肉、李、韭皆酸;肺色白,宜食苦,麦、羊肉、杏、薤皆苦;脾色黄,宜食咸,大豆、猪肉、栗、藿皆咸;肾色黑,宜食辛,黄黍、鸡肉、桃、葱皆辛。辛散,酸收,甘缓,苦坚,咸软,毒药攻邪。五谷为食,五果为助,五畜为益,五菜为充。

则五谷包括粳米、小豆、麦、大豆、黄黍,五果包括枣、李、杏、栗、桃,五蔬包括葵、韭、薤、葱、藿[1]。这五谷是与五味、五脏结合在一起的,与道宣的房、散、角、芒、蕖五谷完全不同。但是,我们可以注意到道宣所提示的佛教中的五谷以及包括壳果、肤果、核果、角果、蕖果五果传统,到隋代又和阴阳五行理论融合在一起,见萧吉(?—614)的《五行大义》卷三:

> 五谷则芒以配木,散以配火,房以配金,荚以配水,秀以配土。芒,大小麦之属;散,穄黍之属;房,胡麻之属;荚,大小豆之属;秀,稷粟之属。芒者,取其锋芒纤长,象木生出地,如锋芒也。舒,散也,象火气温暖,物舒散也。房,方也,象金裁割,体方正也。荚,狭也,象水流长而狭也。秀,聚也,象万物皆聚于土,乃为用也。五果则子以配木,核以配火,皮以配金,壳以配水,房以配土。子,梨柰之属;核,桃李之属;皮,柑橘之属;壳,胡桃栗之属;房,蒲陶之属。子,取其含润,如木生光润,子实茂盛。核,取其在肉,内不堪食,如火阴在内,无所堪容。皮,取其厚急,如金气衰老,物至西方,而急缩也。壳,取其肉在内堪食,如水阳在内、堪能容纳也。房,取其结聚,如土物皆聚此。此则总论谷果,以配五味,则略如前释。[2]

这里面的五谷内容和道宣所说的五谷有重叠,如芒谷、散谷、房谷;也有不

---

[1]《艺文类聚》卷七六《内典部》载梁武帝《十喻幻诗》曰:"挥霍变三有,恍惚随六尘;兰园种五果,雕案出八珍;对见不可信,熟视事非真;空生四岳想,徒劳七识神;著幻是幻者,知幻非幻人。"此处五果很有可能不是佛教中的。因为传统上,八珍常和五味一起出现,均常见于《周礼》,上引《素问》亦特别讨论五味。道教则吸收了《素问》中的传统,如《西山群仙会真记》卷三也讨论了五谷、五果、五畜、五菜与五脏、阴阳五行理论的关系。到明代,五果五菜一说已经非常普遍,见吴晓龙:《〈金瓶梅词话〉五果五菜食俗小考》,《南昌大学学报》,2004年第1期,页98—102。

[2]《五行大义》卷三,第三论配气味,南京:江苏古籍出版社,1988年,《宛委别藏》第70册,影印本,页141—142;参考刘国忠:《〈五行大义〉研究》,沈阳:辽宁教育出版社,1999年,页210。

同,如荚谷、萃谷。五果中与道宣所列相同的部分包括核果、壳果。此处的皮果可看作和道宣所说的肤果相同。其他两种则不太相同,但似乎来自五生种的名称,如子种。从以上的提示也可以看出,佛教和中国传统的结合,体现了非常丰富的层次。

四、结语

总体来看,道宣的动植物分类反映了其分类方式和天竺传统动植物分类的差异,也反映了他的分类与中国传统中动植物分类的差异。同时,中印文化差异之外,他的分类也反映了动植物知识的地域差异。

具体而言,首先,道宣有关动植物的知识来自佛教和中原本土传统两种资源,他不仅继承了佛教戒律中关于处理动植物分类的一些传统,也充分考虑到了他当时身处的历史环境加入了中原的因素。例如他将早期佛教传统中的奴婢、畜生的分类拓展成六类,即施力供给、部曲客女、奴婢贱隶、家畜、野畜、畜恶律仪。分类本身也是重新界定人与动物身份的手段,僧人通过分类实际上将人和动物身份的异和同进行了比较,人和动物有相同之处,比如人如果作为奴婢和动物并列,可能均作为功德主施舍给寺院的财产;但是,另一方面,动物和人又不同,动物的身份在寺院戒律规定下亦有不同表现,即作为家畜、野兽和律仪不允许的动物等不同身份。身份的界定乃是宇宙、自然、社会、宗教秩序构建中不可或缺的部分。

其次,在对动物进行分类时,道宣实际上仍然把动物看成低于人类而服务于人类精神修行和物质生活的生物,他对动物进行分类的原则是看这些动物在寺院中的存在是否有助于寺院成员的修行佛道。道宣考虑的因素同时还包括是否这些动物对寺院及其成员有经济价值。他不反对使用动物作为寺院经济的劳动力。他似乎在进行动物分类时不特别在意早期佛教中强调的六道转世轮回观念,他主要关心的是寺院是否应该保留这些动物为其经济活动服务。他主张的慈悲和放生动物使动物获得解脱似乎关系不大,相反,放生行为主要是为了寺院成员的修佛实践需要。从这个意义上说,道宣著述中所体现的佛教并非倡导众生平等,而是人类中心主义(anthropocentricism)的佛教修行观,动物的分类仍然以人类的需要为标准。这也反映了中国佛教内部秩序构建的一个特点。

再次，道宣的植物分类综合了各种律典中的传统，并未拘泥于《四分律》，并对律典中出现的植物清单进行了改造，使之适合中国僧团的使用。最后，应该指出的是，道宣列出的动植物主要基于他在北方寺院生活的经验，从应用上来看也主要服务于北方僧团，因为许多南方地区常见的动物、植物均未在他的分类中出现。可以推测的是，道宣的理想僧团模式是南方佛教的模式[1]，但他的寺院生活经验局限在北方地区。由此可见，个人的经验、背景在书写和叙述中仍有很大影响，中古佛教学术和认知的个性化色彩可从中略窥一二。

本章围绕道宣《量处轻重仪》中动植物分类知识对其进行了社会、历史、文化上下文的梳理，也试图为分析佛教史文献中的一些有趣的日常观念提供一个范式，发掘它们在历史上的独特地位。我们通过这样的分析可以了解除了"生老病死四苦"、"天堂地狱"、"业报"、"菩萨"、"成佛"等佛教基本观念经历了从印度到中国的发展，关于日常生活中的基本观念如动植物分类也通过中国佛教翻译家、律典注释家的作品经历了一个从印度到中国的时空旅行。这种知识传播和变化的研究似乎也可以适用于其他文献中的研究对象[2]。

---

[1] 拙著 *The Revival of Buddhist Monasticism in Medieval China* (New York: Peter Lang, 2007), pp.13–56.

[2] Hla Pe 提示了缅甸人对植物和动物的态度，将其分成三类，第一类为生活所需品，第二类为共生植物和动物，第三类为奇异植物和动物。其中生活必需的植物也反映了当地特色，比如一些实用植物稻子和玉米被提到，而且特别提到了热带植物棕榈、芒果、菠萝、榴莲等，见"Burmese Attitudes to Plants and Animals," in G. B. Milner ed., *Natural Symbols in South East Asia*. London: School of Oriental and African Studies, 1978, pp.88–104; 对欧洲中世纪动植物的研究，参见 Sieglinde Hartmann ed., *Fauna and Flora in the Middle Ages: Studies of the Medieval Environment and Its Impact on the Human Mind*. Beihefte Zur Mediaevistik, Bern and Frankfurt: Peter Lang Publishing, 2007. 学者们对欧洲狩猎史的研究也揭示了地域分别，比如在南欧意大利受穆斯林文化影响流行 cheetah 狩猎，在伊比利亚半岛和德国流行猎获野猪，在英格兰人们热衷于猎取野兔和鹿，猎狼活动则在欧洲大陆以及不列颠均十分流行，苏格兰狼多成灾，而在萨克森时代的威尔士地区，当地居民每年必须给国王缴纳三百张狼皮；见 John Cummins, *The Hound and the Hawk: The Art of Medieval Hunting*, London: Weidenfeld and Nicolson, 1988, pp.31, 97, 111, 136–137.

第二章 从十二时兽到十二精魅：南北朝隋唐佛教文献中的十二生肖

一、引言

本章考察的对象主要是南北朝隋唐佛教文献中十二生肖称谓的变化及其背后所反映的观念变化，所依据的材料主要是早期汉译佛典与隋唐时期高僧对于佛典的评论注疏，并参考非佛教文献特别是正史、志怪传奇以及道教文献。

在西亚、中亚以及中国的许多民族中均很早就流传十二生肖的文化，但对于其起源，至今学界莫衷一是。在中国，十二生肖是一个非常重要然而也是历来争论较多的问题。二十世纪上半叶曾经出现一股讨论十二生肖的热潮，一些著名学者如法国汉学家沙畹、伯希和，日本学者南方熊楠，中国学者郭沫若等人均对十二生肖的起源和演变提出许多解释，除郭沫若使用一些甲骨文资料之外，其他学者使用的主要是传世材料以及少数民族地区发现的非汉文材料。其中以人类学家南方熊楠的研究最为详尽。1915—1924年，南方氏在《太阳》杂志陆续刊出他对十二生肖的考证，最后形成传世名作《十二支考》[1],该著举证材料十分广泛,凡古今和洋,正史传说,图像学、博物学资料,均加以参考,考察每一种动物在中日历史民俗文化中的地位和影响,应可看作是迄今为止研究十二生肖最为详尽的民俗学著作,但该书总体而言略显琐屑而无系统。

时至二十世纪八十、九十年代,随着甘肃天水放马滩、湖北云梦睡虎地等地战国《日书》的发现,李学勤、李零、林梅村、刘国忠等先生又对十二生肖的早期起源问题加以深入探讨[2]。中国古代典籍中有关十二时的材料极其丰富,唐以后的佛教与非佛教文献记载均十分频繁,故而本章仅关心中国佛教思想史上十二时兽变为十二精魅的主题,将讨论的范围限定在南北朝隋唐时期的佛教文献[3],唐以后的文献对本章并无帮助,则不予讨论,但希望本章能为其他学者讨论唐以后十二时兽提供一些启发。

---

[1] 我使用的是收入南方氏全集的本子,见《南方熊楠全集》第1册,东京:平凡社,1971年,页5—610。并参考了栾殿武汉译本《纵谈十二生肖》,北京:中华书局,2006年。此一研究似乎已经被王国维注意到。刘子植在《记王静安先生自沉事始末》(载1927年10月31日述学社《国学月报》第2卷第8、9、10号合刊)一文中云:他和同学谢国桢五月二日晚曾拜谒清华园西院十八号王氏私第,"问阴阳五行说之起源,并论日人某研究干支之得失"。(参卞慧新:《重读〈王观堂先生挽词并序〉》,北京大学中国中古史中心编:《纪念陈寅恪先生诞辰百年学术论文集》,北京大学出版社,1989年,页37)此处的日人某论干支,可能即是南方熊楠的研究。十二支通常指十二地支,十二地支的文字在甲骨文中已经出现;较近的简论参见蔡英杰:《十二地支的文化说解》,《扬州大学学报》第8卷第4期,2004年,页66—70。近年有关佛教十二药叉神将与道教及传统十二支的关系的研究,亦可参见黄楠梓:《中古的药师信仰》,玄奘人文学院宗教学研究所硕士学位论文,2000年,页92—95。

[2] 有关早期研究可参见刘国忠:《试论十二生肖与三十六禽》,《清华大学学报》第14卷第1期,1999年,页12—15所引注释;以及李树辉:《十二生肖的起源及其流变》,《喀什师范学院学报》1999年第1期;吴裕成:《十二生肖与中华文化》,天津人民出版社,1992年;蔡鸿生:《唐代九姓胡与突厥文化》,北京:中华书局,1998年,页164—185,认为河西地区的十二生肖传统由九姓胡介绍进入突厥地区。最新的研究见 Kiyose Gisaburo N. and Christopher I. Beckwith, "The Origin of the Old Japanese Twelve Animal Cycle," *Arutaigo kenkyū — Altaistic Studies* 2 (2008), pp. 1 - 18.

[3] 关于出土墓志中十二生肖图案研究,参见张蕴:《西安地区隋唐墓志纹饰中的十二生肖图案》,《唐研究》,卷8,2002年,页395—432;关于墓葬壁画中出现的四灵的研究,见蔡昌林:《唐墓壁画中的动物》,页267—283;蔡氏介绍了唐代新城公主、阿史那忠、苏君、李仙蕙、李贤、李重润、李重俊等墓壁画中出现的四神图。帛书中十二神图像的研究,见林巳奈夫:《長沙出土楚帛書の十二神の由來》,《东方学报》42卷,1971年,页1—63,作者参考多种考古材料如墓葬出土物品、青铜器皿图像、陶器图像、玉石雕塑,并将楚帛书中的形象与《山海经》中的有关异兽的描述进行了比较,指出了这些图像的巫神色彩,以及楚地的地方色彩。

第二章 从十二时兽到十二精魅：南北朝隋唐佛教文献中的十二生肖

本章首先举出汉译文献《大集经》(*Mahāvaipulya-mahāsaṃnipāta-Sūtra*)中有关菩萨以十二时兽形象游行世间教化世人的故事,然后讨论隋唐高僧智者(538—597)、湛然(711—782)等人对这段故事的解释、发挥和拓展,从中发掘智者、湛然等人发挥和拓展早期佛教十二时兽文化的中国文化史背景,来看早期佛教文献中印度十二时兽观念在南北朝时期受中国道教关于精魅及传统阴阳五行观念影响从而发展成隋唐时期佛教高僧有关十二时媚的新观念。大多数学者都注意到汉文传世文献中较早提到十二生肖的文献如王充《论衡》,以及佛教文献《大集经》中提到的十二生肖或十二种动物。

而较早讨论《大集经》中相关材料的学者,无疑是南方熊楠。1919年8月,南方熊楠在《人类学杂志》34卷8号发表《四神と十二獸について》一文[1],补充该杂志34卷6号八木奘三郎发表的《四神と十二肖屬の古畫》一文。南方论及四神与十二兽的文章中已经提到《大集经》卷二四中记载的有关十二时兽的故事,他参考的资料来源于《类聚名物考》以及《佛教大词汇》,文中也说参看了《大集经》本经,但未知版本为何。比如他在文中举证的例子来自《佛教大词汇》二卷页1600,其文为:"在阎浮提外东方海中的琉璃山住着蛇、马、羊,南方海中的玻黎山住着猴、鸡、犬,西方海中银山住着猪、鼠、牛,北方海中金山住着师子、兔、龙。东方树神、南方火神、西方风神、北方水神以及每方各有一罗刹女带着五百眷属供养三兽等等。"[2]南方先生虽说参考了《大集经》本身,但实际上其引用的故事里面问题多多。

本章将重新考察《大集经》中所记载有关十二时兽的故事,并探讨它们如何在隋唐时期从佛教早期汉文文献中的十二时兽变成十二精魅,认为这个转变实际上是佛教文献中有关十二时兽的传统与中国传统相结合

---

[1] 我使用的是收入南方氏全集的本子,见《南方熊楠全集》第2册《南方随笔》,东京:平凡社,1971年,页147—158。
[2] 同上,页151—152。南方氏参考的《佛教大词汇》系1916年由当时的日本佛教大学(今龙谷大学)编辑的佛学辞典。

的产物。本章主要从以下若干方面来论证从早期大乘经典到中国佛教撰述的变化。首先,本章认为《大集经》中有关十二时兽居住方位的变化是从早期佛教宇宙观(cosmology)的南、西、北、东四方顺序变成了符合中国传统宇宙观的东、南、西、北四方顺序,这一变化也是为了适应中国文化中颜色、阴阳五行与方位相结合的传统。其次,十二时兽变成十二精魅一方面有佛教传统中动物化身精魅的因素,另一方面也结合了汉魏六朝以来动物化身精魅的中国本土传统。再次,本章亦将讨论十二时兽这一论题中的密教与道教因素相结合的现象。

本章研究的方法强调对专有名词术语的变化进行历史上下文的分析,从中找出其背后对事物认知观念的变化。人的语言与认知总是联系在一起,语言的变化反映认知的变化,更反映思想观念的变化。鉴于历史的复杂性和不可重复性,我们今天已经不可能回到历史的现场在特定的时间和空间中去完整体会古人的想法和观念,我们赖以研究的对象只能是考古和历史史料,然而对于本章所探讨的佛教思想史上的十二生肖这一主题,我们的主要材料仅有文献,相关佛教考古材料不易获得。而我们面对的不是真正的观念,只是可能能够部分反映这些观念的一些关键名词术语。如何在这一非常片面、零碎的文献中理解这些重要名词术语及其背后的历史背景,并通过这些重要术语来了解古人的所思所想,则需要更多的相关材料来编织一个历史的网络,从中找到我们所想要理解的观念的经纬位置,从而理解古人的处境。

佛教文献中的名词有些或许有梵文原语,有些则没有。本章处理的昙无谶(Dharmakśema,385—433)汉译《大集经》(约译于414—426年间)并没有梵文原本留下,所以我们无从对比汉文和梵文。可是有些观念如业、因果、六道轮回等出自佛教而为中国所无应无可疑。正如英文和汉文相互之间的翻译一样,梵文译成汉文的过程中汉文译者可能根据汉文表达的习惯对原文有词序的调整,这种调整进而导致原意的变化。而中国高僧对汉文佛典的解释注疏则更加上了自己新的理解,带有更强的中国文化背景。出现这种情况的原因,一方面可能来自撰述者本人的知

第二章 从十二时兽到十二精魅:南北朝隋唐佛教文献中的十二生肖

识背景影响,另一方面可能撰述者在撰述中考虑了中文读者的阅读兴趣而使用有所变化的术语,这种变化折射出当时历史条件下民众思想观念的一般氛围。本章对十二生肖在早期汉译文本和中国僧人著述中作为术语的变化的考察,将帮助我们理解一些观念如何在翻译和注释的过程中从佛教语境进入中国文化语境。

二、从四方顺序的转换看世界观的转换

我们首先列出《大集经》中的有关记载,并从文献学的角度来看文献叙事的变化怎样反映历史观念的变化,进而揭示《大集经》中所在十二时兽居住方位从南、西、北、东顺序到东、南、西、北顺序的变化反映了从印度中心观到中国中心观的变化。东西南北,或者东南西北以及南东北西均有其不同的文化内容,在不同的宗教传统中这些方位的确定和变化均和其人民的世界认知有关[1],这些观念在这些不同文化背景下产生的文献中有所表现。

汉文佛教文献中关于十二兽的说法似乎均指向一个来源,即《大方等大集经》,如梁沙门僧旻、宝唱等集《经律异相》卷四七《杂兽畜生部》上、唐道世《法苑珠林》卷三〇《菩萨部》第五、隋代智者《摩诃止观》卷八、唐代湛然《止观辅行传弘决》卷八。《大集经》卷二三《虚空目分中净目品》第五云:

> 又此世界诸菩萨等,或作天像调伏众生,或作龙像,或作鬼像,或阿修罗像,或迦楼罗像,或紧那罗像,或摩睺罗像,或夜叉像,或拘办茶像、毗舍阇像、薛荔陀像[2]、人像、畜生像、鸟兽之像,游阎浮提,教化如是种类众生。
>
> 善男子,若为人天,调伏众生,是不为难。若为畜生,调伏众生,

---

[1] 比如在爪哇人的信仰体系中,东南方向代表下界,西北方向代表上界,印尼巴厘人中也有类似的观念,加上山水,发展出一套极为复杂的世界观;参见 Justus M. van der Kroef, "Dualism and Symbolic Antithesis in Indonesian Society," *American Anthropologist*, New Series, Vol. 56, No. 5, Part 1 (Oct., 1954), pp. 855–856.

[2] 一般作薛荔,《一切经音义》卷一六云:"梵语,饿鬼惣(总)名也。"见《大正藏》册五四,页 405 下栏。

103

是乃为难。善男子,阎浮提外,南方海中,有琉璃山,名之为潮,高二十由旬,具种种宝。其山有窟,名种种色,是昔菩萨所住之处,纵广一由旬、高六由旬,有一毒蛇,在中而住,修声闻慈;复有一窟,名曰无死,纵广高下,亦复如是,亦是菩萨昔所住处,中有一马,修声闻慈;复有一窟,名曰善住,纵广高下,亦复如是,亦是菩萨昔所住处,中有一羊,修声闻慈;其山树神,名曰无胜,有罗刹女,名曰善行,各有五百眷属围绕,是二女人常共供养如是三兽。

善男子,阎浮提外,西方海中,有颇梨山,高二十由旬。其山有窟,名曰上色,纵广高下,亦复如是,亦是菩萨昔所住处,有一猕猴,修声闻慈;复有一窟,名曰誓愿,纵广高下,亦复如是,亦是菩萨昔所住处,中有一鸡,修声闻慈;复有一窟,名曰法床,纵广高下,亦复如是,亦是菩萨昔所住处,中有一犬,修声闻慈。中有火神,有罗刹女,名曰眼见,各有五百眷属围绕,是二女人常共供养是三鸟兽。

善男子,阎浮提外,北方海中,有一银山,名菩提月,高二十由旬。中有一窟,名曰金刚,纵广高下,亦复如是,亦是菩萨昔所住处,中有一猪,修声闻慈;复有一窟,名香功德,纵广高下,亦复如是,亦是菩萨昔所住处,中有一鼠,修声闻慈;复有一窟,名高功德,纵广高下,亦复如是,亦是菩萨本所住处,中有一牛,修声闻慈。山有风神,名曰动风,有罗刹女,名曰天护,各有五百眷属围绕,是二女人常共供养如是三兽。

善男子,阎浮提外,东方海中,有一金山,名功德相,高二十由旬。中有一窟,名曰明星,纵广高下,亦复如是,亦是菩萨昔所住处,有一师子,修声闻慈;复有一窟,名曰净道,纵广高下,亦复如是,亦是菩萨昔所住处,中有一兔,修声闻慈;复有一窟,名曰喜乐,纵广高下,亦复如是,亦是菩萨昔所住处,中有一龙,修声闻慈。山有水神,名曰水天,有罗刹女,名修惭愧,各有五百眷属围绕,是二女人常共供养如是三兽。

第二章 从十二时兽到十二精魅:南北朝隋唐佛教文献中的十二生肖

是十二兽,昼夜常行阎浮提内,天人恭敬,功德成就已,于诸佛所,发深重愿:一日一夜,常令一兽,游行教化,余十一兽,安住修慈,周而复始。七月一日,鼠初游行,以声闻乘,教化一切鼠身众生,令离恶业,劝修善事。如是次第,至十三日,鼠复还行。如是乃至尽十二月,至十二岁,亦复如是,常为调伏诸众生故。

善男子,是故此土多有功德,乃至畜生,亦能教化,演说无上菩提之道,是故他方诸菩萨等,常应恭敬此佛世界。[1]

我们可以总结上面这段故事如下:

南	西	北	东
琉璃山(潮)	颇梨山	银山(菩提月)	金山(功德相)
蛇:种种色窟 马:无死窟 羊:善住处窟	猴:上色窟 鸡:誓愿窟 犬:法床窟	猪:金刚窟 鼠:香功德窟 牛:高功德窟	师子:明星窟 兔:净道窟 龙:喜乐窟
树神(无胜) 罗刹女善行	火神 罗刹女眼见	风神(动风) 罗刹女天护	水神(水天) 罗刹女修惭愧

从以上可以看出若干主题如下,首先,十二种动物乃是菩萨化身,菩萨为调伏众生化身为动物来阎浮提世界教化。虽然文中提到十二时兽以声闻乘教化众生,但这里面仍然反映了典型的大乘佛教思想。如文中所说,十二时兽作为菩萨已经获得天人恭敬,功德成就,并在诸佛前发愿教化世人。大乘佛教主张菩萨可以为度化他人做很多菩萨行,这些菩萨行包括烧身等苦行,只要对他人到达菩提之道有帮助。所以菩萨化身动物也不足为奇。其次,这十二兽出没的时间以十二日、十二月、十二年为周期,而没有以十二时为周期。

再次,这些动物出来阎浮提世界活动的顺序以鼠为首,依次是鼠、牛、

---

[1]《大正藏》册一三,页167中栏至页168中栏。本章所引《大正藏》版文献均重新进行了断句和标点。

师子、兔、龙、蛇、马、羊、猴、鸡、狗、猪。最后,这些动物虽然是菩萨化身,但它们作为动物时修的是声闻慈[1]。这一节出现了四个方向各有四座山,其顺序依次是南方琉璃山名潮、西方颇梨山、北方银山名菩提月、东方金山名功德相。南方山的动物包括蛇、马、羊,西方山的动物包括猕猴、鸡、犬,北方山的动物包括猪、鼠、牛,东方山的动物包括师子、兔、龙。每个方向有一神居住,南方有树神名无胜、西方有火神、北方有风神名动风、东方有水神名水天,这些神均是女神。

我们再从版本学的角度看看这一段文字的异同。此一段在《大正藏》中出现的段落基于作为底本的再刻高丽藏[2],但在页底注明宋、元、明藏版本的文字略有不同,宋、元、明三代版本中阎浮提外海中四座山的顺序是东、南、西、北。这显然是宋元以来中国刻经者按照中国的习惯有所改编。在敦煌文书中,似乎现存的《大集经》写本中没有出现这一段[3]。考虑到我们并没有写本时代留下来的完整的佛教藏经全本,所以我们不能确知写本时代的面貌。但是刻本时代的面貌则很清楚。例如,在房山辽代清宁九年(1063)刻第七洞第212号《大集经》卷二五"有"字号背面石经中,所谓阎浮提外海中四座山的顺序仍然是

---

[1] 声闻乘与佛菩萨乘的研究,见宫本正尊的早期系列论文《声聞の学と仏菩薩の学》,《哲学杂志》552、553、555、558号,1933年,页31—56、1—39、31—66、48—78;以及小沢宪珠:《菩萨と声闻辟支仏地》,壬生台舜博士颂寿记念论文集刊行会编集:《壬生台舜博士颂寿记念:仏教の歷史と思想》,东京:大藏出版社,1985年,页177—198,主要讨论《大品般若经》中的思想;苅谷定彦:《法華経方便品の声聞観》,株桥先生古希记念论集刊行会编集:《株橋先生古希記念:法華思想と日隆教学》,尼崎:法华宗兴隆学林,1979年,页497—526;较近的研究见平川彰:《智顗における声聞戒と菩薩戒》,《天台大师研究》编集委员会:《天台大師千四百年御遠忌記念:天台大師研究》,东京:天台学会,1997年,页1—26。

[2] 该节见《影印高丽大藏经》,台北:新文丰出版公司,1982年,《大集部》之《大方等大集经》卷二三,页243—244。现存高丽藏出自海印寺藏本。高丽藏有初刻和再刻两本,再刻基于初刻但与开宝藏和契丹藏互校,但保留许多早期刻本的风格。

[3] 《大集经》卷二三有 S.1261(照片见黄永武编《敦煌宝藏》,台北:新文丰出版公司,1986年,第9册,页475以下),北8714(《敦煌宝藏》第111册,页260以下),卷二四有 P.2108(《敦煌宝藏》第114册,页412以下),卷二五有 S.582(《敦煌宝藏》第4册,页621以下)。吐鲁番文书中有卷二三,见于 Ch 5506(T M 48 D 56),载 G. Schmidt and Thomas Thilo, *Katalog chinesischer buddhistischer Textfragmente* I (*BTT* VI), Berlin: Wiley-VCH Verlag, 1971, 141, 图:13/15。见荣新江主编:《吐鲁番文书总目》(欧美收藏卷),武汉:武汉大学出版社,2007年,页320。

第二章 从十二时兽到十二精魅：南北朝隋唐佛教文献中的十二生肖

南、西、北、东[1]。虽然原文阎浮提外海中四座山中的第一条已经漫灭不清，但后文则是西、北、东的顺序，由此我们可推知第一个方位应是南方。

除了《大集经》本身在不同时代的版本中对这四方之说有所修正之外，南北朝隋唐时期引用《大集经》的佛教典籍也对四方的顺序进行了修正。同样是谈论十二时兽的故事，我们可以看到在《经律异相》、《法苑珠林》中十二时兽修行的地点已经变成了东、南、西、北的顺序，此则将位于东方放在序首。树、火、风、水四种神顺序之中树火风水是否也有其文化内涵，这里不是印度传统的四大：地、水、火、风，而是树火风水，似乎树取代了地，而根据常识可以推断这可能因为树木实际成长自土地。后秦佛陀耶舍共竺佛念译《长阿含经》卷一六《坚固经》(Kevaddha-sutta)、东晋瞿昙僧伽提婆译《中阿含经》卷一九《梵天请佛经》(Brahmanimantanika-sutta)中"四大"的顺序即是地、水、火、风[2]。其他如《杂阿含经》(Saṁyuktāgama)、《增壹阿含经》(Ekottara-Āgama)[3]、吴康僧会译《六度集经》、后汉竺大力与康孟详译《修行本起经》[4]、西晋竺法护译《普曜经》(Lilitavistara)以及其他许多大乘经典均以地、水、火、风的顺序提及四大。十二时兽的故事同样也出现梁代宝唱（464—？）等编《经律异相》以及唐代道世所编辑《法苑珠林》之中，内容大体相似，但有一些改造，特别

---

[1] 中国佛教协会编《房山石经：辽金刻经》，北京：中国佛教图书文物馆，1992年，有字函，页272。十二生肖在这个版本中所属卷数与《高丽藏》及《大正藏》均不同。《大集经》在房山石经中的遗存目录见中国佛教协会编《房山云居寺石经》，北京：文物出版社，1978年，页101。

[2] 《大正藏》册一，页102上栏。

[3] 《增壹阿含经》类犍陀罗语写本残片的研究参见 Mark Allon, *Three Gāndhārī Ekottarikāgama-Type Sūtras: British Library Kharoṣṭhī Fragments 12 and 14*, Gandhāran Buddhist Texts vol. 2. Seattle: University of Washington Press, 2001. 《增壹阿含经》梵文写本的研究见 Chandrabhāl Tripāṭhī, *Ekottarāgama-Fragmente der Gilgit-Handschrift*, Studien zur Indologie und Iranistik, Monographien 2. Reinbek: Dr. Inge Wezler, Verlag für Orientalische Fachpublikationen, 1995.

[4] 那体慧推测此经可能是东晋译作，因为它在道安和僧祐之后才被认为是康孟详的译作。见 Jan Nattier, *A Guide to the Earliest Chinese Buddhist Translations: Texts from the Eastern Han and Three Kingdoms Periods*, Bibliotheca Philologica et Philosophica Buddhica X, Tokyo: The International Research Institute for Advanced Buddhology, Soka University, 2008, pp. 102–103.

是四座宝山出现的顺序[1]。

本章认为这些改造反映了《大集经》中的故事进入中国文化背景之后的变化,我们将在下文讨论。具体而言,《经律异相》卷四七《杂兽畜生部》"师子等十二兽更次教化第七"一节内容可表列如下:

东	南	西	北
琉璃山:潮	颇梨山	银山:菩提月	金山:功德相
蛇:种种色窟 马:无死窟 羊:善住窟	猴:上色窟 鸡:誓愿窟 犬:法林窟	猪:金刚窟 鼠:香功德窟 牛:高功德窟	师子:明星窟 兔:净道窟 龙:喜乐窟
树神(无胜) 罗刹女善行	火神 罗刹女眼见	风神(动风) 罗刹女天护	水神(水天) 罗刹女

《法苑珠林》卷三〇《住持篇》第二二《菩萨部》也提到这个故事,其内容如下:

东	南	西	北
琉璃山:湖	颇梨山	银山:菩提月	金山:功德
蛇:种种色窟 马:无死窟 羊:善住处窟	猴:上色窟 鸡:誓愿窟 犬:法林窟	猪:金刚窟 鼠:香功德窟 牛:高功德窟	师子:明星窟 兔:净道窟 龙:喜乐窟
树神(无胜) 罗刹女善行	火神 罗刹女眼见	风神(动风) 罗刹女天护	水神(水天) 罗刹女修惭愧

由上可以看出,早在梁代《经律异相》中即已经改成了阎浮提外四座山乃是东、南、西、北的顺序。这未知是以中原正统自居的南朝心态,还是只是汉人的习惯,因为编者宝唱等人并未交待改变该方位顺序的原因。但显然其所提到的《大集经》来自当时唯一可以得到的昙无谶(385—433)的汉译本。

---

[1] 同时两书均指出十二时兽中的师子"此方为虎",即中国的十二时兽以虎代师子。这是早期佛教文献中十二兽时与中国十二时兽不同的另外一点,但不是本章讨论重点。在本书第四、五章将详细讨论佛教文化入华之后出现的由狮而虎变化。

第二章　从十二时兽到十二精魅：南北朝隋唐佛教文献中的十二生肖

《大集经》结构复杂，各部分来源并不十分明确。莲泽成淳《国译一切经》的《大集经解题》中指出《大集经》前十品（分）和后面七品（分）出自两个系统[1]。前半部分均出自昙无谶的翻译。印顺法师认为《大集经》中品和分的区别在于品都讲菩萨行和佛功德，而分则不同，《宝幢分》以下趋向于讲通俗性和神秘性的东西，法义较浅[2]。这样在印顺的理解上，《虚空目分》则变成第二部分，这和前引莲泽的看法稍微不同。事实上，虚空目分中有一些陀罗尼，的确有密教的因素。我们下文讨论精魅时将回到这一问题。

从以上叙述我们可以注意到《大集经》中所谓四方的顺序在佛教文献史上有所改变，从早期南西北东改为宋元明三代版本中的东南西北，或许需要了解早期佛教文献中的文化地理特别是方位观念。早期佛教文献，从早期成立的经律论三藏文献到天竺、中亚高僧对三藏的注疏等文献，在历史上变化非常之多，即便是同一部经，其文本也在漫长的历史长河中经过了许多变迁，所以在佛教文献中四方的顺序非常多样和复杂。本章如果展开讨论这一主题，还需要还原到早期吠陀文化、非佛教印度各思想流派，这几乎是不可能的，亦无必要。所以，本章基本上仍以汉文佛

---

[1]　日本学者作了许多工作考察这部经的构成，如莲泽成淳《国译一切经》大集部解题以及同作者为《佛书解说大辞典》所撰词条《大方等大集经》，小野玄妙编：《佛书解说大辞典》第七卷，东京：大东出版社，1938 年，页 477 中栏至页 483 下栏；大野法道：《大集经之成立发展翻译编集》，《大正大学学报》33；樱部建：《〈曇無讖訳大集経〉総説（I）》，《藤田宏達博士還暦記念論集：インド哲学と仏教》，1989 年，页 297—312；坂本広博：《中国における大集経の流伝に関するメモ》，《天台学报》22，1980 年，页 138—143 等。莲泽的解题见《国译一切经》印度撰述部《大集经》二，东京：平文社，1973 年改订版，页 1—24。有关十二时兽的段落日译见页 128—129，主要基于《大正藏》，如十二时兽的居住方位从阎浮提外南方海中开始，按照南、西、北、东的顺序叙述。有关这部经的各种藏经版本，参见《法宝义林》/*Fascicule annexe du Hobogirin : Répertoire du Canon Bouddhique sino-japonais*. Edition de Taisho (Taisho shinshu daizokyo) compilé par Paul Demiéville, Hubert Durt, Anna Seidel, 2ème édition révisé et augmentée. Paris-Tokyo, 1978, p. 49; Lewis R. Lancaster, *The Korean Buddhist Canon: A Descriptive Catalogue*, Berkeley: University of California Press, 1979, pp. 35 – 36. 那体慧对北齐时代那连提耶舍（Narendrayśas）所译《大集经》卷五六《月藏分》中第二十品《法灭尽品》与于阗文《赞巴思塔书》（*Book of Zambasta*）、藏文《月藏菩萨请问经》进行比较，研究了其中反映的末法思想，见 Jan Nattier, *Once Upon a Future Time: Studies in a Buddhist Phophecy of Decline*, Berkeley: Asian Humanties Press, 1991, pp. 170 – 188.

[2]　印顺：《印度佛教思想史》，台北：正闻出版社，1988 年，第五章第一节，后期大乘经。

教文献为主来讨论这一问题。

本章将各个历史阶段出现的汉文佛教文献分为三个类型,即佛教翻译文献(Chinese translations of Buddhist texts)和基于翻译的注疏文献(Chinese commentaries on Buddhist transaltions)以及中国本土著述文献(Chinese Buddhist writings)。这三类文献所反映的中国僧人对佛教的认识和理解十分不同。翻译文献,需要参与译场工作的僧侣较为密切地关注早期印度或中亚佛教文献原文,本土著述则更为自由,中国高僧可有较多空间发挥自己的理解和想法。本章以下将以这三类文献来探寻汉文佛教文献中对四方方位与地理顺序记载的线索。本章推测,这里所讨论的《大集经》中一段文字所列举的南、西、北、东四个地点的顺序可能是印度文化中的一种自我中心主义传统,因为古代天竺在南方,或位于南瞻部洲(Jambudvipa)。

首先我们来看汉文翻译文献。汉文翻译文献中有许多南瞻部洲都排在序首的例子。先看《大集经》中所记载的阎浮提外海中南、西、北、东四座山顺序。这四座山的顺序对应为琉璃山、颇梨山、银山、金山,实际上来自佛教传统中经常提到的四宝。而一般早期汉译佛典中四宝的顺序通常是金、银、琉璃、水精或颇梨(即玻璃),见西晋白法祖译《佛般泥洹经》卷下、西晋法立共法炬译《大楼炭经》卷五、东晋瞿昙僧伽提婆译《中阿含经》卷一四《大天奈林经》(*Makhādeva-sutta*)、东晋法显译《大般涅槃经》卷中、后秦佛陀耶舍共竺佛念译《佛说长阿含经》卷三《游行经》(*Mahāparinibbānasuttanta*)。四宝之中琉璃、金、银三者名称相对固定,唯有玻璃常常以水精一名出现,一种宝物两种名字,见慧琳《一切经音义》卷四:"玻璃,古译云水精。"《一切经音义》虽然说古译水精为非,但水精确实常作为四宝之一与其他三宝一同出现。南方琉璃山在佛教文献中类似的内容非常少。敦煌出土疑伪经《佛说地藏菩萨经》提到地藏菩萨住在南方瑠璃世界[1]。而另外一件敦煌文书则提到四宝与方位的关系,其

---

[1] 《大正藏》册八五,页 1455 中栏。现藏伦敦英国图书馆,《大正藏》所说藏号并不可靠。

第二章　从十二时兽到十二精魅：南北朝隋唐佛教文献中的十二生肖

文云：

> 须弥山者，秦言昆仑山，四宝合成，东面黄金、西面白银、南面琉璃、北面水精。东面黄金，黄金光明照东方虚空界，悉作黄金色，彼方众生谓言黄天。西方白银，白银光明照西方虚空界，悉作白银色，彼方众生谓言白天也。南方琉璃，琉璃光晛照南方虚空界，悉作琉璃色，此方众生谓言青天。北方水精，水精光明照白天也。四宝光明，所照诸方，悉同其色，无有崖岸，一切众生，空明浊翳，为色所障，是故云须弥山也。[1]

但这个东方黄金、西方白银、南方琉璃、北方水精的顺序与《大集经》的顺序不同。唐代沙门普光述《俱舍论记》卷一则有不同解释，引入青黄赤白四色，其文曰："又解：四洲空中所见显色：青、黄、赤、白，唯显无形；或可天中青、黄、赤、白四种宝地，如光明等，有显无形。"[2]另一方面，《大集经》中谈到十二时兽的这一节文字中四大宝山的方位顺序反映了印度观念到中国观念的转换，主要表现在四大宝山被记录为南、西、北、东的顺序转换为梁代《经律异相》和唐代《法苑珠林》中东、南、西、北的顺序。因为涉及印度观念到中国观念的变化，这一转换值得特别研究。

我们需要区别方位上的四方顺序与地理上的四方顺序。方位上的四方顺序，古代中国文献和早期佛教文献似乎区别不大，均有东西南北或东南西北的顺序。但地理的四方顺序则有文化上的象征意义，如中国的面南背北实际上有政治统治的象征意义。中国传统中，仅仅作为方位词，东、南、西、北出现的顺序较早，如甲骨文和《尚书》中均有所表现[3]。然

---

[1] 《大正藏》册八五，现藏伦敦。
[2] 《大正藏》册四一，页17中栏。
[3] 王爱和研究了四方观念的起源及其与商周政治的关系，但她没有特别考虑四方的顺序。其研究见 Aihe Wang, *Cosmology and Political Culture in Early China* (Cambridge: Cambridge University Press, 2000, 2006 paperback), chapter two: "Sifang and the Center: the Cosmology of the Ruling Clan," pp. 23–74.

后是东、西、南、北四方顺序,见于《左传》、《礼记》等文献[1]。

这些顺序在古代汉文文献中出现较为普遍,也很早即进入佛教翻译文献之中,如东、西、南、北的顺序见于吴国时支谦译《佛开解梵志阿台经》,其文云"如登高楼,听视下人,东、西、南、北,坐立语声,一切闻见,道人自知,意志已净"[2]。此经为《长阿含经》第二〇《阿摩昼经》(*Ambaṭṭhasutta*)中同本异译。刘宋求那跋陀罗译《杂阿含经》卷二云:"我说彼识不至东、西、南、北四维上下,无所至趣,唯见法,欲入涅槃,寂灭、清凉、清净、真实。"[3]东晋瞿昙僧伽提婆译《增壹阿含经》卷一九也提到东、西、南、北四维上下[4]。后秦弘始年佛陀耶舍共竺佛念译《佛说长阿含经》卷一二《善生经》云:

> 如是我闻,一时佛在罗阅祇耆阇崛山中,与大比丘众千二百五十人俱。尔时世尊,时到,着衣持钵,入城乞食。时罗阅祇城内,有长者子,名曰善生,清旦出城,诣园游观,初沐浴讫,举身皆湿,向诸方礼,东、西、南、北、上、下诸方,皆悉周遍。[5]

该经提到东、西、南、北四维上下,但该经原文的顺序其实是东、南、西、北。原因有二,该经巴利文本(*Sigālakasutta*)中该节谈到礼六个方向时顺序是

---

[1] 唐兰:《释四方之名》,《考古社刊》1936年第4期,页1—6;于省吾:《释四方和释四方风名的两个问题》,《甲骨文字诂林》,北京:中华书局,1996年;蔡哲茂:《甲骨文四方风名再探》,《金祥恒教授逝世周年纪念论文集》,台北,1989年,页123—152;程德祺:《东西南北字源商榷》,《文史知识》1984年第11期,页109—110;蒋逸雪:《释四方》,原载《扬州师院学报》1981年第4期,收入《中国人民大学书报资料·语言文字学》1982年第1期,页34—36;周晓陆:《释东西南北中——兼说子午》,《南京大学学报》1996年第3期,页70—76;范庆华:《东西南北及其文化内涵》,《汉语学习》1991年第2期,页35—36;李启文:《论古人是如何看待方位的》,《学术研究》1999年第2期,页72—75;张德鑫:《方位词的文化考察》,《世界汉语教学》37卷3期,1996年,页62—73。储泽祥:《汉语空间方位短语的历史演变的几个特点》,《古汉语研究》30卷1期,1996年,页57—61。Laurent Sagart, "The Chinese Names of the Four Directions," *Journal of American Oriental Society* 124:1 (2004), pp. 69–76.

[2] 《大正藏》册一,页263上栏。

[3] 《大正藏》册二,页9上栏。该经卷三四也提到东、西、南、北四方,但同时提到东、南、西、北四方的顺序,见同书页243上栏。二者可能均反映中国特色。

[4] 《大正藏》册二,页643上栏。同经卷二六则也提到东、南、西、北四方,见同书页696下栏。

[5] 《大正藏》册一,页70上栏。

第二章　从十二时兽到十二精魅：南北朝隋唐佛教文献中的十二生肖

东、南、西、北，英文本和日文本相同[1]。其次，该经还有一个同本异译，即安世高所译《教授尸伽罗越经》，该节礼六方的顺序中也是东、南、西、北。可见安世高的译本更接近现存巴利文本。其他还见于吴康僧会译《六度集经》卷二《波罗奈国王经》、西晋竺法护译《生经》卷三《佛说腹使经》二八和同译者汉译《佛说鹿母经》、《普曜经》卷一、西晋法立共法炬译《大楼炭经》卷一、隋阇那崛多等译《起世经》卷二、隋达摩笈多译《起世因本经》卷二、北凉昙无谶译《佛说文陀竭王经》等汉译文献。

东、南、西、北的顺序也见于南北朝时期的译经，如东晋瞿昙僧伽提婆译《增壹阿含经》卷二六、刘宋昙摩密多译《佛说诸法勇王经》。到隋唐时期更为普遍，如隋达摩笈多译《起世因本经》卷九、阇那崛多译《佛本行集经》卷一六，以及玄奘的一些汉译。同时，如果我们细察佛教文献，可以看到印度传统中还有东、南、西、北的顺序。所以单纯方位上的四方顺序，古代中印并无太大区别。

地理上的四方顺序则非常不同，这种不同是文化地理学上的重要课题。和东、南、西、北与东、西、南、北四方方位不同的是，早期佛教文献提到四大部洲（catvaro dvipah）采用南、北、东、西的顺序以南瞻部洲为首反映了印度古代的中心观。定方晟在《佛教宇宙观：哲学与诸起源》一书中特别讨论了前大乘佛教时代对四大部洲的看法，他指出早期佛教时代认为四大部洲围绕须弥山为中心而分布，其中南瞻部洲正是以印度次大陆为原型[2]。他并未探讨四大部洲的顺序，但指出了南瞻部洲的特点反映

---

[1] 日文本参见高楠博士功绩记念会纂译：《南传大藏经》第八《长部经典》三，神林隆净译：《教授尸伽罗越经》，东京：大正藏刊行会，1970年重印，页237；基于日文本的汉文本见元亨寺汉译南传大藏经编译委员会编：《汉译南传大藏经》第八册《长部经典》三，通妙译：《教授尸伽罗越经》，高雄：元亨寺妙林出版社，1995年，页181。英文版见 Maurice Walshe, *The Long Discourses of the Buddha: A Translation of the Dīgha Nikāya*, Somerville, MA: Wisdom Publications, 1995, p. 461.

[2] Akira Sadakata, *Buddhist Cosmology: Philosophy and Origins*, trans. by Gaynor Sekimori, with a forward by Hajime Nakamura, Tokyo: Kōsei Publishing CO., 1997, p.31. 该书第一部分讲前大乘时代的宇宙观（Pre-Mahāyāna cosmology）。大乘时代的佛教宇宙观则较为不同。从人类学角度提示印度部族的世界观，见斋藤昭俊著：《インド部族の世界観》，牧尾良海博士喜寿记念论集刊行会：《牧尾良海博士喜寿记念——儒佛道三教思想论考》，东京：山喜房佛书林，平成三年，页785—801。但他特别关注印度部族对动植物的看法，没有提及当地人对方位的认识。

了印度人当时的世界地理知识。南瞻部洲的重要性和特殊性可以在汉文译经中得到验证。

南北朝时期,汉文翻译的早期佛教文献中提到四大部洲大多数都是南为首。但南阎浮洲之后的三大洲顺序则可以是南、西、北、东,也可以是南、东、西、北,也可能是南、西、东、北。因为许多现存佛经只有汉译本,没有梵文或中亚语文的原本可以比照,所以我们在讨论这四大部洲的顺序时实际上是假设古代译经家按照梵文原本的表达顺序翻译有关四大部洲的内容,而汉文译经在翻译过程中可能按照中国的习惯把梵文原本中改成东、南、西、北的顺序。

东汉以下直到南北朝时期梵胡僧人在译经过程中主要是诵出和翻译经典原文,润色和校对者多为汉人僧侣,这整个从原文到译文的过程,很多词语和句子的顺序都会有一些改变[1]。但似乎南、北、东、西的顺序可能出自中国佛教僧人的改造,因为这样的顺序并未出现在目前我们所能看到的汉文译经之中。故而可以推断这一佛教文献地理上以南为首的观念到了中国佛教文献中则变成以东为首的文化地理观念。

中国文化传统在地理上以东为首,中国本土在佛教文献中被称为东夏,而五岳在《佛祖统记》中出现的顺序也是东岳为首。《高僧传》中东土、中土均指中国中原。吴康居沙门康僧会译《六度集经》卷四《顶生圣王经》中的东土则指四大部洲之东方弗于逮土。该经叙述顶生王拥有四土,包括西方拘耶尼土、南方阎浮提土、东方弗于逮土、北方郁单曰土。比如四大洲南西东北的顺序有东晋罽宾三藏瞿昙僧伽提婆译《中阿含经》王相应品《四洲经》记载佛游舍卫国在胜林给孤独园与弟子阿难的对话涉及顶生王统领四洲之事,其讨论的四洲顺序为阎浮洲、瞿陀尼(Aparagodaniya)、弗婆鞞陀提(Furvavideha)、欝单曰(Uttarakuru),即是

---

[1] 中国译经中改造印度梵文原本内容的例子并非鲜见,如陈寅恪先生即在《连花色尼出家因缘跋》一文中有所讨论;参见陈寅恪《连花色尼因缘跋》,原载《清华学报》第7卷第1期(1932年),收入《陈寅恪集·寒柳堂集》,北京:三联书店,2001年,页169—175。本书后文讨论的《普曜经》中所谓九龙吐水也是中国译本的发明,并未传递原本的意思。

第二章 从十二时兽到十二精魅:南北朝隋唐佛教文献中的十二生肖

南、西、东、北的顺序。

同样的四大部洲顺序还出现在隋北印度三藏阇那崛多译《大威德陀罗尼经》卷三,其文略云:"如来为彼城中诸众生辈说此圣谛之时,七千众生远尘离垢,诸法中得法眼净。阿难:此阎浮提有五百洲滍眷属围绕,各百由旬;瞿耶尼亦有五百洲滍眷属,亦各百由旬;东弗婆提五百洲滍眷属,各百由旬;欝单越亦有五百洲滍眷属,各百由旬。"[1]瞿昙僧伽提婆译《三法度论》卷下提到四洲则是南东西北,其文略云:"问云何四洲?答:洲者,阎浮提、弗于逮、瞿耶尼、欝单越。"[2]早期佛教文献中还有一些四大洲南、东、西、北的顺序,尤其是玄奘翻译的一些论部文献,但其源流来自婆薮盘豆造、陈真谛译《阿毗达磨俱舍释论》卷八。该释论提到四大洲,其顺序是剡浮洲、弗婆毗诃洲、瞿陀尼洲、欝多罗鸠娄洲。还提到各州人的特点:"剡浮洲人从多身长三肘半,或有人长四肘。偈曰:后后倍倍增。东、西、北洲人,释曰:东毗提诃人身长八肘、西瞿陀尼人身长十六肘、北鸠娄人身长三十二肘。"[3]塞建陀罗阿罗汉造、玄奘译《入阿毗达磨论》卷下提到四洲,也是南东西北的顺序:"有四洲人:一赡部洲、二胜身洲、三牛货洲、四俱卢洲。"四洲南东西北顺序的例子还有世亲造、玄奘译《阿毗达磨俱舍论》卷一一[4]。同样四大洲南、东、西、北的顺序还见于众贤造、玄奘译《阿毗达磨藏显宗论》卷一六[5],以及弥勒菩萨说、玄奘译《瑜伽师地论》卷二[6]。

甚至宋代僧人也仍承继了早期佛教文献的记载,提到四大部洲时使用南、东、西、北的顺序。如钱唐沙门释智圆述《维摩经略疏垂裕记》卷二:"二十五有者,四洲、四恶趣、无想五那含、六欲,并梵天四禅、四空处,受四恶下,以无垢三昧现地狱身,以不退三昧现畜生身,以心乐三昧现饿

---

[1] 《大正藏》册二一,页766下栏。
[2] 《大正藏》册二五,页26下栏。
[3] 《大正藏》册九,页218下栏。
[4] 《大正藏》册二九,页57下栏—页58上栏。
[5] 《大正藏》册二九,页85下栏。
[6] 《大正藏》册三〇,页287上栏。

鬼身,以欢喜三昧现修罗身;次住下,以四三昧现人身,即如幻日光、月光、热炎,如次对南、东、西、北四洲也,余十七三昧悉现天身。"[1]沙门释光述《俱舍论记》卷八《分别世品》第三之一和唐代圆晖述《俱舍论颂疏论本》第八提到四大部洲也是南、东、西、北的顺序[2]。南部置于序首的例子见于唐代法崇撰《佛顶尊胜陀罗尼经疏并释真言义》卷下,其文略云:

> 誐底誐贺曩,唐言其义甚深,亦云六趣稠林也。解曰:甚深有二也,一者理甚深,所谓佛顶真言;二者事甚深,所谓六趣稠林,染净因果,漏无漏殊,真俗二深,唯佛穷备。言六趣稠林者,一是人趣,居四天下。南瞻部洲,三边各二千逾缮那,南边三百逾缮那半;北俱卢洲,四面各二千;东弗毗提洲,三边各二千,东边三百五十;西拘耶尼洲,经二千五百由旬,周围此三倍。[3]

这一段谈到人趣即是佛教所谓生死轮回六道中的人道,主要包括四大洲,而此处显然南瞻部洲首先被提到,随后是北俱卢洲、东弗毗提洲、西拘耶尼洲。而大乘佛教的《大宝积经》更强调南方阎浮提洲与众不同,其文略云:

> 时四洲中,三洲等量八万由旬,一一洲中有二万城,一一城量各十由旬。唯有阎浮一洲,广量俱胝由旬,有八万城,一一城量二十由旬,重楼表刹,垣墙周匝,种种衣树,种种味树,诸杂花树,宝多罗树,而庄严之。国界安乐,人民充满。其中复有最大都城,周百由旬,二万园苑而围绕之。诸园苑中,澄潭泒流,处处盈注;华藥甘实,一一荣茂;名香普熏,闻者欣悦。鸟兽和鸣,其声雅亮。尔时彼佛住一园中,为众说法,无边慧超过须弥光王如来寿十小劫,灭度之后,正法住世满一小劫。[4]

在这一段经文中,可以看出阎浮提洲的城数量规模都大于其他洲的城,而

---

[1]《大正藏》册三八,页738上栏。
[2] 分别见《大正藏》册四一,页148中栏、863中栏。
[3]《大正藏》册三九,页1029下栏。
[4]《大正藏》册一一,《大宝积经》卷二五,唐菩提流志译《被甲庄严会》第七之五,页141中栏。

第二章 从十二时兽到十二精魅：南北朝隋唐佛教文献中的十二生肖

且自然景观如树木花草以及人口等均非常殊胜。而这一切都是因为该洲有佛说无边智慧，乃是正法所住之地。这实际暗示佛法是从该洲起源，然后传播到世界其他各地[1]。

以上主要是讨论早期汉译佛教文献对四大洲的叙述顺序，以下讨论所谓中国撰述。隋唐时期中国高僧自己撰述的佛教文献中，四大部洲以南为序首的顺序逐渐转换成东、南、西、北四大部洲的顺序，这反映了中国僧人在创作自己作品的过程中，深受中国文化背景和表达习惯的影响。隋唐时期中国人习惯说东、南、西、北，这一表达习惯显然也进入中国僧人的撰述语境之中[2]。如隋净影寺僧人慧远《维摩义记》卷四云："须弥四面大海之中，有四洲渚，名四天下：东方有渚，名弗婆提，形如满月，人面像之。南方有渚，名阎浮提，其形尖邪，人面像之。西方有渚，名瞿耶尼，形如半月，人面像之。北方有渚，名欎单越，其形正方，人面像之。"[3]到了唐代，汉地僧人撰述文献中东、南、西、北四大部洲的顺序更为普遍，玄奘撰《大唐西域记》卷一即云索诃世界有四大洲，东毗提诃洲、南赡部洲、西瞿陀尼洲、北拘卢洲。这里即是东南西北的顺序。但是同卷提到赡部洲地有四主时，其顺序是南象主、西宝主、北马主、东人主。这个南西北东

---

[1] 早期佛教传统自然以南亚地区作为世界的中心，而古代西藏的地理观念则在其传统史书中将西藏描述为中心，见 Dan Martin, "Tibet at the Center: A Historical Study of Some Tibetan Geographical Conceptions Based on Two Types of Country-Lists Found in Bon Histories," in Per Kvaerna ed., *Tibetan Studies: Proceedings of the 6th Seminar of the International Association for Tibetan Studies*, vol. 1, Oslo: Institute for Comparative Research in Human Culture, 1994, pp. 517 – 532. 地理上的中心主义与人种中心主义常常联系在一起，但学界似乎更注意人种中心主义（ethno-centricism），而忽视了从地理角度的中心主义，实际上中国一词的出现就是地理位置认知上中华中心主义的产物。对于世界的人种中心主义 ethno-centricism 的批判，见 Hwa Yol Jung, "Edouard Glissant's Aesthetics of Relation as Diversality and Creolization," in *Postcolonialism and Political Theory*, ed. Nalini Therese Persram, Lanham, MD: Lexington Books, 2007, pp. 193 – 225.

[2] 每种语言均有其特定的方位表述习惯。如汉文中常见的南北朝，显然是以南开头，到英文中则被翻译成 Northern and Southern dynasties 这一特定短语形式。中国古代传统有所谓指南车、指南针，则以南方为方向指南，而西方则习惯用北方作为固定方位来确定其他方位，所以使用指北针。盖因西方文化传统认为北方较为固定，而对于惯于在海上航行的西方水手来说，北斗星容易识别，成为人们可以依靠的方向。北斗星的相对固定特性这一意识常见于西方文学作品，如莎士比亚剧作 *Julius Caesar* III. i 即有"But I am constant as the northern star, Of whose true-fix'd and resting quality"一句。此条信息承安开莲（Caitlin J. Anderson）女史见告。

[3] 《大正藏》册三八，页 514 中栏。

的顺序和前引《大集经》卷二三中阎浮提外海中四座山顺序一致。《大唐西域记》还评论了各主之地的特色,其文云:

> 象主之国,躁烈笃学,特闲异术;服则横巾右袒,首则中髻四垂;族类邑居,室宇重阁。宝主之乡,无礼义、重财贿;短制左衽、断发长髭;有城郭之居,务殖货之利。马主之俗,天资犷暴、情忍杀戮;毳帐穹庐,鸟居逐牧。人主之地,风俗机惠、仁义照明;冠带右衽,车服有序;安土重迁,务资有类。三主之俗,东方为上,其居室则东辟其户,旦日则东向以拜。人主之地,南面为尊,方俗殊风,斯其大概。至于君臣上下之礼、宪章文轨之仪,人主之地无以加也。清心释累之训,出离生死之教,象主之国其理优矣。[1]

这里的四主之地,大致凸显了玄奘时代南亚、西亚、中亚、东亚等地民俗人情的特色,如西亚宝主之地重视商业,中亚地区人民的游牧生活,南亚人民的佛教信仰,以及东亚的衣冠礼仪。虽然文中说三主之俗,东方为上,人主之地,南面为尊,但《大唐西域记》对这些地域的叙述顺序乃是从南亚讲起,这可能是因为玄奘仍然坚持对印度作为佛教起源地的尊重[2]。唐代僧人撰述中四大洲以东、南、西、北顺序出现的例子还见于唐清凉山大华严寺澄观撰《大方广佛华严经疏》卷一二:"准《俱舍》,东洲如半月,南洲如车,西洲如满月,北洲叟方。"[3]高丽沙门谛观录《天台四教仪》提到四大部洲也是东南西北的顺序:

> 四洲不同:谓东弗婆提(寿二百五十岁)、南阎浮提(寿一百岁)、西瞿耶尼(寿五百岁)、北郁单越(寿一千岁,命无中夭。圣人不出其

---

[1]《大正藏》册五一,页 869 中栏—下栏;季羡林等:《大唐西域记校注》,北京:中华书局,2000 年,页 42—43。

[2] 关于玄奘这一段文章的讨论,参见何方耀:《汉唐中国佛门的"边地意识"与梵语学习热潮》,《九州岛岛学林》三卷四期,2005 年,页 137—140。葛兆光则以佛教地图为例提示了佛教的世界中心观,见《宅兹中国:重建有关"中国"的历史论述》,北京:中华书局,2011 年,页 111—116。定方晟也注意到玄奘的说法,见前揭 *Buddhist Cosmology: Philosophy and Origins*, pp. 33 - 34。

[3]《大正藏》册三五,页 583 中栏。同样的内容也见于同作者著《大方广佛华严经随疏演义钞》卷二七:"具足颂"云:'东毗提诃洲,其形如半月,三边如赡部,南边三百半。南赡部如车,三边各二千,南边三百半。西瞿陀尼洲,其相圆无缺,径二千五百,周围此三倍。北俱卢叟方,面各二千等。'"见《大正藏》册三六,页 204 下栏。

第二章 从十二时兽到十二精魅：南北朝隋唐佛教文献中的十二生肖

中,即八难之一),皆苦乐相间,在因之时,行五常五戒。五常者,仁、义、礼、智、信。五戒者,不杀、不盗、不邪淫、不妄语、不饮酒。[1]

在唐代,除去中国撰述之外,随着东、南、西、北顺序观念被普遍接受,甚至中国汉译佛教文献中也已经采用了东南西北的顺序。如义净译《根本说一切有部毗奈耶》卷三四云：

> 尔时世尊告阿难陀,非一切时处,常有大目乾连,如是之辈,颇亦难得。是故我今敕诸苾刍：于寺门屋下,画生死轮。时诸苾刍,不知画法。世尊告曰：应随大小圆作轮形,处中安毂;次安五辐,表五趣之相;当毂之下,画捺洛迦;于其二边,画傍生饿鬼;次于其上,可画人天;于人趣中,应作四洲：东毗提诃、南赡部洲、西瞿陀尼、北拘卢洲,于其毂处,作圆白色。[2]

阎浮提外南、西、北、东四座山的顺序变成东、南、西、北之后,在隋唐时期开始和阴阳五行相结合,表现为东、南、西、北、中五个方向和木、火、金、水、土相结合。这主要体现在天台学者的著作之中,如隋代智者大师(538—597)《摩诃止观》卷八中则指出：

> 二明魔发相者,通是管属,皆称为魔。细寻枝异,不出三种：一者迫惕鬼、二时媚鬼、三魔罗鬼。三种发相,各各不同。迫惕发者,若人坐时,或缘头面,或缘人身体,堕而复上,翻覆不已,虽无苦痛,而屑屑难耐,或钻人耳、眼、鼻,或抱持击攊,似如有物,捉不可得,驱已复来,啾唧作声闹人耳,此鬼面似琵琶、四目两口(云云);二时媚发者,《大集》明：十二兽在宝山中,修法缘慈,此是精媚之主。权应者未必为恼,实者能乱行人。若邪想坐禅,多着时媚。或作少男、少女、老男、老女、禽、兽之像,殊形异貌,种种不同,或娱乐人,或教诏人。今欲分别时兽者,当察十二时,何时数来,随其时来,即此兽也。若寅是,虎乃至,丑是牛。

---

[1]《大正藏》册四六,页776中栏。
[2]《大正藏》册二三,页811上栏。相关讨论见 Stephen F. Teiser, *Reinventing the Wheel: Paintings of Rebirth in Medieval Buddhist Temples*, Seattle and London: University of Washington Press, 2007, p.60; 拙撰书评指出其失误,见《汉学研究》26卷3期(2008),页291—297。

又一时为三,十二时即有三十六兽。寅有三:初是狸,次是豹,次是虎;卯有三:狐、兔、貉;辰有三:龙、蛟、鱼;此九属东方,木也。九物依孟、仲、季传作前后。巳有三:蝉、鲤、蛇;午有三:鹿、马、麈;未有三:羊、雁、鹰,此九属南方,火也。申有三:狖、猿、猴;酉有三:乌、鸡、雉;戌有三:狗、狼、豺,此九属西方,金也。亥有三:豕、貐、猪;子有三:猫、鼠、伏翼;丑有三:牛、蟹、鳖;此九属北方,水也。中央土,王四季。若四方行用,即是用土也,即是鱼鹰、豺、鳖。三转即有三十六,更于一中开三,即有一百八时兽。深得此意,依时唤名,媚当消去。若受着稍久,令人猖狂恍惚,妄说吉凶,不避水火(云云)。[1]

我们可以把上述内容简单列表如下,更可以清楚地看到五方方位和十二支与时媚思想的结合:

东方	南方	西方	北方	中央
木	火	金	水	土
狸、豹、虎 狐、兔、貉 龙、蛟、鱼	蝉、鲤、蛇 鹿、马、麈 羊、雁、鹰	狖、猿、猴 乌、鸡、雉 狗、狼、豺	豕、貐、猪 猫、鼠、伏翼 牛、蟹、鳖	鱼鹰、豺、鳖
寅卯辰	巳午未	申酉戌	亥子丑	

相对于《大集经》中的十二时兽理论,除了以虎取代师子之外,智者的理论又有一些理念上的差异,首先,智者的理论中时兽不再是菩萨的化身,而是时媚的化身,这些动物虽然修法缘慈,但是却成为令人猖狂恍惚,妄说吉凶,不避水火的媚精。其次,智者将十二时兽的活动和十二时辰结合起来,并辅之与中国传统的十二地支、阴阳五行思想。十二时兽也根据五行进行了重新分类。再次,十二时兽被扩大到了三十六兽乃至一百零八兽[2]。最后,该文还提到了消除时媚的办法,其手段是主要根据这

---

[1] 《大正藏》册四六,页115上栏至中栏。
[2] 吴裕成《十二生肖与中华文化》有"菩萨排生肖"一节(页225—228),引用了《大集经》卷二三,其四方顺序是南西北东,并指出清代《浪迹续谈》也谈及佛经中菩萨化导内容;作者还提到了三十六兽,提示的材料包括《清稗类抄》、《佛学大辞典》。

些动物活动的时辰呼唤其名可以消除时媚,这又和道教的驱邪方法发生关联。而所谓时媚一说可能和中国传统的精魅有所结合,下文详论。

三、从十二时兽到十二精魅：六朝隋唐佛道思想的交融

《大集经》中的十二时兽,在汉文佛教文献中出现过多次,但名称不一。如新罗高僧元晓《起信论疏》、贤首大师法藏《大乘起信论义记》中则称为十二时狩,兽与狩本同,传统文献中常见。但十二时狩在佛教文献中出现较晚,仅以元晓和法藏的文本而言,可能在隋唐之际。可是,最值得注意的是,十二时兽变成十二时狩之后意义有所不同,而这一不同在于十二时兽不但变成了十二时狩,且变成了十二精魅,出现在智者大师和湛然的撰述中。这一变化反映了早期佛教观念向中国观念的转化。《大集经》中有关十二时兽的记载反映了早期佛教的观念。

在《大集经》的语境中,十二时兽乃是菩萨的化身。该经指出菩萨可能为了调伏众生,作天、人、龙、鬼、阿修罗、迦楼罗、紧那罗、摩睺罗、夜叉、拘办荼、毗舍阇、薛荔陀、畜生、鸟兽等种种像,游行于阎浮提,教化众生。上述种种化身,其实正是佛教所说的尚在六道中轮回的芸芸众生,包括人、天龙八部、饿鬼以及畜生鸟兽等等,但没有第六道即地狱道的众生。他们可能均是菩萨的化身。这一观念来自早期大乘佛教思想,即菩萨化身来世间受难,为众生消业,从而拯救众生。这一作为菩萨化身的概念,在元晓、法藏、智者、湛然撰述中悄然发生变化,被作为象征的所谓精媚神取代。这样,精媚神显然不再是菩萨的化身。

元晓、法藏、智者、湛然等人虽然继承了佛教中的大乘思想,但另一方面也在他们的著述中凸显出中国特色,即所谓时兽作为精媚形象的出现。本节重点讨论隋唐时期中国高僧撰述语境下有关十二时兽的中国特色。南北朝隋唐之际的许多佛教文献使用不同的词汇来称呼动物以及十二生肖,这反映了思想观念的变化。一般而言,在上面提到的不少僧人的著述中十二时兽、十二时狩、十二时媚、十二精媚神、十二精魅、十二精媚等概

念均有其历史渊源和原义的不同,即兽、神、魅、媚各有其自身的意义,虽然在各位佛教高僧的笔下以类似的形象出现。

首先我们来看隋唐时期佛教文献中所谓时媚与精媚的出现。上一节结尾部分我们已经提到《大集经》中十二时兽在智者大师《摩诃止观》卷八中被称为所谓时媚鬼或时媚。而这一说法显然被湛然继承。湛然在《止观辅行传弘决》卷八之一中有更为详细的解释:

次时媚,中初辩权实。《大集》十二时兽者,若五行中名十二肖。肖者,似也。此十二神似彼,故也。《大集》二十四云:东方海中,有瑠璃山,高二十由旬,中有虎、兔、龙;南方海中,有玻璃山,高二十由旬,中有蛇、马、羊;西方海中,有白银山,高二十由旬,中有猴、鸡、犬;北方海中,有黄金山,高六由旬,中有猪、鼠、牛所住之窟(经各有窟名)。东方树神,南方火神,西方风神,北方水神,一一方各有二罗刹女及五百眷属,随其方命,各自供养其方三神。其窟皆云是菩萨住处,一一兽皆云修声闻慈,昼夜常行阎浮提内,人皆恭敬。已曾于过去佛所发愿,一兽每一日一夜遍阎浮提,余十一兽安住修慈。从七月一日鼠为其首,二日牛,乃至十三日还从鼠起。是故此土多有畜兽能行教化,故他方恭敬。经云:若此佛四部弟子欲得大智、大定、大神通,欲受一切所有典籍,增进善法,应作白土山,方广七尺、高一丈二尺,种种香泥以金薄薄之,四面二丈,散蒼卜华,以铜器盛种种非时浆,安置四面,清净持戒,日三洗浴,敬信三宝。去山三丈,正东立诵如是咒(云云)。经十五日当于山上见初月像,即知已见十二时兽。见已所有愿求,随意即得。此十二兽或时作鬼、鸟等像,行阎浮提教化同类。菩萨祇作人、天等像,是未为难,为兽则难。此兽既云一日一夜行阎浮提,故知即是权化者耳。今下文言随其时来恼行人者,乃是支流实行之辈,若邪想下正明发相,今欲下以时验之。此九属东方木等者,如东方九兽,但三为正,故以三正而对孟、仲、季,言前后者。孟者,首也。正兽则在三中之后。仲者,中也。正兽则在三兽之中。季者,末也。正兽则居三中之初。余之三方,亦复如是。居初之后,

第二章 从十二时兽到十二精魅:南北朝隋唐佛教文献中的十二生肖

居末之初,故云传作前后。欲使九座均调孟、仲、季等,是故传作前后分之。余五行法并但十二,唯六壬式中列三十六。准彼文者,已有三,谓蝉、鳝、蛇,今文云鲤,多恐字误。又列子云燕、鼠、伏翼,今文云猫,仍恐彼误。余诸兽名并与式同。豺者,犬足;貉者,应作貀。《尔雅》云。雌者曰豸止;今江东呼为狯。貐字从豸。猰、貐类,貙虎爪,食人迅走。貙若更开,为一百八兽。但为时分犹宽,恐在时间不识,故更开为一百八也。随其时分,还以十二收之。随其时来,但称十二兽名,或称三十六名。其媚则去,故知鬼法惧人识名,识名尚不敢来,况复识形,故识其形名,不敢为非。[1]

湛然对十二时兽的解释融合了木火金水土五行以及东南西北中,以及孟仲季等传统长幼顺序等观念,将十二时兽扩展为一百零八兽[2]。湛然也是南北朝佛教文献中唯一提到中国传统十二生肖的僧人。但他的文字中更有意思的是鬼魅观念与时媚观念的结合。湛然这一节将《大集经》中所谓十二时兽看作是时媚,又称作十二神,并指出此十二兽有时在人修行过程中以鬼和鸟的幻相出现。这一方面继承了佛教的六道轮回基本教义,认为菩萨可以化身为人、天、兽等形象,另一方面乃是将时兽与中国传统观念中的时媚、神、鬼混成一团来讲,毕竟中国传统的鬼魅概念和六道中的鬼道相当不同。

一般学界认为中国传统中的鬼,乃是死后为鬼,表明是所谓死后生活或来世(afterlife)的状态,但中国传统对生和死的理解与西方较为不同,

---

[1] 《大正藏》册四六,页407中栏至下栏。有关湛然的研究,参见 Jinhua Chen, "One name, Three monks: Two Northern Chan Masters Emerge from the Shadow of Their Contemporary, the Tiantai Master Zhanran (711 – 782)," *Journal of the International Association of Buddhist Studies* vol.22, no.1 (1999), pp.1–91;池丽梅:《唐代天台仏教復興運動研究序説:荆溪湛然とその〈止観輔行伝弘決〉》,东京:大藏出版社,2008年;日比宣正:《唐代天台学序説—湛然の著作に関する研究一》,东京:山喜房佛书林,1966年。

[2] 在宋代张君房《云笈七签》卷一〇〇所载唐代王瓘《轩辕本纪》中有类似的思想:"于时大挠能探五行之情,占北斗衡所指,乃作甲乙十干以名日,立子丑十二辰以名月,以鸟兽配为十二属焉之,以成六旬,谓造甲子也。黄帝观伏牺之三画成卦,八卦合成二十四气,即作纪历,以定年也。帝敬大挠以为师,因每方配三辰,立孟仲季,自是有阴阳之法焉。"(《正统道藏》册三七,台北:新文丰出版公司,1985年,页100—110)可见唐代十二辰与十二兽相结合的观念已经被一些人接受。而唐代王瓘编集文献中这种十二辰配十二兽加上每方以孟仲季配三辰的观念也许来自湛然的影响。

死常常不被认为是生命历程的终结(termination),而是另一段生命的开始。鬼多半来自非正常死亡的死者,比如夭折少年、未婚死亡少女、战争中死去的青年战士、离奇死亡魂灵没有安息的死者等等[1]。因为这些人死于非正常过程,因而他们的生命特别是魂魄处于并未安息的状态,实际仍然与生者的世界紧密相连。从这一意义上说,中国人对于死的观念与西方对所谓死后灵魂未安息未经过审判的认识却又有些相似之处。

而佛教的鬼观念较为复杂,虽然也指死亡的魂灵,但确切地说,指六道中的鬼道众生,而其中之一便是造恶业死后投生鬼道变成鬼,如有罪孽的女性等[2]。但湛然这种混合媚、鬼、神的说法与中国传统的鬼、神、媚等观念相当接近。以鬼而言,如蒲慕州先生指出的,先秦时期中国知识阶层和一般大众传统认为鬼乃是人死为鬼,但他同时也指出战国时期,鬼可以指称多种不同来源的精灵,包括死人、动植物,以及无生物如木、石、风、火等,而鬼的出现乃是因为有时死人的魂没有好好安息所以出

---

[1] 有关中国传统鬼的观念,当代人类学的分析参见 Arthur P. Wolf, "Gods, Ghosts, and Ancestors," Arthur P. Wolf ed., *Religion and Ritual in Chinese Society*, Stanford: Stanford University Press, 1974, pp. 131-182,特别该文第三部分页 145—159 讨论鬼与祖先;Emily M. Ahern, *The Cult of the Dead in a Chinese Village*, Stanford: Stanford University Press, 1973; Maurice Freedman, "Ancestor Worship: Two Facets of the Chinese Case," in Maurice Freedman eds., *Social Organization: Essays Presented to Raymond Firth*, Chicago: Aldine Publishing Company, 1967, pp. 85-103.中文著述中较多描述性研究,如:林礼明《鬼蜮世界》(厦门大学出版社,1993年)讨论了自然鬼、方位鬼、时序鬼,但多使用道藏资料,自然鬼部分提示了所谓山精、木精、石精、虎精、蛇精、狩精、猴精、狐精等,但没有提到十二时兽,讨论自然鬼、方位鬼、时序鬼、蛊鬼、五行鬼的部分见页 33—65;赖亚生《神秘的鬼魂世界:中国鬼文化探秘》(北京:人民中国出版社,1993年)主要讨论中国传统灵魂观、驱鬼招魂、鬼故事以及巫师等主题;蒲慕州《追求一己之福:中国古代的信仰世界》(台北:允晨文化股份有限公司,1995年)第三章讨论了先秦时期的妖怪观、鬼神观、魂魄观;宋兆麟《巫觋:人与鬼神之间》(北京:学苑出版社,2001年)第二章、林富士《汉代的巫者》(台北:稻乡出版社,1988年,页100—114)利用传世文献和出土图像资料讨论了汉代的鬼神世界;其他相关文献还包括中野美代子著、何彬译《中国的妖怪》(郑州:黄河文艺出版社,1989年)有两节讨论魑魅魍魉以及鬼的观念;以及早期的研究如井上圆了著、蔡元培译《妖怪学》,上海文艺出版社影印版,1992年,原刊于1920年。

[2] 佛教中鬼的观念及其在中国的影响,参见 Stephen F. Teiser, *Ghost Festival in Medieval China*, Princeton: Princeton University Press, 1988;同著者 *The Scripture on the Kings and and the Making of Purgatory in Medieval Chinese Buddhism*, Honolulu: University of Hawaii Press, 1994;萧登福《道佛十王地狱说》,台北:新文丰出版公司,1996年。定方晟《佛教宇宙观》一书中有对六道中动物、饿鬼、地狱道众生的简单提示,见 *Buddhist Cosmology: Philosophy and Origins*, pp. 41-55.

第二章 从十二时兽到十二精魅：南北朝隋唐佛教文献中的十二生肖

来作祟[1]。在佛教中，虽然同样有轮回的报应，但六道之中人、天、阿修罗道的众生要比投生在地狱、饿鬼、畜生道的众生的业报要好很多。所以同样是死去之后，因为业力的不同，投生的果报不同。转世为畜生是相对不好的一种结果，仅次于饿鬼和地狱众生。

十二时兽作为神的传统也值得注意，但显然和中国传统宗教中的神不同。中国传统宗教中神的观念十分复杂，早期神的观念与灵联系在一起，和鬼一样并不必然对人有所威慑，都是人死后的衍生物。但后来的民间宗教中，神的观念有所变化，如武雅士（Arthur P. Wolf）认为与人们对官僚制度的认知有关，神成为超越物质形式的官僚，人们惧怕神的力量，同时以供品供养神[2]。总之，鬼、神的早期形象较为中性，不过是人死之后的存在，而六朝以来逐渐向负面并给人恐惧感的存在转化。

佛教中的神则常常是护法的善神。可是，《大集经》中的十二时兽变成中国佛教撰述中的十二神，作为鬼的变化出现，乃吸收了中国文化中对鬼神负面描述的因素。事实上，十二时神在很多宗教文化中均有体现，如在敦煌出土现藏于中国国家图书馆的《摩尼教残经》中提到十二时神可以是十二次化明王，也可以是日宫十二化女[3]。在中国传统宗教中，十二时神有时以十二辰神出现，在道教中有其自己的解释。基本上，鬼和神

---

[1] 蒲慕州《中国古代鬼论述的形成》，收入同氏主编《鬼魅神魔：中国通俗文化侧写》，台北：麦田出版社，2005年，页30。而正如下文提示的，我们将看到木、石、动植更多是以精的形象出现，只是在道教文献如《女青鬼律》中也被称作鬼。

[2] Arthur P. Wolf, "Gods, Ghosts, and Ancestors," pp. 133 – 145；同卷所收郝瑞（C. Steven Harrel）的文章则认为鬼有时可以变成神，见 C. Steven Harrel, "When a Ghost Becomes a God," Arthur P. Wolf ed., *Religion and Ritual in Chinese Society*, pp. 193 – 206. 这些看法主要出自人类学的取径。

[3] 这件文书首先由罗振玉注意到，后来由沙畹、伯希和进行法译并研究，见 E. Chavannes and P. Pelliot, "Un traité manichéen retrouvé en Chine I," *Journal Asiatique* 10e sér., 18 (1911), pp. 499 – 617；陈垣重新根据原卷作了刊布，见《摩尼教残经》，《国学季刊》1/2, 1923年，页531—544；林悟殊也进行了研究，见《摩尼教及其东渐》，北京：中华书局，1987年，页217—229。摩尼教十二时神的名单也见于帕提亚语和突厥语写本以及粟特语写本（不全），见 Mary Boyce, *A Reader in Manichaean Middle Persian and Parthian*, Acta Iranica 9, Leiden: E. J. Brill, 1975, p. 132; Hans-Joachim Klimkeit translated and presented, *Gnosis on the Silk Road: Gnostic Texts from Central Asia*, San Francisco: HarperSanFrancisco, 1993, pp. 77 – 81.

都可被认为是一种集体想象(collective imaginations)[1],反映社会群体对死后世界以及神圣世界的集体想象。佛教的守护神,乃代表佛教修行者对其神圣世界看护者的想象。而道教的万神殿则代表道教修行者对其神圣世界的想象。

本节将讨论佛教早期十二时狩、密教十二时神以及道教因素的相互关联,结合汉文佛教文献和中国传统文献中有关时狩与精魅的记载来看早期佛教中的十二时狩如何在隋唐之际变成十二精魅的历史上下文。从上述《大集经》中有关十二种动物修行的故事来看,他们显然不是动物本身,而是菩萨的化身,而菩萨本身作为一种修行者所达到的境界,他们只是以动物的幻相出现,但实际存在悟道的潜力,并可以教化众生。后秦弘始年佛陀耶舍共竺佛念译《佛说长阿含经》卷二十所云,佛教中对于众生也有分类,欲界众生与色界众生,而前者有十二类:地狱、畜生、饿鬼、人、阿须伦、四天王、忉利天、焰摩天、兜率天、化自在天、他化自在天、魔天[2]。这十二类众生和佛、菩萨不同,他们因为自己的善业或者恶业,仍然在六道中轮回。从这个意义上来说,畜生和鬼怪可以因为他们所造业之故互相之间进行投生转化。

实际上隋唐之际佛教律师道宣也提到了十二时狩,但没有和精魅联系起来。道宣的《中天竺舍卫国祇洹寺图经》,其文略云:"(天竺舍卫国祇洹寺南西大梵天王之院)次东一院名知时之院,其门西开诸院,维那看相观时,在于斯院。其内曾有漏刻院。中复有黄金须弥山海水,山中奇事,不可述尽。上有金城、白银、七宝以为楼橹,高三丈余,大梵天王第三子所造。四角、四楼、四面合十二门,四中门上亦皆有楼,其四楼内各有宝人,时至即出,却敲打一鼓。于斯城上露处,已有一十二人,各执白拂唱,午时至,南门即开,马从中出,时过即缩,门便还闭,随十二时兽之出没,其

---

[1] 见 Mu-chou Poo ed., *Rethinking Ghosts in World Religions*, Leiden: Brill, 2009, pp. 6-7.
[2] 《大正藏》册一,页135下栏。西晋法立共法炬译《大楼炭经》卷四也有关于十二类众生的说法,见《大正藏》册一,页299上栏,以及隋达摩笈多译《起世因本经》卷八,见《大正藏》册一,页403中栏。

第二章　从十二时兽到十二精魅：南北朝隋唐佛教文献中的十二生肖

例亦尔。"[1]道宣这里提到了十二时兽和佛教计时之法,但没有牵涉精魅的问题[2]。

值得注意的是,智者大师关于十二时媚的说法影响到了高丽入唐留学僧元晓(617—?)。元晓在《起信论疏》卷二中说：

> 精媚神者,谓十二时狩。能变化作种种形色,或作少男女相,或作老宿之形,及可畏身等,非一众多,恼乱行者。其欲恼人,各当其时来。若其多于寅时来者,必是虎兕等；多于卯时来者,必是兔獐等；乃至多于丑时来者,必是牛类等。行者恒用此时,则知其狩精媚,说其名字呵啧,即当谢灭。此等皆如禅经广说。[3]

但他没有提到智者大师,也没有提到法藏。元晓可能影响到了法藏(643—712)。法藏在《大乘起信论义记》卷下云：

> 治诸魔者,当诵《大乘般若》及治魔咒,默念诵之。埠场鬼者,或如虫蝎缘人头面,钻刺踵踵；或复击摇人两腋下,乍抱持于人；或言说音声喧闹,及作诸兽之形,异相非一,来恼行者。则应闭目一心,阴而骂之。作如是言：我今识汝,汝是此阎浮提中食大火、嗅香、偷腊吉支、邪见憙、破戒种,我今持戒,终不畏汝。若出家人,应诵戒律；若在家者,应诵《菩萨戒本》。若诵三归、五戒等,鬼便却行,匍匐而出也。精媚神者,谓十二时狩。能变作种种形色,或作少男女相,或作老宿之形,及可畏身相等,非一众多,恼乱行者。其欲恼人,各当本时来。若其多于寅时来者,必是虎凶等；若多于卯时来者,必是兔、鹿等；乃至多于丑时来者,必是牛类等。行者恒用此时,则知其狩精媚,说其

---

[1]《大正藏》册四五,页884下栏,我按照自己的理解进行了重新标点。已故富安敦先生在讨论中国佛教的时间观时引用了道宣著作中的这一段并作了英译,但他的断句仍主要根据《大正藏》本,不甚准确；参见 Antonino Forte, *Mingtang and Buddhist Utopias in the History of the Astronomical Clock: The Tower, Statue and Armillary Sphere Constructed by Empress Wu*, Roma: Istituto Italiano per il Medio ed Estremo Oriente, and Paris: École Française d'Extrême-Orient, 1988, pp. 47-48.

[2]　中国佛教僧人还发明了一些新的计时方法,如《高僧传》卷六《道祖传》云庐山慧远的弟子慧要,"亦解经、律,而尤长巧思。山中无刻漏,乃于泉水中立十二叶芙蓉,因流波转以定十二时"。见《大正藏》册五〇,页363上栏。

[3]《大正藏》册四四,页223下栏。

名字诃责,即当除灭。此等皆如《禅经》中及颛禅师《止观》中广说。[1]

他没有提到元晓,但他的文字和元晓所说如出一辙。

其次,十二时兽以精魅一词出现在智者的《修习止观坐禅法要》以及《释禅波罗蜜次地法门》两部著述[2]。《修习止观坐禅法要》云:

> 一者精魅,十二时兽,变化作种种形色,或作少女老宿之形,乃至可畏身等非一,恼惑行人。此诸精魅,欲恼行人,各当其时而来。善须别识,若于寅时来者,必是虎兽等;若于卯时来者,必是兔、鹿等;若于辰时来者,必是龙、鳖等;若于巳时来者,必是蛇、蟒等;若于午时来者,必是马、驴、驼等;若于未时来者,必是羊等;若于申时来者,必是猿猴等;若于酉时来者,必是鸡、乌等;若于戌时来者,必是狗、狼等;若于亥时来者,必是猪等;子时来者,必是鼠等;丑时来者,必是牛等。行者若见常用此时来,即知其兽精,说其名字诃责,即当谢灭。[3]

该节已经明确将十二时兽称作所谓兽精。而《释禅波罗蜜次地法门》云:"精媚者,十二时兽变化,作种种形色,或作少男少女老宿之形,及可畏身相等非一,以恼行人。各当其时而来,善须别识,若多卯时来者,必是狐、兔、狢等。说其名字,精媚即散。余十一时形相,类此可知。"精与媚或魅略有不同[4],但二者合在一起则常作为专有名词出现在六朝文献中。

精媚一词最早见于龙树菩萨造、姚秦筏提摩多(Vṛddhimata)译《释摩

---

[1] 《大正藏》册四四,页284中栏。
[2] 刘淑芬讨论了这两部书,见氏著:《中古僧人的"伐魔文书"》,蒲慕州主编:《鬼魅神魔:中国通俗文化侧写》,页135—143。该文开篇讨论佛教文献中何谓魔,并引用智者的作品《摩诃止观》、《释禅婆罗蜜次第法门》、《修习止观坐禅法要》等,认为魔有四种:烦恼魔、阴入界魔、死魔、天子魔(鬼神魔),并提到了鬼神魔包括精魅、埠惕鬼、魔恼三种,而精魅则对应十二时辰。该文也提到了《摩诃衍论》。该文的重点在讨论魔以及伐魔修行。
[3] 《大正藏》册四六,页470中栏。
[4] 精为道家生命观的一种观念,有关研究参见原田二郎:《養生説における精の観念の展開》,《中国古代養生思想の総合的研究》,1988年,页342—378。有关敦煌出土《咒魅经》,见小田义久:《西域出土の写経断片について:〈大谷文庫集成・叁〉を中心に》,《龍谷大学仏教文化研究所紀要》41,2002年,页1—41。

128

第二章 从十二时兽到十二精魅：南北朝隋唐佛教文献中的十二生肖

诃衍论》，该书卷九有能作障碍假人门讨论四障，认为能作障碍假人的形象有四种：魔、外道、鬼、神。魔包括四种大魔、三万二千眷属魔众；外道有九十六种诸大外道、九万三千眷属外道。魔和外道完全是佛教独有的概念，中国传统中没有魔和外道的概念。汉文中的魔字来自梵文 *Māra*，特指佛陀修行时对佛陀进行干扰的邪恶力量及其种种化身或者幻相[1]；外道则指早期佛教以外的其他学说，译自梵文 *anya-tīrtha*。

而鬼神的概念早在佛教传入中国之前就出现在先秦的中国文献之中。《释摩诃衍论》中的所谓鬼指十种大鬼以及五万一千三百二种诸眷属鬼。神指十五大神、五万一千三百二种诸眷属神。十鬼又包括遮毗多提鬼、伊伽罗尸鬼、伊提伽帝鬼、婆那键多鬼、尔罗尔梨提鬼、班尼陀鬼、阿阿弥鬼、阇佉婆尼鬼、多阿多伊多鬼、堆惕鬼等十类。第一类鬼可能化作昼境、夜境、日月星宿境、节境，随应变转。第二类鬼能作种种香味、种种衣具、种种草木境，也随应变转。第三类鬼能作地、水、火、风之境界，随应变转。第四类鬼能作飞腾境，随应无碍。第五类鬼能作诸根识闭开之境，也随应无碍。第六类鬼能作六亲眷属、亦有亦无境，随应无碍。第七类鬼能作老少境，随应无碍。第类八鬼能作有智无智之境，也随应无碍。第九鬼能作无有境，随应无碍。第十类鬼能作蝎、蝇、蚁、龙、虎、师子种种音声等之境界，随应无碍。可以看出，和动物关系最密切的鬼称作堆惕鬼。而十五神包括筏罗罗键多提神、阿只陀弥梨尼神、补多帝陀诃诃婆神、阇毗摩只尼神、那多婆奢神、多多多多地地神、阿里摩罗神、尸叉尼帝婆竭那神、班弥陀罗邬多提神、唵唵吟吟神、阿阿诃帝神、修梨弥尼神、头头牛头神、婆鸠神、精媚神。这十五种神分别能作十五种境界，包括聪明境、暗钝

---

[1] 参见 Alex Wayman, "Studies in Yama and Māra," *Indo-Iranian Journal* 3 (1959), pp. 44 – 73; Travor Oswald Ling, *Buddhism and the Mythology of Evil: A Study in Theravada Buddhism*, London: Allen & Unwin, 1962; James W. Boyd, *Satan and Mara: Christian and Buddhist Symbols of Evil*, Leiden: E. J. Brill, 1975; Robert Warren Clark, "Mara: Psychopathology and Evil in the Buddhism of India and Tibet," PhD. dissertation, University of Virginia, 1994; Bulcsu Siklos, "The Evolution of the Budhist Yama," in Tadeusz Skorupski ed., *Buddhist Forum* vol. IV, London: School of Oriental and African Studies, University of London, 1996, pp. 165 – 189.

境、乐有光明、乐空光明、浮散境、专注境、恶空善有、一切觉者、我觉他惑、俱不修行、无无境、速进退、移转境、坚固境、应时境。他们永远不相舍离，轮番作碍事来恼乱修行佛法的行者。而所谓第十五种神精媚神的化身即是前面我们已经看到的各种动物，他们随时间的不同轮流来世间扰乱行者的修行。

这个理论首先指出鬼和神的不同，而其中第十类鬼主要是能作种种动物之境界。但神中的第十五类即精媚神也主要以各种动物身示人。如此看来，似乎鬼和神有类似之处。《释摩诃衍论》乃是《起信论》和密教思想的结合[1]。《释摩诃衍论》指出，四障之间的区别在于：魔令作恶事、外道令舍善事、障身为鬼、障心为神。精媚神一说亦见于唐西明寺沙门昙旷所撰《大乘起信论略述》卷下"鬼谓堆场鬼，神谓精媚神"；这一文献的草书写卷出土于敦煌[2]。但《释摩诃衍论》没有提到所谓十二时兽。正是智者将精媚说与十二时兽说相结合。

此处十分值得注意的是，在隋唐僧人智者和湛然的论述中，我们没有发现他们将十二时兽的观念与佛教传统中魔的观念结合，而是与精媚鬼的观念结合，这可能是佛教撰述与中国观念结合的一个特征，因为佛教传统的魔的观念在中国找不到对应，所以只能将佛教传统中的鬼神特别是精魅神的观念与中国传统的鬼、神、魅等观念结合。何以隋唐时期十二种受动物身的菩萨变成了精媚？本章认为这种变化的思想来源有二，其一乃是佛教传统本身的文献中有精媚或者精魅作为动物形象出现的记载；其二则是智者、湛然等人在解释十二时兽作为精魅时深受中国南北朝以

---

[1] 此论许多学者认为是伪作。如印顺认为是唐人伪作，傅伟勋认为是法藏《大乘起信论义记》成立之后的伪作。很多学者认为是新罗月忠所撰。相关研究参见：香川英隆：《釈摩訶衍論の史的研究》，《密教研究》8，1922年，页1—61；中村正文：《釈摩訶衍論の成立問題について》，《印度学仏教学研究》68，1986年，页66—71；石井公成：《釈摩訶衍論の成立事情》，《鎌田茂雄博士還暦記念論集：中国の仏教と文化》，1988年，页345—364。

[2] 这一文献卷上敦煌本一共有两号（P.2141，S.2436），其校正参见黄征：《敦煌草书写卷〈大乘起信论略述卷上〉考订》，《南京师范大学文学院学报》2003年第2期，页147—153；同作者《敦煌草书写卷〈大乘起信论略述卷上〉考订》，《南京师范大学文学院学报》2005年第2期，页171—179。

第二章 从十二时兽到十二精魅：南北朝隋唐佛教文献中的十二生肖

来有关动物作为精魅出现的观念特别是道教观念的影响[1]。

关于汉魏六朝时期精魅的出现，不仅在志怪小说中常见，在史传中也有记载，精常常指物精，即成为精怪的动植物，魅则是山鬼或木魅，也可以是动植物，二者的意义在六朝以来逐渐相通。同时，精魅在南北朝时期的汉文僧俗文献中亦作精媚或蛊魅，这些通常均被认为是化身为动物或植物的精怪[2]。如《一切经音义》卷二九有"蛊魅"条，解释为"恶鬼，害人也。或化作人，与人交会，翕人精体也。"[3]不论如何，这些解释都认为精魅或者蛊魅其实都是化身，本质是精，而身是动物身或者是人身。这一观念把精与身区别开来。这和早期《大集经》中的观念不同，《大集经》中认为十二种动物其实是菩萨化身，其本质是菩萨，动物身体是化身。《大集经》中十二时兽的观念根据的理论是佛教的六道轮回理论，六道众生因其所造业不同而以不同身体形象出现。但中国传统的精魅

---

[1] 智者大师的佛教礼仪与道教礼仪的关系，可参见小林正美：《天台智顗の懺法における"奉請三宝"について：道教のしょう祭儀礼との関連において》，《印度学仏教学研究》79，1991 年，页 65—70。

[2] 伊藤清司：《中国の神獣・悪鬼たち：山海経の世界》，东京：东方书店，1986 年；刘晔原译：《〈山海经〉中的鬼神世界》，北京：中国民间文学出版社，1989 年；李丰楙：《六朝镜剑传说与道教法术思想》，私立静宜文理学院中国古典小说研究中心编《中国古典小说研究专集》2，台北：联经出版公司，1980 年，页 1—28；李丰楙：《六朝精怪传说与道教法术思想》，《中国古典小说研究专集》3，1981 年，页 1—36；泽田瑞穗：《中国动物谭》，东京：弘文堂，1978 年，页 171—186；刘仲宇：《中国精怪文化》，上海人民出版社，1997 年；吴康编著：《中国鬼神精怪》，长沙：湖南文艺出版社，1992 年；杜正胜：《古代物怪之研究（上）：一种心态史和文化史的探索》（一）、（二）、（三），《大陆杂志》104：1（2001 年），页 1—14；104：2（2001 年），页 1—15；104：3（2001 年），页 1—10；Mu-chou Poo, "The Completion of an Ideal World: The Human Ghost in Early Medieval China," *Asia Major* 3rd series, 10 (1997), pp. 69 – 94；又 "Ghost Literature: Exorcistic Ritual Texts or Daily Entertainment?" *Asia Major*, 3rd series, 13: 1 (2000), pp. 43 – 64；又《墓葬与生死》，台北：联经出版公司，1993 年；林富士：《释"魅"：以先秦至东汉时期的文献资料为主的考察》，蒲慕州主编：《鬼魅神魔：中国通俗文化侧写》，页 109—134；又《人间之魅：汉唐之际的"精魅"故事析论》，发表于中研院史语所主办"Behind the Ghastly Smoke: Rethinking the Idea of Ghost in World Religions"学术研讨会（史语所，2005 年 11 月 4—6 日），《史语所集刊》第 78 本第 1 分，2007 年，页 107—182。有关六朝志怪小说的研究，参见鲁迅：《中国小说史略》，北京：人民文学出版社，2006 年；小南一郎：《六朝隋唐小说史的展开与佛教信仰》，福永光司编：《中国中世の宗教と文化》，京都大学人文科学研究所，1982 年，页 415—500；王国良：《魏晋南北朝志怪小说研究》，台北：文史哲出版社，1984 年；李剑国：《唐前志怪小说史》，天津：南开大学出版社，1984 年；Robert Ford Campany, *Strange Writing: Anomaly Accounts in Early Medieval China*, Albany: State University of New York Press, 1995. 后世的传奇小说精怪故事如宋代编《太平广记》等均受六朝志怪小说影响。

[3] 《大正藏》册五四，页 501 下栏。

化身来自中国人的生命观,如魂魄与肉体的划分,道教则有所谓三魂七魄[1]。

首先,中国传统文献中神、鬼、精、魅常常有所区别,例如葛洪所著《抱朴子》中即有精怪化为人形的说法,而佛教文献中有关鬼神精魅的记载则较为复杂,汉译佛教文献与中国疑伪经在这一问题上反映不同的面貌。然而,早期汉译文献中极少提到鬼神精魅,精魅记载最丰富的材料却来自所谓早期密教经典《灌顶经》。其中东晋帛尸梨蜜多罗译《灌顶经》卷三有提到驱魔之法,其中没有提到十二精媚这一确切名称,但精媚鬼则出现在其中:

> 妖魅、魍魉、邪忤、薛荔、外道、符咒、厌祷之者,树木精魅、百虫精魅、鸟狩精魅、溪谷精魅、门中鬼神、户中鬼神、井灶鬼神、洿池鬼神、厕溷中鬼、一切诸鬼神,皆不得留住某甲身中。若男子、女人,带此三归、五戒善神名字者,某甲入山陵溪谷,旷路抄贼,自然不现。师子、虎、狼、罴、熊之属,悉自藏缩,不害人也。[2]

此处鸟狩精魅其实即是指师子、虎、狼、罴、熊之类的动物,鸟狩精魅,其实便是前文所引智者所说的兽精。《灌顶经》中该节内容也出现在唐道世《法苑珠林》卷八八。《陀罗尼杂集》卷八表达了类似的思想,列出许多鬼名,并指出可以用称名咒法驱鬼,其文略云:

> 山神鬼、石神鬼、土神鬼、海边鬼、海中鬼、桥梁鬼、沟渠鬼、道中鬼、道外鬼、胡夷鬼、羌虏鬼、树木精魅鬼、百虫精魅鬼、鸟狩精魅鬼、畜生鬼、溪谷鬼、门中鬼、门外鬼、户中鬼、户外鬼、井灶鬼、污池神鬼、溷神鬼、方道鬼、蛊道鬼、不臣属鬼、诈称鬼、一切大小诸鬼神,皆不得娆害某甲身。若有鬼神不随我语者,头破作七分;若人得病瘦,当举

---

[1] 李丰楙:《道教斋仪与丧葬礼俗复合的魂魄观》,李丰楙、朱荣贵主编:《仪式、庙会与社区:道教、民间信仰与民间文化》,台北:中研院文哲研究所筹备处,1996年,页459—483,特别页478。余英时:《东汉生死观》,侯旭东等译,上海古籍出版社,2005年;蒲慕州:《追寻一己之福:中国古代的信仰世界》,页193—225。这些研究主要讨论魂魄和身体的关系,没有涉及精与怪。六朝时期汉文文献中的神、仙、鬼、怪、妖、精、魅、魔、蛊等观念均有差异,然该主题已有不少研究,此处不再展开,仅涉及和本章主题直接相关者。

[2]《大正藏》册二一,页503上栏。

第二章 从十二时兽到十二精魅:南北朝隋唐佛教文献中的十二生肖

上诸名字咒病瘦者,即得除愈。[1]

该经的作用是帮助受持者不受各种精魅鬼的侵扰。另一部东晋天竺三藏竺昙无兰译《佛说摩尼罗亶经》也有同样的内容[2]。从以上材料来看,似乎鸟兽作为精魅鬼化身的思想在东晋时期已经进入佛教文献之中。司马虚(Michel Strickmann)认为《灌顶经》是一部伪经,相当多内容业已经受到中国传统思想的影响,他指出《灌顶经》属于所谓陀罗尼经典,六朝时期有三类陀罗尼经典,包括《七佛菩萨所说大陀罗尼神咒经》、《陀罗尼杂集》以及《灌顶经》;同时,他还指出尽管有些鬼神精魅的名字可以复原梵文原文,但有些则纯粹属于中国鬼神精魅;他认为该经的出现与六朝时期兴起和传播的末法观念也有关系,末法观念让佛教信徒感到人生的无常,佛法面临危机,各种鬼神精魅出现世间,扰乱人们修行,这其中也有六朝时期道教符箓镇鬼以及中国传统所谓俗神思想的影响[3]。

有趣的是,《灌顶经》之外,许多所谓六朝时期的汉文密教文献均提到了精魅、魍魉等概念以及镇精魅魍魉的咒法,这些密教文献早期的文献大多来自南朝译经,明显受道教氛围影响,包括失译附东晋录《七佛菩萨所说大陀罗尼神咒经》卷二、东晋昙无兰译《佛说摩尼罗亶经》、失译附梁录《陀罗尼杂集》卷二。莲泽成淳为《佛书解说大辞典》所撰词条《大方等大集经》中也提到《大集经》中虽然主要讨论般若和空的佛教思想,但反映了初期密教思想。而记载十二时兽的部分也包含了一些陀罗尼[4],这显然是该经作为早期密教文献的一个特征。智者大师也对密教文献特别

---

[1] 《大正藏》册二一,页627下栏。
[2] 《大正藏》册二一,页911上栏。
[3] Michel Strickmann, "The Consecration Sūtra: A Buddhist Book of Spells," *Chinese Buddhist Apocrypha*, ed. by Robert E. Buswell Jr. and Kyoko Tokuno, Honolulu: University of Hawaii Press, 1990, pp. 75-118 研究《灌顶经》; Michel Strimann, *Mantras et mandarins: le bouddhisme tantrique en Chine*, Paris: Gallimard, 1996, pp. 127-163 研究《陀罗尼集经》。
[4] 《大集经》陀罗尼的研究见氏家昭夫:《大集経におけるダーラニー説》,《印度学仏教学研究》52,1978年,页104—111;氏家觉胜:《大集経における陀羅尼説》,《成田山仏教研究所紀要》11《仏教思想史論集》1,1988年,页13—47,以及氏著文集《陀羅尼思想の研究》,大阪:东方出版株式会社,1987年,页129—135。

是陀罗尼不陌生[1]。

　　其次,精魅的说法可以追溯到中国传统中所谓的鬼魅。鬼魅主要指兽形精怪[2]。动物之所以以精怪出现,乃在于其一些特征如锋利的牙齿、尖锐的爪子能对人类造成危险甚至夺去人的生命,很多动物因而成为人们心目中的所谓恶兽,这在世界史上各个文化的历史发展的过程中均十分常见[3]。但文献中记载的名称不一,有时仅仅是文字不同,意义相同,有时则有时代之间称呼的差别。如《左传》中称螭魅魍魉;如《史记》卷一《五帝本纪·帝舜纪》杜预集解云:"螭魅,人面兽身,四足,好惑人,山林异气所生,以为人害。"如《汉书》卷六五《东方朔传》中颜师古解释云:"蜮,魅也。"并批评有人以为是短狐,其实不对,应该是唐代俗称的"魅蜮"。也有时称魑魅魍魉,但他们稍微有不同。如《后汉书》卷八〇上《文苑列传·崔琦传》杜预注云:"螭,山神,兽形。"《汉书》卷九九《王莽

---

[1] 水上文义:《天台大師智顗における〈大方等陀羅尼經〉への視点》,《天台大師千四百年御遠忌記念:天台大師研究》,1997年,页221—244。

[2] 在中世纪欧洲文化中,魔(demon)、鬼(ghost)、怪(monster)也广泛存在于人们的认识和想象中,在文学、艺术上变现甚多;一些研究参见 Robert Bartlett, *The Natural and the Supernatural in the Middle Ages*, The Wiles Lectures given at the Queen's University of Belfast, 2006, Cambridge: Cambridge University Press, 2008,此书第一、二章介绍中世纪基督教对世界秩序的认识,第三章讨论狗头怪; David D. Gilmore, *Monsters: Evil Beings, Mythical Beasts, and All Manner of Imaginary Terrors*, Philadelphia: University of Pennsylvania Press, 2009,此书较多讨论动物精怪,特别想象中的食人怪兽; Timothy S. Jones and David A. Sprunger eds., *Marvels, Monsters, and Miracles: Studies in the Medieval and Early Modern Imaginations*, Kalamazoo: Medieval Institute Publications, 2002; Bettina Bildhauer, *The Monstrous Middle Ages*, Toronto: University of Toronto Press, 2004; Jean-Claude Schmitt, *Ghosts in the Middle Ages: The Living and the Dead in Medieval Society*, Chicago: University of Chicago Press, 1998; Mu-chou Poo, *Rethinking Ghosts in World Religions*, Leiden: E. J. Brill, 2009,此书覆盖了世界上的一些主要宗教传统; David Williams, *Deformed Discourse: The Function of the Monster in Mediaeval Thought and Literature*, Montreal: McGill-Queen's University Press, 1999; Jeffrey Jerome Cohen, *Of Giants: Sex, Monsters, and The Middle Ages*, Minneapolis: University of Minnesota Press, 1999;从理论上阐释的著作包括 Richard Kearney, *Strangers, Gods and Monsters: Interpreting Otherness*, London: Routledge, 2002; Timothy Beal, *Religion and Its Monsters*. London: Routledge, 2001; Jeffrey Jerome Cohen, *Monster Theory: Reading Culture*, Minneapolis: University of Minnesota Press, 1996。

[3] 比如关于中近东地区的恶兽,其研究有 Ann E. Farkas, Prudence O. Harper, and Evelyn B. Harrison eds. *Monsters and Demons in the Ancient and Medieval Worlds. Papers Presented in Honor of Edith Porada*, Mainz on Rhine: Verlag Philipp von Zabern, 1987. Edith Porada 指出,在米索不达米亚地区,狮子和大型猫科动物也以恶兽形象出现,因为它们是当地人生活中最大的危险,而埃及地区最可怕的动物是河马、鳄鱼和眼镜蛇,见其所撰该书导言部分,pp. 1-2。

第二章 从十二时兽到十二精魅:南北朝隋唐佛教文献中的十二生肖

传》颜师古注曰:"魖,山神也;魅,老物精也;魖音螭,魅音媚。"这说明至少在唐代魖螭可能通用,指山神,而魅与媚通用,指化身为动植物的精怪。早期如王符《潜夫论·巫列》第二十六有"所谓淫鬼者,闲邪精物"之句,此处精物应该即是变化成怪的动物[1]。《后汉书·礼仪志》中"大傩"条的批注也解释了这些精怪,魖魅为山泽之神;獝狂乃是无头鬼;罔两乃是山精,好学人声而迷惑人。

古代人民的观念中,除去动植物可以作为精怪化身,人身也可能是精怪化身。化身为人的精怪主要是女人身,她们有厌魅之术,迷惑世人。如《陈书》卷七《张贵妃列传》即云陈后主张贵妃即张丽华好厌魅之术,假鬼道以惑后主,置淫祀于宫中,聚诸妖巫使之鼓舞。这应了前文所引《后汉书·礼仪志》中"大傩"条的一些说法。至少在中古人心目中,这些妖巫鼓舞的表演显然是和厌魅之术联系在一起的。这种厌魅之术的活动也为男人采用,如《陈书》卷二八《长沙王陈叔坚传》云陈叔坚以左道厌魅之术来求福,"刻木为偶人,衣道士之服,施机关,能拜跪,昼夜于日月下醮之",诅咒后主。

魏晋南北朝时期,狐魅的观念也发展起来。正史中已经有一些记载,如《魏书》卷一一二《灵征志》毛虫之孽条略云北魏高祖太和元年五月辛亥,有狐魅在京城截人发[2]。《北齐书》卷八《后主本纪》也记载邺都、并州均有狐媚截人发。《南史》卷七五《隐逸传·顾欢传》云记载了精魅作怪,致使村人生病,最后被道士顾欢作法术收服的故事,其文略云:"〔顾欢〕弟子鲍灵绶门前有一株树,大十余围,上有精魅,数见影,欢印

---

[1] 萧登福《先秦两汉冥界及神仙思想探原》简短讨论了魏晋六朝笔记小说中精物为妖的情形,他认为物精为怪的源头早在汉朝已经存在,例如在《汉书艺文志》中列举的杂占十八家中有一种《人鬼精物六畜变怪》二十一卷。他认为汉代已经流行六朝笔记小说中记载的草木禽兽之精为怪的故事,其引用材料包括王充《论衡订鬼篇》、应劭《风俗通义》怪神卷第九等。接着他追溯到先秦所谓山鬼、木石精怪、夔魍魉物之说,特别指出王充《论衡》里面已经讨论六畜以及野外精物为鬼之事(台北:文津出版社,1990年,页212—218)。因此,萧氏总结说:"我们从流行于汉代民间的种种习俗与信仰看来,汉代虽然出来不少大学者,但一般人民仍极迷信于鬼神。"(页217)

[2] 《晋书》卷一〇五《石勒载记》云石勒斥责曹氏和司马氏以狐媚取天下(北京:中华书局,1997年,页2749)。

树,树即枯死。山阴白石村多邪病,村人告诉求哀,欢往村中为讲《老子》,规地作狱。有顷,见狐狸、鼍鼍自入狱中者甚多,即命杀之。病者皆愈。"

南北朝时期的宗教文献,也常常提到狐媚,狐媚即是狐魅。狐媚在中国传统志怪小说以及唐宋佛教文献如灯录中记载颇多,应该是中国传统的狐媚观念影响到了佛教汉文文献。但是南北朝时期的佛教文献中狐媚一词不常见,也晚于狐魅一词[1]。后者最早见于刘宋时期沮渠京声译《治禅病秘要法》卷下《治入地三昧见不祥事惊怖失心法》略云:"狸猫、鼷鼠、猕猴、野干、狐魅、恶鬼,一切恶兽,皆从中出。"[2]唐代杜光庭辑《道教灵验记》中记载一些有关狐魅的故事,如《樊令言修北帝道场诛狐魅验》[3]。

鬼魅以具体的动物形象出现除了狐之外,还有猫和鼠。如猫和鬼魅联系在一起的例子见《北史》卷一一《隋文帝本纪》开皇十八年五月辛亥诏畜猫鬼、蛊毒、厌魅、野道之家,投于四裔。鼠妖则见于《北史》卷八九《萧吉传》,其文略云:"房陵王时为太子,言东宫多鬼魅,鼠妖数见。上令吉诣东宫禳邪气。于宣慈殿设神坐,有回风从艮地鬼门来,扫太子坐。吉以桃汤苇火驱逐之,风出宫门而止。谢土于未地,设坛为四门,置五帝坐。于时寒,有虾蟆从西南来,入人门,升赤帝坐,还从人门而出,行数步,忽然

---

[1] 李丰楙《六朝精怪传说与道教法术思想》页20—22 简短讨论了六朝志怪小说中的狐狸精;林富士先生引《玄中记》、《搜神记》、《咒魅经》等文献为例认为随着时间推移狐能化为人,人亦可化为狐,狐有蛊魅,使人丧失心智;见林富士:《释"魅":以先秦至东汉时期的文献资料为主的考察》,页130—131。其他相关研究还可参见泽田瑞穗:《中国动物谭》,东京:弘文堂,1978 年,页171—186;Xiaofei Kang, *The Cult of the Fox: Power, Gender, and Popular Religion in Late Imperial and Modern China*, New York: Columbia University Press, 2006.

[2] 《大正藏》册一五,页339 中栏。其中《治禅病秘要经》,僧祐在《沮渠安阳侯传》中说是在河西译出的。他说京声"及还河西,即译出《禅要》(即《禅要秘密治病经》),转为汉文"。但他在同书卷二又注明此经是在"宋孝建二年(455)于竹园寺译出"。隋费长房《历代三宝记》同意此说。唐智升认为不仅《禅要秘密治病经》是在宋孝建二年译出的,其他各经亦皆在竹园寺和定林上寺译出的,如他说:"京声拟孝建二年乙未于杨都竹园寺及钟山定林上寺译《弥勒上生经》等二十八部。"

[3] 《云笈七签》卷一二一《道教灵验记》,《正统道藏》册三七,页14—16。周西波对杜光庭的《道教灵验记》进行了考察,见《道教灵验记考探:经法验证与宣扬》,台北:文津出版社,2009 年,页25—51。

第二章　从十二时兽到十二精魅：南北朝隋唐佛教文献中的十二生肖

不见。上大异之,赏赐优洽。"

关于蛊与魅[1],孙奭等撰《律音义》卷一"蛊毒"条略云："蛊毒者,谓聚诸毒虫共在一器,使之相食,独在者将以毒人,谓之蛊毒。""厌魅"条中注明魅字的读音为媚,即老物之精。《律》之所谓厌魅,指邪俗左道,如同汉代之巫蛊。王元亮编《唐律释文》卷一"蛊毒"条认为这是将毒蛇虫聚在一个容器之内,让它们互相吞食,剩下最后一个毒性最强,可以用来害人,所以叫蛊毒。而厌魅,指事邪鬼,或者用人为牺牲品,将此牺牲品的姓名告知邪鬼,邪鬼则令人病死颠狂,这样害人性命的行为乃是阴行不轨之道,所以也称作不轨。据《旧唐书》卷四四《职官志》三"太常寺条",唐代设咒禁博士一人,从九品下；咒禁师二人,咒禁工八人,咒禁生十人；"咒禁博士掌教咒禁生以咒禁,除邪魅之为厉者"[2]。看来隋唐之际的魅和汉代的巫蛊颇有渊源,这也许是六朝以来狐媚观念与蛊魅观念相结合的自然延伸。

南北朝时期动物精怪作为鬼魅的形象出现在道教文献中十分常见[3]。约出自东晋的道教灵宝经典《元始五老赤书玉篇真文天书经》卷下讨论十二念修行时也提到了诸种鬼神精魅："十一念志远荣华、奸袄杂俗、邪诡假伪、祅孽鬼神、精魅杂法之术。十二念使鬼役神,收摄邪奸,天人无害,普离众恶、三灾九厄、十苦八难,克获上仙,白日升天,仙度之后,与道念同。"[4]此经年代不确,一般认为是东晋的作品。另一部道经《太上洞渊神咒经》卷一四《杀鬼步颂品》则特别提到了魔王化身鸟鸠游行天下造成瘟疫而需要请道士设坛驱除的故事：

诣请三洞法师,置立道场,转经念咒,依法陈章,设斋祭醮,祈祷

---

[1]　高国藩：《中国巫术史》,上海三联书店,1999年；邓启耀：《中国巫蛊考察》,上海文艺出版社,1999年；高书充分利用了传世文献和出土文献,全面展示了巫术在历史上的发展；邓书结合传世文献以及西南民俗口传资料,考察了巫蛊的形式、功能和影响。但二书均未特别留意巫蛊与精魅、怪之间的联系。

[2]　有关古代咒禁问题,参见张寅成：《古代东亚的咒禁师》,《古今论衡》第14卷,2006年,页47—69。

[3]　李丰楙《六朝精怪传说与道教法术思想》页9指出葛洪收集的早期道书包括一种《山鬼老魅治邪精》三卷。

[4]　《正统道藏》册二,页12—13。

五帝神仙,功德无量,除瘟降福,功无比俦。七世亡魂,游神碧落,九玄宗祖,擢质朱陵。出三界以超然,坐六虚而自在。人民康泰,老少安宁,益筭延年,长生度世,田收再熟,蚕吐八丝,墓宅宜人,孳牲盘党,公私静贴,灾瘴消沉。国主帝王,德逾尧舜,金枝茂盛,玉叶常春,天下太平,干戈静息,州牧县宰,用道安民,灾害不生,祸乱不作,四蛇摄毒,六贼停嗔。[1]

该经的年代也不确切,但一般认为前十卷出自西晋末,而后十卷可能是唐人编集。另外,《赤松子章历》卷三《收除虎灾章》提到有所谓百二十精魅,与饮食之鬼、山精海灵等精怪列在一起[2]。此经虽说可能是唐代道士编集,但主要反映南北朝时期的道教思想。南北朝时期另一部道经《洞神八帝元变经》第二《神图行能篇》也提到"狗、虫、鸟、狼、虎,一切精魅",这是各类动物和精魅并提之一例[3]。

人受动物身变成精怪但后来因为修佛而悟道的例子在汉文佛教史传中也有记载[4],与此同时佛教因果报受动物身的观念亦影响到道教文献。受鼠身的故事见《法华传记》卷九《长安县蔚范良子》。该故事讲长安县蔚范良家中十分富有,但无子弟继承财产,于是祈求长沙灵像想生一男子。该子生下来便会说话,到三岁已能辨世俗言词,知晓书典,人们均称其为神儿。该少年无师自通《法华经》第三、第四两卷,但剩下的并不能诵。父母死后该儿厌世出家,名曰法辩,通两卷《义趣》。想知道

---

[1] 《正统道藏》册十,页14—15。
[2] 《正统道藏》册一八,页3—7。
[3] 日本学者黑田日出男探讨了日本中世绘画中鸟、狗作为惑乱化身的宗教意义,见黑田日出男:《姿しぐさの中世史:繪圖と繪卷の風景から》,东京:平凡社,1986年,页147—168。
[4] 值得注意的是,中世纪基督教传统中亦有狗头怪变成殉道圣徒的传说,如圣克里斯托弗(St. Christopher)的传说;相关研究见 Robert Bartlett, *The Natural and Supernatural in the Middle Ages*, Cambridge: Cambridge University Press, 2008, pp. 94–95; John B. Friedman, *The Monstrous Races in Medieval Art and Thought*, Syracuse: Syracuse University Press, 2nd edition, 2000, p. 72–75; David Williams, Deformed Discourse: The Function of the Monster in Medieval Thought and Literature, Montreal: McGill-Queen's University Press, 1999, pp. 286–297; Joyce Tally Lionarons, "From Monster to Martyr: The Old English Legend of Saint Christopher," in Timothy S. Jones and David A Sprunger eds., *Marvels, Monsters, and Miracles: Studies in the Medieval and Early Modern Imaginations*, Kalamazoo: Medieval Institute Publications, 2002, pp. 167–182.

第二章　从十二时兽到十二精魅：南北朝隋唐佛教文献中的十二生肖

其先前业报,祈誓多日而感梦说他因前世罪业受鼠身,在逍遥园中入翻经馆听《法华经》第三、第四之后被诸僧驱出,因为听法改业报才投生今世为男子[1]。宋代非浊集《三宝感应要略录》卷中第十三《鼠闻律藏感应》：

> 昔罽宾国末田地阿罗汉精舍,有一阿罗汉,三明六通清彻,达三藏十二分教,于中戒律清高,一同在世优婆离。恒呵门徒云：汝等当勤修学戒律,所以者何？ 吾昔在凡地,依恶业故受鼠身,在石窟中而住,时有一比丘,夜宿窟中诵律藏,吾闻之,乘此善根受人身,得阿罗汉,戒律精明。以鼠身闻律藏尚尔,何况信心修行乎？[2]

两件事均说明《大集经》前世为动物身的修行者可能在今世悟道。第二个故事大约来自早期佛教,因为受鼠身者仅得阿罗汉果,未得菩萨。其他提到动物精魅的魏晋南北朝道书还包括《太上三五正一盟威箓》、《正一法文经章官品》等。如《正一法文经章官品》卷二《收万精鬼》云"九天前司马千二百人,绛衣赤帻,主收天下木石之精魅"；"北玄君一人,官将一百二十人,治皇宫,主收龙蛇精、老虎精,主之"；还有一种道君,可以率一百二十人,"治黄宫室,主收天下老鼠之精魅病人者"[3]。这里出现了鼠精。《正一法文经章官品》一般认为是南朝天师道文献,所以这表明南朝时期天师道中有鼠精的概念。

与精魅类似的名词还有鬼魅,在道经中和魍魉一同出现,见于《太上灵宝五符序》、《太清丹经要诀》[4]。宋人张君房辑《云笈七签》卷一八、一九中所收《老子中经》中更指出鬼魅和龙蛇、虎豹、六畜均是精物,其文略云如果想制服百邪、百鬼及老精魅,应该经常持符、利剑于水瓮上,观察其中反映出来的形影。如果在日月光中看到其形影,用丹书《制百邪符》安置在瓮水上,邪鬼见后均自然消去。诸精、鬼魅、龙蛇、虎豹、

---

[1]《大正藏》册五一,页89上栏。
[2]《大正藏》册五一,页839中栏。
[3]《正统道藏》册四八,页1—2。
[4]《太清丹经要诀》系由唐人孙思邈撰,收入《云笈七签》卷七一；有关鬼魅魍魉的记载见于《正统道藏》册三七,页71—72。

六畜、狐狸、鱼鳖龟龟、飞鸟等均可以符刻之而斩之以付河伯社令[1]。北周道书《无上秘要》卷四五《洞真智慧观身大戒经品》则有提到妖魔鬼魅[2]。《太上三五正一盟威箓》卷三《太上正一九州岛社令箓品》第八也提到："凡诸州神名,主其州中所部县乡里域社君,不得令邪精鬼魅血食。"

媚蛊一词也见于南北朝道经《太上洞玄灵宝宣戒首悔众罪保护经》[3]。而南北朝时期成书的《道要灵祇神鬼品经》卷一《蛊鬼品》则将媚蛊与诸妖、瘟鬼等列在一起[4]。虎精还见于《道要灵祇神鬼品经》之《精魅鬼品》。而受虎身的故事见于《太上洞玄灵宝业报因缘经》之《救苦品》第十,该经特别提到有一位女子居住在山中为虎精所魅,生产四子均化成虎身,由道士以咒法、诵经、授戒让女子解脱此一精魅[5]。《太上洞玄灵宝业报因缘经》之《恶报品》第三则提到受兔身,该经说恶报将导致受各种动物身:受生麋鹿、野兽、蟒蛇、毒龙、饿虎、鹰、鹞、狂犬、狐、兔身,其中如果受兔身,则被人和鹰追逐而不得安宁。该节明显还提到受毒龙身、蛇身、犬身。同经《受罪品》第四人为受蛇身者,"心中常有毒,腹中无脏腑,饥渴不得食,人皆见欲杀,纵得生人道,还得愚憨报"。也是痛苦不堪的一种果报。同经还提到"借贷抵债欺负者,后生牛羊猪狗身"。《洞玄灵宝三洞奉道科戒营始》之《罪缘品》云生獬犬野猪身。

以上这些所谓受动物身的内容均受到佛教果报轮回思想的影响。但天师道文献《女青鬼律》卷二中则提供了一些动物精怪的信息,这些信息更反映中国传统精怪思想,如所谓山精之鬼、木精之鬼、石精之鬼、虎精之

---

[1]《正统道藏》册三七,《老子中经》第五五《神仙》,页19—20。该经一名《珠宫玉历》。施舟人认为此书出自后汉末,见 Kristofer Schipper and Franciscus Verellen eds., *The Taoist Canon: A Historical Companion to the Daozang* vol. 1: *Antiquity through the Middle Ages*, Chicago: University of Chicago Press, 2004, p. 92.

[2]《正统道藏》册四二,页45—20。

[3]《正统道藏》册一一,页1—7。

[4]《正统道藏》册四八,页27。

[5] 人受虎身与虎精为两个概念;受动物身应为佛教思想的影响,因为中国传统中没有转世轮回思想;而有关虎精的记录却在六朝志怪小说中不鲜见。李丰楙《六朝精怪传说与道教法术思想》页23也讨论了虎精,但他没有对化身为虎与化身为虎精进行区分。

第二章 从十二时兽到十二精魅:南北朝隋唐佛教文献中的十二生肖

鬼、蛇精之鬼、狩精之鬼、猴精之鬼、狐精之鬼等。在这一文献中,这些动物精怪也同时是鬼。这可能说明,在早期道教文献中,这些词有时候可以互换,因为这些文献的创作者对这些词的认识和运用,并非如现代学者一样严格进行区分,并从历史和现实的角度进行仔细辨别。总而言之,这些文献一方面保留了以前文献留下来的传统说法,有时又自己进行了调整。

从《大集经》中十二时兽到隋唐时期的十二精魅的转变,与道教和密教的共同作用与影响分不开。早期佛教汉译文献中有不少有关魍魉精怪的记载,尤其是带有浓厚初期密教色彩的佛教文献,如《佛说安宅神咒经》《灌顶经》《陀罗尼杂集》,而《大集经》中记载十二时兽的部分也有陀罗尼,这之间可以看出密教的影响[1]。如在佛教经录中列为后汉失译人名的《佛说安宅神咒经》,即提到佛陀说在他涅槃五百年之后会出现"众生垢重,邪见转炽,魔道竞兴,妖魅妄作"的现象,告诫佛弟子解决这一办法的做法是:"一心念佛、念法、念比丘僧,斋戒清净,奉持三归、五戒、十善、八关斋戒,日夕六时礼拜、忏悔,勤心精进,请清净僧、设安宅斋,烧众名香、然灯续明,露出中庭,读是经典。"该经云:

> 尔时世尊复告大众:诸善男子善女人等,吾涅槃后五百岁中,众生垢重,邪见转炽;魔道竞兴,妖魅妄作,窥人门户,各伺人便;觅人长短,为作不祥,种种留难。当尔之时,是诸弟子,应当一心念佛、念法、念比丘僧,斋戒清净,奉持三归、五戒、十善、八关斋戒,日夕六时,礼拜忏悔,勤心精进;请清净僧,设安宅斋;烧众名香,然灯续明;露出中庭,读是经典:某等安居立宅已来,建立南庑、北堂、东西之厢,碓磨仓库,井灶门墙,园林池沼,六畜之栏,或复移房动土,穿凿非时,或犯触伏龙、腾蛇、青龙、白虎、朱雀、玄武六甲禁忌,十二时神,门庭户陌,

---

[1] 学界一般认为陀罗尼对早期密教的兴起影响很大;见吕建福《中国密教史》,北京:中国社会科学出版社,1995年,页24—39。徐文堪、马小鹤先生研究了一件吐鲁番出土摩尼教帕提亚文文书,认为该文书中记载的咒术与《大集经月藏分》中的咒术有关;参见氏著《摩尼教大神咒研究——帕提亚文文书M1202再考释》,《史林》2004年第6期,页96—107。

井灶精露,堂上户中,溷边之神。我今持诸佛神力、菩萨威光般若波罗蜜力,敕宅前、宅后、宅左、宅右、宅中守神、神子、神母,伏龙、腾蛇、六甲禁忌、十二时神、飞尸邪忤、魍魉鬼神、因托形声、寄名附着,自今已后,不得妄娆我弟子等;神子、神母、宅中诸神、邪魅、蛊道、魍魉、弊魔,各安所在,不得妄相侵陵,为作衰恼,令某甲等惊动怖畏。当如我教,若不顺我,语令汝等头破作七分,如多罗树枝。[1]

其中出现的青龙、白虎、朱雀、玄武明显来自中国传统四灵传统,并非来自印度。这四大神兽各有其颜色,这个颜色的分配和阴阳五行理论有关。东方为青色,属木;西方为白色,属水;南方为赤色,属火;北方为黑色,属金;中央为黄色,属土。其他各种鬼怪也均来自传统的各地信仰。十二时神有时也写作十二辰,如《广异记》所记[2]。

但十二时神这一短语在汉文佛教文献中仅见于《佛说安宅神咒经》与《龙树五明论》。《佛说安宅神咒经》虽然没有明确提到十二时狩,但显然把十二时神与魍魉、鬼神、妖魅等并列在一起。但是,这些内容不一定是佛教传统,因为该节还提到青龙、白虎、朱雀、玄武,显然受到了中国传统鬼神精怪观念的影响。出自日本平安时代石山寺的写经《龙树菩萨秘决图经》云:"凡欲受持符术法,先须安置十二辰神门,结橛为记,天门、地户、鬼门、人门出正端,不得有曲。欲修印法,各从所到之门而出,万不失一。"又云:"龙树十二神符,杀鬼治病,威动心神零,尚出神门,西向地户,先服七符,然后去之。子日出,先吞子符。丑日出门,先服符已。外准此法,不得人知。"[3]《龙树菩萨秘决图经》中有关十二神门的说法可能出自道教经典的影响。如《太上洞渊神咒经》卷四《杀鬼品》:

---

〔1〕 《大正藏》册二一,页 911 下栏。
〔2〕 戴孚著、方诗铭辑校:《广异记》,北京:中华书局,1992 年,页 195—196。参见 Glen Dudbridge, *Religious Experience and Lay Society in T'ang Society: A Reading of Tai Fu's Kuang — I chi*, Cambridge: Cambridge University Press, 1995;余欣:《神道人心:唐宋之际敦煌民生宗教社会史研究》,北京:中华书局,2006 年,页 208—209。
〔3〕 《大正藏》册二一,页 958 中栏至下栏。

第二章 从十二时兽到十二精魅：南北朝隋唐佛教文献中的十二生肖

道言：自今以去，道士为人治病，病人家来迎子等，子等先为作符，安十二辰及门户井灶，各各丹书悬之；又作吞符三七道，一日三时，与病人服之，夜亦三服之，道士三时为中庭北向，上口章请于转经行道用三时步虚。若不能作大斋者，但即慕道士，三时行道，若能作大斋者，一一如法耳。[1]

《太上洞渊神咒经》可能包括两部分，第一部分是早期的版本，一共十卷，后来杜光庭将其扩充到二十卷。前十卷大概是东晋时期(317—420)的作品[2]。如此说来则成书较晚的《龙树菩萨秘决图经》中有关十二神符的说法应该是出自《太上洞渊神咒经》的影响。

许多唐代密教文献也多提到镇驱精魅之法，如唐阿地瞿多译《陀罗尼集经》卷一、《大佛顶广聚陀罗尼经》卷二、唐伽梵达摩译《千手千眼观世音菩萨广大圆满无碍大悲心陀罗尼经》(云"若行旷野山泽中，逢值虎狼诸恶兽，蛇蚖精魅魍魉鬼，闻诵此咒莫能害")、唐菩提流志译《不空罥索神变真言经》卷二、唐阿质达霰译《秽迹金刚说神通大满陀罗尼法术灵要门》、《秽迹金刚禁百变法经》、《佛说大轮金刚总持陀罗尼经》、唐善无畏译《阿吒薄俱元帅大将上佛陀罗尼经修行仪轨》卷上、不空《大药叉女欢喜母并爱子成就法》、唐跋驮木阿译《佛说施饿鬼甘露味大陀罗尼经》以及唐般剌蜜帝译《大佛顶如来密因修证了义诸菩萨万行首楞严经》卷九，这可能说明密教对镇精魅之重视或许有道教的影响[3]。《龙树五明论》中所载《龙树菩萨秘决图经》，列出十二辰神门。该经开篇即说为了长生不老，显然受到道教影响。

到唐代，佛教撰述中十二时兽的观念也渐渐与中国传统十二支观念

---

[1] 《正统道藏》册十，页6—13。
[2] 见 K. Schipper and F. Verellen eds., *The Taoist Canon: A Historical Companion to the Daozang* vol.1: *Antiquity through the Middle Ages*, p.509.
[3] 萧登福注意到，除诸种密教经典与敦煌写卷之外，有些佛菩萨图像旁，偶亦出现神符，如《大正藏》图像部三《别尊杂记》卷一一"六字经"，编号 N035 者，有六字天王像，其旁为十二生肖，并配有十二道神符；见萧登福：《道教符箓咒印对佛教密宗之影响》，《台中商专学报》第24期，1992年，收入氏著《道教与密宗》，台北：新文丰出版公司，1993年，页71。该书页52述神符之墨色及其使用方法：道符之书写，以笔纸之用色而言，大抵不外青、赤、黄、白、黑五色。其用笔，多依方位不同，而用不同色为墨(东青、南赤、中黄、西白、北黑)。

相结合。例如,在湛然的撰述中,我们也可以发现传统干支观念以及六甲的观念。前引湛然撰《止观辅行传弘决》卷三有文略云:

> 六甲者,甲头也,一甲五行,一行二日,六甲六十日。一年之中,甲经六匝,行三十六。《白虎通》云:甲有十干,时有十二。所言干者,数也。甲者,万物之甲,如甲未开;乙者,屈也,如萌蟠屈,未欲出也;丙者,明也,谓万物明也;丁者,强也;戊者,盛也;己者,起也;庚者,更也;辛者,始也;壬者,任也;癸者,度也。言十二时者,子者,慈也;丑者,纽也;寅者,演也;卯者,茂也;辰者,震也;巳者,起也;午者,长也;未者,味也;申者,身也;酉者,收也;戌者,灭也;亥者,该也。此干及时,亦收一切,故以言之。乃至成闰度数等,非今所论,广如律历、阴阳者。《太玄经》云:营大功明万物者曰阳,幽无形不可测者曰阴。《易》曰:一阴一阳之谓道,阴阳不测之谓神。[1]

可见湛然关于十二时的思想深受传统干支观念的影响,并掺杂了《白虎通》和《太玄经》中的阴阳五行观念。董仲舒《春秋繁露》的五行篇中讲五行之义,将东、南、西、北、中五个方位与木火金水土五行进行对应[2]。看来湛然对《大集经》中十二时狩的解释也应该是参考了五方对应五行观念的混合产物。《淮南子》卷三《天文训》已经将四灵神兽、五方、五行、五星、五帝、二十八宿、十二辰结合在一起:

> 何谓五星?东方,木也,其帝太皞,其佐句芒,执规而治春。其神为岁星,其兽苍龙,其音角,其日甲乙。南方,火也,其帝炎帝,其佐朱明,执衡而治夏。其神为荧惑,其兽朱鸟,其音徵,其日丙丁。中央,土也,其帝黄帝,其佐后土,执绳而制四方。其神为镇星,其兽黄龙,其音宫,其日戊己。西方,金也,其帝少昊,其佐蓐收,执矩

---

[1] 《大正藏》册四六,页244上栏。
[2] 唐代道教文献《正一醮宅仪》则将十二辰、东南西北中五方顺序与五色、五谷对应起来。在该醮法中,宅中庭画地为坛,坛上开天门、地户、人门、鬼门,坛中五方设五方神座,随方着彩及钱:于青座北设灶君座,黑座南方神座赤座,东方神座青座,西土神座白座;同时钱帛依五行成数:东方八,色青;南方七,色赤;西方九,色白;北方六,色黑;内方五,色黄。或者五方安五金龙:东麦,南黍,西稻,北豆,内粟。见《正统道藏》册一八,页1。

第二章　从十二时兽到十二精魅：南北朝隋唐佛教文献中的十二生肖

而治秋。其神为太白,其兽白虎,其音商,其日庚辛。北方,水也,其帝颛顼,其佐玄冥,执权而治冬。其神为辰星,其兽玄武,其音羽,其日壬癸。[1]

而后来道教经典中,则常常可以见到十二辰与十二支的对应。如唐代道士编集的主要反映六朝道教思想与实践的《赤松子章历》之《要安吉凶》篇云:"右要安等日,以十二月傍通,逐月看十二辰,即定知吉凶日。正二三四五六七八九十十一十二;要安,寅申卯酉辰戌巳亥午子未丑。"[2]其实,唐代人很清楚印度和中国纪年习惯的不同。如不空译《文殊师利菩萨及诸仙所说吉凶时日善恶宿曜经》卷下讨论"二十七宿十二宫图"时指出唐朝用二十八宿,西国没有牛宿,因为牛宿天主事。而西国的十二宿好比是唐朝的十二次,即角亢为寿星之次,房心为大火之次,箕斗为析木之次,牛女为星纪之次,虚危为玄枵之次,室壁为诹訾之次,奎娄为降娄之次,昴毕为大梁之次,觜参为实沉之次,井鬼为鹑首之次,星张为朱火之次,翼轸为鹑尾之次[3]。不空还指出西国以子丑十二属记年,以星曜记日,不用甲子[4]。此处出现的所谓西国指天竺。印度并没有六十年一甲

---

[1] [汉] 刘安,《淮南子集释》,何宁,新编诸子集成第一辑,北京:中华书局,1998年,页183—189。

[2] 《正统道藏》册一八,页2—25。其编集年代据大渊忍尔、石井昌子合编《道教典籍目录》考订为唐代。施舟人认为该文献主要出自六朝(220—589),后世略有增补;见 K. Schipper and F. Verellen eds., *The Taoist Canon: A Historical Companion to the Daozang* vol. 1: *Antiquity through the Middle Ages*, pp. 134-135. 黄清连讨论了《赤松子章历》中的秦家讼章,见所撰《冥鬼与祀神:纸钱和唐人的信仰》,蒲慕州主编:《鬼魅神魔:中国通俗文化侧写》,页192—193。

[3] 其在密教中的表现还见于一行的解释《大毗卢遮那成佛经疏》卷四:"言宿直者,谓二十七宿也。分周天作十二房,犹如此间十二次,每次有九足,周天凡一百八足。每宿均得四足,即是月行一日程。经二十七日,即月行一周天也。依历算之,月所在之宿,即是此宿直日。宿有上、中、下,性刚、柔、躁、静不同,所作法事,亦宜相顺也。诸执者,执有九种,即是日、月、火、水、木、金、土七曜。"见《大正藏》册三九,页618上栏。有关中国传统中二十八宿和十二次的关系参见《云笈七签》卷一〇〇《轩辕本纪》,《正统道藏》册三七,页100—111;其文略云:"《管子》言之,蚩尤有术,后乃叛。帝又获宝鼎,乃迎日推策。于是顺天地之纪,旁罗日月星辰,作盖天仪,测玄象,推分星度,以二十八宿为十二次。角亢为寿星之次,房心为大火之次,箕斗为析木之次,牛女为星纪之次,虚危为玄枵之次,室壁为诹訾之次,奎娄为降娄之次,昴毕为大梁之次,觜参为实沉之次,井鬼为鹑首之次,星张为朱火之次,翼轸为鹑尾之次。立中外之星,作占日月之书,此始为观象之法也,皆自河图而演之。"佛教的二十七宿与道教的二十八宿是两种宗教之间的一个分歧。

[4] 《大正藏》册二一,页394下栏。有关佛教图像中十二宫的研究,见廖旸:《炽盛光佛构图中星曜的演变》,《敦煌研究》2004年第4期,页71—79。

145

子的说法,这乃是十二支与十二时兽纪年的重要区别[1]。此处明显可以看出所谓子丑十二属即指鼠、牛等十二时兽。十二宿实际指十二宫,因为《大正藏》编者在脚注中指出明版大藏经"宿"作"宫",而该经给出了十二宫的名称。其二十七宿和十二宫的具体名称见于该经所附的图像,而该图的最外圈是二十七宿,其次便是十二宫。而最内圈包括日月水金火木土七曜,以及土木水火金。但水金火木土的顺序似乎不一定来自中国传统。如湖南沅陵虎溪山出土的汉简《阎氏五胜》中提到了五行的顺序有三种:金木土水火、水金土火木、火木水金土。而木火金水土的顺序反映了东南西北中五方以及春夏秋冬四季的顺序[2]。但是天竺传统中的水金火木土是地球周围距离最近的五大行星距离太阳的顺序,日月水金火木土作为七曜反映了人们对太阳系较为准确的观察[3]。

四、结语

经过以上考察,我们可以看出六朝隋唐时期一些佛教传统中有关十二时兽的记载在汉文佛教文献中如何发生变化,以及这种变化背后这一历史时期中国文化传统对于佛教文献所反映的观念的影响。

简单而言,这种变化反映在两方面:一是宇宙观四方顺序的变化,具体表现为世俗世界的四方由早期佛教南、西、北、东的顺序变化为中国佛教东、南、西、北的顺序;二是十二兽身份的变化,即十二时兽从早期大乘佛教中善的菩萨化身变为中国佛教中恶的精魅化身。十二时狩或者十二时兽固然源自大乘佛典《大集经》,但《大集经》早期版本记载十二时兽作为菩萨化身修炼的四方顺序是阎浮提外南、西、北、东的琉璃、颇梨、银、金

---

[1] 道教经典常常见到六十甲子和十二时的说法,如约成书于十二世纪的《混元八景真经》卷五《起功定立坛象气章》篇略云:"日月五行分行七气,荣卫五藏亦行七气也。则循环三百六十日,合得一周天之数。立五日一候,四十五日一节,九十日一气。五日一候者为六十甲神。行事每一日分十二辰,故立十二时者,得六十时。"见《正统道藏》册一九,页5—9。

[2] 饶宗颐:《秦简中的五行说与纳音说》,《饶宗颐史学论著选》,上海古籍出版社,1993年,页151—178;刘乐贤:《睡虎地秦简日书研究》,台北:文津出版社,1994年;晏昌贵《虎溪山汉简〈阎氏五胜〉校释》,《长江学术》第5辑,长江文艺出版社,2003年。

[3] 饶宗颐:《论七曜与十一曜——记敦煌开宝七年(974)康遵批命课》,《选堂集林》(史林),台北:明文书局,1984年,页771—793。

第二章 从十二时兽到十二精魅：南北朝隋唐佛教文献中的十二生肖

四座宝山。这可能反映了古代天竺以南部为中心的观念。这种观念在《大集经》所记载的十二时兽故事进入中国僧人撰述的《经律异相》与《法苑珠林》之后，变成东、南、西、北四方顺序，以适应中国传统。同时，这一十二时兽故事中四方的顺序也逐渐在隋唐之际通过智者和湛然的重新解释和中国传统阴阳五行观念结合在一起。

另一方面，《大集经》所载的十二时兽作为菩萨化身轮流游行教化世间众生的故事从六朝以来逐渐因为受到中国古代传统宗教以及六朝道教精魅观念的影响，在隋唐的中国僧人撰述的佛教文献中十二时兽的慈悲菩萨身份变成了邪恶精魅的身份。考虑到佛教传统的魔的观念在中国文化传统中没有对应，我们可以看到隋唐僧人将佛教的精媚鬼神观念与中国传统中业已存在的鬼、神、魅等观念进行了结合。同时，本章认为，考虑到一些讨论精魅的佛教文献如《灌顶经》等之中的密教因素，十二时兽变成十二精魅的变化也可能和六朝时期密教文献逐渐受到道教精魅说的影响有关。

因此，本章的研究亦表明，虽然六朝早期道教文献中有佛教文献的影响[1]，但是在隋唐时期，随着道教论述的系统化、精致化，佛教高僧的撰述则接受了道教撰述的影响。另外，精魅观念似乎并不单纯流传于民间。我们更应该注意到，在出自富有文化而熟悉中国传统的士人或者高僧之手的文献中，有关十二时兽观念通过士人或者高僧的撰述变为更为普遍接受的十二精魅观念，这一新的变化也同时吸纳了道教中一些有关精魅的观念以及中国传统五行五方观念以及历史更为古老的十二支观念。我们这里分析的主要文献，大多数来自有较强佛教文献训练背景的学僧，他们不仅从佛教文献传统中吸纳资源，亦从中国传统中挖掘可以与佛教传统连接起来的因素，因而其思想来源也较为多样和广泛，这样也才可以让当时的读者更能接受他们的想法和作品。这里面已经很难区分所谓民间

---

[1] 佛教自进入中国之后，和中国传统宗教传统一直是相互影响。有关佛教影响早期道教的研究，如 Erik Zürcher, "Buddhist Influence on Early Taoism," *T'oung Pao* 65: 1-3 (1980), pp. 84-147.

与精英,社会上层与下层[1]。社会学、人类学背景的宗教学者以主要依据政治经济因素构建出来的社会阶级或社会阶层分析来看待中国的宗教实践并将这些社会阶层的标签来贴到宗教实践者身上大概是行不通的,因为政治、经济与宗教发展与实践并非是对应的、平行的,不同的社会因素之间存在很多变化。

从比较宗教学的角度来看,佛教《大集经》从译文文本到注释的文献史中十二种动物存在一个从慈悲善良之菩萨变为可怕恐怖之动物精媚的过程,这或许也可以称作佛教版的堕落天使传奇吧。只不过在佛教史上,这些菩萨并非受到诱惑而堕落,而是被高僧们的注释演绎塑造成堕落的形象而已。堕落天使(the fallen angels)主题在其他宗教传统特别是犹太教和基督教中是十分常见的[2],也对西方文化产生了极为深远的影响,我们熟悉的英国牛津学者托尔金(John Ronald Reuel Tolkien, 1892—1973)的《魔戒》(*The Lord of The Rings*)以及美国孩之宝公司(Hasbro)创意的科幻动画《变形金刚》(*Transformers*)中均可以看到所谓堕落天使的影子,堕落天使往往出身高贵,因受到魔性力量的诱惑而堕落,并挑战善性的力量。基督教传统中最著名的堕落天使可能是《以赛亚书》第 14 章

---

[1] 有关民间宗教的讨论见 Cathrine Bell, "Religion and Chinese Culture: Toward an Assessment of 'Popular Culture,'" *History of Religions* 29: 1 (1989), pp. 35 – 57; Stephen F. Teiser, "Popular Religion," *The Journal of Asian Studies* 54: 2 (1995), pp. 378 – 395. 事实上,很多宗教的概念和实践远远超越民间和精英的二分。有关传统宗教与道教异同的讨论,参见 Rolf A. Stein, "Religious Daoism and Popular Religion from the Second to Seventh Centuries," Holmes Welch and Anna Seidel eds., *Facets of Taoism*, New Haven: Yale University Press, 1979, pp. 53 – 81; Lai Chi-tim, "The Opposition of Celestial-Master Taoism to Popular Cults during the Six Dynasties," *Asia Major* 3rd series 11: 1 (1998), pp. 1 – 20; Mu-chou Poo, "Ghost Literature: Exorcistic Ritual Texts or Daily Entertainment?" *Asia Major*, 3rd series, 13: 1. (2000), pp. 43 – 64. 蒲慕州先生该文在讨论道教的鬼活动时主要考察《太上洞渊神咒经》和《太上正一咒鬼经》,并提到《女鬼青律》。精英和民众在宗教上的分别在基督教史研究中广泛存在,甚至可以追溯到休谟以前,这种长期以来的偏见也是基督教史家最先开始反思。对此一问题的评论见 Peter R. L. Brown, *The Cult of the Saints: Its Rise and Function in Latin Christianity*, the Haskell Lectures on History of Religions, New Series, No. 2, Chicago: University of Chicago Press, 1981, pp. 13 – 22.

[2] 较新的研究见 Annette Yoshiko Reed, *Fallen Angles and the History of Judaism and Christianity The Reception of Enochic Literature*, Cambridge: Cambridge University Press, 2005; Bernard Jacob Bamberger, *Fallen Angels: Soldiers of Satan's Realm*, Philadelphia: Jewish Publication Society of America, 2006.

第二章 从十二时兽到十二精魅：南北朝隋唐佛教文献中的十二生肖

12至15节记载的路西法(Lucifer)，在《圣经》中它本来只是指一颗晨星，也是在基督教的注释文献传统中逐渐被描绘成一位从天使长堕落成魔鬼的角色，后来因为但丁《神曲》以及弥尔顿《失乐园》等脍炙人口的文学作品屡将其故事进行描述，从而更加在欧美世界广为流传[1]。

进一步而言，湛然等人演绎出来的动物精怪与基督教的动物魔鬼有颇类似之处，均反映出宗教对于灵性修行的重视。中古佛教中所谓动物精怪乃是干扰僧人修行意念，而非侵害僧人的身体[2]。而基督教的所谓魔鬼实际上也不是对人身体的伤害，而是损害和销蚀人的品格与道德操守[3]。基督教传统中的"七宗罪"均是讨论道德操守，且发展出以动物作为其象征的传统。比如美国纽约曼哈顿的摩根图书馆(John Pierpont Morgan Library)藏有一件中世纪基督教写本《忏悔诗篇》(Penitential Psalm，编号M. 1001)，此写本以图文并茂的形式讲解了七宗罪及其动物象征。这一写本中出现的小画像大概在1475年绘于普瓦蒂埃(Poitiers)。

在这一写本中，首先出现的画页是一位年轻英俊的王子坐在狮子上手持权杖在镜子前显摆自己，这是第一宗罪傲慢(pride)，这是所有罪恶之源，也是七宗罪之首。狮子是众兽中之最为尊贵的动物，因而很容易因为这种在兽类中的至高无上地位而产生傲慢心理和态度。同一页下方则是路西法，此人因傲慢从天使长堕落为魔鬼，其实其象征就是骑在狮子上的人。第二宗罪是嫉妒，其象征是一位年轻人手持一只鹊骑在骆驼上。鹊通常被看作是饶舌爱抱怨的鸟类，而骆驼被中世纪学者(Ludovicus Caelius, 1450—1520)描述为令人鄙视的、不知足的动物。落在这一宗罪上的魔鬼是利维坦(Leviathan)。第三宗罪暴怒则表现为一位年轻人骑豹

---

[1] 路西法在中世纪文献和艺术中的变迁之研究见 Jeffrey Burton Russel, *Lucifer: The Devil in the Middle Ages*, Ithaca and London: Cornell University Press, 1984.

[2] 不过，在欧洲中世纪的写本中，很多鬼怪也以吞噬人和动物的遗体出现，其相貌亦介于人和动物之间；见 Alixe Bovey, *Monsters and Grotesques in Medieval Manuscripts*, Toronto: University of Toronto Press, 2002.

[3] 西欧的魔鬼怪物产生的历史和文化背景，学界探讨较多，而从语言、科学、历史和宗教角度进行综合考察者可参见 Stuart Clark, *Thinkging with Demons: The Idea of Witchcraft in Early Modern Europe*. Oxford: Clarendon Press, 1997.

持刀切胸。豹被看成是暴力的象征，显然这一魔鬼指向撒旦。第四宗罪贪婪表现为一位年轻人骑狼手持一只钱袋，象征魔鬼玛门（Mammon）的贪婪。第五宗罪贪食表现是魔鬼骑坐在一头猪上，手持火腿，身上流满酒，象征的魔鬼是巴力西卜（Beelzebub）。第六宗罪是懒惰，表现是魔鬼贝芬格（Belphegor）将从驴上滚下的场景。第七宗罪是魔鬼阿斯莫德（Asmodeus）骑老山羊，象征色欲[1]。这些场景将七宗罪与其对应的七个魔鬼，以及相应的动物象征联系在一起，非常生动，也因此能让基督教观念更为有效地流传于信徒之中。

虽然我们这里只讨论了佛教和基督教的情况，但动物作为道德修行的象征在跨文化宗教背景下十分值得留意，实际上在文学、历史、宗教、哲学学界也存在不少讨论。

---

[1] William M. Voelkle, "Morgan Manuscript M. 1001: The Seven Deadly Sins and the Seven Evil Ones," in Ann E. Farkas, Prudence O. Harper, and Evelyn B. Harrison eds. *Monsters and Demons in the Ancient and Medieval Worlds. Papers Presented in Honor of Edith Porada*, pp. 101–114.

第三章 中古佛教驯虎记

一、引言

有关动物与中国佛教之间相互关系的研究不多,而中国佛教研究领域的论著则以集中讨论素食和放生较为常见。对于动物与佛教密切互动的其他方面,则常常付诸阙如[1]。其实,动物和僧人的互动,非常丰富,其中不仅反映了佛教实践者的现实的、真实的经验,也反映其心理想象的经验,同时也有理论认识与书写的经验,这三个层面共同塑造了动物在中古佛教社会中的意义[2]。在中古时代的僧传中,猛虎的形象与僧人的形象分不开,猛虎在僧传中的出现乃是创作者为了塑造僧人的形象而引入的,高僧在与猛虎打交道的过程中被塑造成所谓高僧,这也可以看作是高

---

[1] 现代佛教研究中对于动物在中国佛教中的地位和意义尚不够重视。如 Paul Waldau and Kimberley Patton eds., *A Communion f Subjects: Animals in Religion, Science, and Ethics* (New York: Columbia University Press, 2006),探讨了世界各种宗教对动物的看法、态度和相互联系,其中第四部分为中国传统中的宗教,但只有古代宗教、道教和儒家三个章节,并没有关于中国佛教中的动物的内容。Timothy H. Barrett 对中古佛教中虎的角色和地位作了简短的提示,认为其与狮子在中古基督教文化的角色和地位类似;见"The Monastery Cat in cross-cultural Perspective: Cat Poems of the Zen Masters." In *Buddhist Monasticism in East Asia: Places of Practice*, eds. by James A. Benn, Lori Meeks, and James Robson, London: Routledge, 2010, pp.116-117. 见前文导论的说明。

[2] Alan Bleakley 认为动物出现在人类的三层经验之中:生物的经验(真实的、自然中的动物)、心理的经验(个人的文化的想象中的)、概念的经验(象征、文献书写,象征符号);见 Alan Bleakley, *The Animalizing Imagination: Totemism, Textuality and Ecocriticism*, New York: St. Martin's Press, 2000, pp.38-40. 见导论部分的叙述。

僧身份认同的构建。

在自然世界特别是山林中修行的僧人一般而言都是孤独一人,很少是僧人集体修行,所以遇到猛虎以及单独与猛虎相处的机会非常多。比如《续高僧传》卷第一九《释法藏传》云释法藏(546—629)在北周建德二年(573)弃寺入山,至三年四月朝廷下诏禁僧侣,法藏因藏在山林得免,其余僧人均被迫还俗。他藏身在山之时,以林谷为家居,鸟兽为徒侣,草木为粮粒[1]。这种以鸟兽为徒侣的僧人在中古僧传中并非只有法藏一人。其中能驯服猛兽对于在山中修禅者尤为重要,故《佛祖历代通载》卷一四编者论曰部分云禅宗牛头诸祖智岩、法融、惠忠道盛一时,在死生之间感验昭著,生之年而百鸟衔花[2],虎狼给侍[3],寂灭之后则鸟兽哀鸣,逾月乃止[4]。

虎狼本来是危险的动物,为何给僧人充当侍者?考诸中古汉文佛教文献,这其实是相当普遍的现象。本章将主要关注汉文佛教文献如何塑造虎作为僧人法侣和法徒的形象及其上下文。法侣指猛虎作为僧人在自然山野中的修行伴侣出现,帮助僧人适应山野生活,而法徒指猛虎追随僧

---

[1]《大正藏》册五〇,道宣《续高僧传》卷一九。

[2] 此处所谓引来百鸟衔花者指金陵牛头山法融禅师(594—657),见《佛祖历代通载》卷一二,《大正藏》册四十九,页578c-579a。其文略云,法融禅师乃润州延陵人,俗姓韦氏,"年十九学通经史,寻阅《大部般若》,晓达真空。忽一日叹曰:儒道世典,非究竟法;《般若》、《正观》,出世舟航。遂隐茅山,投师落发。后入牛头山幽栖寺北岩之石室,有百鸟衔花之异"。《般若》应为《大般若经》,而《正观》即《中观》。法融传见道宣编集《续高僧传》卷二六,《大正藏》册五〇,页603c—605b;其中提到法融于贞观十七年(643)在牛头山幽栖寺北岩下别立茅茨禅室修禅。此山本来多虎,吓阻樵夫,但法融入山之后,虎害消失。还有野鹿来听法三年。即所谓"故慈善根力,禽兽来驯,乃至集于手上而食,都无惊恐"。法融被追认为牛头山初祖,其后续祖师包括智岩(577—654)、慧方、法持(635—702)、智威、惠忠,见《景德传灯录》卷四。

[3] 法融、智岩的传记均记载其驯服猛兽之异事。智岩传见《续高僧传》卷二五,页602a-603c。其传记云其修行时,山薮幽隐,兰若而居,豺虎交横,训狎无恐。

[4] 此处所谓鸟兽为之哀鸣者系唐升州庄严寺惠忠禅师。其传记见《续高僧传》卷一九,页834c—835b。其传略云,惠忠俗姓王,润州上元人,神龙元年剃度为僧,配庄严寺。入牛头山礼智威禅师。智威禅师乃命入室,付法传灯,并委山门之事。忠即继踵兹峰,夙夜精励,修头陀行,饮泉借草,一食延时,其间修禅积四十年,遂能彰显诸多灵应。大历四年(769)六月十六日坐化之后,鸟兽哀鸣于林壑岩间。《宋高僧传》有两位智威,一位为处州法华寺智威,传见《宋高僧传》卷六,这位智威俗姓蒋氏,缙云人,为天台灌顶弟子。另一位即是金陵天保寺智威(646—722),为金陵延祚寺法持禅师弟子,好修头陀行,被后世追认为牛头山第五祖,见《景德传灯录》卷四。

152

第三章　中古佛教驯虎记

人学佛、听经、受戒、修行,并以师道侍奉僧人。本文讨论的所谓佛教文献中的猛虎,既包括自然环境中真实存在的猛虎,亦包括佛教文献中描绘、叙述、流传并进入僧人心态的猛虎,还包括僧人想象和坐禅过程中通过心理体验而记录下来的猛虎。

为什么研究僧传中出现的遇虎故事而非研究其他佛教文献中与其他动物的相遇?首先,佛教文献和中国佛教文献都提到十二生肖,佛教文献中的十二生肖本来有狮子,但在中古时期被虎替换。狮子本身并不是中国本土所产,而是从外国输入,虎则是中国土产,因而中国僧人在阐述十二生肖时逐渐以本土的土产动物虎取代外来动物狮子。这个变化可以看出虎在中国佛教中的重要性,因为这里涉及佛教对于十二生肖的论述在中国的适应过程。其次,南北朝隋唐时期佛教文献中虎的记录十分频繁,可见虎在当时人们宗教生活中相当活跃。但宋以后则随着自然环境的变迁,虎在中原地区的踪迹逐渐减少。所以研究中古时期虎在宗教生活中的地位有其特殊的时代意义。有必要认识佛教徒如何认识和体现这一动物在他们宗教生活中的形象。

人类的宗教生活,往往和自然环境分不开。正如施密特豪森(Lambert Schmithausen)指出的,各个宗教与文化对自然的态度是较为多面的,也充满各种张力[1]。与狮子由西域传入中国不同,虎是中国土生土长的动物。中国是东北虎和华南虎的原产地,虎在中国人的生活中也频频出现。和今天虎在野外极为罕见不同,在中古时期的中国,它分布十分广泛,不仅野外可以见到,偶尔甚至还窜入城市,引发民众的恐慌[2]。而对于在森林中修道的佛教僧侣来说,虎的出现更是十分自然的事。

应该说,虎在中国宗教生活中的重要性十分特殊,这种状况与世界其

---

〔1〕 Lambert Schmithausen, *Maitrī and Magic: Aspects of the Buddhist Attitude Toward the Dangerous in Nature*, Wien: Verlag der Österreichischen Akademie der Wissenschaften, 1997, p.9.

〔2〕 有关历史上虎的分布和活动范围,参见郭郛、李约瑟、程庆泰:《中国古代动物学史》,北京:科学出版社,1999年;翁俊雄:《唐代虎、象的行踪——兼论唐代虎、象记载增多的原因》,《唐研究》卷3,1997年,页381—394;有关中古时期动物的生存环境,参见徐庭云:《隋唐五代时期的生态环境》,《国学研究》卷8,2001年,页209—244。

他地区迥异。在古代近东和中东地区,虎在人们的宗教生活中几乎没有位置,在古代埃及语、赫梯语、阿卡德语、希伯来语等语言中几乎未提及虎这种动物,出现频率较多的是公牛、马、羊、鹰隼等动物,它们或者作为各类神祇的象征出现,或者在祭祀、占卜、祈祷等宗教生活中扮演重要角色[1]。虎在近东和中东宗教中的缺席显然受到当地历史自然环境的限制。中近东地区并非虎的产地,其自然环境也不适合虎的活动和生存。孟加拉虎和东北虎、华南虎都主要生活在南亚和东亚地区。

在中国佛教中,虎作为自然的动物和超自然的动物出现。所谓超自然的动物,虎可以是出现在人们的想象之中,因为虎在中国佛教中有很重要的象征意义。在隋唐以前的汉文佛教文献中,虎从未作为神圣的动物形象出现。但唐宋时期的汉文佛教文献中,一些修行高深、品德坚毅的高僧常常能得到虎的称号,比如律虎、义虎等,以显示其在修行方面的威猛形象。比如,陆长源(?—799)撰《唐故灵泉寺元林禅师神道碑并序》中称元林禅师(约656—746)"以戒为行本,经是佛缘;雅闲持犯,克传秘密,学者号为'律虎',时人目为'义龙'"[2]。《佛祖统纪》卷一三记载广慈(约十一世纪)法师法嗣希最(?—1090),法号妙悟,被同门敬畏,号为"义虎"。《佛祖统纪》卷一四载法师仲闵(约十二世纪),因雄辩被称为"义虎"[3]。正如《禅林宝训》卷二中引《赘疣集》载圆悟(1063—1135)所言,做长老有道德感人者,有势力服人者,犹如鸾凤之飞,百禽爱之;虎狼之行,百兽畏之。其感服则一,其品类固霄壤矣。其他例子尚有《佛祖

---

[1] Billie Jean Collins ed., *A History of the Animal World in the Ancient Near East*, Leiden: E. J. Brill, 2002, pp. 307–424.

[2] 《全唐文》卷五一〇,元林禅师亦作玄林禅师;该卷并收入陆长源撰《僧常满智真等于倡家饮酒烹宰鸡鹅判》、《嵩山会善寺戒坛记》等文。另据《佛祖历代通载》卷一四,陆长源在任汝州刺史时曾与司徒严绶、司空郑元等一同请求澄观撰《三圣圆融观》一卷,见《大正藏》册四九,页609c。

[3] 这一称号宋以后在佛门仍很常见。元代法照禅师即被称为义虎,见当山首座日本国沙门邵元撰并书《显教圆通大禅师照公和尚塔铭并叙》;其文云法师"至十六岁,受具足戒。自此遍谒讲肆,聴习经论;凡曰开演,无不探赜。研《金刚》、《圆觉》之枢要,究《玄赞》、《华严》之秘奥,实谈肆之义虎也"。早期佛教中的高僧多以狮子命名,而到中国佛教,法师名号变为以虎为主;关于这一变化,作者另撰《由狮而虎——中古佛教僧人名号变迁》一文进行讨论,修订后收入本书第四章。

154

第三章　中古佛教驯虎记

统纪》卷一三记法师温其(约十一世纪)日演《金光明经》,虔扣诸天以祈雨,而其弟子善嵩在景德年间有虎子之称[1]。《佛祖统纪》卷一四记天台法师应如(约十二世纪)默记多闻且善长持论,人畏其烈,目之虎子。当时山家称僧人中如虎者三人,即神照本如(981—1051)、四明道如(约十一世纪)、应如(约十一世纪)。《宋高僧传》卷一六记释澄楚(889—959)专长于毗奈耶,时号"律虎"。《佛祖历代通载》卷一七载沙门赞宁(919—1001)习南山律著述毗尼,时人谓之"律虎"。佛门人士获得带虎字的称号是个颇有历史意义的话题,对这一问题的详细探讨见本书第四章。

简单说来,这类称号的出现或许是受到中国传统文化中虎的形象影响,中国传统文化中虎的形象表现为非凡勇猛的个人能力和坚毅的个人意志品格,在朝廷给将士的头衔中常常出现,比如虎贲中郎将、虎贲郎中、虎贲将军,我们在后文中将详细讨论。略言之,可以说虎是中国古代佛教文化中非常重要的进入个人称号的动物[2]。在中国传统信仰和实践文化中,虎的形象较为复杂,除了作为猛兽出现之外,虎也是神圣的动物之一,如四灵之一即是白虎[3]。

我们研究汉文佛教文献中的虎的形象,主要为了厘清以下一些问题。第一,虎在早期汉译佛教文献中的形象和它在中国汉文佛教论述中的形象有何不同?这些早期佛教传统在中国论述中如何体现?第二,佛教社区和非佛教社区对虎的态度和处理有何不同?僧人和猛虎之间如何互动?僧人如何帮助当地社区止息虎灾,其手段如何?再次,僧人和士人在

---

[1]　并参见[宋]宗鉴编集《释门正统》卷六,《续藏经》册七五,No.1513,页330c。
[2]　而在古代埃及,国王使用的称号则主要以隼、公牛和狮子为主;参 Billie Jean Collins ed., *A History of the Animal World in the Ancient Near East*, 2002, pp. 265–267;在古代两河流域,公牛和狮子同样是有力量的人的常见称号;同上书,p. 304。
[3]　有学者在讨论骆驼的驮载物在唐朝出现的变化时,指出唐朝出现了作为驼囊的所谓魔鬼面具。其形象特征为虎,象征作为死者出生地所在的西方,因为白虎在中国传统四兽中以方位而言代表西方;见荣新江对 Elfriede Regina Knauer, *The Camel's Load in Life and Death. Iconography and Ideology of Chinese Pottery Figurines from Han to Tang and Their Relevance to Trade along the Silk Route* (Zurich: AKANTHVS, Verlag für Archäologie, 1998)一书的评论,《唐研究》第5卷,1999年,收入《中古中国与外来文明》,北京:三联书店,2001年,页449。

对待虎的态度上与中国传统思想伦理源流有何关联？考虑到中古时期是佛教文化作为一种外来输入的文化与中国传统文化互动的时期，探讨这些问题势必需要对汉文佛教文献中有关虎的记载进行多方面考察。我们不仅要研究佛教的思想和实践在中国文献中的介绍和阐释，还要考虑这种阐释所受到的中国传统影响。本研究的主要材料是汉文佛教文献，而研究的时段虽然偶尔牵涉到汉代和宋代，主要以魏晋南北朝隋唐即所谓中古时期为主。一方面这一时段有关僧人与虎互动的史料记载十分频繁，另一方面，这一时段因为涉及佛教作为外来文化与中国文化的密切互动也最具研究价值。

二、早期佛教文献所见自然空间及其猛虎论述

我们上文已经提示了本章关注的时间，这里将讨论空间，则可以为讨论虎在中国佛教时空维度中的形象提供一个比较清晰的参照体系。佛陀在世之时，即主张修行中的中道主义，反对极端的苦行和极端的享乐。虽然佛陀本人继承了印度传统的苦行僧的生活方式，放弃全部个人所有品，但并不拒绝在家人士的供养。那时候并没有我们后来看到的金碧辉煌的寺院，而仅仅是一些长者捐赠给佛陀的精舍，很多都是园林。这个传统后来在中古佛教中也可以看到，即一些士大夫舍宅为寺的实践。佛陀本人的开示实践实际上已经将这些他停留的精舍转化成了讲法道场，所以佛经开头部分出现的场景多半是弟子云"如是我闻"佛陀在某地开示。如佛陀耶舍与竺佛念译《长阿含经》卷一第一分初《大本经》(*Mahāpadhāna-suttanta*)第一开篇即说："如是我闻，一时佛在舍卫国祇树花林窟，与大比丘众千二百五十人俱。"[1]所以，在早期佛教中，可以说自然园林和弘法道场之间本无清晰的界限。

后来随着寺院的兴起，寺院主义的出现，僧团的组织、戒律的规范化，渐渐使僧团成员有了十分明显的活动中心与范围。僧团的游方自然没有太多界限，但其日常生活的范围则相对固定，而其做法事和举行仪式的范

---

[1]《大正藏》册一，页1b。

第三章　中古佛教驯虎记

围则更为严格。这种活动范围的规定主要体现在戒律之中。因为本章的范围所限，这里不追溯早期佛教，仅就中国僧人在汉文佛教文献中的见解作一介绍。佛教四大广律包括法藏部《四分律》、弥沙塞部《五分律》、说一切有部《十诵律》、大众部《摩诃僧祇律》虽然在公元五世纪前后都介绍到中国来[1]，但唐以后中国自己的律学传统才渐渐确立，其中在戒律文献整理、注释和解释方面贡献最大的是唐初的道宣。

道宣以《四分律》为中心，以注释的形式解释了僧团的组织原则和僧人的日常行为规范，比如他在《关中创立戒坛图经》第五节《戒坛大界内外》中举出了僧人集结的基本原则。根据他的说法，僧人结成僧团的办法有四种方式，一是戒场内集，二是场外四周空地集，三是大界内常僧集，四是大界外集。这些集僧方法导致两个空间，前两种是作法界，即举行受戒等法事活动的空间。后二种是自然界，即僧人在自然中集结而形成的活动空间。道宣接着在《戒坛结法先后》一节中指出，上面四类集结僧人的办法其实由外到里形成三种界域，自然界、大界和戒场。戒坛即应该设立在大界之中。作法界的空间一般并不对所有僧人开放，而主要为操作仪式的僧人开放，比如戒坛。

此处值得注意的是，所谓自然界和作法界实际上是野蛮与佛教文明、佛教初级文明与佛教高级文明等区域的分别，自然界限指区分荒蛮自然区域与佛教区域的界限。在自然界限之外的区域没有佛教徒施加影响，处于不受佛教律法约束的状态。僧人在这样的自然之中也容易滋生放逸之心，增添烦恼和困惑。而自然界限之内的区域即所谓受过佛法羯磨之区域，在这一区域僧人的一举一动均有严格的戒律规范。这一区域乃是高度仪式化的区域，即所有活动以及佛教社区内部的等级划分均以仪式进行规范。换言之，这一区域乃是受佛教文明熏陶之地。戒场内更是等级森严之所，只有三师七证等十位高级僧人才能进入，准备受戒的僧人亦将

---

[1] 平川彰：《律藏の研究》，东京：三喜房佛书林，1970 年，页 114—145；Yifa, *The Origins of Buddhist Monastic Codes in China: An Annotated Translation and Study of the Chanyuan qinggui*, Honolulu: University of Hawaii Press, 2002, pp. 3–28.

在此处完成身份转换，从一位来自荒蛮之区域的学佛之人变为受佛教文明熏陶之戒子。僧人不断地将佛教影响扩大到不同区域。最后实际上从仪式上说，逐渐将自然纳入佛教文明熏陶区域，这乃是弘法的基本目标，即将不受佛教影响的区域转换成受佛教影响的区域。

他还撰写了一系列著作更为直接地宣扬自己的主张，比如《教诫新学比丘行护律仪》，对僧人进入村庄，在道路上与人交往等日常行为均做了非常仪式化的规定。这些著作再次验证了佛教四大广律中主张的僧团作为高度仪式化群体的规范[1]。换言之，僧人无论在何方，其行为举止都要有威仪，高度仪式化，一举一动有其宗教意义，体现其宗教道德伦理价值。唯其如此，才可能得道成佛。在这个意义上，如果将道场理解为广义的仪式空间，则可以说，对于僧人而言，自然即道场，道场即自然。正如我们在下文要看到的，正是这种观念使僧人在自然中伏虎成为一种普遍的仪式和道德实践。

在西方中世纪宗教传统中，由于基督教的教义将人类与动物完全区分开，因而人类空间与自然空间也被分割开来，自然空间往往被看作是人类空间待扩展的对象，同时人类被视为能够征服自然空间、控制野兽的主角。这和中古中国佛教的理解很不一样，佛教并不将自然视为僧人征服的对象，或者僧人空间扩展的对象。我们谈论中国佛教空间的时候，需要根据佛教文献中的叙述来区别开三类空间：佛教界定的空间、僧人想象的空间、僧人实际生活的空间。

这三类空间和我们下面的讨论紧密相连。首先，佛教界定的空间在我们上面的讨论中已经提示了。佛教僧人对空间的认识与佛教戒律分不开。他们集结进行群体活动的空间由一定的仪式加以规范化，并进而构建新的僧团秩序。特定的仪式空间如戒场及戒坛则更加神圣化，对于这一空间的涉足，则依照更为严格的规定，只有高僧大德才能有机会进入。

---

[1] Huaiyu Chen, *The Revival of Buddhist Monasticism in Medieval China*, American University Studies Series VII: Theory and Religion 253, New York: Peter Lang, 2007.

第三章　中古佛教驯虎记

以道宣设计的戒坛而言,分三层,而顶层因供奉佛舍利,一般僧人甚至包括高僧皆不可进入。第二层则主要是主持整个仪式的高僧群体三师七证活动的场所[1]。僧人想象的空间,指僧人观念中的空间。在很多佛教文献中均可看到这样的空间,比如中国僧人模仿摩诃萨埵王子舍身饲虎的故事中,这些舍身的僧人其实即将他们舍身的空间想象成王子当年舍身的空间了。王子当年通过舍身成佛,这些僧人舍身之后,通常后果和当年略有差异,其是否成佛则在他们的故事中并不能得到确证。因而,这个想象中的空间和他们实际生活的空间有一定差距。有关这一点,将在我们下面的讨论中看得更为清晰。

值得指出的是,我们下文将看到,僧人对虎的降伏虽然在佛教论述中较为普遍,这说明僧人在出行过程中遇到猛虎的情形很多,但有两点值得指出。第一,僧人降伏猛虎基本上是个人行为,几乎没有看到有多位僧人同时在一起降伏猛虎的记载。以个人行为降伏猛虎的僧人往往在修行方面已有成就,而非普通僧人可比。但是,在整个佛教文献中来看,这些僧人的个人行为被僧传作者整合成一个僧人降伏猛虎的集体形象,即僧团的高僧可以为当地社区降伏猛虎,解除虎灾。这里面体现了僧人个人行为与集体形象通过佛教史家的论述与书写而连接起来的互动关系。

第二,从佛教史家的作品可以看到,僧人降伏猛虎的实践一般发生在野外或者山林之中,这说明一般以个人身份游方旅行,或者孤居山林进行修行的僧人更有机会遇到猛虎。类似的隐修者与野兽相遇的情况亦存在中世纪基督教传统中。早期在沙漠中的基督教隐修僧侣,常常在野外与野兽为伍。如在基督教叙事中,寺院主义的奠基人之一圣安东尼即曾由一头野狼带路,找到了保罗隐居的山洞,在保罗死后,两头狮子甚至跑来帮助圣安东尼挖出一个墓地,安葬保罗,之后再回到森林[2]。总而言之,

---

[1] Huaiyu Chen, *The Revival of Buddhist Monasticism in Medieval China*, American University Studies Series VII: Theory and Religion 253, New York: Peter Lang, 2007, pp. 116 – 118.

[2] 见 Jacobus de Voragine, *The Golden Legend Readings on the Saints*, Princeton: Princeton University Press, 1993, vol. 1, pp. 84 – 85. 后文结语部分还会提及这一问题。

在人迹罕至之地，因为人们的活动不如城镇中频繁，对自然惊扰较少，僧人也才更有可能与猛虎和谐相处，朝夕相伴。在这个意义上，僧人与猛虎不能纯粹以降伏来说明，而应该将猛虎视为孤独修道僧人的法侣与法徒。

僧人在自然中伏虎并非佛教的原生观念，而是在中国的创造，但其慈悲不杀的态度当然在佛教中有其先导。如果我们阅读早期汉文佛教文献，可以发现伏虎并非一个普遍的观念。早期佛教对待凶猛动物和有毒动物的态度，施密特豪森进行了分析。以《杂阿含经》卷九中出现的优波先那被蛇毒死的故事为例，他首先分析了早期佛教对待毒蛇的两种态度。一是身体被认为是皮囊，所以被毒蛇毒死不过是失去这一污浊皮囊，获得一种肉体的解脱。所以优波先那对舍利弗说："若当有言：'我眼是我、我所。耳、鼻、舌、身、意，耳、鼻、舌、身、意是我、我所。色、声、香、味、触、法，色、声、香、味、触、法是我、我所。地界，地界是我、我所。水、火、风、空、识界，水、火、风、空、识界是我、我所。色阴，色阴是我、我所。受、想、行、识阴，受、想、行、识阴是我、我所'者，面色诸根应有变异。我今不尔，眼非我、我所；乃至识阴非我、我所，是故面色诸根无有变异。"[1]优波先那在此处强调的是，修行僧人作为罗汉，对待生命有一种无我的态度和认识。二是僧人如果不是罗汉，则在野外修行应该尽可能避免被伤害，被伤害之后要设法获得救助，所以佛陀仍极力帮助优波先那医治。无论哪种态度都没有反击毒蛇或者杀死毒蛇的取向。这仍然反映了佛教倡导之不杀原则。

施密特豪森指出，这种对于猛兽和有毒动物的不杀态度来源于前佛教时代的吠陀传统。早期吠陀文献即主张以神咒驱除猛兽，以友谊与猛兽结邻，而非采取消灭的态度。佛教的自我保护方式继承了吠陀文化的传统，以友善（Maitrī）态度对待自然界的危险，同时拓展了其意义，将这种友善态度拓展至对待一切众生；同时佛教亦以神咒真言（mantra 或者

---

[1] 《大正藏》册二，页60c—61a。

第三章　中古佛教驯虎记

dhāraṇī)作为一种自我保护的技术让修行者自动抵御非人生物的侵害。比如念诵《孔雀王神咒经》即有这类功能,可抵御妖魔、疾病、猛兽,以及其他危险[1]。

早期佛教汉文文献,指接受早期南亚佛教传统的汉文佛教文献,其叙事主题和风格继承了早期南亚佛教的特色,并没有太多掺入中国因素,反映了早期佛教的思想观念和价值体系。基本上可以确定的是,作为六道中畜生道的一种动物,虎在早期佛教文献中以邪恶的动物形象出现[2]。这主要表现在三方面,一是佛本生故事中作为摩诃萨埵王子的对立面伤害了王子;二是早期佛教中虎与其他猛兽列在一起,乃是吃人的危险动物;三是佛教文献中反复提示如果一个人作恶,其恶业将导致此人来世转世为畜生,包括凶恶的虎。

但是,早期佛教中主张不杀。所以在佛教戒律中特别规定杀生有罪,杀虎也是杀生,也有罪。在东晋佛陀跋陀罗与法显所译大众部《摩诃僧祇律》卷四中提到僧人欲杀虎而最终杀虎者得波逸提罪。这里面有个故事,一群比丘当时在兰若修行,但是屡屡被虎侵扰。有个别比丘自告奋勇要伏虎,但他持弓箭射虎时却射到其他比丘。于是戒律中解释欲杀比丘而杀虎以及欲杀虎而杀比丘者,得越比尼罪;欲杀比丘而杀比丘者得波罗夷罪;欲杀虎而杀者得波逸提罪[3]。

舍身饲虎的叙事在早期佛教的佛本生故事中十分普遍,这在巴利文和梵文佛本生故事文献中也是很重要的主题,这一故事在巴利文中称 *Jatakamala*[4]。但在中国佛教文献中被称为《摩诃萨埵本生》

---

[1] Lambert Schmithausen, *Maitrī and Magic: Aspects of the Buddhist Attitude Toward the Dangerous in Nature*, Wien: Verlag der Österreichischen Akademie der Wissenschaften, 1997.
[2] 甚至在敦煌早期洞窟壁画中,表现猛虎攻击僧人的题材也出现了,比如莫高窟285窟东坡下壁所见西魏壁画;在莫高窟159窟西龛内南壁则有猛虎在山坡上追人的壁画。
[3] 《大正藏》册二二,《摩诃僧祇律》卷四《明四波罗夷法》之四(杀戒),页257上栏。
[4] 有关印度佛教佛本生故事中舍身的分析,见 Reiko Ohnuma, "The Gift of the Body and the Gift of Dharma," *History of Religions* 37: 4 (1998), pp. 323–59; 摩诃萨埵饲虎的故事,见 Reiko Ohnuma, *Head, Eyes, Flesh, and Blood: Giving Away the Body in Indian Buddhist Literature*, New York: Columbia University Press, 2007, pp. 9–14.

(*Mahasattva Jataka*,或 *Viaghri Sattva Jataka*,*Vyaghari Sattva Jataka*),在《六度集经》、《贤愚经》中均有体现,也是克孜尔、敦煌等各地石窟壁画中佛本生故事的重要主题[1]。我们这里主要以宝唱等人编《经律异相》中引用的佛本生故事为主来介绍这个主题,因这部书在中古时期较为知名,流传亦广,可能当时了解这部书的人也较多。这部由中国僧人选择、编辑的文献和译经不同,很大程度上反映了汉人僧人对佛教叙事的理解和认识。

首先,《经律异相》卷六《摩诃萨埵余骨起塔》十四引《金光明经》卷四云过去有一王子名叫摩诃萨埵,他出游林野,见到母虎新产七子,多日饥饿,性命有危险。于是自己脱衣裳以竹刺颈,从高处投下,卧倒在母虎之前,而母虎舐其血,最后食尽王子之身。后来王子的父亲找到残骸,下令收其舍利,以七宝塔供养。

其次,《经律异相》卷三一《乾陀尸利国王太子投身饿虎遗骨起塔》一则记载这样一则故事[2]:乾陀尸利国王太子不好荣华,栖遁山泽。当时在山中深谷底有一头饿虎,刚产下七头小虎,却遇天降大雪。母虎怀抱虎子,已经三日不得求食。当时母虎惧子冻死,守饿护子,但雪落不息。母子饥困,可能不久都要丧命。这时母虎饥饿难忍,欲啖虎子。当时诸仙人见此情形问谁能舍身救虎。修行中的太子说,善哉!吾愿果矣!于是到崖头下望见母虎抱子为雪所覆,生大悲心。他发誓说,现在我以肉血救这头饿虎,剩余舍利骨,我父母以后一定为我起塔,令一切众生身诸病苦、宿罪因缘、汤

---

〔1〕 如克孜尔 8、13、17、34、38、47、114、184 窟,库木吐拉 63 窟,麦积山 127 窟,莫高窟 254、428、301、302、419、85、72 窟。参见 Alexander Peter Bell 的统计,*Didactic Narration: Jataka Iconography in Dunhuang with a Catalogue of Jataka Representations in China*,Münster: LIT Verlag, 2000, pp. 141–143. 其主要图版参见以下资料:克孜尔石窟管理处编:《中国石窟·克孜尔石窟》,东京:平凡社,1983—1985 年,第 1 册,Pls. 32、39、61、79、116、117、151,第 2 册,Pl. 146,第 3 册,Pl. 207 (Berlin: MIK III 8886 – 8888);敦煌文物研究所编:《中国石窟·敦煌石窟》,东京:平凡社,1980—1982 年,第 1 册,Pls. 36、37、168、169,第 2 册,Pls. 2、4、10、83、85、151。在回鹘文写本中也有反映,较近的研究见 Simone-Christine Raschmann and Ablet Semet, "Neues zur alttürkischen 'Geschichte von der hungrigen Tigerin'," in *Aspects of Research into Central Asian Buddhism: In Memoriam Kōgi Kudara*, ed. by Peter Zieme, Turnhout, Belgium: Brepols, 2008, pp. 237 – 275.

〔2〕《经律异相》引自北凉高昌法盛译《菩萨投身饴饿虎起塔因缘经》,该经见《大正藏》第三册,No. 172,页 424b—427c. 但此经的译者十分可疑,因为此经在隋代费长房的《历代三宝记》卷一三中列入失译部分,显然当时法盛尚未列为译者。

第三章 中古佛教驯虎记

药针灸不得差者,来我塔处至心供养;随病轻重,不过百日,必得除愈;若实不虚者,诸天降雨香华。话音刚落,果然天降曼陀罗华,地皆振动。于是太子即解鹿皮衣以缠头自投母虎前,母虎得食菩萨肉,而母子俱活。

第三个故事则提到摩诃萨埵王子舍身时还有他的两位兄长在场,而特别凸显他的慈悲和功德。《经律异相》卷三二《萨埵王子舍身》六引《金光明经》卷四云:过去世有王名摩诃罗陀,有三子,摩诃波那罗、摩诃提婆、摩诃萨埵。三人出游时见到一母虎产子七日,有七子围绕,饥饿穷悴,身体羸损,命将欲绝。老大说,这母虎吃不到东西,为饥饿所迫,可能吃她自己的孩子。老三问,这虎一般所食何物?老大说是热血肉。老三问谁能找到热血肉给她?老二说恐怕很难,谁愿意不惜身命呢?老大说,难舍之至,莫过己身。老三说惟有大士心怀慈悲,为饶益他舍此身命。老三等两位兄长走开之时,感到此身无所作为,最后归于无常,无甚利益。不如舍身以求寂灭无上涅槃。于是以干竹刺颈,从高投下以身饲虎。这个故事和前两个故事的不同在于出现了三个主要人物,其中三王子是舍身饲虎的主角。他们三人的对话突出了三王子的勇气和决心。

第四个故事比较有特色,比较了佛和菩萨前世在面对饥饿中的母虎之不同态度。《经律异相》卷一〇《能仁为淫女身转身作国王舍饴鸟兽二则》引《前世三转经》记载在过去世的优波罗越国[1],有三位道人共行,求瓜果为食,但没想到遇到妊娠中的母虎。童子道人对其他两道人说,母虎不久当生产,饥饿了好些日子,恐怕要吃自己的孩子,谁能持身食之?当时弥勒言曰他当持身食之。众人采果之后返回见到母虎已经生产,很饥饿,欲食其子。童子道人问两道人云现在母虎已生产,谁能持身救其饥苦?母虎开目张口面对两道人,道人畏惧而飞虚空。其中一人说,卿之至诚,为如是耶?属身食虎,今何故飞?另一道人哀怜母虎,为之泪出,左右顾视,并无所有。于是童子道人取出利刀,刺臂流血。母虎饮之。之后更

---

[1] 此经在《大正藏》第三册中列为西晋法炬译,但僧祐《出三藏记集》卷四列为失译,较为可信。则此经乃是托名法炬译。

自投母虎跟前,以身饲虎。这位童子道人,即是佛之前身,而两道人是迦叶、弥勒二菩萨。

　　基本上这四个故事都是母虎被动食菩萨肉,虎的形象是弱者,作为处于饥饿中的受难母亲,面临是否食子的艰难选择。而菩萨则是为了得道以在来世成佛而主动投身饲虎。虽然内容近似,但第三个故事比第一个故事更为丰富,增加了两位王子兄长的角色,并增加了许多关于王子在投身饲虎之前一些心理活动和发愿的内容,更加突出了王子的舍身精神。但是,故事的结尾,还是王子丧生于母虎的饥饿本性。母虎成为食用人类的猛兽。另一个角度而言,在这些故事之中,母虎也是菩萨成佛修行过程中的道具,母虎的凶残与菩萨的慈悲成为鲜明对比。

　　虎与其他猛兽列在一起的说法在汉文佛教文献中亦甚为普遍。如陈朝真谛（499—569）译《佛说立世阿毗昙论》卷八《地狱品》二三云昔在人中畜养师子、虎、豹、熊、罴、豺、狗之属,令其咋啮有命众生。很明显,在这个话语中,虎和狮子、豹、熊、豺、狗列在一起,都是吃人和其他动物的猛兽。中古时期人们出外行走,一进入自然空间,特别是森林较为茂密之地,则很可能遇到这些猛兽,那时候人类对自然的开发尚没有现在这么充分,自然环境在很大程度上仍维持其本来状态。猛兽在自然环境中生存的空间比较充裕,自然会和人们的生活和宗教空间发生较多的互动,并常常威胁到人们的人身安全。

　　因为虎是六道众生中动物道众生之一种,因而,作恶者死后转世成虎也是一种恶业导致的自然结果。这种说法在佛教文献中亦不鲜见。有关转世于畜生道为虎的话语,见《法苑珠林》卷五中引《涅槃经》云,如果有恶业,则命终之时仍然会堕落在三恶道中,即使为四天王乃至他化自在天身,命终生于畜生道中,或为师子、虎、兕、豺、狼、象、马、牛、驴等,所以会受大苦。三恶道即指六道中人道以下受尽痛苦的畜生、饿鬼、地狱三道。如果不遵守吃素,而过多食用肉类,则主要来自过去做罗刹时的报应。见《法苑珠林》卷九三《食肉部》第三,其文略云,明食肉之人,皆是过去曾作恶罗刹导致。因为习气使然而贪恋食肉。过去曾作罗刹眷属,则将在虎、

第三章　中古佛教驯虎记

狼、师子、猫、狸中转世出生。

另外,佛教文献中对因为各种邪见恶业导致转世为畜生也有一些说法,其中导致转世投胎作虎乃是因为态度之骄慢。比如《法苑珠林》卷九七《受生部》第四引《俱舍论》云:"若人临终,起邪见心,是人以先不善为因,邪见为缘,故堕地狱。有论师言:一切不善,皆是地狱因。此不善之余,生畜生、饿鬼中。又法业盛故,堕畜生中;如淫欲盛故,生于鸽、雀、鸳鸯之中;嗔恚盛故,生于虮、蝮蛇、蝎中;愚痴盛故,生猪、羊、蚌、蛤中;憍慢盛故,生于师子、虎、狼中;掉戏盛故,生猕猴中;悭嫉盛故,生饿狗中。若有少分施善余福,虽生畜生,于中微乐。"[1]在这里,狮子、虎、狼等大型猛兽并列在一起。

类似的邪见恶业导致的转世为虎等猛兽还见于敦煌出土的佛教写本《佛说善恶因果经》。该经云:"佛言,为人破塔坏寺、隐藏三宝物作己用者,死堕阿鼻大地狱中。从地狱出,受畜生身,所谓鸽、雀、鸳鸯、鹦鹉、青雀、鱼、鳖、猕猴、獐、鹿。若得人身,受黄门形、女人、二根、无根、淫女。为人喜嗔恚者,死堕毒蛇、师子、虎、狼、熊、罴、猫、狸、鹰、鸡之属。若得人身,喜养鸡、猪,屠儿、猎师、网捕、狱卒。为人愚痴不解道理者,死堕象、猪、牛、羊、水牛、蚤、虱、蚊、蝱、蚁子等形。"[2]和其他动物一样,虎在转世轮回观念中非常有代表性。之所以虎被认为是因憍慢、嗔恚而转世所成,则和当时人们对虎的印象有关。在这种印象中,在森林中游荡的虎大概看上其性格暴躁,个性粗野,相当骄横。这也说明佛教中的话语和叙事与人们的日常生活经验关系相当密切。

上面提到的两种早期佛教的叙事传统,舍身饲虎与转世轮回成虎,都在中国佛教文献中得到延续。汉文佛教文献中记载被猛虎吃掉的僧人也不是没有。这种被虎吃掉的故事当然延续了早期佛教中佛本生叙事的传

---

[1]《大正藏》册五三,页1001a。
[2]《大正藏》册八五,页1382a。此经在唐代明佺编《大周刊定众经目录》卷一五(《大正藏》第五五册,No.2153),以及后来的《开元释教录》《贞元新定释教目录》中均列为伪经。这一段实际原本出自《大般涅槃经》,文字略有不同,见《大正藏》册一二,页507c—508a。

统。如《宋高僧传》卷二三《释行明传》云传主"俗姓鲁,吴郡长洲人也。尝谓道友曰,吾不愿随僧崖,焚之于木楼;不欲作屈原,葬之于鱼腹。终誓投躯学萨埵太子,超多劫而成圣果,可不务乎?屡屡言之,都不之信。忽于林薄间委身虩虎前,争竞食之,须臾肉尽。时泰公收其残骸,焚之而获舍利"[1]。所以,僧人如果舍身,还是会被虎吃掉。但也可能能够幸免,如《宋高僧传》卷二三载释息尘,姓杨氏,并州人。他曾欲以身饲狼虎入山谷中,但其兽近嗅而奔走,居然没有吃掉他。有意思的地方在于,这个故事将虎和狼都提到了。说明作者认为虎和狼都是猛兽,都会吃人,因而一起提到。这样的叙事一方面延续了早期佛教本生中舍身饲兽的主题,另一方面则和本生故事中的饲虎有了偏差,反映了中国佛教传记的本地特色。

变化成虎在中国佛教文献中也出现在感应变化故事中。如《法苑珠林》卷三二《变化篇》引《齐谐记》中记载晋义熙四年(408),东阳郡太末县吴道宗,少年失父,与母亲过日子。有一天他不在家。邻居闻其屋中砰磕之声,不见其母但有一只乌斑虎在其屋中。乡里惊怛,担心此虎食其母,召集人手一起去救,但进入其家之后不见有虎。而其母语如平常。她告诉道宗说,以前有罪孽就会变化成虎。后来某日突然母亲不见了。而县界内虎灾屡起。都说有母乌斑虎。后来百姓发动起来格击之。此虎杀数人。后来众人在搏斗中伤到此虎,却没有当场将其杀死。数天之后虎还道宗家不能恢复人形,不久死在床上,道宗号泣,如葬其母法,早晚哀哭。其实,这个故事只是提了一下以前的宿罪会让人变化成虎[2]。但究

---

[1] 《大正藏》册五〇,页857b。
[2] 此事亦见于见[宋]李昉等编:《太平广记》卷四二六,北京:中华书局,1961年,页3467—3468;同书卷四三一蔺庭雍条引《录异记》载其妹因盗取寺院财物变身为虎,见页3498—3499。在这些佛教故事中,虎是有恶业的人的化身。而在道教中也有女人化身为虎的记录,但是却以善的一面出现;如唐杜光庭集《录异记》卷五异虎条载剑州地区嘉陵江畔有一位五十余岁的妇人自称十八姨,出入民家,不饮不食,劝人做好事,民间视其为虎所化,非常敬畏;见《中华道藏》册四五,页148。该条接着记载了一个也是四川地区的故事,涪州神将蔺庭雍之妹盗取附近古庙中之物,化身为虎。正如傅飞岚提示的,这些故事实际出自杜光庭编纂的《录异记》,记录的是发生在四川的事。宋张君房辑《云笈七签》卷五六《诸家气法》将人变为虎归结为"游魂之变",这种理论认为元气本一,但可化生万有,这个一之中包含五气,这个五气随命成性,逐物意移,染风习俗,所以可以变化无穷;见李永晟点校本《云笈七签》,北京:中华书局,2003年,页1218。

竟怎样的因缘,则没有细说。

同书还引顾微《广州记》记载晋复阳县里民有一家牧童被牛舐而死,其家葬此儿,并杀牛以供宾客,结果凡是食此牛肉男女二十余人,都变成了虎。这个故事则主要讲食用牛肉者变成虎。《续搜神记》则记魏时寻阳县北山中蛮人有术,能使人化作虎,毛色介身悉如真虎。这个故事主要和巫术有关,但出现在佛教文献中,可能反映了中国传统信仰中动物精怪思想与佛教中畜生思想的结合[1]。

以上对汉文文献所记载的早期佛教传统中有关虎的三种论述作了介绍,可以看出基本上虎和人并没有互动,而主要以饥饿、凶狠等形象出现,和人没有精神与情感上的交流。瓦尔多(Paul Waldau)认为佛教传统不杀生的第一条戒律提供了一个佛教试图推行普世慈悲作为绝对伦理准则的基础,但畜生与人类不同,因为他们没有精神的层面(spiritual dimension),他还认为早期佛教对众生的看法和其他主要的宗教和哲学传统一样都是在伦理上的人类中心主义观[2]。的确,在上述汉文佛教文献中,看不到这些猛虎在精神层面上的表现。而中国佛教则不然,我们下文将讨论猛虎如何在中古佛教中作为僧人的法侣和法徒出现。

三、高僧驯虎记

正如佛教与自然的关系一样,佛教与猛虎的关系较为复杂。我们这里仅处理那些佛教传记文献中关于高僧与猛虎互动的材料。读者在下文将看到,很多材料提示了所谓高僧驯化猛虎或者与猛虎相依相伴的故事,这些故事有些是事实,有些是传奇,也有些不过是佛教单方面的一套修辞,用以说服听众和读者。我们以下将详细探讨这些故事。

在进入正题之前,这里有必要解释一下讨论的层次和方式。因为除

---

[1] 动物精怪与佛教思想的结合,参见本书第二章。
[2] Paul Waldau, *The Specter of Speciesism: Buddhist and Christian Views of Animals* (Oxford: Oxford University Press, 2001), chapters 6 and 7; idem., "Buddhism and Animals Rights," in Damien Keown ed., *Contemporary Buddhist Ethics* (Richmond, Surrey, England: Curzon Press, 2000), pp. 85–105.

了所谓高僧和佛教徒与猛虎有诸多互动,很多普通民众以及政府官员也和猛虎有相遇和互动,所以对高僧驯虎的分析将被置于中古时代人们处理猛虎的大背景下考察。我们首先介绍汉唐时期官府对猛虎危害的认识以及处理办法,然后再转入讨论所谓高僧与猛虎的相遇以及驯虎故事,最后再简单提示一些儒家政治伦理中对所谓猛虎驯化修辞的运用,以作为佛教话语处理猛虎的对照。总之,我们将首先看看非佛教社区包括官府和民间对猛虎的态度、认识和处理,以作为分析佛教文献中僧人遭遇猛虎的背景。

站在非佛教角度来看,虎害在中古史上有其独特地位。虎害是汉唐以来民间的大问题,法律中有专门关于捕虎的规定条例。池田温先生发表过《中国古代的猛兽对策法规》一文,专门研究这一问题。他指出古代中国人的日常生活中,猛兽尤其是虎很可怕。因此,在史书中,有关地方官致力于根除虎害的事迹很多,而政府制定的法规中针对猛兽的法规也很多。汉律和晋律中都有捕获虎可到政府交换赏钱的规定。捕虎一头,汉律规定可得赏钱三千,晋令中则规定可赏绢三匹。池田先生还注意到晋令中的虎在唐令中变成了猛兽,可能是为避唐高祖李渊祖父李虎之讳。他进而指出在宋代虎害已经不如六朝隋唐时期那么猖獗,捕获的机会不如以前高,因此赏金也提高了。从他的研究可知,汉到唐这段时间虎害十分频繁,因而政府对消除虎害很下功夫。[1]

池田先生主要讨论了一些律令材料。其实其他文献中这样的纪录也不少,兹举一例。如《全唐文》卷廿七收录唐玄宗《命李全确往淮南授捕虎法诏》一条,其文云:"如闻江淮南诸州大虫杀人,村野百姓,颇废生业。行路之人,常遭死失。州县不以为事,遂令猛兽滋多。泗州涟水县令李全确,前任宣州秋浦县令,界内先多此兽,全确作法遮捕,扫除略尽。迄今,人得夜行,百姓实赖其力。宜令全确驰驿往淮南大虫为害州县,指授其

---

[1] 池田温:《中国古代的猛兽对策法规》,原载《律令制的诸问题——泷川政次郎博士米寿纪念论集》,东京:汲古书院,1984 年;收入池田温:《唐研究论文选集》,北京:中国社会科学出版社,1999 年,页 285—311。

第三章　中古佛教驯虎记

教,与州县长官同除其害。缘官路两边,去道各十步,草木常令芟伐,使行人往来,得以防备。"[1]这主要反映地方县令在其职责范围内想方设法捕杀猛虎,以保护民众生命安全。

汉文佛教文献,常常同时出现虎狼和虎兕的纪录,这说明虎和狼以及虎与野水牛是古代比较常见的会危及人们生命的猛兽,所以民间也发展出一套对付猛虎的办法,主要是顺着其脾性。如《列子·黄帝第二》记载了民间驯化猛虎的办法,其文云:

> 周宣王之牧正有役人梁鸯者,能养野禽兽,委食于园庭之内,虽虎、狼、鵰、鹗之类,无不柔驯者,雄雌在前,孳尾成群,异类杂居,不相搏噬也。王虑其术终于其身,令毛丘园传之。梁鸯曰:"鸯,贱役也。何术以告尔?惧王之谓隐于尔也,且一言我养虎之法:凡顺之则喜,逆之则怒,此有血气者之性也。然喜怒岂妄发哉?皆逆之所犯也。夫食虎者,不敢以生物与之,为其杀之之怒也。不敢以全物与之,为其碎之之怒也。时其饥饱,达其怒心。虎之与人异类,而媚养己者,顺也。故其杀之,逆也。然则吾岂敢逆之使怒哉?亦不顺之使喜也。夫喜之复也,必怒;怒之复也,常喜;皆不中也。今吾心无逆顺者也,则鸟兽之视吾犹其侪也。故游吾园者,不思高林旷泽;寝吾庭者,不愿深山幽谷;理使然也"。[2]

这里面可以看出当时人对猛虎的看法,即猛虎是顺之则喜,逆之则怒,如果顺着猛虎的脾性则可以驯养之。佛教提供了从佛教教义和实践出发对驯化猛虎的不同认识。

高僧传记中遇虎故事的真实性可以这样理解[3],一方面高僧长期在森林中修行,非常可能和虎兽打成一片,共享一片天地,所以野兽遇到这

---

〔1〕[清]董诰编纂:《全唐文》,北京:中华书局,1999年,影印本,第一册,页306—307。
〔2〕杨伯峻:《列子集释》,北京:中华书局,1979年,新编诸子集成,页58—59。
〔3〕谢和耐提示了高僧传记中记载的高僧能够接近猛兽可能有一定的真实性;见 Jacques Gernet, *Buddhism in Chinese Society: An Economic History from the Fifth to the Tenth Centuries*, translated by Franciscus Verellen, New York: Columbia University Press, 1995, p.253.

些僧人,嗅一嗅以为是同类便不捕食[1];另一方面,高僧传中也显示的确有些僧人实际上被虎所食而丧命。这说明这些僧人在森林中修行还是有被虎吃掉的危险。有些僧人也采取自然林葬之法,任由猛兽噬尽其肉。如《释氏稽古略》载圭峰禅师宗密在唐武宗会昌元年(841)正月六日于兴福院诫门人,指示他们在自己寂灭之后弃尸施鸟兽,焚其骨而散之。

汉唐之际这种虎害频繁的记载,在佛教文献中亦可发现。如《法苑珠林》卷一九《感应缘》有关沙门释法安的故事。法安为庐山之僧远法师弟子。义熙末年,"阳新县虎暴甚盛,县有大社,树下有筑神庙,左右民居以百数,遭虎死者,夕必一两。法安尝游其县,暮投此村。民以惧虎,早闭门闾,且不识法安,不肯受之"[2]。尸体被猛虎所吃掉的还有唐初百济僧人慧显。比如《续高僧传》卷二八所载《释慧显传》,记慧显为百济人,年少出家,苦心修行,以诵《法华》为业。祈福请愿,所遂者多。后来学习三论。初住本国北部修德寺,其后到南方达拏山。贞观初年入寂。其同学将其尸置于石窟中,被猛虎噉身骨并尽,只有舌头留下来。这说明大自然中的猛虎还是会对僧人不利。

佛教文献中提供了和在俗社会对虎的不同的一种处理方式。汉唐时期,官府和民间对虎害主要以捕为主,而佛教社区则主要是驯服和降伏,因为驯虎和伏虎是僧人生活中很能体现僧人修行和道德的行为,也从而将僧人社区与在俗社区分别开来。僧人的伏虎行为和高僧的身份认同也联系一起。不是随便一位僧人均有能力伏虎,一般比较有成就的高僧才能真正降伏猛虎[3]。所以,普通僧人也遭遇虎害,而高僧才能与猛兽为

---

[1] 《太平广记》卷四三三引《高僧传》讲述了袁州山中一僧人因长期模仿猛虎后来变成猛虎危害路人,在伤害一名老僧的过程中幡然醒悟而恢复人身的故事;见《太平广记》,北京:中华书局,1961年,页3512—3513。《全唐文》卷八二六收录黄滔撰《龟洋灵感禅院东塔和尚碑》则记载志忠(817—882)和尚卜居龟洋,"栖于岩穴之内,不离兹山,相伍者麋鹿,驯伏者虎狼"。

[2] 《大正藏》册五三,页428c。这个故事也被谢和耐引用了,见 Jacques Gernet, *Buddhism in Chinese Society: An Economic History from the Fifth to the Tenth Centuries*, translated by Franciscus Verellen, New York: Columbia University Press, 1995, p. 255.

[3] 这类显示伏虎能力的高僧可能后来成为地方信仰的对象,比如据劳格文提示,在闽南地区特别长汀一代,定光古佛、伏虎公、观音菩萨被当成三太祖师崇拜,见 John Lagerwey, "Dingguang Gufo: Oral and Written Sources in the Study of a Saint," *Cahiers d'Extrême-Asie* 10 (1998), pp. 77–129.

第三章　中古佛教驯虎记

友、为侣,甚至能将猛虎变成自己的法徒。

僧人以慈悲心救中箭之虎的故事,见于《宋高僧传》卷一六《释彦偁传》云,该僧姓龚氏,居住在旧墟古寺,周围不全,堍垣而已。"尝一夜,有虎中猎人箭,伏于寺阁,哮吼不止。偁悯之,忙系鞵秉炬下阁,言欲拔之。弟子辈扶遏且止者三四,伺其更阑各睡,乃自持炬就拔其箭。虎耽耳舐矢镞血,顾偁而瞑目焉。质明,猎师朱德就寺寻虎。偁告示其箭,朱德悛心罢猎焉。"[1]这里可以看出,这位僧人完全可以利用猛虎中箭当场将其拿下,送到官府,能拿到不少赏金。可是他根本没有这样做,而是立刻救护这只受伤的猛虎,并以慈悲心感化了前来追虎的猎人。这个故事反映了猎人和僧人对待猛虎两种截然不同的态度和做法,最终僧人的态度和做法占据了上风,并改变了猎人。

反过来,在佛教文献叙事中,亦有虎在危急关头救助僧人的故事。如《弘赞法华传》卷七记释法爱被贼人追赶到一棘林中隐避,遇到两虎在其中相抱而卧,法爱感到惶惧,边告诉两虎云自己被贼追逐,万不得已才投入林中。两虎当即冲将出去奋迅惊吼,将贼吓退。另一故事见《法华经传记》卷六,其文云慧达以诵《法华经》为常业。晋隆安二年(398),他在北泷上掘甘草时,遇到羌人因饥饿而捕人食之。"达为羌所得,闭在构中。彼中有多人众。先,羌择肥者食之。达一心称观世音菩萨,并诵《普门品》。羌食余人已尽,唯在达并一少儿,拟次食。明日达竟礼诵,羌来欲食,急见一虎从草聚出,吼哮驰逐。时诸羌散走,幸得大平,将其小儿,还于本处。诵经之力,感观音应揭焉。"[2]虽然这两则故事都是《法华经》灵验记,但这反映了一种佛教中因果的观念。即如果僧人救护猛虎,则其善因也将帮助其得到猛虎的救助。

佛教僧传中还表达了虎也是众生,如果人攻击虎,则虎害难灭的观念。比如《宋高僧传》卷二十九记载释怀空,住安陆定安山。他在这里遇

---

[1]　《大正藏》册五〇,页 809b。
[2]　《大正藏》册五一,页 76b。

一土地神变化的老者,该老者劝怀空镇压这一地区的虎患,为民谋利。于是怀空在此结茅而止。寻因村民追逐猛虎入山,告诉怀空此地有虎患,导致村落不安,愿怀空示以息灾之法。怀空立刻开示说,猛虎也是众生,你若屠杀他,他一定会来以牙还牙以为回报。这样迭相偿报,何时断期?他建议乡民们回去之后,同心设置道场施设大会。怀空出席了法筵。该日傍晚,"即有一虎于庵前瞑目伏地。空曰:'咄哉恶类,一报未灭,更增宿殃,噬人伦也。天不见诛,死当堕狱。吾悯汝哉!'虎被责已,忽迟回而逝。明日斋散上山。其虎在庵前领其七子,将斋余掷之,各食讫,为其忏悔,七虎相次俱亡。"[1]不过,这个故事中怀空虽然表示虎是众生,但最后仍然用法术消除了虎灾。

高僧首先是能够在游方途中不需要回避猛虎,然后才能帮助当地止息虎灾。所以这里先看看佛教文献如何说到高僧修行到一定程度不为猛虎所伤的例子。外国僧人不畏虎、不为猛虎所伤的故事,在汉文佛教文献中并不鲜见。首先,我们可以举出较早能以神通了解猛虎习性的故事。《出三藏记集》卷一四载罽宾僧人佛陀耶舍十三岁时出家,常随师远行,在旷野中遇到猛虎,其师欲走避,但耶舍说此虎已经吃饱,不会伤人。后来猛虎果然自行离去。其次,我们可举出一些外国沙门驯服猛虎和其他猛兽的例子。又比如求那跋摩,也是出身罽宾的沙门,具戒之后,诵经达百余万言。后来游方至南海阇婆国,阇婆王为其建立精舍,以师礼事之。该国山中多猛兽,常常出来危害当地居民。于是跋摩请求移居山中,结果山中虎、豹均十分驯服,危害消除。又《高僧传》卷一载另一罽宾沙门昙摩耶舍,随弗若多罗学佛,该览经律,明悟出群。长大之后,一个人游行山泽,不避豺、虎。所谓不避,指僧人修行到一定程度,实际上有自信心不被伤害,所以才感到不需要采取回避的动作,躲开猛虎。

中国僧人在山中独自修行,不畏猛虎的故事也很多,全都是个体行为。如《高僧传》卷一〇记载释法晤在武昌附近修行头陀行,常常诵习大

---

[1]《大正藏》册五〇,页892c。

第三章　中古佛教驯虎记

小品《般若经》、《法华经》,六时行道,在山泽中行走不避虎、兕。又,高昌出身的沙门释法绪,德行清谨,蔬食修禅。后来入蜀,在山谷之中修头陀行,而虎、兕不伤,常常诵习《法华经》、《维摩经》、《金光明经》[1]。清河人释昙超开始居于上都龙华寺,后来在元嘉末南游始兴,遍观山水,独宿树下,而虎、兕不伤。《高僧传》卷十二则载释慧弥,姓杨氏,为弘农华阴人,据云为汉太尉杨震之后裔。他具戒之后,志修远离。遂入长安终南山岩谷险绝且人迹罕至之地,一个人负锡前往,途中遇虎、兕,并无干扰。《续高僧传》卷二十七记释大志,会稽山阴人。在花山甘露峰南建静观道场,修头陀行,常常孑尔一身,不避虓虎。想舍身,而猛兽均避而不噉。在山中没有食物,则终日忘餐,常常以饼果糊口。

从这些记录来看,有几点值得讨论。其一,往往提到猛虎和野水牛之时,僧人都是单独修行,特别以修头陀行较为常见。这种修行因为要往深山老林和野外行走,遇到猛虎和野水牛的机会较多。猛虎和野水牛也以独行作为其主要活动特点,所以僧人遇到虎兕多半是单对单的情形。其二,这些故事之中往往虎、兕并提,可知当时猛虎和野水牛在中国南方分布较为广泛[2],至少这些故事中提到的湖北、江浙、陕南等地较为温暖湿润之地,猛虎和野水牛的踪迹并不罕见。其三,佛教文献的叙事有其一定的模式,虎与野水牛,作为猛兽的代表,被记述下来,并一定就是这两种猛兽。但显然中古时代的僧人对猛虎和野水牛对僧人单独出门游方造成危险这种忌惮心理还是存在的。这种心理状态所折射出来的猛虎与野水牛对当时的宗教生活特别是僧人的修行状况之影响可见一斑。

北方僧人修行之不为猛虎所伤的故事也很多,但猛虎多和豺或豹并提,这说明当时北方僧人在修行时则有更多机会遇到虎、豹,而野水牛似乎较为少见。如《华严经传记》卷四载释普济,住雍州北山,常常栖迟荒

---

[1] 其事迹见于后代多种《法华经》灵验记,如宋代元晓编辑的《法华经显应录》,见《续藏经》册七八,页30c;《续藏经》册七八,《法华经持验记》,页66b。

[2] 日本学者松田稔对《山海经》中出现的动物进行了统计,指出排名处于前列的动物为鹿、牛(包括兕)、羊、豕、虎、豹、猿、马、犀、犬等,见氏著《山海経における動物観》,《国学院女子短期大学纪要》,页10。

险,不避豺、虎。游方之际则手不释卷,常诵《华严经》一部,两日一遍。《续高僧传》卷二十七则记释普安,京兆泾阳人。在林野中披释幽奥、资承玄理,并修苦行。常常露形草莽,施诸蚊虻,流血被身,初无怀悚。还试图委卧乱尸之中舍身给豺、虎,但虎、豹皆嗅而不食。

以上所举例子均发生在荒山野岭,而唯一发生在城市中的例子恐怕只见于北魏。北魏太武帝曾以佛教僧人投虎,但虎却害怕有修行的佛教高僧。见《高僧传》卷十记释昙始在北魏灭法期间,潜遁山泽修头陀之行。后来他多次被北魏太武帝拓跋焘下令依军法处决,但屡斩不伤。拓跋焘大怒,自己以所佩之剑砍昙始,也没有效果。当时洛阳北园养有猛虎。于是拓跋焘下令将昙始投给猛虎,但猛虎却潜伏不敢接近。再试用道教天师接近虎槛,猛虎则立刻鸣吼。这个故事虽然是佛教用来抬高僧人修行而贬低道士的护教之作[1],但反映了当时修头陀行的僧人不为猛兽所伤害的佛教叙事。

这个故事当然是佛教叙事修辞,以高僧能不受猛虎攻击作为高僧之所以为"高"僧的证明。很多高僧传记提及传主不避虎兕但没有提供细节,或许只是这样的修辞套话,因为很多传记主要材料取自传主的墓志或碑铭,所以其所用词汇均是墓志或碑铭常用的套话(generic terms)[2]。极为类似的故事也出现在基督教传统中。比如《圣经》的《但以理书》第六章讲述了一个希伯来人但以理(Daniel)不为狮子所伤害的故事。但以

---

[1] 道教叙事中则表现为僧人由虎吃掉;见《南岳总胜集》卷上缑仙姑的传记(亦见于《太平广记》卷七〇,《云笈七签》卷一一五)。仙姑入道居衡山,于魏夫人仙坛精修香火十余年。孑然无侣,而坛侧多虎。有十余僧来毁魏夫人仙坛。最后导致十人分散,而九僧为虎所杀。其事出自唐杜光庭集《道教灵验记》卷二《南岳魏夫人仙坛验》,见《中华道藏》册四五,页76。类似的佛教僧人为猛虎所害的故事还有《道教灵验记》卷二《广州菖蒲观验》所载该观之前身曾为僧人占据改为禅院,但佛僧遭虎害,损伤十多人,遂离去,此地重新改为道观;见《中华道藏》册四五,页77。猛虎帮助道士维护权益,吓阻佛僧之事亦见于《道教灵验记》卷二《静福山分界验》,见《中华道藏》册四五,页78。有关魏夫人的研究,参见James Robson, *Power of Place: The Religious Landscape of the Southern Sacred Peak (Nanyue) in Medieval China*, Harvard East Asian Monographs 316, Cambridge: Harvard University Asia Center and Harvard University Press, 2009, pp. 187-204.

[2] 有关高僧传,特别《续高僧传》、《宋高僧传》材料取自墓志或碑铭,筱原亨一有所申说,见 Koichi Shinohara, "Biographies of Eminent Monks' in a Comparative Perspective: The Function of the Holy in Medieval Chinese Buddhism," *Chung-hwa Buddhist Journal*, no.7 (Fall, 1994), pp. 477-500.

第三章　中古佛教驯虎记

理在波斯国王大流士(Darius,《圣经》和合本译为大利乌)时代地位显赫,受到其他总督的妒忌,大流士将其投入狮子坑,并对但以理说,如果他真的信奉神,神必来救他。结果因为但以理向神祷告,果然不为狮子所伤害。

实际上,道教中也有很多类似的驯服猛虎的记录,其对猛虎的驯化方式和佛教高僧驯化猛虎略为不同。中古道士不为猛虎所犯之事见《云笈七签》所载任敦的故事,此人曾在罗浮山学道,后到茅山修"步斗之道"以及"洞玄五符",能役使鬼神,玄居山舍,虎狼不敢犯[1]。中古道教也描述了以符和丹辟虎的办法。如东晋葛洪《抱朴子内篇·登涉》云:"有《老君黄庭中胎四十九真秘符》,入山林,以甲寅日丹书白素,夜置案中,向北斗祭之,以酒脯各少少,自说姓名,再拜受取,纳衣领中,辟山川百鬼、万精、虎狼、毒虫也。"[2] 约出自东晋的《洞神八帝妙精经》中有一节"抱朴密言",亦记载了葛洪在《抱朴子》中所教召高山君平息虎灾的办法,其文略云,

> 洪以咸和元年(326)四月戊午,于所居西,养特牛近二十头,时既有荒饥,家道屯否。又,县多虎灾,不可防遏,虎来亲损群牛,前后百日,已六、七头矣。尔乃出别止,告斋十日,按法召高山君,使断暴虎之害。夜乃行事,顷久乃见一人,着黄单衣,戴进贤冠,冠上又有赤鸟形,长短中人,手指可长一尺许,昂昂甚有威仪,自称为高山地主。吾因有言,令断虎害,见答唯唯。虎取牛时,此君兜球先射之,中髀,箭登时折在肉中,寻竹中死虎,果髀破,又得球箭铁,益审明也。自后一里虎暴遂绝。[3]

---

[1] [宋]张君房辑:《云笈七签》卷一一〇《洞仙传》"任敦"条,见点校本,页2395。同书卷一一五"徐仙姑"条(并见于《太平广记》卷七〇)记载仙姑和佛僧发生争执时云"我女子也,而能弃家云水,不避蛇龙虎狼,岂惧汝鼠辈乎?";见点校本,页2553。

[2] 见王明点校本《抱朴子内篇校释》,北京:中华书局,1985年,页308。Fabrizio Pregadio 提示了葛洪《抱朴子内篇》中的"辟百蛇及能却虎狼不犯符",这套符包括六种符录,如戴在身上的神印以及"山居符"、"开山符"等,见 Fabrizio Pregadio, *Great Clarity: Daoism and Alchemy in Early Medieval China*, Stanford: Stanford University Press, 2006, pp. 91–92.

[3] 《中华道藏》册四,页488b—c。

《云笈七签》卷六十七《金丹部》"九转丹"条中记第八丹为伏丹,服食之后可百日成仙,如果以丹书写于门户上,万邪众精不敢靠前,还可辟盗贼虎狼[1]。《云笈七签》卷七十七《方药部》"九真中经四镇丸"条云,若服食此丸十年,可以役使鬼神,威御虎狼,毒物不敢近[2]。

道教《赤松子章历》卷三收有《收除虎灾章》,其实收除对象包括虎狼。此章提到当时人们常常遇到凶灾,"虎狼入境,餐食生人,伤害六畜,日月滋深,无由禁止"。于是道士请"北玄君一人,官将官二十人,治黑治官;重请北平护都君,官将官二十人,治赤治官;一合下来,与禁断所居里域,真官注气,监察考召山川社稷土地之主,同心共意,禳却虎狼之害"[3]。还请百精君、制地君、九夷八蛮六戎五狄三秦君等天官带领他们的属下来帮助驱逐凶兽。不过,通过这一文献,可以看出,其实道教天官也并非自己亲自动手,而是借重山川社稷土地之主来对付虎狼。

道教传统中也有很多关于道人降服猛虎的故事,东晋葛洪撰《神仙传》中收录了许多这样的例子。比如该书卷四《黄芦子传》记载黄芦子葛起"善禁气之道,禁虎、狼、百虫皆不得动,飞鸟不得去,水为逆流千里"。《神仙传》卷五《茅君传》记载咸阳人茅盈(字叔申)十八岁入恒山学道,三十八岁学成还家,后来居于江南句曲山,"远近居人,赖君之德,无水、旱、疾、疠、螟、蝗之灾,山无刺草、毒木及虎狼之厉"。因而此山被称为茅山。《神仙传》卷六《樊夫人传》记载上虞县令刘纲与妻子樊夫人均擅长道术,两人入四明山遇虎,但该虎以面向地,不敢仰视,樊夫人以绳牵虎归家,将其系于床脚。《神仙传》卷九《壶公传》则记载汝南费长房随壶公学道之后在恍惚之中落入群虎之中而不惧的故事。同卷《尹轨传》记载太原人尹轨(字公度)晚年奉道,曾为居于陆浑山的弟子黄理止息虎害。其做法是断大木为柱,去家四方各一里外埋一柱,以印印之,于是虎害绝迹。

---

[1] [宋]张君房辑:《云笈七签》点校本,页1476。
[2] 见点校本,页1746。
[3] 《中华道藏》册八,页643—b。

第三章 中古佛教驯虎记

同卷《介象传》记载会稽人介象(字符则)在东岳学道家气禁之术,在山中卧于山石之上遇虎,告诉虎如果是天派来侍卫他,则可停止,如是山神派来试探他,则赶快离开,结果虎立刻离开。唐杜光庭集《道教灵验记》卷一一《高相〈三皇内文〉验》借何彝范的话提示《地皇内文》可杀死猛虎从而平息虎害[1]。

中古时期高僧与猛虎和谐相处的故事并非毫无事实根据,并非完全是佛教文献叙事中的论说和想象。其实,这类僧、虎共享自然空间的故事亦有其历史背景,在早期佛教中,很多修行僧人居住在森林之中,即需要与森林中的群兽和平相处,学会与它们沟通和相处,才可能不被打扰,从而完成修行大业[2]。早期大乘佛教尤其以僧人在森林中修头陀行为特色[3]。很多僧人之所以能和虎共处,可能和他们长期生活在深山老林,已经能和野兽和平共处有关。这在中古汉文僧传中亦有类似的故事,比如《宋高僧传》卷一九云唐代新罗僧人无相往往夜间坐床下,搦虎须毛,"既而山居稍久,衣破发长,猎者疑是异兽,将射之,复止"[4]。这位僧人长期居住在山林,基本上已经异化成野兽,才不会被野兽当成外人。这类僧人长期生活在山中,相貌打扮类似猛兽并不让人意外。

正如我们在前文提到的,中古时期虎灾在很多地方都是一大危害,地方官员的一个重要任务便是止息虎灾,维护当地社会安定,人们能够安居乐业。虽然在律令上对捕杀猛虎有奖励,但杀戮猛虎在实践中并不容易。其实,作为替代方案,以朝廷宣扬的德政和仁政而言,能有高僧帮助止息

---

[1] 以上故事分别见《中华道藏》册四五,页34,37,42,54,55,55,114。

[2] Chatsumarn Kabilsingha, "Early Buddhist Views on Nature," in Roger S. Gottlieb, ed. *This Sacred Earth: Religion, Nature, Environment*, New York and London: Routledge, 1996, p.149. 此文原载 Allan Hunt Badnier ed., *Dharma Gaia: A Harvest of Essays in Buddhism and Ecology*, Berkeley: Parallax Press, 1990.

[3] Daniel Boucher, *Bodhisattvas of the Forest and the Formation of the Mahāyāna: A Study and Translation of the Rāṣṭrapālaparipṛcchā-sūtra*, Honolulu: University of Hawaii Press, 2008, pp.40 – 63; Paul M. Harrison, "Searching for the Origins of the Mahāyāna: What are We Looking for?" *Eastern Buddhist*, n. s. 28: 1 (1995), pp.48 – 69.

[4] 《大正藏》册五〇,页832b。

虎灾，则最好不过。因此，佛教史书中所记载的高僧止息虎灾实践，一方面展示了佛教的慈悲之一面，可以将佛教的道德教化推广开来；另一方面，高僧们也以止息虎灾的形式走出了出家人的修行空间，而实际上参与了当地的政治和社会生活，为当地百姓的平安贡献了自己的一份心力。佛教史书中常渲染高僧具有种种特殊本领，或有神通、或持法术，他们也常常以止息虎灾的高人形象出现在佛教文献之中，这一形象可能一定程度反映了他们的实际活动，也反映了佛教史书作者的模式化创作，以塑造这类高僧形象[1]。前面我们更多讨论了僧人遇到猛虎被动地不受伤害，以下将考虑主动与猛虎打交道、安抚猛虎、驯化猛虎、止息虎灾的例子。

早期止息虎灾的高僧为外国来华僧人，如《高僧传》卷三所记载求那跋摩（367—431）的故事，这可能是僧传中较早止息虎灾的故事。当时他正在南方宏法，在始兴地区有一座虎市山，因山上多虎，导致虎灾成为当地一害。但自从求那跋摩居之，他无论是昼行还是夜往，常常遇到猛虎，他以随身所携带的法杖轻按虎头，猛虎则不作害。后来中国僧人也开始止息虎灾。如前文已提及在《高僧传》卷六记僧人释法安（518—615）为虎说法、授戒，助当地止息虎灾。不过，前文我们已经提及，实际上早期佛教中似无僧传传统，因而汉文僧传中美化求那跋摩的故事或许是中国佛教的创造，而非出自求那跋摩自身带来的中亚佛教传统。

高僧中除了以法术止息虎灾者，还有舍身饲虎止息虎灾者。如《高僧传》卷一二记释昙称少而仁爱，并惠及昆虫。当时刘宋初年在彭城驾山下猛虎成灾。于是昙称准备舍身饲虎，以止息虎灾。他告诉当地村民，如果猛虎吃掉他，则虎灾便会止息。村人苦谏，他并不管。当天晚上独坐草中，"咒愿曰：以我此身，充汝饥渴，令汝从今息怨害意，未来当得无上

---

[1] 道教中也有驱除虎豹的叙事；见《南岳总胜集》卷中石室隐真岩条，该隐真岩在上清元阳之间，有杉松夹道，而岩岫堆蓝。其上有石室两所，本来是虎豹之窟，在唐大中年间由刘元靖先生居之，礼斗步罡，驱逐虎、豹。但关于道教与动物的文章指出道教文献中没有对在民间信仰中广受尊敬的猛虎特别讨论，参见 E. N. Anderson and Lisa Raphals, "Daoism and Animals," in Paul Waldau and Kimberley Patton eds., *A Communion f Subjects: Animals in Religion, Science, and Ethics* (New York: Columbia University Press, 2006), pp. 275-290.

第三章　中古佛教驯虎记

法食!"[1]到四更天,猛虎果然吃掉了昙称。而且全身几乎都被吃光,唯有头在。村民为其起塔供养。不久当地虎灾遂息。从僧传中所记载的昙称遗言来看,这显然是模仿佛陀本生故事中的舍身修行。不过,这类追溯到佛陀本生故事的说法,本身便是佛教修辞,乃是为了保留和继承所谓早期佛教的传统,以建立其合法性和正当性,宣扬佛教的教义。我们从其传记中并不能知晓他是否死后像萨埵太子那样成佛。

高僧也能通过说服当地人佛教信众设斋、行道、受戒来止息虎灾。这样止息虎灾变成了扩大佛教影响的手段。如《续高僧传》卷一五记释志宽到蜀地游方。当时蜀地虎灾厉害,常常数百为群,经历村郭,伤损人畜。其中有一头为虎王,其头最大,五色纯备,威伏诸狩。当时遂州都督张逊听说志宽有慈德修行,遣人往迎。志宽于是让各个州县立斋行道,各受八戒。当天晚上虎灾即消散。当时人们感戴其功德,奉为神圣。

其他高僧止息虎灾的故事还很多,比如以下这些。如《续高僧传》卷二一记交址出身的僧人释道禅(457—527),立性方严,修身守戒。当时仙洲山寺旧多虎害,道禅去居住修行之后,虎灾竟自然止息。另外,《宋高僧传》卷一九记释明瓒天宝年间在衡山南岳寺居住,曾经因为给当地进山祭祀南岳的刺史推开挡路的大山石为当地人崇拜为至圣。他居住的寺院外虎豹突然成群。他略施法术,则群虎绝踪。《宋高僧传》卷二〇则记载永嘉出身的僧人释玄宗(687—767)得戒之后到诸方游学。振锡行走至紫金山,决定留下来修行禅观。该山以前虎灾严重,猛虎常常吞噬行商,伤害樵子。自从玄宗卜居此处之后,猛虎绝迹。但这个故事后来则变成了神话,玄宗自称他是虎之化身。同卷《宋高僧传》还记载浔阳出身僧人释神鉴,在怀安西北山居。该山以前猛兽较多,经常出来作害。但自从神鉴居住于此,则虎灾弭息,于是远近称赏他的功德。

这几则故事所反映的僧人止息虎灾的故事各有其风格。有些故事反

---

[1]《大正藏》册五〇,页 404a。这一故事的英译见 Jacques Gernet, *Buddhism in Chinese Society: An Economic History from the Fifth to the Tenth Centuries*, translated by Franciscus Verellen, New York: Columbia University Press, 1995, p. 255.

179

映僧人修行高尚,故而有神通,虎灾自然止息。有些僧人则舍身饲虎,让虎不再伤害当地民众。有些则是僧人用法术来止息虎灾。这些多样性反映了僧人和猛虎交往方式之多样性。但同时也可以看出,这些故事主要还是以止息虎灾来塑造高僧的形象,体现高僧的风格和修行能力,为当时的僧人树立学习的标杆[1]。

中古时期,在俗佛教信徒将降伏虎、咒看成是有道高僧的主要本领。刘宋时期重要学者沈约在《内典序》一文中指出高僧一般是内亡形相、外驯咒虎[2]。从汉文文献来看,民间很少有人尝试驯化虎,最多是不畏虎,不为虎所伤,但主动积极驯化虎以虎为伴侣和徒众则几乎可以说完全是佛教僧侣的特权。当然,在佛教文献的论述之中,佛教僧人驯化猛虎,不是靠现代社会驯化动物的种种技术,而主要是靠其在佛教道德上的修行,特别是戒、定、慧三学,为虎授戒则是较为常见的驯化方式。这里面,有些驯化从现实层面来说是完全可能的,有些驯化则未免是宗教的说辞,并不可信。或许其驯化猛虎的结果是可能的,但将这种驯化结果的原因归结为高僧的个人佛学修行,则是佛教传记史家的一种想象和解释,似乎并无现实基础。

从目前所见中古佛教文献来看,驱赶、驯化、伴游是僧人和虎互动的主要方式。驱赶有两类,主动和被动。主动地驱赶虎常常是僧人应当地社区之邀请,通过驱赶虎为当地社区消除虎灾。被动指僧人修行到一定程度,所过之处各类野兽包括老虎自动回避,不敢挡路。比如《佛祖统纪》卷第七载禅师大志依智者出家,志趣高放而以大志为法名,诵《法华经》音声清转,听者忘却疲劳,在庐山甘露峰行头陀行,投身猛虎,虎却避去。驯虎的手段主要有以法杖、诵经、传戒等。中古佛教文献中还认为这种降伏猛虎的能力来自僧人在禅修达到一定程度之后能够摄心一处形成

---

[1] 有关《高僧传》中的作品是为塑造僧人形象而作的讨论,参见 John Kieschnick, *The Eminent Monk: Buddhist Ideals in Medieval Chinese Hagiography* (Honolulu: University of Hawaii Press, 1997), pp. 139–145.

[2] 《广弘明集》卷一九,沈约奉齐司徒竟陵王教作《内典序》。

第三章　中古佛教驯虎记

功德丛林。比如永明延寿（904—975）集《宗镜录》卷三八云禅定修行要以初心摄念为先，因为这是入道之阶渐。引《诸经要集》所说，只要摄心一处便能有功德丛林，如果散虑片时，便招来烦恼罗刹。因此昙光释子可以降猛虎于膝前，而螺髻仙人能够宿巢禽于顶上。所以修习禅定到一定程度能随意降伏驱使鸟兽。

我们这里举几个例子，来说明这些驯化虎的方式。使用法杖驱赶虎的故事，如《佛祖统纪》卷十二载法师本如，常常宣讲《法华经》、《涅槃经》、《金光明经》、《观无量寿佛经》等经典。他曾在其所驻锡之寺院西南隅见一虎酣睡，以杖击之曰，这里并非你睡觉之处，于是虎被惊醒，俯首而去。于是在当时虎卧睡之处结屋为庵。这里后来发展为白莲寺虎溪亭。这里可见本如主要因为诵读多种佛经，修行已经到了一定的境界，故可以法杖驱赶虎并在虎居之处建庵。还有禅师在得到证悟之后能用禅杖驯虎，为群虎说法。如《续高僧传》卷二五记禅师法响（553—630），十六辞亲随智者大师学佛，通《法华经》，后来在栖霞寺侧立法华堂，行三昧忏法，并获得证悟，但自己并不说。当时山中有猛虎，每日都有数人遇害。于是众人设大斋为禳。忽然发现一只虎突入人众中攫一人而去。禅师高声大喊说专门为虎设斋，可放此人。于是虎即放人而退。不久一群虎来参加斋会，众人吓得惊避不已。但禅师从容到群虎前以杖扣群虎颈为其说法。自此之后群虎均远遁无迹。《续高僧传》卷十六记释僧稠（479—560）在怀州西王屋山修行，听到两只老虎交斗，咆响振岩，于是前去以锡杖将两虎解开，两虎各散而去。又，《宋高僧传》卷二十七记释普岸从沃洲天姥入天台山修行，不久在山中见虦虎乳子，瞪目而视普岸。普岸以禅杖按其头曰，贫道闻此山是神仙窟宅、罗汉隐居，现在想要寄居此处安禅，檀越勿相惊挠！于是第二天母虎即领虎子离去。

除了法杖之外，高僧也用手摩虎头或抚背驯服虎。《高僧传》卷九记天竺入华沙门耆域自天竺到扶南，最后到交广一带，常常有灵异。他路过襄阳，想要找船过江。船工看这个外国和尚衣服弊陋，轻慢而不载。但他的船刚到对岸，耆域也到了。耆域走着走着遇见两只虎，他以手摩其头，

181

于是虎转身离开。又,《宋高僧传》卷二十一载释本净遇到一群猛虎横在路上为害,以至于采樵者不敢深入。于是本净上前轻抚虎头,并诫约叮咛一番,群虎弭耳而去。在俗佛教徒修行至一定程度,也能以手抚猛虎背驯化之。在《宋高僧传》卷二十二载李通玄精通《华严经》,他在路上偶遇一虎,抚其背,虎也弭耳而去。

除了以法杖或禅杖降伏猛虎之外,也有一些故事则表明高僧可以通过为虎传戒而降伏之。为动物授戒的现象在中古十分普遍,但多是授菩萨戒[1]。比如梁武帝在为供养舍利而举行一系列仪式活动中,有高僧为动物授菩萨戒。同样送舍利的同时高僧给动物授菩萨戒的仪式也出现在隋代文帝时期。

可是,有关降伏猛虎的授戒却止于授三归戒[2],这种区别需要在此略作说明。送舍利时给动物授菩萨戒,多半这些动物已经是佛弟子,它们在送舍利时,已经表现出虔诚参与,正如在俗三宝弟子积极参加迎舍利的活动一样,因而受菩萨戒可让它们在功德和修行上更上层楼,成为菩萨。而猛虎在这些僧传故事之中,常常伤害人命,则没有遵守基本的佛教不杀原则,所以需要受三归戒,作为进入佛门的基本要求,这样它们才会放弃攻击人类。

这样的故事在中古佛教文献中颇多,如《续高僧传》卷十六记出身南阳新野的僧人释法聪(468—559)到襄阳伞盖山白马泉筑室方丈以为栖心之宅。当时他修行的堂内所坐绳床两边各有一虎,以至于来拜访他的梁晋安王甚至不敢上前。法聪则以手按虎头着地,令其闭上眼待客。梁晋安王告知境内虎灾频发,请他帮忙止息。法聪当即入定,不久有十七只大虎来到跟前,于是法聪为其授三归戒,敕其勿侵犯百姓。又命座下弟子

---

〔1〕 在敦煌壁画也有动物听法受戒的表现。如榆林窟32窟西壁北侧有五代时期《梵网经变》,上绘诸多动物听法受戒图。莫高窟76窟东壁南侧绘双鹿跪坐听法图。

〔2〕 早期佛教中巴利文律典中则有动物如山鹑、猴子、牛、象等遵守五戒的说法,但动物并不能在佛法和戒律上有所精进,因而律典中主张为动物剃度将其引入僧伽乃是无效行为;同样,动物也不能为人传授戒律。见 James P. McDermott, "Animals and Humans in Early Buddhism," *Indo-Iranian Journal* 32: 4 (1989), pp. 269–270.

第三章　中古佛教驯虎记

用布系在诸虎的脖子上,告知其满七日之后再来。七日期满之时,梁晋安王设斋宴僧,这些猛虎也来参与,解开布条之后,这些猛虎不再为害。又,《弘赞法华传》卷三记释慧旻,在南涧一草庵修行,当时有两兔一虎来嬉戏,内外盘游,互不相扰。慧旻则常常给猛兽授三归戒[1]。这类故事恐怕还颇有一些。

以经书驯服虎的故事也有不少。如《弘赞法华传》卷六释僧生传记载这位蜀郡郫县出身的僧人,从小出家即以苦行著称。后来为成都宋丰等请为三贤寺主,诵《法华经》,兼习禅定。他曾在山中诵经,有猛虎来蹲其前,听他诵完乃去。僧人之外,在俗信众诵经也能吸引猛虎听经。唐代唐临编集《冥报记》中卷则记载唐初韦仲珪的故事。他天性孝悌,为州里所敬。他父亲去世之后,遣散妻妾,独自守在墓左。转信佛教,诵《法华经》,三年不归。曾经有一天晚上一只猛虎来至墙前,蹲踞听他诵经,久而不去[2]。

其实,以诵经驯化猛兽的故事已经出现在法显的西行求法故事之中。当时法显以诵经驯化狮子,而不是猛虎。见《高僧传》卷三记释法显将至天竺,到达离王舍城三十余里有一寺。他告诉寺院僧人自己欲诣耆阇崛山。但寺僧谏称路上甚为艰难险阻,而且很多黑狮子经常噉人。但法显坚持要去,于是寺院派遣两名僧人相送。法显到山上时天快黑了,欲停宿,但两僧危惧,舍之而还。法显独自留在山中烧香礼拜。到半夜果然有三只黑狮子前来蹲在法显面前舐唇摇尾,但法显诵经不辍,一心念佛。于是狮子乃低头妥尾,伏在法显足前。法显以手摩之,咒曰:若欲相害,待我诵竟。师子良久乃去。这个故事很有意思。可能是法显自己讲述中加以想象写成的记录,并不一定反映实际情形。

但是高僧能以诵经感化猛兽则是当时中国僧人的普遍心理。从前文

---

〔1〕 其本传见于《续高僧传》卷二二,但没有提到给猛兽授戒之事。
〔2〕 见《大正藏》册五一,No. 2082,页791c—792a;并见[唐]僧祥:《法华传记》卷五,《大正藏》册五一,No. 2068,页68c—69a;[唐]惠祥:《弘赞法华传》卷八,《大正藏》册五一,No. 2067,页35c—36a,云野兽,不云虎,或因避李唐先世李虎之讳。

已经看到高僧伏虎所诵经典包括流行中古时期的一些主要大乘经典,如《法华经》、《华严经》。其实也有一些例子涉及《金刚经》和《维摩经》。如《宋高僧传》卷二五记沙弥道荫常念《金刚经》,在宝历初年夜晚出门在路上遇到猛虎哮吼跳踯于前,于是闭目而坐默念《金刚经》,心期救护,结果猛虎果然伏于草中间,守候直至天亮。第二天村人看到猛虎,发现其蹲处涎流于地。这说明驯化老虎在大乘佛教中是非常普遍的观念和实践[1]。如果我们将这一僧传中提及的经书放在佛教社区作为一个文献社区的框架中考虑,或许可以说,僧传的作者对这些经书较为熟悉,而他们也期待读者对这些经书并不陌生,换言之,僧传的作者和读者所熟悉的文献乃是同一批文献,即《法华经》、《华严经》、《金刚经》、《维摩经》等常见佛经。僧传的叙事反映了内外两个故事,即作者笔下的僧人的故事和作者自己的故事,作者笔下僧人所熟悉的经书以及作者自己熟悉的经书,甚而读者熟悉的经书,应该属于同一批经书,这些经书将历史和现实联系起来,构建成佛教社区的文献认同感。

中古佛教文献除了记载上述高僧能够镇服猛虎、感化猛虎,让猛虎改宗佛门之外,很多文献也讲述了猛虎在高僧独居山林之时以猛虎为邻、以猛虎为侣,甚至以猛虎为徒的逍遥生活。这些猛虎能在日常生活中供高僧驱使,甚至给高僧提供一定程度的人身安全防护。这样的故事在中古佛教文献中并不鲜见。

在中古佛教文献中,猛虎常常与有道高僧人居于一处,有些是互不相扰,有些则已经到了形影不离的程度,甚至如家畜一样听僧人的话。如《高僧传》卷九记载天竺僧人竺佛调住在常山寺多年。后来佛调独自进山,天逐渐黑下来,并开始下大雪,佛调不得已找到一个石穴准备过夜,进

---

[1] 在佛教艺术中,伏虎罗汉图也是重要主题之一。有关研究参见,Akiyama Terukazu, "Deux Peintures de Touen-Houang, sur soie, représentant un Pèlerin Portrait des sutras et accompagné d'un Tigre,"《美术史研究》238 号,1966 年,页 163—183;同作者"An Yuan Painting of Eighteen Arhats,"《美术史研究》261 号,1968 年,页 30—39;山口瑞凤:《虎を伴う第十八羅漢図の来歴》,《インド古典研究》6,1984 年,页 393—432;中村兴二:《〈十六羅漢図像学事始〉卷下伏虎羅漢図》,《仏教芸術》227,1996 年,页 79—97。中村在文章中也回顾了佛教高僧传记中驯虎的记录,但没有进行深入讨论。

第三章　中古佛教驯虎记

去之后才发现是猛虎之窟。猛虎回来之后和佛调一起卧于窟前。佛调还和猛虎说:"我夺汝处,有愧如何?"猛虎居然弭耳下山。梵僧这种能以言语与猛虎沟通的能力,在中原高僧身上也有体现。僧传中称有中原高僧亦能用言语驯化虎,称虎为佛子。如《续高僧传》卷二五载释法施在江陵北头陀寺,有虎侍奉在床侧,有客人来则对虎说,佛子闭目,虎听话即低头闭目,法施待之如家犬。

另外一则故事则出现在《续高僧传》卷三十五《法冲传》。法冲是陇西成纪人,他所居的山上有个大山洞,为猛兽所居。当法冲去山洞中时,问老虎能否容纳他投宿此处,结果老虎听其话乃相携而去。又比如《宋高僧传》卷十六记京兆高僧释道澄建中二年(781)坐夏于云阳山,有猛虎哮吼入其门,而道澄轻言细语与其讲话商量,猛虎则摇尾退走。另,《宋高僧传》卷二十一记释慧闻在山路上遇到虎、豹,以法杖叩其脑曰:"汝勿害人!吾造功德,何不入缘?"[1]古埃及文献宣称有些动物有说话的能力,它们也能听懂并理解人的语言,且能根据人的指示作出反应[2]。从上文所引中国汉文佛教文献中的故事来看,似乎也有类似的现象。

在汉文佛教文献中,虎并不能说话,但是能听懂僧人的语言、看懂僧人的行为,并对之作出反应,顺从僧人的指示。这种能力并不让人惊讶,现代驯兽师也能在训练动物之后让它们听从自己的指示。古代来自安息国的佛教僧人安世高可能也有驯化鸟兽的能力,《高僧传》卷一载安世高七曜、五行、医方、异术,乃至鸟兽之声,无不综达。可能僧人驯服猛兽也通过模仿其语言来实现。很多僧人如果常年隐居山中,很可能对猛虎习性非常了解,从而掌握与猛虎沟通的本领。

通常佛教文献会主要表现老虎对僧人的驯服,供其驱使。如《佛祖统纪》卷九《诸祖旁出世家》第五之一载禅师慧超(704—783)入道诵《法

---

[1] 《大正藏》册五〇,页846a。
[2] Billie Jean Collins ed., *A History of the Animal World in the Ancient Near East* (Leiden: E. J. Brill, 2002), pp. 253–255.

华经》,其所居之处常有数只猛虎,任他役使。《佛祖统纪》卷二十六则记载西林法师慧永(332—414)由寻阳刺史陶范邀请到庐山,并舍宅为西林寺以供养他。慧永在山峰顶上别立茅室,时时前往进行禅思,到其室作客者常能闻到异香,因此称为香谷。令人惊奇的是有一猛虎,在此室与慧永居于一处。如有旁人来做客投宿,则由慧永暂时将猛虎赶出去腾出位置给客人使用。

《续高僧传》卷十八所载释法进(?—590)的故事更有意思,和他住在一起的有四只老虎。他曾住益州绵竹县响应山玉女寺,注重坐禅修行。常常在寺后竹林中禅坐,有四只老虎绕于左右。同卷还记载释道舜有猛虎如同家中所养宠物狗一样陪侍他左右。道舜曾在泽州羊头山神农定药之所结茅而居,无甚蓄积,每日惟一食,且能感蛇鼠同居在绳床下各孚产育而不相危恼。他还招致猛虎前来蹲踞其侧,为虎说法。对猛虎有通感深识。给侍他的人和猛虎同住,视如家犬,一点不害怕。

《续高僧传》卷十九记载丹阳出身的释僧定(?—643)本性仁慈,以至于猛虎常常出没其室,床前庭下,虎迹繁多。夜晚在山中行走,猛兽鸷鸟见了他视为同类,他自己也定安自若,如同游行于城市。同卷还记载了另外一位将虎、狼视为家犬的高僧,即东越会稽出身的法应。他师从沙门昙崇(511—590),专学禅业。在北周灭法时期避迹终南山,潜形六载。屡屡感得虎狼蹲踞其所居庐侧,他待之犹如家犬,并为其受三归戒。《宋高僧传》卷二〇记蜀地出身的资州山北兰若僧人释处寂(648—734),师事宝修禅师,服勤寡欲,与物无竞,雅通玄奥,隐居在山中修头陀行,四十年足不出山,经常坐一胡床之上,宴默不寐,而有猛虎蹲伏座下,如同家畜一样驯服。

高僧如果与猛虎关系良好,猛虎甚至侍奉高僧,并保护僧人的生命财产安全。如《续高僧传》卷二叙述高僧释智聪(549—648)能和虎以语言沟通。他在隋末政局动荡之时,隐藏在江荻中诵《法华经》,七日不感到饥饿。常常有四只老虎围绕。后来智聪领着它们一起到栖霞山舍利塔西,在那里经行坐禅,誓不寝卧。徒众八十,均不出院门,遇到凶险,总有

第三章　中古佛教驯虎记

一只老虎入寺警告[1]。

　　类似这种猛虎侍奉高僧的故事还有一些。如《续高僧传》卷十七记载岭南高僧释慧越(508—604)住罗浮山中聚众业禅,虎豹无扰。曾为前来的群兽说法。猛虎则以其头枕于慧越膝上,而慧越则捋其须面,感情很好。《宋高僧传》卷十二记吴门高僧释惟靖赴禅林寺晨粥时,有猛虎踞地伺候。《宋高僧传》卷十九则记天台山国清寺释封干禅师骑乘猛虎出行,引起众多僧人惊惧。其所居房内,只见虎迹纵横[2]。虎作为法徒保护僧人财产和人身安全见于《宋高僧传》卷十九牛头宗第六祖释惠忠(683—769)的传记。惠忠所在的庄上有供僧谷仓囤积粮食,夜晚有盗贼来偷窃,结果侍奉惠忠的猛虎乃吼唤而驱逐之,盗贼弃负器而逃。

　　猛虎充当高僧侍者的故事在佛教文献记载中相当寻常[3]。明确提到僧人称猛虎为法徒、侍者的故事至少有这样一些,且这些故事均发生在唐宋时期。如《佛祖历代通载》卷十六记湖南观察使裴休曾躬谒华林善觉禅师。裴休问禅师可有侍者,善觉回答云有一两个。裴休又问这一两个在什么地方。于是善觉乃唤大空、小空。结果跑出来两只猛虎。让裴休为之大惊。善觉以有客人在为由请老虎离开,老虎哮吼而去。

　　同样以老虎为法徒的故事还见于《佛祖历代通载》卷十四。惠忠禅师有供僧谷二廪,盗贼窥伺这些谷物,但苦于有猛虎守护。当地的县令张逊入山顶谒,希望见到禅师的徒弟。禅师说有三五人,结果敲床三下,三只猛虎哮吼而出。这个故事不见于其在《宋高僧传》卷十九中的本传。

---

　　[1]　见《大正藏》册五〇,页595a—b。其传云智聪认为以山林之幽远获得粮粒十分艰难,因此率领扬州地区三百多在家信徒结为米社,每人每年贡献一石。这样在山中也能获得粮食供给,当地道俗乃至禽兽均能得到济给。
　　[2]　封干以虎为侣的主题在宋元绘画中屡屡出现,见 Hou-mei Sung, *Decoded Messages: The Symbolic Language of Chinese Animal Painting*, New Haven: Yale University Press and Cincinnati: Cincinnati Art Museum, 2009, p.137, 142.
　　[3]　道教文献中的仙人也能让虎供其驱使。如南朝梁陶弘景《洞玄灵宝真灵位业图》云葛玄乘虎使鬼,无处不在;见《中华道藏》册二,页727。

其实,该传已经提到惠忠于兰若幽栖,而周围松竹深邃,虎鹿产子之后驯绕入室,禅师则毫无惧色。

虎不仅限于和高僧交往,也和中古时期的比丘尼有诸多互动。如文献中记载猛虎能为比丘尼指路。在《比丘尼传》卷一《明感传》中,明感昼夜兼涉,入山修行,但不认识路。结果在山上见到一只斑虎,离她只有数步之遥。她开始觉得很害怕,后来跟着老虎走了几天到达青州,一进入村落则老虎也消失。猛虎还在比丘尼的修行中充当督促者的角色。比如《比丘尼传》卷二《静称传》载:静称在山中修行时,常有一只老虎随其往来。静称坐禅时,此虎则蹲踞左右。而尼寺中诸尼如果犯有罪失,不立即忏悔则会引起此虎大怒,如果悔罪老虎便表现出喜悦。正如我们后文将看到的,有关道德和动物的反应联系在一起的论述早在中国汉代天人感应思想发展起来以后就很普遍。虎如果白昼入闹市则是因为地方官执政有亏。不过,此处尼众的道德修行与猛虎的反应则不如政治意识形态中因地方官员失德造成猛虎骚扰那么严重而已。

在中古佛教文献中,虎与僧人朝夕相处,日久生情,使得猛虎不仅在僧人在世时成为僧人的朋友和伙伴,僧人临终或死后,虎亦以绕垣或绕坟的方式表现其伤心。如《宋高僧传》卷二十六记释慧明(697—780)于建中元年正月示疾,猛虎绕垣悲啸而去。当月十二日慧明奄然长往,春秋八十四,僧腊五十一。《续高僧传》卷十六记释昙询在示寂之后有猛虎绕院悲吼两宵。而《宋高僧传》卷二十五记永嘉僧人释鸿莒圆寂于长兴四年(933),在葬后有虎绕其坟嗥叫,此所谓感物之情也。其传记文云:"时院中有巨犬三,能猛噬。迁塔日随人驯狎。时山中麖鹿、飞鸟相参,犬无挚猛,兽不惊奔。葬后,有虎绕坟嗥叫。其感物之情如是。"[1]虎作为僧人侍者甚至在僧人示寂之后为其殉葬。这样的故事见于《佛祖统纪》卷四十六,四明东湖二灵山知和庵主受雪窦邀请,居于二灵山金襕庵,三十年

---

[1] 见《大正藏》册五〇,页870c;此僧精通《法华经》,修行时"昼夜行道诵经,有鬼神扶卫,或为然烛,或代添香,皆鬼物也"。参见范祥雍标点本,页641—642。

第三章　中古佛教驯虎记

不出山。在山上尝有一只老虎为其侍者。禅师亡后,此虎不久亦卧死于禅师的烬余之地,几乎是陪禅师而死。

有时,僧人与虎的沟通也可以看作是与六道众生的沟通,作为畜生道的虎,有时和天人同时在佛教文献中出现。据《高僧传》卷十二,释弘明(402—486),乃会稽山阴人,少出家,贞苦有戒节。在山阴云门寺诵《法华经》,习禅定,精勤礼忏,六时不辍。每日清晨水瓶自满,实际上是诸天童子供给之故。他在云门坐禅之时,虎进入室内,伏于床前,见明端然不动,久久乃去。又见到一小儿来听他诵经。明问是何人,答云昔是此寺沙弥,闻上人道业,故来听诵经,愿助方便,使免斯累。明即说法劝化,领解方隐。后来在永兴石姥岩入定,又有山精来恼,明捉得之后以腰绳系之,鬼逊谢求脱,后不敢复来,释放之后才绝迹。诸天童子即是六道之中天道的有情,动物则是畜生道的有情。所以这位法师可以沟通六道众生,与天道和畜生道众生都有接触。这则故事中提到了山精,也即是山鬼[1],其角色在这个场景中一开始以干扰者形象出现,但随后则为高僧以绳系之。

在山林中孤独修行的高僧除了和山精、山鬼打交道,还有与山神的互动,也见于驯化猛虎的故事之中。山神和猛虎在一起被高僧驯化的故事见于《续高僧传》卷十八。释真慧(535—607)在大业元年饵黄精并绝粒百日。夏坐虎窟,虎为之移。及秋,虎还返窟。常有山神帮他看好修行时间,如有迟延,必来警觉。这个故事也将僧人与虎和山神的互动联系在一起了。但是,虎应该是作为众生之一种出现。而山神,并无法归纳为六道众生之一种,而更应该被理解为汉文佛教叙事中出现的新因素,反映了中

---

[1] 其实山鬼也即是山魈,有关山魈的研究,参 Richard von Glahn, *The Sinister Way: The Divine and the Demonic in Chinese Religious Culture* (Berkeley: University of California Press, 2004), pp.78 - 97. 他引戴孚《广异记》认为山魈常与猛虎及其他危险动物为友。从这一点来看,佛教文献也有山鬼与猛虎一同出现的记录。《广异记》中的虎故事,见杜德桥的提示, Glen Dudbridge, *Religious Experience and Lay Society in T'and China: A Reading of Tai Fu's Kuang-I chi*, Cambridge: Cambridge University Press, 2002, pp. 219 - 220, no. 219 - 238.《广异记》中的山魈与虎沟通的故事亦由《太平广记》引用,见[宋]李昉等编:《太平广记》卷四二八,北京:中华书局,1961 年,页 3480—3483。

国传统文化中鬼神观念的影响[1]。

同时,中古时期佛教也充当了沟通山神与动物之间的桥梁,佛教高僧通过为山神鬼怪受戒,来劝化这些山神鬼怪,让他们停止杀生噉肉的行为。这样的说法见于《续高僧传》卷二十六《善伏传》。善伏俗姓蒋氏,常州义兴人。少时即卓尔不群,五岁在安国寺出家,但贞观三年因为其聪敏的名声远播而被强制还俗并充入州学学习。后来逃隐再次出家,在苏州、越州、交州、桂州、广州、循州、荆襄等地游历。根据其传记中的叙述,善伏后入桑梓山行慈悲观,为诸鬼神受戒,令其莫敢噉肉,让当地诸祀永绝膻腥。很快在江淮间让屠贩鱼肉者不再以杀生牟利,而挽救了鹅鸭鸡猪之属的性命,很快造成"屠渔改业,市无行肆"的局面,佛教因此逐渐树立其慈悲伦理的权威地位[2]。

类似有关驯虎当中出现山神角色的故事不少,其叙事包括高僧在山林修行之时,由当地山神提供帮助和供养。这可能反映了当时普通人的观念,认为高僧能在山林之中独自修行,而衣食无忧,可能得到山神之助。如《佛祖统纪》卷十五所载行人能师入怀室四十载,六时行道。他生病时仅仅数日禁食则其病自愈。行人之名遂闻江浙。后来在夏天入林施蚊,有一日遇到两只老虎,遂以身就之,结果老虎俯首而去。当时"山神兴供

---

[1] 从佛教文献使用的词汇来看,山神有时也以山精形式出现。但中古时期,精、魅、鬼、神、魔在不同文献不同场合所指实有不同。我曾讨论了僧人对动物精魅的论述,特别是十二生肖转化为精魅的历程;见拙撰《从十二时兽到十二精魅:南北朝隋唐佛教文献中的十二生肖》,《唐研究》卷13,2007年,页301—345,增订后收入本书第三章;而刘淑芬则讨论了中古僧人的伐魔;见氏著《中古僧人的"伐魔文书"》,蒲慕州主编:《鬼魅神魔:中国通俗文化侧写》,台北:麦田出版社,2005年,页135—143。但僧人与山神的互动似少有研究,近来蔡宗宪撰《佛教文献中的山神形象初探》,载朱凤玉、汪娟编:《张广达先生八十华诞祝寿论文集》,台北:新文丰出版公司,2010年,页977—996。蒲慕州则指出,先秦时期中国知识阶层和一般大众传统认为人死为鬼,但他同时也指出战国时期,鬼可以指称多种不同来源的精灵,包括死人、动植物以及无生物如木、石、风、火等,而鬼的出现乃是因为有时死人的魂没有好好安息所以出来作祟;见氏著《中国古代鬼论述的形成》,收入同氏主编《鬼魅神魔:中国通俗文化侧写》,页30。其中国西南地区的少数民族特别是苗族、傈僳族等文化中,山神的形象可以是狩猎神,也可以是职司死者灵魂的守护神;其研究见新岛翠:《西南中国における山神崇拝の伝承と儀礼》,《圣德学园岐阜教育大学纪要》35卷,1998年,页185—192。

[2] 《大正藏》册五〇,页602下栏—页603上栏;参见《续藏经》册七六,No.1516,本觉编集:《历代编年释氏通鉴》卷八,页88上栏。

第三章　中古佛教驯虎记

一方,常与交接,香积有乏,知事来告,则力拒之"[1],结果第二天一早施舍自至[2]。这是高僧与虎和山神均有互动的又一例。

稍早期的例子见于《高僧传》卷四,于法兰道振三河,名流四远,性好山泉,多处岩壑。有虎来入法兰所住之房,法兰神色自若,虎亦甚驯服。他也吸引了山中神祇常来受法。所以其德被精灵,皆此类也。后来在交州遇疾终于象林。沙门支遁(314—366)追立像,并赞曰:"于氏超世,综体玄旨,嘉遁山泽,驯洽虎兕。"[3]在这个故事中山神和猛虎都被驯服,听其传法,皈依佛教[4]。《宋高僧传》卷二十《释道行传》称道行(751—820)于南岳般若道场受学,后来到澧阳西南,伐木为室,方丈而居。山中虎、豹多伏于其床榻之间。营造堂宇之时,得到鬼神舍材输力,所以没有花太大功夫。释惟宽曾于贞元年间在闽越间游历,七年(791)驯猛虎于会稽,作滕家道场。八年(792)与山神授八戒于鄱阳,作回向道场[5]。这是僧人驯服猛虎和山神之又一例。正如我们后面将看到的,德被精灵的思想早就存在于中国传统之中。但是这里佛教僧传作者以这样一句话来谈高僧对猛虎和山神的教化,则反映了高僧将山神、山鬼、山精、猛兽放在同一层面的观念。

更有意思的是,在汉文佛教文献中,有时山神竟以虎形出现。如《高僧传》卷十一记帛僧光少习禅业,在晋永和初游于江东,投刹之石城山。遇到当地山民,大家都说山中旧有猛兽之灾及山神纵暴,因而人迹久绝。但僧

---

[1]　《大正藏》册四九,页229b。
[2]　有学者将这类僧人与神的沟通置于僧人感通能力范围内讨论,见 John Kieschnick, *The Eminent Monk: Buddhist Ideals in Medieval Chinese Hagiography*, 1997, pp.96-109.
[3]　《大正藏》册五十,页350a。
[4]　类似的故事也出现在道教中。如《道教灵验记》卷一四《陈武帝黄箓斋验》记载陈武帝时御史曹千龄奏文中云衡岳道士葛伯亮常持《阴符经》,出入之时有山神、虎狼侍卫;见《中华道藏》册四五,页124。
[5]　惟宽的传记见《宋高僧传》卷一〇,页768a;范祥雍标点本,北京:中华书局,1987年,页228;其材料似乎来自白居易《西京兴善寺传法堂碑铭并序》,《白居易集笺校》卷四一《碑碣》,朱金城笺校,上海:上海古籍出版社,1988年,页2691。有关高僧传的史料来源于塔铭和感应传的研究,参见 Koichi Shinohara, "Two Sources of Chinese Buddhist Biographies: Stupa Inscriptions and Miracle Stories," in Phyllis Granoff and Koichi Shinohara eds., *Monks and Magicians: Religious Biographies in Asia*, Oakville: Mosaic Press, 1988, pp.119-228,第一部分主要比较慧皎《高僧传》和《冥祥记》所记载的感应故事,第二部分以元珪和慧达传记为例讨论碑铭与僧传的取材问题。

光了无惧色,继续前行,于山南见一石室。进入其中安禅合掌,以为栖神之处。第三日乃梦见山神,或作虎形,或作蛇身,竞来怖光[1]。在韩国佛教中,山神信仰被认为是民间佛教信仰的一部分,在这一传统所展示的艺术作品中,山神常与猛虎相伴出现,有时甚至完全是一体,即山神穿黄袍出现,实际乃是猛虎之形象,猛虎作为山中之主,亦即山神,受到当地民众祭拜。有学者指出中国佛教已有一些有关山神的因素延续到韩国佛教,这主要包括保护僧伽和国家,以及僧人在山洞中修行获得山神帮助等两方面[2]。

值得注意的是,蛇和虎在中古佛教文献中往往作为危险的动物同时被举出为例,这大概反映了中古僧人的生活经验。这样的例子如《高僧传》卷十《释保志传》。保志是一位传奇式的僧人,早年在道林寺修习禅业。后来屡现异迹,引起南朝朝廷的关注。梁武帝在诏书中褒扬保志"迹拘尘垢,神游冥寂;水火不能燋濡,蛇虎不能侵惧"[3]。这当然是修辞性的夸赞之辞,未见得反映了事实。这类修辞在僧传中较为常见。类似的说法也见于其他佛教史传,如《高僧传》卷十一《帛僧光传》,以及同卷《竺昙猷传》。如《竺昙猷传》略云:"后移始丰赤城山石室坐禅,有猛虎数十蹲在猷前,猷诵经如故,一虎独睡,猷以如意扣虎头问,何不听经? 俄而群虎皆去。有顷,壮蛇竞出,大十余围,循环往复,举头向猷,经半日复去。"[4]《续高僧传》卷三五《释道穆传》云:"(道穆)性爱山林。初入荆州神山,将事岩隐。感迅雷烈风,震山折木,神蛇绕床,群虎纵吼。穆心安泰然,都无外想,七日一定,蛇虎方隐。"[5]

---

[1] 《大正藏》册五〇,页395c。僧传云此人不知何许人也,即不知其郡望。但因其以帛为姓,或即中亚龟兹人。

[2] 猛虎作为山神在韩国宗教生活中有极为重要的意义,较全面的讨论见 David A. Mason, *The Spirit of the Mountains: Korea's San-Shin and Traditions of Mountain Worship*, Seoul: Hollym, 1999,此书讨论了山神与韩国儒家、道教和民间信仰的关系,但也在页161提示了一下汉文《华严经》中出现了山神。感谢 Kim Sung-Eun 先生提示此书,并回答了我很多问题。其实,在满族的萨满教仪式中,亦有请虎上身的表演,虎神与山神崇拜亦流行于满族之中,达斡尔族则将虎视为猎神,赫哲族认为虎可辟邪;见《塞种源流及李唐氏族问题与老子之瓜葛——汉文佛教文献所见中、北亚胡族族姓疑案》,《中研院史语所集刊》第七十八本第一分,2007年,页209—210。

[3] 《大正藏》册五〇,页394b—c。

[4] 《大正藏》册五〇,页395c。

[5] 《大正藏》册五〇,页658b。

第三章　中古佛教驯虎记

这种蛇虎并举的叙事很少出现在早期佛教文献中[1],应该不是古代佛教的传统,而是中国中古佛教文献的创造,反映了中国僧人自身的生活经验。在南方山区,僧人在野外特别是森林中修行时同时遭遇大蛇和猛虎的概率非常之高。不过,在印度山区,人们在野外遇到的危险动物也包括猛虎和蛇,如前述萨埵太子舍身饲虎便是一例。施密特豪森讨论的《杂阿含经》卷九优波先那被蛇毒死的故事亦是一例[2]。

在僧传中,山神有时以身披黄服的形象出现,实际是指山林之王猛虎。比如,《续高僧传》卷十六《释僧达传》记载了上谷人僧达为猛虎诵经祈福的故事。僧达早年出身代北,精通律学,后离开洛都至建康,为梁武帝礼遇,安置于同泰寺。后来离开南方返回中原,进入邺城。北齐文宣帝在林虑山黄华岭下为其立洪谷寺。僧达在进入山谷时遇到猛虎挡道,他祝曰建寺乃是为了泽被当地幽灵,请求猛虎让道。猛虎后来化作山神身披黄服来拜访他,请求他在拜佛时加上自己的名字以祈福。僧达让弟子为山中猛虎念诵《金光明经》祈福。可是,突然有一次寺中的狗被猛虎叼走。僧达推测可能是弟子懒惰,没有勤于念经,从而引起猛虎的不满所致。一问结果是弟子念了《维摩经》,而非《金光明经》。经过礼佛烧香,解释念诵《维摩经》功德也回向给猛虎,狗才被放回[3]。这个故事当然也说明,在佛教叙事中猛虎或以山神形象出现,因猛虎乃是百兽之王,所以可以代表山中百兽与僧人进行对话。同时,猛虎可能曾伤害当地人,犯下恶业,故而需要僧人念诵《金光明经》为其忏悔恶业,因《金光明经》常用于忏悔仪式。

---

[1]　蛇在古代希腊和波斯均被视为恶兽,见 Mahnaz Moazami, "Evil Animals in the Zoroastrian Religion," *History of Religion*, vol. 44, no. 4 (2005), p. 310.
[2]　《大正藏》册二,页60c—61a;巴利文佛典中的这一故事出现在《相应部》之《六处品》。
[3]　《大正藏》册五〇,页522c—523a。《大正藏》版的这段文字颇多问题,如所谓"因遇勒那三岁"一句恐是"勒那三藏"之误,"岁"字形近"藏"字,"三岁"不通,若为"三藏"则比较容易理解。又,文中云猛虎披黄服自称是"载山神"一句亦有问题,《神僧传》云"戴山胡"。检日本京都发现的圆通山兴善寺《续高僧传》抄本,此处务则为藏字之误,而抄本亦使用"戴山胡"。兴善寺本《续高僧传》的研究,见藤善真澄撰、刘建英、韩升译:《〈续高僧传〉管见——以兴圣寺本为中心》,张伯伟主编:《域外汉籍研究集刊》第一辑,北京:中华书局,2005年,页307—322。

僧传亦直接指出僧人的慈善根力可驯化猛虎和野鹿。比如《续高僧传》卷二十六《释法融传》记载，贞观十七年（643）法融在牛头山幽栖寺北岩下，别立茅茨禅室进行修行，数年之中，息心之众百有余人。该山有石室，法融曾在其中打坐，忽然有神蛇长丈余，对法融举头扬威，"于室口经宿，见融不动，遂去。因居百日。山素多虎，樵苏绝人。自融入后，往还无阻。又感群鹿依室听伏，曾无惧容。有二大鹿，直入通僧，听法三年而去。故慈善根力，禽兽来驯，乃至集于手上而食，都无惊恐"[1]。这里特别提及禽兽来驯服乃是因为法融的慈善根力所致。

佛教因素与中国传统鬼神观念的结合并见于《弘明集》卷十四所收竺道爽撰《檄太山文》。该文引《黄罗子经·玄中记》曰："夫自称山岳神者，必是蟒蛇；自称江海神者，必是鼋、鼍、鱼、鳖；自称天地、父母神者，必是猫、狸、野兽；自称将军神者，必是熊、罴、虎、豹；自称仕人神者，必是猨、猴、狂、玃；自称宅舍神者，必是犬、羊、猪、犊。门户井灶破器之属，鬼魅假形皆称为神，惊恐万姓。淫鬼之气，此皆经之所载，传之明验也。"[2]具体讨论参见前文第二章。

而类似的现象也见于祆教。法国考古与艺术史学者格瑞内（Franz Grenet）认为祆教传统上将动物特征与天神的形象结合起来并将其一一对应，从而在图像的绘制之中体现为天神们骑在他们对应的动物背上。根据这一研究，动物与天神之对应关系如下：马：Mithra，对应太阳神；公牛：Mah，对应月亮；狮子：Nana-Anahita，对应金星；象：Ahura Mazdā，对应木星；驴：Tistrya，对应水星；野山羊：Vahram，对应火星；鹅：Zurvan，对应土星[3]。这类在宗教中出现的地上动物对应天上星辰理论值得进行比较研究。

---

[1]《大正藏》册五〇，页603c—604a。
[2]《大正藏》册五二，页91c。
[3] Franz Grenet, "The Second of Three Encounters between Zoroastrianism and Hinduism: Plastic Influences in Bactria and Sogdiana (2nd – 8th c. A. D.)," *Journal of the Asiatic Society of Bombay*. James Darmesteter (1849–1894) Commemoration Volume, eds. by V. M. Kullarni and Devangana Desai, Bombay, 1994, p.49; 参荣新江：《〈释迦降伏外道像〉中的祆神密斯拉与祖尔万》，载《中古中国与外来文明》，北京：三联书店，2001年，页340。

第三章　中古佛教驯虎记

以上提到的山神都应该在佛教宇宙观中算外道众生。而佛教天道众生是诸天,中古汉文佛教文献伏虎的故事中基本没有提到,只提到山神。而山神则应是中国传统宗教中的诸神。除了山神之外,还包括各类灵怪。元代至正元年(1341)所树立的《大元泰山灵岩禅寺刱建龙藏之记》还提到北魏正光年间的法定禅师在泰山修行时让灵怪敛避,虎兽驯伏。因此,在这些佛教僧传叙事中出现的被教化的众生,不限于佛教六道众生,也包括中国传统信仰中的山神。这是佛教文献掺合了中国传统文化因素的典型例子。

从前面的讨论可以看出,其实高僧早期修头陀行,遇到猛兽时主要确保自己不受伤害,因此不避猛虎的记录比较普遍。也可看出高僧遇到猛虎之初步反应是保住性命,并非立刻驯化猛兽。后来佛教文献中开始重视修菩萨行,也逐渐出现频繁驯化猛虎的现象。再后来则是教化猛虎,使其变成自己的法侣与法徒[1]。中古高僧很多出身高门士族,精通内外学,与士大夫来往密切。士大夫教化民众的理想,在佛教里面也有其对应之一面,即高僧也有以佛法特别是佛教伦理道德教化众生的理想。因而,驯化猛虎实践便逐渐浮出水面,成为一种较为日常的实践。

驯化猛虎是为了止杀,为了防止猛虎伤害他人的性命。救人一命胜造七级浮屠,那么防止猛兽杀害生命也是救人。在救人的同时也救了虎,让虎免于因为杀生而积累恶业。这也就是救度人道和畜生道的众生,因为猛虎不仅能伤害人类,也会伤害其他动物。如果一位高僧要修行菩萨行,要传达其慈悲之观念给猛虎,则驯化猛虎是其修行生活的重要组成部分,而不仅仅是修行到一定程度所导致的自然结果。菩萨是一定要利他才能积累其善业,朝着成佛之路迈进。中古佛教文献中所记述的故事也反映出高僧对猛兽的观念和态度也有转化,早期的故事,多半将猛虎视为

---

[1] 薛爱华简短地提示了虎在中国民间信仰、仪式和风俗中地位非常重要,中国文学中充斥着各类关于食人猛虎、化身为虎、象征性的猛虎、猎将的故事;而在中国南方,隐士与猛虎共同生活在深山之中;虎在中国文学中并非一种友好的动物,也不见得一定和南方联系在一起,而是出现在各个地方;见 Edward H Schafer, *The Vermilion Bird: T'ang Images of the South*, Berkeley: University of California Press, 1967, p. 228.

猛兽,后来才逐渐变成法侣与法徒。

将动物视为有佛性的有情众生,在佛教文献中也是佛性论发展起来以后才有的,早期南亚佛教并无这一看法。尽管众生皆有佛性的说法出现很早,但明确称猛虎亦有佛性,乃是唐代僧人才提出的看法[1]。如《宋高僧传》卷十记载释志满的传记,此人俗姓康,洛阳人。在游方之时,乡人请他去宣城黄连山驻锡,该山当时虎、豹很多,为当地大害。但志满宣称,虎亦有佛性。于是他焚香祝厌之。之后虎豹之害自然弭息,于是他所居之寺遂成大禅院。示寂时春秋九十一,于永贞元年(805)入塔。这个故事发生在中唐,表明彼时猛虎有佛性的观念,已经有僧人接受并宣讲。

高僧之慈悲修行可降伏猛兽,可能受到中国传统思想影响。即所谓以仁感之。如唐代韦处厚(773—828)撰《兴福寺内道场供奉大德大义禅师碑铭》透露出的信息即论及僧人去虎乃系仁感所至,其文云:"先是群虎暴噬,大师遇之于路,以杖扣其首曰,当息害心。自是虎远遁,其仁感也如此。"[2]根据胡司德(Roel Sterckx)的研究,早期战国和汉代,即有两种主题,一是人们相信可用音乐来教化动物世界,二是人们的道德修行可以教化动物的行为,即所谓德化。他特别以王充(27—97)《论衡·遭虎篇》为例来说明当时人将遇到猛虎的攻击视为官府的无能[3]。

---

[1] 有关佛性与动物的讨论,见 David Jones ed., *Buddha Nature and Animality*, Fremont, CA: Jain Publishing Company, 2007;其中有两篇文章讨论动物有佛性,即 Bret W. Davis, "Does a Dog See Into its Buddha-Nature? Re-posing the Question of Animality/Humanity in Zen Buddhism" (pp. 83 – 126),以及 Thomas Pynn, "Asking the Question: Do Animals Have Buddha-Nature" (pp. 127 – 147);前者主要分析道元禅师的立场,认为道元实际上主张人修行乃是为了回到自然,因而动物不必要有佛性而修行成道;后者则主张人应从禅学中体会向自然特别是动物学习的重要性,从而重视环境。基本上两篇文章均是美国当代禅学修行者以人为中心的立场,并不重视动物本身是否具有佛性的问题。

[2] [清]董诰等:《全唐文》卷七一五。

[3] Roel Sterckx, *The Animal and the Daemon in Ancient China* (Albany: State University of New York Press, 2002), pp. 123 – 163. 有关儒家经典中对动物与道德联系的看法,参见 Rodney Taylor, "Of Animals and Humans: The Confucian Perspective," in Paul Waldau and Kimberley Patton eds., *A Communion f Subjects: Animals in Religion, Science, and Ethics* (New York: Columbia University Press, 2006), pp. 293 – 307. 侯锦郎曾对《论衡》中以食人猛虎代表祸害人们的官员有所提示,见 Ching-lang Hou, "The Chinese Belief in Baleful Stars," in Holmes Welch and Anna Seidel eds., *Facets of Taoism: Essays in Chinese Religion*, New Haven: Yale University Press, 1979, p. 217.

第三章 中古佛教驯虎记

而在中古时期,士人的孝行、仁义与士大夫的德政也可以驱逐猛虎,因为虎被认为是暴戾、暴政的象征,史书云:"虎,西方之属,威猛吞噬,刑戮之象。"[1]士人的孝行虽然不能驯服猛虎,却能让猛虎避开。如刘宋时期吴逵孝行高洁,遇到饥馑,家人全亡,仅剩下夫妻二人,于是吴逵"昼则庸赁,夜则伐木烧砖,此诚无有懈倦。夜行遇虎,虎辄下道避之"[2]。梁代庾黔娄从小好学,诵读《孝经》,担任编县县令时,"县境多虎暴,黔娄至,虎皆渡往临沮界,当时以为仁化所感。"[3]至孝之人,则能以虎狼为伴,不为其所伤害。如唐代张士岩,"父病,药须鲤鱼,冬月冰合,有獭衔鱼至前,得以供父,父遂愈。母病痈,士岩吮血。父亡,庐墓,有虎狼依之"[4]。

但是这类虎狼为伴的情形似乎并不多见,因为大多数士人活动的场所与僧人不同,很少有人长期隐居山林。士大夫的孝道修行也不可能在野外或山林进行,故而他们降伏猛虎的机会,远远比不上高僧常常单独游走于荒郊野外遇到的机会那么多。很少有士人能与猛虎成为伴侣或以猛虎为徒。这也是两者之间的区别。所以说,虽然在佛教中以仁慈驯服猛虎的观念受到中国传统思想的影响,但佛教论述中有关僧人驯服猛虎的实践却更为丰富而复杂。

因为中古时期天人感应的思想也和虎的活动有关。《南齐书》卷十九《五行志》记"建武四年(497)春,当郊治圆丘,宿设已毕,夜虎攫伤人。京房(约公元前77—37)《易传》曰:野兽入邑,其邑大虚。又曰:野兽无故入邑、朝廷门及宫府中者,邑逆且虚"[5]。因而虎在古代士大夫意识中与地方官的德政也紧密联系在一起,而这种德政可以说是统治阶级为

---

[1] [北宋]欧阳修:《新唐书》卷三五《五行志》,北京:中华书局,1982年标点本,页923;同卷还称"虎猛噬而不仁";见页954。
[2] [南齐]沈约:《宋书》卷九一《孝义传》,北京:中华书局,1974年标点本,页2247。
[3] [唐]姚思廉:《梁书》卷四七《孝行传》,北京:中华书局,1976年标点本,页650。
[4] [北宋]欧阳修:《新唐书》卷一九五《孝友传》,页923。
[5] [梁]萧子显:《南齐书》卷一九《五行志》,北京:中华书局,1972年标点本,页387。

了将自身的统治与历史上以亡秦为代表的暴政相区别开来的一种努力，秦朝暴政一直被认为如虎狼治国[1]。如梁代桂阳王萧象（约503—536）以孝闻，在任职湘衡二州诸军事、轻车将军、湘州刺史期间，"湘州旧多虎暴，及象在任，为之静息，故老咸称德政所感"[2]。

北朝也有类似的说法，并延续到唐代，兹举数例为证。《魏故使持节假黄钺侍中太傅大司马尚书令定州刺史广阳文献王铭》中称赞元湛（509—544）"导民由德，断狱以情；化感风雨，政通神明；一虎垂首，二老变形"。元湛亡于武定二年（544），寿仅三十五。北齐武平元年（570）所立《齐故假节督朔州诸军事朔州刺史刘公墓志铭》中称刘双仁（479—570）在任殷州高邑县令期间，"治均灭火，政等鸣琴；暴虎出奔，灾蝗不入"。其德政可驱逐猛虎和蝗虫。而《大隋故朝请大夫夷陵郡太守太仆卿元公之墓志铭》则称墓主元字智"虎去雉驯，风和雨顺；政号廉平，民称惠训"。元字智亡于大业九年（613），寿六十四。这个颂词中的"虎去雉驯"所反映的意思和前文所谓"暴虎出奔，灾蝗不入"类似[3]。唐穆宗长庆三年（823）白居易撰《祷仇王神文》，云："朝议大夫使持节杭州诸军事守杭州刺史上柱国白居易，谨遣朝议郎行余杭县令常师儒，以清酌之奠，敬祭于仇王神。尝闻神者所以司土地、守山川、驱禽兽、福生人也。余杭县自去年冬逮今秋，虎暴者非一，神其知之乎？人死者非一，神其念之乎！

---

〔1〕［北齐］魏收：《魏书》卷一一一《刑罚志》对商鞅将严酷刑罚引入秦国的评价，云"逮于战国，竞任威刑，以相吞噬。商君以《法经》六篇，入说于秦，议参夷之诛，连相坐之法。风俗凋薄，号为虎狼。"参见《魏书》，北京：中华书局，1974年标点本，页2872。

〔2〕［唐］姚思廉：《梁书》卷二三《桂阳嗣王象传》，北京：中华书局，1976年标点本，页364—365。

〔3〕 前人对"虎去"作为地方官仁政的象征意义有简短讨论，如 Charles Hammond, "An Excursion in Tiger Lore," *Asia Major* 3rd series, 4: 1 (1991), pp. 87 - 100;以及"The Righteous Tiger and the Grateful Lion," *Monumenta Serica* 43 (1996), pp. 191 - 211. 我另撰《虎去雉驯——中古墓志所见政治修辞》一文进行深入探讨，发表于美国纽约州立大学奥尔巴尼分校东亚系举办的美国唐学会国际学术研讨会，"The Rhetoric of Pacifying Birds and Beasts in Tang Tomb Inscriptions from Medieval China," An International Conference "Tang Studies: The Next Twenty-Five Years," sponsored by Tang Studies Society and Department of East Asian Studies, State University of New York at Albany, May 8 - 9, 2009;另一方面，中古笔记小说中则有地方长官变化为虎害人的说法，如《太平广记》卷四二六引《述异记》云汉代宣城郡守封邵某日忽然化成猛虎，食郡民；同卷又引《搜神记》云长沙某亭长也变成虎，落入民众设立的虎槛之中；见［宋］李昉等编：《太平广记》，北京：中华书局，1961年，页3466；同书卷四三二引《广异记》云涪陵里正范端化身为虎为害当地，见页3506—3507。

第三章　中古佛教驯虎记

居易与师儒猥居牧宰,惭无政化,不能使渡江出境,是用虔告于神。"[1]很显然,白居易在这篇祷文中将他管辖的地区出现虎暴看成是自己德政不足的结果。这应该是当时地方官的普遍认识。

甚至这一现象在明清时期还对地方官有影响。地方官员均非常关心自己的德政。如果虎突然出现在人烟密集之处,则相当不祥,可能表明地方官员政绩有亏。但如果猛虎出现在人烟密集之地但没有伤害到任何人,则是祥瑞。比如嘉靖十一年(1532)所立《盐池虎异记》之碑即记载了明代嘉靖年间山西监察御史方涯在河东地区的经历。方涯任职河东任期已满,等待后任之时,有虎循着山中地形而至盐池边,飞禽走兽和当地人们都争相躲避。但该虎并未伤害人畜,而是俯首帖尾,蹲蹲缩缩,自投于重栏夹壁之内。方氏未知祥邪,下令杀虎,并写祭文祭祀神。在召集手下一干官吏时,他声称虎之不期而至是因为他政绩有阙导致。但手下程伯祥、岳伦等人均认为是方氏德政可以驱妖招祥,使得虎至而不噬人畜。明代正德十三年(1518)所立《赐灵应宫碑记》则为了赞颂该灵应宫的力量,称其可以驱蝗逐虎。清代乾隆五九年(1794)所立《永护圣会碑记》则感谢当地药王庙供奉的圣神,赞词中称该神德充天地,猛虎皈依。可见这种猛虎为德所降伏的观念一直延续到清代中期。

四、结语

总而言之,虎和僧人之间的互动,在中古佛教文献中表现十分丰富多彩。驯虎的叙事应该是中国佛教的发明,这是在早期南亚佛教中没有出现的主题,在中亚地区因为没有猛虎的踪迹,也不太可能发展出高僧驯虎的叙事。早期南亚佛教有所谓调伏实践,即佛陀教导对心(mind)和情(emotion)的活动进行控制,以免让其产生贪、嗔、痴三毒。佛经中所谓调伏众生,主要指佛陀教导众生有情调伏其情感,从而远离诸苦。而中国中古的佛教叙事则发展出驯虎的叙事,这当然一方面继承了佛教关于慈悲

---

[1] 见[唐]白居易著、朱金城笺校:《白居易集笺校》,上海:上海古籍出版社,1988年,页2669—2670;收入《全唐文》卷六八〇。

产生力量的教义,另一方面也实际上继承了中国传统思想中所存在的人可以通动物神明(animal's mind)的说法和主张。所以,这个中古的驯虎叙事实际上是佛教传统与中国传统的结合。

经过以上讨论,我们可以明确以下数点。首先,中古僧人将自然视为其修行和作法的道场[1],在野外游方和隐居山林独自活动的僧人将教化猛兽看成教化众生的一个重要组成部分。僧人实际上生活中遭遇猛虎的机会较多原因在于多在野外游方和修行,这种与猛虎以及其他猛兽的遭遇存在地区差异,主要表现在中古时期僧人在北方多遇到虎豹,在南方则可能遇到虎和野水牛。同时,也可以看出,随着人类活动的不断拓展,在野外遇到猛虎的情形较为频繁,人类成员包括僧人侵入猛虎领地引起广泛的人、虎冲突,这乃是人类社会与自然界之间的相互踫撞,如果从自然的角度而言,则是人类对自然秩序的干扰。而所谓驯虎实际上是人类从人类自身角度出发、从所谓人类认为的文明出发,来合法化人类对猛虎的处理。这里面可以说反映了人类表达的所谓文明与野蛮二分的话语权。

为何猛虎出现比较普遍,这反映了中国叙事对佛教传统的改造,实际上在早期佛教文献中也提及佛陀的威严令众兽肃穆,如马鸣菩萨造、鸠摩罗什译《大乘庄严论经》卷十云佛陀得道后,又见到当时他追随修行的五位沙门,五位沙门中的一位说偈云:"陆行诸畜兽,及以牛王等,麞鹿及雉兔,见佛皆停住,食草者吐出,谛视不暂舍。"[2]这里虽然没有讲到诸兽驯服,但隐约可知早期佛教话语中所表现的佛陀对诸兽的震慑,调伏众生也包括调伏猛兽。

其次,在佛教文献中,可看到僧人止息虎灾乃是积极参与当地社区

---

[1] 在中世纪基督教拉丁文献中,有关自然的说法非常之多,基本上自然被看作是上帝所创造的物理宇宙空间,其探讨见 Robert Bartlett, *The Natural and The Supernatural in the Middle Ages*, The Wiles Lectures given at the Queen's University of Belfast, 2006, Cambridge: Cambridge University Press, 2008, pp. 1-2,指出 nature 的意义多达 25 种,而其形容词形式 natural 的意义则多达 29 种。在中世纪基督教文化中,此词常与"异象(miracle)"对应出现。

[2] 《大正藏》册四,No. 201,页 312 下栏。

第三章　中古佛教驯虎记

活动为当地造福的重要实践,这种实践实际上和当时世俗社会主流话语对待猛兽的态度略有不同,主要反映在僧人仍然以佛教教义为理论依据,对猛虎采取驯化方式,而与官方以狩猎等暴力方式来消除虎患区别明显。但从佛教史传记载来看,这种止息虎灾的能力仅见于在戒定慧修行方面已经很有成就的高僧。佛教史传认为得道高僧才具有止息虎灾的能力。这说明能否驯服猛兽乃是构建高僧身份认同之表现形式。

另外,僧传中很少有所谓驯服雉的叙事,因为佛教文化显然和儒家思想影响下的文献不同,对雉没有特殊的解读,但是正史中提及修行很高的比丘尼,却也引入了驯服野雉和野兔的话语,如初唐李延寿所撰《北史》卷三十三《列传》二十一提到北齐李元忠之子李搔有一妹,出家后曾有野雉、野兔入其修行之室,其文云:"搔妹曰法行,幼好道,截指自誓不嫁,遂为尼。所居去邺三百里,往来恒步,在路或不得食,饮水而已。逢屠牵牛,脱衣求赎,泣而随之。雉兔驯狎,入其山居房室。"[1]这里所谓法行,似是法号,而非本名。结合我们上文对儒家思想影响下的驯服野雉的修辞,可知这里用于比丘尼的所谓雉兔驯狎并非典型的佛教话语,而是儒家政治伦理中所谓白雉白兔作为祥瑞现身的话语[2]。当然这个正史的文学叙事手法带有很强的模板式描述,其使用的词汇乃是典型的褒扬传主的文学修辞,并非反映作者的个人立场。

再次,就以佛教文献的记录和书写而言,中古僧人驯服猛虎的方式非常多样,以法杖、佛经、诵咒等方式驯虎均很常见。同时,在山林中隐居修行的僧人视猛虎为法侣与法徒,过从密切。这些现象均反映了中国

---

[1]《北史》标点本,页1205。
[2] 类似的提到雉兔现身的词汇在《北史》卷五十三《列传》第四十一《慕容绍宗》之子慕容三藏的传记中也出现了,其文云:"(隋开皇)十三年,州界连云山响,称万岁者三,诏颁郡国,仍遣使醮山所。其日,景云浮于上,雉兔驯坛侧。使还以闻,上大悦,改封河内县男。历叠州总管、和州刺史、淮南郡太守,所在有惠政。"见标点本页1916,又,《隋书》卷六十五《慕容三藏传》,标点本页1532。野兔为孝行感动而现见《隋书》卷七十二《孝义传》华秋的故事,其文云:"大业初,调狐皮,郡县大猎。有一兔,人逐之,奔入秋庐中,匿秋膝下。猎人至庐所,异而免之。自尔此兔常宿庐中,驯其左右。郡县嘉其孝感,具以状闻。炀帝降使劳问,表其门闾。"标点本页1670。

佛教话语中自然作为佛教修行道场的功德证明。最后,高僧以仁慈降伏猛虎并非来自早期南亚佛教传统,而是受到汉代以前便已经发展出来的中国本土传统以仁德教化猛兽的启发,只是以驯化猛虎的时机、方式、实践和叙述来看,佛教高僧降伏猛虎的实践在佛教论述中则较中国传统仁政孝道驯服猛虎要远为丰富和复杂,比如猛虎亦有佛性的说法即仅仅出现在中国佛教史传中。驯化猛虎的僧人传记并未局限在高僧传中某一个特定部分,而是在译经、明律、诵经等各个部分均有出现,这说明是一种较为广泛的现象,并未局限于传统佛教史家对高僧的分类观念。

进一步而言,中世纪佛教文献中所谓驯虎或者虎兕不侵的叙事也隐含了前现代时期野蛮与文明的分别。这些文献实际上暗示了僧人所代表的力量乃是文明的力量,来自文明世界,而野兽代表了野蛮的力量[1],来自野蛮世界,而野蛮世界能被文明力量驯服,或许也可以说是佛教的教化。这一教化是否受到中国传统教化思想的影响,尚待将来的研究进行揭示。就目前从《高僧传》所体现的佛教意识形态而言,僧人对自然界的弘法便是驯化野蛮世界的手段。这样将荒郊野外世界和僧人世界对应于野蛮与文明的二分意识在欧洲中世纪亦有类似的反映。

森林在中世纪欧洲文献中被认为是荒蛮、混乱、无序之地,即如同中国文献将西南、南方丛林地带视为瘴疠之地,欧洲文献认为这样的森林乃是黑暗、危险之所,进入时需要格外警惕。而基督教僧人特别是圣徒能征服这样黑暗、危险之所,这样的故事在中世纪十分流行[2]。这当然也反映了教会对其圣徒行为和道德能力、感染力的宣传,不过,人们仍然广为相信圣徒的确拥有这样的能力,否则他们又如何能游走四方并且隐

---

[1] 我在《中古中国佛教寺院主义之复兴》一书中已讨论了道宣著述中所反映的佛教文明观,道宣屡屡提及江表地区乃是所谓文国,即文化昌明之国度,因为这一地域文化发达,佛教繁盛,人们接受佛教的价值观;相反在北方中原地区,受所谓胡人南侵的影响,佛教三次遭受灭法之灾,因而是野蛮之地。见拙撰 The Revival of Buddhist Monasticism in Medieval China, pp. 21–30.

[2] Aleksander Pluskowski, *Wolves and the Wilderness in the Middle ages*, Woodbridge, Suffolk, UK: The Boydell Press, 2006, pp. 56–72.

第三章　中古佛教驯虎记

居在山中修道而完好无损呢？总之,这样的话语、意识加上想象,自然和猛兽与宗教徒的世界之间逐渐建立起密切联系。

如果我们将视野放大来对比中国和欧洲中世纪这类僧侣驯服猛兽的故事,可以发现一些共同点。总体而言,僧人与猛虎的相遇,可以看成是个体行为(individual behavior),但是在僧人传记文献中却主要体现为集体记忆(collective memory)和集体经验(collective experience)。这和基督徒传记所反映的特点类似。实际上,中古佛教传奇中这些隐居丛林的得道高僧(enlightened monks)相当于欧洲中世纪在森林中隐修的圣徒(saints)[1],在欧洲中世纪圣徒传(hagiography)中颇多关于圣徒与动物为友的记载。圣徒与动物的密切联系甚至可以追溯到圣安东尼(St. Anthony)的奇遇。此人生活在三世纪,在基督教传统中被认为是基督教寺院主义(Christian monasticism)的奠基者,可是实际上在他之前还有一位隐居者保罗,这位隐居者在沙漠的一个山洞中修行了六十年。安东尼听到关于他的传说,决心去沙漠中寻找他。他在途中获得一匹狼的协助,找到了保罗修行的山洞,两人很快成为朋友。乌鸦为他们二人找来食物。未几保罗去世,两头狮子现身,来到沙漠中为其掘出墓穴,直至保罗下葬之后才返回森林[2]。

挪威学者根据四世纪亚历山大里亚主教亚他那修(Athanasius, 293—373)所留下来的《圣安东尼传》(*Vita Antonii*)对其生平和在基督教隐修史上的地位进行了仔细的研究。这一研究认为沙漠作为一种景观,充斥着各类非人类的猛兽、妖魔和超自然的存在,对人的自我身份认同有很强的威胁性,而当时人认为如果进入沙漠则不可避免要和这些非人类存在打交道。圣安东尼被塑造成能坦然面对这些非人类挑战的人物形象,从而树立其历史地位。因为他的安贫乐道、禁欲精神实在是上帝意志

---

[1] E. Gordson Whatley, Anne B. Thompson, and Robert K. Upchurch eds., *Saints' Lives in Middle English Collections*, Kalamazoo, MI: Medieval Institute Publications, 2004.

[2] Jacobus de Voragine, *The Golden Legend Readings on the Saints*, vol. 1, Princeton: Princeton University Press, 1993, pp. 84–85;参见 Laura Hobgood-Oster, *Holy Dogs and Asses: Animals in the Christian Traditions*, Urbana and Chicago: University of Illinois Press, 2008, p. 63.

的体现,从而保证他在沙漠中能生存下来[1]。

从神学上来说,有学者认为圣徒与动物的密切关系反映了基督教中的特殊观念,这一特殊观念认为人在堕落之后,经过净化自己的行为,重新获得超自然能力以统治自然,驱使猛兽[2]。在中世纪观念中,在孤独中隐修的圣徒具有纯洁和无邪的品性,这使得他们能够以安宁与和谐的状态应对猛兽。这种纯洁和无邪的品性以及安宁与和谐的状态正是亚当、夏娃当时在伊甸园中最初未堕落时的状态,当时他们也正因为这些状态才能在伊甸园中与自然和谐相处。而中世纪基督教文献显然认为圣徒如果修行到一定程度,也能恢复到当初那种天真无邪与万物同一的状态[3]。

而霍布古德-奥斯特(Laura Hobgood-Oster)在较近的研究中总结了圣徒传中有关动物和圣徒的四类关系,即动物作为虔信的楷模(exemplars of piety)、动物作为神启的资源(sources of revelation)、动物作为圣徒式的殉道者(saintly martyrs)、动物作为亲密伴侣(primary intimate other)[4]。第一个类型包括了动物参加基督教仪式的一些例子,如动物参加弥撒、受洗、领圣餐、聆听布道、参加礼拜等等。第二个类型例如雄鹿传递圣意让罗马人(如士兵 Placidus)皈依基督教、驴帮助玛丽和耶稣的故事。第三类实际包括动物作为殉道者和仆人。羊作为殉道者象征较为常见,而狮子则常常作为死亡和葬礼中的仆人形象出现。最后一类故事中最有名的

---

[1] Dag Øistein Endsjø, *Primordial Landscapes, Incorruptible Bodies: Desert Asceticism and the Christian Appropriation of Greek Ideas on Geography, Bodies, and Immortality*, American University Studies, Series VII, Theology and Religion, vol. 272, New York and Bern: Peter Lang, 2008. 在方法论上,此书充分利用当代学者对空间和身体的认识来讨论希腊思想对早期隐修神父神学的影响。

[2] 见 Clarence J. Glacken, *Traces on the Rhodian Shore: Nature and Culture in Western Thought from Ancient Times to the End of the Eighteenth Century*, Berkeley and Los Angeles: University of California Press, 1967, p. 310. Ingvild Sælid Gilhus 则简短地提示了在早期基督教伪经中有关于早期在沙漠地区修行的神父驯化动物的记载,见她的著作,*Animals, Gods, and Humans: Changing Attitudes to Animals in Greek, Roman and Early Christian Ideas*, London: Routledge, 2006, p. 257.

[3] Dvid Salter, *Holy and Noble Beasts: Encounters with Animals in Medieval Literature*, Cambridge: D. S. Brewer, 2001, pp. 147 – 148.

[4] Laura Hobgood-Oster, *Holy Dogs and Asses: Animals in the Christian Traditions*, Urbana and Chicago: University of Illinois Press, 2008, pp. 63 – 80, chapter 4, Counted among the Saints: Animals in Medieval Hagiography.

第三章　中古佛教驯虎记

莫过于下文要特别介绍的圣耶柔米与狮子为伴的传奇。

中古基督教传统中也有很多圣徒与动物为友的记录,如圣马可(St. Mark)和圣耶柔米(St. Jerome, 340?—420)与狮子,圣欧斐米(St. Euphemia)与狮子和熊,圣罗奇(St. Roch)与狗等等;狮子还特别与圣耶柔米、沉默的约翰(John the Silent)、西蒙(Simeon)、约旦的日拉玛斯(Gerasimus)等圣徒关系密切。圣耶柔米作为一位圣徒,出版了拉丁文版的《圣经》,曾以驴为宠物,以狮为保镖。圣提昂(St. Theon)的隐居之室则常有山羊、野驴、公牛拜访。圣根特(St. Gent)驯服了一头狼,让其与牛一起为其服务。圣金口若望(St. John Chrysostom, 345?—407)在森林中隐修十年,对野兽极为慈悲和爱护。圣翟理斯(St. Giles)则与鹿为友,他原本是雅典的教士,隐居在法兰西的森林中修行。圣佐斯玛斯(St. Zosimas)能驱使狮子为其担负行李到城门。圣雷古鲁斯(St. Regulus)去世之后,诸多野鹿聚集在其墓地。圣芬格(St. Finger)的遗体旁甚至有野鹿跪下为其祈祷[1]。帕多瓦的安多尼(St. Anthony of Padua, 1195—1231)布道时,有一群鱼也来聆听[2]。

在中世纪基督教文学作品中,也提到了很多殉道者的遗体被罗马士兵遗弃在地中海中,以便防止这些遗体被基督徒奉为圣物,因为罗马人认为投入大海的遗体和被处死后扔入大海的强盗的遗体可能混淆在一起,

---

〔1〕 野鹿驯服参与基督教活动可以在中古中国佛教中找到类似的情况,如隋代杨雄等上《庆舍利感应表》中提到楚州地区迎接舍利举行行道仪式时,野鹿来听,鹤游塔上。参见《广弘明集》卷一七,《大正藏》册五二,页 219 下栏。

〔2〕 Lewis G. Regenstein, *Replenish the Earth: A History of Organized Religion's Treatment of Animals and Nature — Including the Bible's Message of Conservation and Kindness toward Animals*, New York: The Crossroad Publishing Company, 1991, pp.57-61;该书第三章(The Early Christian Saints: Compassion and Love for Animals)专门讨论中世纪的圣徒们与动物甚至狼、狮为友,留下了许多传奇,其中最著名的传奇与 St. Francis of Assisi 有关,参见 Laura Hobgood-Oster, *Holy Dogs and Asses: Animals in the Christian Traditions*, Urbana and Chicago: University of Illinois Press, 2008, pp.67-69,此书第四章 counted among saints: animals in medieval hagiography,即主要讲圣徒传中与动物的相遇;其他研究还有 Edward A. Armstrong, *Saint Francis: Nature Mystic; The Derivation and Significance of the Nature Stories in the Franciscan Legend*, Berkeley: University of California Press, 1973。Regenstein 还参考了 W. E. H. Lecky (1838-1903), *History of European Maorals from Augustus to Charlemagne*, two vols., New York: D. Appleton and Company, 1876. 此书可在 google library 免费阅览。该图书馆亦有圣弗朗西斯传,见 Paul Sabatier, *Life of St. Francis of Assisi*, trans. by Louise Seymour Houghton, New York: Charles Scribner's Sons, 1902.

而基督徒为避免不错奉强盗的遗骨为圣物乃不再试图在大海中寻找圣徒的遗骨。不过,基督教圣徒力量使得罗马人的阴谋并未得逞,在这些圣徒的遗骨被砸烂丢入大海之后,并未和强盗的遗骨混在一起,而是被深知圣徒价值的海豚们找回来并带回海岸,因而这些遗骨仍然得以广为流传在基督徒之中[1]。这当然是中世纪基督教的传教说辞,不过从中亦可略知当时基督徒的确相信存在这样的异象。

圣方济各(St. Francis of Assisi, 1182—1226,天主教圣方济各会创始人,本名 Giovanni Francesco di Bernardone)在古比奥(Gubbio)遇狼的故事也在中世纪广为流传。当时古比奥地区的郊外长期有一头狼流窜,威胁当地人们的人身安全,引起当地人的恐慌。圣方济各以一片善心来到当地驯服此狼,他一见到这头野兽,即示以十字架,并以耶稣之名令其停止攻击。此狼当即停止攻击性动作。接着圣方济各又晓之以基督教之理,严厉谴责其伤害人命的犯罪行为。此狼亦点头摆尾表示听从,并以前爪搭在圣徒手上承诺不再骚扰人们。圣徒将其带入当地居民区,此狼驯服如绵羊[2]。这些中世纪欧洲的圣徒传奇实际上在中国中古佛教高僧传中均能找到其对应。从以上这些论述来看,也许我们从野兽与僧侣的关系角度能找到中古一些世界宗教之间更多的共同点。

在早期基督教传统中,驯化狮子乃是基督教圣徒力量的象征,早期基督教伪经中有关这一点的叙事尤为明显,在所谓伪《马太福音》的第二部分(the Pars Altera)中有个故事讲述耶稣离开杰里科去约旦河的路上的经历。当时他路过一个山洞,内中有只母狮子在喂她的孩子,因此无人敢

---

[1] Maureen A. Tilley, "Martyrs, Monks, Insects, and Animals," in: *The Medieval World of Nature: A Book of Essays*, ed. by Joyce E. Salisbury, New York and London: Garland Publishing, 1993, p. 94.

[2] 实际上这一传奇式故事在圣方济各死后一个多世纪才出现在文献之中,有关这一故事的文献主要有两种,即 Ugolino di Monte Santa Maria 的 *Actus Beati Francisci et Sociorum Eius*(*The Acts of Blessed Flowers and His Companions*)及其意大利文衍生本 *I Fioretti di San Francesco*(*The Little Flowers of St Francis*)。历史学家曾将这一故事拿来讨论中世纪基督教对生态的重视,见 Lynn White Jr., "The Historical Roots of Our Ecological Crisis," *Science* 155 (1967), pp. 1203 – 1207. 参见 Dvid Salter, *Holy and Noble Beasts: Encounters with Animals in Medieval Literature*, pp. 25 – 32;这位圣徒驯服驴的故事见 pp. 33 – 38.

第三章　中古佛教驯虎记

经过此地。耶稣从容不惧,在路人侧目之下步入洞中。狮子们见到耶稣,立刻跑来迎接他,仿佛是旧交。耶稣坐在洞中,小狮子们在他周围玩耍如故,而成年狮子则对耶稣进行敬拜。耶稣步出山洞,有小狮子甚至在其脚旁嬉戏。他对众人说,"你们看,野兽比你们好很多,看看他们怎么认识他们的主并荣耀他。但是你们这些人,神按照自己的相貌和相似造了你们,却不认识他。野兽都知道我,并且这样驯服。人看到我却不认识我。"于是耶稣带着众狮子渡过约旦河,将他们放走,并嘱咐他们不要伤害人。同时,回头对众人说,不要让人伤害你们[1]。这个故事十分清楚地揭示了早期基督教叙事中耶稣驯服狮子的形象。

在另一部以科普特文写成的早期基督教伪经《保罗行传》中则记载一头狮子请求保罗为其洗礼的故事,保罗答应了它的要求,带它到河中浸入水中三次。基督教史学者认为,动物在中世纪圣徒传中的形象可以归纳为四种,即动物作为有信仰者、动物作为启示的来源即充当从神那里给人传递信息的使者、动物作为殉道者和仆人、动物作为僧侣的首要伴侣。第一种形象指动物有能力选择自己的信仰,认识耶稣的伟大,这样的例子包括前文提及的保罗施洗的狮子,以及其他故事中的猪、羊、驴、狗、马等等。

第二种形象指动物作为神的信息的传递者和担负者出现。比如驴曾是世界救赎的担负者,将耶稣的母亲玛丽带到伯利恒。当希律王要迫害耶稣时,驴又将玛丽和耶稣带到埃及。耶稣自己骑着驴进入耶路撒冷。第三类动物包括猪、马、狮子、羊等等。第四类动物对于沙漠中的隐修者特别重要,比如圣耶柔米隐居在伯利恒附近的荒郊致力于将《圣经》由希腊文译成拉丁文,许多动物包括狗、鹅、羊、驴均是他的同伴,并治好了一头狮子,与其相依为命。动物甚至在很多故事中充当了一些圣徒如圣翟理斯等人充满爱心施展其医疗和爱护能力的对象[2]。

---

[1] Laura Hobgood-Oster, *Holy Dogs and Asses: Animals in the Christian Traditions*, Urbana and Chicago: University of Illinois Press, 2008, p. 49.

[2] Laura Hobgood-Oster, *Holy Dogs and Asses: Animals in the Christian Traditions*, 2008, pp. 63–76.

在欧洲晚期中世纪各类圣徒与猛兽相遇的故事中,最为流行的故事是有关圣徒耶柔米与狮子的交谊。现代学者对其有许多深入的研究。描写圣耶柔米生平的拉丁文作品主要是 *Plerosque nimirum* 一书,而实际上耶柔米与狮子相伴的故事直到十三世纪才开始广泛流行,这一流行主要在于这一故事被收入当时颇有影响的两部文献。一是文森(Vincent of Beauvais)完成于1244年的史书 *Speculum Historiale*,此书叙述亚当受诱惑堕落以来至 Vincent 时代的历史;二是雅各布斯(Jacobus of Voragine)编辑的圣徒传记集 *Legenda Aurea*,约成书于1260年[1]。在十四至十六世纪,耶柔米的故事也成为最为流行的基督教圣徒艺术主题,体现圣徒的慈爱与狮子的信任。

一般认为,圣耶柔米约于公元四世纪(331—347之间)生于达尔玛提亚的斯特利顿(Stridon in Dalmitia),作为一位语言学家和学者,他最大的贡献当然是用拉丁文译出《圣经》,成为中世纪上千年历史上最为流行的标准版本(editio vulgata)。他也非常推崇修道院生活,早年曾在叙利亚沙漠中隐修,后来在巴勒斯坦地区伯利恒领导当地的隐修团体,在这里他常与狮子为伴。说来奇怪,当时耶柔米正和其他一些僧侣一起听课,这头狮子突然闯进修道院,其他人都吓得四散逃开,只有耶柔米十分自信地走上前去观察这头狮子,结果发现这头狮子受伤,于是招呼其他僧侣一起为其包扎伤口。不久狮子恢复健康,从此失去野性,与众僧侣为伍,特别是陪伴耶柔米[2]。

---

[1] Vincent of Beauvais, "De Vita et Actibus Sancti Hieronymi Presbiteri," in *Bibliotheca Mundi. Vincentii Bellovacensis Speculum Quadruplex: Naturale, Dcotrinale, Morale, Historiale*, ed., Benedictini Collegii Vedastini, 4 vols., Douai, 1624, vol.4, Liber XVI. Cap. 18, p. 623; Jacobus of Voragine, *The Golden Legend of Jacobus de Voragine*, trans. Granger Ryan and Helmut Ripperger, New York, 1941, pp. 587 – 592.

[2] 见 Eugene Rice, *Saint Jerome in the Renaissance*, Baltimore, 1985, pp. 23 – 48;对于中世纪艺术中表现耶柔米与狮子相伴主题的研究,最为详尽的著作见 Herbert Friedmann, *A Bestiary for Saint Jerome: Animal Symbolism in European Religious Art*, Washington D. C.: Smithsonian Institution Press, 1980, 第一部分 "The Legend of Saint Jerome in Art," pp. 17 – 188. 其他著作也提及这一主题,如 Dvid Salter, *Holy and Noble Beasts: Encounters with Animals in Medieval Literature*, 第一章 "Return to Paradise: Animals in the Lives of the Saints," 第一节 "St Jerome and the Lion," pp. 11 – 24;对耶柔米学术的新研究,参见 Megan Hale Williams, *The Monk and the Book: Jerome and the Making of Christian Scholarship*, Chicago: University of Chicago Press, 2006.

第三章　中古佛教驯虎记

在耶柔米撰写的一篇圣徒故事中,也出现了狮子。传说是他撰写的马尔库斯(Malchus)传记中记载,马尔库斯曾在沙漠中的修道院隐修数年,因为要回家最后探望一次寡居的老母。不幸在途中被以实玛利人(Ishmaelites)抓住,沦为奴隶。他和一位同样沦为奴隶的基督徒在路上得以逃出,在沙漠中被追赶。当他们不得已藏于一个山洞之中,以为将被赶杀之际,为一母狮子所救,幸免于难[1]。耶柔米的故事是救护受伤的狮子,而这个故事是狮子救护危难中的基督徒,这至少反映了在沙漠中隐修的基督徒常常遇到狮子的历史境遇。

---

[1] St. Jerome, *Life of Malchus*, trans. Sister Marie Liguori Ewald, in Roy J. Deferrari ed., *Early Christian Biographies*, The Fathers of the Church, vol. 15 (Washington, 1952), pp. 281-297; Alison, Goddard Elliott, *Roads to Paradise: Reading the Lives of the Early Saints* (Hanover and London, 1987), pp. 144-167; Dvid Salter, *Holy and Noble Beasts: Encounters with Animals in Medieval Literature*, pp. 18-19.

第四章　由狮而虎：中古佛教人物名号变迁

一、引言

本书第二章详细讨论了南北朝隋唐佛教文献对十二生肖的论述[1]，指出佛教早期文献《大集经》中所叙述的十二生肖在这一文献翻译成汉文并在汉文注释文献传统中因受到中国文化影响而发生了三个变化，即在方位上以南为首叙述十二生肖分布的顺序变成了以东为首的顺序，《大集经》版十二生肖中的狮子在汉文文献中变成了虎，汉译《大集经》中所描述的十二生肖中动物作为菩萨化身逐渐演变成隋唐佛经注释文献中的精魅化身。实际上，古代天竺佛教文献中狮子变成虎的情形还有其他一些表现，这一章所要探讨的主题则是佛教从南亚传播至中国过程中出现的人物名号中的由狮而虎的变迁。这个变迁反映了古代佛教文化进入中国文化语境中的复杂适应过程，也牵涉到中国僧人对中国古代历史、文化、社会变化的认识和在这种认识基础上对传统的再创造。

---

[1] 此章的原型为《从十二时兽到十二精魅：南北朝隋唐佛教文献中的十二生肖》，《唐研究》卷13，2007年，页301—345。收入本书时作了很多增补。

第四章　由狮而虎：中古佛教人物名号变迁

自通向西域之路在汉代开通以来，宗教和物质文化均在中西交通史上扮演文化交流的重要媒介。异域动物亦随着西域人士从西到东而来，不仅以实物的形式进入中原，亦通过文献记载和塑造以形象进入汉文化。对于异域动物的入华研究，当代学者一向颇为留意。如当代中西交通史研究大家张广达先生即十分重视中西文化交流中的动物主题。他在1997年发表了《唐代祆教图像再考——P.4518（24）的图像是否祆教神祇妲厄娜（Daēna）和妲厄娲（Daēva）》一文，提示了琐罗亚斯德教对动物的看法，特别是犬在该教葬仪中以犬视方式出现的吓阻恶魔的功能[1]。后来他又在2001年发表的《唐代的豹猎——文化传播的一个实例》中，运用丰富的中外文献以及近年出土的唐代图像材料探讨了中亚和西亚的豹猎及其在华遗存[2]。

张先生这两篇论文创获甚多，因为他能将中西文化交流中的动物主题放在一个广阔的亚洲史视野中考察，并且非常熟悉中外文献资料和历年出土的大量图像资料，清晰地论述了犬和猎豹两种动物在中古宗教生活和政治生活中所扮演的角色。其实，动物在古代亚洲宗教史上的重要地位是不容忽视的，这一章拟略就狮、虎在佛教文化史上的一

---

[1] 原载《唐研究》卷7，1997年，页1—17；收入《张广达文集·文本、图像与文化流传》，桂林：广西师范大学出版社，2008年，页274—289。学界对琐罗亚斯德教中的动物颇为留意，如 Mahnaz Moazami, "Evil Animals in the Zoroastrian Religion," *History of Religion*, vol. 44, no. 4 (2005), pp. 300–317，其具体讨论见第二章第一部分关于琐罗亚斯德教对动物根据二元论原则分类的提示；Maria Macuch 则撰文讨论了祆教律典中处理动物的规定，见"On the Treatment of Animals in Zoroastrian Law," in: A. van Tongeloo, ed., *Iranica Selecta. Studies in Honour of Professor Wojciech Skalmowski on the Occasion of his Seventieth Birthday*, Silk Road Studies VIII. Turnhout, 2003, pp. 167–190.

[2] 原载《唐研究》卷7，2001年，页177—204；收入《张广达文集·文本、图像与文化流传》，桂林：广西师范大学出版社，2008年，页23—50。Thomas T. Allsen 有篇文章则提供了关于七至十七世纪中亚狩猎活动的一个概观，见 Thomas T. Allsen, "Natural History and Cultural History: The Circulation of Hunting Leopards in Eurasia, Seventh-seventeenth Centuries," in Victor H. Mair ed., *Contact and Exchange in the Ancient World*, Honolulu: University of Hawaii Press, 2006, pp. 116–135. 这篇文章此前作为会议论文已于2001年5月宾夕法尼亚大学古代研究中心在考古与人类学博物馆举行的会议上发表。据 John Cummins 研究，在中世纪欧洲，cheetah 在文献中出现不算普遍，也许在意大利地区较为流行，因为这一猛兽在开阔地带狩猎时较为有效，在林木茂盛的地区则较为局限；同时，cheetah 在意大利的流行也许受到穆斯林文化的影响；见 John Cummins, *The Hound and the Hawk: The Art of Medieval Hunting*, London: Weidenfeld and Nicolson, 1988, p. 31.

些象征性意义发表一点浅见，期待学界方家通人作进一步思考和批评。

中国传统中的这种狮子和猛虎之转化或许也影响到周边地区，如马尔夏克(Boris I. Marshak)在研究片治肯特发现的粟特壁画时注意到壁画上所描绘的是猛虎和三位婆罗门的故事。这一故事原型出自印度故事集《五部书》(Pañchatantra)，在这部书的第五部第三个故事中，原本有四位婆罗门，其中三位是非常博学的婆罗门，第四位则是虽不学无术却非常理性的人，他们在森林中发现了狮子的骸骨，其中一位婆罗门建议以其所拥有的知识来将这些骸骨组合在一起，以唤醒死去的狮子，于是三位博学的婆罗门开始重建这只狮子，最后组合完毕，第三位婆罗门将唤醒这头狮子时，第四位理智的婆罗门警告说，这是头狮子，唤醒它势必会给这些婆罗门带来灾难。他请第三位婆罗门稍等，然后立刻理智地爬上了旁边的一棵树。而其他婆罗门执意唤醒狮子，结果狮子重生之后将三位博学的婆罗门都吃掉了。

在片治肯特的壁画中，四位婆罗门唤醒狮子的故事被描绘成三位婆罗门唤醒老虎，老虎苏醒之后吃掉了第三个婆罗门[1]。马尔夏

---

[1] Boris I. Marshak, "The Tiger, Raised from the Dead: Two Murals from Panjikent," *Bulletin of the Asia Institute*, New Series, vol. 10, Studies in Honor of Vladimir A. Livshits, 1996, pp. 207-217;同作者, *Legends, Tales, and Fables in the Art of Sogdiana*, Binennial Ehsan Yarshater Lectures, New York: Eisenhausus Press, 2002, p. 130; Boris I. Marshak and Franz Grenet, "L'arte sogdiana (IV-IX secolo)," in: *Le arti in Asia Centrale*, ed. P. Chuvin, Milano, 2002, pp. 114 - 163. 《五部书》的英译参见 Franklin Edgerton, *The Pañchatantra Reconstructed*, vol. 2, New Haven: American Oriental Society, 1924;又 reprinted edition, Grorge Allen & Unwin Ltd., 1965,但这本书结束于第五部书的第二个故事，没有上述这个狮子与婆罗门的故事; John Esten Keller trans., *The Book of the Wiles of Women*, MLA Translation Series no. 2, University of North Carolina Studies in the Romance Languages and Literatures No. 27, Chapel Hill: University of North Carolina Press, 1956. 粟特地区遗留的佛教艺术痕迹很少，且在学者之间引起颇多争议，有关介绍见 Matteo Compareti, "Traces of Buddhist Art in Sogdiana," *Sino-Platonic Papers*, no. 181, Philadelphia: University of Pennsylvania, August, 2008, pp. 1-42. 《五部书》的回鹘文译本有九件残卷在吐鲁番由普鲁士探险队发现，现藏柏林，其翻译研究见 Friedmar Geissler and Peter Zieme, "Uigurische *Pañchatantra*-Fragmente," *Turcica*, vol. 2 (1970), pp. 32 - 70; M. Ölmez, "Ein weiteres alttürkischen *Pañchatantra*-Fragment," *Ural-Altaische Jahrbücher* N. F. 12 (1993), pp. 179 - 191; 杨富学、桂林：《回鹘文〈五卷书〉残卷译释——兼论〈五卷书〉在回鹘中的传播和影响》，殷晴、李肖、侯世新主编：《吐鲁番学新论》，乌鲁木齐：新疆人民出版社，2006 年，页 135—153。　　（转下页）

第四章 由狮而虎：中古佛教人物名号变迁

克并未解释出现这一变化的原因。考虑到中亚地区出土的粟特佛教文献很多译自汉文[1]，更西边的粟特艺术受汉文文献狮、虎转换的叙事传统影响并非完全不可能。我后来又撰写了《中古佛教驯虎记》一文讨论驯虎在中国佛教中的实践、叙事及其象征意义，见上一章的讨论[2]。在进行这一研究的过程中，也留意到虎常常作为佛学造诣极高的高僧的美称，而早期佛教文献中极为丰富的狮子却在高僧的美称中缺席，以动物为名号不过反映了人对自己认识的投射和认知。

佛教人物美称中出现以虎代狮的现象则反映了佛教入华之后在发展过程中受中国文化语境和思想影响不断适应和调整。语言和词汇在时空旅行中总在不断变化之中，不同民族在不同历史情境下对于其语言的文化的保存也存在差异。中古时期入华粟特人多以其源出地域作为姓氏，而高丽人、突厥人入华之后则仍使用他们自己的姓氏。

在当代，以动物为姓氏而其语言形式发生变化的例子也有不少。比如汉学家鲁惟一(Michael Loewe)的名字即是一例。他本是德裔，其姓Loewe实际上来自德文Löwe，意即狮子。但因其家族早已移居英国，其姓氏采用英式拼写，故改为Loewe。一般读者自然难以注意到其本来的拼

（接上页）近年伊维德在他出版的新书中提示了中国的中山狼故事也受到这个《五部书》故事的影响，即受到眷顾的猛兽不知好歹，恩将仇报，吃掉了其功德主；见 Wilt L. Idema, *Personal Salvation and Filial Piety: Two Precious Scroll Narratives of Guanyin and Her Acolytes*, translated and with an introduction by Wilt L. Idema, Honolulu: University of Hawaii Press, 2008, pp. 35 – 37. 在古代印度也有一个类似的讲虎恩将仇报的故事，题为"虎、婆罗门与豺"(The tiger, the Brahmin, and the Jackal)，一只虎陷于牢笼，路过的一位婆罗门在其恳求下，将其释放，此虎饥饿难忍，要吃掉婆罗门充饥，后来婆罗门在豺的帮助下，设计将虎重新关进牢笼；见 *Indian Fairy Tales*, eslected and edited by Joseph Jacobs, London: David Nutt, 1892, pp. 66 – 69.

[1] D. N. MacKenzie, "Buddhist Terminology in Sogdian: a Glossary," *Asia Major* 18: 1 (1971), pp. 28 – 89; Nicolas Sims-Williams, "Indian Elements in Parthian and Sogdian," in K. Röhborn and W. Veenker eds., *Sprachen des Buddhismus in Zentralasien*, Wiesbaden: Otto Harrassowitz, 1983, pp. 132 – 141; Xavier Tremblay, *Pour une histoire de la Sérinde*, Wien, 2001, pp. 69 – 71, 203 – 206.

[2] 拙撰《中古佛教驯虎记》，受刘苑如邀请为台北中研院文哲所自然道场研究计划撰写初稿，经过修订之后收入本书第三章。

写形式和意义[1]。狮子的名字较为普遍,在阿拉伯世界,Asad(或 Assad,狮子)乃是男子常用之名[2]。在印度,一个较为普遍的名字 Singh,在当前的媒体上常常以"辛格"汉译,这其实是"辛哈",来自梵文 siṃha,即狮子。下文将特别讨论这个主题。

这一章试图探讨在佛教进入中国之后发展起来的汉文文献在中古时期的文化语境中描述和书写狮、虎的历程,讨论的时限主要是佛教文化与中国文化互动最为密切的魏晋南北朝隋唐时期,偶尔也涉及汉、宋等时期。这一章将首先比较狮、虎作为人物名号在印度、中亚佛教与中国佛教中出现的现象,再介绍中国古代僧人和狮子的互动,包括在自然界中实际接触狮子及对狮子的心理感受和概念想象,最后追溯狮子在早期佛教中的形象以及狮子与佛的密切联系。而在第五章则继续探讨狮、虎在亚洲古代历史文化中所被赋予的重要政治、宗教权力之象征意义,将这两者放在中近东、南亚、中亚与东亚乃至世界史的文化背景中进行比较。

二、狮、虎作为人物名号及其文化背景[3]

佛教史籍中值得注意的一点是南北朝隋唐时期名号中带"师子"字样的中亚和印度僧人很多。称之为名号,乃是因为汉文僧传中出现的这些人的名字其实并非真正的名字,而是法号或者美称,比如法护、法巁、佛陀耶舍、佛陀跋陀罗、佛大什、真谛之类。除了名号带有师子字样的人名

---

[1] 此一信息系我从在柏夷(Stephen R. Bokenkamp)家中与德国洪堡大学常志静(Florian C. Reichter)教授的谈话中获知。德文 Löwe 用来称呼以狮子为族徽的家族,类似的姓氏也见于荷兰语、瑞典语,其不同写法有很多,如 Loewe、Loewen、Lowen、Lowe、Low、Lower、Löwe、Löw、Leu、Leue、Lau、Laue、Löbe、Lobe、Leb、Lebe 等等,作为人名则有 Leo、Leon、Lyon、Lionel、Leonel 以及和其相关的名字 Lioni、Leonie、Leone、Leonardo 等等,意为狮子的力量。Leo 为拉丁文,Leon 为希腊文。最负盛名的家族来自波希米亚地区。其他姓 Löwe 的知名人物包括被称为"北德的舒伯特"的德国著名作曲家和歌唱家 Johann Carl Gottfried Löwe(Loewe);艺术家 Frederick Loewe(1901—1988)出生在柏林一个维也纳家庭,父亲 Edmond Loewe 是犹太音乐家。

[2] 以 Asad 为人名的名人至少有这么一些,Asad ibn Saman,萨曼王朝奠基者之子;奥地利犹太人 Leopold Weiss 皈依伊斯兰教之后改名为 Muhammad Asad(1900—1992),后娶沙特女子为妻,Muhammad Asad 之子为著名人类学家 Talal Asad;而政治人物中,以狮子为名者,以叙利亚前任总统 Hafez ibn 'Ali ibn Sulayman al-Assad 及其子现任总统 Bashar al-Assad 最为知名。

[3] 本节的简本先发表于朱凤玉、汪娟编《张广达先生八十华诞祝寿论文集》(台北:新文丰出版公司,2010 年,页 1029—1056),收入本书时作了修订。

第四章 由狮而虎：中古佛教人物名号变迁

之外，也有个别中国僧人的法号也以师子名之。但是，在中国僧人之中，带有"虎"字样的称号却是最为常见的僧人美称。这在很大程度上反映了早期佛教文化和中国佛教文化对动物象征意义的不同理解和运用。一般而言，在世界古史上以动物作为姓氏主要出自三类取名传统，一是来自祖上的职业，即祖上专职狩猎某类动物，因而逐渐以此为姓氏，这类似于中国传统中的司马、司空、司徒等姓氏源流；二是因为祖上长相体型特征颇为类似某类动物，因而获得动物的称号；三是某些家族以动物为族徽，因此家族亦以该动物为姓氏，如狮子。除了姓氏之外，以动物作为人名则多来自美称。很多姓名均和动物有关，或者其与动物的联系可追溯到各地的历史传统中去[1]。

佛教史籍中记载较早来华的以狮子为名号的僧人并不多，但亦可窥见其流行之一斑。这些名号带狮子字样的僧人，有些来自天竺，有些来自中亚，但多半都出身上等种姓如婆罗门或刹帝利，在文化上或通晓世学，或通晓《吠陀》，可见非出身豪门不太可能使用狮子的名号。比如早期来华的出身中天竺的诃梨跋摩（Harivarman）[2]，在刘宋时汉文云师子铠。据《出三藏记集》所介绍的此人传记云其佛灭九百年后出生于婆罗门世家，早年曾学习世间典籍，以及《吠陀》文献，后来皈依佛教而出家，成为萨婆多部达摩沙门究摩罗陀弟子，获其传授迦旃延所造《大阿毗昙论》，后来他自造《成实论》[3]，并以这些著作在华知名于世。从中亚罽宾国来华沙门求那跋摩，出自刹帝利种姓，累世为王，治之罽宾国。其祖父呵梨跋陀，即师子贤，以刚直被徙。玄奘《大唐西域记》卷五记早期大乘的集大成者无著有一位弟子名为佛陀僧诃（Buddhasiṃha），唐言师子觉，密行莫测，高才

---

[1] 兹举若干例子：如奥地利作家 Kafka 的姓氏来自捷克语 kavka，意为寒鸦；俄国姓 Kozlov 来自 kozyol，意为山羊；参见 Darryl Lyman, *Dictionary of Animal Words and Phrases*, Middle Village: NY: Jonathan David Publishers, 1994; Patrick Hanks, and Flavia Hodges, *A Dictionary of Surnames*, Oxford: Oxford University Press, 1988.

[2] Hari 意义很多，如作为颜色指黄色、绿色，作为动物指马、狮子、猴子、孔雀、鹅、蛙、蛇，见 Monier Monier-Williams, *A Sanskrit-English Dictionary*, Oxford: Clarendon Press, 1899, p.1289；varman 指防卫铠甲，见 p.926.

[3] 《大正藏》册五五，[梁] 僧祐：《出三藏记集》卷一一，[梁] 玄畅：《诃梨跋摩传序》，页 78c—79b。苏晋仁、萧炼子点校本，北京：中华书局，1995 年，页 407。

有闻[1]。玄奘在那烂陀寺曾与精于《中论》、《百论》的当地大德师子光（Siṃharaśmi）等人交锋，其学问让该大德不得不惭愧退居菩提寺[2]。那难陀寺大德师子光在菩提寺有一名来自东印度的同学名旃陀罗僧诃，此处僧诃应即梵文狮子（siṃha）。也被师子光请来与玄奘进行论难。但其人既至，惮威而默，不敢致言[3]。玄奘西行途中，还在迦湿弥罗国遇大乘学僧毗戍陀僧诃，即净师子。玄奘自伊烂拏钵伐多国至伊烂拏国，该国僧徒四千余人，多学小乘说一切有部义。都城有二寺，各有千僧。其中两大德，一名呾他揭多毱多（即如来密），二名羼底僧诃（即师子忍），均精通萨婆多部[4]。《宋高僧传》卷二《释善无畏传》云其人本出中印度，乃是释迦如来季父甘露饭王（Amṛtodana）之后人，梵名戍婆揭罗僧诃（Śubhakarasiṃha），即华言所谓净师子，义译为善无畏；或者叫输波迦罗（Śubhakara），即无畏[5]。其父亲为佛手王（Buddhakara）。在梵文中，siṃha 的意义颇为广泛，也泛指强有力者、英雄、名人，等同于首领或主人，也用于王子或国王。siṃhakarman 用来形容像狮子一样行动，如同狮子之德一样。用于人名见 Siṃhaketu 作为菩萨名，Siṃhakeli 也是菩萨名。它也常常用于国王名，如 Siṃhakesarin、Siṃhakośa、Siṃhagupta。它用于佛名如 Siṃhaghosha、Siṃhadhvaja 等等[6]。以 siṃha 为词根的名字当然很多，这里不可能一一枚举。

这些僧人之中，以出身天竺者最多，且求那跋摩与善无畏的传记中明确记载他们出身王族。可见印度僧人之中以狮子为名号似很普遍，而且

---

[1]《大正藏》册五一，《大唐西域记》卷五，页 896b；《大正藏》册五四，[宋]法云编：《翻译名义集》卷一，页 1066b；Samuel Beal, *Si-yu-ki: Buddhist Records of the Western World*, Delhi: Motilal Banarsidass Publishers, 1994, reprinted edition; Sally Wriggins, *The Silk Road Journey with Xuanzang*, Boulder: Westview Press, 2004, revised and updated edition.

[2]《大正藏》册五〇，[唐]慧立本、释彦悰笺：《大唐大慈恩寺三藏法师传》卷四，页 224b—c。

[3]《大唐大慈恩寺三藏法师传》卷四，页 244c。

[4]《大唐大慈恩寺三藏法师传》卷三，页 239c。

[5]《大正藏》册五〇，[宋]赞宁：《宋高僧传》卷二《善无畏传》，页 714b，范祥雍点校本，北京：中华书局，1987 年，页 17；Chou Yi-Liang, "Tantrism in China," *Harvard Journal of Asiatic Studies* 8: 3/4 (1945), pp. 235-332；其本文部分收入 Richard K. Payne ed., *Tantric Buddhism in East Asia*, Boston: Wisdom Publications, 2006, pp. 33-60，善无畏的讨论见 p.39；中译本见《唐代密宗》，上海：上海远东出版社，1996 年，页 13—14。

[6] Monier-Williamss, *A Sanskrit-English Dictionary*, p. 1213.

第四章　由狮而虎：中古佛教人物名号变迁

不限于大乘佛教，来自其他部派的僧人也不少。以虎为氏者亦见于一人。僧人达摩笈多(Dharmagupta,法密)在开皇十年(590)到瓜州，后来由隋文帝召入长安大兴善寺弘法，译经一十八部合八十一卷。此人出自南贤豆国刹帝利种姓，俗姓弊耶伽啰(梵文 Vyāghra,吐火罗 B 语 mewiyo,古突厥回鹘语 bārs,蒙古语 bars,满语 tasha)，即所谓虎氏。此人姓虎，虽与天竺僧人姓狮子不同，但均出自上层种姓。虎在梵文文献中有时也作为人物名号出现，如在印度铭文中出现过 Vyāghramārin 的人名，类似的人名还有 Vyāghrasena、Vyāghrajina，而古代梵文文献中还出现过 Vyāghranukha、Vyāghrarāja 等国王名号，或者用来指强者、贵族，如人中之虎[1]。但总体而言，在古代印度文化中，虎作为名号远不如狮子那么流行和普遍。正如我们下文要谈到的，虎在古代印度宗教文化中不如狮子那么受重视。

对于汉文读者和熟悉禅学的人而言，大概师子比丘是一个听上去相对熟悉的名字。敦煌藏经洞所出的早期禅史《历代法宝记》中也记载了禅宗的传承世系，其中包括师子比丘(Siṁha Bhikṣi)，介于鹤勒那(Haklena[yaśa])与舍那婆斯(Śaṇavāsa)之间。其文略云：

> 故(师子比丘)从中天竺国来向罽宾国，王名弥多罗掘。其王不信佛法，毁塔坏寺，杀害众生，奉事外道末曼尼及弥师诃等。时师子比丘故来化此国，其王无道，自手持利剑，口云：若是圣人，诸师等总须诫形。时师子比丘示形，身流白乳。末曼尼、弥师诃等被刑死，流血洒地。其王发心归佛，即命师子比丘弟子。师子比丘先付嘱舍那婆斯已，入南天竺国，广行教化，度脱众生。王即追寻外道末曼尼弟子及弥师诃弟子等，得已，于朝堂立架悬首，举国人射之。罽宾国王告令诸国，若有此法，驱令出国。因师子比丘，佛法再兴。[2]

---

[1] Monier-Williamss, *A Sanskrit-English Dictionary*, p.1036.
[2]《大正藏》册五一，《历代法宝记》，页 180b；柳田圣山：《初期の禅史》Ⅱ，东京：筑摩书房，1967 年，页 59；荣新江：《敦煌本禅宗灯史残卷拾遗》，《周绍良欣开九秩庆寿文集》，北京：中华书局，1997 年，页 238—239。有关这一节中出现的外道的研究，见荣新江：《〈历代法宝记〉中的末曼尼和弥师诃——兼谈吐蕃文献中的摩尼教和景教因素的来历》，《中古中国与外来文明》，北京：三联书店，2001 年，页 343—368。Wendi L. Adamek, *The Mystique of Transmission: On an Early Chan History and Its Contexts*, New York: Columbia University Press, 2007, pp. 101‒110, 特别是 pp. 106‒107.

禅宗历史多为历代层累,所以师子比丘的世系在禅宗灯史记载中也很混乱,有第二十四祖说,有第二十三祖说。在其他佛教文献中,师子比丘亦称师子尊者(Āryasiṃha)[1]。但中国僧人重新构建的禅史世系并非信史,这个师子比丘并非真正历史人物,只是反映了禅师们对其自身历史的想象。不过,这个带狮子字样的美称无疑是很有特色的佛教称号。

其时,以梵名师子作法号的汉人在唐代也有个别例子。如末底僧诃,即师子慧,本为京兆人,俗姓皇甫。曾和师父同游印度,至中天竺居信者寺。此人少娴梵语,但未详经论。在返唐途中,路过泥波罗国,不幸染病身亡,年四十余[2]。师子慧在佛典中较为普遍,如刘宋求那跋陀罗译《央掘魔罗经》卷三云南方有一国名师子慧,有一佛名师子藏[3]。北齐那难提耶舍译《大宝积经》卷七十一《菩萨见实会》有师子慧天子之名号。唐菩提流志译《大宝积经》卷八十三《无尽伏藏会》有师子慧菩萨之名号。北魏菩提流支译《佛名经》中师子慧更是作为佛号屡屡出现。

除了人名之外,当然也有天竺僧人被赋予人中师子的美称。如《高僧传》卷二《昙无谶传》提到北凉且渠蒙逊之从弟且渠京声在于阗遇到天竺名僧佛驮斯那(Buddhasena),从之学习《禅秘要治病经》。此人精通禅法,"天才秀发,诵半亿偈",所以在西域被称为人中师子[4]。人中师子是佛陀的尊号,下文将进行详细讨论。历代高僧传中几乎均未有视中国

---

[1]《续藏经》册七五,[唐]王勃著、[宋]道诚注:《释迦如来成道记注》卷下,页15c;参见《大正藏》册四八,[宋]延寿:《宗镜录》卷九七,页939a;《大正藏》册四九,[宋]志磐:《佛祖统纪》卷五,页177a。
[2]《大正藏》册五一,[唐]义净:《大唐西域求法高僧传》卷上,页3a。
[3]《大正藏》册二,页534a。
[4]《大正藏》册五〇,《高僧传》卷二,页80,汤用彤校注、汤一玄整理,北京:中华书局,1992年,页80;并见于《大正藏》册五四,[宋]法云编:《翻译名义集》卷一,页1069c。《高僧传》卷二提到龟兹王为鸠摩罗什造金师子座,以大秦锦褥铺之,令什升而说法。且渠蒙逊的从弟沮渠安阳阅意内典、奉持五禁,年轻时曾西行求法,在于阗的瞿摩帝大寺遇到天竺法师佛驮斯那,此人通晓大乘佛学,尤其明了禅法,所以当时西域诸国号为人中师子。安阳从之以口耳相传的方式受《禅秘要治病经》梵本。东归途中在高昌又得到《观世音》、《弥勒二观经》各一卷,在河西路上译出《禅要》。后来安阳逃到刘宋。

218

第四章　由狮而虎：中古佛教人物名号变迁

僧人为人中师子的说法，仅《宋高僧传》卷十四记唐代会稽开元寺昙一律师（692—771）在至德年间佛教复兴过程中曾被崇拜者"目为"人中师子，尚不能说是"称为"人中师子[1]。这主要因为狮子在中国并非常见之动物，而且《宋高僧传》已经是宋代文献。而在佛教文献中佛陀作为人中狮子的传统太为强大，汉地佛教僧人似乎无意改变这一传统。被目为人中师子的昙一主要佛学专长是律学，尤其是《四分律》。而精通律学的高僧在唐代史籍中多被称为律虎，显然这里面有一个由狮而虎的变化。

另外，《宋高僧传》卷十七《唐越州焦山大历寺神邕传》载神邕天宝年间因避安史之乱战祸受庾光先邀请滞留荆南地区弘法，辩才无碍，折服满座之人，因而被中书舍人苑咸称为"尘外摩尼、论中师子"[2]。神邕本出自暨阳蔡氏，少小学习孔释二教典籍，一读能诵。开元二十六年剃度出家，隶诸暨香严寺名借。依法华寺玄俨师通《四分律钞》。玄俨十分欣赏他，认为他数年后将成为学者之司南。后来又从左溪玄朗师习天台止观、禅门、《法华玄疏》、《梵网经》等四教三观等义。天宝中由本邑郭密之邀请入居法乐寺西坊。后来又游问长安居安国寺。正打算弘阐禅律之时，遇安史之乱，遂避祸荆南。此人虽被称为论中师子，但亦出身律学。这是他和精通律学的昙一在知识学问背景方面相同之处。可见，精通律学乃是高僧们被赋予美称的重要条件。下文将解释出现这一变化的中古思想史背景。

佛教中天竺、中亚僧人这种以狮子为名号的传统似乎在南北朝时期的社会风尚中有所反映。师子也出现在南北朝人物的名字之中。如北魏司马景之，字洪略，晋汝南王亮之后。太宗时归阙北魏，爵苍梧公，

---

[1] 唐代僧人元素虽没有得到美称，但其个性被赞为如狮子之无畏，见《全唐文》卷320所收李华撰《润州鹤林寺故径山大师碑铭》赞美该法师（俗姓马，讳元素，字道清）观法无本，观心不生，喻金刚之最坚，比狮子之无畏。论李华与佛教之渊源，见 Silvio Vita, "Li Hua and Buddhism," in Antonino Forte ed., *Tang China and Beyond. Studies on East Asia from the Seventh to the Tenth Century*, Kyoto: Italian School of East Asian Studies, 1988, pp. 97–124.

[2]《宋高僧传》卷一七，页815b—c，范祥雍点校本，北京：中华书局，1987年，页422。

加征南大将军,死后获赠汝南王,由其子师子袭爵[1]。而北齐有宦者名潘师子[2]。西凉凉武昭王李嵩之子李行之,字义通,小字师子[3]。这些人多半在北朝生活,其名字采用西域传来之师子并不令人感到意外。

可是在中原佛教传统中,唐以来却发展出一个新的传统,即以虎作为僧人的美称。最为普遍的名号是律虎,指精通律学的僧人,而精通义学者常被称为义虎或义龙,但后者的出现明显是受律虎一称的影响,有时甚至僧人被称为所谓义虎也是因为其律学高明所致。虽然中古僧人同时实践戒、定、慧三学,但每个僧人往往有其专长,这才出现了法师、律师、禅师的分别,这在历代《高僧传》的分类中也有反映,往往僧人们被归入义解、明律、习禅等部类。很少有僧人如玄奘、义净那样被称为三藏,以凸显其精通三学的能力。三学实际上也被称为三类修行的法门,故而三学在唐代佛教文献中亦称为律门、定门、义门;而学习三类法门的学术传统被称为律宗、定宗、义宗。这些名相尤其在道宣的佛学著作中解释较为清晰[4]。

唐代道宣所撰《续高僧传》似乎是最早使用"律虎"一称之佛教史籍。北朝高僧释法愿(524—587)被称为律虎,这个词似乎是来自道宣在当时佛学界的听闻,但将其写入文献记载,则是道宣的功劳。法愿俗姓任,西河人。曾随北齐昭玄大统法上剃发为僧。后来周行讲席,求法无怠,问道新奇,虽兴趣广泛,但逐渐专注于律部,对当时传入中国的四部律均撰制义疏。其对律本的解释可谓立破众家,无人敢当其锋芒,因为这种罕有匹敌的本领,当时人号之为律虎。隋初由文帝敕任并州大兴国寺主。其所制律疏只有关于《四分律》一本十卷以及《是非钞》两卷在唐代还留存,其

---

[1] [北齐]魏收:《魏书》卷三七《司马景之传》,标点本,页860。
[2] [唐]李延寿:《北史》卷九二《恩幸·齐诸宦者传》,标点本,页3054。
[3] 《北史》卷一〇〇《李行之传》,页3321。
[4] 关于三学的讨论,见宫林昭彦《道宣の三學觀》,《佛教の實踐原理》,1977年,页189—220;以及拙撰《以〈量处轻重仪〉为例略说道宣律师之义学》,《复旦哲学评论》第三辑,2006年,页78—81。

第四章　由狮而虎：中古佛教人物名号变迁

余均流失[1]。陆长源撰《唐故灵泉寺元林禅师神道碑并序》，赞美元林禅师如同古代的慧远一样是风雅书生，又像道融那样是聪明释子。元林严守戒律，勤于弘法，因此"学者号为律虎，时人目为义龙"[2]。

宋代祖琇撰《隆兴佛教编年通论》卷九，提到隋代"沙门慧荣者，世称义虎"，曾向天台智者大师致问[3]。但此处出现的"义虎"应该是宋代编者为了说明慧荣此人之辩才高超而采用的宋代流行的说法，并非反映隋代当时的现实，因至宋代"义虎"才开始在佛教文献中流行开来。隋代甚至连"律虎"的称号尚未出现。被称为义虎者则有唐杭州华严寺道光（682—760）。但他的传记列入《宋高僧传》卷十四《明律篇》，其佛学也是以律学为主，虽然其夏浅，但因德崇，而深受坛场属望[4]。可是因为这位僧人精通律学，此处关于其人被称为义虎似乎是律虎之误，因为下文我将提到，义虎之称号乃出现于宋代。

入华定居之天竺僧人亦获得律虎美称。如《宋高僧传》卷六《智藏传》云智藏（741—819）被称为律虎。此人实际上出身西印度，但从祖父开始入华，世居官宦并侨寓庐陵。出家之后对三学均留心，最精于律藏。大历三年游豫章，隶名天宫寺。贞元中遇大寂禅师。后来又游会稽，于杭乌山顶筑小室安禅，著《华严经妙义》[5]。此人虽然出身印度，但因入华之后，逐渐华化，其称号已经不再采用天竺传统中带"师子"字样之美称，而采用中原佛教赋予的新美称律虎。

另外，晚唐五代时期的释澄楚（889—959）也因为精通律部文献而被时人称为律虎，此人"十岁于相国寺礼智明为师。受具已来，习新章律部，独能辄入《毗奈耶》窟穴，然其击难酬答，露牙伸爪"[6]。后来由后晋

---

[1]　传见《续高僧传》卷二一，页610a—b；并参见《续藏经》册七七，[元]昙噩述《新修科分六学僧传》卷一九，页235c。
[2]　《全唐文》卷五一〇，元林禅师实即玄林禅师，因避玄宗讳而改玄为元。
[3]　见《续藏经》册七五，页154b。
[4]　传见《宋高僧传》卷一四，页797a。
[5]　传见《宋高僧传》卷六，页740c；并参见《新修科分六学僧传》卷六，页120c。
[6]　传见《宋高僧传》卷一六，页810c—811a；并参见《新修科分六学僧传》卷二三，页278b。

高祖诏入内道场并赐紫袈裟,为其署号真法大师,充新章宗主。皇宫妃主有慕法出家者均由其主持剃度,荣耀一时。当然,最有名的被称为律虎的高僧则是《宋高僧传》的作者赞宁。他研习南山律宗,著述毗尼,被时人称为律虎[1]。当时似乎精通义学者被称为龙,精通律学者被称为虎,前者亦称义龙或经龙,而后者称律虎[2]。

也许因为龙虎思想在宋代宗教史上获得新的重要性,有关义龙、律虎并提的说法,在宋代禅宗文献中逐渐流行开来。如宋人所编《明觉禅师瀑泉集》卷四所收的真赞文中对若冰大师的赞叹之辞中有"若冰大师,殊彼清绝;殊兮必群,绝兮可睹;一字根极,三千顶住;乍曰义龙,或称律虎"之句[3]。永明延寿所集《万善同归集》中有沈振为之作序,其文称"故达者转物以明心,可言妙用;迷者按文而滞教,岂谓通方。或克荷于经龙,或坚持于律虎;或瞻礼晬容之谨愿,或绕行净室之勤渠;或口诵尊名,或心观乐土;或供以蒲塞,无重富以忽贫;或施及檀波,无增好而减恶;事如均等,利亦优隆。凡依律依禅,当资乎介福;造经造像,必借乎多为。莫谓有已之贤,即心而佛。从凡超圣,未有不修之释迦;从妄入真,未有不证之达磨"[4]。此处所谓经龙应该便是精通经义者。

宋以来出现流行称精通义学善于弘法者为义虎的称号。如宋代志磐撰《佛祖统纪》卷十记载了法师悟恩(?—986)初学律学,后来改学天台,依钱塘志因师,精通《法华经》、《金光明经》等诸部大经,而被称为义虎[5]。同书卷十三又记载广慈法师弟子法师希最(?—1090)也被同门畏爱而号义虎。同书卷十四载法师仲闵也以雄辩见称义虎。以上均属天

---

[1] 见《续藏经》册七七,[宋]元敬、元复述:《武林西湖高僧事略》,页586b;并参见《大正藏》册四九,[元]念常集:《佛祖历代通载》卷一八,页659b。二者文字几乎完一样,显然念常的记载取材于《武林西湖高僧事略》。
[2] 《大正藏》册五四,[宋]道诚集《释氏要览》卷中列出一些享有这些称号的高僧,如义龙有陈朝高僧惠荣号义龙。高僧道光因在江东研穷义理而号义虎;隋高僧法愿,因大明律藏,词辩高亮,彭亨难敌,号称律虎;参见该书293a。
[3] 《大正藏》册四七,《明觉禅师瀑泉集》卷四,页697b。
[4] 《大正藏》册四八,[宋]沈振:《万善同归集》序,页957b—c。
[5] 《大正藏》册四九,[宋]志磐撰:《佛祖统纪》卷十,页204a;并见《续藏经》册七五,[宋]宗鉴集:《释门正统》卷五,页316b;《续藏经》册七八,[宋]王古辑撰:《新修往生传》卷下,页160c。

第四章　由狮而虎：中古佛教人物名号变迁

台教观法门的传人。天台教法传统中还有上文已经提及的应如法师，亦被目为虎子。佛教史籍记载其为"婺之浦江胡氏。默记多闻，尤善持论。来学上竺，慈辩深器之。尝往灵山访同志，出六能义，反复辨诘，彼义堕负。师即揭竿系帛，谓之曰：西竺破敌，则竖胜幡；道场降魔，亦表胜相。今法战既胜，当揭一竿。人畏其烈，目之虎子"[1]。这里可以清楚地看到应如因为善于辩论且不服输获得虎子称号。如果在早期佛教传统中，这种善于辩论者当被称为师子。

宋代华严传统中的法师也有了义虎的称号，佛教史籍中多有当时贤首宗有人号义虎者。如北宋宣和二年（1120）太尉陈良弼建大会斋延诸禅讲时，"有善华严者，乃贤首宗之义虎也。对众问诸禅曰：吾佛设教，自小乘至于圆顿，扫除空有，独证真常。然后万德庄严，方名为佛。尝闻禅宗一喝，能转凡成圣，则与诸经论似相违背。今一喝若能入吾宗五教，是为正说；若不能入，是为邪说"[2]。禅宗之中也有禅师得到义虎称号如禾山德普禅师（1025—1091），"年十八得度受具，秀出讲席，解《唯识》、《起信论》，两川无敢难诘者，号义虎。罪圭峰（宗密）疏义多臆识，摘其失处，诫学者不可信"[3]。这一义虎之美称显然袭自唐代精通律学者称为律虎的模式。总而言之，唐宋之际佛教出家人之间出现虎、龙的称号，一开始这些称号仅用于律师，后来亦出现在天台、华严、禅宗法师名号之中。

猛虎之威猛与威严，作为唐代律师之美称，或许有道宣有意在佛教内部宣扬重视戒律的背景。道宣一直对当时僧人不重视戒律认为律学乃是小乘学问持有严厉的批评，这当然一方面和他个人学术背景是律学不受当时佛学主流重视有关，但更重要的是他本人实际上主张戒律对维护当时佛教社区秩序挽救佛教社区的颓势具有重要意义[4]。而宋以后更多

---

[1]　[宋]志磐：《佛祖统记》卷一四，《大正藏》册四九，No.2035，页223a。
[2]　《续藏经》册七九，[宋]正受编：《嘉泰普灯录》卷一二，页364c；又见《大正藏》册四九，[元]觉岸编：《释氏稽古略》卷四，页885b，原文"贤首宗之雄者"前一句"有善法师者"中，疑"法师"为"华严"之误，或者法师前脱"华严"二字，否则此处文句不通。
[3]　《续藏经》册七九，[宋]慧洪撰：《禅林僧宝传》卷二九，页550a。
[4]　相关论说见拙撰 *The Revival of Buddhist Monasticism in Medieval China*, New York: Peter Lang, 2007, pp. 13 - 56.

称号出现在来自诸多修学传统的高僧之中,则是当时佛教内部各个修学派别激烈竞争互相辩论刻意突出自己的产物。实际上,这些带有狮子和猛虎字样的称号虽然十分普遍,但其意义仅在佛教内部僧人之间用于对高僧和普通僧人进行区别,因为佛教社区内部的称号和朝廷政治权威所赏赐的称号不同,代表了佛教社区内部对一部分高僧佛学成就和特色的认可和推崇,并不具有政治认定的意义,反映了佛教僧团内部民众的声音。这些称号出现的主要意义也是为佛教社区内部成员设立一个可资追求和效仿的修学典范[1]。

佛教社区是一个道德社会(moral society)[2],其教义、制度和生活方式均建立在佛教所笃信的道德基础之上。佛教社区内部的律法秩序乃是其存在的基础,故佛教设律藏为三藏之一,以律学为三学之一。而律师在佛教社区中负有解释戒律、守卫正法、维护佛教社区道德秩序之责任。从思想史意义来说,佛教史传中以"虎"称律师,或许来自中国传统官僚文化中对地方官治理政治严苛被称为虎的启示。虎在中国传统文化认知中,乃是勇猛无畏的维护其所统治下森林秩序的兽王形象,因为虎一方面可威慑其统治之下百兽,拥有作为百兽之王的权威;另一方面,猛虎亦拥有力量和能力摧毁和攻击外来威胁,保护在它统治下的百兽。这两方面的因素与中国古人对王权的认知较为接近。王权可以统治人民,因其有武力和官僚系统支持的权威在,亦可以保护人民,以应对外来威胁,特别是游牧民族以及叛乱势力的侵扰。因此猛虎在维护自然秩序上的形象在古人的认知中投射到社会层面,猛虎在平行于自然秩序的社会秩序之中也成为维护这种秩序者的象征。

从史学角度来说,道宣本人建立这种以虎比喻精于戒律的律师的叙

---

[1] 柯嘉豪认为《高僧传》撰述的目标乃是塑造三类高僧的理想形象,很具启发性;见 John Kieschnick, *The Eminent Monk: Buddhist Ideals in Medieval Chinese Hagiography*, Honolulu: University of Hawaii Press, 1997, pp. 140-141.;此书主要分析梁、唐、宋三朝《高僧传》中的资料,其关于这些资料作为高僧理想形象的塑造和再现(representation)的想法很有意思,但其三类形象的分析或值得商榷,似乎不能完全概括高僧传中的分类。

[2] 迪尔凯姆对宗教社区作为道德社会有所论述,见 Émile Durkheim, *The Elementary Forms of Religious Life*, New York: The Free Press, 1995.

第四章 由狮而虎：中古佛教人物名号变迁

事,或许一方面受到隋唐之际义学僧所获"义龙"美誉的启发,一方面也受到传统史传的影响。前者如隋代灌顶撰《隋天台智者大师别传》已经提到江东义学僧慧荣有义龙之号,其人事迹见于道宣撰《续高僧传》卷八,亦提及此人擅长义学[1]。道宣为提升律师形象,遂将律虎一号引入僧传,正好与义龙对应。从佛教史学的角度而言,佛教社会中的律师在这一称号的变化中起了至关重要的作用,因为他们在佛教高僧传记的编撰传统中占据了重要地位[2]。

佛传出现的时代大背景值得注意,因为佛传的撰写和编集受到了中国传统史学编撰的影响。我们可以看看传统史学中所记载的有关人物以"虎"为称号的背景。实际上,在南北朝时,屡有地方官因治理当地政治严苛而被称为"虎"。以虎称地方官吏治政之严苛始于后汉董宣。董宣为洛阳令,曾遇湖阳公主门下苍头白日杀人,此人杀人之后藏匿公主之家,捕吏无法将其逮捕。但公主出行之时,以此苍头随行。董宣于夏门亭守候,拦截公主车队,叱凶犯下车并格杀之。董宣因为搏击豪强,让当时的王公贵戚无不为之震栗,京师号为"卧虎"[3]。这是用以描述董宣作为洛阳令以暴力威慑当地豪强保护民众利益之象征性形象。

这类"虎"的称号也为南北朝时期以同样严厉风格治理政务的官吏继承。刘宋文帝时,赵伯符累迁徐、兖二州刺史,其人为政苛暴,乃至吏人畏惧如与虎狼居,但这一苛政也让劫盗不敢入境[4]。梁朝臧厥(495—542)为晋安太守,以宣风化收服当地寇盗,但"为政严酷少恩,吏民小事必加杖罚,百姓谓之'臧虎'"[5]。南朝刘宋萧惠开素有大志,欲经略蜀地,但才疏意广,未能成功。其人因为治政严用威刑,蜀人号曰"卧虎"。

---

[1] 《大正藏》册五〇,《续高僧传》卷八,页487c。
[2] 其主要研究见曹仕邦:《中国沙门外学的研究：汉末至五代》,台北：东初出版社,1997年。曹氏博士论文完成于澳洲国立大学,讨论《四分律》之流变。其关于沙门外学和佛教史学史的研究,似出自博士论文时代的积累。
[3] 《后汉书》卷七七,《酷吏列传》六七《董宣传》,页2490。
[4] [唐]李延寿:《南史》卷一八《赵伯符传》,页494。
[5] [唐]姚思廉:《梁书》卷四二《臧厥传》,页601。

此人亦在蜀地供养三千沙门[1]。北魏李崇镇淮南,"在州凡经十年,常养壮士数千人,寇贼侵边,所向摧破,号曰'卧虎'"[2]。梁武帝萧衍十分厌恶此人,屡次设反间计,均未得逞。北魏昌黎人谷楷被召去冀州追捕造反的沙门法庆,擒获之。此人"眇一目而性甚严忍,前后奉使皆以酷暴为名,时人号曰'瞎虎'"[3]。这种政治的严苛被称为虎来自战国末期法家的传统。如《魏书》所云,"逮于战国,竞任威刑,以相吞噬,商君(商鞅)以《法经》六篇,入说于秦,议参夷之诛,连相坐之法,风俗凋薄,号为虎狼"。自汉代以来,儒学思想主导下的中国传统史学一直在自己的文献传统中将秦朝塑造为虎狼之国,并将这一认知也推广到社会普遍心理的层面。这种苛政与儒家思想家宣扬的仁政是相对立的,在正史中尤其反映了受到儒家伦理道德观念影响的正统史家的视野和立场。但对于普通民众而言,则在不同的场合和情境下有不同意义。如果当地大族对民众欺凌甚多,则当地民众可能希望严苛的地方官能对这些地方大族的力量进行平衡。我在其他文章中讨论墓志等文献中出现的虎去雉驯的政治修辞时已经分析了地方官在应对地方强悍势力与民众的不同态度[4]。

具体到佛教史传中关于地方官因其处理政治秩序获得虎的称号,其中以刘宋萧惠开的事迹最为重要。此人支持佛教,这对佛教史家来说,是个非常重要的信息。精通佛教传统和史学的道宣绝对不会对萧惠开的事迹感到陌生。萧氏之事迹两见于《高僧传》[5]。萧惠开入蜀曾请精通诵读《法华经》、《维摩经》、《金光明经》的西凉僧人僧侯(396—484)同游,后来在出镇之地供养三千僧人,可谓蜀地一件大事。道宣关心南朝

---

[1] 《南史》卷一八《萧惠开传》,页497;其传并参[南齐]沈约:《宋书》卷八七,《萧惠开传》,页2200。
[2] [北齐]魏收:《魏书》卷六六《李崇传》,页1469。
[3] 《魏书》卷八九《酷吏传·谷楷》,页1926。
[4] 拙撰 "The Rhetoric of Pacifying Birds and Beasts in Tang Tomb Inscriptions from Medieval China," An International Conference "Tang Studies: The Next Twenty-Five Years," sponsored by Tang Studies Society and Department of East Asian Studies, State University of New York at Albany, May 8–9, 2009.
[5] 《高僧传》卷十《邵硕传》,页393a;《高僧传》卷一二《释僧侯传》,页408c。

第四章 由狮而虎：中古佛教人物名号变迁

佛教的发展,对这样热心呵护佛教的大护法不可能没有留下深刻印象。僧侯的事迹在佛教史籍中屡有记载,这也反映了佛教社区内部对其事迹的欣赏和重视。比如唐代僧祥编集的《法华经传记》卷四也收录了他的故事。宋代本觉编集《历代编年释氏通鉴》卷四、宗晓编集《法华经显应录》也提示了他的事迹。这些后代的史籍均承袭了《高僧传》卷十二僧侯传的记载。梁代宝唱编集的《名僧传》二十二兼学苦节部第十一条列有南齐西安寺僧侯,但其传不存。考虑到《高僧传》卷十二所列南齐京师后岗僧侯也常年素食礼忏,并在石室中修行,此僧侯或即彼僧侯。由上材料显示出的蛛丝马迹,或可说明惠开与僧侯之间的良好互动作为官员与僧人之间的模范,很可能进入佛教史学传统撰述,成为佛教史学护教之一例,因佛教史学在其宗教背景下具有很强的修辞(rhetoric)特点。道宣对这位萧惠开的"卧虎"称号大概也颇为留意。

对古代中国人来说,狮子是舶来品。中古时期中国僧人在日常生活中对狮子的实际接触经验非常有限。以下将介绍中国僧人与狮子在实际生活、在宗教生活、在佛教文献中的相遇。这些僧人根据自己与狮子的一些相遇经验和认知以及想象,重新在佛教文献中塑造了狮子的形象,并给我们认识狮子在中古佛教史上所扮演的角色留下一些重要线索。我在前文曾提出,汉文佛教文献的书写与再书写过程主要包括翻译(translation)、注释(commentary)、创作(composition)三类文献,通过对佛教文献的翻译、注释和创作与再创作来重写佛教历史、创造新的文献传统。比如宋代僧人法云《翻译名义集》卷二《畜生篇》根据历代汉文佛教文献对狮子和小狮子的形象及其与佛教的关系进行了提示,其中多有与佛教修辞相关者。根据这一文献,狮子音译为僧伽彼(Siṁha,枭伽),此云师子。又引《大智度论》云,师子王,"清净种中生。深山大谷中住,方颊大骨,身肉肥满,头大眼长,光泽明净,眉高而广,牙利白净,口鼻方大厚实,坚齿密齐利,吐赤白舌,双耳高上,髦发光润,上身广大,肤肉坚著,修脊细腰,其腹不现,长尾利爪,其足安立,以身大力从住处出,优脊嚬申,以口扣地,现大威势,食不过时,显晨朝相,表师子王力"[1]。接着作者并说明《新华严经》云,大师子吼,小师子闻,因二者悉皆勇健,能让一切禽兽远避窜伏。所以佛作师子吼,让诸菩萨等听闻之后,赞叹菩提心声,长养法身;而让妄见众生惭伏退散。作者并引隋代天台智𫖮所撰《法界次第初门》云所谓师子奋迅乃是借用来譬喻显明佛法如世上之师子奋迅,其一狮子可奋却尘土,其二狮子奔走捷疾,异于诸兽。而三昧的修行境界也和这种情况类似,其一为奋除障定微细无知之惑,其二乃能出入捷疾无间。

而所谓邬波僧诃(Upasiṁha),或称优婆僧伽,其梁朝所谓小师子,又云狻猊。作者引《尔雅》称曰狻猊可食虎豹,注者云即师子,该物出自西域。《大智度论》中所谓师子座(siṃhāsana),并非真实的师子,而是因为佛称为人中师子,其所坐处,不论床或地,均名师子座。在梵文中,师子座不但是佛陀的座椅,也实际上指王座、王权所在[2]。这种观念同样为汉地僧人接受,如萧纲为萧衍在同泰寺讲法活动所写的颂词《大法颂并序》中特别提到萧衍披如来之衣,登师子之座[3],这实际上是通过将自己装扮成如来的说法形象而以国王的身份来充当如来的身份。法云的介绍涉及狮子在佛教中几乎所有相关的宗教意义,但有关狮子在早期佛教中的重要意义,下文再详述。

古代僧人活动的自然环境对僧人的人生实际经验与认知有直接的影响。古代基督教的隐修士常躲在叙利亚沙漠修行,因此常常遇到狮子。

---

[1]《大正藏》册五四,[宋]法云编:《翻译名义集》卷二,页1088a。又,宋代子璇集《首楞严义疏注经》卷三略云,"大雄大力大慈悲,希更审除微细惑,令我早登无上觉。于十方坐道场。初句叹德,威德猛盛,如狮子王,故名雄;十义具足,不可屈伏,故云力;慈悲谓拔苦与乐,无缘普救,皆言大者,显无上也";见《大正藏》册39,页873a。敦煌出土《佛说相好经》云佛"张口时如狮子王,口方整等,口两吻边,流出二光,其光金色";见方广锠主编:《藏外佛教文献》第3册,1996年,黄霞整理:《佛说相好经》,页408a;此经原卷中题为《观佛三昧海经》本行品第八,见北245(闰55) + S.2686两残卷。这部敦煌发现的文献属于藏外文献,可能是汉人糅合一些佛教文献伪造而成的作品。实际上,《观佛三昧海经》也由山部能宜进行详细研究,并认为是疑伪经,见 Yamabe Nobuyoshi, "The Sūtra on the Ocean-Like Samādhi of the Visualization of the Buddha: The Interfusion of the Chinese and Indian Cultures in Central Asia as Reflected in a Fifth Century Apocryphal Sūtra," Ph. D. dissertation, New Haven: Yale University, 1999.

[2] Monier-Williams, *A Sanskrit-English Dictionary*, p. 1213.

[3]《大正藏》册五二,[唐]道宣:《广弘明集》卷二〇,萧纲《大法颂并序》,页241b。

第四章　由狮而虎：中古佛教人物名号变迁

因为中国本土并不出产狮子，佛教僧人在中国广大地区山野中修行遇到虎、豹、兕的机会非常多，但不可能遇到狮子。中国僧人只在西行求法途中有机会遇到野外的狮子。如法显西行途中遇到黑狮子，其事见《高僧传》卷三《释法显传》。当法显走到距王舍城三十余里时夜宿一寺，欲天明之后造访耆阇崛山。但该寺僧人阻谏曰，去耆阇崛山路甚艰阻，且路上多黑狮子噉人。但法显并不畏惧。一个人入山，半夜时分有三黑狮子来蹲在其前舐唇摇尾，而法显诵经不辍，一心念佛。狮子见状遂低头下尾，伏于法显足前。法显以手摩之，咒曰："若欲相害，待我诵竟。若见试者，可便退矣。"狮子良久乃去[1]。《洛阳伽蓝记》中收录的《宋云行记》记载了宋云西行求法的经历。但是宋云认为他当时在中国内地所见到的狮子画像并非参考真正狮子的仪态。如他提到他和西行同伴在正光元年（520）四月中旬入乾陀罗国，曾见到跋跋提国送给乾陀罗王的两头狮子，"意气雄猛，中国所画，莫参其仪"[2]。由以上信息可知，内地中国僧人日常生活中对狮子的认知非常有限。

尽管我们上文看到狮子作为名号在中国僧人中不甚知名，但从佛教文献的记载来看，狮子在中国僧人生活中具有重要的象征意义，并且影响了佛教僧团的自我认同。首先，狮子形象可以象征神通。如《高僧传》卷十神异部记载邵硕性好佛法，见到佛像总是礼拜，赞叹流泪。在刘宋初年出家入道。曾在四月八日成都举行行像仪式时匍匐在地作狮子形象，结果在其他郡县地区也发现有邵硕作狮子形象的痕迹，众人认为这是邵硕的分身[3]。在中古的佛教高僧传中，梦到狮子也被用于叙事，以塑造高僧的形象。如女人梦中出现乘坐白狮子游戏虚空，则是其所诞儿将出家的征兆[4]。如《续高僧传》卷十六《释法京传》云其母将怀孕之时，梦到

---

[1]　《大正藏》册五〇，[梁]慧皎：《高僧传》卷三《法显传》，页337c。
[2]　《洛阳伽蓝记》卷五，《大正藏》册五一，页1021a。
[3]　《大正藏》册五〇，《高僧传》卷十《邵硕传》，页392c—393a，点校本，页388—389。
[4]　类似于狮子在佛教中作为最重要的动物之一的角色，骆驼在阿拉伯文化中也十分重要，在梦中出现骆驼被认为是祥瑞，见 Geert Jan van Gelder, *Of Dishes and Discourse: Classical Arabic Interpretations of Food*, Richmond: Curzon, 2000, pp. 8–10.

入莲池捧一童子端正可喜,因而有娠。将要诞子时又梦到乘白狮子游戏虚空。后来法京果然在七岁时即出家,至十三岁,与同学智渊咸升高座,且说法无滞[1]。

这些故事虽然是带有想象成分的叙事,但显然反映了当时人的心理状况,这种有关梦的记录有真实的成分,也有夸张的成分。显然,在这个梦中出现的狮子本身在自然界是真实存在的,但白狮子非常罕见,这或许受到中国传统叙事的影响,因为在中国传统政治叙事中,白色动物如白色鹿、白色虎、白兔、白狼、白雀、白鸠等动物的出现乃是祥瑞的意象[2]。

正如我们下文将要谈到的,狮子作为佛陀的象征,在佛教社区恐怕亦是共识。而僧人以狮子吼击退外道,登上讲坛被称为升狮子座。这些佛教的修辞亦通过描述高僧出生前其母梦中出现狮子游戏虚空的意象表现出来,以强化读者对于高僧形象的认同感。一些研究欧洲中世纪的学者指出,中世纪的梦一方面反映了个人经验中难以企及的状态,另一方面梦也作为一种意象以用于修辞(rhetoric),出现在文献或艺术材料中并通过其书写和流传以说服广大读者接受其传递的思想,从而塑造出政治或者宗教权威[3]。佛教文献中出现的这些关于梦的记录也应作如是观。

---

[1]《续高僧传》卷一六《法京传》,页556b;[梁]萧子显《南齐书》云王敬则母亲为女巫,在他小时候就认为此儿有鼓角相。敬则长大之后,两腋下乳各长数寸,梦到骑五色狮子。后来果位至太尉浔阳公。见标点本,页479;参见[唐]徐坚:《初学记》卷二九。

[2] 兹举二例为证,《北史》卷一〇〇《凉武昭王李暠传》略云李暠成立据政权之后,"有白狼、白兔、白雀、白雉、白鸠等集于园间。群下以为白祥,金精所诞,皆应时邕而至。"点校本页3315;《隋书》卷六《礼仪志》记隋文帝仁寿元年封禅文云:"玄狐玄豹,白兔白狼,赤雀苍乌,野蚕天豆,嘉禾合穗,珍木连理。神瑞休征,洪恩景福,降赐无疆,不可具纪。此皆昊天上帝,爰降明灵,矜眷苍生,宁静海内,故锡兹嘉庆,咸使安乐,岂臣微诚所能上感。"点校本页118。

[3] 其研究见 Jacques Le Goff, "Le christianisme et les rêves (IIe-VIIE siècles)," in Tullio Gregory ed., *I sogni nel medioevo. Seminario internazionale Roma, 2-4 ottobre 1983*, Lessico intellettuale Europeo 35 (Rome: Edizioni dell'Ateneo, 1985), pp. 171-215; Agostino Paravicini Bagliani and Giorgio Stabile eds., *Träume im Mittelalter: Ikonologische Studien*, Stuttgart: Belser, 1989; Maria Elisabeth Wittmer-Butsch, *Zur Bedeutung von Schlaf und Traum im Mittelalter*, Medium Aevum Quotidianum Sonderband 1, Krems: Medium Aevum Quotidianum, 1990; Steve F. Kruger, *Dreaming in the Middle Ages*, Cambridge Studies in Medieval Literature 14, Cambridge: Cambridge University Press, 1992; Jean-Claude Schmitt, *Les Revenants: les vivants et les morts dans la société médiévale*, Bibliothèque des Histoires, Paris: Gallimard, 1994, 英文版 *Ghosts in the Middle Ages: The Living and the Dead in Medieval Society*. Chicago: University of Chicago Press, 1998, 此人为勒高夫的弟子,其学术显然受到后者的启发; （转下页）

第四章 由狮而虎：中古佛教人物名号变迁

其次，狮子作为祥瑞也见于中国僧人供养舍利的活动之中。隋代供养佛舍利出现了诸多嘉瑞，其中狮子乃是重要的主题，足见狮子作为瑞兽伴随佛陀舍利出现的象征意义。如《续高僧传》卷二十六《释宝岩传》云宝岩在隋代仁寿初时奉命送舍利于幽州弘业寺。其所造石函，"明如水镜，文同马瑙，光似琉璃，内外照彻，紫焰光起。函外生文，如菩萨像，及以众仙、禽狩、师子、林树，杂相非一。四月三日夜，放大光明，照天地，有目皆见"[1]。同卷《释法楷传》载法楷曾于仁寿时奉敕送舍利于曹州，出现种种祥瑞，包括云气中出现青、白、黄三色狮子的图像。这些狮子的出现乃是因为它们是佛陀舍利之出现带来的祥瑞，因为佛陀常常被信徒看成是人中狮子。

再次，狮子在中国中古时期佛教建筑中是极为普遍的主题，象征佛法之护卫森严。如在北魏灵太后胡氏所修建的洛阳永宁寺，在正南门之后的夹门以四力士（Malla）、四狮子作为装饰[2]。段成式所著《寺塔记》记载道政坊宝应寺有韩干所画"弥勒衣紫袈裟，右边仰面菩萨及二狮子，犹入神"[3]。以狮子图像装饰佛教建筑，不仅出现在山门，尤其出现在殿堂各类建筑包括佛像底座上，这大概也算是继承了早期佛教的传统。以四力士四狮子作为装饰的主题不能不让我们想起印度鹿野苑遗存的阿育王石柱的四狮柱头造型。

最后，狮子甚至在僧人话语中被看成是佛教区别于道教的特征，在佛教僧人看来，因为中国本土不产狮子，本土的道教应无理由发展出关于狮

（接上页）Paul Edward Dutton, *The Politics of Dreaming in the Carolingian Empire*, Lincoln, NE: University of Nebraska Press, 1994; David Schulman and Guy G. Stroumsa eds., *Dream Cultures. Explorations in the Comparative History of Dreaming*, New York: Oxford University Press, 1999; Isabel Moreira, *Dreams, Visions, and Spiritual Authority in Merovingian Gaul*, Ithaca, New York: Cornell University Press. 2000; Jesse M. J. Keskiaho, "The Handling and Interpretation of Dreams and Visions in Late Sixth- to Eighth-century Gallic and Anglo-Latin Hagiography and Histories," in *Early Medieval Europe* vol. 13, no. 3 (2005), pp. 227–248.

[1]《续高僧传》卷二六《宝岩传》，页674b。
[2]《大正藏》册五〇，[唐]道宣：《续高僧传》卷一《菩提流支（道希）传》，页428b；并见《大正藏》册五一，[北魏]杨衒之撰：《洛阳伽蓝记》卷一，页1000a。
[3]《大正藏》册五一，[唐]段成式撰：《寺塔记》卷一，页1023b。服部克彦简要提示了中国佛教艺术中的狮子造型；参见氏撰《中国における仏教芸能と獅子》，《印度学仏教学研究》第27号，1965年，页225—228。

子的论述。唐代僧人法琳在护教作品《辩正论》中以金刚密迹狮子作为佛教中护法善神来显示佛教不同于道教之处。法琳专列"道家无金刚密迹师子"条进行辩正。他指出中国传统九流百氏之书并未论及狮子,自汉代以来,该物只有西域献上[1]。法琳《辩正论》中有《偷改佛经为道经谬》一节,云道经中的归命师子吼真人乃是偷取师子吼菩萨之名[2]。同卷还特设《道家无金刚密迹师子》一节,其文略云:

> 按九流百氏之书,羽虫三百六十,凤为其上;毛虫三百六十,麟为其上;甲虫三百六十,龙为其上。《春秋》云:麟凤五灵,王者之嘉瑞。未论师子,不道辟邪,在此典坟,无所不述。自汉已还,唯传西域曾有献者。以今验昔,即事可知。若言道家先来有者,甚大河汉,不近人情。彼《三天神仙大道仪》有金刚力士,《度人经》有五色师子,《本相经》有七色师子。《本相经》云:天尊门内,有师子、猛虎守门左右,拒天力士,威赫前后者。案汉魏及晋三都、两京、江南、淮北诸道士观,唯以瓠瓤盛经本,无天尊形像及金刚神。今日作者悉是修静、张宾等伪经所说。然金刚师子乃是护法善神,自晋已前,道士观内亦未曾有。乃至碑、颂、赞、咏皆所不论。史籍文典之所不载。请问多识前古,即世通儒,考校正典,自知虚实。若依《度人》、《本相经》等,天尊须乘师子,不坐莲花[3]。

又引经据典,说明狮子在佛教史传中的重要性,其文曰,"《佛说太子瑞应经》云:佛初生时,有五百师子从雪山来,侍列门侧。《萨婆多论》云:有石师子吼,伏诸异道,守护伽蓝。出自西域,今日献者,还从彼来。以今证昔,事符目验"[4]。实际上,道教已经在其文献中借用了狮子。如敦煌出土早期道教经典《元始五老赤书玉篇真文天书经》卷上(敦煌文书S.5733)载该经的出现场景中出现了狮子、虎、豹,其文略云:

---

[1] [唐]法琳撰:《辩正论》卷八,页547b。
[2] 《大正藏》册五二,法琳:《辩正论》卷八,页543c。
[3] 《辩正论》卷八,页547b—c。
[4] 同上,页548b。

第四章　由狮而虎：中古佛教人物名号变迁

> 是时上圣太上大道君、高上玉帝、十方至真,并乘五色琼轮、琅舆碧辇、九色玄龙、十绝羽盖、三素流云;诸天大圣、妙行真人皆乘碧霞九灵流景飞云玉舆,庆霄四会,三晨吐芳,飞香八凑,流电扬烽,华精灌日,三景合明,神霞焕烂,流盼太无,从五帝神仙、桑林千真、狮子白鹄、虎豹龙麟,灵妃散华,金童扬烟,五道开涂,三界通津,徘徊云路,啸命十天,上诣上清太玄玉都寒灵丹殿紫微上宫,建天宝羽服,诣元始天尊金阙之下,请受《元始灵宝赤书玉篇真文》。于是天尊命引众真入太空金台玉宝之殿九光华房,灵童玉女侍卫左右,九千万人;飞龙毒兽,备守八门;奔蛇击剑,长牙扣钟;神虎仰号,狮子俯鸣;麟舞凤唱,啸歌邕邕;天钧奏其旂盖,玉音激乎云庭[1]。

这里狮子被描绘成道教最高神出场的伴侣,可见狮子在道教中也是十分重要之圣物。可以说,狮子是中古史上跨宗教文化之重要动物。道教经典在思想和词汇方面受佛教经典影响颇多,有借用,也有化用,也有自己的新发明,在一些宇宙论、末世论、转世轮回、修行成道、实践仪式、宫观建筑等重要思想与实践方面前人已经有不少精辟的探讨[2],但是专门探讨佛教中动物如狮子、龙、虎等主题在道教经典、思想和实践中的影响的研究尚未出现,值得以后关注。本书只举龙王形象在佛道圣传中的流变为例来说明这种佛道交流,如关于早期佛教佛传故事中以九龙灌浴释迦太子的故事在中古老子圣传中被复制的过程,我们在后面的章节中再作论述。那狮子如何在佛教中取得崇高地位呢? 下文将重点探讨狮子与佛陀之关系。

---

[1] 张继禹主编:《中华道藏》册三,北京:华夏出版社,2004 年,页 2;编者(郭清点校、王卡复校)认为该经约出于东晋。

[2] 对于佛教对道教经典的影响,主要研究参见 Erik Zürcher, "Buddhist Influence on Early Taoism: A Survey of Scriptural Evidence," *T'oung Pao*, vol. 66, (1980), pp. 84 – 147, Stephen R. Bokenkamp, "Stages of Transcendence: The *Bhūmi* Concept in Taoist Scripture," *Chinese Buddhist Apocrypha*, Robert E. Buswell ed., Honolulu: University of Hawaii Press, 1990, pp. 119 – 147; Stephen R. Bokenkamp, "Sources of the Ling-Pao Scriptures," in Michel Strickmann ed., *Tantric and Taoist Studies*, *in Honor of R. A. Stein*, vol. 2, Bruxelles, 1983, pp. 434 – 486.

三、狮子在佛教中的象征意义及其与佛陀之联系[1]

我们对早期佛教文献的认识可以从文学和历史两个方面来讨论。早期佛教文献作为文学作品,并非成书于佛陀时代,而是出自后世佛陀弟子和追随者的结集,很大程度上也经历了一个从口耳相传到文献化的过程,即经历了口传性(orality)到文献性(textuality)的变化,逐渐经过佛教僧人的总结和润饰成为经典的佛教文学作品。作为文学作品,这些文献一方面没有定年,因而是非历史性的,很难看出其成书年代。另一方面,这些文献带有很强的文学性,很多用语有夸张、比喻、重复的风格,以引起读者的感情共鸣。但是,这些早期佛教文献亦可视为历史文献,因为它们也反映了早期佛教历史的某些侧面,比如佛陀个人生活的大致经过,佛陀到处弘法的场所、面对的对象、接受施舍的环境等等,这些因素的细节也许是不准确的,远非历史事实,但其反映了佛教作者对历史记忆的选择性重新构建和解释,并且将佛教徒的一些共同记忆、想象、构思、情感以及集体意识结合在一起,从而撰写、改订并创造出早期佛教文献传统。换言之,这些文献仍然保留了一些早期佛教的历史记忆的主要情节、场景和人物角色[2]。这些文献除了反映了其文学性和历史性这样的社会特点之外,也和它们产生的自然环境分不开,特别是南亚的自然环境在这些文献中有某种程度的反映。狮子之所以频频出现,便是这一反映的典型代表。所以我们分析狮子如何在这些文献中出现、在何种文献中出现、以何种面貌出现、象征何种意义等等,便可察知早期佛教在文化史上的一些层面。

佛教中常常出现以狮子象征佛陀的说法,虽然佛教徒和一般学者均很耳熟,但似乎还谈不上能详。稍微检索一些学术数据库,可以说学术界对于狮子作为佛陀高贵、威严、勇气、智慧和力量象征的由来及其各个面

---

[1] 本节的简本发表于《政大中文学报》第 14 期,2010 年,页 55—84,收入本书时作了增订,增加了一些思路上的阐释和与前后文能够进行起承转合的段落。
[2] 关于古典文献的文学和历史特点,以及从口传到文献的变化的理论探讨,见 Brian Stock, *Listening for the Text: On the Uses of the Past*, Philadelphia: University of Pennsylvania Press, 1990.

第四章　由狮而虎：中古佛教人物名号变迁

向上的意义并无太多具体研究。除了人名之外，狮子和虎也常常出现在佛与菩萨的名号之中，但以"师子"最为常见，佛陀一般被称为狮子王（rājasiṃha），如《大宝积经》卷三十五《菩萨藏会》第十二之一《开化长者品》第一赞叹佛陀云"世尊耳相极端严，梵世天人不闻见；乔答摩种狻猊颔，无畏犹如师子王"。在曹魏时期康僧铠译《佛说无量寿经》卷上中出现了狮子音（Siṃhaghoṣa）如来[1]。

在西晋竺法护译《普曜经》卷一中有师子英菩萨，此经称菩萨，"虽在尘劳皆来归命，为众导首，强若金刚行无盖哀，志性和安积精进力，为法优奥善权方便，在众中雄如师子，定意之业不可限载，犹如莲华处污无垢，禁戒博闻而无放逸"；"畅佛师子吼，降伏外异学"。所谓在众中雄如狮子，这是将菩萨这样已经悟道的修行者与其他修行者进行区别，借狮子作为众兽之王的地位来凸显其尊贵的地位。而以狮子吼降伏外异学正是佛陀及其主要弟子如舍利弗、目健连等人的弘法比喻[2]。竺法护译《贤劫经》卷一中出现了狮子吼菩萨、狮子步畅音菩萨。竺法护译《正法华经》卷四列举了十方诸佛的名号，其中东南方现在二佛，号师子响（Siṃhaghoṣa）、师子幢（Siṃhadhvaja）如来[3]。

后秦僧伽跋澄等译、尊婆须蜜造《尊婆须蜜菩萨所集论》序中云"婆须蜜菩萨大士，次继弥勒作佛，名师子如来也"[4]。北魏瞿昙般若流支译《奋迅王问经》卷上有师子意菩萨、师子幢菩萨之名号[5]。在北魏菩提流支译《佛说佛名经》中出现了一系列带师子字样的佛号，其中包括南无师子光明佛、南无法界师子光佛、南无师子光明胜光佛、南无师子光明满

---

[1]　《大正藏》册一二，[曹魏]康僧铠译：《佛说无量寿经》卷上，页267a。
[2]　我们在第七章将谈到佛教叙事中发展出了目健连降伏恶难陀兄弟使之成为佛陀弟子的故事。
[3]　《大正藏》册九《正法华经》卷四，页92a。
[4]　《大正藏》册二八，页721a。戴密微据这一文献认为婆须蜜菩萨作未来佛师子如来的说法出自罽宾；见 Paul Demiéville, "La Yogācārabhūmi de Saṅgharakṣa," *Bulletin de l'École Française d'Extrême-Orient*, 44: 2 (1954), pp. 366–368；并参见 Wendi L. Adamek, *The Mystique of Transmission: on an Early Chan History and Its Contexts*, New York: Columbia University Press, 2007, p. 104.
[5]　《大正藏》册一三，《奋迅王问经》卷上，页935b。

足功德海佛、南无法界师子光明佛、南无师子佛、南无师子声佛、南无师子奋迅力佛、南无金光明师子奋迅佛、南无师子奋迅通佛、南无无量功德宝集乐示现金光明师子奋迅佛、南无师子奋迅心云声王佛、南无师子步佛、南无师子相佛、南无师子威德佛、南无师子吼声佛、南无师子喜佛、南无师子慧佛等佛号。《佛名经》中也有南无虎慧佛的佛号,而没有其他带虎字的对应称号。不过,《佛名经》可能是中国出现的本土伪经[1]。

《悲华经》卷四有佛号师子步王、师子相(Siṃdhadhvaja)等[2]。其他称号还包括师子月佛[3]。其他冠以师子的菩萨名号包括师子戏菩萨、师子奋迅菩萨、师子幡菩萨、师子作菩萨[4]、师子香(Siṃhagaṃdha)菩萨。这些称号的出现不是偶然,这与狮子在佛陀个人传记中扮演的重要角色分不开。狮子在佛陀的世系、修行、弘法等方面均有极为重要的象征意义,这一节主要分析早期汉文译经中出现的狮子及其在这些方面的意义。

以世系而论,狮子出现在佛陀先祖的名号之中。在佛教史传中,佛陀出身刹帝利种姓,宗教和文化地位仅次于婆罗门,而政治与社会地位甚而更高,所以佛教史传叙事传统亦将地位崇高的师子与佛陀的世系联系在一起。如师子用于释迦牟尼祖父一代兄弟二人的名号之中。据《起世经》卷十云:"智弓王复生二子,一名师子颊(Siṃhahanu)[5],二名师子足(Siṃhapāda)。师子颊王绍继王位,复生四子,一名净饭、二名白饭、三名斛饭、四甘露饭。又生一女,名为甘露。诸比丘,净饭王生二子,一名悉达

---

[1] 见 Kuo Liying, "La récitation des noms de buddha en Chine et au Japon," in *T'oung Pao* LXXXI (1995), pp. 230-268, 特别是页 244—245 认为此经出现了一些明显出自中国和中亚的因素。

[2] 《大正藏》册三,[北凉] 昙无谶译:《悲华经》卷四,页 193b。

[3] 《大正藏》册三,《佛说师子月佛本生经》,页 445a—b, 师子月如来以及师子月佛,俱指佛之称号。

[4] 见《大正藏》册一四,[元魏] 吉迦夜译:《佛说称扬诸佛功德经》卷下,页 104a。

[5] 即 Tocharian A 语 śiṣäk śanwem, 见于吐火罗 A 语《弥勒会见记》所描述的佛陀三十二相之第二十五相。据 Ji Xianlin, in Collaboration with Werner Winter and Georges-Jean Pinault ed., *Fragments of the Tocharian A Maitreyasamiti-Nāṭaka of the Xinjiang Museum, China*, Berlin: Mouton de Gruyter, 1998, pp. 83-87. 梵文见 Franklin Edgerton, *Buddhist Hybrid Sanskrit Grammar and Dictionary*, 2 vols., New Delhi: Motilal Banarsidass, 1985, p. 595, 按 Edgerton 的提示, 这也是东方之佛以及佛陀弟子甚至魔王手下大将的称号; Gerd Carling in collaboration with Georges-Jean Pinault and Werner Winter eds., *Dictionary and Thesausus of Tocharian A, vol. 1: A-J*, Wiesbaden: Harrassowitz Verlag, 2009, p. 13b.

第四章 由狮而虎：中古佛教人物名号变迁

多、二名难陀。"[1]唐义净译《根本说一切有部毗奈耶破僧事》卷二又提供了另外一个版本的世系，其文云："其坚弓王而有二子，一名师子颊，二名师子吼。此赡部洲所有一切善射之者，师子颊王最为上首。其师子颊王而有四子，一名净饭，二名白饭，三名斛饭，四名甘露饭。师子颊王复有四女，一名清净，二名纯白，三名纯斛，四名甘露。净饭王有二子，其最大太子，即我薄伽梵是。其第二者，即具寿难陀是。"[2]这一段提供的名字显然和《起世经》略有差异。

佛陀先祖的事迹因年代久远，早已湮没无闻，尽管佛教史传中有种种论述，但恐怕较多传奇色彩，并非总是可靠。师子颊乃是百兽之王狮子的面相，即王者之相，《大般涅槃经》卷二八、《大方等大集经》卷六、《大智度论》卷四等均记其为佛陀三十二相之一。可见师子颊是佛传故事中对佛陀祖父作为王者的美称，而且很可能是佛陀成道之后，其弟子在佛传中重新建构了佛陀一家的王族世系并重新赋予佛陀祖上一些人物美称。当然，也不排除佛陀先祖出身以狮子为族徽的家族，因而使用狮子的名号。

可是，以印度和中亚古代文化的语境而言，国王姓名中带师子字样者并非罕见，如 Siṁhakesarin、Siṁhakośa、Siṁhagupta、Siṁhajaṭi、Siṁhadanshṭra、Siṁhadeva、Siṁhanāda、Siṁhabala、Siṁhabāhu、Siṁhabhūbhṛit、Siṁhamahīpati、Siṁharāja、Siṁhasāhi、Siṁhaksha 等等[3]。以汉文佛教文献而言，可举出数例如下。如《游方记抄》收录的《梵僧指空禅师传考》中有

---

[1]《大正藏》册一，[隋]阇那崛多等译：《起世经》卷十，页364a—b；参见《大正藏》册三，[隋]阇那崛多译：《佛本行集经》卷五，页676a；《大正藏》册五〇，[梁]僧祐：《释迦谱》卷一"释迦贤劫初姓瞿昙缘谱第二"条引《十二游经》，页3c；[唐]道宣：《释迦氏谱》"序佛七世缘"条，页86c。师子颊王亦见于《长阿含经》卷二二第四分《世记经》，《大正藏》册一，页149a，但此处没有提到师子足。

[2]《大正藏》册二四，No.1450，页105a。Jonathan Silk 讨论了佛祖先世出自乱伦婚姻，除了巴利文佛典文献之外，也引用了《根本说一切有部毗奈耶破僧事》卷二中相关一段文字。他主要对比了犹太教和佛教关于先祖起源记载的相似性和不同，指出佛教不存在一个所谓选民的概念传统，佛祖最终以出家建立其自身开始的佛教传统，因而似乎佛教文献中仍保留着上去不那么纯净的远祖传说而不至于引起后世佛教徒的反感。其讨论见 Jonathan A. Silk, "Incestuous Ancestries: The Family Origins of Gautama Siddhārtha, Abraham and Sarah in Genesis 20: 12, and The Status of Scripture in Buddhism," *History of Religions* vol. 47, no. 4 (2008), pp. 253–281.

[3] Monier-Williams, *A Sanskrit-English Dictionary*, p. 1213.

李稽《西天提纳薄陀尊者浮图铭并序》一种记载,指空禅师即提纳薄陀尊者。其曾祖讳为师子胁(Siṁha-pārśva),乃是迦毗罗国国王[1]。

又比如金刚智在去师子国瞻仰佛牙之前路过南天竺,受其王捺罗僧伽补多靺摩迎请入宫建灌顶道场请雨。这位国王捺罗僧伽补多靺摩早先由烈维还原为 Narasiṁha Potakarman。日本学者神林净隆在《国译一切经》密教部《瑜伽念诵经》日译本解题中还原为 Nārasiṁghaputravarman。周一良先生对两人的看法都进行了辨析,指出其误,并认为僧伽对 siṁha 的用法乃是唐代的有趣现象,因为导入外国新词时,为了方便,不做改动而用旧译来对应新词,因而周一良先生重新还原为 Narasiṁha Potavarman。此人约 690—715 年在位,金刚智见他的时间大约为 699 年[2]。周先生并指出婆罗(Pallava)诸王均有众多王室头衔,其中也包括 Rājasiṁha,即狮子王。显然,在南天竺地区,国王名号中普遍使用包含了狮子字样的美称。

狮子如何成为佛陀的美称？动物在人们心中的不同形象受到历史上各种文化因素的塑造,并非是单一的不变的,而是不断随着人们观念的改变在变化。狮子在佛教史上的形象亦是如此。实际上,早期佛教本生故事中狮子的形象有从正面到负面的不同声音[3]。随着大乘佛教的出现,大乘佛教中大量佛陀传记文学的兴起,这些文学不断对佛陀进行神化,出现以狮子王作为佛陀本生形象的修辞(rhetoric),试图向信徒显示佛陀无

---

[1] 《大正藏》册五一,《游方记抄》,页 983a。

[2] Sylvain Lévi, "Les Missions de Wang Hiuen-ts'e dans l'Inde," *Journal Asiatique* 9ᵉ ser., 15;3 (1900), p.419;周一良:《唐代密宗》附录七、八,中译本,1996 年,页 92—97。

[3] 关于早期佛教文献中的动物研究,见 Lambert Schmithausen, "The Early Buddhist Tradition and Ecological Ethics: VI. The Status of Animals," *Journal of Buddhist Ethics* vol. 4 (1997), pp. 28-33；光川豐樹:《初期仏典にみられる"動物": ブッダの教説に関連して》,龍谷大学仏教学会編《仏教学研究》51,1995,1—35(L);橋本哲夫:《〈パーリ語韻文シソーラス〉内の"動物"一覧》,《種智院大学研究紀要》4,2003,71—87(L)。汉译佛教文献中出现的狮子种类包括黑狮子、黄狮子、白狮子、青狮子等。而泰国佛教传统中,则有所谓四种狮子,即以食草为生的草狮子、体型类似黑牛也食草为生的黑狮子、以食肉为生的黄狮子、擅长作狮子吼的长毛狮子(maned lion);见 Frank E. Reynolds and Mani B. Reynolds trans., *Three Worlds according to King Ruang: A Thai Buddhist Cosmology*, Berkeley Buddhist Studies Series no. 4, Berkeley: University of California, 1982, pp. 86-87。梁丽玲从文学史角度研究了佛教文献中的动物故事及其在东亚文学史上的地位,见《汉译佛典动物故事之研究》,台北:文津出版社,2010 年。

第四章 由狮而虎：中古佛教人物名号变迁

与伦比的尊贵形象，因为佛陀被看成是人间和自然界的调御师，可看顾六道众生。

对于佛陀及其一生行传的叙事虽然各异，但其核心可能是亚洲各地佛教徒共同的历史记忆，这一核心主要包括佛陀一生的两大转折，一是由太子出城入道修行，二是由修道而成佛，也包括出世、涅槃等其他主要事件。这些主题在亚洲各地的佛教社区反复被书写、描绘，新的艺术形式和艺术手法不断被创造出来，以延续甚至加强这一历史记忆。而狮子也始终伴随佛陀的艺术形象，成为佛教徒历史记忆的一部分。

狮子的形象在佛教文献史上也有一个不断发展变化的过程。早期佛教叙事文学中的狮子作为负面形象见于《五分律》中的佛本生故事。这个故事讲的是远古时期有一位摩纳（Māṇava，意译为仙人，即山中修永生者）在山窟中诵读刹利书，而有一只野狐在其左右专心听其诵书，竟然心有所解，于是起了念头，觉得自己如果能了解此书之语，足以作诸兽之王。该野狐后来逐渐以群狐伏一切象，复以众象伏一切虎，并复以众虎伏一切狮子，居然一时间取得了兽王的地位。之后更加得意，认为作为兽王则不应以兽为妻，乘白象，驱使群兽包围了迦夷国（Kāsī），要求娶该国公主为妻，不然灭了该国。除了一位大臣之外，其他人均主张答应野狐之条件，认为全国所倚靠的武力实际上只有象、马一类，象、马均不足以抵御群兽大军中的狮子，因为象、马闻到狮子之气，皆惶怖伏地。因此不必惜一女而丧一国。只有一位大臣可说是聪睿远略，认为古往今来未曾听说有人王之女嫁给下贱野兽，一定要杀掉该野狐，使群兽散走。大臣献上一计，让国王遣使告知野狐一个愿望，即交战之日让狮子先吼叫之后再交战。国王在交战当日下令全城军民皆塞上耳朵，然后等待群兽进攻。野狐答应了国王的要求，下令狮子先吼。结果狮子吼叫之后，野狐闻其声，而心破七分，从象身上坠落于地，于是群兽散走[1]。这个故事中迦夷王即是

---

[1]《大正藏》册二二，[刘宋]佛陀什共竺道生等译：《五分律》卷三，页 18b—c；并见《大正藏》册 53，[梁]僧旻、宝唱等集：《经律异相》卷二一，页 115b—c；《大正藏》册五三，[唐]道世：《法苑珠林》卷五四，691a—b。

佛陀前身,聪睿大臣乃是佛陀弟子舍利弗(Śāriputra),野狐王则是调达(Devadatta)。

在上述这个故事中,狮子尚是配角。后来在《贤愚经》卷十三《坚誓师子品》中,狮子却成为主角,狮子乃是佛陀前身。在这一故事中,很久以前在阎浮提大地有大国王名提毗,总领八万四千诸小国王。当时世上尚无佛法,只有辟支佛在山间林中独自坐禅行道,飞腾变化,福度众生。诸多野兽也来亲附,其中包括金色狮子坚誓,这狮子不同凡响,食果噉草而不害群生。有个猎师,虽然剃头着袈裟,却内佩弓箭,在泽地中见到金色狮子,想要猎杀这头狮子以取皮献给国王。等到狮子睡眠之时,猎师以毒箭射之。但师子惊觉,欲攻击猎师时,见其身着袈裟,认为此人在世不久必得解脱,便放弃攻击,自己却中箭身亡。猎师剥狮子皮(Siṁhacarman)献给国王提毗以求索赏募。国王念过经书,知道若有畜兽身金色相则必是菩萨大士之人。便给予猎师少量赏赐,并询问狮子临终瑞应。后由林中修行的仙人奢摩解释了这些瑞应。国王旋即下令以七宝高车张狮子皮以示敬戴,后又以金棺盛放狮子皮起塔供养。在这个故事中,金色狮子即佛陀前身,国王提毗即弥勒菩萨,仙人乃是佛陀弟子舍利弗,而猎师是提婆达多[1]。这里显然狮子王成了佛陀前身,通过牺牲自己以此功德来获得来世得道成佛。

除了佛本生故事之外,在早期佛教文献话语中,佛家的禅修和弘法均与狮子的譬喻联系在一起,以人们熟悉的动物作为譬喻来传达佛教的旨意,在佛教文献中非常普遍。如禅修的境界被比喻为狮子奋迅

---

[1] 《大正藏》册四,[北魏] 慧觉等译:《贤愚经》卷十三,页438a—c;参见《经律异相》卷二一,页116a—b。狮子作为佛陀本生形象在中亚佛教艺术中也有很多表现,如 *Simhakapi Avadana* 中讲述的故事是狮子将其血给予被鹰袭击的幼猴。这个故事的场景出现在克孜尔石窟的壁画上(Gorge Cave, 7th century, MIK III 8449a);见 Herbert Härtel ed., *Along the Ancient Silk Routes: Central Asian Art from the Western Berlin State Museums*, *An Exhibition lent by the Museum für Indische Kunst, Staatliche Museen Preussicher Kulturebesitz, Berlin, Federal Republic of Germany*, New York: The Metropolotan Museum of Art and Harry N. Abrams, 1983, pp. 100 - 101, 34: Jakata Scenes; Albert Grünwedel, *Alt-Kutscha*, Berlin, 1920, p. II 57, figs. 42, 44; A. von Le Coq, *Die buddhistieche Spätantike in Mittelasien*, vols. 1 - 5, Berlin, 1922 - 1926, IV, pl. 10, pp. 17f; A. von Le Coq and Ernset Waldschmidt eds., *Die buddhistische Spätantike in Mittelasien*, VI. Neue Bildwerke II, 1928, pp. 9ff.

第四章　由狮而虎：中古佛教人物名号变迁

(Siṁhavijṛmbhita)，而佛陀弘法则被称为狮子吼。上文提到精通禅法的佛驮斯那被称为人中师子，或许反映了佛教中以狮子奋迅譬喻禅修境界的传统。实际上，在早期佛教中，所谓"师子奋迅三昧"乃是禅修的最高境界。如《增壹阿含经》卷十八云，

> 舍利弗即住如来前坐，正身正意，系念在前，而入初禅；从初禅起，复入二禅；从二禅起，复入三禅；从三禅起，复入四禅。从四禅起，复入空处、识处、不用处、有想无想处；从有想无想起，入灭尽定；从灭尽定起，入有想无想处；从有想无想起，入不用处、识处、空处；从空处起，入第四禅。从第四禅起，入第三禅；从第三禅起，入第二禅；从第二禅起，入初禅；从初禅起，入第二禅；从第二禅起，入第三禅；从第三禅起，入第四禅。时尊者舍利弗从四禅起已，告诸比丘，此名师子奋迅三昧。[1]

显然，这段文字一方面继续了早期佛教中关于禅修四阶段的传统，另一方面又加入了以师子奋迅三昧形容修行者进入最高阶段的状态。

虽然这里主要讲的是舍利弗的修行，实际上按照佛教早期传统，佛陀本人最初也经历了修行的四个阶段，最终得道，断一切惑[2]。这些经历至少已经被佛陀追随者认定为是存在的，而且他们在个人修行上也以达到或者能够重复佛陀本人的个人修行经历为目标，因为这一经历乃是达到觉悟解脱的重要步骤。因此，在上述所引用的关于禅修的这段文字记载中舍利弗不过是重复了佛陀以前成道的禅修经历。《高僧传》卷十一《释法期传》记载法期从智猛受禅业，与灵期寺法林一同学习观门。法期很快将智猛所谙知的修行均获证得，又追随玄畅修行，并同下江陵，"十住观门所得已九，有师子奋迅三昧，唯此未尽"[3]。除了佛教内典文献之外，坐禅以狮子奋迅为目标的说法也出现在唐诗中，如李绅《题法华寺五

---

[1]《大正藏》册二，[东晋]瞿昙僧伽提婆译：《增壹阿含经》卷一八，页640a。
[2] Étienne Lamotte, *History of Indian Buddhism: From the Origins to the Śaka Era*, translated by Sara Webb-Boin, under the supervision of Jean Dantinne. Publications de l'Institut Orientaliste de Louvain 36, Louvain: Université Catholique de Louvain, Institut Orientaliste, 1988, p. 649.
[3]《大正藏》册五〇，《高僧传》卷一一《法期传》，页399a。

言二十韵》有诗句云:"磬疏闻启梵,钟息见安禅。指喻三车觉,开迷五阴缠。教通方便入,心达是非诠。贝叶千花藏,檀林万宝篇。坐严狮子迅,幢饰网珠悬。极乐知无碍,分明应有缘。"[1]这说明佛教中狮子奋迅三昧的说法也为一般士人所知,僧人和士人之间在佛学上的交流可见一斑。

在早期佛教中,狮子乃是佛陀本人的象征,佛陀被看成是狮子王[2],而装饰佛具如佛陀说法的狮子座以狮子形象为特征。在印度,狮子被认为是百兽之王。在佛教叙事中,印度各个哲学思想宗教流派相当于森林中的百兽,而其中最强有力的一支思想流派在佛教话语中当然是佛教自身,此即相当于众兽之中的兽王狮子。因此,除了名号之外,狮子也作为衬托佛陀力量的象征性动物出现,如佛教艺术中常常以八狮子头顶莲花宝座供奉佛陀,狮子也以佛与菩萨的坐骑出现[3]。在中古佛教的艺术传统中,文殊的形象常常以骑青毛狮子出现。据《宋高僧传》卷二十一《释法照传》记载了一个描述五台山作为文殊菩萨圣地的佛教传奇,在这一传奇之中,法照在大历年间仿佛见到五台山出现一座大圣竹林寺,其讲堂中供有文殊、普贤两位菩萨,各据狮子之座。法照在恍惚之间还见到五色光内有圆光红色文殊乘青毛狮子。这个故事反映了佛教徒对文殊菩萨形象之想象与认知,狮子是作为智慧的象征。简单而言,狮子作为神圣、尊贵的动物与诸佛、菩萨联系在一起,成为佛与菩萨的伴侣与坐骑。

早在后汉康孟祥的译经《佛说兴起行经》卷上《佛说木枪刺脚因缘经》中,对佛陀的赞词中已经出现人中狮子。也有其他一些带有动物名

---

[1] 《全唐诗》册一五,卷四八一,北京:中华书局,1999年增订本,页5517。
[2] 泰国佛教中有两种佛陀作为狮子王图像的传统,一种是十三世纪由锡兰传入的与狮子国起源有关的传统,一种是十五世纪传自印度菩提迦耶的狮子佛图像传统;见Donald K. Swearer, *Becoming the Buddha: The Ritual of Image Consecration in Thailand*, Princeton: Princeton University Press, 2004, pp. 40–41, 194–195.
[3] 在 *Sumagadha Avadana* 中,舍利弗坐在狮子牵引的车上;见 Herbert Härtel ed., *Along the Ancient Silk Routes: Central Asian Art from the Western Berlin State Museums, An Exhibition lent by the Museum für Indische Kunst, Staatliche Museen Preussicher Kulturebesitz, Berlin, Federal Republic of Germany*, New York: The Metropolotan Museum of Art and Harry N. Abrams, 1983, pp. 100–101.

第四章　由狮而虎：中古佛教人物名号变迁

称的称号，如人中象、人中犎牛、人中水牛、人中宝马等等。可是到唐代菩萨已经则被称为人中牛王、龙象、狮子了[1]。这种在文献中以不同动物来对佛陀进行修饰应该反映了观念上的变化。早期汉文译经如后汉康孟详译《佛说兴起经》云："佛！人中师子、人中象、人中犎牛、人中水牛、人中八臂天王、人中宝马、人中审谛清净，世尊如此等，能忍苦痛。"[2]唐代玄奘译《大般若经》中，则云："诸菩萨行深般若波罗蜜多，是人中尊、人中善士、人中豪贵、人中牛王、人中莲华、人中龙象、人中师子、人中勇健、人中调御、人中英杰，本为利乐一切有情，现处居家方便饶益，岂为自活侵损于人？所以者何？是诸菩萨甚深般若波罗蜜多，方便善巧，所任持故。若菩萨摩诃萨，成就如是诸行、状、相，定于无上正等菩提，不复退转。"[3]宋人对人中狮子的理解基本上是专指佛陀本人。如宋代道诚所编集之《释氏要览》，有"师子座"条云："师子座，《智度论》问：云何名师子座？为佛化作为实师子，为金、银、木、石作耶？答云是号师子座，非实也。佛为人中师子。凡佛所坐，若床若地，皆名师子座。夫师子，兽中独步无畏，能伏一切。佛亦如是，于九十六种外道，一切人天中，一切降伏，得无所畏，故称人中师子。"[4]此处以狮子在众兽中能镇服一切猛兽来形容佛陀能镇服九十六种外道，并降伏一切人天。

实际上，除了汉文文献之外，狮子与佛的形象并列在一起并作为佛法

---

[1] 佛经文献中的佛陀称号之出现，有十分丰富的历史和文化背景，值得研究。近来西文学界甚为关注佛陀称号的变化，如 Peter Skilling and Paul Harrison, "What's in a Name? Sarvāstivādin Interpretations of the Epithets 'Buddha' and 'Bhagavat,'" in《佛教とジャイナ教：長崎法潤博士古稀記念論集》，京都：平乐寺书店，2005 年，页 700—675（L）。

[2]《大正藏》册四，[后汉] 康孟详译：《佛说兴起经》卷上，页 169b；而在阿含经典中，佛陀作为人中狮子也表现在虽受苦痛，不舍念觉，且心无恼异。《佛说兴起经》一名《严诫宿缘经》，出杂藏。那体慧认为可以确定为康孟详译经的只有一部，即《中本起经》，其他都是后代托名，见 Jan Nattier, *A Guide to the Earliest Chinese Buddhist Translations: Texts from the Eastern Han and Three Kingdoms Periods*, Bibliotheca Philologica et Philosophica Buddhica X, Tokyo: The International Research Institute for Advanced Buddhology, Soka University, 2008, pp. 102–109.

[3]《大正藏》册七，[唐] 玄奘译：《大般若波罗蜜多经》卷549，页 827c。

[4]《大正藏》册五十四，[宋] 道诚集译：《释氏要览》卷中，页 288b；人中之狮即于阗塞语 hvaṃdāna sarauva 一词，见 Harold W. Bailey, *Khotanese texts V, Saka texts from the Hedin Collection*, Ch. xlvi 0012 a, *Aparimitāyuḥ-sūtra*, Cambridge University Press, 1963, p. 247.

的护卫者在南北朝时期的造像中十分常见[1]。中原地区发现的很多佛教造像均有二狮子醒着位于处于禅定状态的佛像两侧。当然,这些佛像很多是释迦牟尼佛,但有些佛像则如铭文所说是弥勒佛。但这些佛均处于禅定状态[2]。这类以弥勒佛为主尊的造像或许来自《法华经》的启示,该经卷五云释迦牟尼佛告弥勒佛:"汝等当共一心,被精进铠,发坚固意,如来今欲显发宣示诸佛智慧、诸佛自在神通之力、诸佛师子奋迅之力、诸佛威猛大势之力。"[3]无论是释迦牟尼佛还是弥勒佛,都是这里所谓具有师子奋迅之力量的诸佛。

那么到底狮子如何在品性和德行上可以象征佛陀呢?佛教文献也作了解释。如《大般涅槃经》列举了狮子的十一胜事,并对狮子与佛陀的行为作了比较。该经认为,

> 真师子王晨朝出穴,频申欠呿,四向顾望,发声震吼,为十一事。何等十一?一为欲坏实非师子诈作师子故,二为欲试自身力故,三为欲令住处净故,四为诸子知处所故,五为群辈无怖心故,六为眠者得觉寤故,七为一切放逸诸兽不放逸故,八为诸兽来依附故,九为欲调大香象故,十为教告诸子息故,十一为欲庄严自眷属故。一切禽兽闻师子吼,水性之属,潜没深渊,陆行之类,藏伏窟穴,飞者堕落,诸大香

---

[1] 如正始四年法想造弥勒三尊像中即有一对狮子蹲在方座两侧;见《保利藏珍》编辑委员会编:《保利藏珍——石刻佛教造像精品选》,广州:岭南美术出版社,2000年,页30—31,主尊为弥勒佛;页214—215的释迦造像碑中释迦佛结禅定印,其莲台下亦有一对狮子护卫。

[2] 兹举数例为证,见 Marylin Martin Rhie, *Early Buddhist Art of China and Central Asia*, vol. 2, *The Eastern Chin and Sixteen Kingdoms Period in China and Tumshuk, Kucha and Karashahr in Central Asia — Illustrations*, Leiden: E. J. Brill, 2002, fig. 2.33a, fig. 2.35, fig. 2.40b, fig. 2.43b, fig. 2.47, fig. 2.48 等。其实,Taxila 的 Jaulia 佛像两侧是大象,见 Rhie, *Early Buddhist Art of China and Central Asia*, Vol. 2, text, p. 530;似乎到中国之后佛像两侧的动物装饰便成狮子。周一良先生《魏晋南北朝史札记》"南朝之虎象"条认为,孔望山之象石可能和佛教传说与信仰有关,但多数汉代画像石中象之形象与佛教无涉,而是因为雕刻石匠根据亲见之形象进行创作的产物,因当时山东河南一带不乏象活动的痕迹。见周一良:《魏晋南北朝史札记》,北京:中华书局,1985年,页202—203。在韩国、日本佛教造像中,则有七狮子座造型,其研究见朴亨国:《七獅子蓮華座の図像について——韓国統一新羅後期の石造毘盧遮那仏坐像を中心に》,《密教図像》14,1995年,页34—60(L);同作者,《日本における七獅子蓮華座の受容と変容》,《仏教芸術》228,1996年,页15—49。有关这些不同地域和时代所产生的佛教艺术中狮子的不同造像,尚需进行综合研究。

[3] 《大正藏》册九,鸠摩罗什译:《妙法莲华经》卷五,页41a。

第四章　由狮而虎：中古佛教人物名号变迁

象,怖走失类。诸善男子,如彼野干,虽逐师子,至于百年,终不能作师子吼也;若师子子,始满三年,则能哮吼,如师子王。善男子,如来正觉,智慧牙爪,四如意足,六波罗蜜满足之身,十力雄猛,大悲为尾,安住四禅清净窟宅,为诸众生而师子吼摧破魔军,示众十力,开佛行处,为诸邪见作归依所,安抚生死怖畏之众;觉寤无明,睡眠众生,行恶法者,为作悔心;开示邪见一切众生,令知六师非师子吼故;破富兰那等憍慢心故,为令二乘生悔心故;为教五住诸菩萨等,生大力心故;为令正见四部之众,于彼邪见,四部徒众不生怖畏故;从圣行梵行天行,窟宅频申而出;为欲令彼诸众生等,破憍慢故欠呿;为令诸众生等,生善法故;四向顾望,为令众生,得四无碍故四足踞地;为令众生,具足安住尸波罗蜜故;故师子吼。师子吼者,名决定说,一切众生,悉有佛性,如来常住,无有变易[1]。

此处第一条当是形容佛陀像狮子一样可以破坏那些没有得道却诈称得道之士。第二条形容佛陀作狮子吼试验自身得道之后的能力。第三乃为象征佛陀清净其修道之处,不受魔王侵袭。第四条形容佛陀让其追随者知道他的修行和说法所在。第五条形容佛陀以自身的存在让众生不恐惧世间之苦。第六条则指佛陀可以帮助混沌、迷糊中的众生得以开悟。第七条形容佛陀经常督促众生勤行精进不懈怠。第八条形容佛陀能够调御外道,让其改信佛法。第九、十、十一条则是形容佛陀向周围的朋友、亲戚、眷属说法。然后进入正题,讨论佛陀的教导能获得的成果,以狮子的身体部位作为比喻,称为正觉智慧牙爪、四如意足、六波罗蜜满足之身、十力雄猛、大悲为尾。如所谓四如意足,即指修行到一定程度能取得四种如意境界,即《大智度论》所谓欲、精进、心、思惟。

又,《大般涅槃经》对各类动物的描述中似乎也对狮子颇为偏爱,甚

---

[1]《大正藏》册一二,[北凉]昙无谶译:《大般涅槃经》卷二七,页522b-c;汉地佛教文献,多所引用这一节,见《大正藏》册五三,[梁]僧旻、宝唱等集:《经律异相》卷四七,页244c;《续藏经》册三六,[隋]灌顶撰、[唐]湛然再治:《大般涅槃经会疏》卷二五,页677a;《大正藏》册三六,[唐]澄观撰:《大方广佛华严经随疏演义钞》卷八四,页656b。

245

至共命鸟和龙象均不如狮子地位之崇高。该经在列举恶兽时未将狮子列入其中,彰显了狮子作为众兽之王的地位。该经卷十一解释了大乘佛教中菩萨摩诃萨所受的二种戒,其中包括受世教戒以及得正法戒,而善男子则受性重戒与息世讥嫌戒。受戒之后,不畜象、马、车乘、牛、羊、驼、驴、鸡、犬、猕猴、孔雀、鹦、共命及拘枳罗、豺、狼、虎、豹、猫、狸、猪、豕及余恶兽[1]。同经卷三十一亦给出了许多畜生道动物的名单,其中也不见狮子,可见狮子在兽群中地位之尊贵,其文略云,

> 复次善男子,是贤劫中,无量众生堕畜生中,受恶业果。我见是已,复发誓愿。为欲说法,度众生故,或作麕、鹿、熊、罴、猕猴、龙、蛇、金翅鸟、鸽、鱼、鳖、兔、象、牛、马之身。善男子,菩萨摩诃萨实无如是畜生恶业,以大愿力为众生故,现受是身,是名菩萨摩诃萨,非现生后受是恶业[2]。

在宋代法护所译经典中,则出现了以狮子声、共命鸟声、龙声形容佛陀说法声的情形,如法护所译《佛说如来不思议秘密大乘经》卷七云如来语言具有六十四种殊妙之相,其中包括三十二者如狮子音声、三十三者如龙音声、三十五者如龙王声、三十六者如紧那罗妙歌声、三十七者如迦陵频伽声、三十八者如梵王声、三十九者如共命鸟声等。

狮子各类品性中与佛陀行为较为类似从而常常被拿来作象征者乃是狮子吼。狮子吼(sīhanāda)早期用于佛陀及其弟子以讲说佛法摧伏外道的比喻,如《长阿含经》第三分《倮形梵志经》(Kassapa-sīhanāda-sutta)第六云:"如来于大众中广说法时,自在无畏,故号师子。"[3]《中阿含经》卷二十六有《因品师子吼经》(M. 11.(Cūḷa)-Sīhanāda sutta)。佛陀弟子中最为有名的狮子吼者乃是宾头卢(或称宾头卢颇罗堕,Piṇḍolabharadvāja),《四分律》卷五十一、《五分律》卷二十六中均借目莲之口夸赞其狮子吼在佛陀弟子中第一。但学者中有两种看法,烈维和沙

---

[1]《大正藏》册一二,[北凉]昙无谶译:《大般涅槃经》卷一一,页432c。
[2] 同上,卷三一,页550b。
[3]《大正藏》册一,[后秦]佛陀耶舍、竺佛念译:《长阿含经》卷十六,页104a—b。

第四章　由狮而虎：中古佛教人物名号变迁

琬(S. Lévi et E. Chavannes)认为宾头卢所谓狮子吼乃是比喻其辩论摧伏外道之能力[1]，而斯特朗(John Strong)则认为是比喻其得道之后能在佛教社区内部回答任何其他僧人提出的教义问题[2]。从早期佛教来看，宾头卢常常在佛教信徒面前展示其能力，而非为震慑外道，这样说来似乎斯特朗的看法更贴近宾头卢的形象。

在中古的佛教艺术中也有以狮子攻击水牛来比喻佛陀弟子摧伏外道的场景，比如在敦煌绘画作品如146、196窟斗法图以及法国伯希和藏品中的纸画P.4524中就通过狮子攻击公牛来描绘佛陀弟子舍利弗战胜外道牢度叉的故事。早期佛教文献如《长阿含经》、《四分律》、《佛本行集经》等均提示舍利弗和目犍连并为佛陀最杰出的两位弟子，舍利弗被认为智慧第一，目犍连神通第一，两位尊者常常向其他弟子宣示佛陀教导。他们可以说是佛陀皈依弟子中的典范人物，因而也常常作为佛教艺术中的主角出现，作为应对外道挑战的主要人物。敦煌莫高窟146、196窟的壁画描绘了舍利弗与牢度叉斗法的六大场景，其中第二个场景为舍利弗的狮子战胜牢度叉的公牛。而在P.4524这幅画正中的场景是狮子扑在公牛身上，正占据上风，画面左边则是牢度叉以及其他外道，而右边则是舍利弗在观看狮牛搏斗[3]。

狮子和公牛搏斗的主题后来也出现在十三世纪的波斯绘画之中，用

---

[1] 他们两人对宾头卢的研究见 S. Lévi et E. Chavannes, "Les seize arhat protecteurs de la Loi," *Journal Asiatique*, vol.8, 1916, pp.5-304, p.250 有对宾头卢狮子吼的解释。

[2] John Strong, "The Legend of the Lion-Roarer: A Study of the Buddhist Arhat Piṇḍola Bhāradvāja," *Numen* 26:1 (1979), pp.50-88, 关于师子吼一节见 pp.68-71. 实际上，据《大正藏》册四，[北魏]慧觉等译《贤愚经》卷六，富那奇缘品第二十九，宾头卢被认为善能入定，坐禅第一。这大概因为他已经得道，因而禅定时能入师子奋迅三昧的状态。而《大正藏》册二，[东晋]瞿昙僧伽提婆译《增壹阿含经》卷二十，记宾头卢着衣持钵入罗阅城乞食，入三昧以三昧力，向老姬难陀展示种种超自然能力，如使双眼脱出、在空中倒悬、举身出烟、使身体尽燃、举身皆出水、无出入息等等。

[3] Wusuan Whitfield, *Life along the Silk Road*, Berkeley: University of California Press, 1999, pp.212-213; 其讨论参见 Victor H. Mair, *Painting and Performance: Chinese Picture Recitation and Its Indian Genesis*, Honolulu: University of Hawaii Press, 1994, p.2; 146、196窟的斗法图非常著名，一些中国中古艺术史的著作对其进行了讨论，参见 Sarah E. Fraser, *The Practice of Buddhist Wall Painting in China and Central Asia, 618-960*, Stanford: Stanford University Press, 2004, pp.82-85 讨论146、196窟的壁画，pp.177-178 讨论P.4524纸本画作；Eugene Y. Wang, *Shaping the Lotus Sutra: Buddhist Visual Culture in Medieval China*, Seattle: University of Washington Press, 2005, pp.336-340 讨论196窟的斗法图。

于描述中古波斯语(Middle Persian)译本《五部书》(*Kalīla wa Dimna*)讨论的公牛被杀场景,其表现手法与敦煌绢画极为接近,这可能是自中亚传入波斯的艺术主题,但其具体传播过程尚需艺术史家进行深入探讨。

但在大乘佛教中,师子吼则逐渐与佛陀联系在一起,尤其大乘佛教的佛传故事更是将狮子吼附会为佛陀一出生即有的能力[1]。狮子吼亦是佛陀的名号[2]。作为比喻佛所说正法的神态出现,有时狮子吼亦作狮子音吼[3],在佛教文献中用于和其他邪门外道相区别。如《续高僧传》卷二十四《法琳传》引法琳撰《破邪论》,描述佛陀的伟大,其词也使用了狮子的象征,其文略云:"(佛陀)演《涅槃》则地现六动,说《般若》则天雨四花。百福庄严,状满月之临沧海;千光照曜,如聚日之映宝山。师子一吼,则外道摧锋;法鼓暂鸣,则天魔稽首。是故号佛为法王也。"[4]后唐僧人释贞海(863—935)精通《法华经》,曾劝诫门徒曰:"异端之说,汨乱真心,无记不熏,何须习俗。吾止愿为师子吼,不作野犴鸣也。"[5]此处显然是以狮子吼作为佛教说法的象征[6],而野干鸣则是异端外道之说的象征。又宋代元照撰《阿弥陀经义疏》在解释佛说法时引用狮子吼的典故云:"狮子者,众圣中尊,故以兽王比焉;又狮子一吼,兽闻皆死,喻佛说法,魔外消亡。"[7]

登师子座常常作为法师讲法的比喻,如《续高僧传》卷五《法令传》云法令(438—506)"少出家住定林上寺,立操贞坚,廉和寡欲,博览经论,多所通达。善《涅槃》大小品,尤精《法华》、《阿毗昙心》,登师子座,发无畏辩"[8]。

---

[1]《大正藏》册三,[刘宋]求那跋陀罗译:《过去现在因果经》卷一,页625a,卷二,页633a;《大正藏》册三,[隋]阇那崛多译:《佛本行集经》卷一七,页732a。
[2] 梵文狮子吼出现较为频繁,出现的场合也比较复杂,用来指一种自信的态度,对佛教教义的阐释,在《摩诃婆罗多》中也作为湿婆的名号,也是阿修罗的名号,同时是 Rāvana 之子的名字、释迦牟尼佛的名号、马来亚国王的名号等等;见 Monier-Williams, *A Sanskrit-English Dictionary*, p. 1213.
[3] 见《大正藏》册三,[隋]阇那崛多译《佛本行集经》卷三〇,页796a。
[4]《续高僧传》卷二四《法琳传》,页637b。
[5]《宋高僧传》卷七《贞海传》,页748a。
[6] 如刘禹锡有《送元简上人适越》一诗,其中一句为"浙江涛惊狮子吼,稽岭峰疑灵鹫飞"。见《全唐文》册一一,卷三五九,页4065。
[7]《大正藏》册三七,[宋]元照撰《阿弥陀经义疏》,页362c。
[8]《续高僧传》卷四《玄奘传》,页465b。

248

第四章 由狮而虎：中古佛教人物名号变迁

狮子座有时亦称狻猊座，见于《汾阳无德禅师歌颂》卷下"略序四宗顿渐义"条[1]。登狮子座乃是佛教法师说法之象征，而登金狮子座则是佛门法师备受尊贵荣耀之象征[2]。不过，应该指出的是，这些所谓金狮子座常常出现在中古诗文中，也许只是修辞性的说法，在当时佛教生活中并不常见，到底这些金狮子座是以金狮子装饰把手的高座还是以金狮子图像装饰底座的高座，并不十分清楚，不过，从现存的艺术表现来看，似乎是指后者。至少我们在佛教史籍中几乎找不到什么在俗信众供养僧人真正以金狮子装饰法师座位的证据，也许只有皇帝才有能力为法师打造以金狮子装饰的讲法高座。当然，在中古佛教造像中，两只狮子总是蹲在佛像宝座两侧。而在寺院中，很多佛像的宝座上绘上金色狮子纹样，并不稀奇，这也算是金狮子座吧，但这些金狮子图像装饰的宝座仅限于供养佛像的底座。不过，在印度西部的梅蓝加城堡久德浦尔（Jodhpur）王公博物馆（Mehrangarh Museum）展出了一件以狮子装饰的王室象座（howdah），即王公出行时放在大象背上供其乘坐的宝座，可能来自十七世纪。狮子乃是当地王公的权力象征。

狮子吼在大乘佛教中指佛陀弘法更是极为普遍的比喻，所谓一个简单的比喻在当今佛教社区可谓广为人知，但其来龙去脉并非人人能说得清楚。我们这里略举一些文献的例子加以说明。《大智度论》详细比较了佛陀说法和狮子吼的类似和不同之处。其相似之处在于，

> "师子吼"者，如师子王，清净种中生，深山大谷中住，方颊大骨，身肉肥满，头大眼长，光泽明净，眉高而广，牙利白净，口鼻方大，厚实坚满，齿密齐利，吐赤白舌，双耳高上，髦发光润，上身广大，肤肉坚着，修脊细腰，其腹不现，长尾利爪，其足安立，巨身大力。从住处出，偃脊频伸，以口扣地，现大威势；食不过时，显晨朝相；表师子王力，以威麋鹿、

---

[1]《大正藏》册四七，宋代楚圆集《汾阳无德禅师语录》，页619c。
[2] 李白《峨眉山月歌送蜀僧晏入中京》一诗，内中有句"黄金狮子乘高座，白玉麈尾谈重玄"。见《全唐文》册三，卷一六七，页1728—1729。又，白居易《夜从法王寺下归岳寺》有诗句云"灯火光初合，笙歌曲未终。可怜狮子座，异出净名翁"；见《全唐文》册七，卷四五〇，页5108。

249

熊罴、虎豹、野猪之属,觉诸久睡,降伏高强有力势者,自开行路而大哮吼。如是吼时,其有闻者,或喜、或怖;穴处者隐缩,水居者深入,山藏者潜伏,厩象振锁狂逸而去,鸟飞空中高翔远逝。佛师子亦如是,从六波罗蜜、古四圣种大姓中生,寂灭大山深浚禅定谷中住,得一切种智头,集诸善根频,无漏正见修目光泽,定慧等行高广眉,四无所畏牙白利,无碍解脱具足口,四正勤坚满颐,三十七品齿密齐利,修不净观吐赤白舌,念慧耳高上,十八不共法氂发光润鲜白,三解脱门上身肉坚着,三示现修脊,明行具足腹不现,忍辱腰纤细,远离行尾长,四如意足安立,无学五根爪利,十种力势无量,无漏法众具足身;诸佛三昧王等住处出,四无碍智频申诸法地中,着无碍解脱口。依是十力广度众生时不过,示一切世间天及人晨朝相;显诸法王德,威诸外道论议师党邪见之属;觉诸众生四谛中睡,降伏吾我着五众者憍慢力,开异学论议诸邪见道。行邪者怖畏,信正者欢喜,钝者令利;安慰弟子,破坏外道;长寿诸天久受天乐,则知无常。如是众生闻四谛师子吼,皆生厌心,厌心故得离,得离故入涅槃,是名"众中如师子吼"[1]。

这一节生动之极,描绘狮子的形象以及日常行为和习性,并以这些习性特点来比附佛陀的威严和成就,所谓佛狮子亦如是,包括无漏正见修目、定慧等行高广眉、四无所畏牙、无碍解脱具足口、四正勤坚满颐、三十七品齿、修不净观吐赤白舌、念慧耳、十八不共法氂发、三解脱门上身、三示现修脊、明行具足腹、忍辱腰、远离行尾、四如意足、无学五根爪等。这段话可以说最详尽地描述了狮子之所以作为佛陀象征的理由和根据,同时也以狮子吼为比喻描述了其功用和结果。狮子之所以用于象征佛陀,因为其相貌奇伟,拥有其他猛兽难以企及的力量和勇气。而其说法,能令佛弟子安心、欢喜、觉悟,令外道怖畏。

虽然我们可以在大乘佛教文献中看到狮子作为佛陀象征的说法,但是应该注意佛教中关于狮子的声音是复杂而多样的,并非体现在单一面

---

[1] 《大正藏》册二五,龙树造、[后秦]鸠摩罗什译:《大智度论》卷二五,页244a—b。

第四章　由狮而虎：中古佛教人物名号变迁

相。在早期佛教宇宙观中，狮子毕竟仍然是野兽之一。所以大乘佛教经典中仍然保留了早期佛教传统中关于狮子作为猛兽的说法。故而《大智度论》在以狮子吼譬喻佛说法之外，也以狮子作为野兽的一面来形容魔军的化身，其文云："若有所畏，不能独在树下师子座处坐；欲得阿耨多罗三藐三菩提时，魔王军众，化作师子、虎、狼、熊、罴之首，或一眼、或多眼，或一耳、或多耳，担山、吐火，四边围绕；佛以手指按地，眴息之顷，即皆消灭。"[1]这里的狮子当然还是六道众生中畜生道的一种。

这一早期佛教文献中狮子作为畜生的叙事传统被中世纪逐渐发展起来的密教文献继承。汉文密教文献中则常出现狮子作为鬼魅的化身，如《佛顶大白伞盖陀罗尼经》提到鬼魅化身为龙、虎、狮子、熊、罴、犴、狼。《文殊师利宝藏陀罗尼经》则云恶鬼神变身为虫、狼、虎、豹、狮子种种兽身，于世间中摄诸众生，噉其精气，使其威失力衰。在早期佛教传统中，狮子是六道之中畜生道中的所谓兽王，即地位最高的兽，所以人如果投胎为畜生，最高者可获转世为狮子形。这一思想在汉文佛教史籍中有所反映。如《续高僧传》卷四《玄奘传》记载玄奘西行至北天竺的醯罗城中观拜当地供奉的佛顶骨，以相印佛顶骨以睹祥瑞。当时北狄大月支王也曾来供奉这一顶骨，一开始看到的是自己来世变成马形，后来加诸布施，积功忏悔，再次以相印佛顶骨，结果也只是现狮子形，该狮子虽然位居狩王，但终究仍是畜类[2]。

早期大乘佛典《大宝积经》中对佛陀的狮子吼赞叹之词云"佛具解脱光，愍念一切众，不以野干声，能令兽王恐，唯有狮子王，一吼飞鸟落"[3]。

---

[1]《大正藏》册二五，龙树造、[后秦]鸠摩罗什译：《大智度论》卷二五，页242c。
[2]《大正藏》册五〇，[唐]道宣：《续高僧传》卷四《玄奘传》，页448b。隋代灌顶撰《大般涅槃经疏》列举了《大般涅槃经》"下梵行品"所谓十种不净肉，其中包括人、蛇、象、马、猪、狗、鸡、狐、狮子、猕猴。并解释了为什么这些动物被列为十种不净肉的原因，因为猕猴像人一样，而蛇似龙象，马则是济国之宝，猪、狗、狐等兽是鄙恶之畜，狮子是兽王，人是己类，所以不能食用。见《大正藏》册三八，《大般涅槃经疏》卷九。按，该十种不净肉的说法见北凉昙无谶译《大般涅槃经》卷一八《梵行品》第八之四，其文云："或言如来不听比丘食十种肉。何等为十？人、蛇、象、马、驴、狗、师子、猪、狐、猕猴，其余悉听"。
[3]《大正藏》册一一，[北魏]佛陀扇多译：《大宝积经》卷九九《无畏德菩萨会》第三二。

讲经说法以狮子吼作为象征,也出现在书名之中,如释法藏(贤首)为武则天讲新《华严经》时以镇殿金狮子为喻,后来特别撰写文章解说义门,以便让人知道易解之捷径,即《华严金师子章》,列十门总别之相,包括明缘起、辨色空、约三性、显无相、说无生、论五教、勒十玄、括六相、成菩提、入涅槃等十门[1]。

在大乘佛教中,关于大菩萨狮子吼的说明也有十种,如《大方广佛华严经》卷四十一所说:

> 菩萨摩诃萨有十种师子吼。何等为十?所谓:我必成佛,是菩提心师子吼;于一切众生起大悲心,未度者度、未脱者脱、未安者安、未涅槃者令得涅槃,是大悲师子吼;守护受持不断三宝性,是报如来恩师子吼;令一切佛刹皆悉清净,是究竟大誓师子吼;除灭一切恶道诸难,是自持净戒师子吼;满足如来身、口、意相好庄严,是积集功德无厌足师子吼;成满一切诸佛智慧,是积集智慧众具无厌足师子吼;除灭一切魔事专求正道,是除灭烦恼师子吼;知一切法无我、无我所、无命、无福伽罗空无相,愿观一切法净如虚空,是于一切法得无生忍师子吼;一生补处菩萨摩诃萨,严净震动一切佛刹,释、梵、四天王咸悉请求降神下生,以无碍慧眼普观世间一切众生无胜我者,示现出生游行七步大师子吼;我于世间最胜第一,我永究竟生老死法,是如说修行师子吼。佛子!是为菩萨摩诃萨十种师子吼;若菩萨摩诃萨安住此法,则得一切诸佛无上大师子吼。[2]

大乘佛教看来更重视以狮子吼来说明佛陀说法之高明,其中主要体现在佛陀帮助众生获得涅槃、报答佛恩、积累功德、成就智慧等方面。

---

[1] 《宋高僧传》卷五《法藏传》,页732a—b;Chen Jinhua, *Philosopher, Practitioner, Politician: The Many Lives of Fazang (643－712)*, Leiden: E. J. Brill, 2007, pp.176－183,讨论了此作成立时间,认为应在699年即新《华严经》译本完成之后或701年,此作应是法藏献给武则天的作品,但不见得出自一系列讲经的结集。

[2] 《大正藏》册九,[东晋]佛驮跋陀罗译:《大方广佛华严经》卷四一《离世间品》,页659c。该经卷五十提到南方之难忍国迦陵伽婆提城有一比丘尼名为师子奋迅;见页714b。[西秦]圣坚译《佛说罗摩伽经》卷上记录了一个相同的故事,云佛为善财童子开示,云难忍国之迦陵提附近的功德林中有一比丘尼名师子奋迅,身紫金色,端严第一,可以教给他何谓菩萨行和菩萨戒。见《大正藏》册十,页854b。

第四章　由狮而虎：中古佛教人物名号变迁

除了文献传统之外，我们应注意狮子作为佛陀象征出现的历史和社会、自然背景。狮子在佛陀时代的自然界中乃是真实存在且普遍存在的动物，这一真实存在乃是佛教思想家和佛教文献编集者将其写入文献的根基所在。在佛陀时代，印度很多地方狮子分布比较普遍，甚至猛虎也很常见。实际上，印度西部吉尔(Gir)地区乃是主要的孟加拉虎聚居地，狮子则遍布印度各地，印度乃是亚洲狮(Asiatic Lion)的主要分布地，在东亚和东南亚都没有亚洲狮子的踪迹[1]。时至今日印度西部地区的森林中仍偶尔可见孟加拉虎的踪迹。早期佛教文献常常提到佛陀时代的狮、虎踪迹。如《根本说一切有部毗奈耶》卷三十八《触火学处》第五十二，其文略云，佛在室罗伐城逝多林给孤独园时，从此处去欲往王舍城，阿难陀即提示说直道上多有狮子、虎、豹，因而一路上恐怖难行。但佛陀久离怖畏，仍取直路[2]。《根本说一切有部毗奈耶破僧事》中有一段关于释迦太子离开迦毗罗卫城的场景，其随从车匿在离开太子时，所说颂文中有言："狮子、虎成群，蕀林恶兽迹，独住无眷属，圣者如何住。"[3]这虽然是佛教中带有文学色彩的创作文献，但多少反映了当时印度野外狮子、猛虎普遍频繁活动的现实。

另外，狮子在南亚和中亚自然界的活跃使得它不仅作为高僧人名较为普遍，也常常出现在地名之中。广为人知的是，锡兰在中古汉文古籍中被称师子国(Siṃhala)，乃是当时汉人获知其国以其先祖擒执狮子故得名也。如玄奘《大唐西域记》卷十一"僧伽罗国"条记载该国狮子"往来村邑，咆哮震吼，暴害人物，残毒生类，邑人辄出，遂取而杀。击鼓吹贝，负弩持矛，群从成旅，然后免害"[4]。除了师子国之外，还有其他一些地名也带师子字样。如《通典》卷一百八十八《边防》四《南蛮》下赤土国条，云

---

[1]　见 George B. Schaller, *The Deer and the Tiger: A Study of Wild Life in India*, Chicago: University of Chicago Press, 1967. 本书第五章我们还要回到这一主题介绍印度地区的狮、虎分布及其在政治史和宗教史上的象征意义。
[2]　《大正藏》册二三，[唐]义净译：《根本说一切有部毗奈耶》卷三八，页835a。
[3]　《大正藏》册二四，义净译：《根本说一切有部毗奈耶破僧事》卷四，页117b。
[4]　《大唐西域记》卷一一，页932b—933a。

赤土乃扶南之别种，东波罗刹国、西罗婆国、南诃罗旦国，北拒大海，地方数千里。王姓瞿昙氏，名利富多塞。居僧祇城（即 Siṃha，或可云僧诃城），亦曰师子城。又据玄奘《大唐西域记》，他在呾叉始罗国东南七百余里经过北印度之僧诃补罗国。而在从奢羯罗城至波罗奢大林之途中，他则经过那罗僧诃城[1]。这些地名中的"僧诃"均来自狮子的梵文名称。因此这些带有狮子字样的地名的出现多少反映了狮子在南亚享有崇高地位的普遍意识。

古代罗马学者伊利安（Aelian，本名克劳迪亚斯·伊利厄讷斯，Claudius Aelianus，175—235）在他的希腊文著作《论动物之特性》（拉丁文题目为 *De Natura Animalium*）中写道，"毫无疑问我认为印度的狮子乃是最大的动物，这个国家是各类动物之母。这些狮子极其粗野和强蛮。这些狮子看上去毛色是黑的，当它怒发冲冠和直立时足以让人恐惧得勇气全无。但是一旦它们被抓获，它们可以被驯化，当然也许最大的狮子难以被驯化。它们被驯化之后变得温顺并且易于喂养，能在缰绳控制下用来狩猎雄鹿、鹿、野猪、公牛、野驴，因为狮子的嗅觉极为灵敏。"[2]但很奇怪，伊利安没有特别提示印度的猛虎。这在很大程度上受制于其个人在近东地区更熟悉狮子而对猛虎缺乏认知的实际经验。尽管在科学分类学中，狮子有七类亚种，但六类生活在非洲，只有一种生活在亚洲，即 *Panthera leo persica*，亦称为亚洲狮或印度狮[3]。那么为何在狮和虎均有

---

[1]《大正藏》册五一[唐]玄奘：《大唐西域记》卷三，页 885b；《大正藏》册五〇，慧立本、释彦悰笺：《大唐大慈恩寺三藏法师传》卷二，页 231a-c；卷五，页 249b。

[2] Aelian, *On the Characteristics of Animals*, with an English translation by A. F. Scholfield, Leob Classical Library, Cambridge, MA: Harvard University Press, 1959, Book XVII, 26, vol. III, p. 357.

[3] Sudipta Mitra, *Gir Forest and the Saga of the Asiatic Lion*, New Delhi: Indus Publishing Company, 2005, pp. 36 - 37, 106 - 107 Asheem Srivastav and Suvira Srivastav, *Asiatic Lion on the Brink*, Dehra Dun: Beshen Singh Mahendra Pal Pal Singh, 1999, pp. 109 - 117, 119 -128; S. Jo Brien et al., "Evidence for African Origins of Founders of the Asiatic Lion Speciess, Survival Plan," *Zoo Biology* (1987), pp. 99 - 116. Joslin Paul, "The Environmental Limitations and the Future of the Asiatic Lion," *Journal of Bombay Natural History Society* vol. 81 (1984), pp. 648 - 664; "The Asiatic Lion: A Study of Ecology and Behavior." Ph. D. thesis, University of Edinburgh, 1973; R. I. Pocock, "The Lions of Asia," *Journal of Bombay Natural History Society* vol. 34 (1930), pp. 638 - 665.

分布的印度,狮子能胜出猛虎成为与佛陀联系在一起的象征性动物呢？下一章将探讨在漫长的历史传统中狮子在南亚作为王权的象征的渊源和背景。实际上,从整个古代世界史来看,狮子形象作为王权政治权力装饰的象征意义并不限于南亚,也延伸到西亚和北非地区,即中近东地区。

四、结语

从上可以看出,在中古佛教文献中,动物的外在形象在中古时期与其动物特性结合在一起,在佛教学者的笔下,因为和佛教人物言语、神情、动作的相似性,获得了人物德性的象征性意义,从而被采纳为人物的美称。具体而言,综合以上讨论,可以在此归纳一些主要发现。

首先,通过梳理中古时代的佛教文献,可知以律虎为美称出现在唐代,主要是作为赋予精通律学僧人的美称出现,后来才出现相应的义虎、义龙等美称,用于精通义学、善于辩争的僧人。中古佛教社区内部律虎称号的出现,与早期佛教僧人多以狮子为称号不同,反映了中国佛教在以动物象征高僧上的特色,也表明这是中国僧人以中国虎取代印度狮来寄托其对中古高僧理想形象的想象和塑造。中国僧人在对佛教文献进行阐释时,一方面从传统佛教文献中吸收了思想资源,另一方面也从他们所处的中国背景来思考佛教的论题,从而在解释、发挥过程中引入中国因素。

从社会和自然两个层面来看,中国佛教僧人对佛教中狮子的认识和解释,以及以猛虎取代狮子,说明中国佛教僧人一方面试图承袭早期佛教文献的传统以延续佛教文献的权威性和合法性,另一方面也将中国僧人和佛教徒所面临的自然和社会环境特别是他们对东亚自然环境中猛虎作为众兽之王的认识牢记心中,从而试图从中国僧人和俗家信徒的角度来考虑问题,将狮子替换成猛虎。

其次,通过细致地比较佛教律学僧人的称号与中国历史上官吏的带"虎"字的称号,可知佛教律虎称号受到汉魏南北朝以来治政严苛的官吏所获称号的影响而出现。因为律学僧人的传记深受中国传统正史传记的影响,且中古时期佛教《高僧传》的编集者均为律学僧人,故而出现律虎的称号。这可以说是中古时期佛教学者将维护社会政治秩序与维护佛教内部秩序对应起来的一种认识。律学僧人的思想、写作资源不仅来自佛教传统、自然环境的双重作用,也同时被中国自身的文学和历史文献传统所影响,从而建立了中国佛教文献自身独特的叙事和象征传统。

再次,通过回顾佛教文献中关于狮子与佛教的联系,可知早期佛教文献传统实际上重建了佛教中关于佛陀的历史和文化记忆。这些文献早已将狮子写入佛陀本人的世系,也用于描述、形容佛陀的禅定修行与弘法生涯,即禅定三昧境界被称为狮子奋迅三昧,而弘法被称为狮子吼,早期佛教文献亦将狮子用于象征佛陀之力量、智慧与尊严。各类狮子称号乃是佛陀最为常见的美称。这些早期佛教文献中的比喻、象征实际上乃是文献对历史和文化记忆的重建和规范化、文献化,反映了佛教社区对佛教传统的意识和认同。

这些早期佛教文献中佛陀与狮子相联系的比喻、象征也通过壁画、佛画等佛教艺术表现形式流传于佛教社区,成为影响佛教徒的重要媒介。是否接受、认同、了解、认知这些比喻和象征及其在佛教艺术上的表现,实际上也是区分佛教徒和非佛教徒的重要指标。佛教徒对于这些比喻和象征并不陌生,也很容易接受佛教艺术对这些比喻和象征的再现。因而这些主题实际上深存于佛教徒的集体意识之中,也从而成为界定佛教徒身份认同的重要记忆[1]。

最后,从以上的讨论可知,中古僧人的观念和写作很大程度上受到自然、历史、社会等多种传统的影响。其一,中古僧人的观念与其所处的地理空间中所反映的自然秩序之间存在密切关系,如果他们不是处在中国,不是对当时自然环境中猛虎的地位和角色有所认识,当然不太可能以猛虎来形容自己佛教社区的高僧。其二,中古僧人自然也认识到佛教中

---

[1] 相关理论探讨参见 Jan Assmann, *Religion and Cultural Memory*, translated by Rodney Livingstone, Stanford: Stanford University Press, 2006.

第四章 由狮而虎：中古佛教人物名号变迁

以狮子比喻佛陀及其弟子和传人的创作传统，因为这一传统在译经中有极为丰富的记载。对于研习佛教译经文献者而言，这种以狮子为比喻的观念对中国僧人而言，虽然重要，但略显遥远而不可及，以中国虎来取代印度狮乃是很自然的选择。其三，中古僧人对于社会秩序的认识也不陌生，一些中古僧人也精通世学，因而能够从传统史籍中借鉴一些说法。

第五章　装饰与象征：中世纪视野中的猛兽与王权

一、引言

前文我们已经探讨了狮子和虎在中国中古时代佛教文化中的变迁，其实如果将狮、虎对政治权力的装饰和象征意义放在广阔的亚洲古代史甚至世界史背景中来看，会更有意思。为了让读者了解一些这些动物的背景，我们这里提示一点现代科学对这些动物的认识。从生物学上说，虎和狮子都属于猫科(Felidae)豹亚科(Pantherinae)豹属(Panthera)，如狮学名 Panthera leo，虎学名 Panthera tigris，美洲豹学名 Panthera onca，豹学名 Panthera pardus。拉丁语 Panthera 可能来自梵文 pundarikam，指虎。这些动物被认为是动物界的顶级捕食者(Apex predator)，其中狮子包括非洲狮和亚洲狮两种，而非洲狮比亚洲狮个头大。

虎的种类约有九种，都分布在亚洲地区[1]。在中国境内主要是东北虎和华南虎。东北虎(学名 Panthera tigris altaica，英文名 Amur Tiger)，亦

---

[1] 当然，十万年前可能老虎也从西伯利亚进入北美西北角即今天的阿拉斯加地区；见 Sandra Herrington, "Subspecies and the Conservation of Panther tigris: Preserving Genetic Heterogeneity," in Ronald L. Tilson and Ulysses S. Seal, eds., *Tigers of the World: The Biology, Biopolitics, Management and Conservation of an Endangered Species*, Park Ridge, NJ: Notes Publications, 1987, pp. 512–560.

第五章　装饰与象征：中世纪视野中的猛兽与王权

称西伯利亚虎(Siberian Tiger)，这是块头最大、最凶猛的猫科动物[1]。华南虎(Panthera tigris amoyensis，英文名 South China Tiger)在中国分布最广[2]。东南亚则有多种老虎生活，如巴喱虎(学名 Panthera tigris balica，英文名 Bali Tiger)，主要生活在印尼巴喱岛，早在 1930 年代就被宣布已经灭绝。还有爪哇虎(Panthera tigris sondaica，英文名 Javan Tiger)，也已经灭绝。印尼最负盛名的是苏门答腊虎(Panthera tigris sumatrae，英文名 Sumatran Tiger)，在虎的家族中体形最小，数量也在急剧减少。在东南亚半岛有印度支那虎(Panthera tigris corbetti，英文名 Northern Indochinese Tiger)，生活在越南、老挝、柬埔寨、泰国一带。在泰国和马来西亚边境也存在一种马来西亚虎。在印度次大陆地区活跃着孟加拉虎(Panthera tigris tigris，英文名 Bengal Tiger)，数量也不多，目前在吉尔地区设立了国家保护区进行保护[3]。在中亚地区，曾活跃着一种里海虎(Panthera

---

[1] 这一种类目前处于极度危险之中，见 Carlos Carroll and Dale G. Miquelle, "Spatial Viability Analysis of Amur Tiger Panthera tigris altaica in the Russian Far East: The Role of Protected Areas and Landscape Matrix in Population Persistence," *Journal of Applied Ecology*, vol. 43, no. 6 (2006), pp. 1056 – 1068; Gregory D. Hayward, Dale G. Miquelle, Evgeny N. Smirnov, Chris Nations, "Monitoring Amur Tiger Populations: Characteristics of Track Surveys in Snow," *Wildlife Society Bulletin*, vol. 30, no. 4 (2002), pp. 1150 – 1159. 野外猛虎的命运令人担忧，目前全球猛虎生存的空间只有历史上的百分之七，在过去十年减少了百分之四十一；见 Eric Dinerstein, Colby Loucks, Eric Wikramanayake, Joshua Ginsberg, Eric Sanderson, John Seidensticker, Jessica Forrest, Gosia Bryja, Andrea Heydlauff, Sybille Klenzendorf, Peter Leimgruber, Judy Mills, Timothy G. O'Brien, Mahendra Shrestha, Ross Simond and Melissa Songer, "The Fate of Wild Tigers," *BioSciene*, vol. 57, no. 6 (2007), pp. 508 – 514; John Seidensticker, Sarah Christie, and Peter Jackson, eds., *Riding the Tiger: Tiger Conservation in Human-Dominated Landscapes*, Cambridge: Cambridge University Press, 1999.
[2] 虎骨在中医中的运用造成虎的数量迅速下降，出口的主要地区包括南韩、台湾、日本，故而 1993 年中国政府已下令禁止虎骨贸易；参见 Susan A. Mainka and Judy A. Mills, "Wildlife and Traditional Chinese Medicine: Supply and Demand for Wildlife Species," *Journal of Zoo and Wildlife Medicine*, vol. 26, no. 2 (1995), pp. 193 – 200, esp. pp. 194 – 195；更详细的关于华南虎在中国的研究见 Chris Coggins, *The Tiger and the Pangolin: Nature, Culture, and Conservation in China*, Honolulu: University of Hawaii Press, 2003.
[3] 印度在 1947 年独立之后，其境内的虎急剧减少。在殖民地时代，印度的猎虎活动仅仅限于上层统治阶级，而进入独立建国时代，猎杀猛虎在印度变得更为平民化，从而引发大规模的猎虎运动，造成猛虎数量的急剧减少。在 1600 年大约有十万只，1900 年减少到五万只，1970 年则只剩下不到两千五百只。见 Susie Green, *Tiger*, London: Reaktion Books, 2006, p. 21. 1970 年代保护猛虎在印度变成了民族主义运动的一部分，外国专家特别是美国专家被拒绝入境进入 Gir 地区考察和进行科学研究，保护猛虎被认为是印度政府的责任和功绩，有关这一段历史的研究见 Michael Lewis, "Indian Science for Indian Tigers?: Conservation Biology and the Question of Cultural Values," *Journal of the History of Biology*, vol. 38, no. 2 (2005), pp. 185 – 207.

tigris virgata,英文名 Caspian Tiger),早已灭绝[1]。

狮子的种类则主要包括非洲狮(学名 Panthera leo leo)和亚洲狮(Panthera leo persica)。非洲地区北非已经没有野生的狮子,野生狮子主要生活在撒哈拉沙漠以南的一些国家。而在亚洲,野生狮子也基本灭绝,目前以野生形式生活的狮子主要生活在印度吉尔自然保护区[2]。美洲豹(学名 Panthera onca,英文名 Jaguar,Jaguar 和 onca 都来自葡萄牙语)主要分布在墨西哥及其以南地区,广大中美洲,直到南美的巴拉圭,以及阿根廷北部,自 1900 年以来在美国野生美洲豹已经绝种。美洲豹主要包括三个亚种,秘鲁美洲豹(Panthera onca onca,主要分布在委内瑞拉、秘鲁、巴西亚马逊森林)、墨西哥美洲豹(Panthera onca hernandesii,主要分布在美国南部、墨西哥、中美洲)、巴拉圭美洲豹(Panthera onca palustris,主要分布在巴拉圭、阿根廷北部)[3]。

作为当地生物圈的顶级捕食者,狮子、猛虎、狼、豹等猛兽在世界各个地区特别是非洲、亚洲和美洲等地的古代政治和宗教生活中扮演了极为重要的权力装饰和象征角色。而这些文化运用反映了当地人在漫长的历史长河中对这些猛兽进行观察所构建的历史经验、所总结出来的这些猛兽的活动特点,即这些猛兽乃是尊贵的动物(noble animals),代表了所谓

---

[1] 最简明扼要但全面的介绍见 Susie Green, *Tiger*, London: Reaktion Books, 2006. 该书 pp. 36-47 介绍了虎在中国文化中的象征意义,特别体现在道教、生肖、星象等方面。分类介绍见 Don E. Wilson and DeeAnn M. Reeder eds., *Mammal Species of the World: A Taxonomic and Geographic Reference*, Baltimore: The John Hopkins University Press, 2005, 3rd edition, p. 548. 亦参见 Peter Boomgaard, *Frontiers of Fear: Tigers and People in the Malay World, 1800–1950*, New Haven: Yale University Press, 2001; Fanny Eden, *Tigers, Durbars and Kings: Fanny Eden's Indian Journals, 1837–1838*, edited by Janet Durbar, London: John Murray Publishers, 1989; George B. Schaller, *The Deer and the Tiger: A Study of Wildlife in India*, Chicago: University of Chicago Press, 1967.

[2] 分类介绍见 Don E. Wilson and DeeAnn M. Reeder eds., *Mammal Species of the World: A Taxonomic and Geographic Reference*, Baltimore: The John Hopkins University Press, 2005, 3rd edition, p. 546.

[3] 分类介绍见 Don E. Wilson and DeeAnn M. Reeder eds., *Mammal Species of the World: A Taxonomic and Geographic Reference*, Baltimore: The John Hopkins University Press, 2005, 3rd edition, pp. 546–547; 并参见 Eduardo Eizirik, Jae-Heup Kim, Marilyn Menotti-Raymond, Peter G. Crawshaw JR., Stephen J. O'Brien, Warren E. Johnson, "Phylogeography, population history and conservation genetics of jaguars (Panthera onca, Mammalia, Felidae)," *Molecular Ecology* 10: 1 (2001), pp. 65–79.

第五章 装饰与象征：中世纪视野中的猛兽与王权

高贵、勇猛、力量、气度等品质，这也代表了古代社会统治阶层集团对其自身作为权力集团所构建的文化特征，而常常这一特征为首领或国王甚至皇帝来代表，所以当地的王权或者政治权力常常以这些猛兽来装饰自身。这些猛兽作为自然界的捕食者，实际上乃居于食物链的最高端，掌握着在自然界动物圈创造新秩序、维持既定秩序的权力，狮子在非洲是草原之王，在西亚荒漠地区、印度森林中均被认为是众兽之王，虎在东亚、东南亚也被看成是众兽之王、丛林之主，而美洲豹在美洲常常捕食鹿和猴子，也是当地的兽王。它们对人类的威胁也远比其他动物更大，人类面对这些猛兽时的惊恐和震撼远远超过面对其他较为小型动物的感受。实际上，在现代媒体如报纸、广播、电视、广告、互联网等视觉媒介出现之前，人们对建筑、旗帜、服饰图案装饰的观察所引发的日常经验和心理感受在古代和中古社会意识形态塑造中起着非常显著的作用。

从民族学、人类学的经验来看，仍处在与自然界和动物界在日常经济和社会生活中联系密切发展阶段的社会，比如经济生活以狩猎为重要形式的社会，在宗教关系上以萨满教和自然宗教为主要实践形式的社会，人们的认知发展历程倾向于从印象走向想象和意象，从分类走向比较和综合，逐渐将自然现象、自然秩序、自然关系附会于社会现象、社会秩序、社会关系[1]。由此，狮、虎、狼、豹等猛兽作为众兽之王在非洲、西亚、中亚、东亚和美洲等地统治自然界秩序的角色非常类似于王权在社会关系中作为统治阶级代表创作新社会、政治秩序以及维护既定社会、政治秩序的角色，因而很自然被人们用来在社会结构中装饰和象征由强有力个人以其克里斯玛魅力所控制的政治权力，这种装饰和象征不仅体现了当权者对猛兽和其所装饰和象征的对象的认识，也反映了这些当权者以及这些装饰和象征的设计者认为这些装饰和象征能够并且容易为被统治者、被控制者认识、接受和默认，这样说来，这些装饰和象征则必须来自大多数人

---

[1] 一个典型的例子可参见 Jacques Lizot, *Tales of the Yanomami: Daily Life in the Venezuelan Forest* (Cambridge Studies in Social and Cultural Anthropology), Cambridge: Cambridge University Press, 1986.

的日常生活经验和概念。

同时,权力的掌控者亦通过创造出驯化猛兽、驾驭猛兽来强化其权力象征,这些旧有的猛兽代表的传统与新创造出来的驯化猛兽的传统交织在一起,由权力掌控者在艺术再现和宗教仪式、政治仪式中通过一再地展示和表演对其进行强化[1],以让其在观察者、体验者心理上留下深刻印象从而将其承认这一权力的感受内化为自我意识,成为日常生活心理状态的一部分。在这一认识、想象、创造、接受过程中,自然世界和人类世界以及人类所创造的信仰世界从生到死一直交融在一起[2]。下文我们可以看到,猛兽不仅进入了人类的政治和社会秩序,也进入了人类的精神和灵性秩序,成为这些复杂社会关系以及想象、记忆所共同建构的宗教社会中不可或缺的一部分,动物的秩序、人的秩序、神的秩序通过人类社会对猛兽的象征和隐喻应用而在互相之间有所重叠和交叉。

这一章主要探讨猛兽在古代世界政治、宗教秩序中的对权力的象征和装饰意义。第一部分首先比较中近东、南亚、美洲等地早期文明中野兽在当地政治、宗教文化中的象征意义,目的在于阐明当地的顶级捕食者如狮子、美洲豹作为王权象征在政治、宗教中的重要意义。第二部分则重点探讨猛虎作为东亚顶级捕食者在中国古代特别是从汉代至唐代时期皇权政治中的象征和装饰意义,猛虎作为皇权的象征和装饰在古代中国不仅表现在制度上,也表现在与制度相关的礼仪和服饰之中。本章不仅关注所讨论主题的内容,即虎作为皇权象征和装饰的基本表现,也更关注这些内容出现的过程和机制。这些内容的出现绝对不是某个人一时心血来潮的创造,而是一个长期的过程,其中也经历了一些调整和变化。这个过程

---

[1] 参见 Clifford Geertz, "Centers, Kings, and Charisma: Reflections on the Symbolics of Power," in *Local Knowledge: Further Essays in Interpretive Anthropology*, Basic Books, 2000, pp. 121-146.

[2] 人类学研究已经揭示了这一点,其中分析较细的一个研究见 Robert Wessing, "Symbolic Animals in the Land between the Waters: Markers of Place and Transition," *Asian Folklore Studies*, vol. 65, no. 2 (2006), pp. 205-239;他研究了印尼地区一个村落从社区和个人两方面从生到死与象征性动物的密切联系,他注意到当地各类动物象征实际与个人在不同阶段经历的社会状态有关,如出生时作为一条鱼,居住在水下世界,后来像一只刚学会在地上走路的小鸡,死亡时则有公牛、蛇和一些鸟类相伴。

第五章　装饰与象征：中世纪视野中的猛兽与王权

不仅是政权掌控者的单一产物，也结合了政权掌控者从制度、礼仪、服饰观察者的角度来考虑采用猛虎装饰的一种互动关系。

二、地中海东岸、南亚、美洲的猛兽与政治、宗教文化

先让我们回到前文已经探讨的佛陀与狮子的话题，稍微回顾一下印度的古代文化史，可知狮子在佛教中的重要意义有其历史渊源。早在吠陀时代，狮子对于古代印度宗教生活即显示出其无与伦比的重要性。比如在《黎俱吠陀》中被用来形容一些神祇比如因陀罗（Indra）、波伽尼耶（Parjanya）、阿耆尼（Agni）的强大和活力，狮子也被认为是动物之王，以及湿婆的守护者[1]。佛陀在出家以前其身份是王子，出身刹帝利种姓，仍有王室成员尊贵的一面，他同时作为佛教领袖，在大乘佛教叙事文学中被神化，所以狮子的装饰和象征与佛陀的威严、尊贵与权威、力量与智慧联系在一起。阿育王在他树立的纪念佛陀的石柱头上刻上狮子，在鹿野苑有著名的刻有四头立狮面向四方的阿育王石柱，因为佛陀被称为释迦族的狮子（Śākyasiṃha）[2]。在早期佛教中，甚至发展出一系列以描述佛陀在世时表现出的种种英雄行为的文献，称为Śākyasiṃhajātaka[3]。狮子在印度漫长的历史中一直作为王权的象征[4]，直到十八世纪才在南印度

---

[1] Trilok Chandra Majupuria, *Sacred and Symbolic Animals of Nepal: Animals in the Art, Culture, Myths and Legends of the Hindus and Buddhists*, 1977, p. 102. 动物与宗教之艺术体现的研究，见 Heinrich Zimmer, *Myths and Symbols in Indian Art and Civilization*, Bollingen Series XI. Princeton: Princeton University Press, 1972.

[2] Trilok Chandra Majupuria, *Sacred and Symbolic Animals of Nepal: Animals in the Art, Culture, Myths and Legends of the Hindus and Buddhists*, 1977, p. 107.

[3] 参见外薗幸一：《仏傳としてのŚākyasiṃhajātakaについて》，《印度學仏教學研究》，36—1，页403—401。

[4] Manorama Upadhyaya, *Royal Authority in Ancient India*, Jodhpur: Books Treasure, 2007, pp. 53 - 54; Asheem Srivastav and Suvira Srivastav, *Asiatic Lion on the Brink*, Dehra Dun: Beshen Singh Mahendra Pal Pal Singh, 1999, pp. 90 - 93，提示了 Ksatrapa（184B. C. - 470A. D.）的狮子雕塑作为古代王室的象征，十九世纪 Junagadh 邦的 Nawab 人在邦徽、国王座椅、车舆上也以狮子装饰，同时近代苏格兰、英格兰、挪威、丹麦王室的徽号上均有狮子图像，瑞士、卢森堡、德国黑森州的军服则用狮子来装饰; Prasanna Kumar Acharya, *Architecture of Mānasāra*. Translated from Original Sanskrit. Mānasāra Series vol. IV. New Delhi: Munshiram Manoharlel Publishers Pvt. Ltd., 1994, reprinted edition, Chapter LXIII, pp. 597 - 599, "the description of the lion." 有关古代南亚的政治与森林之间联系的研究，见 Nancy Falk, "Wilderness and Kingship in Ancient South Asia," *History of Religions* 13: 1 (1973), pp. 1 - 15.

出现提普苏丹阿里汗(Tipu Sultan Fath Ali Khan)以虎作为象征的王权，但这个王权受到传统印度教湿婆(Siva)信仰和伊斯兰文化阿里(Ali)信仰的双重影响[1]。这一南亚地区狮子作为王权的象征并非是独一无二的现象，实际上是一个亚洲史上的普遍现象。

狮子在古代中东和近东文明的政治与宗教生活中也扮演了极为重要的象征性角色，狮子在这些地区往往和王权联系在一起。在埃及，尽管目前狮子已经绝迹，但在古代狮子曾在埃及王室的政治、宗教仪式中占据十分重要的地位。如猎狮是一项重要的王室仪式，因为猎杀这一自然界的猛兽可象征埃及法老对于自然界的控制力。早在埃及古王国时期，法老去世之后，狮子亦被制成木乃伊殉葬，其形象则被绘入墓葬壁画[2]。以政治象征而言，狮子常常出现在国王的称号之中，国王被称颂为年轻的狮子，尊贵，奔跑迅速，以其利爪捕食[3]。而公牛、狮子和赫鲁斯隼(Horus falcon)等凶猛的动物象征王室权力[4]。埃及法老的守护神是赛克迈特(Sekhmet)，其意为"强大有力"，她也是埃及的战争女神，其象征则是一头母狮，常常以狮头人身出现在埃及的神庙。在某些地区她被认为是太

---

[1] Mildred Archer, *Tippoo's Tiger*, London, 1959; Denys Forrest, *Tiger of Mysore: The Life and Death of Tipu Sultan*, London, 1970; Sadashiv Gorakshkar ed., *Animal in Indian Art*, Bombay, 1979, p. 31; Arjun Appadurai, *Worship and Conflict Under Colonial Rule: A South Indian Case*, Cambridge: Cambridge University Press, 1981; Nicholas B. Dirks, *The Hollow Crown: Ethnohistory of an Indian Kingdom*, Cambridge: Cambridge University Press, 1987; Susan Bayly, *Saints, Goddesses and Kings: Muslims and Christians in South Indian Society 1700–1900*, Cambridge: Cambridge University Press, 1989; Anne Buddle et al., *Tigers round the Throne: The Court of Tipu Sultan (1750–1799)*, London, 1990; Kate Brittlebank, "Sakti and Barakat: The Power of Tipu's Tiger. An Examination of the Tiger Emblem of Tipu Sultan of Mysore," *Modern Asian Studies*, Vol. 29, No. 2 (May, 1995), pp. 257–269. 当然，有些学者认为这种虎与王权的联系在南亚地区有漫长的历史，比如 Shivaji 的王椅以虎皮装饰，见 Michael H. Fisher, *A Clash of Cultures: Awadh, The British, and the Mughals*, Riverdale, 1987, p. 158; Ronald Inden, "Ritual, Authority, and Cyclic Time in Hindu Kingship," J. F. Richards ed., *Kingship and Authority in South Asia*, 2nd ed., Madison, 1981, pp. 45, 53.

[2] Philippe Germond and Jacques Livet, *An Egyptian Bestiary: Animals in Life and Religion in the Land of the Pharaohs*, translated from French by Barbara Mellor, London: Thames & Hudson, 2001, pp. 156–157.

[3] Emily Teeter, "Animals in Egyptian Literature," in Billie Jean Collins ed., *A History of the Animal World in the Ancient Near East*, Leiden: E. J. Brill, 2002, pp. 265–267.

[4] Patrick F. Houlihan, "Animals in Egyptian Art and Hieroglyphs," in Billie Jean Collins ed., *A History of the Animal World in the Ancient Near East*, Leiden: E. J. Brill, 2002, p. 99.

第五章 装饰与象征：中世纪视野中的猛兽与王权

阳神"拉"（Ra）的女儿，创造之神卜塔（Ptah）的妻子。在尼罗河东岸一些地区，拉如果作为阿蒙（Amun）神出现，则塞克迈特可能被认为是阿蒙的妻子姆特（Mut），其形象亦是母狮[1]。这些例子均说明狮子在当地政治生活中起着十分重要的象征作用。

地中海东岸地区的文献与考古资料也说明狮子在当地政治、宗教和社会生活中乃是出现十分频繁的动物主题。在叙利亚和巴勒斯坦地区的古代文献中，年轻的狮子也被用于称呼武士[2]。在安纳托利亚地区，国王的形象常常由有翼狮子护卫出现[3]。另外，战神也被塑造成站在狮子之上的人物，如出土于安纳托利亚地区的一件古代青铜战斧上即绘着战神站在一头狮子之上[4]。

在波斯文化中，狮子（šir）乃是波斯文学中常用于英雄身上的词，最知名的名字如真主之狮（Šir-e Kodā/Asad-Allāh），指古代英雄伊玛目（Imām ńAli b. Abi Ṭāleb）。在今巴基斯坦巴赫提阿里（Bakhtiāri）山区发现了很多狮子形状的墓石，都是为了纪念阵亡的著名英雄人物[5]。狮子也是帕提亚时代古代传奇式武士的象征，伊朗史诗（Šāh-nāma）中

---

[1] Philippe Germond and Jacques Livet, *An Egyptian Bestiary: Animals in Life and Religion in the Land of the Pharaohs*, p. 126.

[2] Benjamin R. Foster, "Animals in the Literatures of Syria-Palestine," in Billie Jean Collins ed., *A History of the Animal World in the Ancient Near East*, Leiden: E. J. Brill, 2002, p. 304.

[3] Billie Jean Collins, "Animals in the Religions of Anatolia," in Billie Jean Collins ed., *A History of the Animal World in the Ancient Near East*, Leiden: E. J. Brill, 2002, p. 318.

[4] Nannó Marinatos, *The Goddess and the Warrior: The Naked Goddess and Mistress of Animals in Early Greek Religion*, London and New York: Routledge, 2000, p. 12. 作者指出在近东地区出土的裸体女神艺术品中所反映的女神与动物的主题主要体现在两类造型，一是女神位于动物上方，或坐或站，体现动物作为其坐骑；二是女神手持动物，动物作为其权力的象征。但两者都反映了女神对动物的掌控和驯服。作者关注的主要是希腊文化或希腊化文化因素影响下的近东，因此其使用的主要考古材料亦来自爱琴海地区、地中海东岸，加上荷马史诗《伊利亚特》和《奥德赛》等文学作品。

[5] Pedram Khosronejad, "Lion Tombstones (šir-e sangi)," *Encyclopaedia Iranica Online*, 2005, available at ww. iranica. com. 其他研究参见 D. H. M. Brooks, "Sacred Spaces and Potent Places in the Bakhtiāri Mountains," in Richrd Tapper and Jon Thompson, eds., *The Nomadic Peoples of Iran*, London, 2002, pp. 97–102; Pedrām Kosrow-nežād, "L'étude et l'analyse des lions tombaux en pierre dans les sociétés nomades Bakhtiâri," mémoire de diplôme d'études approfondies, University of Sorbonne, Paris, 2001; "Les lions en pierre sculptée chez les Bakhtiâri: description et significations de sculptures zoomorphes dans une société tribale du sud-ouest de l'Iran," Ph. D. diss., École des Hautes Études en Sciences Sociales.

的英雄人物哥达兹(Gōdarz)即是以狮子持剑和权杖的形象出现[1]。这些现象说明了在这一地区因为狮子在自然秩序中的重要地位,从而进入了人类的政治和宗教生活,成为权力与权威的象征。在米索不达米亚地区,狮子和公牛均是当地政治和宗教生活中最重要的动物,被用来象征王权,因为狮子即使睡觉也是警醒的,所以经常作为王室的护卫出现在宫廷装饰中,象征王权的尊贵。波斯波利斯地区很多王室遗迹上均有狮子的图案[2]。狮子用来装饰麦西里姆国王(Mesilim)的权杖之杖头。但是,国王也从事猎狮活动以展示强悍的武力[3]。两河流域月亮神南纳(Nanna)有三个孩子[4],乌图(Utu)、伊什库尔(Ishkur)和伊南纳(Inanna),老大乌图是太阳神,光明中的力量,也是正义、平等的力量。乌图的弟弟伊什库尔(阿卡德语 Adad)则是负责雨和雷阵雨的神。南纳的第三个孩子女神伊南纳(即阿卡德语 Ishtar)也与狮子联系在一起,她或者架着七匹狮子拉的车,或者骑狮出现,或者以一头狮子的形象出现。虽然只是月神之女、日神之妹,她也被认为是古代两河流域最重要的女神,其名可能意为"天之女"(Lady of Heaven)。其神性体现在以下三方面,其一,她是爱与性的女神,但并非婚姻和母性女神;其二,她也被看作是战神,是亚述武士的保护神;其三,她是金星之神,亦称晨昏之

---

[1] Mary Boyce, "Gōdarz as Historical Figures," *Encyclopaedia Iranica Online*, 2005, available at ww. iranica. com.

[2] A. Britt Tilia, *Studies and Restorations at Persepolis and Other Sites of Fārs* II, Rome: Istituto italiano per il Medio ed Estremo Oriente, 1978, pp. 46-57,描述了阿契美尼德王朝在官服和王冠上以狮子作为主要装饰图案。

[3] Catherine Breniquet, "Animals in Mesopotamian Art," in Billie Jean Collins ed., *A History of the Animal World in the Ancient Near East*, Leiden: E. J. Brill, 2002, p. 161.

[4] 南纳或称南那,译自苏美尔语 Nanna,阿卡德语为 Sin 或 Suen,乃是 Enlil 和 Ninlil 之子。见 Jeremy Black and Anthony Green eds., *Gods, Demons and Symbols of Ancient Mesopotamia: An Illustrated Dictionary*, London: British Museum Press, 1992, p. 135; Tamara M. Green, *The City of the Moon God: Religious Traditions of Harran*, Leiden: Brill, 1992, pp. 24-25, 35;吴宇虹认为 Nanna 和 Inanna 可能是天之主和天之女主之意,见 Wu Yuhong, "Two Sumerian Names in the Mouths of the Akkadians: The Etymology of Nanna and Inanna: Lord of Heaven and Queen of Heaven," in W. H. van Soldt ed. In cooperation with R. Kalvelagen and D. Katz, Ethnicity in Ancient Mesopotamia, papers read at the 48th Rencontre Assyriologique Internationale Leiden, 1-4 July 2002, Leiden: Nederlands Instituut voor het Nabije Oosten, 2005, pp. 446-451.

第五章　装饰与象征：中世纪视野中的猛兽与王权

神[1]。在叙利亚和巴勒斯坦地区的古代文献中，年轻的狮子也被用于称呼武士[2]。狮子在近东地区作为王权和武力的象征由此可见一斑。

希腊、罗马时代狮子在政治象征中的意义亦值得一提。在荷马史诗《伊利亚特》和《奥德赛》中，狮子即和王权联系在一起，象征勇气、坚持，以及压倒对手的强势等，对武士的称颂也常常引狮子作比喻[3]。在希腊古代艺术中，狮子捕食猎物的主题十分常见。瑞典学者冯·霍夫斯滕（Sven von Hofsten）对这些主题进行了仔细分类和研究[4]。他回顾了前人的研究，指出学术界广泛认为狮子可能和希腊人心中的神鬼联系在一起，如赫舍尔（Fernande Hölscher）主要研究神庙雕塑和墓碑上的狩猎主题，这些主题反映狮子作为神庙和墓地守护神的动物，狮子特别与雅典娜女神联系在一起。玛尔寇（Glenn Markoe）认为狮子的攻击常常象征胜利。穆勒（Pierre Müller）则认为狮子和其他一些攻击性动物代表死亡之魔，居住在神与凡人之间。但是这些研究使用的材料较为有限，多来自神庙雕塑和碑刻。而他致力于综合考察所有能接触的材料，特别是钱币、印章等。他处理的材料来自公元前 700 至公元前 480 年的瓶画、印章、钱币、陶俑、雕塑，以及金属制品，这些材料上反映的捕食主题主要包括狮子或豹子对其他动物的攻击，其猎物依据出现的频率排列依次是公牛、鹿、野猪、马、驴、山羊、公羊、野兔等猎物。作者指出，近东艺术如苏美尔地区的印章中狮子攻击猎物的主题很早就出现了，甚至可追溯到古代希腊之前两千年。而在希腊，虽然荷马频频提及狮子，但似乎没有认识狮子的第一手经验。希罗多德则提及在北希腊地区有狮子活动的踪迹。色诺芬除

---

[1] Thorkild Jacobsen, *The Treasure of Darkness: A History of Mesopotamian Religion*, New Haven: Yale University Press, 1976, p.136; Jeremy Black and Anthony Green eds., *Gods, Demons and Symbols of Ancient Mesopotamia: An Illustrated Dictionary*, pp.108 − 109.

[2] Benjamin R. Foster, "Animals in the Literatures of Syria-Palestine," in Billie Jean Collins ed., *A History of the Animal World in the Ancient Near East*, Leiden: Brill, 2002, p.304.

[3] 参见 Steiner 的提示，Gary Steiner, *Anthropocentrism and its Discontents: The Moral Status of Animals in the History of Western Philosophy*, University of Pittsburgh Press, 2005, p.40.

[4] Sven von Hofsten, *The Feline-prey Theme in Archaic Greek Art: Classification-Distribution-Origin-Iconographical Context*, Acta Universitatis Stockholmiensis, Stockholm Studies in Classical Archaeology, no.13, Stockholm: Stockholm University, 2007.

了提到狮子,也提到其他猛兽,比如黑豹。现代考古学却很少在希腊发现狮子的遗迹。而且希腊古代艺术中翻印的狮子从前面攻击带角的公牛非常不符合自然常理。因此作者认为希腊艺术家对狮子的认识并非来自自然界,而是出自基于想象的艺术创造[1],其中一些主题的创造可以在亚述帝国尼姆鲁德(Nimrud)地区艺术中找到起源,而狮子攻击公牛的主题或许借自叙利亚-菲尼基艺术(Syro-Phoenician art)。最后,作者肯定了狮子捕食猎物的主题应该与奥林匹亚诸神有关,特别是其中的雅典娜[2]。

古代罗马的政治思想论述中也一直存在以狮子形容统治者的比喻。比如西塞罗(Marcus Tullius Cicero,公元前106—前43)在他的《论义务》一文中即以狮子和狐狸为比喻来讲君臣关系。这一狮子和狐狸作为君臣关系的比较,在欧洲政治、文学史上由此逐渐形成广为接受的传统并长盛不衰。如但丁在《神曲》(*Divine Comedy*)中、马基雅维利在《论君主》(*The Prince*)中均提示了这一比喻,狮子总是作为君主的象征动物出现。比如马基雅维利指出,狮子虽然很有力量,但却不能识破敌人的诡计和陷阱,狐狸虽然很聪明但不能以力量使自己免于狼群的攻击。因此王者必须要有狮子般的力量和狐狸般的聪慧才能掌控局势。狮子和狐狸作为君、臣关系的比喻在中世纪的欧洲、犹太、阿拉伯文学中流传甚广[3]。

作为文化象征的动物物种也和当地的自然环境有关,中近东地区狮子十分活跃,猛虎则在这一地区的自然环境中缺席。伊利安(Aelian)所著《论动物诸特征》一书第三卷谈到了很多中近东和印度的动物,真实的、象征的动物,但几乎没有提到猛虎,这说明在他对这一片地区自然环

---

[1] Sven von Hofsten, *The Feline-prey Theme in Archaic Greek Art: Classification-Distribution-Origin-Iconographical Context*, Acta Universitatis Stockholmiensis, Stockholm Studies in Classical Archaeology, no. 13, Stockholm: Stockholm University, 2007, pp. 31–32.
[2] Ibid., pp. 54–55.
[3] Revital Refael-Vivante, "Of Lion and Foxes: Power and Rule in Hebrew Medieval Fables," *Revista Paz Conflictos*, no. 2 (2009), pp. 24–43. 作者主要分析 *Mishle Shualim* (Berechiah Hanakdan 的作品,12—13世纪)以及 *Meshal Haqadmoni*(Isaac Ibn Sahula 的作品,1281年)。

第五章 装饰与象征：中世纪视野中的猛兽与王权

境所认识的实际经验中并无猛虎的印记，所以猛虎也几乎没有出现在他笔下[1]。伊利安指出埃及人供奉狮子，甚至以狮子命名一座城市利安托波利斯（Leontopolis）。狮子庙到处可见，狮子的神圣化在埃及十分普遍。狮子是一种非常暴躁的动物，所以埃及人将其与火神希费斯特斯（Hephaestus）联系在一起。狮子在埃及也被看成是太阳之屋，太阳之炎热，近乎狮子的特性。在海利欧波利斯（Heliopolis）城，众多狮子守护着神庙。在梦境中出现狮子象征该做梦的人为神所偏好，乃是吉兆。恩比多克勒斯（Empedocles）认为，如果他想使一个人投胎再生为动物，最好的选择就是狮子[2]。这和前文所提到的《续高僧传·玄奘传》中提示的北狄大月支王因其业报在动物世界中最高可转世为狮子形颇有对应之处。他也谈到波斯湾苏锡安娜（Susiana）地区的狮子。在伊勒姆（Elam）有个供奉爱神（Anaïtis）的神庙，在通往该神庙的路上有狮子守卫。Anaïtis 乃是一位巴比伦女神，在希腊她以雅典娜（Athena）出现，在罗马她则以阿芙洛狄特（Aphrodite）出现，或者 Artemis[3]。显然，在巴比伦文化中，狮子是她的守卫者。在阿契美尼德王朝，大流士一世（Darius）在苏萨的王宫宫墙以行走中的狮子形象作为装饰，以体现其王室权威。这块公元前510 年绘有狮子的宫墙由法国考古学家 Roland de Mecquenem 发现，现藏于卢浮宫博物馆东方古物部（Department of Oriental Antiquities）。

在古代波斯文化中，狮子也是袄教中密特拉神的化身，带有狮子、马、野猪等图案的波斯锦在中国和中亚地区均有发现[4]。在片治肯特发现

---

[1] Francis Klingender, *Animals in Art and Thought to the End of the Middle Ages*, edited by Evelyn Antal and John Hartman, Cambridge: M. I. T. Press, 1971, pp. 28 - 62 讲述近东的动物艺术，基本上没有提到虎。
[2] Aelian, *On the Characteristics of Animals*, Book XII, 7, vol. III, pp. 21 - 22.
[3] Aelian, *On the Characteristics of Animals*, Book XII, 23, vol. III, p. 41. 中亚地区大夏国（Bactria）的缚喝城（Balkh）也供奉该女神；见 Daniel Schlumberger, "La prospection archeologique de Bactres (prin- temps 1947)," *Syrza*, XXVI, (1949), pp. 173 - 190.
[4] Hubertus von Gall, "The Lion-headed and the Human-headed God in the Mithraic Mysteries," in *Études Mithriaques*, Acta Iranica vol. IV, Téhéran-Liège: Bivliothethèque Pahlavi, 1978, pp. 511 - 525；姜伯勤：《敦煌吐鲁番文书与丝绸之路》，北京：中华书局，2004 年，页 75—76；赵丰：《唐代丝绸与丝绸之路》，西安：三秦出版社，1992 年，页 229；汪氶：《唐锦纹样及其演变溯源》，《唐研究》，卷 8，2002 年，页 433—462，特别页 435。

的约七世纪的粟特壁画中,祆教中的四臂娜娜女神亦以骑狮子的形象出现[1]。

奥尔森(Thomas T. Allsen)回顾了狮子在中近东的分布。他简要叙述了埃及、叙利亚、两河流域狮子危害当地人生命财产安全的故事,并指出希腊、罗马军队在出征途中也常常遇到狮子。猎狮在这些地方是十分重要的活动[2]。奥尔森也已经指出狮子在印度和佛教传统中总是和王权联系在一起[3]。狮子在中东王权政治中有很重要的象征意义,如在埃及法老时代、拜占庭帝国、塞尔柱土耳其帝国常常作为被驯服的猛兽服务于宫廷守卫和王权象征[4]。在两河流域,诸王和诸神常常与狮子联系在一起[5]。

波斯的对狮装饰艺术对欧洲中世纪基督教艺术也有影响。如对狮的图案也进入了拜占庭艺术。在森斯教堂发现的750年的拜占庭丝织品上,便出现了以对狮装饰的图案,这件丝织品与圣维克多的遗骨一同被存

---

[1] 田辺勝美:《ソグド美術における東西文化交流——獅子に乗るナナ女神像の文化交流史的分析》,《東京大学東洋文化研究所紀要》130,1996年,页213—277。Susan Whitfield, *Life along the Silk Road*, Berkeley: University of California Press, 1999, pp. 35-36,也引用了这幅壁画。

[2] Thomas T. Allsen, *The Royal Hunt in Eurasian History*, Philadelphia: University of Pennsylvania Press, 2006, p. 174;汉文史料中亦有所反映,如《汉书·西域传》记载西域乌弋山离、安息等国产狮子;《后汉书·西域传》记条支、安息、大秦等国多狮子;《魏略·西戎传》云大秦国有猛虎、狮子危害行旅。[唐]杜佑《通典》卷192《边防典》"条支"、"安息"条等载这些地方产狮子;同书卷193"滑国"条云该国普通元年(520)曾献黄狮子,其他大秦、波斯、天竺、伏卢尼等地均产狮子;参见《梁书》卷54《诸夷·西北诸戎传》滑国条,页813。[宋]王钦若等编《册府元龟》卷960《外臣部·土风第二》记载条支国出狮子、犀牛、孔雀;大秦国道多猛兽、狮子,遮害行旅,如果不是结伴百人以上武装通过,则很容易为其所食。卷961则记载天竺国出狮子、豹子,滑国也出狮子、骆驼、野驴,狮子国则以驯养狮子知名,其他西域诸国如者至拔国、悉万斤国、呼似密国、波斯、伏卢尼国也出狮子;参见《魏书》卷102《西域传》。

[3] Thomas T. Allsen, *The Royal Hunt in Eurasian History*, Philadelphia: University of Pennsylvania Press, 2006, pp. 149-150. 但他引用了晚出的材料,如 Nicolas Poppe trans., *The Twelve Deeds of Buddha: A Mongolian Version of the Latitavistara*, Seattle: University of Washington Press, 1967, p. 198. 按,*Latitavistara* 即汉文佛经《普曜经》,系西晋月支僧竺法护译出的经典一种,亦有时代较晚的梵本发现。并参见 Prasanna Kumar Acharya, *Architecture of Mānasāra*. Translated from Original Sanskrit. Mānasāra Series vol. IV. New Delhi: Munshiram Manoharlel Publishers Pvt. Ltd., 1994, reprinted edition, p. 436. 我们在第七章将详细讨论这一文献在早期汉文译本中的不同阐释。

[4] Allsen, *The Royal Hunt in Eurasian History*, 2006, pp. 150-151.

[5] Elena Cassin, "Le roi et et lion," *Revue de l'histoire des religions* vol. 198 (1981), pp. 355-401.

第五章　装饰与象征：中世纪视野中的猛兽与王权

入森斯教堂[1]。另外，在意大利阿普利亚地区巴里，圣尼古拉（S. Nicola）设置的主教座椅下，出现了一对卧狮作为装饰，其年代为1098年，可能是为教皇乌尔班二世（Urban Ⅱ）在此地召开主教大会而设立[2]。

在中世纪欧洲，狮子被广泛用于贵族和王族的标志，这一传统甚至也延续到近代。比如中世纪的各类骑士和王族纹章（heraldry）上，狮子乃是最为重要的主题之一，用于象征勇敢、威猛、力量、勇气和王室权威[3]，这些纹章以不同颜色和盾牌的不同设计装饰，加上不同活动状态的狮子图案作为表现形式，以标示使用者的身份和地位以及家族传统。中世纪关于狮子作为森林之王的描述很多，其根据主要是约成书于二世纪的一本希腊文著作《生理学》（*Physiologus*）[4]，此书开篇即讲狮子，因为狮子

---

[1] Francis Klingender, *Animals in Art and Thought to the End of the Middle Ages*, edited by Evelyn Antal and John Hartman, Cambridge: M. I. T. Press, 1971, pp. 269 – 270, 附图见 pl. 162.

[2] Klingender, *Animals in Art and Thought to the End of the Middle Ages*, p. 280. 类似的狮子装饰艺术还出现在其他许多天主教教堂，见 pp. 289 – 293.

[3] 人文地理学家段义孚提示了动物与权力的象征性联系，他回顾了近东、中东等地动物与王权象征的关系，也提示了狮子在中世纪欧洲纹章学上的象征意义。他认为，总的来说，狮子常常作为正面的象征，但偶尔也以狮子或其他动物的部分身体象征邪恶；见 Tuan Yi-fu, *Dominance and Affection: The Making of Pets*, New Haven: Yale University Press, 1984, pp. 69 – 87.

[4] *Physiologus*, translated by Michael J. Curley, Austin: University of Texas Press, 1979. 这里只是暂时以《生理学》翻译这个书名，根据 Curley 所写的导言，希腊文 Physiologus 和现代英文 Physiology 较为不同，包含了"自然"和"逻各斯"两个希腊词。亚里士多德曾用来指研究动物的学问，实际上指动物学，但也用来指研究宇宙的统一以及起源的学问，即自然哲学；但后来该词的意义逐渐扩展，特别是受基督教思想影响，也指带有神学构思的动物象征，关注自然中的动物故事所比喻的道德伦理教训，以彰显神的特性；见 Curley, 1979, pp. x-xv. Curley 的导言认为 Physiologus 一开始是希腊文人名，后来才作为书名出现。除了解释书名之外，Curley 也分析了此书的性质，认为此书与普林尼的《自然史》不同，也与 Aelian 的《论动物诸特征》一书偏重社会伦理道德教导不同。他还解释了此书成书年代、版本、译本及其流传等。关于此书在中世纪的影响，也可参见 Simona Cohen, *Animals as Disguised Symbols in Renaissance Art*, Brill's Studies on Art, Art History, and Intellectual History, vol. 2, Leiden: Brill, 2008, pp. 3 – 22; 其他研究见 Peil, Dietmar. "On the Question of a *Physiologus* Tradition in Emblematic Art and Writing," in Nona C. Flores ed., *Animals in the Middle Ages: A Book of Essays*. New York and London: The Garland Publishing, 1996, pp. 103 – 130; Ron Baxter, "Narrative in the *Physiologus*," *Bestiaries and Their Users in the Middle Ages*, Phoenix Mill: Sutton Publishing and London: Courtauld Intitute, 1998, pp. 29 – 82. Baxter 此书第一章有对欧洲研究动物寓言集（bestaries）的一个学术史回顾，在第二章中则主要讨论 Physiologus 一书的结构，特别是章节编排，他指出此书的章节并非如以前学者所言那样随意安排，而是存在一个系统的考虑，其主要材料依据瑞士伯尔尼、英国牛津和法国孟特卡西诺等地收藏的写本。在他看来，这个分类背后的系统其实就是基督教思想，包括八组故事，体现了八大主题：基督的神性、犹太人之拒绝基督、基督履行神旨、基督摈弃邪恶、悲惨的地狱、基督之救赎、基督与圣徒、基督之复生。

乃是众兽之王(the king of all beasts)。根据此书的叙述,狮子具有三大特性。一是狮子在山上行走时会感受到猎人的气味从而察觉危险的临近,狮子会立刻掩盖自己的行迹,因此猎人很难发现其藏身之所。作者引用了很多《圣经》中的段落。二是狮子在睡觉时眼睛常常仍张开以守护自己。作者还引用了《雅歌》中的"我身睡卧,我心却醒"一句来支持这一说法。三是当母狮产仔后将其弄死,守护三天之后,待公狮到来时再唤醒幼狮。又引用了《创世记》中所谓犹大为狮儿的说法。开篇讲完狮子之后,接着才在以下篇幅中陆续讲述各类动物寓言故事,描述动物特征。此书在公元四百年左右被译成拉丁文,接着很快又译成埃塞俄比亚文和叙利亚文,以及其他欧洲语言,在欧洲影响深远,很多欧洲文学中有关动物的典故大多出自此书。

欧洲王室很多以狮子作为他们的权力象征,比如著名的狮子亨利(Henry the Lion, 1129—1195;萨克森大公、巴伐利亚大公)即采用狮子作为其王权的象征动物。英格兰的爱德华三世(1312—1377,1327—1377年在位)也在其印章上使用了狮子图案[1]。在现代,很多国家仍以狮子作为国徽上的主要纹章图案使用,包括捷克、芬兰、荷兰、摩洛哥、挪威、苏格兰、亚美尼亚、保加利亚等国家。

奥尔森也简单提示了中国与狮子的相遇[2]。中文的"狮子"一词来自龟兹语(Tocharian B) "secake/śiśäk",根据蒲立本、亚当斯、贝利等人的

---

[1] Caroline Shenton, "Edward III and the Symbolism of the Leopard," in Peter Coss and Maurice Keen eds., *Heraldry Pageantry and Social Display in Medieval England*, Bury St Edmunds: Boydell Press, 2002, pp. 69 – 81; Adrian Ailes, "Heraldry in Medieval England: Symbols of Politics and Propaganda," in *Heraldry Pageantry and Social Display in Medieval England*, pp. 83 – 104; John Cherry, "Heads, Arms and Badges: Royal Representation on Seals," in Noël Adams, John Cherry and James Robinson eds., *Good Impressions: Image and Authority in Medieval Seals*, London: The British Museum, 2008, pp. 12 – 16; Cherry 引用 Shenton 文章时在题目中漏了 Social 一词,不知何故,抑或是作者打字失误。

[2] Thomas Allsen, *The Royal Hunt in Eurasian History*, 2006, p. 236.

第五章　装饰与象征：中世纪视野中的猛兽与王权

研究,该词应出自古代伊朗语[1]。虽然狮子早在战国时期已经出现在墓葬和祭祀艺术中[2],但真正的狮子来到中国出现在汉代,如公元70年安息献狮子,87年月支国献狮子,88年安息国再献狮子,133年疏勒王亦献给东汉顺帝狮子。后来在北魏和唐代,汉文史书中不乏粟特、波斯献给中原王朝狮子的记载[3]。如《洛阳伽蓝记》记载了北魏都城洛阳的永桥南道东有白象、狮子二坊,白象为永平二年(509)干罗国胡王所献,狮子则是波斯国胡王所献。本为万侯丑奴所获,后来在永安末丑奴失败,该狮子始达洛阳。北魏庄帝曾谓侍中李或,说他听说猛虎见狮子必伏,想要验证一下其真实性。于是诏近山郡县捕虎送到洛阳。巩县山阳送来二虎一豹。于是庄帝在华林园观虎豹见狮子,结果虎豹皆瞑目,不敢仰视狮子。园中素养有一熊,闻到狮子的气息即惊怖跳踉,曳锁而走。普泰元年(531)广陵王即位下诏将狮子送归波斯。但送狮子的胡人以波斯道远不可送达,竟在路上杀狮子而返[4]。所谓猛虎见狮子必伏的传闻并不让人意外,在当时的中国,很多人已经听闻狮子作为兽王的声誉;如沈约《宋书》载元嘉二十二年(445)宗悫为震武将军随檀和之去交州入象浦讨伐叛军,遇林邑王范阳迈武装的象军。宗悫认为,狮子可以威服百

---

[1] Edwin G. Pulleyblank, "Why Tocharians?" in *Journal of Indo-European Studies* vol. 23 (1995), p. 427–428; Douglas Q. Adams, *A Dictionary of Tocharian B.*, Amsterdam: Rodopi, 1999, p.660; Harold W. Bailey, *The Culture of the Sakas in Ancient Iranian Khotan*, Del Mar, CA: Caravan Books, 1982, p. 35. 林梅村:《狮子与狻猊》,《汉唐西域与中国文明》,北京:文物出版社,1998年,页87—95;许全胜:《驺吾、狻猊与鼠乎鼠儿——浅谈上博楚简"三德"篇的重要发现》,《九州学林》4卷4期,2006年,页196—205。唐徐坚辑《初学记》卷29《兽部·狮子一》引用了《尔雅》对狻猊的描述,《汉书·西域传》对狮子的描述。并引司马彪《续汉书》所记章和元年(87)安息国献狮子之事,以及《十洲记》、张华《博物志》、宋炳《狮子击象图》等所记载的狮子。蔡鸿生《唐代九姓胡与突厥文化》(北京:中华书局,1998年)页195—211,也简要提示了狮子对于中国文化的意义。

[2] Hans Wilhelm Haussig, *Die Geschichte Zentralasiens und der Seidenstrasse in Vorislamischer Zeit*, Darmstadt: Wissenschaftliche Buchgesellschaft, 1983, p. 14, 37, 85, 226; Jessica Rawson, "Strange Creatures," *Oriental Art* 44: 2 (1998), pp. 24–28; Martin J. Powers, *Art and Political Expression in Early China*, New Haven: Yale University Press, 1991, pp. 271–273, Powers 在页272 附上了一幅山东安丘汉墓的画像石,其上有一对有翼狮子,pl. 110。但这一节主要内容是讨论守卫墓葬的青龙、白虎、朱雀、玄武四灵。

[3] [后晋]刘昫《旧唐书》卷三《太宗本纪》记贞观九年(635)夏四月壬寅,康国献狮子;卷八《玄宗本纪》记开元十年(722)波斯国遣使献狮子;分别见标点本页45,184。

[4] 《洛阳伽蓝记》卷三,页1012b-c。

兽，所以可以考虑制作狮子的形象以吓阻象军。后来檀和之依计而行，果然攻克林邑[1]。

奥尔森提示说，狮子在中国一向是强权的象征，其中武则天陵即有一对石狮守卫，这一方面有佛教的因素，但也体现了皇帝的威严[2]。其实，狮子在中国并非一向是强权的象征，只在少数几个朝代曾获得权力象征的地位。在南朝梁代开始，其帝王陵墓亦有狮子守卫，这应该是来自佛教的影响[3]。宋代则有印度献狮子的记载[4]。蒙元时期朝廷则收到从伊利汗国献上的狮子。但是奥尔森没有考虑狮子在中亚王权象征中的情形，也对虎在中国古代政治传统中服务于宫廷守卫的形象与其皇权象征没有涉及。这一章的讨论将弥补这个缺憾。在中古中国，猛虎是装饰政治权力的最重要的动物形象之一。

除了在印度，狮子在中亚也常常是王权的象征。据《洛阳伽蓝记》所收录之《宋云行记》，嚈哒国王妃着锦衣，其衣垂地三尺，需要人擎之，其头带一角长八尺，奇长三尺，以玫瑰五色装饰其上。该王妃出则乘舆，入则坐金床，以六牙白象四狮子为装饰。《高僧传》卷二《鸠摩罗什传》云其停留龟兹时，龟兹王为其造金师子座，并以大秦锦褥铺之，令其升座说法。陈寅恪引《魏书》、《北史》之《龟兹传》中所称国王作金师子床之说，云龟兹王对鸠摩罗什以王礼待之[5]。又据《旧唐书》卷一九八《西戎·骠国传》，龟兹国王以锦蒙项，着锦袍金宝带，坐金狮子床。中古汉文文献中

---

[1] 见[南齐]沈约：《宋书》卷七六《宗悫传》，标点本，页1971—1972；又见《册府元龟》卷三六三《将帅部·机略三》。
[2] Nancy Hatch Dupree, "T'ang Tombs in Chien County China," *Archaeology* 32: 4 (1979), pp. 37–38.
[3] Jessica Rawson, *Chinese Ornament: The Lotus and the Dragon*, London: British Museum Publications Limited, 1984, p. 111. 她也提示了狮子在中亚和西亚王权象征中的重要意义。
[4] Edward H. Schafer, *The Golden Peaches of Samarkand: A Study in T'ang Exotics*, Berkeley: University of California Press, 1963, pp. 84–87；赵汝括：《诸蕃志》，页111；并见《册府元龟》卷九六八，《外臣部·朝贡第一》。《全唐文》卷一六九收录姚涛的《请却大石国献狮子疏》，认为狮子作为猛兽仅食肉，从碎叶到神都，一路上花费甚巨，请皇帝以慈悲放弃让石国进献狮子。其事亦见《旧唐书》卷八九《姚涛传》（标点本，页2903）以及《册府元龟》卷三二七《宰辅部·谏诤第三》。拂菻国亦在开元十年(722)正月，遣吐火罗大首领献狮子二；见《唐会要》卷九九，页1779；参见《旧唐书》卷一九八《西戎·拂菻国传》，标点本，页5315。
[5] 陈寅恪：《陈寅恪读书札记三集》，北京：三联书店，2001年，页51。

第五章　装饰与象征：中世纪视野中的猛兽与王权

的床便是坐具，胡床即是胡椅，所以上述所谓金狮子床其实就是金狮子座椅[1]。唐代杜佑所撰《通典》卷一九〇《边防》"泥婆罗国"条云该国国王那陵提婆，"身着真珠诸宝，耳垂金钩玉珰，佩宝装伏突，坐狮子座，常散花燃香，大臣及左右并坐于地"[2]。同书卷一九二云疏勒国王戴金师子冠[3]，而卷一九四则提到多摩长国国王坐师子座。图木舒克的 D 庙（Temple D）遗址发现了狮子头的武士胸像残片[4]。

白桂思（Christopher I. Beckwith）认为突厥早期的女性祖先"阿史那"意指"狮子"。突厥人早期居住在高昌北部，其首领从其他部落中娶妻，"阿史那"便是突厥部落首领的妻子的姓氏，而这个姓氏作为狮子的意义不可能来自突厥自己的传统，一定是一个外来语[5]。如果白桂思的看法成立，加上前文提及狮子在中亚作为王权象征的背景，印度和中亚有些王室以狮子为姓氏，看来这个阿史那氏相当可能是来自中亚西部甚至南亚某个部落王族。这些都反映了狮子在中亚地区政治和宗教文化中作为权力的象征出现的面貌。突厥学和蒙古学的研究表明，在北亚、东北亚地区狼、狗等犬科动物在游牧政权的政治权力和宗教信仰中扮演重要角色，比如《蒙古秘史》叙述了蒙古人起源于一只青灰色的狼[6]。契丹人认为其

---

[1] 关于佛教中的椅子，见柯嘉豪（John Kieschnick）：《椅子与佛教流传的关系》，《中研院史语所集刊》，69 本 4 分，1998 年，页 727—761；同作者 *The Impact of Buddhism on Chinese Material Culture*, Princeton: Princeton University Press, 2001, pp. 222-249；其中 pp. 236-240 专论印度的椅子。但他没有讨论金师子床。

[2] 参见《旧唐书》卷一九八《西戎·泥婆罗传》，标点本，页 5289。

[3] Marylin Martin Rhie, *Early Buddhist Art of China and Central Asia*, The Eastern Chin and Sixteen Kingdoms Period in China, Tumshuk, Kucha and Karashahr in Central Asia, vol. I, plates, Fig. 4.49c, 克孜尔 118 窟，似乎有一人带狮子冠，或即疏勒王者。

[4] Marylin Martin Rhie, *Early Buddhist Art of China and Central Asia*, The Eastern Chin and Sixteen Kingdoms Period in China, Tumshuk, Kucha and Karashahr in Central Asia, vol. 2, Text, p. 531.

[5] Christopher I. Beckwith, *The Tibetan Empire in Central Asia: A History of the Struggle for Great Power among Tibetans, Turks, Arabs, and Chinese during the Early Middle Ages*, Princeton: Princeton University Press, 1987, pp. 207-208, 注 5、注 8。

[6] 内藤みどり：《突厥・ソグド人の東ローマとの交流と狼伝説》，《史観》150, 2004 年，页 29—50；Igor de Rachewiltz, *The Secret History of the Mongols: A Mongolian Epic Chronicle of the Thirteenth Century*, volume 1, translated with a historical and philological commentary, Leiden: E. J. Brill, 2006, p. 1; A. Aigle, "Les transformations d'un mythe d'origine: l'exemple de Gengis Khan et de Tamerlan," in *Figures mythiques des mondes musulmans*, ed. D. Aigle, *Revue des Mondes Musulmans et de la Méditerranée*, vol. 89-90 (2000), pp. 151-168.

民族源自犬,而女真人祭祀犬[1]。

与狮子在南亚、中亚和西亚作为权力的象征不同,在哥伦布到达美洲地区以前,也即是美洲的印第安人时代,在中美洲和南美洲地区象征权力的主要猛兽为美洲豹(Jaguar, *Panthera onca*),这是地球上仅次于虎、狮的第三大猫科动物,在西半球乃是顶级捕食者(apex predator),众兽之王。美洲豹以其力量、勇猛、高贵的特性,很自然成为当地精英阶级用以象征权力的首选。美洲豹的象征作用也存在于当地萨满教中,在秘鲁地区长期存在祭祀美洲豹的祭坛。

不过,应该指出的是,美洲的南北地域差异很大,在美洲北部最重要的动物应是水牛,而非美洲豹。在美洲北部地区,特别是大平原地区(The Northern Plains),当地印第安人部落生活中最重要的动物之一是水牛,甚至在五大湖地区纽约州的北边有座著名的城市水牛城(Buffalo),这基本上反映了当地的历史与水牛之间存在密切联系。根据当代学者的研究,水牛在印第安人部落的社会、宗教生活中十分重要,主要反映在以下一些方面。首先,当地部落的狩猎活动以猎杀水牛为一大目标,这样可获得较为丰盛的食物;其次,当地仪式的主要表演者常以水牛附体,借以表明其具有控制自然和其他动物的能力;再次,当地的叙事传奇表明,部落首领常以水牛化身出现,或其女性伴侣乃是水牛化身,借以作为权力的象征;最后,水牛在一些传奇中收养落魄的青年英雄,然后帮助他击败腐朽的旧首领,从而获得权力。水牛的身体各部分以及皮毛在当地仪式表演中作为装饰物出现频繁,甚至还出现了水牛舞[2]。

---

[1] 见 Herbert Franke, "The Forest peoples of Mandchouria: Kitan and Jurchens," in *The Cambridge History of Inner Asia*, ed. Denis Sinor, Cambridge: Cambridge University Press, 1990, pp. 405-406;见 Peter B. Golden, "Wolves, Dogs, and Qipčaq Religion," *Acta Orientalia Academiae Scientiarum Hungaricae*, L: 1-3 (1997), p. 47; Peter B. Golden, "Religion among the Qipčaq of Medieval Eurasia," *Central Asiatic Journal* 42 (1998), pp. 180-186. 关于古代世界狗祖先起源的神话研究,见 D. G. White, *Myths of the Dog-Man*, Chicago: University of Chicago Press, 1991. 政权的象征研究,在中亚、西亚学中关系重大,见 B. Forbes Manz, "Tamerlane and the Symbolism of the Sovereignty," *Iranian Studies* 21/1-2 (1988), p. 118.

[2] 见 Howard L. Harrod, *The Animals Came Dancing: Native American Sacred Ecology and Animal Kinship*, Tucson: The University of Arizona Press, 2000, chapters 3-5。

第五章　装饰与象征：中世纪视野中的猛兽与王权

美洲豹这一猛兽在美洲地区政治、宗教、文化的象征意义已经由考古学家、人类学家、民族学家、艺术史家进行了深入研究，猛兽作为当时人与自然界密切互动的主要中介地位极为重要，也作为象征与隐喻进入了政治和宗教生活的层面，从而发展出当地极具特色的猛兽文化，这种文化尤其在当地的艺术表现（art representation）和仪式表演（ritual performance）中得到充分体现[1]。

本森（Elizabeth P. Benson）指出，美洲豹作为美洲新大陆地区最为强有力的猛兽，常常以神的化身（Avatar）或者伴侣出现，或者被当作统治者的权力象征。其表现是多方面的，主要包括采用美洲豹作为其名号，以美洲豹装饰其王座，在其建筑壁画中以美洲豹装饰，身穿美洲豹之皮等等。

人类学者在亚马逊地区考察时也注意到，当地的食物链顶端是美洲豹和蟒蛇，鱼和植物位于底部，而动物往往比植物在食物链秩序中占据更高位置。当地猎人会狩猎美洲豹，并食用猎获的美洲豹，以期获得其强壮的力量；同时亚马逊丛林中的某些部落亦将美洲豹作为战俘的替代品处决，并在豹尸上舞蹈，以此仪式来寻求美洲豹的力量，这样的仪式也常常在狩猎前举行，以便将美洲豹的灵魂从其肉体中转移到猎人身体中，从而获得其力量[2]。这是借助美洲豹在动物王国的地位来树立人对动物王国的威慑和征服。

和南亚地区国王使用狮子作为名号的模式一样，古典玛雅时代（公元300—900）的统治者常常采用美洲豹的名号，即玛雅语巴兰（balam）。比如耶朱地兰（Yaxchilán，位于墨西哥和危地马拉边界）的两位统治者称为盾豹（Shield-Jaguar）和鸟豹（Bird-Jaguar），帕伦克（Palenque）的主要统

---

[1] 有关这些不同角度的研究，论著甚多，其中两本论文集较为全面并从多角度探讨了这些现象，Elizabeth Benson ed., *The Cult of the Feline. A Conference in Pre-Columbian Iconography*, October 31st and November 1st, 1970, Washington, D. C., Dumbarton Oaks, 1972; Nicolas J. Saunders ed. *Icons of Power: Feline Symbolism in the Americas*, Routledge: London and New York, 1998.

[2] Carlos Fausto, "Feasting on People: Eating Animals and Humans in Amazonia," *Current Anthropology* vol. 48, no. 4 (2007), pp. 497 – 530, esp. 506.

治者名 Chan-Bahlum, 即蛇豹 (Serpent Jaguar), 蒂卡尔 (Tikal) 的一位早期国王被称为豹爪 (Jaguar-Paw), 在莱顿石斧 (Leiden Plaque) 上的一位人物被解释为 Balam-Ahau-Chaan, 即豹主天 (Jaguar-Lord-Sky)。

玛雅诸神和诸王均身着豹皮短裙、披肩、鞋襻。豹纹装饰和豹名出现在国王称号中均具权力与权威的象征意义。在玛雅文化的艺术品中可以发现很多美洲豹的造型。如在蒂卡尔地区,三号神庙二号门楣上的统治者被绘成一位身着豹装的人物,在一些玛雅绘画中的人物身上,可以发现豹头装饰其头巾和腰带。一位库尔屯 (Xultun) 地区的统治者则手执一支小型卧豹。玛雅文化认为美洲豹可沟通生者与死者,并从而保护王权所有者。

类似狮子座在印度和中亚的地位,豹子座在美洲也是政治和宗教权力的象征。历史上,在中美洲和南美洲各地的王座和萨满祭坛上均有豹子的形象装饰。玛雅文化中的豹子座对后来尼加拉瓜、哥斯达黎加等地的王座造型和装饰均有影响[1]。南美一些地区的文化也与美洲豹密切相连。比如美洲豹是巴西现在的国兽,而现在圭亚那的军服采用美洲豹形象装饰。1968 年墨西哥城举办奥运会,其吉祥物也是美洲豹。

除了美洲豹之外,在今天美国新墨西哥和亚利桑那交界的地区,山狮 (*Felis concolor*) 在古代印第安人的宗教生活中也十分重要,被当做是各类兽神之首领,成为当地人祭祀的主要对象。很多部落以山狮为名,山狮也是十分常见的人名,因为这一猛兽被认为是守护者,可以防止人受到伤害[2]。尽管在相貌和习性上非常不同,和狮子、猛虎一样,分布在美洲各地的美洲豹和山狮均属于广义上的猫科动物,这些大型、勇猛、威武的猫科动物在它们所生活的地区看来均处于顶级捕食者的

---

[1] Elizabeth P. Benson, "The Lord, the Ruler: Jaguar Symbolism in the Americas," in Nicolas J. Saunders ed. *Icons of Power: Feline Symbolism in the Americas*, 1998, pp. 53–56.

[2] James H. Gunnerson, "Mountain Lions and Pueblo Shrines in the American Southwest," in Nicolas J. Saunders ed. *Icons of Power: Feline Symbolism in the Americas*, 1998, pp. 228–257.

第五章 装饰与象征：中世纪视野中的猛兽与王权

地位，因此也在当地社会生活和文化中被人们赋予极为重要的象征意义。

在东亚和东南亚地区，虎作为森林之王[1]，则是与政治和宗教关系最密切的动物之一，重要性远在狮子之上。在古代通古斯地区的赫哲族[2]中，虎也扮演较为神圣的角色。当地人定期给虎献祭，他们也不从事猎虎活动，如果无意中杀虎则会给当事人造成精神上的极大创伤，他们也不猎杀被虎咬伤的动物。实际上某些家族自称是虎的后代，以强调其血统之高贵[3]。这当然也是将自然秩序比附社会秩序的典型例子。在南亚孟加拉的申达本(Sundarbans)地区[4]，现在是最大的孟加拉虎活跃地区，当地现存老虎大约有六百多只。这里的民众认为猛虎在当地有一个由温顺到暴戾的转变，原本能与人类共享自然空间的老虎变得日益暴力，甚至伤害人命。人们认为引起这种转变的原因很多，比如当地经济发展引起的不断开发森林导致猛虎的活动范围不断缩小，同时猛虎食物链上的动物越来越少，猛虎也开始袭击靠近森林的人类。当地人建构了新的叙事，将猛虎在当地的存在塑造成人类发展引起猛虎自爪哇和巴利迁移至该地。这个叙事，当时建立在对森林和猛虎带有同情和友善的自然观基础之上。同时，当地有一些人被称为虎魅者(tiger-charmers)，靠平衡猛虎和外部世界的力量来保护猛虎和人类不受伤害。十七世纪以来，在伊斯兰教进入当地逐渐取代印度教的地位之后，苏菲圣徒们和老虎联系在一起，赋予了猛虎新的象征意义，以显示其对森林的控制和统治权力[5]。

---

[1] 参见 Stanley Breeden, "Tiger! Lord of the Jungle," *National Geographic* 66 - 6 (1984), pp. 748 - 773.
[2] 即 Golds，在俄罗斯被称为那乃族(Nanai)。
[3] Vilmos Diószegi, "The Three-grade Amulets among the Nanai (Golds)," in Vilmos Diószegi ed., *Popular Beliefs and Folklore Tradition in Siberia*, Bloomington: Indiana University Press, 1968, pp. 387 - 405; Julian Baldick, *Animal and Shaman: Ancient Religions of Central Asia*, New York: New York University Press, 2000, p. 143.
[4] 有时汉语亦译作孙德本得斯。此词来自孟加拉语 *shundor* 加 *bon*，意指美丽的森林，现已作为国家公园列入世界自然遗产保护名单。
[5] Annu Jalais, *Forest of Tigers: People, Politics and Environment in the Sundarbans*, London and New York: Routledge, 2010, pp. 146 - 212.

在东南亚地区,虎也扮演重要的政治和宗教角色[1]。比如在爪哇,虎也被认为是一些部落的祖先,在当地土语中被称为 nenel 或 datuk 甚至 guda(来自梵文 gudha),这样的名字被用来在森林中呼唤虎,因为当地人认为作为其祖先的虎能听懂这种呼唤。有时虎也和王室联系在一起。在爪哇也发展出了一种仪式,称为 Rampok macan,这一仪式第一部分乃是以虎与水牛相斗,第二部分则是整个部落的武士参与猎虎。在这一仪式中虎作为象征一种来自森林的对当地人类政治秩序的威胁出现,但同时充当能驱赶水牛所代表的邪恶势力的力量[2]。

同时,在爪哇一些村落的祖先传说中,当地人认为虎可能是其村落祖先的转世,作为精怪可以保护和监督这些村民的活动。而王室则认为猛虎以其威猛、不可控制之特性可以在一定程度上起到威慑作用,以保护其领地不受其他敌对势力侵扰。尽管在东爪哇地区猛虎消失之后,但人们仍然在心理上一度相信当地森林中仍有猛虎活动,并且因为在语言上当地人并不对猛虎和金钱豹、黑豹等大型猫科动物进行严格区分,故而虎在其信仰中仍有重要地位。另外,由于伊斯兰教的传入,穆罕默德的女婿塞耶·赛伊丁·阿里(Syeh Sayyidina Ali)的象征在当地由虎取代了狮子成为新的保护者,也使得猛虎的象征意义继续保存下来[3]。

在中亚地区曾经活跃的猛虎大约有里海虎(*Panthera tigris virgata*)、印度虎(*P. t. tigris*)、西伯利亚虎(*P. t. altaica*)三种,这三者之间的区别也许并非很大。里海虎在二十世纪初尚在亚美尼亚地区有发现,甚至

---

[1] Lorenz G. Loeffler, "Beast, Bird and Fish: An Essay in Southeast Asian Symbolism," in: N. Matsumoto and T. Mabuchi, eds, *Folk Religion and the Worldview in the Southwestern Pacific*, Tokyo: The Keio Institute of Cultural and Linguistic Studies, 1968, pp. 21 - 35;可是在古代缅甸,虽然常常发生虎伤人的事故,但虎在其信仰体系中似乎并不重要,重要的是蛇;参见 R. Grant Brown, "The Pre-Buddhist Religion of the Burmese," Folklore, vol. 32, no. 2 (Jun. 30, 1921), pp. 77 - 100.

[2] Robert Wessing, *The Soul of Ambiguity: The Tiger in Southeast Asia*, Monograph Series on Southeast Asia, Special Report no. 24, DeKalb, IL: Center for Southeast Asian Studies, Northern Illinois University, 1986; idem., "A Tiger in the Heart: The Javanese Rampok Macan," in *Bijdragen tot de Taal-, Land- en Volkenkunde* 148: 2 (Leiden, 1992), pp. 287 - 308.

[3] Robert Wessing, "The Last Tiger in East Java: Symbolic Continuity in Ecological Change," *Asian Folklore Studies*, vol. 54, no. 2 (1995), pp. 205 - 239.

第五章 装饰与象征：中世纪视野中的猛兽与王权

在伊朗的呼罗珊省尚有遗存，但最后一次发现这一虎类行踪的野外报告只能追溯到1959年[1]。在伊朗、阿富汗等地，猛虎从未获得任何重要的政治与宗教象征意义，也许因为在当地活动的猛虎数量有限，被人们了解的机会也有限，因而未能在当地文化发展中建立有效的形象，毕竟这样的形象塑造仰赖文献和图像等资料的遗存。

桑德斯（Nicolas J. Saunders）在为其主编的《权力的图标》一书所写的导言中指出，猛兽早在三万年前即出现在人类的艺术表现之中，在欧洲各地均在考古发现中找到了狮子的造型[2]。在过去一个世纪，诸多民族志研究日益显示大型捕食型猛兽和国王、首领、武士和教士之间常常存在一种象征性关系，比如在尼日利亚的政治仪式中豹子象征男性的权力；在赞比亚和扎内（Zaire）之间的卢阿普拉（Luapala）谷地，狮子则象征头人和首领的权力；在东非，狮人集团作为有偿刺客组织一直存在到二十世纪；而在西非，豹子常常是王权的象征；在马来西亚的巴特克小黑人（Batek Negrito）地区，虎精被认为能控制萨满并驱使萨满像虎一样行动[3]；在十九世纪的西藏地区，虎一直被认为是权力和等级最重要的象征[4]；正如我们下面将看到的，在中原地区也存在类似的以猛虎为中心的权力象征。

三、隐喻和象征：虎与中国古代政治秩序

在汉唐之际的中国，作为政治权威与权力象征的动物，最重要者乃是猛虎。这一方面是中国的历史传统，因为虎在商代可能已被用来装饰王室的旗帜。如一些学者指出，在商代装饰艺术的主题中，动物特别是虎、猪、鸟的纹样占据重要地位，动物在商王室的祭祀仪式中作为祭品也不乏

---

[1] P. Joslin, "Babr (tiger)," *Encyclopaedia Iranica Online*, 2005, available at www.iranica.com.
[2] Nicolas J. Saunders, "Introduction: Icons of Power," in Nicolas J. Saunders ed., *Icons of Power: Feline Symbolism in the Americas*, London and New York: Routledge, 1998, pp. 2–3.
[3] Kirk Endicott, *Batek Negrito Religion: The World-View and Rituals of a Hunting and Gathering People of Peninsular Malaysia*, Oxford: Clarendon Press, 1979.
[4] 当地的灵媒也常常以猛虎附身和模仿猛虎的行走方式来传达山神的旨意，见 John Vincent Bellezza, *Spirit-Mediums, Sacred Mountains and Related Bon Textual Traditions in Upper Tibet: Calling Down the Gods*, Brill's Tibetan Studies Library vol. 8, Leiden: Brill, 2005, p. 7.

其例[1]。另一方面,中古时期,我们也可以看到虎的名字和形象在王权礼仪和装饰物中频频出现,这样的出现不是毫无意义的、偶然的,其出现乃是为了象征统治者的政治权力[2]。进一步而言,我们可以看到虎在政治最高权力的象征意义上与其作为东亚地区自然界动物之王者之间存在平行关系,即虎在政治文化中以服务于自然秩序与社会秩序之间相互联系的角色出现。

读者也许会好奇,我为何在这里不讲龙,而讲猛虎。其理由确实值得做一些交代。首先,前文已经提及本书涉及的动物来自三个层面,即包括现实、心理、想象的动物。我们前面主要讨论了现实中活跃在自然之中的动物,因为这些动物与当时人们的日常生活联系密切,如猛虎即出现在中国南北各地,人们对其有很清楚的认知,这一认知即指他们了解猛虎在自然秩序中作为众兽之王的特点。而这正好和上面一节已经讨论的狮子在中近东自然秩序中的地位相对应。其次,有关龙作为王权的象征,在学术界讨论极多,我并不想重复前人的研究,而是试图另辟蹊径,提出学者们可能不太重视的有关猛虎作为王权象征的一些细节重新探讨,比如虎贲

---

[1] 见 K. C. Chang, *Shang Civilization*, New Haven: Yale University Press, 1980, pp. 207–209. 商代首虎首虎爪人身坐像、虎面、虎头图片见张广立编绘:《中国古代石刻纹样》,北京:人民美术出版社,1988 年,页 6—7、13、14。安阳殷墟考古也发现了虎的踪迹,见杨钟健、刘东生:《安阳殷墟之哺乳动物群补遗》,《考古学报》第四册,中研院史语所专刊第十三,上海:商务印书馆,1949 年,页 145—153。这方面英文的研究也颇多,见 H. E. Gibson, "Animals in the Writings of Shang," *The China Journal* 23.6 (1935), pp. 342–351; Cheng Te-kun, "Animal in Prehistoric and Shang China," *Bulletin of the Museum of Far Eastern Antiquities* 35 (1963), pp. 129–163; Sarah Allan, "The Tiger, the South, and Loehr Style III," in:《迎接二十一世纪的中国考古学国际学术讨论会论文集》,北京:科学出版社,1998 年, pp. 149–182; Robert Bagley, *Max Loehr and the Study of Chinese Bronzes: Style and Classification in the History of Art*, Ithaca: Cornell University Press, 2008, ch. 6. Wang Tao, "Shang Ritual Animals: Colour and Meaning." *BSOAS* vol. 70, no. 2 (2007), pp. 305–372; vol. 70, no. 3 (2007), pp. 539–567; Tu Cheng-sheng, "The 'Animal Style' Revisited," in Whitfield Roderick, and Wang Tao, eds. *Exploring China's Past: New Discoveries and Studies in Archaeology and Art*. International Series in Chinese Art and Archaeology 1. London: Saffron, 1999, pp. 137–149; Jing Yuan and Rowan Flad, "New Zooarchaeological Evidence for Changes in Shang Dynasty Animal Sacrifice," *Journal of Anthropological Archaeology* vol. 24, no. 3 (2005), pp. 252–270.

[2] 有关语言和形象在权力中的象征意义分析,见 Bernard Cooke, *Power and the Spirit of God: Toward an Experience-Based Pneumatology*, Oxford: Oxford University Press, 2004, pp. 123–155.

第五章 装饰与象征：中世纪视野中的猛兽与王权

猛士的服饰装饰、功能、象征，亦即对构建政治、社会关系的意义。最后，本书并非不讨论龙在政治、宗教秩序中的象征意义，问题是如何讨论，如何从新的角度切入才能提出新意。实际上，后文第六章将专门讨论九龙在中古时期佛教文献中的表现，而将讨论的问题限定在九龙在政治、宗教权力和秩序构建中所反映的象征性意义。

正如中、近东地区的人们已经不容易在野外遇到狮子一样，今天生活在中国大陆的人们已经不太可能在野外遇到猛虎了。狮子在古代中、近东地区分布较广，而虎在中国古代分布也极为广泛，北有东北虎，南有华南虎，广大地区均有猛虎活动的痕迹。中国社会各个阶层对猛虎和猛虎的隐喻并不陌生。正如我们在第三章中所见到的一些材料所显示的，皇帝和官员常常担心因为政治统治不妥导致自然灾害，这当然包括虎害加诸治下的一些地区，而居住在山林附近的普通百姓更是常常遭受实际的虎暴而造成生命财产损失。人们对虎的凶猛有非常现实的体会和认识。在商代甲骨文文字中，虎字主要表现为强调其张大的血盆大口，突出其凶猛的气势。这恐怕来自造字者的体验，同时也给读者以视觉上的恐惧和敬畏[1]。

自然界的秩序在古人那里与社会秩序存在一种平行联系，即自然界的秩序被拿来对应社会秩序。猛虎在自然界的地位与人君在社会政治上的地位通过象征并列在一起。猛虎在自然界作为兽王的统治亦正如天子管治天下。因而，猛虎的象征往往与皇权联系在一起[2]，猛虎作为政治控制力量和武力的象征，在皇帝及其成员出生、婚娶、死亡、埋葬的礼仪中出现作为地位的象征，这些礼仪主要是一种威仪的展示，而给公众的礼仪展示乃是为了显示政治的权威和力量。猛虎也出现在象征皇权的车舆、服饰之中作为象征权力之装饰物，但是狮子在官服上的装饰只出现在武

---

[1] 参见黄俊志：《战国时期虎纹玺探析》，《造型艺术学刊》，2004年12月，页134。
[2] 关于古代中国政治中的神圣象征的研究，见 Jean Levi, *Les fonctionnaires du divin. Politique, despotisme et mystique en Chine ancienne*, Paris: Seuil, 1989. 但他未特别讨论猛虎在皇权中的象征意义。

则天时期。在这里可以看到自然环境、人们的生活经验共同塑造了历史叙事和历史发展。古代中国人熟悉猛虎,也进而将猛虎的意象引入政治权力装饰和修辞,这与狮子在南亚政治史上的情形较为类似。自然环境、人类认知、社会政治通过动物的象征联系在一起。

唐初天子车舆上的装饰纹样只包括青龙白虎,升龙,而无狮子[1]。武则天对朝服进行了革新,她于"延载元年五月,内出绣袍,以赐文武三品以上官。其袍文,仍各有烱诫。诸王则饰以盘龙及鹿,宰相饰以凤池,尚书饰以对雁,左右卫将军饰以对麒麟,左右武威卫饰以对武,左右鹰扬卫饰以对鹰,左右千牛卫饰以对牛,左右豹韬卫饰以对豹,左右玉钤卫以对鹘,左右监门卫饰以对狮子,左右金吾卫饰以对豸。又铭其襟背,各为八字回文,其词曰'忠正贞直,崇庆荣职'、'文昌翊政,勋彰庆陟'、'懿冲顺彰,义忠慎光'、'廉正躬奉,谦感忠勇'"[2]。这一制度为玄宗继承,"开元十一年六月,敕诸卫大将军、中军中郎、郎将袍文:千牛卫瑞牛文,左右卫瑞马文,骁卫大虫文,武卫鹰文,威卫豹文,领军卫白泽文,金吾卫辟邪文,监门卫师子文。每正冬陈设,朝日着甲,会日着袍"[3]。又《通典》卷一〇七《开元礼纂类》二《序例》中"大驾卤簿"条云其新制苣文旗、云旗、刀旗、肆神幢、长寿幢,及左右千牛将军衣瑞牛文、左右卫瑞马文、左右骁卫大虫文、左右武卫瑞鹰文、左右威卫豹文、左右领军白泽文、左右金吾辟邪文、左右监门狮子文,并绣为袍文,将军中郎将皆同。并冬正大会通服之。原田淑人认为这类纹样受波斯影响[4]。无独有偶,在六、七世纪的拜占庭,其宫廷装饰艺术中也是罗马和萨珊波斯的艺术主题与形式交互使用,体现了一种所谓国际装饰特征[5]。

---

[1] 见《旧唐书》卷四五《舆服志》天子车舆条,页1932。
[2] 见《通典》卷六一《嘉礼》君臣服章制度条;以及《旧唐书》卷四五《舆服志》燕服条,页1953。
[3] 《通典》卷六一。
[4] 见原田淑人:《唐代の服饰》,东洋文库论丛第五十一,东京:东洋文库,1970年,页79—80。
[5] Matthew P. Canepa, "The Late Antique Kosmos of Power between Byzantium and Iran: International Ornament and Royal Identity in the Sixth and Seventh Centuries," paper at the 21st Annual Byzantine Studies Congress, London, 2006, pp. 1-23.

第五章　装饰与象征：中世纪视野中的猛兽与王权

乌姆斯(Herman Ooms)注意到日本天皇参加重要礼仪的礼服上装饰了一些象征性的纹样，其中两袖各绣一龙，上衣从上到下有五排造型各异的象征性纹样，分别是龙、山岳、雉、火，以及交替出现的虎与猴，他认为虎和山岳可以理解为与西王母有关，而西王母则支持有德政的君主[1]。实际上，与龙一起，作为四灵之一，虎的象征意义也出现在宫廷建筑之中，如神龙门、白虎门、朱雀门、玄武门，白虎观、九龙殿等等。同时，白虎出现则象征皇权的仁政与德政。不过，我认为这也算是特例，而且基本上可以归结为中国对日本的影响。以日本的自然环境而言，并没有猛虎生存的条件，因而古代日本人对猛虎并无太多实际经验，在日本的史书和文学作品中几乎也没有太多关于猛虎的叙事和记忆，如果有，很大程度上也是接受来自亚洲大陆地区的影响。狮子在日本的接受则和佛教之东传分不开，日本本土和诸岛上并无狮子生活，因而也不可能和日本人的日常生活发生瓜葛。

中国观念中的猛虎在众兽中的地位相当于印度概念中狮子作为兽王的地位。在中国传统文化中，作为众兽之王，虎被认为是最粗野的动物。古代文献充斥关于虎作兽王的描述、叙述和形容。这里举两个例子，比如许慎《说文解字》指出虎被称为山兽之君，乃是狮子在东亚的对应者，勇猛之象征[2]；又，《全唐文》卷四百零四记载天宝时李丹《为崔中丞进白鼠表》云"兽之大者，莫勇于虎。兽之小者，莫怯于鼠"。中原文化中虎常

---

[1]　参见 Herman Ooms, *Imperial Politics and Symbolics in Ancient Japan: The Tenmu Dynasty, 650-800*, Honolulu: University of Hawaii Press, 2009, p. 176. 另一本讨论《日本书纪》、《平家物语》中所见叙事和王权仪式的著作则没有特别提及虎的象征；见 David T. Bialock, *Eccentric Spaces, Hidden Histories: Narrative, Ritual, and Royal Authority from The Chronicles of Japan to The Tale of Heike*, Stanford: Stanford University Press, 2007.

[2]　Charles E. Hammond, "An Excurson in Tiger Lore," *Asia Major* third series, 4: 1 (1991), pp. 87-88. 此文主要简短探讨《太平广记》、《夷坚志》、《虎荟》等作品收录的虎故事；Werner Eichhorn, "Das Kapitel *Tiger* im T'ai-P'ing Kuang-Chi," *Zeitschrift der Deutschen Morgenländischen Gesellschaft* vol. 104, no. 9 (1954), pp. 140-162. 实际上基督教传教士早就意识到虎在中国传统政治和军事文化中的重要象征意义，如 *The Chinese Repository*, vol. VII, March, 1839, Art. IV, pp. 596-597. C. A. S. Williams, *Chinese Symbolism and Art Motifs: A Comprehensive Handbook on Symbolism in Chinese Art through the Ages*, with an Introduction to the New edition by Terence Barrow, with over 400 Illustrations, fourth revised edition, Tokyo: Tuttle Publishing, 1974, p. 377 所引。

常以王或首领的称号出现。因此,有趣的是,北朝时期南下进入中原地区之游牧民族首领多有以虎为名号者,如羯胡石虎、铁弗首领刘虎、屠各帅黄大虎[1];北周有拓跋虎,此人系北魏太武帝之后人[2]。这些人名的虎字,很可能不是名字,而是官号,即首领。张广达先生在提到在中亚地区人名中常见的肉孜或法赫德实际分别指波斯语 yūz 和阿拉伯语 fahd,均指文豹(Acinoyx jubatus,此豹英文常以 cheetah 出现,来自梵文 citraka)[3]。因此之故,这个虎字也可能就是人名,来自古突厥—回鹘语中的 bārs(虎)。其实,虎在伊朗语中称为 Babr,很可能经由粟特语进入突厥—回鹘语。这一名词的语言转换说明关于猛虎的认识在这些族群之间存在交流和传播,语言与认知在人们的生活中并不能分离。

中古时期,上文提到的这些南下胡族文化与动物的关系值得重视,胡族首领之动物名字与其官号之间存在密切联系。如杜佑《通典》卷一九七《边防》一三在讨论突厥官号时其文云:"其初,国贵贱官号,凡有十等,或以形体,或以老少,或以颜色、须发,或以酒肉,或以兽名。"[4]实际上,南北朝时期,龙、虎一起出现往往象征王权,如北魏主张"唯我皇魏之奄有中华也,岁越百龄,年几十纪。太祖以弗违开基,武皇以奉时拓业,虎啸

---

[1] 分别见《魏书》卷一,《穆帝纪》,页 7;《魏书》卷三,《太宗明元帝纪》,页 60。
[2] 其墓志 1990 年出土于陕西咸阳,收入《中国北周珍贵文物——北周墓葬发掘报告》,西安:陕西人民美术出版社,1993 年;研究见牟发松:《〈拓跋虎墓志〉释考》,《魏晋南北朝史隋唐史资料》第 18 辑,武汉:武汉大学出版社,2001 年。
[3] 见《唐代的豹猎》,《唐研究》卷 7,2001 年,页 177—204;收入《张广达文集·文本、图像与文化流传》,桂林:广西师范大学出版社,2008 年,页 23—50,该词的波斯语、阿拉伯语形式及人名见页 34。张孟伦在《汉魏人名考》一书中列举了汉魏之际一系列以虎为名号者,包括王莽时拜将九人称为九虎,三国时期魏国有虎侯许褚,刘备有虎臣关羽、张飞,孙权呼凌烈、凌封为虎子,并列举了汉魏时期一些以虎为名者;见张孟伦:《汉魏人名考》,兰州:兰州大学出版社,1988 年,页 43。不过,这些人的名字和胡族的动物名字显然较为不同,汉人虎名乃象征其勇猛特征。
[4] 罗新对上述出自《通典》的材料加以引述,他在讨论拓跋鲜卑之得名时辨析了拓跋一名实际是官号与官称的结合。他认为阙特勤碑铭中的 bars bäg 一词中前者是后者的官号。他提示说,"由于 bars 在古突厥语和古蒙古语中指虎豹等大型猫科猛兽,符合内亚以猛兽名为美称的习惯,因而常常被用作官号"。见罗新:《中古北族名号研究》,北京:北京大学出版社,2009 年,页 58;页 166—174,他又讨论了北魏太武帝佛狸的鲜卑本名实际出自 böri,即狼。并引述了卜弼德的研究,见 Peter B. Boodberg, *Selected Works of Peter B. Boodeberg*, compiled by Alvin P. Cohen, Berkeley: University of California Press, 1979, pp. 74–76, 99–102。从罗新的研究出发,这里也许可以推测包括李唐皇室李渊 (转下页)

第五章　装饰与象征：中世纪视野中的猛兽与王权

域中,龙飞宇外,小往大来,品物咸亨,自兹以降,世济其光"[1]。

类似这样的用语在传统史籍和碑刻铭文中不胜枚举。名和实有时是密切联系在一起的,如石虎的名字中有,而其使用的物质亦使用了虎头装饰。根据东晋陆翙撰《邺中记》,石虎改虎头鞶囊为龙头鞶囊[2]。虎头改成龙头装饰,从石虎个人角度而言,或许是从家族族徽到王室徽章的变化,反映了石虎从部落首领到中原政权统治者角色的变化。进一步而言,可能也反映了一种从胡化到汉化的思想意识。

虎在汉魏时期皇室政治权力的象征中起了极其重要的装饰作用[3],所谓权力的装饰即是在内在拥有的权力之外统治者同时用一些外在的具有象征性的装饰物来向公众展示其象征性力量和权威,这对于中国古代礼乐文化的实践尤为重要。胡司德(Roel Sterckx)区分了动物的四个功能,即作为生物概念、社会概念、权力的物体和媒介、人的思想与形象象征之结合等四个功能。其中关于第三个功能,他指出历史上的政权常常以猛兽来装饰其旗帜、武器和徽章[4]。这在欧洲历史上留下来的丰富物质资料中反映尤为明显,只要稍微留意一下一些博物馆展出的中世纪旗帜、

(接上页)之祖父李虎一名中虎字也可能是带有鲜卑风格之美称,不是真名。其所谓先祖名李初古拔,亦作车辇拔,或许和古突厥—回鹘语中的 bārs(虎)有关,后来蒙古语变为 bars 一词。陈寅恪在《唐代政治制度史论稿》中已指出,初古拔一名见于鲜卑人,如北魏有叱干初古拔,而当时胡人类似的名字还包括高各拔。他还指出李虎获赠赐姓鲜卑姓大野。有关李唐先世的种族问题,较详研究见 Sanping Chen,"Succession Struggle and the Ethnic Identity of the Tang Imperial House,"*Journal of Royal Asiatic Studies* series 3, VI (1996), pp. 379 - 405. 卓鸿泽又考察了李唐氏族的姓氏问题,指出李虎的鲜卑名字为拓跋达阇,达阇或即鲜卑语的"虎"(ta[r]ja,女真语转为 tasha),见《塞种源流及李唐氏族问题与老子之瓜葛——汉文佛教文献所见中、北亚胡族族姓疑案》,《中研院史语所集刊》第七十八本第一分,2007年,页 183—224,他也特别从语言和萨满教角度提示了北亚虎俗。突厥、蒙古民族政治和宗教文化中狼也极具象征意义,见 Peter B. Golden,"Wolves, Dogs, and Qipcaq Religion," *Acta Orientalia Academiae Scientiarum Hungaricae*, L: 1 - 3 (1997), pp. 87 - 97.

[1]《魏书》卷六二《李彪传》,标点本页 1394。
[2] [东晋]陆翙:《邺中记》,丛书集成初编本,上海：商务印书馆,1937 年,页 6。
[3] 虎在宋代以后才逐渐成为中国传统绘画的主题,这些主题及其象征意义的探讨见 Hou-mei Sung, "Chinese Tiger Painting Themes and their Symbolic Meanings," part 1 and Part 2, *National Palace Museum Bulletin* 33: 4 (September-October, 1998), pp. 1 - 17; and 33: 5 (November-December, 1998), pp. 17 - 33; 以及同作者 *Decoded Messages: The Symbolic Language of Chinese Animal Painting*, New Haven: Yale University Press and Cincinnati: Cincinnati Art Museum, 2009, pp. 137 - 170.
[4] Roel Sterckx, *The Animal and the Daemon in Early China*, Albany: State University of New York Press, 2002, p. 4.

武器和徽章即能发现这些装饰,欧洲图像学家对这些装饰品的主题、风格和象征意义有非常丰富而细致的论述。

在中古中国,猛虎的形象通过其名称和纹样,在皇权礼仪(royal ritual)的陈列和展示中扮演了十分重要的作用。在中国汉魏以来皇权所发展出来的与猛虎象征性力量有关的举措,乃是设立虎贲制度并将这一制度付诸实践。虎贲之说当然来自猛虎的特色,也许因为虎贲一词以及这一制度在文献中太司空见惯的缘故,在当前学界的讨论中几乎没有论著仔细讨论这一因素,这一现代学术的缺失完全忽视了中国古代对名与实之间密切联系的重视程度。我们以下的讨论则可以在一定程度上弥补这个缺憾,因为虎贲与猛虎的象征意义之间的联系实在是十分重要的议题,不注意猛虎的象征意义,则无法真正理解这一制度在中古政治文化中的重要意义。不过,单纯列举文献并非本节的目标,本节将从多角度特别是仪式表演及其参与者的认知过程等方面来考虑虎贲制度的兴起及其意义[1]。当然,古代也没有留下大量的实物材料,供图像学、艺术史家进行分析。有限的材料对于考古学家来说也是捉襟见肘。只能期待将来更多的发现以进一步推进实物、图像与文献的综合研究。

自汉魏以来,虎贲作为九锡之一在日常政治生活中象征最高的政治权力,在帝王丧葬中出现也象征其荣耀。虎最早象征勇猛之士乃是以虎贲的形式出现在周武王伐纣之事件的各类记载中[2],如在哈佛福格艺术博物馆,收藏了一件出自周代中期的青铜虎,这一青铜虎的造型是一只随时准备跃起攻击的虎,显然反映了当时人对虎的勇猛特性的认

---

[1] 我应该提到 Bloch 的重要著作 *Ritual, History, and Power. Selected Papers in Anthropology*, London School of Economics, Monographs on Social Anthropology, No. 58. London: The Athlone Press, 1989, pp. 106–136,特别提示了认知与意识形态的关系。

[2] 《尚书》中已有虎贲百人之说,如《尚书》卷一八《周书·顾命》云,"兹既受命还,出缀衣于庭。越翼日乙丑,王崩。太保命仲桓、南宫毛,俾爰齐侯吕伋,以二干戈、虎贲百人,逆子钊于南门之外;延入翼室,恤宅宗。丁卯,命作册度。越七日癸酉,伯相命士须材";《墨子·明鬼下》云"武王以择车百两,虎贲之卒四百人,先庶国节窥戎,与殷人战乎牧之野",《诸子集成》,北京:中华书局,页222。

第五章　装饰与象征：中世纪视野中的猛兽与王权

知[1]。后来虎贲的设立逐渐出现制度化，如《周礼·夏官司马》第四云：

> 虎贲氏：下大夫二十人，中士十有二人；府二人，史八人，胥八十人，虎士八百人。……虎贲氏：掌先后王而趋以卒伍。军旅、会同，亦如之。舍则守王闲。王在国，则守王宫。国有大故，则守王门；大丧，亦如之，及葬，从遣车而哭。适四方使，则从士大夫。若道路不通，有征事，则奉书以使于四方。[2]

无论是战时还是平时，周代的虎贲制度主要功能是守王宫和王门，即护卫王权，并参与王室的丧葬礼仪，发挥了仪卫和仪仗两个功能。同时，其所为守卫王宫、王门亦实际上参与了界定王权的家庭空间，因为王宫除了是朝廷的物质实体体现，也是王室家族居住之地，即所谓朝廷和王廷所在地。虎贲服务于朝廷和王廷这样的功能也延续到后世。

虎贲制度和仪式属于宫廷制度和礼仪的一部分，仅适用于中央朝廷的礼仪实践，而且其重要意义往往仅在一些特殊场合才得以凸显，特别体现在所谓中古吉、凶、宾、军、嘉五礼中。从这样的仪式功能来看，虎贲应该是现代三军仪仗队的前身[3]。而虎贲、班剑、鼓吹往往结合在一起。而鼓吹实际上就是军乐，正如《乐府诗集》所说，横吹曲亦称鼓吹，因在马上演奏，

---

[1] 见 The Chinese Institute in America ed., *Animals and Birds in Chinese Art*, New York: The China Institute in America, 1968, p.7, introduction, written by Fong Chow.

[2] 《周礼》卷二八一三三《夏官司马》第四。

[3] 除了虎贲仪仗队，另有卤簿制度和仪式，乃是正规的朝廷仪仗。自汉代以来，天子的卤簿包括大驾卤簿和法驾卤簿。晋代继承汉制，见《晋书·舆服志》；但略有变化，如晋代崔豹《古今注》卷上《舆服》部第一云晋代天子信幡用白虎幡，取其义而有威信之德。北朝的卤簿制度，特别北齐时代，可从河北磁县湾漳北朝壁画墓所见壁画略窥一二，参见中国社科院考古所、河北文物研究所编：《磁县湾漳北朝墓画墓》，北京：科学出版社，2003年，页145—180；扬之水：《磁县湾漳北朝壁画卤簿图若干仪仗考》，《故宫博物院院刊》，2006年第二期，页114—123。卤簿制度至唐代发展成熟，具体见于唐代卤簿令，载仁井田升编：《唐令拾遗》第十九，东京：东方文化学院，1933年，页514—524；马冬认为唐代大驾卤簿继承和借鉴了北魏天赐二年（405）改制的制度，服饰大致有五类，以胡服为主，胡汉交融；同时唐代大驾卤簿中诸卫战士人数约占全部大驾卤簿人数的三分之二，足见其礼仪功能；见马冬：《唐代服饰专题研究：以胡汉服饰文化交融为中心》，西安：陕西师范大学历史系博士论文，2006年，第一章，页17—82。唐代大驾卤簿鼓吹的提示亦见周伟洲：《西北民族史研究》，郑州：中州古籍出版社，1995年，页260—272；孙晓晖：《唐代的卤簿鼓吹》，《黄钟》（武汉音乐学院学报），2001年第四期，页62—69。这一制度一直延续到后世，现在留下来的最早图样为宋代的延佑大驾卤簿图；参见沈从文编著：《中国古代服饰研究》，上海：上海书店出版社，2002年，页472—476；陈鹏程：《旧题〈大驾卤簿图书·中道〉研究——延佑卤簿年代考》，《故宫博物院院刊》，1996年第二期，页76—85。

实际上乃是军中之乐。现代三军仪仗队虽然主要成员也是武装人员,但并不承担战斗任务,而主要责任在于政治礼仪陈列和展示。类似地,现代三军仪仗队亦仅限于由中央政府设立,尤其用于政治、外交礼仪,如国葬、迎宾等礼仪。以下我们从制度、仪式及其运作空间来分析虎贲与王权之关系。

虎贲的人数也不多,表明这些战士经过一定规格的选拔重新组织在一起。很可惜史料没有提供虎贲战士的详细资料,我们不清楚这些虎贲战士的家庭背景,也不了解他们进入虎贲队伍的动机、经过,以及训练情况。虎贲的组织者、领导者与普通虎贲成员的心理无法从史料中找出蛛丝马迹,上层人士或有意培养普通虎贲成员的群体认同和权力认同,以及荣誉感。但从普通成员角度看,或许可以从常理推测,有些成员也许只是将其当作一个工作,有些人则可能将参与虎贲队伍当作一种个人和家族的荣耀。虽然选拔标准并不清楚,但从文献的表述来看,要想展示如虎一般的速度、力量和权威,虎贲战士要比其他战士杰出和优秀,这样一批战士组成的集体也才能起到如虎一般的拱卫作用。

另外,因为这些虎贲战士靠近周王,则其忠诚度应该相当高,否则难以充当拱卫王室的重任,因此可以推测其家庭背景必定经过虎贲选拔者的充分考查和评估,可能一些将士来自官员家庭,属官宦子弟。另一方面,有些成员可能也是质子,即天子为控制手下臣子,将其子弟调入身边的仪式化军队,以便控制[1]。总之,围绕这一制度及其实践还有很多问题值得研究,只是史料有限,我们并不能全部推知其前因后果。不过,从长时段历史来看,周代的这一制度实际上奠定了中国古代宫廷礼仪中虎贲所扮演角色的基调。历来学者在研究中虽然对这一制度有所涉及,但其议论多止于描述和叙述,少有对其流变进行梳理并探讨其在政治生活中发生作用和意义的内在机制。

---

[1] 在唐代,诸卫将士有两大来源,其一便是所谓门荫子弟,其兵源很多来自达官显贵子弟,这些人加入诸卫作为预备武官,一方面可获得更多机会升迁,另一方面实际上亦为自己家族的政治前途充当宫廷的政治人质。见赖亮郡:《唐代卫官试论》,高明士主编,《唐代身份法制研究——以唐律名例律为中心》,台北:五南图书出版有限公司,2003 年,页275—310。他已经征引爱宕元和毛汉光的论文以申说,此处不赘引。

第五章　装饰与象征：中世纪视野中的猛兽与王权

如果我们将目光投向汉代，可以发现这一制度在不断改变之中，而且我们可以看到这一制度中以虎的形象出现的一些装饰性细节表现，特别是虎纹在虎贲官员服饰中的运用，这一装饰显然是服务于装饰者以视觉元素来期待和说服观察者认同这一装饰象征的权力和威严，从而认同这一权力和威严背后的政治秩序[1]。虎纹服饰和鹖冠将虎贲战士与其他将士区别开来，这当然是作为穿戴者的身份认同象征，但也反映了远古的传统。如果是印第安人或者其他地区的原住民身披虎皮、头插雉尾，一定给人不同的印象。虎贲战士的装饰其实也来自这样的古代传统，只是虎贲制度将其改造一下，纳入新的仪式传统，从而人们不再会注意在装饰形式上可以追溯到远古时代。

虎贲一词的由来，如历代注经家所论，指勇士，因孔安国在《史记集解》中解释为虎贲指士卒勇猛如虎贲兽。至汉代，虎贲正式进入汉代官仪，并立刻与皇权结合在一起[2]。应劭《汉官仪》云虎贲乃指其人猛怒如虎之奔赴。沈从文先生引用《古禽经》、《汉官仪》、《续汉书》对虎贲战士的衣着进行了说明，指出武士头戴鹖冠乃是象征其勇猛，而羽林左右监戴武冠时加双鹖尾，虎贲骑士戴鹖尾、穿虎文锦袴在汉代以来已经成为制度[3]。虎贲制度源于孝武建元三年初置期门，平帝元始元年更名虎贲郎，主要职责是与羽林一起保卫宫廷，而守卫都城长安的精锐之士则包括虎牙和扶风都尉。汉代管理虎贲之士的官员按从高至低的等级包括虎贲中郎将（二千石）、虎贲中郎（六百石）、虎贲侍郎（四百石）、虎贲郎中（三

---

[1] 学界对中世纪服饰在政治文化中的意义讨论，具有代表性的论著如 Stewart Gordon ed., *Robes and Honor: The Medieval World of Investiture*, New Yok: Palgrave Macmillan, 2001.

[2] 石井仁对汉代和六朝的虎贲班剑制度进行了研究，见氏撰《虎贲班剑考：汉六朝の恩赐・殊礼と故事》，《东洋史研究》59 卷 4 号，2001 年，页 104—136。

[3] 沈从文编著：《中国古代服饰研究》，上海：上海书店出版社，2002 年，页 89—90。该书页 121 还提到在湖北江陵马山楚墓出土的一系列古代丝绸织物实物中，发现了有些织物上的花纹包括双龙、双凤、对虎、双人对舞的图案；页 124 云："图案中布置的两两相对昂首长啸的虎纹，周身用朱、墨二色作旋转条纹，斑斓彪炳，威猛而秀美，真可谓是虎虎风生的杰作。"这种图案装饰的衣物应该属于贵族阶层。此书有 1995 年京都书院出版的日文译本《中国古代の服饰研究》。刘永华亦提示了这种武冠的装饰，见刘永华：《中国古代军戎服饰》，上海：上海古籍出版社，1995 年，页 44；该书页 95 有唐代镇墓武士俑的线描图，反映了其头顶兽皮（相当可能是虎皮）的形象。

百石)、节从虎贲(二百石)[1]。其中虎贲中郎将秩二千石,和九卿以及地方太守等地位一样隆贵。

后汉时,虎贲将领中地位最高的虎贲中郎将之出身大致有三类。第一类,有些虎贲中郎将出身经学名家。如张酺,此人从祖父张充受《尚书》学的训练,后来为汉明帝聘为太子的老师,教授经学,"为人质直,守经义,每侍讲闲隙,数有匡正之辞,以严见惮"[2]。太子即位为章帝,遂将其提升为侍中、虎贲中郎将。又比如刘淑,"少学明五经,遂隐居,立精舍讲授,诸生常数百人"。后来"桓帝闻淑高名,切责州郡,使舆病诣京师,淑不得已而赴洛阳,对策为天下第一,拜议郎。又陈时政得失,灾异之占,事皆效验。再迁尚书,纳忠建议,多所补益。又再迁侍中、虎贲中郎将"[3]。侍中乃为皇帝近臣,故深受皇帝信任,担任虎贲中郎将乃在情理之中。这表明东汉经学名家以经学进入朝廷成为皇帝的政治顾问,并进而被委任为虎贲中郎将。第二类,很多虎贲中郎将出身外戚,比如何进、窦绍等,外戚相对来说与王室关系密切,担任虎贲中郎将并不令人意外。前者"异母女弟选入掖庭为贵人,有宠于灵帝,拜进郎中,再迁虎贲中郎将,出为颍川太守"[4];后者为窦武之侄子,窦武之女为皇后。《三国志·魏书》中各位曹魏皇后列传提到很多外戚曾任虎贲中郎将,如文昭甄皇后之孙甄像、明帝悼毛皇后之弟毛曾、元郭皇后从父郭芝。第三类获得虎贲中郎将头衔者是权臣,如袁绍、袁术等人。外戚担任虎贲中郎将则和权臣类似,虽然虎贲中郎将掌控小规模武装,但因为负责皇室护卫和整治礼仪,常常能对朝廷政治特别是皇帝产生极大的政治影响力,影响朝廷作出有助于保护其家族利益的政治决策。权臣之获任虎贲中郎将或许是为了控制天子,和外戚掌控虎贲有较大分别。

从西汉末开始,汉魏南北朝凡权臣将篡位登上皇帝宝座,多先获赐九

---

[1] 《后汉书》卷一一五,《百官志》,标点本页3575。
[2] 《后汉书》卷四五《张酺传》,标点本页1529。
[3] 《后汉书》卷六七《刘淑传》,标点本页2190。
[4] 《后汉书》卷六九《何进传》,标点本页2246。

第五章　装饰与象征：中世纪视野中的猛兽与王权

锡,取得和皇帝威仪一样的礼仪待遇,诚如应劭所言,九锡属于天子制度,获九锡实际上是将自己塑造成天子的政治形象[1]。如西汉末权臣王莽获赐九锡,包括车马、衣服、虎贲、乐器、纳陛、朱户、弓矢、鈇钺、秬鬯,由是不久登上皇帝之位。其中锡虎贲,即获得虎贲将士三百人作为出行威仪,实际上在礼仪上与皇帝无异。东汉末,汉献帝遣御史大夫郗虑持节加封当时已担任丞相和冀州牧的曹操为魏公,同时赐九锡。

史书中详细阐述了曹操获赐九锡的缘由,其文略云:

> 又加君九锡,其敬听朕命。以君经纬礼律,为民轨仪,使安职业,无或迁志,是用锡君大辂、戎辂各一,玄牡二驷。君劝分务本,穑人昏作,粟帛滞积,大业惟兴,是用锡君衮冕之服,赤舄副焉。君敦尚谦让,俾民兴行,少长有礼,上下咸和,是用锡君轩县之乐,六佾之舞。君翼宣风化,爰发四方,远人革面,华夏充实,是用锡君朱户以居。君研其明哲,思帝所难,官才任贤,群善必举,是用锡君纳陛以登。君秉国之钧,正色处中,纤毫之恶,靡不抑退,是用锡君虎贲之士三百人。君纠虔天刑,章厥有罪,犯关干纪,莫不诛殛,是用锡君鈇钺各一。君龙骧虎视,旁眺八维,掩讨逆节,折冲四海,是用锡君彤弓一,彤矢百,玈弓十,玈矢千。君以温恭为基,孝友为德,明允笃诚,感于朕思,是用锡君秬鬯一卣,珪瓒副焉。魏国置丞相已下群卿百寮,皆如汉初诸侯王之制。往钦哉,敬服朕命! 简恤尔众,时亮庶功,用终尔显德,对扬我高祖之休命![2]

这一段话称颂曹操经纬礼律、为民轨仪、劝分务本、敦尚谦让、翼宣风化、官才任贤、秉国之钧、纠虔天刑、折冲四海、温恭为基,孝友为德,涉及曹操的政治业绩、个人政治和道德修养、刑罚治理、军事业绩等各方面,体现了

---

[1] 实际上以特定器物装饰政治权威在中世纪世界各地广为流行,这类器物乃是在中世纪政治操作中用来在权威(authority)与权力(power)之间建立联系的重要媒介(agency)。比如中世纪南印度地区,特别设计的王冠、锅鼓(kettledrum)、遮阳伞(parasol)被视为王室之物,国王出行时进行展示用以体现王室威仪;见 Daud Ali, *Courtly Culture and Political Life in Early Medieval India*, Cambridge: Cambridge University Press, 2004, p.120.

[2] 《三国志·魏书》卷一《武帝纪》,页37。

293

使百姓安居乐业和教化四方的儒家政治理想。这是颇具讽刺意味的政治修辞,本来儒家政治伦理讲究君臣父子上下之仁义礼仪,但在这里却用来称颂以天子威仪加身的曹操。

礼仪中的物质文化值得注意,礼仪中出现的物品均有象征意义,这些象征意义与礼仪参与成员的意识和行为结合在一起,构建了礼仪中的社会关系。虎贲礼仪中的物品包括服装和饰品,前者包括虎纹戎装和鹖冠,饰品包括武器如剑、戟,以及其他朝廷赏赐的佩饰,如符印。虎贲官员的服饰使用了虎纹,这说明虎的形象在实践中被用来装饰一种虎贲头衔拥有者的力量,这和欧洲中世纪骑士和王室以狮子作为标示其身份的纹章图案实际上在功能上类似[1]。从纹章学角度来看,虎贲可以看作是王族或者皇族的私家军队,而虎纹显然是其军徽的标示。关于虎贲官员服饰上的虎形图案的具体说明见于《后汉书》卷一一九《舆服志》下,其文略云:"虎贲将虎文裤,白虎文剑佩刀。虎贲武骑鹖冠,虎文单衣。襄邑岁献织成虎文云。鹖者,勇雉也,其斗对一死乃止,故赵武灵王以表武士,秦施之焉。"其后,《通典》卷二九《职官》一一《武官下》"虎贲中郎将"条亦云:"虎贲中郎将主虎贲宿卫,冠插两鹖尾,沙谷单衣,虎文锦袴,余郎皆然"。这些文字中出现的"虎文"即是"虎纹",应无疑义。

很显然,这种虎纹在服饰的装饰中有着非常重要的象征意义,可以通过视觉传达给观看者重要的政治信息。与虎纹结合在一起的鹖尾装饰也值得注意,因为这里的鹖乃是猛禽,与作为猛兽的虎一起用来象征武士的勇猛[2]。这方面的实物材料并不多,不过学者们也注意到唐代的遗存。

---

[1] 中世纪纹章学是一门专门的学问,欧美学者研究甚多,这里仅列若干种较有代表性著作: Anthony Wagner, *Heralds and Heraldry in the Middle Ages: An Inquiry into the Growth of the Armorial Function of Heralds*, London: Oxford University Press, 1939; Ottfried Neubecker, *Heraldry: Sources, Symbols and Meaning*, Maidenhead, England: McGraw-Hill, 1976; Thomas Woodcock and John Martin Robinson, *The Oxford Guide to Heraldry*, New York: Oxford University Press, 1988; Michael Maclagan and Jiri Louda, *Line of Succession: Heraldry of the Royal Families of Europe*, London: Little, Brown & Co., 1999.

[2] 在美洲北部大平原地区,印第安人部落酋长也常身披猛兽之皮、头戴猛禽羽毛以象征其权威和力量,在举行仪式时,也伴随群体音乐和舞蹈,刻意营造庄重的气氛。见 Howard L. Harrod, *The Animals Came Dancing: Native American Sacred Ecology and Animal Kinship*, Tucson: University of Arizona Press, 2000, pp. 75 – 79.

第五章 装饰与象征：中世纪视野中的猛兽与王权

如刘永华提示了陕西咸阳底张湾唐墓出土身穿虎纹绢甲的武士俑形象，指出这些绢甲乃是《唐六典》所说的绢甲，即礼仪甲，并不用于实战，而是宫廷礼仪甲士的服饰[1]。这里身穿虎纹绢甲的武士相当可能就是来自朝廷的虎贲武士。

在虎贲的纹样装饰中，与虎联系在一起的是鹖。初唐时期高祖命欧阳询(557—641)、令狐德棻(583—666)、陈叔达(？—635)等人编《艺文类聚》(624年编成)，在卷九十《鸟部上》单列出"鹖"条，其中所引材料多与政治权力和武力的强大与勇猛有关。开篇引《说文》云该鸟类似雉，出自上党；接着引《列子》云黄帝与炎帝交战时以雕鹖为帜，这已经是作为王权的象征了。当然也引了《续汉书·舆服志》中关于虎贲武骑戴鹖冠的记录。曹植和王粲均作有《鹖赋》为之赞颂。曹植称之为伟鸟[2]。但《艺文类聚》所列兽部没有专列"虎"条，想必是初唐时避李唐皇室祖上李虎名讳的缘故，因为此书的编纂乃是皇帝授意，当然不能不从皇室的角度考虑，避免引起皇室的不快。当然，从《艺文类聚》的性质来说，因为是士人按照朝廷的旨意来编纂这本书，因而这本书所引的材料也体现了其政治关怀。

政治文化是一个复杂的体系，涉及政治参与者和构建者的政治知识、信仰、道德，以及政治参与者与构建者对制度、礼仪的理解和认同，同时他们的政治知识、信仰和道德与政治文化中所出现的符号象征联系在一起，即这些参与者对这些符号有一定的理解，这些符号既包括名号，如各类称号、名字，也包括服饰及其装饰图像符号(icons)，甚至身体动作、姿势(bodily postures and gestures)。换句话说，这些符号的涉及和定型实际上与政治参与者的日常行为观念和个人经验分不开。比如美国总统就职典礼时在宣誓中使用美国广大选民熟悉的《圣经》作为象征，因为《圣经》正是人们日常生活中十分熟悉的物质文本，在这个宣誓过程中，出现了《圣

---

[1] 刘永华：《中国古代军戎服饰》，上海：上海古籍出版社，1995年，页96。
[2] [唐]欧阳询等编、汪绍楹校：《艺文类聚》下，上海：上海古籍出版社，1985年，页1572—2573。

经》这样的图像符号,也出现了总统将手放置在《圣经》上的宣誓动作,这些都是展示给观众看的仪式化动作,带有表演性,同时传递修辞性信息(rhetorical information),即通过表演说服观众接受其权威性。这里面一个重要的因素是,表演者和观赏者对仪式本身有一些共识,比如他们都了解《圣经》作为神旨的权威象征,他们都知道宣誓乃在于总统和神之间签订一个契约。如果这些人没有共识,这个仪式便失去了其意义上的依据和效用。虽然古代和中世纪的贵族和王室或通过世袭获得权力,或通过军功、征服获得权力,但其合法性仍需要不断使用一些仪式来进行强化,并将这种权力的权威感通过仪式表演传递给那些追随者。这样一些仪式甚至作为传统一直流传到近现代民选政府首长的就职仪式,以显示其权威性和合法性,尽管近现代被称为解魅(disenchanted)的社会。总之,政治仪式被普遍认为在构建政治关系、共识、利益集团认同中起了至关重要的作用[1]。

在中国古代社会,作为表演仪式的组成因素,虎贲制度规定中出现虎纹的服饰细节并非没有意义,衣着服饰在日常生活特别是政治和社会生活中往往传递十分重要的信息,体现社会成员的政治和社会身份、地位,这在东亚地区表现尤为明显。《后汉书》卷一一九《舆服志》上云:"夫礼服之兴也,所以报功章德,尊仁尚贤。故礼尊尊贵贵,不得相逾,所以为礼也,非其人不得服其服,所以顺礼也。顺则上下有序,德薄者退,德盛者缛。"该志提及的皇室服饰上常绣六大吉兽的图像,熊、虎、赤罴、天鹿、辟邪、南山丰大特,其中后三者为想象中的神兽。服饰和礼乐为中心的政治文化的密切关系由此可知。

---

[1] 对欧洲中世纪的讨论见 Geoffrey Koziol, "The Dangers of Polemic: Is Ritual Still an Interesting Topic of Historical Study?", *Early Medieval Europe* vol. 11, no. 4 (2002), pp. 367–388; Christina Pössel, "The Magic of Medieval Ritual," *Early Medieval Europe* vol. 17, no. 2 (2009), pp. 111–125;同作者的博士论文 "Symbolic Communication and the Negotiation of Power at Carolingian Regnal Assemblies, 814–840," at Trinity Hall, University of Cambridge, 2004;对中亚的讨论见 Ron Sela, *Ritual and authority in central Asia: The khan's inauguration ceremony* (Papers on Inner Asia), Bloomington: Indiana University Research Institute for Inner Asian Studies, 2003;对近代中国政治礼仪的讨论见 Henrietta Harrison, *The Making of the Republican Citizen: Political Ceremonies and Symbols in China 1911–1929* (Studies on Contemporary China), Oxford: Oxford University Press, 2000.

第五章　装饰与象征：中世纪视野中的猛兽与王权

历代正史从范晔撰《后汉书》开始，很多设有《舆服志》专章讨论官员和民众出行的车舆、参与礼仪以及日常使用的服饰、佩戴的礼仪用品，如《晋书》《南齐书》《旧唐书》《宋史》《金史》《元史》《新元史》《明史》《清史稿》均有《舆服志》，《新唐书》则更名为《车服志》。这些志书对于车舆的装饰描述尤为细致，而服饰中首先拿出来讨论的又是在中国礼乐文化中备受瞩目的冠，然后才讨论在服装上的装饰品，如玺、革带、印绶、笏、佩剑等表明身份的象征器物。如笏，《晋书·舆服志》云："笏，古者贵贱皆执笏，其有事则摺之于腰带，所谓搢绅之士者，搢笏而垂绅带也。绅垂长三尺。笏者，有事则书之，故常簪笔，今之白笔是其遗象。三台五省二品文官簪之，王、公、侯、伯、子、男、卿尹及武官不簪，加内侍位者乃簪之。手版即古笏矣。尚书令、仆射、尚书手版头复有白笔，以紫皮裹之，名曰笏。"可知其对于各级官员之重要性。对于政治文化与服饰之密切关系，历来学界也有较多研究[1]。

在中国古代政治生活中，作为政治礼仪的一部分，衣装服饰更是反映政治等级的重要工具，如皇帝的制服在帝制时代出现在任何一位官员身上甚至家中，将会和组织虎贲举行仪式一样，被视为僭越，不合礼制。各级官员的服饰，依据其品级有不同的图案设计和装饰[2]。具体到我们这里要讨论的主题，虎贲的服饰不仅为虎贲将士本身的身份证明，因为虎贲的地位和作用，其服饰也象征和装饰了皇室的权力。从服饰的佩戴者和

---

[1] 下文将在讨论中提及一些中国学界的研究，此处列出日本学界的一些重要研究如下：杉本正年：《东洋服装史论考·古代编》《东洋服装史论考·中世编》，东京：文化出版局，1979、1984 年；武田佐知子：《古代国家の形成と衣服制》，东京：吉川弘文馆，1984 年；原田淑人：《汉六朝の服饰》，原刊1937 年，增补本刊于 1967 年，东京：东洋文库；同氏《唐代の服饰》，东京：东洋文库，1970 年；林巳奈夫：《汉代の文物》，原刊京都大学人文科学研究所，1976 年，增补本刊于京都朋友书店，1996 年。这些著作取材均十分广泛，除传世文献中史部、集部文献之外，亦多使用画像石、墓室壁画等考古材料。

[2] 如阎步克对古代等级制下的服冕从制度史角度进行了讨论，见《服周之冕——〈周礼〉六冕礼制的兴衰变异》，北京：中华书局，2009 年，其绪论部分提示了中国古代服饰高度数字化，对于区分人群、划分权力和分配利益的作用，试图从官制和礼制角度来探讨朝廷服饰。他也简要引用了瞿同祖《中国法律与中国社会》和葛承雍《中国古代等级社会》中的叙述。其实，一般而言，在现代社会生活中，不同的衣着服饰不仅为不同行业服务，如消防员的制服、士兵的野外迷彩、医生的大褂，也反映了社会成员的地位，如学生的学位服、医生和护士的服饰、警察与军人的制服。

穿戴者的角度讲，特殊的服饰则为穿戴者建立自信和自我身份认同服务，穿上学位服让穿者经历一种获得学位之后的自我身份认同，不同学位获得者其学位服的颜色和装饰亦不同，这也如同出家众由在俗服饰换成出家僧服的感受类似。除了服饰之外，虎贲使用的器械也被认为是象征天子的权威。如司马彪《续汉书》中记载了一个故事，汉桓帝临辟雍时，行礼完毕。众位公卿退出，见虎贲将其弓置于阶上，于是公卿下阶时皆躲避此弓。当时有位叫孙穆的侍御史刚好也经过此阶，大声呵斥虎贲曰："执天子器，何故投于地！"于是虎贲感到害怕，当即提起此弓。这个故事表明虎贲战士持有的弓乃是天子之器，不可随便安置[1]。

在中古和现代社会，服饰（garment）和装饰（adornment）与身份认同均密不可分，在政治和宗教上都是如此，用于政治和宗教仪式的服饰和装饰尤为重要。佛教原本在入华前各个社区因其遵守的律法不同，穿着不同的僧衣，如法藏部重赤色，化地部重青色，大众部重黄色，说一切有部重黑衣。但后来佛教进入中国之后，在中古中国僧团内部发展出自己的僧衣服饰传统，尤其受说一切有部影响，故一般僧人穿着普通袈裟，常为黑色，故称缁衣，如刘宋文帝重用慧琳，此人即被称为黑衣宰相。而高级僧人则有皇帝赐予的紫袈裟来象征其地位和威望[2]，这些不同服饰也体现了穿者不同身份的认同。而皇帝使用虎贲服饰，并用虎纹装饰，乃在于其本身无论如何体格雄伟，终究不如百兽之王那样威风，所以除了在其下令创作的传记文献中对其身体特征进行夸大之外，亦想办法从其贴身护卫将士的服饰展示中体现其威严和高贵，这当然也可以看作是借重虎纹的装饰来虚张其势，通过物质表现来放大文化意义，建立观看者对仪式展示者权力和威严的认同感。

汉代虎贲制度由魏晋南北朝各个政权继承并略有变迁，但其宿卫宫廷、服务于王室丧葬婚聘礼仪之主要职责没有太大变化。如荀绰《晋百

---

[1] 见《后汉书》卷四三《孙穆传》标点本所引文，页1463。
[2] John Kieschnick, *The Impact of Buddhism on Chinese Material Culture*, Princeton: Princeton University Press, 2003, pp. 86–115.

第五章 装饰与象征：中世纪视野中的猛兽与王权

官表注》曰："虎贲诸郎，皆父死子代，汉制也。"后汉虎贲中郎将因官职重要，多由外戚担任。虎贲和虎牙的宿卫制度均为后代继承。虎贲官职在北魏和晋代出现了新的发展。如《晋书·食货志》云晋代设有殿中冗从虎贲、殿中虎贲、持椎斧武骑虎贲、持钒冗从虎贲、命中虎贲武骑等职。《魏书·官氏志》中则记载北魏太和令中出现了戟悍虎贲将军、募员虎贲将军、高车虎贲将军以及相应的低级官员等职[1]。《宋书》记载刘宋时期的虎贲制度则出现了不同虎贲的职务分工，如守陵虎贲、殿中虎贲、持椎斧武骑虎贲、五骑传诏虎贲、尚食虎贲，其服务的对象也主要是宫廷王室。可以说，虎贲制度主要是服务于王室政治权威的象征地位和威严。带虎字称号的其他武官制度也逐渐在南北朝时期发展起来，且这些称号并不用于宿卫宫廷之士，而成为出外征战的将军名号。如三国时魏国有虎威将军。北魏也设立了虎威、虎牙、虎奋将军[2]；南齐设立了虎旅将军。这些将军的名号体现了当时中国广大地区政治阶层对以虎来象征军事武力的普遍认知。

进一步而言，据《通典》可知虎贲制度在中古五礼中起了关键作用，在嘉礼、军礼、凶礼等各个场合均可看到虎贲制度的运用。如据《通典》卷七六《军礼》云周代制度虎贲氏掌先后王而趋以卒伍。王出，将虎贲士居前后，虽群行，亦有局分。《通典》卷七〇《嘉礼》"元正冬至受朝贺"条云东汉时期岁首正月为大朝受贺时，其仪式中陈列羽林、虎贲。《通典》卷七八《军礼》"时傩"条讨论了东汉举行大傩，谓之逐疫。在逐恶鬼于禁中时，侍中、尚书、御史、谒者、虎贲、羽林郎将执事，皆赤帻陛卫。《通典》卷七九《凶礼》"大丧初崩及山陵制"条云东汉制度，皇帝驾崩之后，由皇后下诏让虎贲、羽林、郎中署严加宿卫。左右虎贲以及其他宿卫人员均执虎贲戟，屯殿端门陛左右厢。送葬时，由中黄门、虎贲各二十人执绋。《通典》卷八六《凶礼》八"挽歌"条云大唐元陵之制"属三缪练绋于辒辌车为挽，凡六绋，各长三十丈，围七寸。执绋挽士，虎贲千人，皆白布葱褶，

---

[1] 王仲荦：《北周六典》，北京：中华书局，1979年，页372—373。
[2] 虎牙也是南北朝时期的人名。如南齐陈伯之之子名虎牙，官至徐州刺史；见《南齐书》卷八，《和帝本纪》，页113。

白布介帻。分为两番"。实际上，自汉代以来，皇帝、宗室诸王、公主死后，在其丧葬、祭祀礼仪中均使陈列虎贲，以示皇室尊贵之威仪。如后汉制度规定皇帝死后举行丧葬时，由"中黄门、虎贲各二十人执绋，司空择土造穿，太史卜日，谒者二人，中谒者仆射、中谒者副将作，油缇帐以覆坑，方石治黄肠、题凑、便房如礼"[1]。这些记载均说明虎贲将士在皇权象征中地位非常重要，其角色在皇室葬仪中不可缺少。

祭祀礼仪中亦使用虎贲作为陈列。汉章帝元和三年(86)巡幸东平宪王刘苍之陵，"为陈虎贲、鸾辂、龙旗，以章显之，祠以太牢，亲拜祠坐"[2]。后汉清河孝王刘庆死后，丧葬时也获得赐龙旗九旒，虎贲百人。这一制度为魏晋南北朝隋唐继承。刘宋时期临川烈武王刘道规死后，皇帝对其"加殊礼，鸾辂九旒，黄屋左纛，给节钺、前后部羽葆、鼓吹、虎贲班剑百人"，后来"长沙太妃檀氏、临川太妃曹氏后薨，祭皆给鸾辂九旒，黄屋左纛，辒辌车，挽歌一部，前后部羽葆、鼓吹、虎贲、班剑百人"[3]。长沙景王刘道怜死后，其祭礼依晋太宰安平王故事，鸾辂九旒，黄屋左纛，辒辌，挽歌二部，前后部羽葆、鼓吹，虎贲班剑百人[4]。唐初平阳公主薨，唐高祖诏加前后部羽葆、鼓吹、大辂、麾幢、班剑四十人、虎贲甲卒[5]。鼓吹即是音乐配置。这说明在仪式举行过程中，不但有用服饰、配饰等物品的具体形象来刺激观众视觉从而展示威仪的一面，同时也有用音乐来刺激观众听觉的一面。这样通过观众对仪式的整个气氛有一个较为全面的体会和认识，从而仪式组织者和表演者从中建立起权威和秩序[6]。这也许

---

[1] 《后汉书》第六《礼仪志》下"大丧"条，页3144。
[2] 《后汉书》卷四二，《光武十王·东平宪王苍传》，页1442。
[3] 《宋书》卷五一，《临川烈武王道规传》，页1475。
[4] 《宋书》卷五一，《长沙景王道怜传》，页1463。
[5] 《旧唐书》卷五八，《平阳公主传》，页2316。
[6] 近年来，宗教学者越来越注意认知在宗教中的地位和意义，一些讨论见 E. Thomas Lawson, and Robert N. McCauley, *Rethinking Religion: Connecting Cognition and Culture*, Cambridge: Cambridge University Press, 1990; Robert N. McCauley and E. Thomas Lawson, *Bringing Ritual to Mind: Psychological Foundations of Cultural Forms*, Cambridge: Cambridge University Press, 2002; Harvey Whitehouse and Robert N. McCauley, *Mind and Religion: Cognitive and Psychological Foundations of Religiosity*, Walnut Grove, CA: Alta Mira Press, 2005; Kelly Bulkeley ed., *Soul, Psyche, Brain: New Directions in the Study of Religion and Brain-Mind Science*, New York: Palgrave MacMillan, 2005.

第五章 装饰与象征：中世纪视野中的猛兽与王权

是中国古代礼乐文化的机制所在，即礼乐通过听觉和视觉的功能进入观众的认知之中，从而建立起观众和仪式表演者之间的联系。

上面比较侧重讨论文献以及基于文献的制度，这些相关文献是非常有限的，远远不能展示历史丰富和复杂之万一，我们从文献中很难看到动态的、三维的历史变化，想想我们甚至连虎贲陈列的图像资料都不易找到，更何况重现他们的日常生活。这是仅从文献研究历史的局限。如果要深入讨论虎贲的礼仪意义，还需以想象回到当时去仔细理解其在参与者和当事人认知系统中的功能和这些功能所反映的政治意义，这样的想象当然不是空想，而是建立在一定的历史上下文基础之上。我们在这里将虎贲日常工作和生活的空间看成是一个社会剧场，将参与者和观众看成表演角色来分析虎贲参与礼仪的过程及其意义。因此，参与者如何表演和观众如何能通过听觉和视觉来理解这些仪式，需要进一步分析。

仪式和文献一样，也有作者和读者。仪式的举行乃有一定的文献或口传传统的根据。虎贲仪式当然有其礼仪文献依据。同时该仪式的举行也面向特定的仪式参与者和观看者，有其特定的展示对象。首先可以推测的是，虎贲陈列仪式的主要观众应该是朝廷官员，因为在这些仪式举行的场合，其主要参与者为朝廷百官。这些官员在其家庭教育和学校教育背景中长期以来接受了礼乐文化的熏陶。他们对于家族祭祀、朝廷祭祀的理解来自对儒家经典的学习，以及日常生活的经验，比如对天地万物自然、鬼神、魂魄的体会和理解，对自然、社会、政治秩序的体会和理解。祭祀仪式本身是建立和强化社会成员相互联系和建立与强化一个集团内部社会关系的手段和工具，虎贲展示也是建立和强化组织者、表演者以及观众之间社会关系的一种仪式，这里的组织者主要指皇帝及其下面的高级官员，制定制度和决定制度实施的官员，而表演者指这些虎贲将士，观众则包括其他官员以及部分在场民众，这些民众包括虽然列入古代国家官僚的等级制度却在政治生活中几乎没有太多表现的宫廷人员，特别是女性。从史料来看，在这些朝廷和宫廷礼仪举行过程中，女性和宫廷中的未成年人基本上不太出现在记载之中，因为他们并非扮演主要角色。这些人均对虎贲制度所反应的政治文化、制度、礼仪有或多或少的知识和体会,能够理解和接受甚至欣赏虎贲礼仪的意义和作用,而这种理解、接受和欣赏正是这些礼仪得以存在的理由。

换言之,虎贲的制定者、表演者和观赏者之间对虎、虎贲战士形象、虎贲仪式这些仪式中的图像、场景、动作等关键因子所反映的象征意义存在共识[1],比如对虎的勇猛、对虎贲战士角色、虎贲制度的表演过程均有共识,有些是来自他们各自的日常生活经验,有些是来自制度学习,有些来自其他人的口头训示或告知。另一个共识是虎贲展示的正式性(formality),即表演者和参与者对其严肃性、礼仪性、纪律性均有共识,了解在这样的场合自己的语言、姿势、空间位置应该符合特定的身份,而不应做出和自己身份不符的动作[2]。可以推测的是,真正了解有关虎贲制度礼典的虎贲战士恐怕是少数,大多数人不关心文献如礼仪手册的记载,而是通过口头训示了解虎贲展示的过程以及这个展示过程中自己所应站立的位置。可以推测,这些战士恐怕并未仔细阅读制度文献,而主要从官员和上级的命令中学习仪式本身的实际操作。但是礼典文献的权威性仍然通过长官的命令进入士兵的意识,从而发生作用。士兵从而认同和支持这一权威性,否则他们的行为会出现不合礼制之处。也因此可以推知,文献、口头命令,在构建虎贲将士之间和虎贲与朝廷之间的社会关系上,起了重要作用。

换言之,虎贲虽然不一定精通制度和礼仪文献,但通过口耳相传以及长官的言传身教,人人懂规矩,个个知进退,而这样的正式性将全体参与者有序地组织起来,构成了一个正式的社会空间秩序。总之,这类共识乃是这一仪式得以举行的前提和基础。有些官员在政治上比较资深,自然对虎贲制度的展示比较容易理解和接受,而参与的资历较浅的官员以及

---

[1] Timothy Lubin, "Ritual Self-Discipline as Response toward to the Human Condition: Toward a Semiotics of Ritual Indices," in Axel Michaels ed., *Ritual Dynamics and the Science of Ritual*, vol. 1: *Grammars and Morphologies of Ritual Practices in Asia*, Wiesbaden: Harrassowitz, 2010, pp. 263–274.

[2] Judith T. Irvine, "Formality and Informality in Communicative Events," *American Anthropologist*, New Series, vol. 81, no. 4 (1979), pp. 773–790.

第五章　装饰与象征：中世纪视野中的猛兽与王权

少年观众则在参与中经历一个被说服、被教育的过程,逐渐加深对这一制度和礼仪的理解,这也正是礼仪表演的意义,即礼仪可以通过表演来由上一代传承和延续至下一代。

人类学家通过研究仪式,认为在仪式上象征性知识(symbolic knowledge)存在身体式知识(bodily knowledge)和文献式知识(textual knowledge)两种形式,前者通过社会群体在身体的动作、表情等表演中产生、传播仪式的象征性知识,而后者通过书写、传递也能传播象征性知识[1]。虎贲展示不仅涉及身体表演和视觉展示,也涉及文献,因为在政治权力干预下制度本身建立在礼仪文本基础之上。文献往往会追溯历史以通过历史渊源来建立其权威性,比如虎贲制度的文献常常追溯到周代虎贲的出现,或者将汉代虎贲作为礼仪陈列的开始,而这是身体知识无法做到的。后来人正是通过阅读文献从而将当下的仪式境况和古代历史和文化传统以及前辈的具体实践联系起来。这可以视为历史的延续和变化,或者传统的保存、发明与再发明。另一方面,仪式中的象征性知识通常和实践知识联系在一起,比如虎贲仪式之有效性在于参加仪式的人员在日常生活实践中积累了对猛虎的认知,了解猛虎的象征意义。同时,象征性知识和意识形态知识又有所区别,意识形态的操纵者固然以猛虎的权力象征来建立权威,但受众对意识形态的理解可能和他们对象征的理解有所不同。

不过,制度和礼仪的制定、实践实际上也是一个不断商讨、议定,甚至在实践中不断变迁的产物,很难用单一不变的维度来看待。所以,从这个意义上说,虎贲展示实际上起着构建和沟通皇权及其代表的朝廷、官员、其他民众之间社会关系的作用并将这种社会关系进行代际传承、延续、演变。我们在研究礼仪时,要注意其表演的方面,如果只是从文献学的角度关注文本规定的变化以及当时人如何讨论这些文本上的变化,实际忽视

---

[1] Thomas Gibson, *And the Sun Pursued the Moon: Symbolic Knowledge and Traditional Authority among the Makassar*, Honolulu: University of Hawaii Press, 2005, pp. 18 - 38.

了历史本身不但内容丰富而且充满动态变化。

从以上讨论可知,这一虎贲制度在各类政治礼仪中的运用最能体现皇室权力和地位之无比尊贵与威严。虎贲制度中所显示的陈设虎贲的行为、展示虎贲的服饰、规范虎贲将士出现的场合等等,主要是为了引起参与礼仪官员的注意,让他们在有意、无意的观瞻中体会和认同皇室的权力象征,从而维持一个稳定的政权内部秩序。正如人类学家指出的,仪式的表演正确与否对于参与者来说比仪式本身所代表的意义更为重要,即使参与者不能完整理解仪式的意义,但他们可以判断这一仪式表演的正确与否,即表演程序安排上是否合乎礼[1]。中国古代的所谓礼,应该至少从三个角度来看待,即礼法、礼制、礼仪,包括有关礼仪的书面法典,这一法典规定的制度,按照法典和制度实施的礼仪。礼仪参与者对这三者的理解和认同恐怕是有很大差异的,至少史料显示朝廷上官员们修订礼典时常常有不同意见。实际上,有权力者通过改变服饰和实行仪式展示来强化下属对其权力的认同和服从乃是世界史中十分普遍的现象[2]。在中国历史上常常将政治正统称为所谓衣冠所在,可见服饰礼仪对于政治权威之重要性,也因此出现对胡服骑射的争论和北魏孝文帝汉化运动的争议,类似的改变服饰以适应新的统治需要在世界其他地区政权变化中也不鲜见[3]。

中国古代虎贲制度的设立和在各类皇室礼仪实践中的展示,也说

---

[1] 有关这方面仪式象征的研究,见 Gilbert Lewis, *Day of Shining Red: An Essay on Understanding Ritual*, Cambridge: Cambridge University 1980, pp. 6 – 38.

[2] 相关研究参见 Janet Nelson, *Politics and Ritual in Early Medieval Europe*, London: Hambledon Press, 1986; Geoffrey Koziol, *Begging Pardon and Favor: Ritual and Political Order in Early Medieval France*, Ithaca: Cornell University Press, 1992; Frans Theuws and Janet L. Nelson eds., *Ritual of Power: From Late Antiquity to the Early Middle Ages*, Leiden: Brill, 2000; Sergio Bertelli, *The King's Body: Sacred Rituals of Power in Medieval and Early Modern Europe*, University Park, PA: Pennsylvania State University Press, 2003; Kiril Petkov, *The Kiss of Peace: Ritual, Self, and Society in the High and Late Medieval West* (Cultures, Beliefs and Traditions Medieval and Early Modern Peoples), Leiden: Brill, 2003; Hans J. Hummer, *Politics and Power in Early Medieval Europe: Alsace and the Frankish Realm, 600 – 1000* (Cambridge Studies in Medieval Life and Thought: Fourth Series), Cambridge: Cambridge University Press, 2009.

[3] 如在印度南部伊斯兰化过程中,当地王室也改换服饰;这一问题的讨论见 Phillip B. Wagoner, "'Sultan among Hindu Kings': Dress, Titles, and the Islamicization of Hindu Culture at Vijayanagara," *Journal of Asian Studies* vol. 55, no. 4 (1996), pp. 851 – 880.

第五章　装饰与象征：中世纪视野中的猛兽与王权

明了这种权力的展示与强化与皇权认同之间的密切联系。这种制度和联系之间的主角是人，即构造和实践这些制度和联系的关键人物，他们总是在日常政治中不断商讨这些制度和联系，从而以其意志和行为构建出具体的社会和文化关系网络。最后要说明的是，虎贲制度的设立源自男性武力的显示，围绕强化男性政治权力，也体现了男性将猛虎作为权力象征的意识。女性统治者对于猛兽象征的认识，体现在武则天政权中以动物作为象征的应用，在后文中讨论九龙主题时再加说明。虎贲制度实际上反映了中古时期性别的差异，参与塑造了古人对性别的认识。

除了虎贲制度之外，虎的象征也以其他形式出现，如旌旗上的猛虎装饰以及虎皮作为皇室成员太子、公主纳征之礼物[1]，这些活动显然都具有公开展示的象征意义，其主要目标乃是政权中的官员以及被统治的人们，这些目睹者虽然未必理解这些礼仪的政治意义，却能自己通过观察这些以虎的形象装饰的服饰和器物体会到权力的所在。另一方面，虎皮也有其他的象征意义，在传统官修或官订正史中亦有用虎皮象征蛮夷首领的记载。中亚国王均坐狮子座，而西南蛮夷酋长则衣虎皮，有军功者获赐虎皮。如南诏"自曹长以降，系金佉苴，尚绛紫。有功加锦，又有功加金波罗，金波罗，虎皮也"[2]。西南地区的奉国、苴伽十一部落，"春秋受赏于巂州，然挟吐蕃为轻重。每节度使至，诸部献马，酋长衣虎皮"[3]。后唐时明宗曾赐吐蕃使者每人一张虎皮，当时昆明部落的酋长亦披虎皮[4]。但沈从文先生研究了云南地区出土的图像材料，认为当地奴隶主亲信身披虎皮，并引用了《蛮书》中的记载[5]。而在佛教中，虎皮乃是外

---

[1]　唐杜佑《通典》卷六六《嘉礼》"旌旗"条云周代制度乃由司常掌九旗，师都建旗，以熊虎为旗。画熊虎者，乃是象其守猛，让人莫敢犯也。《宋书》卷一一四《礼志》云刘宋孝武纳王皇后时，其使用的纳采即包括五雁六礼，其中有虎皮两张。
[2]　[北宋]欧阳修等：《新唐书》卷二二二《南蛮·南诏传》上，页6269。
[3]　[北宋]欧阳修等：《新唐书》卷二二二《南蛮传》下，页6324。
[4]　《旧五代史》卷一三八，分别见《吐蕃传》、《昆明部落传》，页1841、1846。
[5]　沈从文编者：《中国古代服饰研究》，页140。他还指出晋代高人隐士图像中坐褥以虎、豹、熊皮较为常见，见页218。

道的象征[1],如柏孜克里克九号窟壁画上的婆罗门即身着虎皮[2],这与佛教中佛、菩萨、天龙八部、供养人的装饰均不同。

格伦威德尔探险队在高昌获得一块约出自八至九世纪的残壁画(现藏柏林印度艺术博物馆,编号 MIK III 4799)上有一人头顶虎皮,学者们未能确定其性质,暂时认定是天(devata)[3],其时很可能也是外道的造型。但是,中原地区的佛教艺术中似乎已不太容易见到虎皮的造型。

虽然我们上面的讨论侧重在政治生活中猛虎的象征意义,其实狮子在南北朝政治权力的装饰和象征中并未完全缺席,狮子被纳入当时政治文化的塑造反映了在这一时期外来动物形象在中原地区逐渐被接受和吸收。如南齐时,皇后车辂以狮子装饰,车轭皆施金涂螭首及龙雀诸饰[4]。南齐的辇舆车辕枕绣有长角龙、白牙兰、玳瑁金涂校饰。漆障形板在兰前,金银花兽攫天代龙师子镂面,榆花钿,金龙虎[5]。南朝皇室辇舆中出现的狮子造型,如同南朝皇室陵墓前出现的有翼狮子雕像一样,显然是西域传来的胡风所造成的影响[6]。唐代永泰公主墓出土石椁立柱上也有狮子纹样装饰。

实际上,在中古时期的宗教话语中,虽然在佛教文献中虎取代了狮子

---

[1] 参见《大正藏》册三,[刘宋]求那跋摩译:《过去现在因果经》卷二,页640c。
[2] Herbert Härtel ed., *Along the Ancient Silk Routes: Central Asian Art from the Western Berlin State Museums, An Exhibition lent by the Museum für Indische Kunst, Staatliche Museen Preussicher Kulturebesitz*, Berlin, Federal Republic of Germany, New York: The Metropolitan Museum of Art and Harry N. Abrams, 1983, p. 148, no. 83, a Brahman on a wall painting from Bezeklik, temple 9, 9th century, MIK III 6891; Albert von Le Coq, *Chotscho: Facsimile-Wiedergaben der wichtigeren Funde der ersten königlich preussischen Expedition nach Turfan in Ostturkistan*, Berlin: D. Reimer, 1913, pp. 16, 17; H. Härtel, V. Moeller, and G. Bhattacharya, *Katalog: Ausgestellte Werk*, Berlin: Museum for Indische Kunst, 1971, 1976, no. 526.
[3] 其图像见东京国立博物馆编集,《シルクロド大美術展》(*Grand Exhibition of Silk Road Buddhist Art*),东京:读卖新闻社,1996年,页163,181号图版"天部头部",解说指出从地中海到印度广大地区均有兽皮图像分布,狮子皮常常出现在赫拉克勒斯、执金刚神、天龙八部之乾达婆的图像中。但这个虎皮图像的尊名尚待确定。
[4] 《通典》卷六五《嘉礼》"皇太后皇后车辂"条。
[5] 《通典》卷六六《嘉礼》"辇舆"条。
[6] 当然,大概可以说,宋以后狮子逐渐本土化,狮子纹饰在官员的服饰中也成为常态。比如在清代,二品武官穿绣有狮子的官服,而四品武官则穿绣有虎的官服;见 The Chinese Institute in America ed., *Animals and Birds in Chinese Art*, New York: The China Institute in America, 1968, p. 37.

第五章　装饰与象征：中世纪视野中的猛兽与王权

在十二生肖中的位置，但在其他中国本土宗教传统中并非总是由猛虎取代狮子的地位。如狮子居然也曾取代过猛虎在四灵中的地位。武则天时期道教徒在他们关于祥瑞的说法中使用了狮子、麒麟的象征来为武则天上台造势，如《全唐文》卷九三三所收杜光庭撰《历代崇道记》。其文略云：

> 文明元年（684），天后欲王诸武。太上乃现于虢州阌乡县龙台乡方兴里皇天原，遣邬元崇令传言于天后云：国家祚永而享太平，不宜有所僭也。天后遂寝，乃舍阌乡行宫为奉仙观。后庆山涌出于新丰县界，高三百尺。上有五色云气，下有神池数顷，中有白鹤鸾凤，四面复有麒麟狮子。天后令置庆山县。其诸祥瑞，具载《天后实录》，以表国家土德中兴之兆也。又舍中岳奉天宫为嵩阳观，以追荐高宗大帝也。

此处出现的四种动物为白鹤、鸾凤、麒麟、狮子，其中鸾凤和麒麟均是传说中的动物，并非自然界实际存在的动物。此处在道教叙事中狮子似乎取代了猛虎的地位，通常中国本土传统中的四灵为麟凤龟龙，见《礼记》卷九《礼运篇》："何谓四灵？麟凤龟龙，谓之四灵。故龙以为畜，故鱼鲔不淰；凤以为畜，故鸟不獝；麟以为畜，故兽不狘；龟以为畜，故人情不失。故先王秉蓍龟，列祭祀，瘗缯，宣祝嘏辞说，设制度，故国有礼，官有御，事有职，礼有序。"从这一段中也可以看出，想象中的四灵在想象中的自然秩序中的地位与人类社会中的人情秩序被作者联系在一起，作为一种伦理修辞出现。在儒家的叙事中，人情和制度、礼仪又密切相关，共同维护古代的政治和社会秩序，这主要反映了儒家对建立和谐政治社会秩序的解决方案。而在具体历史情境中，道教、儒家均以动物象征来发展其政治修辞。

除了道教徒以麒麟、狮子用于其叙事中来为武则天政权造势之外，麒麟、狮子的确出现在武则天为其政权形象打造的天枢上，作为权力的一种装饰。虽然维护皇权的意识形态没有改变，作为建立意识形态知识基础的象征性知识却随着不同动物象征的运用而有所变化。据《唐新语》，武则天曾在长寿年间征天下铜铁之料,于定鼎门内铸八棱铜柱,高九十尺,径一丈二尺,题曰"大周万国述德天枢",以纪武周革命取代唐朝之功,贬唐家之德。这一天枢下置铁山,以铁龙负载,而以狮子、麒麟围绕。当时武三思立即作文为之纪念,而朝士献诗者不可胜纪,惟李峤所撰《奉和天枢成宴夷夏群僚应制》一诗冠绝当时[1]。前文已经提到奥尔森认为武则天死后其陵墓有狮子造像守卫乃是受佛教影响,这可能是对的;同时,他没有注意到其实在武则天还在世时其政治造势运动中已经在制造天枢中使用了狮子的造型[2]。从上文所引道教文献来看,这个狮子麒麟的造型却可能是道教徒的建议。

狮子在佛教中有极为崇高的地位,而狮子在佛教中的象征意义早在南北朝时代已经被道教徒引入道教文献。道教叙事文献中实际上也提示了用虎纹来装饰仙人所乘坐的辇以及衣着。如据《南岳总胜集》所载《叙历代帝王真仙受道》中的魏夫人华存的故事,她在修道之时,从东边的虚空中出现乘坐虎辇、玉舆、隐轮之车的四位真人,"并年二十余,容貌伟奇,天姿秀颖,同顶紫华莲冠,飞锦衣裳,琼蘂宝带,体佩虎文,项有圆光,手把华幡。其一人自称曰:我太极真人安度明也;其一人曰:我东华大神方诸青童君也;其一人曰:我扶桑旸谷神王;其一人曰:我清虚真人小有天王王子登也"[3]。这几位仙人所乘坐的虎辇、体上所佩虎文实际上也是为了装饰其不同凡响的地位。虎这种猛兽在这里显然被用来象征仙人权威和力量。

同时,考虑到当时的历史情境,也不排除另外一个因素,即武则天本人对狮子的态度可能也受到此前唐太宗对待狮子的态度影响。狮子在唐

---

[1] 李峤之诗见《全唐诗》册三,卷六一,页725。富安敦讨论了天枢在武周时代修建和废弃始末,见 Antonino Forte, *Mingtang and Buddhist Utopias in the History of the Astronomical Clock: The Tower, Statue and Armillary Sphere Constructed by Empress Wu*, Roma: Istituto Italiano per il Medio ed Estremo Oriente, and Paris: École Française d'Extrême-Orient, 1988, pp. 235 – 245;但他未讨论本文注意到的天枢装饰的细节。

[2] 武则天也对当时官府纹样进行了改革,引进了很多域外因素,其赏赐的官袍因为装饰图案一改以前的传统,被称为异文袍,在主题和风格上受到波斯等艺术风格的影响。这些异文袍基本上确立了后世官服文禽武兽的基调。见马冬:《唐代服饰专题研究》,页220—224。

[3] 《大正藏》册五一,《南岳总胜集》,页1066b。

第五章　装饰与象征：中世纪视野中的猛兽与王权

太宗的皇帝权力象征中已经出现,并在皇家礼仪中得到充分利用。如唐太宗征服高昌之后,设十部乐,分为立、坐二部音乐,其中立部乐有八部,第二部即是太平乐,亦谓之五方师子舞。根据唐人的记录,因为师子作为挚兽,出于西南夷天竺、师子等国,因此缀其毛为衣,可以象其俛仰驯狎之容。跳舞时,由二人持绳拂,为习弄之状。而五师子各依其方色,百四十人歌太平乐,舞抃以从之,服饰皆作昆仑象[1]。

唐太宗对狮子的偏好不是无缘由的,贞观九年(635)西域康国献狮子乃是当时一件大事。如《全唐文》卷一三八收入康国献狮子之后虞世南奉诏所撰《狮子赋》,其文描绘了狮子的形象,云钩爪锯牙,藏锋蓄锐,瞋目电曜,发声雷响,非常强大,以至于可以拉虎吞貔,裂犀分象,碎遒兕于龂腭,屈巴蛇于指掌,践借则林麓摧残,哮吼则江河振荡。因此名将假其容,高人图其质[2]。张九龄亦撰《狮子赞》,赞美狮子天骨雄诡,材力杰异,得金精之刚。仡立不动,可以让九牛相去;眈视且瞋,则可以让百兽皆伏。他也赞美唐朝天子有伏猛之威,可以驯狮子而为用,则锋莫可当。但旋即为皇帝接受狮子提供一个政治合法性,认为皇帝接受外臣所献狮子乃是为了显示其对外邦的怀柔之道,示天地之含容。不这样做,则无德可称也[3]。这样,狮子作为一种外来贡物,成为唐朝皇帝宣传其仁政之道具。

四、结语

由以上讨论可知,从广阔的亚洲史背景来看,狮子和猛虎在政治和宗

---

[1]　见《通典》卷一四六《清乐》"坐立部伎"条。
[2]　[宋]王溥:《唐会要》卷九九,"康国"条云"贞观九年七月,献狮子。太宗嘉其远来,使秘书监虞世南为之赋",上海:中华书局,1955年标点本,页1774。又,《册府元龟》卷四〇《帝王部·好文》云唐太宗时虞世南为秘书监,遇外国献狮子,太宗诏虞世南作狮子赋,编入《东观》。
[3]　唐代对狮子作赋赞美者甚多,如《全唐文》卷三九八还收入牛上士所撰《狮子赋并序》,内云:"穷汗漫之大荒,当昆仑之南轴,铄精刚之猛气,产灵兕之兽族……(狮子)方颐蹙额,隅目高眄,攫地蹲踞,腾空抑扬,簇拳毛以被颈,缕柔毳以为裳;逢之者碎,犀象闻而顿伏;值之者破,鹏鹗不敢飞翔;哮呼奋迅,睒瞲腾振,掌攫攒钯,口衔霜刃;怒双睛以电射,揭一吼而雷霆……闻夫天以煦育为施,草木皆春。帝以惠训为施,猛庆皆仁。夏后氏扰骊龙而伏皁,轩辕氏役熊罴以佐人。此奇兽之为用,岂无用而来驯。何不校之于搏击,投之于绝伦,而使之郁陶于穷槛,区区于后尘者乎"。

教权力象征中的不同,反映了狮子在中近东、南亚、中亚与猛虎在东亚各自作为众兽之王的地位,这种不同来源于亚洲各地自然环境差异导致的动物分布的不同[1]。通过前文的讨论,基本上可以认定,世界古代文明区域中均存在以顶级捕食者来象征王权的现象,其表现形式包括使用顶级捕食者来作为王者称号或者称号的一部分,将顶级捕食者和王室祭祀、供奉的神联系在一起,以顶级捕食者的形象来装饰王者的宫殿建筑、徽章、冠服、权杖,在出行威仪中展示顶级捕食者作为王者象征的形象,在婚葬礼俗中亦使用这些带有顶级捕食者的形象。这一现象的产生源自人们的认知基础乃是以动物世界的秩序来类比人类世界的秩序,在人们心目中动物世界也存在地位最高的猛兽,即中近东、南亚的顶级捕食者狮子,美洲地区的美洲豹,这些地位最高的猛兽,正好相对于人类社会中的"顶级捕食者"王权,因为在人们心目中,王权乃有决定全部臣民生命、财产安全的力量。

值得指出的是,古代王权权威的政治修辞有多种模式,比如传统上均认为王权来源于神授,这被称作代牧政治隐喻(shepherd metaphor),即王者权威来自神或上帝[2],以神之意志和信任来统治人民,也有义务维持相对稳定的社会和政治秩序。不仅在近东、两河流域地区存在这样的政治隐喻,在古代中国也存在同样的政治隐喻,如周代的所谓天命观,也是类似的政治隐喻,即天子作为天之子以天命统治人民。

但是,以猛虎来作为王权象征符号却有更为丰富的政治意义。其一,猛虎作为众兽之王,对食物链上的动物有生杀予夺的大权和能力,可以对所有森林中的动物进行威慑;其二,猛虎作为森林之王,对它生存的一大片区域,实际上也起着维护动物王国秩序,如保护幼小动物不受其他大型

---

[1] 印度国王可能曾经赠送一只猛虎给罗马的奥古斯都大帝。公元一世纪的酒神巴库斯被塑造成一位骑乘猛虎的神。这表明罗马人很早就知道猛虎的存在。见 Susie Green, *Tiger*, p. 60.

[2] Dale Launderville, *Piety and Politics: The Dynamics of Royal Authority in Homeric Greece, Biblical Israel, and Old Babylonian Mesopotamia*, Grand Rapids, MI and Cambridge, U. K.: William B. Eerdmans Publishing Company, 2003, p. 4.

第五章 装饰与象征：中世纪视野中的猛兽与王权

食肉动物攻击的作用。这两方面的意义也适用于其他地区的顶级捕食者。所以，这个猛兽作为王权的象征，实际上也体现了王权的意义，一方面，王者试图传递一个政治隐喻，即其拥有至高无上的政治权力，能威慑其所属百官及臣民，他有能力利用自然界最勇猛的动物作为武力以保护自己；另一方面，王者在其统治范围之内有义务和权威维护一大片统治区域的政治和社会秩序，以保障所有秩序内成员的生存。在这个意义上，王者本身作为人类社会最高统治者具有猛虎在自然界同样的地位，从而在当时人看来，自然秩序和社会秩序之间存在一种对应的权力关系。这应该是猛虎作为政治隐喻象征物的基本机制。

值得指出的是，这种以顶级捕食者作为权力象征和图腾信仰（totemism）较为不同。近代以来，安特路朗、弗雷泽、迪尔凯姆、弗洛伊德、埃文斯-普里查德、列维-施特劳斯等学者均对图腾崇拜进行过研究，并提出了一系列影响很大的理论解释，其中列维-施特劳斯是集大成者。他们的研究对象主要是原始社会，所关心的问题主要是早期社会组织的起源以及信仰、宗教的起源。但是，有些解释和我们这里讨论的主题可以联系在一起。如英国学者佛特斯（Meyer Fortes）和费斯（Raymond Firth）指出，动物以其能动性、形状、颜色和声音更便于人们用于作为图腾信仰对象，动物的特征与家族在物质和心理上十分相似，存在对应关系，因而动物被用来作为图腾。列维-施特劳斯则从结构主义角度出发，将主题指向图腾在人类认知系统中的位置，指出图腾实际上是人们对于自然世界秩序的认知，图腾体现了人们对于物质世界的全面而合乎其内在逻辑的分类和认知以及解释，这个逻辑决定了他们以何种动物作为其部落或家族图腾[1]。

---

[1] Meyer Fortes, "Totem and Taboo," *Proceedings of the Royal Anthropological Institute of Great Britain and Ireland* No. 1966 (1966), pp. 5 – 22; 收入 Meyer Fortes, *Religion, Morality and the Person: Essays on Tallensi Religion*, Cambridge: Cambridge University Press, 1987, pp. 110 – 144. Raymond Firth, *Symbols: Public and Private*, New York: Allen and Unwin, 1973. Claude Levi-Strauss, *Totemism*, Boston: Beacon Press, 1969. 更多讨论见 E. Michael Mendelson, "The 'Uninvited Guest': Ancilla to Lévi-Strauss on Totemism and Primitive Thought," in Edmund Leach ed., *The Structural Study of Myth and Totem: Anthropology and Ethnography*, London: Routledge, 1967, pp. 119 – 140.

具体到中国古代猛虎对于权力的象征和装饰,这里主要围绕虎贲制度的讨论展开。虎作为兽王很早即进入古代政治体系,作为王权的装饰出现。在古代中国,如同在世界其他地区一样,猛兽在动物世界秩序中的地位也用来象征和装饰统治者在人类社会秩序特别是政治和宗教秩序中的地位。虎贲制度虽然奠基于周代,其象征和装饰意义也基本围绕制度、礼仪、服饰来发挥作用。但从汉代至唐代,正如上面讨论所揭示的,其发展也经历了调整和变化的复杂过程。虎贲作为一种礼仪陈设制度,从汉代来看,其表现在于虎贲战士以虎纹作为战袍装饰,以装饰强化其王权护卫者形象,并显示王权之威仪,以视觉形式进入人们的视野,从而从心理上强化观察者对这一权力展示形式的认知和敬畏。中古时期虎贲在嘉礼、宾礼、军礼、凶礼等主要礼仪中均扮演重要的角色。

男女性别、政治等级、文明与野蛮的分野均与虎贲联系在一起。前面我们已经提示了虎贲制度反映的男权意识,也提示了王权如何以虎贲制度和礼仪来塑造,这里要指出的是,五礼的推行反映了中古时期政治意识形态对文明的重新定义,遵守五礼被认为是华夏文明的标志,与不遵守礼仪的所谓夷、狄、胡、蛮、戎部落不同。虎贲在五礼中扮演了重要角色,从而其表演和实施成为定义文明的重要因子。这是很有意思的,本来虎是野外自然秩序的统治者,亦象征粗暴和野蛮,甚至于北朝初期虎仍在胡人领袖称号中出现,但却在所谓华夏政治文化中从周朝以来进入礼仪制度,从而被赋予完全不同的政治象征意义。

在韦伯政治社会学中,中世纪的王权有官僚制和家长世袭制两方面的因素[1]。而在中国古代政治生活中,虎贲制度服务于朝廷和宫廷,前者乃主要指皇帝和百官构成的中央政治决策和执行中枢,宫廷则主要指皇帝及其家族成员构成的群体空间,换言之,虎贲乃是中央政治制度和皇帝制度的主要礼仪工具。虎贲的出现,看来在所谓官僚制和家长世袭制

---

[1] 即使在早期中世纪欧洲,也同样存在这样的政权实践;见 David Bachrach, "Exercise of Royal Power in Early Medieval Europe: The Case of Otto the Great." *Early Medieval Europe* vol. 17, no. 4 (2009), pp. 389–419.

第五章　装饰与象征：中世纪视野中的猛兽与王权

之间建立了一个桥梁，即虎贲的象征表现主要在王室礼仪中展示，虽然并非作为政权拥有者家族的族徽出现，但作为王室权力的象征出现。因为虎贲图像并非王室的族徽，所以其权威性并非与生俱来，而需要通过虎贲展示和名称的制度化，特别其在军事制度和祭祀制度及其相关礼仪上的运用，从而以官僚制的形式来约束这一制度下的官员、民众，最终完成从历史传统以及对自然认知到制度制定和礼仪实践等一系列变化。这一象征将官僚制与世袭制结合在一起的层面往往为传统制度史学者忽视。

我们在以上的讨论中也走出中国史的樊篱，从一个更为宽广的世界史背景来看待在亚、欧、美等地动物世界的秩序与人类社会的秩序之间存在的平行关系，以及这一平行关系在古代和中古时期人们的政治和宗教生活中所创造的象征意义。通过比较狮子在西亚、美洲豹在美洲、猛虎在东亚地区政治与宗教生活中作为象征性动物的意义，可以说世界各地的历史之间存在共同点，即各地人们均能找到当地活跃的猫科动物即动物世界的顶级捕食者，并将其纳入文化实践，从而创造出相关的政治和宗教意义。

第六章　中古圣传所见九龙吐水之源流

一、引言

前面有五章具体讨论了政治和宗教话语中的动物,涉及对象基本上都是自然界实际存在的动物。这些动物当然十分重要,但也不能忽视自然界不存在而是由人们想象创造出来的动物。龙便是这样的想象中的动物。龙虽然也有自然界实际存在动物的原形,但主要是想象、构思的产物。这一章将主要讨论龙的问题,特别是中古圣传中的龙。对于宗教权威构建最为重要的主题之一便是圣传的出现和发展,圣传在佛教中主要表现为早期佛教发展出来的佛陀传记以及后来中国佛教中出现的高僧传记,在道教中也发展出类似的仙道传,这些传记一方面反映了宗教的经验和历史记忆,一方面也基本上是宗教修辞(religious rhetoric)的产物。换言之,需要仔细辨析文献所反映的经验、记忆、修辞、意识形态等四大要素[1]。圣徒传记一般会有一些关键情节和一套

---

[1]　如对基督教传统的讨论见 Catherine Cubitt, "Memroy and Narrative in the Cult of Early Anglo-Saxon Saints," in Yitzhak Hen and Matthew Innes ed., *The Uses of the Past in the Early Middle Ages*, Cambridge: Cambridge University Press, 2000, pp. 29 – 66;对佛教传统的讨论见 John Kieschnick, *The Eminent Monk: The Ideas in Medieval Chinese Hagiography*, Honolulu: University of Hawaii Press, 1997; Yang Lu, "Narrative, Spirituality, and （接下页）

第六章 中古圣传所见九龙吐水之源流

惯用词汇,用于描述和修饰传主的人生历程、功业成就、道德典范,以塑造其不同凡人的宗教形象。而佛传传记中的九龙灌浴便是圣传中出现的关键主题。

尽管九龙灌浴的主题如此常见,学界和教界似乎多蜻蜓点水论及此说,尚无专门著述讨论其来历及影响。这一方面在于这一主题在中国佛教传统中源远流长,在文学和艺术表现上出现较为普遍,读者见怪不怪;另一方面汉文佛教文献因传自佛陀传记,在描述各类现象时带有极强的装饰色彩,关于太子出生时灌浴的说法也变得十分复杂。这其中当然在于佛教中有关佛陀传记的文献十分丰富,且经历了一个不断发展的过程。这些佛传文献在译成汉文时,多多少少受到汉文化因素的影响,出现了一些变化。

之所以要考察这个主题,乃是因为这个所谓九龙主题,根本是汉文化影响下的产物,是中国制造,并非出自早期印度或中亚佛教。经过对汉译文献和梵文文献进行比较,可以明确地说,九龙的主题根本不存在早期佛教文献中,而是早期佛教文献在汉译过程中出现的新说法,换言之,这一主题是由汉译文献创造出来的传统,并非源自早期佛教固有传统。因此,在以下的讨论中,我将先介绍早期佛教文献的汉译如何将这一传统发明出来,再探究这一传统并当成佛教传统进入道教文献,甚至在唐代亦被用来修饰皇帝的诞生。在讨论过程中,将特别注意政治史、宗教史和思想史上下文,以便理解一个主题自身兴起和变化及其进入不同宗教和政治传统中的综合背景。

这里处理的主要文献,实际上主要是佛传。作为佛传,并非真实佛陀生平传记,多半都是后世佛陀弟子对其生平的一些重要时刻和事件如出世、出游、出家、成道、讲法等进行渲染和描绘的文学作

(接上页) Representation of Foreign Monks in Early Medieval China: The Case of Huijiao's Biography of Kumārajīva," *Asia Major* the third series, vol. 17, part 1 (2004), pp. 1–43;对道教传统的讨论见 Robert Ford Campany, *Making Transcendents. Ascetics and Social Memory in Early Medieval China*, Honolulu: University of Hawaii Press, 2009.

品[1]。佛陀传记的性质是相当特殊的,体现了佛教内部以文学形式对佛陀形象的塑造。不过,随着佛陀传记在不同历史阶段的变化,可以看出佛陀形象也随着不同阶段佛教思想中对佛陀本人经历的不同理解而发生变化。佛陀传记在南北朝时期大量被译成汉文,在这一翻译的过程中,因为译本面对汉文读者,有些印度或中亚的因素显然经过了改造,成为更适合带有汉文化背景读者的作品。这些改造虽然是文本的,实际却反映了译者对原文的理解以及译者为了适应汉文文化对原有文本中的思想作了发挥和改变。比如佛传中有关龙的变化在翻译过程中十分复杂。

在我看来,汉文译本对原文内容的改造至少表现在两方面,一是从早期佛传的汉文译本看早期佛教文献中的龙(nāga,音译那伽)如何进入汉文中变成汉文化中的龙。二是佛传中常见的二龙在汉文译本中如何变成九龙。要想辨析汉译佛教文献中的专有名词及其意义,必须熟悉和对比梵汉译本,同时亦要熟悉中国文化背景。以下的讨论将首先分析早期佛传《普曜经》如何在翻译过程中将二龙改造成汉文读者熟悉的九龙,然后讨论九龙作为话语进入道教文献用于修饰老子诞生的历程,最后再看九龙如何进入唐代政治话语用于天子出世的修饰语。

二、早期佛传文献中所见龙王叙事

为什么要特别讨论九龙的问题呢?如果看早期佛陀传记的记载,不难发现各家关于佛陀出世时场景描写的记载差异甚大,值得仔细考虑其缘由。这里先看看唐代佛教文献的说法,从这些说法来看,唐代关于佛陀出生时场景的描述已经十分多样。唐人在佛陀诞生受龙王吐水沐浴之事

---

[1] 河野训:《汉译佛传研究》,伊势:皇学馆大学出版社,2007年;河野训:《初期漢譯仏典の研究—竺法護を中心として》,伊势:皇学馆大学出版社,2006年,此书主要研究了法护时代的时代特征比如玄学开始流行等与法护译经之关系、法护译经使用汉语的语言特色、译经年代(页75—77),其中特别探讨了法护的《正法华经》、《渐备一切智德经》、《如来兴显经》等三部译经。作者的研究主要基于日、中两国学者的研究成就,其中特别总结了梁启超对译经的研究,并指出日本译经史的奠基性著作始于林屋友次郎所著《经录研究》,随后出现了常盘大定之《后汉より宋齐に至る译经总录》一书。河野指出,法护使用的一些词汇来自当时流行著作所用词汇的启发,比如"无等伦"见于《汉书》甘延寿传"投石超距,绝等伦"一句。梵文 asaṃhārya 在法护译经中出现了这样一些译法:无等伦、无等侣、无俦匹、无有侣、独步无侣、独步无等伦等等(页265—266)。还有一些词汇受到玄学的影响,如"本末"一词,可能也受到王弼思想的影响;以及"自然"一词(页267—271)。

第六章　中古圣传所见九龙吐水之源流

上已经看到前人译经中说法不一,所以常常举出各家看法。比如唐初道世《法苑珠林》卷九在《述意部》第一云:

> 敬思定光授记,逆号能仁,玄符合契,故托化释种。萌兆于未形之前,迹孚于已生之后。照炳人天联绵旷劫,其为源也,邈乎胜矣。所以坤形六动,方行七步,五净雨华,九龙洒水,神瑞毕臻,吉征总萃,观诸百代,曾未之有。

后来在《诞孕部》第四引《涅槃经》云难陀龙王及跋难陀,以神通力浴菩萨身,诸天形像承迎礼拜。在《招福部》第五又引《过去现在因果经》云:

> 太子生时,于时树下亦生七宝七茎莲华,大如车轮。菩萨即便堕莲华上,无扶侍者,自行七步,举其右手,而师子吼云:"我于一切天人之中最尊最胜,无量生死于今尽矣。"说是语已,时四天王即以天缯接太子身,置宝机上,释提桓因手执宝盖,大梵天王又持白拂,侍立左右,难陀龙王、优波难陀龙王于虚空中吐清净水,一温一凉,灌太子身。[1]

并注明其他种种不同说法,如《普曜经》云诸天、释、梵雨杂名香,九龙在上,而下香水,洗浴菩萨;《瑞应本起经》云,梵释下侍,四天大王接菩萨身置金机上;《修行本起经》云,龙王兄弟,左雨温水,右雨冷水,释梵天衣裹菩萨身也。道世在《法苑珠林》的述意部特别提及九龙,似乎倾向九龙一说,但后来又列出其他相关记载,而并未进行辨析,这说明他并无定论。实际上他并非译经家,不一定对前代的译本之来龙去脉十分熟悉,而且他也并非佛传文学的行家,恐怕也并不清楚佛传变化的上下文。但是,从道世提供的资料来看,一方面说明至唐代汉文佛教文献中关于佛陀出生的记录已经有不少积累,另一方面说明至唐代人们实际上对佛陀出生场景的各类传统并不清楚源流。

道世的资料来源值得进一步讨论。这里先列出道世所引用文献中提到龙王的说法,并对这些关于龙王数量和名称的不同说法进行比较,再对

---

[1]《大正藏》册五三,No.2122,页343b—344c。

具体提及九龙的文献进行讨论。道世列出的主要文献包括《涅槃经》、《过去现在因果经》、《普曜经》、《太子瑞应本起经》,以及《修行本起经》,关于龙王的部分,涉及两个说法,一说为二龙[1],一说为九龙。九龙说未列出具体九位龙王的名字,二龙说则给出了具体名称,如《涅槃经》云难陀龙王、跋难陀龙王。《过去现在因果经》云难陀龙王、优波难陀龙王。《修行本起经》提及龙王兄弟,恐怕也指兄弟二龙,而非九龙。提及九龙者在道世所引文献中仅《普曜经》而已。

道世的法友道宣在他所著述的《释迦氏谱》中也列出了佛陀出生的故事,提及龙王的部分也用两说。他既引用了佛经中两个关于龙王为其沐浴的版本,包括难陀龙王兄弟以温水和凉水为佛浴身的版本,同时也提到了《普曜经》中九龙以香水为佛沐浴的版本[2]。因此,至少从这两位唐代僧人的文本来看,当时人已经注意到九龙说出自《普曜经》。

其次,在讨论完龙王数量、名称之后,再进一步提示一些南北朝文献中具体描述龙王灌浴的场景。北凉昙无谶译《大般涅槃经》卷二一也描述了佛陀的诞生,其文略云:

> 菩萨从兜率下,化乘白象,降神母胎,父名净饭,母曰摩耶。迦毗罗城处胎,满足十月而生,生未至地,帝释捧接,难陀龙王及婆难陀吐水而浴,摩尼跋陀大鬼神王执持宝盖,随后侍立,地神化花,以承其足,四方各行,满足七步。[3]

北魏吉迦夜、昙曜译《付法藏因缘传》卷一也有几乎完全一致的版本[4],大约是抄自上述《大般涅槃经》。唐代西明寺僧圆测撰《解深密经疏》卷

---

[1] 龙树造、后秦鸠摩罗什译《大智度论》卷三三引用佛经云菩萨沐浴时,梵王执盖,帝释洗身,二龙吐水。这显然不是竺法护所译《普曜经》中的版本;见《大正藏》册二五,No. 1509,龙树造、[后秦] 鸠摩罗什译:《大智度论》卷三三,页 308a。

[2] 《大正藏》册五〇,No. 2041,[唐] 道宣:《释迦氏谱》,页 89b。

[3] 《大正藏》册一二,No. 374;[刘宋] 慧严等译《大般涅槃经》卷一九有同样的二龙版本,见《大正藏》册一二,No. 375. 梵文本的研究见 Ernst Waldschmidt, *Das Mahāparinirvāṇasūtra: Text in Sanskrit und Tibetisch, Verglichen mit dem Pāli Nebst Einer Übersetzung der Chinesischen Entsprechung im Vinaya der Mūlasarvāstivādins*, Parts 1-3, Berlin: Akademie-Verlag, 1950-1951.

[4] 《大正藏》册五〇,No. 2058,页 299a—b。

第六章　中古圣传所见九龙吐水之源流

九在解释佛陀诞生因缘时则引了九龙和二龙吐水两种版本,包括《普曜经》九龙自上而下以香水浴圣尊之说,以及《涅槃经》中难陀龙王及跋难陀二龙吐水浴佛之说[1]。

除了经文之外,再看看西行取经高僧的游记是否也提到灌浴的故事。玄奘《大唐西域记》卷六也讲述了他在佛祖故乡劫比罗伐窣堵国(Kapilavastu)的见闻,云该国有无忧王(即阿育王)所建窣堵波纪念二龙浴太子处,提及了二龙浴太子之来历,略云:

> 菩萨生已,不扶而行,于四方各七步,而自言曰:"天上、天下,唯我独尊。今兹而往,生分已尽。"随足所蹈,出大莲花。二龙踊出,住虚空中,而各吐水,一冷一暖,以浴太子。[2]

如果我们相信玄奘的说法,当地存在纪念二龙浴太子处,这说明在当地存在关于二龙沐浴太子的文化记忆。

但是玄奘所撰《贺皇太子生表》却用九龙浴释迦牟尼太子的典故来赞美皇太子的出生,其文云:

> 至道攸敷,启天人于载弄;深期所感,诞元圣于克岐。伏惟皇帝、皇后情镜三空,化乎九有。故能辟垂疏于二谛,却走马于一乘。兰殿初欷,爰发俱胝之愿;斑柯在孕,便给逾城之征。俾夫十号降灵,宏兹摄受,百神翼善,肃此宫闱,所以灾厉克清,安和载诞,七花俨以承步,九龙低而灌质[3]。

最后一句显然是指九龙吐水,而这个说法出自《普曜经》。可见,玄奘本人的著述中关于几条龙为太子灌浴实际上自相矛盾。

道宣撰写的佛教文献《中天竺舍卫国祇洹寺图经》和《关中创立戒坛图经》也涉及中天竺的所谓祇洹寺戒坛院大钟之足上有九龙造像,"龙口吐八功德水。时欲受戒人至场坛所,龙便吐水灌顶,如转轮王升坛受位灌

---

[1] 《续藏经》册二一,No.0369,[唐]圆测:《解深密经疏》卷九,页404a—b。
[2] 《大正藏》册五一,No.2087,[唐]玄奘:《大唐西域记》卷六,页902a—b。
[3] 见于《全唐文》卷九〇六;《大正藏》册五二,No.2119 所收的玄奘上表中有类似的文字,题为《庆佛光王周王曰表》,其文字与《全唐文》所收较为不同。

顶之相"[1]。这基本上是道宣的想象和他对叙事的重建,因为在古代天竺,并非以九龙为尊贵。正如下文要讨论的内容显示,所谓九龙吐水的主题,乃是法护基于中原地区九龙作为王权尊贵象征而将其引入佛典译本。

那为什么又要特别关注这个龙王为佛沐浴的场景呢?因为龙王为佛沐浴不仅仅是个文学表现手法的内容,后来亦成为佛教礼仪传统,即所谓浴佛。这可能反映了浴佛从佛教叙事进入佛教礼仪的变化。对于浴佛的研究属于另外一个问题,学界已经有一些探讨[2],此处不赘。仅略举数例。如《普曜经》卷七《观树品(*Trapuṣabhallika*)》云佛陀成正觉之后,诸天皆来,嗟叹佛陀。因如来七日宿夜观道场树,欲行天人、色行天人均往诣佛所以香水沐浴如来,"诸天、龙神、捷沓惒、阿须伦、迦留罗、真陀罗、摩休勒,所用香水,如来浴身,香水溢流,皆洒此等,蒙香之恩,悉发无上正真道意"[3]。以香水沐浴如来身体的传统十分重要,直至今日仍然是佛教社区庆祝佛诞节的重要实践。其他佛经文献也提及灌佛可获功德。如竺法护(约231—约308)译《般泥洹后灌腊经》中也有佛陀给阿难解释浴佛功德云:

> 灌腊佛者,是福愿人之度者,各自减钱宝,割取珍爱,用求度世之福。当给寺然灯、烧香、用作经像;若供养师,施与贫穷,可设斋会。不可赁许,然后不出,此为现世负佛,自是心口所作,当得妄语之罪。

---

[1]《大正藏》册四五,No. 1892,《关中创立戒坛图经》,页808a;《中天竺舍卫国祇洹寺图经》下卷云;见《大正藏》册四五,页891c,其文云:"戒坛院内有大钟台高四百尺,上有圣钟,重十万斤。形如须弥,杯上立千轮王象,轮王千子,各各具足。四面各有一大摩尼宝珠,大如三升,陷于钟腹。足有九龙相盘之像,龙口吐水,具八功德。至受戒时,将欲受者至钟,四面九龙吐水灌诸僧,如顶生王受转轮王位。"

[2] 有很多学者讨论了古代浴佛的传统,见滋贺高义:《浴仏と行像》,《大谷学报》229号,1981年,页13—23;寺崎敬道:《七世紀のインドにおける浴仏供養について》,《驹沢大学大学院仏教学研究会年報》24号,1991年,页25—35;小田义久:《吐浴沟出土の仏典について》,《渡辺隆生教授還暦記念論文集:仏教思想文化史論叢》,京都:永田文昌堂,1997年,页1249—1260。中国学界的讨论比如刘亚丁:《佛教灵验记研究:以晋唐为中心》,成都:巴蜀书社,2006年,页350—355。举《三国志》卷四九《吴书·刘繇传》附记笮融事,认为三国时已有浴佛之俗。他也引了《过去现在因果经》卷一佛陀诞生时难陀、优波难陀龙王兄弟于虚空中吐清净水灌太子身的场景,《修行本起经》卷下《出家品》中佛陀自菩提树下起到尼连禅河沐浴其身场景,《普曜经》卷七《观树品》中佛陀在菩提树下入定七日之后天人以香水沐浴佛陀的场景。

[3]《大正藏》册三,No. 186,《普曜经》,页524c。

第六章 中古圣传所见九龙吐水之源流

所以者何？为佛设榚作礼，以五种香水，手自浴佛，师哒嚤咒愿。当此之时，天龙鬼神，皆明证知：此人出五家财物，侵妻子分，用求福利，而反不出，当有五罪，入三恶道……七月十五日，自向七世父母，五种亲属，有堕恶道，勤苦剧者，因佛作礼福，欲令解脱忧苦，名为灌腊。[1]

西晋法炬译《佛说灌洗佛形像经》也解释了浴佛的功德，称如果人有一善之心，作此功德，可得诸天善神、天龙八部、四天王拥护，而浴佛形像的福报可以常得清净，并因此因缘得成佛道[2]。因此佛传中关于为佛沐浴的记载并非毫无意义，在教义和实践两方面，均对佛教徒有示范意义。

在描述释迦太子降生时，龙王所出现的场合在不同文献中表现并不同，有时候甚至在一些文献中并不出现。这里先讨论早期佛传中有关龙王出现在太子出世场景中的不同角色。这些龙王在场景中出现的位置也许和其角色有一些关联，如出现在天上及出现在地上则算不同角色。这些龙王的名称在不同文献中也有差异，如有时以难陀、婆难陀出现，有时以迦罗、郁迦罗出现，这些名称的由来尽管在本章中不能获得解答，但显然值得重视。这些名称甚至与其他佛教文献中的器物名称如难陀浴池可能也存在联系。另外，这些龙王在佛陀传记中其他场景中出现也值得略加说明，如龙王为目连降服的故事、龙王为佛陀供养其钵的故事、龙王与金翅鸟争夺佛陀使用后遗弃的金钵的故事等等。前人在探讨佛传时对一些主题有所涉及，亦注重不同译本之间在情节和具体用词上的差异。比如日本学者河野训以《高丽藏》、《大正藏》等本子详细比较了《修行本起经》、《太子瑞应本起经》、《普曜经》、《异出菩萨本起经》，指出这些经典在一些重要名词如如来、世尊、儒童、圣王、七宝、四恩等译名上的不同，但并未涉及本文讨论的龙王问题[3]。本文这一节将仔细探讨佛陀降生之

---

[1]《大正藏》册一二，No.391，《般泥洹后灌腊经》，页1114a；但据僧祐《出三藏记集》下卷第四，此经列为失译经典，则不一定是法护所译。
[2]《大正藏》册一六，No.695，页797a—b。《大正藏》册一六，No.696，西秦圣坚译《佛说灌佛形像经》则是同本异译，内容基本相同。
[3] 见氏著《汉译仏传研究》，伊势：皇学馆大学出版社，2007年，第一章第二、三节，页18—236。但未涉及本文讨论的龙王问题。

后的沐浴主题,以窥知早期佛教叙事传统中佛陀与龙王的关系。

首先,或许可以说,关于释迦太子出生时龙王灌浴的叙事在佛教文献史上乃是一个从无到有的过程。早期佛教文献当然都没有年代,学界亦无法通过考古或者历史文献来对这些早期佛教文献进行断代,甚至连确定它们的相对时代亦十分困难。不过,我想也许可以通过分析这些文献提及同样一件事的具体叙事情节和细节来探讨它们之间的相互关系[1]。比如说,某个特定主题在某些文献的叙事中出现,而在其他文献叙事中缺失,是否可以说这个主题在佛教文献史上存在从无到有的发展过程?这个问题当然十分复杂,也充满很多偶然性。即便如此,我们仍然可以用叙事内部情节的逻辑发展循序来推断一些文献叙事的先后顺序,比如提及龙王侍奉佛陀的叙事一定出现在龙王被驯伏之后,否则龙王不可能作为皈依佛陀的弟子而侍奉佛陀。

具体而言,早期佛教文献关于释迦太子出生时受到沐浴的叙事是非常不同的,比较复杂,我们可以作一些分类。比如第一类,同样是描述太子降生,没有提及龙王吐水场景的文献包括以下一些。《长阿含经》(*Dīrgha-āgama*, Palī, *Dīgha-nikāya*)卷一所收《大本经》(或称《大本缘经》, *Mahāpadhāna-suttanta*)中也有菩萨出生之后沐浴的说法,只提到他出生之后有二泉水自地涌出,一温一冷,但并没有提到龙王吐水[2]。巴利文《长阿含经》对应部分则云两股神奇的水自上而下降于母亲和新生儿。诸神极其欢喜[3]。吴国时支谦译《佛说太子瑞应本起经》卷上云四

---

[1] 这一思路受到 Jan Nattier 研究《法镜经》的启发,见 *A Few Good Men: The Bodhisattva Path According to the Inquiry of Ugra* (*Ugraparipṛcchā*), Honolulu: University of Hawaii Press, 2005.

[2] 《大正藏》册一, No.1, 后秦佛陀耶舍、竺佛念译:《佛说长阿含经》卷一,页4c。

[3] *Dīrghāgama*, II, pp.12–15; Étienne Lamotte, *History of Indian Buddhism: From the Origins to the Śaka Era*, translated by Sara Webb-Boin, under the supervision of Jean Dantinne. Publications de l'Institut Orientaliste de Louvain 36, Louvain: Université Catholique de Louvain, Institut Orientaliste, 1988, p.651; pp.644–682 均讨论佛陀的神化。阿含经典的巴利文、汉文对照,见赤沼智善:《汉巴四部四阿含互照录》(*Comparative Catalogue of Chinese Āgamas and Pāli Nikāyas*),名古屋:破尘阁书房,1929年;榎本文雄 Enomoto Fumio, "On the Formation of the Original Texts of the Chinese Āgamas," *Buddhist Studies Review* 3:1 (1986), pp.19–30.

第六章 中古圣传所见九龙吐水之源流

天王以天香汤浴太子身,也没有提到龙王。其文云:"是时天地大动,宫中尽明。梵释神天,皆下于空中侍。四天王接置金机上,以天香汤,浴太子身。身黄金色,有三十二相,光明彻照,上至二十八天,下至十八地狱,极佛境界莫不大明。"[1]《大宝积经》卷六一所收北齐那连提耶舍译《菩萨见实会》第十六《序品》第一云太子出生时空中二道流水注下洗浴其身,自然而有真金圣座,于虚空中化成天盖,诸天礼拜[2]。这里出现了诸天礼拜菩萨的场景,但并未出现龙王。马鸣菩萨(Aśvaghoṣa)造、北凉天竺三藏昙无谶译《佛所行赞》(Buddha-carita,或称《佛本行经》)卷一《生品》(Bhagavatprasūti-sarga)云佛降生时虚空中有一温一凉净水双流降下,为其灌顶,令其身安乐。而诸天在空中执宝盖侍奉、赞叹佛[3]。而龙王得佛劝其成佛道,均很欢喜,他们渴仰殊胜法,曾奉过去佛,如今得值菩萨,所以散曼陀罗花,专心供养。这里面虽然提到龙王,却没有讲龙王降水洗浴太子的故事。隋代阇那崛多(Jñānagupta)译《佛本行集经》卷八也记载了菩萨诞生之后的场景。当时菩萨诞生之后,诸多眷属四处奔走寻觅水,未能成功。却在菩萨母前忽然自地涌出二池水,一冷一暖,菩萨母遂取这二池水,随意使用。同时,自虚空中有二水注下,也是一冷一暖,沐浴菩萨身[4]。这个故事中完全没有龙王的影子,也没有诸天的影子。但提到地上和虚空中下来的水均是二束,一冷一暖。广为流行的文献《大方便佛报恩经》卷七则只云云神(或灵神)降雨,洗浴菩萨之身,没有提及龙王[5]。这些没有提及龙王吐水的叙事文献,有些可能反映了相当早的佛教思想意识,如《长阿含经》中的文献《大本经》。此经云水从地下涌出,《佛本行集经》亦云水从地涌出,这可能是继承了早期佛教文献如《长

---

[1]《大正藏》册三,No. 185,[吴]支谦译:《佛说太子瑞应本起经》卷下,页 473c。
[2]《大正藏》册一一,No. 310,[北齐]那连提耶舍译:《大宝积经》卷六一,页 354b。
[3] 和这个场景类似的是《大正藏》册一一,No. 320,[宋]日称等译:《父子合集经》卷二,页 922b;亦云太子出生时空中澍一温暖一清冷二种水,为灌顶太子身。而地中自然涌出宝座,殊妙伞盖,悬处虚空,有诸天子恭敬尊重,手执白拂,侍立左右。但《父子合集经》中未提龙王。
[4]《大正藏》册三,No. 190,[隋]阇那崛多译:《佛本行集经》卷八,页 687b。
[5]《大正藏》册三,No. 156,失译人名在后汉录:《大方便佛报恩经》卷七,页 164c。

阿含经》的说法。其他文献如《太子瑞应本起经》、《大宝积经》、《佛所行赞》皆云水从空中流下,这可能来自另外的叙事传统。

没有提到龙王但是提到太子受沐浴的佛教叙事文献似乎亦可列入这一类,在这类叙事文献中,为释迦太子沐浴的主角是诸天。最早提及诸天雨水洗浴太子的汉译佛教文献可能是吴国时支谦所译《佛说义足经》(Sn. Aṭṭhaka-vagga)。此经卷下借皈依佛教的悦头檀王(Śuddhodana)[1]之口云太子生时,"地大动现大光明,悉照一切生,便行七步,无所抱犄,便左右视,出声言:'三界甚苦,何可乐者?'诸天于空中持白盖,复散摩尼花,复鼓五百乐,复雨香水,盥浴太子"[2]。从这里可以看出,降下香水为太子沐浴者为诸天,但没有具体指出是哪些"天"。而《大宝积经》卷一〇七所收东晋竺难提译《大乘方便会》第三八之二云菩萨出生之后虽然身体清净并无垢秽,但释提桓因、梵天王洗浴菩萨,乃是为了显示自己对菩萨的供养。这一场景中没有提到龙王。宋代所译《佛说七佛经》有一种说法是菩萨摩诃萨出生后,有二天子从虚空中降一冷一温两种水沐浴童子,也没有龙王的身影[3]。这两位天子或者便是释提桓因与梵天。另外,要注意的是,没有刻意提及龙王的文献如《太子瑞应本起经》和《义足经》的译者均为支谦。

第二类文献提及龙王吐水为新出世的佛陀灌浴但没有给出龙王名字。这类佛传故事在早期佛教译经如《悲华经》、《佛本行经》中较为常见。北凉昙无谶译《悲华经》卷六《诸菩萨本授记品》云菩萨降生后有最

---

[1] 此即佛陀父亲净饭王,悦头檀王这一译法首见于后汉昙果、康孟详译《中本起经》卷上《转法轮品》,见《大正藏》册四,No.196,页148a。西晋法立共法炬译《大楼炭经》卷六《天地成品》也使用了这一译法。

[2] 《大正藏》册四,No.198,[吴] 支谦译:《佛说义足经》卷下《子父共会经》(Sn. Aṭṭhaka-vagga, 10. Purābheda sutta),页187a。宋代法贤译《佛说众许摩诃帝经》卷三亦云诸天为太子沐浴,其文云:"时诸天人于虚空中,持白伞盖覆菩萨顶;又复天降二种雨,或冷、或温,灌顶沐浴;又复空中诸天及龙作天伎乐,雨曼多罗花、优钵罗花、俱母那花、奔拏里迦花,及雨沈香、檀香、末香、多摩罗香、上妙衣服等。"见《大正藏》册三,No.191,页939b。那体慧注意到支谦这个译本的特点是使用六言句子,其中有一句为康僧会借用,见 Jan Nattier, *A Guide to the Earliest Chinese Buddhist Translations: Texts from the Eastern Han and Three Kingdoms Periods*, Bibliotheca Philologica et Philosophica Buddhica X, Tokyo: The International Research Institute for Advanced Buddhology, Soka University, 2008, p.134.

[3] 《大正藏》册一,No.2,[宋] 法天译:《佛说七佛经》,页153b。

第六章　中古圣传所见九龙吐水之源流

胜大龙王来洗浴菩萨之身。但没有提到是二龙王[1]。刘宋时宝云译《佛本行经》卷一《如来生品》云如来出生时，

> 诸天鬼神，怀喜踊跃，速升虚空，进见圣宝；诸天侧塞，充满无间；大龙王子，如须弥山，目犹日月，动海出水，头戴云盖，速疾寻至，细雨香水，敬浴太子；安祥天子，受天世人，大敬祠祀，能与其愿，自化己身，现有四头，乘牛执盖，敬护菩萨。[2]

这一类文献至少有两个共同点，一是均提及了大龙王或大龙王子[3]，这两个词如此接近，可以推断译者之间对词语的选择存在相当的联系；二是均未给出所谓大龙王的数量和具体名称。这可能说明这类文献来源于相同或至少相近的文献叙事传统。

虽然前面提到收入《长阿含经》的《大本经》中有关太子降生的叙事没有提及龙王，这并不说明《长阿含经》没有提及龙王。实际上，难陀龙王和婆难陀龙王出现在《长阿含经》中。该经卷十九第四分《世记经》龙鸟品记载了关于佛教宇宙观的一段内容，其中特别讨论了众生中的龙种。佛陀告诉比丘，众生包括有卵生、胎生、湿生、化生四种龙和金翅鸟。须弥山王与佉陀罗山二山中间有难陀、婆难陀二龙王宫，以七宝装饰[4]。优钵难陀来自梵文 *Upananda*，乃是释迦家族一位僧人的名字，他的行为导致佛陀设立一条僧人道德规范的戒条[5]。在东晋佛陀跋陀罗与法显译的《摩诃僧只律》卷八中，难陀与优波难陀则是两位长老的名字。当时佛

---

[1]　见《大正藏》册三，No. 157。同样的文字见于失译附秦录《大乘悲分陀利经》卷五，见《大正藏》册三，No. 158。

[2]　《大正藏》册四，No. 193，页 59a。

[3]　我猜想这里之所以出现大龙王子可能是为了凑四字句，类似于其他文献中出现的大圣和大圣子。有关大圣和大圣子的辨析，参见拙撰《所谓唐代景教文献两种辨伪补说》，《唐研究》卷三，1997年，页 41—52。

[4]　《大正藏》册一，No. 1，[后秦] 佛陀耶舍、竺佛念译：《佛说长阿含经》卷一九，页 127a—b。

[5]　见 Ernst Waldschmidt, Heinz Bechert, Georg von Simson et al., *Sanskrit-Wörterbuch der buddhistischen Texte aus den Turfan-Funden*, Göttingen: Vandenhoeck & Ruprecht, 1972–1994, Band I: 385b。吐火罗语 A, *Upanande*, 见 Gerd Carling in Collaboration with Georges-Jean Pinault and Werner Winter eds., *Dictionary and Thesaurus of Tocharian A*, vol. 1: A-J, Wiesbaden: Otto Harrassowitz Verlag, 2009, p. 67a；吐火罗语 B 同；Tocharian A, *arkant* 为黑色 (adj., black, dark)，见 Carling, *Dictionary and Thesausus of Tocharian A, vol. 1: A-J*, 2009, p. 15b。

在毗舍离大林重阁精舍,长老难陀和优波难陀游历诸多聚落,获得很多衣物,满车载来。但他认为僧人之三衣足以应付大寒大热和防诸蚊虻,所以只允许诸比丘蓄三衣[1]。

第三类文献是明确提及为太子灌浴龙王名称的叙事文献,但这类文献中提及的龙王名称并非难陀和优波难陀。如后汉竺大力、康孟详译《修行本起经》卷上对太子出生时受浴一节的描述如下:

> 十月已满,太子身成。到四月七日,夫人出游,过流民树下,众花开化、明星出时,夫人攀树枝,便从右胁生。堕地行七步,举手而言:"天上天下,唯我为尊。三界皆苦,吾当安之。"应时天地大动,三千大千刹土莫不大明。释梵四王与其官属,诸龙、鬼神、阅叉、揵陀罗、阿须伦,皆来侍卫。有龙王兄弟,一名迦罗,二名郁迦罗,左雨温水,右雨冷泉,释梵摩持天衣裹之,天雨花香,弹琴鼓乐,熏香烧香,捣香泽香,虚空侧塞。夫人抱太子,乘交龙车,幢幡伎乐,导从还宫。[2]

这里的迦罗与郁迦罗龙王之名不见于其他也记有龙王为太子浴身这一节故事的佛经之中。其他浴太子的故事中出现的都是难陀、婆难陀龙王。这两套名字之间显然有差距,其原因尚需进一步探讨。

不过,那体慧(Jan Nattier)在研究早期汉译佛经的指南中指出,僧祐《出三藏记集》中根据道安的意见仅列出《中本起经》为康孟详之译作。而其译作主要是两部关于佛陀本生故事及其晚年弘法事迹的作品,即《修行本起经》、《中本起经》,这两部经典均带有早期大乘佛教的特点。其中一部经的译本可能在后代有过修改[3]。道安将《修行本起经》的译

---

[1] 《大正藏》册二二,No. 1425,[东晋]佛陀跋陀罗与法显译:《摩诃僧只律》卷八,页291a-b;此律其他部分也多次出现难陀和优波难陀,可知在此律中这两位长老较为知名。

[2] 《大正藏》册三,No. 184,页463c。

[3] Jan Nattier, *A Guide to the Earliest Chinese Buddhist Translations: Texts from the Eastern Han and Three Kingdoms Periods*, Bibliotheca Philologica et Philosophica Buddhica X, Tokyo: The International Research Institute for Advanced Buddhology, Soka University, 2008, pp. 102 - 103;河野训(Kawano Satoshi):《初期中國佛教の佛傳をめぐる諸問題—修行本起經に關連して》,《东洋文化研究所纪要》113,1991年,页127—176(L),p. 165,认为现存的本子《修行本起经》乃是东晋《小本起经》的修订本。那体慧补充了若干词汇,认同Kawano的观点(Nattier, p. 108)。

第六章　中古圣传所见九龙吐水之源流

者列为未知。那体慧推测此经可能是东晋译作,因为它在道安和僧祐之后才被认为是康孟详的译作。许理和认为康孟详的译作乃是汉代译经之高峰,文学水平很高。尽管僧祐未将《修行本起经》列在康孟详名下,但许理和认为此经亦是康氏译作[1]。

但迦罗这一龙王名出现在后来的译经之中,如北魏瞿昙般若流支译《正法念处经》卷一八云世间有诸多恶龙,其中包括这位迦罗龙王(魏言黑色),意即黑色龙王[2]。虽然这一龙王在这部北魏译经中形象不佳,但在隋代译经中则已转变为供养佛陀的佛门弟子。隋代阇那崛多译《佛本行集经》卷三十云佛陀在菩提树下证道时得到诸天龙王的赞叹,其中迦罗龙王特意为佛说偈,赞叹佛之成就[3]。但在康孟详和他人合译的经典《中本起经》,迦罗却是作为辟支佛名字出现,此人在波罗奈城教化人民,令持五戒,举国士女,归心师焉[4]。

第四类是提及难陀龙王和优钵难陀龙王兄弟二人为太子沐浴的叙事文献,按照道世《法苑珠林》的提示,包括北魏昙无谶《大般涅槃经》以及《过去现在因果经》。不过,道世指《涅槃经》云难陀和跋难陀龙王,或出自今存于《大正藏》中的《大般涅槃经》卷二十七,其文云:

> 若见菩萨初生之时,于十方面,各行七步。摩尼跋陀,富那跋陀,鬼神大将,执持幡盖,震动无量无边世界。金光晃曜,弥满虚空。难

---

[1] Erik Zürcher, "A New Look at the Earliest Chinese Buddhist Texts," in Koichi Shinohara and Gregory Schopen ed., *From Benares to Beijing: Essays on Buddhism and Chinese Religion*, Oakville: Mosaic Press, 1991, pp. 277-304, esp. p. 284-290.

[2] 《大正藏》册一七,No. 721,页106a;参见《大正藏》册五四,No. 2130,《翻梵语》卷七《龙名》第三四列出的一系列名称:难陀(论曰喜,也译曰欢喜),《大智论》;婆难陀龙王(亦云优婆难陀,论已大喜也译曰大欢喜),《华严经》第三十二卷;迦毗罗龙王(应云迦比罗,译曰苍也);郁多罗龙王(译曰胜也),《摩得伽经》第一卷;迦罗龙王(译曰黑色);迦罗(译曰时,亦云黑);迦迦罗龙王(译曰大黑);郁伽罗龙王(译曰大黑),《修行本起经》第一卷。

[3] 《大正藏》册三,No. 190,页792b;又,该经卷三十一亦提及这位龙王(隋言黑色)皈依佛教的故事。当时世尊入其龙宫,坐禅七日,从三昧起,让龙王受佛等三归以及五戒,使其得优婆塞名;见页800a—b。

[4] 《大正藏》册四,No. 196,[后汉]昙果、康孟详译:《中本起经》卷下,页158a;类似的故事也见于《大正藏》册四,No. 211,[西晋]法炬、法立译:《法句譬喻经》卷二《愚暗品》第十三,页586c—587a。神冢淑子、菅野博史、末木文美士、松村巧、榎本文雄、引田弘道:《法句譬喻经》二卷,东京:大藏出版社,2001年;田边和子:《法句譬喻经》,新国译大藏经·インド撰述·本缘部五,东京:大藏出版社,2000年。

陀龙王及跋难陀,以神通力,浴菩萨身。诸天形像,承迎礼拜。[1]
而该经其他地方所用词语略有分别,卷二十五云难陀和婆难陀,虽仅一字之别,亦可知古人以讹传讹之误。其文云:

> 菩萨从兜率下,化乘白象,降神母胎,父名净饭,母曰摩耶,迦毗罗城处胎,满足十月而生。生未至地,帝释捧接。难陀龙王及婆难陀,吐水而浴。摩尼跋陀,大鬼神王,执持宝盖,随后侍立,地神化花,以承其足。四方各行,满足七步。到于天庙,令诸天像,悉起承迎。[2]

刘宋求那跋陀罗译《过去现在因果经》卷一则云太子出生之后,

> 时四天王,即以天缯接太子身,置宝机上;释提桓因手执宝盖,大梵天王又持白拂,侍立左右;难陀龙王、优波难陀龙王,于虚空中,吐清净水,一温一凉,灌太子身;身黄金色,有三十二相,放大光明,普照三千大千世界。天龙八部亦于空中作天伎乐,歌呗赞颂,烧众名香,散诸妙花,又雨天衣及以璎珞,缤纷乱坠,不可称数。[3]

这些都是提及两位龙王的记载。

这样就出现了两类关于两位龙王为太子沐浴的叙事。从其他早期汉译佛典来看,难陀、婆难陀龙王绝对和迦罗、郁迦罗龙王不可等同起来,他们完全是不同的龙王。比如西晋安息三藏安法钦译《阿育王传》卷二提到阿育王在菩萨受难陀、跋难陀百味乳糜之处起塔供养,又提到迦罗龙王赞菩萨处[4]。这说明前面两位龙王和后面这位完全不可等同起来,乃是属于不同的龙王。又,刘宋元嘉时僧伽跋摩译《萨婆多部毗尼摩得勒伽》提到一系列作为一劫寿非破僧龙王的名称,其中包括婆罗龙王、郁多罗龙王、提梨咤龙王、迦罗龙王、难陀龙王、钣钵难陀龙王[5]。这里面同时出

---

[1] 《大正藏》册一二,No. 374,页528b。
[2] 《大正藏》册一二,No. 374,页488a。
[3] 《大正藏》册三,No. 189,页625b。
[4] 《大正藏》册五〇,No. 2042,页103c。
[5] 《大正藏》册二三,No. 1441,[刘宋]僧伽跋摩译:《萨婆多部毗尼摩得勒伽》卷一,页567a—b;另外,北凉昙无谶译《大方等无想经》卷一,页1078c也提到许多龙王名字,其中也包括难陀龙王、优波难陀龙王,没有提到迦罗龙王。但这些名字之中有两位值得注意,一位是迦迦罗龙王,这个名字或许就是迦罗龙王,有个迦字为衍字。另一个是黑须龙王,考虑到前文已经提到迦罗意译为黑色,或许这位黑须龙王是意译的名字。

第六章　中古圣传所见九龙吐水之源流

现了迦罗以及难陀龙王、钹钵（优钵、优波）难陀龙王，显然他们不可等同起来。

在佛教文献中，摩诃迦罗（Mahākāḷa）乃是证明佛陀觉悟的两大重要龙王之一，它曾在佛陀得道前在尼连禅（Nerañjarā）河底酣睡，但突然为悉达多太子的涅槃而醒来为其作证明；另一位是目支邻陀龙王（Mucalinda），它曾在佛陀得道后的第三周为佛陀遮蔽暴雨。目支邻陀龙王在泰国清迈等地广受尊崇，一些佛教社区皆设有其雕塑，以七头龙王的形象出现。这些龙王与佛陀的关系反映了佛教对古代天竺地方原始信仰的改造，这些原始信仰在佛教弘法过程逐渐被纳入佛教体系，而在佛教叙事中，这些当地神祇均被说成是皈依了佛教的护法神。对于佛教传奇中龙王化身为佛教沙门的故事，当代研究东南亚佛教的学者斯维尔（Donald K. Swearer）认为反映了佛教中信徒在信仰和实践两方面的转变，即信仰上从有情的本能转变为人类理性的行为，在实践上又从俗家弟子变为追求涅槃的出家人[1]。

与龙王、沐浴相关的主题在佛教文献中表现甚多，其中一个值得注意的主题是龙王也可能化身为浴池，供诸天沐浴。这是十分有意思的，因为这个浴池的名称与龙王的名称一致，而龙王常常被认为是佛教宇宙观中水世界的掌控者。在《大楼炭经》卷一《阎浮利品》中提到在北方郁单曰（Skt. Uttarakaurava, Tocharian A. Uttaragaurap）天下中央有郁难陀浴池，亦称难陀浴池，由各色莲花和七宝装饰[2]。此经多处均描述了其他地方的难陀浴池及其周边的胜景，如在忉利天宫也有一个浴池叫难陀浴池。这个名称显然用于佛教胜地中浴池的一个通名。该经并讲述了一些浴池

---

[1] Donald K. Swearer, *Becoming the Buddha: The Ritual of Image Consecration in Thailand*, Princeton: Princeton University Press, 2004, pp. 84–85, 98–99. 其他研究见 Edmund R. Leach, "Magical Hair," *Journal of the Royal Anthropological Institute* 88 (1958), pp. 147–164; Stanley J. Tambiah, *Buddhism and the Spirit Cults in North-east Thailand*, Cambridge: Cambridge University Press, 1970.

[2] 《大正藏》册一，No. 23，[西晋] 法立、法炬译：《大楼炭经》卷一，页279c—280a；难陀浴池一名也见于罗睺罗阿修罗王在奢摩梨、婆罗林二苑之间所出的浴池，亦用七宝装饰；见《大正藏》册一，No. 24，[隋] 阇那崛多等译：《起世经》卷六，页338c—339a。

与龙王的联系,如卷四讲到伊罗摩龙王化作三十六头象,每头象化作六牙,每个牙上化作七浴池,池中有七莲华。《增壹阿含经》卷二三中云三十三天有四园观,诸天在其中娱乐。四园之中有四浴池,包括难陀浴池、难陀顶浴池、苏摩浴池、欢悦浴池。并解释了难陀浴池得名之缘由,乃是由于若三十三天入此池中则极怀欢悦[1]。除了龙王能化浴池之外,天帝释亦可化作浴池。后汉安世高译《佛说太子慕魄经》乃是一部讲述佛陀宿世为波罗奈国太子慕魄的故事。太子十三岁时起意出家学道,于是天帝释为其化作园观浴池、众果树木,快乐无比。慕魄随即脱去好衣、珠宝,转作道人[2]。

在早期佛教叙事传统中,龙王兄弟经历了一个艰难的皈依历程。龙王兄弟并非一开始便是佛弟子,而是在与佛弟子目连斗法后才皈依佛门,成为佛弟子。东晋罽宾三藏瞿昙僧伽提婆译《增壹阿含经》卷二八《听法品》三六记录了目连(Mahā-Moggallāna)教化龙王兄弟的故事[3]。当时佛陀在舍卫国祇树给孤独园时,难陀、优槃难陀龙王兄弟对佛家不满,决定捣乱,于是放大火风,使阎浮里内洞然火燃。佛陀认为目连能堪任降伏恶龙。当时龙王兄弟以身体绕须弥山七匝,放雷电霹雳大火灾。目连化身为大龙王,本来也可以造大火进行对攻,但考虑到会殃及阎浮里内无辜人民,决定以小胜大。变成微型人物进入龙王口中,在龙王五官之间来来去去,引起二龙王产生极端恐惧感,愿皈依佛教作佛弟子,请受持五戒,愿世尊听为优婆塞,尽形寿不复杀生。于是,佛陀为其说法。此后这二位龙王遂为佛弟子。

上述文献记载的故事较为简单,这个故事在其他佛教文献中逐渐变

---

[1]《大正藏》册二,No. 125,[东晋]瞿昙僧伽提婆译:《增壹阿含经》卷二三,页668c—669a。
[2]《大正藏》册三,No. 167,[后汉]安世高译:《佛说太子慕魄经》,页409a。
[3]《大正藏》册二,No. 0125,《增壹阿含经》卷二八,页702c—705b;《佛说长阿含经》卷二一《第四分世记经战斗品》简短提及了这场战斗,云难陀、跋难陀二位龙王"以身缠绕须弥山七匝,震动山谷,薄布微云,渧渧稍雨,以尾打大海水,海水波涌,至须弥山顶。"见《大正藏》册一,页143a。目连降服二龙王的故事收入南朝梁代僧旻、宝唱等集:《经律异相》卷十四"目连现二神足力降二龙王"条;见《大正藏》册五三,No. 2121,页75a—b,但该条注云出自《降龙经》。

330

第六章　中古圣传所见九龙吐水之源流

得更为丰富和生动,长度上有所增加,细节上有所扩充。义净所译《根本说一切有部毗奈耶》卷四四记载了一个更为丰富的故事,主角也是难陀、邬波难陀龙王。从这个故事中可知龙王在佛教宇宙观中之地位。故事发生在妙高山,即须弥山,有修静虑的比丘往此处修行。山上乃有三十三天四宝所构成,有四面,东面水精,南面吠琉璃,西面白银,北面黄金。此山下有大海,大海之中有龙王宫,亦由四宝所构成,且受用无缺。两位名为难陀、邬波难陀的龙王居于龙王宫,他们各有八万四千诸龙以为眷属。后来二龙因为贪爱而各以其身绕山七匝,举首而住,作念头认为各种受用均因其福业所招致。他们还因为有恼嫉心而每日三时吐出毒气,导致二百五十由旬之内所有鸟兽闻毒气者皆不幸丧命。龙王吐完毒气便睡着。当时诸位比丘被龙王毒气侵害,致使皮肉变色,憔悴萎黄。诸位受害的比丘以此缘告知佛陀。佛陀知道座下弟子大目乾连定能摧伏毒龙。大目乾连以神通羞辱龙王兄弟,谴责二龙过去作鄙恶业,乃至堕畜生道中,受斯恶报;后来更作猛毒心,杀害有情,无悲愍念。因此以后只能堕落捺洛迦道,即地狱道,而更无转世之处。只有归依三宝,受五学处,至尽形寿,不杀生,乃至不饮酒,并且不欺凌那些在妙高山居住的其他禽兽,才能解脱恶报。龙王感恩不已,自陈幸蒙圣者拔济苦津,并自誓要皈依三宝,受五学处,并不令其他有情苦恼,对其他动物视为己子,还要除去瞋毒心。目连告知世尊他已降伏两位难陀龙王,令受三归并五学处[1]。这个故事主要讲因果报应,但同时亦指出龙王作为畜生道众生的地位及其皈依佛法的意义。

在大乘经典《悲华经》(*Karuṇāpuṇḍarīka-sūtra*)卷一《转法轮品》(*Dharmacakrapravartana*)中即提及难陀龙王、婆难陀龙王遂和其眷属一起,发心趣于大乘,行六波罗蜜[2]。此经卷四则云难陀、优波难陀二位龙王如菩萨一般可作大音声遍满世界。这一卷婆难陀译名变成优波难陀,

---

[1]《大正藏》册二三,No. 1442,《根本说一切有部毗奈耶》卷四四,页866c—868a。
[2]《大正藏》册三,No. 157,[北凉]昙无谶译:《悲华经》卷一,页167a—b。

让人费解。这和刘宋时求那跋陀罗译《过去现在因果经》卷一中出现的译法一致[1]。较为接近的译法是法显译《佛说大般泥洹经》中的优钵难陀,而佛驮跋陀罗译《大方广佛华严经》则译为跋难陀[2]。

以上的这些不同叙事出现的原因非常复杂,需要专门的研究。这里只能简单提示一点想法。首先,由于佛教文献存在一个从口传(oral)到文献(textual)的发展过程,很多叙事在口传的过程中,也许存在不同的口传传统,在不同思想传统中成长的法师对其弟子的传法也应是不同的;其二,即使是口传之后佛教叙事逐渐形成文献,也存在一个所谓经文化(sutrafication)的过程,所以同样一个情节,在不同文献中也以不同的专有名词和叙事方式出现。

三、从《普曜经》看从印度二龙到中华九龙之变化

上文主要介绍了四类释迦太子诞生之后沐浴的叙事传统,而第五类即是本文重点探讨的一类叙事文献。这一类的主题是九龙为太子灌浴,而这实际上出自西晋竺法护的译经传统,其中以《普曜经》最为重要,此经梵文名为 *Śrīlalitavistaronāma mahāpurāṇaṃ*,或简称为 *Lalitavistara*(以下简化为 LV),在汉文文献中又称为《方等本起》或《普曜大方等典》。有关《普曜经》的翻译过程见于僧祐撰《出三藏记集》。此书卷七关于《须真天子经》一条之下有翻译《普曜经》的说明,云《普曜经》译于永嘉二年(308)太岁在戊辰五月本斋,菩萨法护在天水寺译[3],当时法护手执胡

---

[1] 《大正藏》册三,No. 189,页 625a—b,云难陀龙王、优波龙王于虚空中吐清净水,一温一凉,灌太子身。

[2] 《大正藏》册一二,[东晋]法显译:《佛说大般泥洹经》卷一,页 855b;《大正藏》册九,[东晋]佛驮跋陀罗译:《大方广佛华严经》卷三五,页 625b,译为跋难陀。

[3] 这里《大正藏》、CBETA 电子佛典、《出三藏记集》标点本(北京:中华书局,页 267;页 282 注 24)均从五月和本斋之间点断,将本斋置于菩萨之前,误。本斋应与五月连在一起,五月本斋或指五月十五日。《出三藏记集》卷七所列出的《普曜经》译经题记上下两条分别是《须真天子经》与《贤劫经》的译经题记,均提供了翻译的具体月日,前者译于太始二年(266)十一月八日,后者译于永康元年(300)七月二十一日。因此,按这种体例,《普曜经》题记亦应当提供了翻译的月日,只不过此处乃是以五月本斋来指具体月日。佛教一年之内有三次长斋,分别在正月、五月、九月的十五日举行,亦称为本斋。《出三藏记集》卷 5 引道安《众经目录》列出一系列疑经,其中包括《法本斋经》一卷,云西凉州来,阙。上述题记云《普曜经》于五月本斋译,或即五月十五日译出。有关长斋的说明,见 Antonino Forte and Jacques May, "Chōsai 长斋(Long Fast)," in *Hōbōgirin*, vol. 5 (1990), pp. 392-407. 河野训已纠正这一标点错误,见氏著:《汉译仏传研究》,伊势:皇学馆大学出版社,2007 年,页 11。

第六章　中古圣传所见九龙吐水之源流

本,口宣晋言。笔受者为沙门康殊、帛法巨[1]。这两位从姓氏来看,可能前者是康居人,后者是龟兹人。

《普曜经》卷二叙述了释迦牟尼菩萨降生时的情景,其文略云:

> 尔时菩萨从右胁生,忽然见身,住宝莲华,堕地行七步,显扬梵音,无常训教:"我当救度,天上天下,为天人尊,断生死苦,三界无上,使一切众,无为常安。"天帝释梵,忽然来下,杂名香水,洗浴菩萨,九龙在上,而下香水,洗浴圣尊,洗浴竟已,身心清净。[2]

卷四接着重复描述了这个场景,云释迦牟尼太子初生时九龙浴体,未生之时豫现瑞应三十二相[3]。卷八借安陛沙门之口云其师,

> 从无数劫,奉行六度无极之法,四等四恩,行无盖哀,奉无极慈,欲度一切,积功累德,不可称载。一生补处,在兜术天,降神现存,寄迦维罗卫国夫人之胎。如日现水,生行七步,天地大动,瑞三十二,称己圣者,三界皆苦,吾当度之。释梵四天王,咸来启受,九龙浴身。[4]

九龙洗浴圣尊的说法,在佛典中以此经的记录最为重要,以后其他佛教文献提及所谓九龙浴佛多引此经。

《普曜经》和梵文本《游戏神通》(*Lalitavistara*)基本内容相同,在汉文佛典中还有一个类似的译本,但内容较为不同,或许基于不同的梵文底

---

[1] 《大正藏》册五五,No. 2145,[梁]僧祐:《出三藏记集》卷七,页 48b;帛法巨,宋本亦作帛法炬;隋费长房《历代三宝记》、唐道宣《大唐内典录》、唐智升《开元释教录》均作白法巨。

[2] 《大正藏》册三,No. 186,西晋竺法护译:《普曜经》,页 494a—b;梵文对应部见 Salomon Lefmann ed., *Lalitavistara*, Halle: Verlag der Buchhandlung des Waisenhauses, 1902, p. 44, 1. 9; Étienne Lamotte, *History of Indian Buddhism: From the Origins to the Śaka Era*, translated by Sara Webb-Boin, under the supervision of Jean Dantinne. Publications de l'Institut Orientaliste de Louvain 36, Louvain: Université Catholique de Louvain, Institut Orientaliste, 1988, p. 673. 该书综述了这一段,但未提灌浴一节,其引文出自 Salomon Lefmann ed., pp. 101 - 108; A. Foucher, La Vie du Bouddha, pp. 61 - 63. Lamotte 主要讨论阿私陀(Asita)的预言,并引用了德庸的研究, J. W. de Jong, "L'épisode d'Asita dans le *Lalitavistara*," in Johannes Schubert ed., *Asiatica*, *Festschrift F. Weller*, Leipzig: Otto Harrassowitz, 1954, pp. 312 - 325. 德庸的文章也特别讨论了 *Lalitavistara* 中记载的佛陀之三十二相。关于这一文献中三十二相的补充讨论,见 Constantin Régamey, "Encore à propos du Lalitavistara et de l'épisode d'Asita," *Asiatische Studien/Études asiatiques* 28: 1 (1973), pp. 1 - 33.

[3] 《大正藏》册三,No. 186,页 508c—509a;梵文对应部见 Salomon Lefmann ed., *Lalitavistara*, Halle: Verlag der Buchhandlung des Waisenhauses, 1902, p. 206, 1. 3.

[4] 《大正藏》册三,No. 186,页 533c—534a。此节无梵文对应本。

本。这一异译即唐代地婆诃罗译《方广大庄严经》。《方广大庄严经》卷一《序品》第一提到有部经名为《方广神通游戏大庄严法门》，或即此经原来的名字。文中说此经乃是为了"显示菩萨众德之本，处于兜率微妙天宫，思惟降生示现胜种，具诸功德行童子事，艺业、伎术、工巧、书算、拥力、骋武，而于世间皆悉最胜。示受五欲具菩萨道降伏魔军，出生如来力无畏等一切佛法"。这便是关于为什么此经被称为"游戏神通"的较为清楚的说明了。而此经《兜率天宫品》第二云《方广神通游戏大严经典》。此经卷三则云菩萨诞生时，梵释诸天等于虚空中以手捧香水灌洒于菩萨，而龙王降下冷暖二水来调和，诸天以香水洗浴菩萨[1]。可见这一译本并未提及九龙洗浴主题。

单从二龙和九龙这两词的选择来看，唐代的译本比法护的译本无疑更忠实于原文。法护显然在九龙问题上偏离了原文，他当时翻译这部经典时的处境、立场、态度和心境已经难以了解，但他之所以选择九龙代替二龙应是出于弘法的目的，因为在当时的文化、政治语境下九龙比二龙显得更为尊贵，从而更能体现释迦太子天上地上唯我为尊的地位和形象。

《普曜经》的汉文经名可以在此略说一二。以光明普曜来赞颂佛陀最早见于吴国支谦译《撰集百缘经》，此经多达数十处提及菩萨三十二相、八十种好，光明普曜。竺法护显然从支谦的翻译中借用了此词，其译经中使用此词十分普遍，除了《普曜经》之外，他所翻译的《光赞经》、《大哀经》、《贤劫经》等均以普曜一词赞叹菩萨。《贤劫经》卷三第一一一品《三十二相》亦云光明普曜，《佛说文殊师利净律经》中称佛土普曜，《大哀经》提到无忧世界有菩萨名普曜[2]。这多多少少反映了法护译经过程中使用专有名词有其特殊的连贯性和统一性。

---

[1] 见《大正藏》册三，No. 187。相关研究见外薗幸一：《Lalitavistara と方廣大莊嚴經》，《日本仏教學會年報》43号；他亦指出《普曜经》与《方广大庄严经》乃是 Lalitavistara 之同本异译，见《ラリタヴィスタラの研究》，上卷，东京：大东出版社，1994年，页46。

[2] 《大正藏》册十三，No.398，《大哀经》卷一，页411c。

第六章　中古圣传所见九龙吐水之源流

学界一般认为《普曜经》乃是经文题名为 LV 的汉译,但底本并不清楚出自何处。不过,LV 的梵文写本在尼泊尔出土了一些残卷。而这些出土的梵文本由德国学者勒弗曼(Salomon Lefmann)加以整理,早在上世纪初即已出版[1]。密特拉(Rajendralala Mitra)的英译本记菩萨诞生时,莲花从地而出,两位龙王(Nanda 和 Upnanda)在空中现出半身,泼下一热一冷两束水为佛浴身[2]。戈斯瓦米(Bijoya Goswami)新英译本中也提到难陀龙王与优钵难陀龙王从上流出两股水的情节,其说法与密特拉所译几乎一样,但戈斯瓦米在这一涉及龙王的情节没有提供任何进一步的注释。

外薗幸一出版了《ラリタヴィスタラの研究》一书,这是迄今为止最为全面研究 LV 的著作[3]。其书指出,一般认为 LV 意为游戏神通,因佛陀游戏体现出超自然能力,所以可称为《游戏神通》[4]。外薗幸一详细

---

[1]　Salomon Lefmann ed., *Lalitavistara: Leben und Lehre des Śākya-Buddha*, vol. 1, Halle: Verlag der Buchhandlung des Waisenhauses, 1902;其中页 83 为佛陀出生场景。

[2]　Rajendralala Mitra, *The Lalita-Vistara or Memoirs of the Early Life of Śākya Siñba*, translated from the original Sanskrit, Bibliotheca Indica new series, no. 455, Calcutta: The Asiatic Society of Bengal, 1881, ch. VII, p.124; p.160 注 16 解释温冷两束水,作者提示暹罗语文本两束水分别浴王后和菩萨,见 Alabaster, p.102;而汉文本云两束水从半空中沐浴菩萨,见 Beal, p.47. 福柯法译本 Philippe Edouard Foucaux, *Le Lalita Vistara — Développement des jeux*, Paris: Ernest Leroux, 1884, pp.77 – 78. Bijoya Goswami, *Lalitavistara*, *English Translation with Notes*, Kolkata: The Asiatic Society, 2001, pp.84 – 85.

[3]　外薗幸一:《ラリタヴィスタラの研究》,上卷,东京:大东出版社,1994 年(Hokazono Koichi, *Raritavisutara no kenkyū*, Tokyo: Daito shuppansha, 1994);此书为作者提交给九州大学申请文学博士的论文,历时十八年完成,且仅是上卷。此书页 989,校订和翻译了 *Lilitavistara* 的前十四章。全书共分三部分,第一部分为研究篇(页 1—262,共分成四篇,第一篇包括三章,分别探讨《佛传》文献的意义、形成史及其分类、目的、类型、思想;第二篇第一章主要讨论 LV 名称的由来、意义,比如游戏一词在佛教思想史背景中的解释,第二章讨论 LV 自称为 Purāṇa 的文献背景,第三章讨论 LV 成立的历史,特别是作为方等本起类文献的背景,作者也试图重建这一文献本来的结构、成立的地点以及年代、所属部派,作者认为属于大乘文献;第四章讨论这一经典中引用的相关文献、与其他佛传之关系、与大乘经典之关系、与其他宗教之关系;第三篇主要介绍研究史,梵文原本的刊布历程、西文和日文中的翻译与研究等;第四篇介绍本书研究使用的材料,特别是来自东大图书馆藏的写本以及尼泊尔国家档案与图书馆的写本,并提供了写本系统图,见页 250—255),第二部分为主要根据东京大学图书馆所藏写本与尼泊尔国家档案与图书馆所藏写本为主要资料校订梵文本并以转写形式公布校订结果(页 263—697),第三部分为日文翻译(页 699—989)。*Lalitavistara* 的藏文译本 Rgya cher rol pa 见北京版 No. 763;参见外薗幸一:《ラリタヴィスタラの研究》,上卷,东京:大东出版社,1994 年,页 47。

[4]　Klaus Mylius, *Geschichte der Literatur im alten Indien*, Leipzig, 1983, S. 392; S. Schubring, "Zum Lalitavistara," *Asiatica*, *Festschrift F. Weller*, SS. 610 – 655. S. 655 云可译为端正的菩萨之详细传记。

讨论 Lalitavistara 一名的含义。他指出，Lalita 意为游戏、自然行为、无邪气、优美；而 Vistara 意为广大、广泛、详细、敷衍。早期汉文译本题为《普曜经》《方广大庄严经》。而日本学者一般译为《游戏之详细物语》《游戏说法》《游戏之展开》《游戏之颠末》。同时，外薗幸一亦比较了西文中的十种以下译法，包括 Mitra 云娱乐之解说，Foucaux 云游戏之展开、游戏之详述，Lefman 云优雅、娱乐、无邪气行为之展开、详述，Speyer 云优美之详细的说话，Winternitz 云有关佛陀游戏之详细说话，Waldschmidt 云神圣游戏之开陈，Thomas 云佛陀游戏之详细叙述，Edgerton 云娱乐之详细说明[1]，Mather 云菩萨游戏之广泛之说明[2]。外薗幸一建议译为《游戏之详细记录》或《游戏广说》，他将这一名称的意义放在"佛教自利利他相即"以及佛陀可随意变化其身以济度众生的背景中来进行讨论。这反映出 LV 的编纂乃植根于大乘佛教的土壤[3]。外薗幸一认为目前现存的梵文本成立时间约为公元 500—600 年（见外薗幸一书〈下同〉103 页）。其发展谱系为，早先有梵文原本，后来译成《普曜经》，再后来出现接近《方广大庄严经》的版本，再后来出现现存梵本 LV，并出现《方广大庄严经》的译本。按照他的梵文校订本，原文转写为"nandôpanandau ca nāgarājānau gaganatale 'rdhakāyau sthitvā śītôṣṇe dve vāridhāre 'bhinirmitvā bodhisattvaṃ snāpayataḥ sma"（见 442 页）。其日文翻译为，"Nanda 与 Upananda 两名龙王从虚空中现出半身，化作寒暖二股水流，澡浴菩萨"（见 822 页）。

梵文本 LV 中指出，几乎释迦太子留下的每样物品都成为奉敬的对象。他在接受善生女（Sujātā）所施食物之后，觉得应该先沐浴再进食，于是善生女为其剪发，所剪下之发后来由善生女设塔供养。释迦太子入河沐浴起身之后，有龙王从地而起为其奉上自己王冠作为坐具。太子在进

---

[1] Franklin Edgerton, *Buddhist Hybrid Sanskrit*, *Language and Literature*, Banaras, 1954, p. 26.
[2] Richard B. Mather, "The Life of the Buddha and the Buddhist Life," *JAOS* 106：3 (1986), p. 31.
[3] 外薗幸一, 1994, 页 63—72。

第六章　中古圣传所见九龙吐水之源流

食之后随即扔掉了其乞食所用之钵,龙王立刻保存起来[1]。但汉文本却不同,竺法护汉文译本《普曜经》卷五有一段和梵文本中这一节对应,但云菩萨洗浴之后,从河中起,尼连江水中龙妻从地化出,以微妙床贡进菩萨,菩萨即坐。菩萨食用村中长者女奉上的乳糜之后,将金钵投之江水,具足千龙取之进行供养[2]。福尔克(Nancy Falk)认为佛陀所留遗迹的信仰和崇拜活动起初源于在俗信徒,受到出家人的抵制,后来僧团也逐渐接受这些崇拜和供养活动[3]。

吴国时支谦译《佛说太子瑞应本起经》卷下则云佛陀初得道时入水洗浴之后有长者女奉上百味之糜,佛陀食用后掷金钵于水中,此钵逆流而上,于是龙王获知世间有佛[4]。这个版本中则没有龙王奉献任何物品的故事,但解释了诸畜生中,是龙为先见佛的缘由乃在于文邻瞽龙因得三佛光明得以重开其目,因此皈依佛、法、僧三宝[5]。《修行本起经》卷下则没有提到龙王。菩萨在菩提树下修行六年之后,受二女供养乳糜。菩萨决定先沐浴再食用这些乳糜。于是他入尼连禅河洗浴身形,出水时有天神为其按树枝,食用了乳糜之后,并洗手漱口,之后将钵弃之于河,此钵逆流而上,天乃化作金翅鸟收走此钵,并佛陀剪下的头发一起,起塔供养[6]。《佛本行集经》卷二五提供了一个更为复杂的版本。在这一版本中,菩萨从菩提树下六年修行起来之后,获善生村主女供养之乳糜后,至尼连河岸,入河洗浴浑身热气,此时虚空诸天以天种种微妙香末,和雨水一起降于水上。菩萨洗完之后,想要渡河,但身体羸弱,河中树神柯俱婆伸臂帮助菩萨渡河。而尼连禅河主之龙女尼连茶耶则从地涌出,将手执

---

[1] John Strong, *Relics of the Buddha*, Princeton: Princeton University Press, 2004, pp. 68-69.
[2] 《大正藏》册三,No.186,西晋竺法护译:《普曜经》卷五,页512a。河野训:《汉译佛传研究》,伊势:皇学馆大学出版社,2007年,页162—163比较了《太子瑞应本起经》与《普曜经》中这一段佛陀成道之后受龙女供养的故事。
[3] 她的文章主要分析对信仰和供养对象的右绕三匝仪式;见 Nancy Falk, "To Gaze on the Sacred Sites," *History of Religions* 16: 4 (May, 1977), pp. 281-293.
[4] 《大正藏》册三,No.185,[吴]支谦译:《佛说太子瑞应本起经》卷下,页479a。
[5] 同上,页479c。
[6] 《大正藏》册三,No.184,《修行本起经》卷下,页469b—c。

庄严天妙筌提奉献给菩萨。菩萨受而坐其上食用乳糜。之后将金钵弃掷河中，海龙王取之想要拿回龙宫供养，不料天主释提桓因化作金翅鸟从海龙王处夺走此钵，放在忉利宫三十三天，恒自供养[1]。

《普曜经》的蒙古文译本《菩萨十二行》（*The Twelve Deeds of Buddha*）则有另一种说法。该文本第八章题为通向菩提道场（Bodhimaṇḍa）之路以及神通的显现。开端即描绘菩萨在经过六年苦行之后的情景。他从苦行中起来之后，心想让我找一个墓地中的葬衣做一件袈裟吧，于是开始寻找。当时正好女子善生（Sujātā，须阇多）的一名婢女陀罗（Dhāra）刚去世，被用布卷起来放在墓地。于是菩萨用右手扯出一块布来。诸天正好在天上目睹此事。菩萨当时身体虚弱，女神为其弯曲树枝让菩萨抓住[2]。这时，菩萨感到饥饿，于是难陀婆罗（Nandabalā）和十个其他女子为菩萨供养柏树果子和其他食物。在他还在苦行的时候，难陀和难陀婆罗每日为八百婆罗门供养茶，并发愿，吃了她们供养食物的人将成佛。因此当菩萨出现时，诸天都认为她们的愿实现了。于是她们非常高兴。村主之女让其婢女郁多罗（Uttarā）去迎请菩萨。婢女为菩萨献上乳糜。菩萨取过乳糜，离开了优娄频螺村，在午饭时间走到尼连禅河边，脱下金黄色袈裟，放下钵，入水洗浴。诸天散花，以香水洗浴菩萨。难陀和难陀婆罗均取菩萨的发、须并设支提进行供养。当菩萨从河中起来时，一位龙女从地而起，以神力做一狮子座请佛入座。他以大慈悲想起两位村女，于是吃了乳糜，将金钵掷入尼连河。沙竭龙王（Sāgara）见状[3]，认为此钵值得供养。因陀罗化作金翅鸟想要夺取此钵但不能得，于是请求龙王给予

---

[1]《大正藏》册三，No. 190，[隋]阇那崛多译：《佛本行集经》卷二五《向菩提树品》，页772a—b。宋代法贤译《佛说众许摩诃帝经》卷六则云菩萨食用完童女所供养的粥之后，"掷钵入尼连河，龙王至尋不欲取钵器，帝释化身为金翅鸟，龙即惊退，帝释得钵，安忉利天建塔供养。"见《大正藏》册三，No. 191，页949c。

[2] 此处加入了这样的内容：净居天（Śuddhāvāsakāyikas）之子（son of gods）无垢光（Vimalapratha）给了菩萨一件金黄色的袈裟。此或来自藏文佛传传统，待考。

[3] 按，沙竭龙王即海龙王，见《翻梵语》卷七《龙名》第三十四沙竭龙王条，其文云：亦云娑伽罗，亦云娑竭，译曰海也。见《大正藏》册五四，No. 2130，出《大智度论》第三九卷。其实，此译名最早见于后汉支娄迦谶译《般舟三昧经》卷上，见《大正藏》册一三，No. 418，页903a；竺法护也使用了这一译名，见《佛说宝网经》，《大正藏》册一四，No. 433，页78a；但法护也翻译了《海龙王经》。

第六章　中古圣传所见九龙吐水之源流

他,龙王于是给他了[1]。

竺法护所翻译的其他佛教文献也提及了九龙吐水的问题。如他翻译的《佛说过去佛分卫经》讲述了一个佛本生故事。分卫城有一妇人在怀孕之时见到佛及其弟子,发愿所生儿将成为佛门弟子。在此儿七岁时,妇人将其带至佛所,请佛让其出家学佛,希望其得道之后,身形如佛。获得允许之后,妇人以澡瓶灌洗此儿,结果立刻有九龙从瓶中出来,吐水灌洗此儿。洗完之后残水在儿头顶上化成华盖珠交络帐,帐中有师子座,座上有坐佛。于是,"佛言:'此儿却后十四劫当得作佛,九龙当浴,师子座华盖宝帐,佛笑光从儿顶入,皆是其应。'母闻佛言倍怀踊跃,后当作母人转轮圣王,积七百世竟,其劫寿尽转母人身,当得阿惟越致。"佛言:"是时小儿,我身是;我今于世功德如是。"[2]这个新生儿实际上是佛陀本生,这才可能有龙王卫护,为其吐水灌洗。法护翻译的另一篇文献《佛说文殊师利现宝藏经》卷下也提到类似的场景,但未明说是几位龙王。其文云:

文殊师利言:如我等,仁者经书所说讽诵讲义,以是观之,沙门瞿昙有审谛德。所以者何? 生大豪家,种姓具足,父母苗裔,清净帝王,转轮圣种,一相有百福功德。我闻初始生时,释梵奉敬,皆动天地,三千世界,而无受取,堕地而行,至于七步,举手而言:"我

---

[1] Nicholas Poppe, *The Twelve Deeds of Buddha: A Mongolian Version of the Lalitavistara*, *Mongolian Text*, *Notes*, *and English Translation*, Seattle: University of Washington, 1967, pp. 142-144. 这个蒙古文译本来自Č'os-kyi 'Od-zer 所翻译的藏文本,但藏文本已经佚失。这一蒙古文译本由萨迦派僧人 Šes-rab Seṅ-ge 大约在1323—1328年间完成,Šes-rab Seṅ-ge 是受过良好教育的高僧,懂藏文、蒙古文、回鹘文、汉文。藏文本是 *Lalitavistara* 的缩译本,蒙古文本是这个缩译本的译本,但只有第二卷保留下来。现存于《甘珠尔》中的 *Lalitavistara* 的蒙古文译本由十七世纪的 Samdan Sengge 完成。Poppe 翻译的这个蒙古文本乃是列宁格勒大学主图书馆东方部的写本,借阅编号 Q361,1931年入藏编号为 2187,系由 A. M. Pozdneev 从内蒙古地区获得。虽然原文译本完成于十四世纪,但这个写本来自十七世纪。

[2] 《大正藏》册三, No.180,西晋竺法护译:《佛说过去佛分卫经》,页452a—b;此经《大正藏》册三称《佛说过去世佛分卫经》,页底注明宋、元、明版多"世"字,但据僧祐《出三藏记集》卷三所举法护译经目录,知此经名为《过去佛分卫经》,而旧录称为《过世佛分卫经》,僧祐认为旧录实误;《经律异相》卷三八引此经内容时称《过世佛分卫经》,见《大正藏》册五三, No.2121《经律异相》卷三八《女人怀妊愿得出家母子为道皆得成立》条引用了《出过世佛分卫经》中九龙灌洗的场景,见页204c;又《经律异相》卷四十五《母人怀妊遇佛愿以儿为道》条引用十卷本《譬喻经》卷三同样的场景,见页235b—c。

339

为天上、天下最尊,当为众庶,断生老病死。"龙王吐水,释梵共浴,诸天人民,弦鼓伎乐,放大光明,休息众恶道,一切诸根,皆而具足[1]。

不过,后世的文献对法护的译经多有误解。如梁代僧祐所编集的《释迦谱》卷一《释迦降生释种成佛缘谱》第四引《大善权经》云"天帝释梵雨杂名香,九龙在上而下香水洗浴菩萨"[2],检《大正藏》第十二册中的《大善权经》,并无相关内容,上文所引《释迦谱》中内容恐是僧祐误引其他文献。甚至通检佛藏,除法护之外其他译者均未在译本中使用九龙一词,这是非常值得注意的现象。

从以上一些叙事的表现来看,《普曜经》中关于释迦太子诞生之后九龙为之沐浴的叙事在早期汉译佛传文献中显得十分另类,这使得我们不得不关注其所谓九龙浴佛一说出现的背景。众所周知,虽然印度和中国都有龙,但其含义、性格在文献中的表现相当不同,值得仔细探讨。印度龙与中国龙,乃至西方神话传说以及宗教话语中的龙都非常不同,这是个十分复杂的问题,在这里不可能亦无必要进行全盘的考虑,只能集中讨论这里最为关心的九龙主题。

值得注意的是,葛承雍先生在他对长安的研究中提示了唐代龙的形象在皇权象征上的应用以及在造型上受到中亚和西域影响。他指出"龙作为一种吉祥图案饰纹,在唐代居于'灵物'、'瑞兽'的显位,也被涂上浓重的神话色彩,但还没有像宋元以后成为神权和皇权的象征"[3]。他还详细讨论了唐代龙的形象所受到的外来影响。其中葛先生提示的这两条非常重要,一是龙作为皇权象征,二是唐代龙头受到外来影响,因而龙头变得圆而丰满,大多数脑后有鬣,这说明吸收了外来狮子头的形象,鼻子也近似狮鼻。龙颈和龙背出现了焰杯,受到了佛教火聚光顶装饰艺术的

---

[1] 《大正藏》册一四,No. 461,页461c—462a;据僧祐《出三藏记集》卷三,知此经太(泰)始六年(270)十月译出。
[2] 《大正藏》册五〇,No. 2040,页5b。
[3] 葛承雍:《唐代龙的演变特点与外来文化》,《唐韵胡音与外来文明》,北京:中华书局,2006年,页206。

第六章　中古圣传所见九龙吐水之源流

影响。总之,葛先生认为唐代龙的形象带有很强的狮化色彩,主要受到中亚和西亚等域外文化的影响[1]。

葛先生也注意到,依据《佛本行集经》演绎的敦煌本 S. 4480 号《太子成道文》,释迦牟尼诞生时有九龙吐水为太子沐浴。泼水浴身是佛祖的特征。华清宫御汤又称九龙汤,可能据佛祖的故事而定名[2]。这些都是很有价值的见解。不过,这里的讨论可能会对葛先生的看法在两点上有所修正。一是九龙吐水的说法并非来自《佛本行集经》,而是《普曜经》;二是九龙至少在后汉以来已经成为皇权的象征了,后汉、三国时期洛阳的皇宫中已经有九龙殿,而竺法护在《普曜经》中所发明的九龙吐水相当可能受到洛阳九龙殿作为象征皇室地位的建筑的影响,后来法护发明的九龙吐水又成为北魏瑶光寺九龙吐水建筑的思想基础。

这里先提示一点法护译经的大背景。法护在译经中常常借鉴当时中原地区流行较广的专有名词,如朝廷用于皇帝的词语"天子",以及道教中的术语"玉女"。《普曜经》卷一云佛陀讲法时升师子床,其文略云,于是佛告诸比丘:"于时菩萨省诸伎乐,宣法音时出大宫殿,有大讲堂号演施法,升彼讲堂坐师子床,其诸天子学大乘业行等慈者,亦复俱升此大讲堂,各从本位次第而坐。舍玉女众及诸天子,咸从同学各来集会"[3]。其中值得注意的词包括天子和玉女,均在汉文中有其特定含义。

布歇尔(Daniel Boucher)在《林中菩萨与大乘形成:〈德光太子经〉之研究与翻译》一书中讨论竺法护的译经过程时提出,用来翻译 apsarasas 一词的"玉女"在战国时期已经出现,用来指女性神祇,见于《楚辞》。后汉和南北朝时期在道教圈中用来指修行的女仙,在上清派中乃是指卫护

---

[1]　上揭葛文,页208。
[2]　葛承雍:《唐华清宫沐浴汤池建筑考述》,《唐研究》卷二,1996 年,页 437—453;收入《唐韵胡音与外来文明》,页 292—307,特别页 304。
[3]　《大正藏》册三,[西晋] 竺法护译:《普曜经》卷一,页 485a。

道教经典的成员[1]。他认为法护翻译时有写本在手,而且误读了《德光太子经》的一些佉卢文字母。他引《出三藏记集》卷七的记载注意到当时协助法护译《须真天子经》的助手包括安息僧人安文惠、龟兹僧人帛元信,以及三名汉人助手聂承远、张玄泊、孙休。

如果先从版本入手,我们首先要注意收入《大正藏》的《普曜经》只是一种版本,也是一种刻本,其他刻本可能还存在历代大藏经中,这些版本的记录可以在《法宝义林》中找到,但它们在九龙一词上并无分歧。加上后世文献如道宣、道世、玄奘等人对九龙吐水主题的引用,可知《普曜经》中出现的九龙并非传抄之误。其实,该经中所见九龙实际上出自竺法护的创造,梵文原本应是二龙。以九龙吐水灌浴太子乃是为了凸显佛陀作为太子诞生的神圣、权力、威严。后来佛教发展出庆祝佛诞节的盛会,信众在佛诞之时,设九龙吐水形象沐浴佛身,以示尊崇[2]。

为何说九龙是法护的创造呢?不仅因为在《普曜经》梵文本中不见九龙的记载,实际上在古代印度九龙的观念亦不存在。如果九龙不是来自佛教传统,那么其历史渊源必然来自中国当时的文化语境。九龙最早出现在何时以及为何出现在早期佛教汉文译经中乃是需要仔细探讨的问题。首先要提醒读者的是,印度二龙和中华九龙两者在数目的象征意义上存在异同。关于印度龙,应该说古代印度特别是佛教文献中并无九龙作为特殊数目并赋予象征意义的说法。斯特朗(John Strong)认为在古代南亚佛教传统中,nāgas 有三层象征意义[3]。一是作为预受戒者,即没有僧人能不变成龙而被传戒,但一旦此人受戒,则舍弃龙身成为僧人。这是

---

[1] Daniel Boucher, *Bodhisattvas of the Forest and the Formation of the Mahāyāna: A Study and Translation of the Rāṣṭrapālaparipṛcchā-sūtra*, Honolulu: University of Hawaii Press, 2008, pp. 92 - 100. Boucher 以英文 celestial nymph 翻译此词(按,此词的吐火罗语 A 为 Apstar,阴性名词,见 Carling, 2009, p. 12a)。Daniel Boucher, "Dharmarakṣa and the Transmission of Buddhism to China," in *China at the Crossroads: A Festschrift in Honor of Victor H. Mair*. Special Issue of *Asia Major*, 3rd series, vol. 19, pts. 1 - 2 (2006), pp. 13 - 37.

[2] John Strong 提示了 *Lalitavistara* 中这一节的内容,但没有提到二龙浴佛之细节;见 *Relics of the Buddha*, Princeton: Princeton University Press, 2004, pp. 63 - 64.

[3] John Strong, *Relics of the Buddha*, Princeton: Princeton University Press, 2004, pp. 168 - 169.

第六章 中古圣传所见九龙吐水之源流

为了纪念一位 Nāga 转龙身为人身皈依佛教而发展出来的传统[1]。二是龙王可以积德,但不能得道。三是龙王代表了一些与当地土地肥沃度和降雨关系密切的土著势力,这些势力后来均皈依了佛教,其信仰和实践后来均被纳入佛教体系[2]。

其实,日本学者定方晟也在他所著《佛教宇宙论》一书中在讨论天龙八部时将 nāga 列为其中一种,指出这是人格化的大蛇,特别指眼镜蛇,这种眼镜蛇信仰在印度广泛存在,它们被认为能给人带来水[3]。其他日本学者认为佛传故事中龙蛇的登场,反映了雅利安人进入印度地区之前当地土著部落崇拜龙蛇的信仰情况[4]。实际上,隋代阇那崛多等译《起世经》卷一有对佛教中所谓四大部洲及其所居众生的详细说明,其中阎浮洲有诸多龙王居住,但是龙王的天敌乃是金翅鸟王,龙王一旦遇到金翅鸟王便会失去天形,现出蛇形。这显然指龙王本身跻身天部,乃是因为修行,而从畜生道转世到了天道。但其原形仍是大蛇。

在古代印度,龙或者巨蛇原本是地方信仰,后来进入佛教,这两种信仰体系之间存在一个结合过程,这一过程的研究在学界也有一些解释。比如科恩(Richard S. Cohen)主要研究了阿旃陀第十六窟中的龙王祠,认为佛教和当地的龙王在交换的过程中完成了本地化。他指出龙在佛教神话中的角色比较模糊。它们通常住在地下或河中,通过调节降雨来控制当地土地的肥沃度和节气,甚至对当地人们有致命的危险。其权力明显

---

[1] John Strong, *The Legend and Cult of Upagupta*, Princeton: Princeton University Press, 1992, pp.191-192. 他在这里已经认为 nāga 有三层含义,首先 nāga 不仅指大蛇或蛇状神化动物,也指象;其次,nāga 常用在伟大的人物身上,特别是罗汉;最后,nāga 指等待受戒者。

[2] Lowell W. Bloss, "The Buddha and the nāga: A Study in Buddhist Folk Religiosity," *History of Religions* 13 (1973), pp. 36-53; Andrew Rawlinson, "Nāgas and the Magical Cosmology of Buddhism," *Religion* 16 (1986), pp. 135-153; Brian K. Ruppert, "Buddhist Rainmaking in Early Japan: The Dragon King and the Ritual Careers of Esoteric Monks," *History of Religions* 42 (2002), pp. 143-174.

[3] Akira Sadakara, *Buddhist Cosmology: Philosophy and Origins*, Tokyo: Kōsei Publishing Co., 1997, p. 137.

[4] 杉本卓洲:《インドの研究》,页394;冢本启祥:《法華經の成立と背景》,佼成出版社,1986年,页73、418;外薗幸一:《ラリタヴィスタラの研究》,上卷,东京:大东出版社,1994年,页19—20。

有地方性，因为其权力主要用来保护其地方利益。但是在佛教到来之后，很快驯化了龙，比如佛陀在得道之后通过无害驯化一条吐火毒龙在一群苦行者前证明其权力。在《根本说一切有部毗奈耶》中佛陀则降伏了两条龙（Aśvaka 与 Punarvasuka）。龙一旦被降服，很快就成为佛陀及其教义的忠实卫士[1]。拉莫特认为 Virūpākṣa 作为龙王，乃是指大蛇或龙神，具有超自然能力，力量巨大，性情反复无常[2]。

中国龙和印度龙较为不同，不仅有二龙，亦有所谓九龙，这二者在不同时代不同场合不同文献中被当时人赋予非常不同的象征意义，服务于相当不同的目的。我们这里略举出一些传统古籍关于龙的说明。根据《说文》，中国龙的特点是时暗时亮，时小时大，时短时长，有时上天，有时入水[3]。龙也有时像马、有时像狗、鱼、鸟、鹿[4]。《说文》中描述的龙的特点和早期佛教传统中的 nāga 有些类似，比如上天入水的能力，比如变大变小的能力等等，所以将佛经译为汉文的译者自然而然用龙来翻译佛教中的 nāga。

张光直先生认为商代的对称性动物纹样比如两龙与商代的二元主义有关。商代的王族分成两支，这反映在小屯地区的政治和宗教建筑以及

---

[1] Richard S. Cohen, "Nāga, Yakṣiṇī, Buddha: Local Deities and Local Buddhism at Ajanta," *History of Religions*, vol. 37, no. 4 (May, 1998), pp. 374–380. 他利用的材料主要是来自吉尔吉特的根本说一切有部的梵文写本，Raniero Gnoli, with T. Venkatacharya eds., *The Gilgit Manuscript of the Saṅghabhedavastu, Being the Seventeenth and Last Section of the Vinaya of the Mūlasarvāstivādin*, vol. 1, Serie orientale Roma 49: 1. Rome: Instituto Italiano per il Medio ed Estremo Oriente, 1977, pp. 217–218; S. Bagchi ed., *Mūlasarvāstivādavinayavastu*, Darbhanga, India: Mithila Institute of Post-Graduate Studies and Research in Sanskrit Learning, 1970, 2: 86. 早期研究见 J. Przyluski and M. Lalou, "Notes de Mythologie bouddhique," *Harvard Journal of Asiatic Studies* vol. III (1938), pp. 40–46; M. Lalou, "Le culte des Nāga et la thérapeutique," *Journal Asiatique* 1938, pp. 1–19. 实际上义净汉译的《根本说一切有部毗奈耶》中有甚多完整的关于佛陀降服龙王的记录，如卷三九记载降服祇利、跋婆二龙，山、妙二龙（《大正藏》册二三，No. 1442，页 842c—843b），卷四四降服难陀、邬波难陀二龙（页 866c—868b）；《根本说一切有部毗奈耶药事》卷四记佛陀降服黑色、侨昙摩二龙王（《大正藏》册 24，No. 1448，页 15c—16a）；同书卷九记调伏无稻芉龙王（页 40b—c）。
[2] Lamotte, "serpent or dragon deities, endowed with supernormal powers, colossal strength and capricious dispositions," 见 *History of Indian Buddhism*, pp. 685–686.
[3] K. C. Chang, *Art, Myth, and Ritual: The Path to Political Authority in Ancient China*, Cambridge: Harvard University Press, 1983, p. 59.
[4] 闻一多：《伏羲研究》，载氏著：《神话与诗》，北京：中华书局，1956 年。

第六章　中古圣传所见九龙吐水之源流

西北冈地区的王族墓地[1]。总而言之,张氏认为在商周时期中原人士对王族青铜礼器中双龙的主题毫不陌生。法国学者杰溺举出了很多例子说明龙作为人君之象[2]。他举的文献大多反映后汉及其以后的时代观念(Zeitgeist)。如《新书》卷六《容经》云"龙也者,人主之辟也";《艺文》卷九十八引《孝经》云"德至水泉,则黄龙见者,君之象也";王充《论衡》之《纪妖篇》云:"龙,人君之象也";《史记》卷六记载同前文;《后汉书志》卷十七《五行志》引应劭曰:"龙者,阳类,君之象也";《汉书》卷八十五《谷永传》云:"龙阳德,由小之大,故为王者瑞应";《汉书》卷三十六《楚元王传》引《易》曰:"飞龙在天,大人聚也";崔寔《政论》云"今朝廷以圣哲之姿,龙飞天衢,大臣辅政,将成断金";《史记》卷八《高祖本纪》、卷七《项羽本纪》、《史记》卷四十三《赵世家》等均有类似的说法,主要以龙作为所谓君主之象征或瑞应。另外,类似的象征还包括所谓天子龙旗九旒,见于《荀子》卷十三《礼论》、《国语》卷六《齐语》、《管子》卷八《小匡》等等[3]。这些均说明龙在君主象征上的意义,而九这一数字很早就用于天子的权力象征之中。

　　那么佛教译经中这个天竺没有的九龙的传统从何而来呢？中国自古以来即重视数字的象征和规范作用,数字和社会地位、政治权力密切相关,象征指数字的大小象征社会空间的大小和人物权力的大小,如三皇五帝中的数字,如九鼎、九锡、九龙中的数字九等等。九是单数中最大的数字,因而九龙也用来象征皇权。在中国古代的政治生活中,九龙特别与九龙殿联系在一起。后汉和三国时期皇室在洛阳均建有九龙殿。我推测这个皇室宫廷建筑九龙殿便是竺法护译经中使用九龙的来源,从年代上说较为接近。

---

[1] K. C. Chang, *Art, Myth, and Ritual: The Path to Political Authority in Ancient China*, pp. 75-78; K. C. Chang, "Some Dualistic Phenomena in Shang Society," *Journal of Asian Studies* 24, 1964, pp. 45-61; K. C. Chang, "Shang Shamans," in Willard J. Peterson, Andrew H. Plaks, and Yü Ying-shih eds., *The Power of Culture: Studies in Chinese Cultural History*, Hong Kong: The Chinese University Press, 1994, pp. 28-30.

[2] Jean-Pierre Diény, *Le symbolisme du Dragon dans la Chine Antique*, Paris: Collège de France, Institut des Hautes Études Chinoises, 1994, pp. 184-197.

[3] Ibid., p. 189.

九龙殿在汉魏之际颇有一些文献提及。后汉洛阳有嘉德殿,因在九龙门之内,亦称九龙殿。相关记载可见于张衡(78—139)所撰写的《东京赋》,其文略云:

> 其内则含德章台,天禄宣明。温饬迎春,寿安永宁。飞阁神行,莫我能形。濯龙芳林,九谷八溪。芙蓉覆水,秋兰被涯,渚戏跃鱼,渊游龟蠵;永安离宫,修竹冬青;阴池幽流,玄泉洌清。鹅鹂秋栖,鹍鹒春鸣。鸤鸠丽黄,关关嘤嘤。于南则前殿灵台,和欢安福。谍门曲榭,邪阻城洫。奇树珍果,钩盾所职。西登少华,亭候修敕。九龙之内,一曰嘉德。西南其户,匪涓匪刻。我后好约,乃宴斯息。[1]

张衡《二京赋》作于东汉永初元年(107),因此至少107年在洛阳九龙门内已经有嘉德殿。同时,汉顺帝永建六年(131)二月所立的《国三老袁良碑》也记载了洛阳的九龙殿。袁良本人"缵神明之洪族,资天德之清则。惇综《易》、《诗》,而说礼乐。举孝廉、郎中、谒者、将作大匠、丞相令、广陵太守"。他的三个儿子也都很出色。因此群司以君父子俱列三台,夫人结发,上为三老。袁良并获顺帝帝御九龙殿赐饮宴[2]。从以上两条材料来看,至少107—131年九龙门内之嘉德殿乃是皇帝经常行走且赐宴臣子之地,亦称九龙殿。

不过,据《三国志》以及《魏略》等史书,九龙殿常常作为皇室的奢华建筑标本出现。如三国时魏明帝(205—239,226—239年在位)大兴土木,民众赋役负担很重,乃至于影响农时。王肃看不下去,上疏请求明帝体恤民众。其疏文中提及九龙殿可以安圣体,不需要同时动员三、四万劳工修整宫殿,只需每期工程让一万人劳作即可,可以使民众虽忙于劳作,却无怨言[3]。《三国志》卷三十一《魏志》三十一《高堂隆传》记高氏上《星孛于大辰疏》,其文云凡是帝王迁都均需要先确定天地社稷之位,以

---

[1] 本处采用的版本是《文选李善注义疏》,高步瀛著,曹道衡、沈玉成点校,北京:中华书局,1985年,页571—572。
[2] 见严可均编:《全上古三代秦汉六朝文》卷九八。
[3] 见《三国志》卷二三《魏志》二三《王肃传》。

第六章　中古圣传所见九龙吐水之源流

敬奉之。因此修建新都城,应该先确定用于祭祀礼仪的宗庙,再定厩库,这主要指存放武器、马匹和财产的场所,最后才是居室。因此他批评明帝在圜丘、方泽、南北郊、明堂、社稷、神位未定的情况下,却崇饰居室并引起士民失业,导致民不堪命,皆有怨怒。况且朝廷居室的营造实际也违反了礼度,而九龙殿尤其太过奢华。《三国志》卷四十三《魏志》四十三《董寻传》也引《魏略》,在董寻给明帝的谏书中提到"建安以来,野战死亡,或门殚户尽,虽有存者,遗孤老弱。若今宫室狭小,当广大之,犹宜随时,不妨农务。况乃作无益之物?黄龙、凤皇、九龙、承露盘、土山、渊池,此皆声明之所不兴也"。[1]这个九龙殿很有意思,在明帝时惹出这么一些争议,明帝死后却成为其出殡之所。《通典》卷七十九也提及明帝崩于建始殿,殡于九龙殿。

这些关于九龙殿的记载主要显示此殿在当时皇室权力和地位展示上的意义。既然此殿建在洛阳,曾长期在洛阳译经的竺法护绝不可能不知道,法护在266年曾第一次到洛阳,停留中原数年之后重返西域,然后在289年又到洛阳,同年在洛阳白马寺译出《文殊师利净律经》、《离垢施女经》、《魔逆经》等佛典,至少291以前都在洛阳[2]。在时间上距离魏明帝只有数十年而已,因此其认知中将王室与九龙的象征联系在一起,可能是非常自然的事。

如果这样推测不误,或许可说他将九龙引入佛教翻译文献,乃是为了彰显释迦太子的尊贵。我想这是一个非常有意思的议题。一方面,法护作为信徒要将中华政治文化中象征皇室权威和尊贵的九龙主题引入佛教翻译,以突出佛陀出生时宣称天上地下唯我独尊的地位。如果说太子出世仅有二龙出现为之沐浴,显然不如九龙出现那么有王者气势。太子出身刹帝利种姓,父亲又是国王,自然以九龙来修饰其地位是非常恰当的。

---

〔1〕《太平御览》四百五十三,引《魏略》。
〔2〕 Daniel Boucher, "Dharmarakṣa and the Transmission of Buddhism to China," *Asia Major* the 3rd series, vol. 19, part 1 (2004), pp. 13-37. 特别页24—25列出了所有有明确翻译时间的法护译经。

另一方面,尽管佛教徒不当关注个人的世俗地位,但为了在文献中传递宗教修辞,乃常常编辑和修订佛陀传记文学,对佛陀一生行事进行更为丰富的描述,以吸引信众。九龙的主题在这个意义上也是作为修辞出现的重要资源。从前面的梳理来看,最有意思的是,九龙作为政治修辞从宫廷层面进入佛教层面,然后又作为佛教理念进入北魏宫廷被实践于瑶光寺的构筑,这实际上等于回到政治层面影响下的佛教生活中。

以上特别梳理了九龙作为朝廷宫殿建筑名称用于象征帝王权威从而进入佛传故事的历程,那么《普曜经》所记载的佛陀作为太子出生受九龙沐浴的叙事传统在中国的影响也要解释清楚,这个以九龙为主题的叙事传统并未被同时代的其他译者接受,在译经文献(translations)中仅仅是法护的个人行为。但是,在南北朝佛教撰述文献(compositions)中,却被不少僧人学者引用,如在梁代僧祐《释迦谱》、宝唱《经律异相》等著作中均出现了这一主题,当然前者在《释迦谱》中其实是误用。这两人均是南朝人士。后来才逐渐进入唐人著作中,如道宣、道世、玄奘、法照等人的著述均引用了《普曜经》所谓九龙吐水叙事。

北朝则和南朝不同,九龙吐水的造型很早就进入了具体实践之中。据东晋国子助教陆翙所著述《邺中记》,后赵石虎(295—349)统治时,

> 石虎金华殿,后有虎皇后浴室。三门徘徊,反宇栌櫨隐起。彤采刻镂,雕文粲丽。四月八日,九龙衔水浴太子之像。

又记:

> 石虎性好佞佛,众巧奢靡,不可纪也。尝作檀车,广丈余,长二丈,四轮。作金佛像,坐于车上,九龙吐水灌之。又作木道人,恒以手摩佛心腹之间。又十余木道人,长二尺。余皆披袈裟绕佛行,当佛前,辄揖礼佛。又以手撮香投炉中,与人无异。车行则木人行,龙吐水,车止则止。亦解飞所造也。[1]

---

〔1〕 [东晋]陆翙:《邺中记》,丛书集成初编本,王云五主编,上海:商务印书馆,1937年,页2、8。

第六章　中古圣传所见九龙吐水之源流

此位解飞即石虎手下负责工程建筑的官员,工于建造各类器械。

后赵这个九龙吐水的造型为北魏宫廷建筑所继承。据杨炫之所撰《洛阳伽蓝记》卷一瑶光寺条,在北魏洛阳千秋门内道北有西游园,园中有孝文帝所筑凌云台,台东有宣慈观,观东有灵芝钓台,钓台东西南北各有一座殿,其中西边有九龙殿,殿前九龙吐水成一海,四殿之间皆有飞阁通向灵芝钓台。三伏天皇帝在灵芝台避暑,此处建有五层浮图一所,高五十丈[1]。这个寺院便是著名的世宗宣武皇帝所立瑶光寺,主要为安置椒房嫔御和掖庭美人,其风气之坏,常为世人所诟病。这是已知最早将九龙吐水观念付诸实践的记载,可惜原址没有保存下来,不然可将其造型与目前云南大理崇圣寺和江苏灵山梵宫前的九龙吐水造型进行比较。

具体而言,佛传故事在艺术表现形式上有所谓释迦八相图,即以图像形式描绘佛陀一生的八个重要事件,包括托胎、诞生、出游、苦行、坐禅、说法、降魔、涅槃。九龙灌浴乃是其中诞生部分十分常见的主题,指佛陀在成道之前作为释迦太子出生时,出现一系列祥瑞,其中包括九龙现身半空,为太子吐水灌浴。这是一个佛陀传记故事中十分重要的场景,所以无论古代还是当代的佛教艺术,这一主题出现十分频繁。在北魏造像中,九龙吐水的造型并非罕见,目前遗存的表现至少有日本藤井有邻馆藏北魏太安三年(457)宋德兴造像、西安北魏和平二年(461)造像、陕西兴平出土的北魏皇兴五年(471)造像等数种。北魏太安三年造像背屏后面图像的九龙吐水造型,太子上方左侧四龙,右侧五龙分布。北魏和平二年造像和皇兴五年造像上九龙呈半圆形均匀分布于太子上方[2]。北齐天保十年(559)造像像座上的沐浴太子图也是九龙灌水,九龙分布和北魏太安三年造型类似。

---

[1]《大正藏》册五一,No.2092,页1003a。
[2] 李静杰:《北朝佛传雕刻所见佛教美术的东方化过程——以诞生前后的场面为中心》,《故宫博物院院刊》,2004年第4期,页76—95,特别页91;他认为虽然九龙吐水出自《普曜经》,但皇兴五年造像基本上依据《太子瑞应本起经》雕刻,可能因为受到传统九龙吐水图像的影响。他举东晋《邺中记》所载后赵石虎时期出现的檀车上的九龙吐水造型为例,认为四世纪上半叶已经在行像仪式中出现了九龙吐水。

比如我们可以看到在克孜尔和敦煌石窟的佛传画中出现了这一主题。我们目前能找到的较早的九龙壁画实物数据可能出自克孜尔的第99窟。根据考古学者和艺术史学者的研究,此窟可能开凿于南北朝时期,存在于五世纪至七世纪,大致在411—637年间[1]。无论如何,这个窟的开凿和使用肯定在《普曜经》译出之后。此窟右甬道外壁的佛传图绘有灌浴内容,画面有两位半跪的人形龙王,而太子头上有九龙图像仍可辨识。根据学者的比较,这一图像和犍陀罗地区的佛传雕刻不同,后者仅有二龙王身穿天衣、手执水罐为太子沐浴的内容[2]。九龙明显是克孜尔石窟中的新因素。同样在克孜尔地区,110窟主室右壁的佛传壁画中则只绘有二龙跪在两侧为太子进行灌浴[3]。

九龙吐水的艺术表现在敦煌出现则更为频繁。如敦煌藏经洞出土OA 1919.1—1.099(Ch. 00114)彩色绢画上绘释迦太子出生图景,太子头顶有九龙吐水。韦陀(Roderick Whitfield)为这幅绢画写了说明,指出这上面的九龙应是九位水神(nine water spirits),在印度神话中,这应是龙(naga/serpents),但该画中的表现形式却以中国龙头(heads of Chinese dragons)出现[4]。在敦煌石窟的佛传画中亦有九龙灌水的场景,如290、294、61窟[5]。另外,在莫高窟76窟《佛说八大灵塔名号经》第一塔下绘

---

[1] 宿白:《克孜尔部分洞窟阶段划分与年代诸问题的初步探索》,《中国石窟·克孜尔石窟》第一卷,北京:文物出版社,1997年,页10—23;霍旭初:《克孜尔石窟年代研究和碳是四测定数据的运用》,《敦煌学辑刊》,2006年,页43—53;Angela F. Howard, "In Support of a New Chronology for the Kizil Mural Paintings," *Archives of Asian Art* 44 (1991), pp. 68 - 83.

[2] 耿剑:《犍陀罗佛传浮雕与克孜尔佛传壁画部分内容比较》,《民族艺术》,2005年第3期,页99—108。作者也简单提示了《普曜经》中所记九龙与其他文献中的二龙记载不同,她同时指出克孜尔第99窟的灌浴造型杂糅了二龙和九龙两种说法,并指出在艺术上存在从犍陀罗二龙沐浴太子到克孜尔九龙沐浴的变化。不过,她并未深入探讨这一问题在佛教史上的来龙去脉。

[3] 见耿剑文,页107,注19。雷玉华:《克孜尔110窟佛传壁画的研究》,《成都文物》,2003年第2期,页8—14,并未讨论二龙沐浴太子的细节问题。

[4] Roderick Whitfield and Anne Farrer, *Caves of the Thousand Buddhas: Chinese Art from the Silk Route*, New York: George Braziller, Inc., 1990, p. 58, no. 27.

[5] 莫高窟290窟佛传图图版见《敦煌石窟艺术——莫高窟290窟》,南京:江苏美术,1994年;相关研究见樊锦诗、马世长:《莫高窟第290窟的佛传故事画》,《敦煌研究》,1983年第3期,页56—82;李茹:《敦煌莫高窟第290窟佛传故事画的图式艺术及其源流试释》,《敦煌学辑刊》,2009年第3期;贺世哲:《敦煌图像研究——十六国北朝卷》,兰州:甘肃教育出版社,2006年;赖鹏举:《敦煌石窟造像思想研究》,北京:文物出版社,2009年。

第六章　中古圣传所见九龙吐水之源流

有九龙灌水,榆林窟 3 窟东壁也绘有九龙灌水。另外,多处洞窟绘制的弥勒经变画中也有佛传故事,这些故事常常也绘有九龙,如 72 窟北壁、112 窟西壁龛内南侧、156、186 窟窟顶南壁、200 窟北壁、202 窟南壁、205 窟西壁、231 窟北壁屏风、240 窟西壁龛内南侧、360 南壁屏风、361 窟北壁。

除了壁画之外,在敦煌文书中也有九龙吐水的主题。如敦煌出土《八指押座文》(英藏 S.2440 号文书)中也提及九龙,其文略云:"始从兜率降人间,先向王宫示生相,九龙齐噀香和水,争洛莲花叶上身。圣主摩耶往后菌,频妃婇女走乐喧,鱼透碧波堪赏玩,无忧花色最宜观,无忧花树叶敷荣。夫人彼中缦步行,举手或攀枝余叶。释迦圣主神中生,释迦慈父降生来,还从左胁出身胎,九龙洒水早是被,千轮足下有瑞莲。"[1]这篇押座文非常生动简洁地描绘了释迦太子诞生时的场景,从兜率下凡、左胁降生,一直讲到九龙吐水、足下生莲。

在重庆大足宝顶山大佛湾第 12 号有宋代所建的九龙浴太子雕塑,年代约为 1174—1252 年。此组雕塑非常有趣,中央有一主龙头,山上清泉自然从龙头中涌出,主龙头上方利用山崖自然雕出八龙,凑成九龙之数。九龙下方塑有太子合掌闭目盘坐于一长方形浴池之上,主龙嘴中泉水自然灌入浴池[2]。浴池两侧刻有两位武官模样的人用手扶住,这两人应是梵释二天王了。

南京栖霞寺舍利塔上铭刻有九龙沐浴太子的图像,该塔初建于隋代文帝仁寿元年(601)送舍利运动期间,后来被毁,于南唐时重修。明代《释氏源流》版画中也保存了九龙沐浴太子的图像,比如青海乐都瞿昙寺绘有明代释氏源流壁画,其中便有九龙沐浴太子的主题。同样属于明代的山西太原崇善寺的佛传画中也有九龙浴太子主题[3]。四川泸州玉蟾山圆通寺亦有明代九龙浴太子的石刻遗存。这些仅仅是一些较为著名的

---

[1]《大正藏》册八五,No.2845。
[2] Angela F. Howard, *Summit of Treasures: Buddhist Cave Art of Dazu, China*, New York: Weatherhill, Inc., 2001, pp.20-21.
[3] 邢莉莉:《明代佛传故事画研究》,中央美术学院,2008 年,博士论文。

例子,其他地区和寺院的九龙浴太子的造型尚待艺术史家作进一步考察。

总而言之,古往今来,九龙吐水作为佛陀降生时的祥瑞在佛教社区都不是令人陌生的主题。当代的佛教寺院、道场亦用壁画和雕塑来展示这一主题。以寺院而言,在贵州贵阳西南的九龙山有九龙寺,此寺乃是为纪念古源禅师在1682年创建太子佛应化道场而建,以弘示九龙浴太子之意义。以壁画而言,北京郊区的潭柘寺也有一幅壁画展示了这一主题,其造型和敦煌藏经洞所出彩色绢画类似。以雕塑而论,可能出于制造技术的原因,没有九龙在半空的造型,九龙均被置于地表,而太子以一孩童形象出现在中心的高座位置,形成九龙拱卫向上吐水之势。比如云南大理崇圣寺即有九龙吐水浴太子的雕塑,九条龙围绕太子从地上往上抬头,对太子喷水。2008年在江苏无锡落成的灵山梵宫前广场上即修建了九龙吐水灌浴释迦太子的大型雕塑群,九龙亦从地而起向上喷水。这一雕塑并辅之以现代声光特技,营造了九龙灌浴的当代奇景。在海外华人佛教社区,每逢佛诞节,一些寺院也设置九龙浴佛的场景,供信徒举行浴佛活动。这些雕塑造型均与传统上壁画展示九龙在半空中向下吐水而太子在地上承水沐浴相当不同。

四、佛教九龙之说对中古道教和政治圣传之影响

当代学术界很多学者讨论了佛教对道教的影响,包括在经典文献形成、思想义理、仪式戒律等方面的借鉴和改造[1]。同时,道教学界也注意到佛陀形象的塑造对道教中老子形象塑造的影响,这当然是一个非常重

---

[1] 如许理和、柏夷、穆瑞明等人的研究;举其要者,Erik Zürcher, "Buddhist Influence on Early Daoism: A Survey of Scriptural Evidence," *T'oung Pao* 66 (1980), pp. 84 – 147; idem., "Prince Moonlight: Messianism and Eschatology in Early Medieval Chinese Buddhism," *T'oung Pao* 68 (1982), pp. 1 – 75; Stephen R. Bokenkamp, *Early Daoist Scriptures*, Berkeley: University of California Press, 1997; idem., *Ancestors and Anxiety: Daoism and the Birth of Rebirth in China*, Berkeley: University of California Press, 2007; Franciscus Verellen, "Evidential Miracles in Support of Taoism: The Inversion of Buddhist Apologetic Tradition in Late Tang China," *T'oung Pao* 78: 4 – 5 (1992), pp. 217 – 263; Christine Mollier, *Buddhism and Taoism Face to Face: Scripture, Ritual, and Iconography Exchange in Medieval China*, Honolulu: University of Hawaii Press, 2008; idem., *Une apocalypse taoïste du début du Ve siècle: Le Livre des Incantations Divines des Grottes Abyssales*, Mémoires de l'Institut des hautes etudes chinoises, vol. 31, Paris: Collège de France, 1990.

第六章　中古圣传所见九龙吐水之源流

要的主题。有趣的是,上文讨论的九龙吐水主题也从佛教文献进入了道教文献。这为我们重新认识中古时期跨宗教的圣传书写提供了一个新思路,即这些圣传,无论是佛教对佛陀传记的书写还是道教对老子传记的书写,均对当时可资利用的文献和思想资源进行了发掘和运用。九龙吐水,因其在佛教社区的流行和广泛接受,显然也引起了道教徒的注意,从而和其他佛陀传记中的修辞主题一道进入了道教中的老子传记。这一节将探讨九龙吐水这一主题如何进入道教文献中的老子圣传。

老子的形象在道教中是不断变化的,不同时期的道教文献对老子形象的塑造不同。学界很早就注意到道教文献对老子的不断神化,并且从思想史、宗教史、艺术史等不同角度,运用不同数据进行了深入探讨[1]。但是早期的道教文献虽然对老子进行了神化,也借用了很多佛教文献中的理论、思想、形式和叙事方式,却没有提到九龙吐水。如孔丽维研究天师道文献《三天内解经》中老子出生的神话记录[2],主要讨论了老子出生的三种身份:作为神、人和佛陀。按照此经的说法,玄、元、始三气混沌

---

[1] Livia Kohn, "The Lao-tzu Myth," in Livia Kohn and Michael LaFargue eds., *Lao-tzu and the Tao-te-ching*, Albany: State University of New York Press, 1998, pp. 41 – 62; idem., Livia Kohn, "The Looks of Laozi," *Asian Folklore Studies* vol. 55, no. 2 (1996), pp. 193 – 236; Kamitsuka Yoshiko, "Lao-tzu in Six Dynastyies Taoist Sculpture," in *Lao-tzu and the Tao-te-ching*, edited by Livia Kohn and Michael LaFargue, Albany: State University of New York Press, 1998, pp. 63 – 75; Arthur Pontynen, "The Deification of Laozi in Chinese History and Art," *Oriental Art* 26: 2 (summer, 1980), pp. 192 – 200; Florian C. Reiter ed., *Leben und Wirken Lao-tzu's in Schrift und Bild. Lao-chün pa-shih-i-hua t'u-shuo*. Würzburg: Königshausen & Neumann, 1990; Livia Kohn, *God of the Dao: Lord Lao in History and Myth*, Ann Arbor: Center for Chinese Studies, The University of Michigan, 1998; Anna Seidel, *La divinization de Lao tseu dans le taoïsme des Han*, Paris: École française d'Extrême-Orient, 1969; Idem., "The Image of the Perfect Ruler in Early Taoist Messianism: Lao-tzu and Li Hung," *History of Religions* 9 (1970), pp. 216 – 247; idem., "Le Sûtra merveilleux du Lingbao suprême traitant de Laozi qui convertit les barbares (le manuscript S. 2081)," in Michel Soymié ed., *Contributions aux etudes de Touen-houang*, vol. 3, Paris: École française d'Extrême-Orient, 1984, pp. 305 – 352; 阿理生:《释尊の誕生傳説——その諸問題の解明》,《户崎宏正博士古稀紀念論文集:インドの文化と論理》,九州大学出版会,2000年;楠山春树:《老子傳説の研究》,东京:创文社,1979年,页437—472;吉冈义丰:《道教と佛教》第一,东京:图书刊行会,1970年,页118—122;郑灿山:《从诸子传说到道教圣传》,李丰楙、廖肇亨主编:《圣传与诗禅——中国文学与宗教论集》,台北:中研院文哲所,2007年,页309—366。
[2] 此经两卷,约成书于420年。此经整理本收入《中华道藏》第八册,页544—549;整理者推测此经为南朝刘宋道士徐氏所撰。对《三天内解经》更为详细的研究和英译,见Stephen R. Bokenkamp, *Early Daoist Scriptures*, Berkeley: University of California Press, 1997, pp. 186 – 229.

而化生玄妙玉女，老子从此玄妙玉女左腋而生。老子又是人间李母所生，也是人。该经也谈及老子西入天竺，其国王妃名清妙，老子命令尹喜乘白象化作黄雀，飞入清妙口中，四月八日，从左腋而生，堕地而行七步，右手指天云天上天下，唯我为尊，三界皆苦，何可乐焉？孔丽维又指出老子作为佛陀出生的场景出自五世纪时的《玄妙内篇》[1]，今仅有引文存于作于467年的《夷夏论》[2]。顾欢所作《夷夏论》早已不存，其部分引文被僧绍所作《正二教》一文引用作为批判顾欢的证据，因《正二教》收入《弘明集》从而使得《夷夏论》的内容得以意外地部分保存下来。《正二教》中说《夷夏论》称道经云"老子入关之于天竺维卫国，国王夫人名曰清妙。老子因其昼寝，乘日之精入清妙口中。后年四月八日夜半时剖右腋而生，堕地即行七步，举手指天曰：天上天下，唯我为尊。三界皆苦，何可乐者？于是佛道兴焉"，并注为其事在《玄妙内篇》。而后来《佛祖历代通载》卷八云出自《瑞应本起》[3]，应该说这个判断是较为正确的，因为此段老子出生的故事中没有提及九龙灌浴的场景。

但是，随着道教的发展，从唐代开始，老子圣传中也逐渐出现了九龙吐水的主题，这主要体现在《老子化胡经》、《太上洞玄灵宝三元玉京玄都大献经》、《犹龙传》等文献中，这些文献有些是写本，有些是后来的刻本，其中以敦煌出土的《老子化胡经》年代最早，后来的道教文献也使用九龙吐水，或出自《老子化胡经》发明的传统。这并不让人意外，因为正如其名称显示的，这部《老子化胡经》出现的目的就是为了以老化释，自然要师释氏之长技以制释氏，所以才借用佛教圣传中对佛陀的神化用语和修辞来神化老子，这也包括借用九龙吐水主题来修饰老子的戏剧性降生。后来因为佛教这边为了抵消《老子化胡经》的影响，又制造了一部《清净

---

[1] Livia Kohn, "Laozi: Ancient Philosopher, Master of Longevity, and Taoist God," in Donal Lopez Jr. ed., *Religions of China in Practice*, Princeton: Princeton University Press, 1996, pp. 52–63.

[2] 见《大正藏》册五二，No. 2102，页37b，僧祐：《弘明集》卷六；顾欢事迹并参见《南齐书》卷五四《高逸传》之《顾欢传》，标点本页930；《南史》卷七五《隐逸传》上《顾欢传》，标点本页1875。

[3] 《大正藏》册四九，No. 2036，页541c。

第六章　中古圣传所见九龙吐水之源流

法行经》，成为南北朝时期非常有影响的一部疑伪经，提出了所谓三圣化现说，即所谓"月光菩萨，彼称颜回；光净菩萨，彼称仲尼；迦叶菩萨，彼称老子"。这其实是讲佛化老子[1]。总之，九龙吐水的主题似乎是因为佛老之争，道教徒创造出老子降生神话，从而在道教文献中引入佛教文献中用于佛陀降生而出现的九龙吐水祥瑞一说。

《老子化胡经》的出现，学界并无一致看法，但目前学界基本认为十卷本最终形成于唐代编集开元道藏时期，这是从武则天至玄宗开元年间由来自不同时代的一些文献综合而成，当时各卷显然存在不同版本。该经目前并无完整版本，只是在敦煌文献中有不少写本遗存，但这些写本的具体年代亦存在诸多争议，学者一般定为唐代[2]。九龙吐水之说明确出现在《老子化胡经》卷一，如英国图书馆所藏 S.1857 号文书即存此卷，其文云：

> 是时太上老君以殷王汤甲庚申之岁建午之月从常道境，驾三气云，乘于日精垂芒九耀眼，入于玉女玄妙口中，寄胎为人。庚辰之岁二月十五日诞生于亳，九龙吐水灌洗其形，化为九井。尔时老君须发皓白，登即能行，步生莲花，乃至于九。左手指天，右手指地，而告人

---

[1] 关于《清净法行经》的研究，在日本学界较为重视。如 1990 年，由落合俊典在名古屋市中区的七寺中确认其存在，见《七寺古逸经典研究丛书》第二卷《中国撰述经典(其之二)》，大东出版社，1996 年，影印、翻刻、训读、解题；石桥康成：《新出七寺藏〈清净法行经〉考》，《东方宗教》78，1991 年，同作者：《新出七寺藏〈清淨法行經〉考之二——疑經成立過程における一断面》，净土宗教学院刊《仏教文化研究》37，1994 年；前田繁树：《〈清淨法行經〉と〈老子化胡經〉——排出のない論議》，《七寺古逸经典研究丛书》第二卷；前田繁树：《初期道教經典の形成》，东京：汲古书院，2004 年。

[2] 前人探讨甚多，如：陈垣：《摩尼教入中国考》，原载《国学季刊》1 卷 1 期，1923 年 1 月，收入《陈垣学术论文集》第 1 集，中华书局，1980 年，页 324—374；《陈垣史学论著选》，上海：上海人民出版社，1981 年，页 133—174；福井康顺：《老子化胡经の諸相》，《支那佛教史学》1 卷 3 号，1937 年 10 月，页 24—46；2 卷 1 号，1938 年 3 月，页 73—106；牟润孙：《宋代摩尼教》，原刊《辅仁学志》7 卷 1、2 期合刊，1938 年，收入《注史斋丛稿》，中华书局，1987 年，页 96—98；罗香林：《敦煌石室所发现的〈老子化胡经〉试探》，《珠海学报》第 8 期，1975 年，页 1—15。后来刘屹在前人基础上重新探讨了这组化胡经文献，我主要参考了他的成果；他的系列论文包括：《敦煌十卷本〈老子化胡经〉残卷新探》，《唐研究》第 2 卷，北京：北京大学出版社，1996 年，页 101—120；《试论〈化胡经〉产生的时代》，《道家文化研究》13 辑，北京：三联书店，1998 年，页 87—109；《试论敦煌本〈化胡经序〉的时代》，敦煌研究院编《2000 年敦煌学国际学术讨论会会论文集·历史文化卷》，兰州：甘肃民族出版社，2003 年，页 264—288。这些文章的修订本收入刘屹：《经典与历史——敦煌道经研究论集》，上海：上海人民出版社，2011 年。

曰：天上天下，唯我独尊！我当开扬无上道法，普度一切动植众生，周遍十方及幽牢地狱，应度未度，咸悉度之。隐显人间，为国师范；位登太极，无上神仙。时有自然天衣挂体，神香满室，阳景重辉。九日中，身长九尺，众咸惊议，以为圣人。生有老容，故号为老子。天神空里，赞十号名。所言十者：太上老君、圆神智无上尊、帝王师、大丈夫、大仙尊、天人父、无为上人、大悲仁者、元始天尊、此后老君[1]。

这里的描述显然比上文提及的《玄妙内篇》内容上更为详尽，描述了太上老君出生的具体时间、地点和动作，乃至于降生之后第一种祥瑞便是出现了九龙吐水为其灌洗，而且为了显示与佛教不同，还多出了一些内容，即九龙吐水之后，还化为九井。同时，与释迦太子出生时不同，这位老君之所以被称为老君，也因为其出生之后已然须发皓白，现老者之象。后面所谓步生莲花、左手指天、右手指地、称自己独尊等等，全部都是抄自释氏之教的文字。其十号也只是在佛陀十号基础上进行了改写。而巴黎的法藏敦煌写本P.2004号文书则是《老子化胡经》卷十的部分，其文乃是老君十六变词，云："十二变之时，生在西南在黄昏，时人厌贱还老身，善权方略更受新，寄胎托俗蟒蛇身，胎中诵经不遇人，左胁而出不由关，堕地七步杂秽间，九龙洗浴人不闻，国王欢喜立东宫，与迎新妇字衢夷，八百伎女营乐身。"[2]这实际上是以诗歌的形式再现前面的叙事。

《道德经老子八十一化图说》中所见第十八化内容为老子诞圣日，图上所画老子诞生时已经有须发，显然是凸显老子诞生时已经是老人的说

---

[1] 李德范辑：《敦煌道藏》册四，北京：全国图书馆文献缩微复制中心，1999年，页2073；其标点有误，这里重新标点；《大正藏》录文见册五四，No.2139，页1266b；另外巴黎的法藏P.2007号本亦存该经，此节内容略同，也有九龙吐水之句；见《敦煌道藏》册四，页2078。施舟人在研究中提及了这些传记，见Kristofer Schipper, "Purity and Strangers: Shifting Boundaries in Medieval China," *T'oung Pao* 80 (1994), pp. 61–81; idem., *The Taoist Body*, translated by Karen C. Duval, forward by Norman Girardot, Berkeley: University of California Press, 1993, chapter 7, "Lao tzu, the Body of the Tao," pp. 113–129.

[2] 《敦煌道藏》册四，页2125；此节亦收在《大正藏》册五四，No.2139，页1269c，云属于净土寺藏经。有意思的是，在《敦煌道藏》册五有一件敦煌文书P.2683号提及"魏文帝杂事曰黄帝录图五龙舞河，此应圣贤之符也"，见页2836。这是以五龙作为圣贤的祥瑞。

第六章 中古圣传所见九龙吐水之源流

法。其头顶上方有九龙吐水。根据长崎历史文化博物馆斋藤龙一的解说,该图系根据《老子化胡说》描述老子西行化释迦之故事的八十一个场面。正式名称为《道德经—太上绘图八十一化河上公注》。虽然南北朝以来老子化胡说长期以来一直是佛道论争的焦点,但元代全真教道士才开始编纂《八十一化图说》。可是皇帝下令毁掉该图版木。大谷大学所藏这件作品出自辽宁太清宫道士的复刻本,描述"第十八化—诞圣日"的图景,上方的词句讲老子的母亲真妙玉女因梦到吞日精而孕育老子。尔后老子出其左腋而生。图中中央绘制睡眠中的玉女。上方圆中则是老子结跏趺坐的景象。左手前为老子诞生场面,右侧为九龙灌水的场面[1]。这显然是仿照佛传中的故事所绘制。

除了老子出生的故事出现了九龙的主题,在道教文献的其他场合也出现了九龙。如开元十八年(730)李玄则所刻铭文中有"救苦天尊乘九龙"一句。法国学者穆瑞明认为可能和四世纪道教经典《洞神八帝妙精经》有关[2]。该经云"人皇君人面龙身,九头。太平元年正月三日出治。姓恺,名胡桃,字文生,将天地水三官兵万万九千人,主治一切七世父母、三曾五祖、三鬼五神、内外男女伤死客亡、堕水产乳、恶禽猛兽木石所杀、刑狱刀兵之鬼、为人作精祟者"[3]。这位人皇君人面龙身,且有九头,实际上也是九龙的形象。但不知其具体来历为何,值得深入探讨。

《老子化胡经》中提及的所谓老子降生之后九龙吐水的故事也被其他道教文献吸收,除了上文提及的晚出的《犹龙传》等之外,实际上在晚唐杜光庭所编辑的《墉城集仙录》卷一《圣母元君》传中即已经加以采用,其文略云:

> 至二十二王武丁九年庚辰之岁二月十五日,元君因攀李树而生

---

[1] 斋藤龙一编,*Dōkyō no bijutsu*, *Taoism Art*, 大阪: 大阪市立美术馆, 2009年, 页42: 045图,解说见页349;纸本版本,民国19年(1930)京都大谷大学图书馆藏。
[2] Christine Mollier, *Buddhism and Taoism Face to Face: Scripture, Ritual, and Iconographic Exchange in Medieval China*, Honolulu: University of Hawaii Press, 2008, pp. 204–205.
[3] 见《中华道藏》册四,页481b。

诞于左胁。时有九龙自地涌出,腾跃空中吐水而浴老君焉。龙出之处,因成九井,至今存焉,即亳州太清宫九井是也。能行九步,步生莲花,以乘其足,日月扬辉,万灵侍卫。即指李树曰:"此余姓也。"遂为李氏,时人亦因号元君为李母焉。既行九步,左手指天,右手指地,言曰:"天上天下,唯我独尊。世间之苦,何足乐闻?"三日之中身有九变,身长九尺,绿眉素发,日角月玄,鼻有双柱,耳有三门,美眉方口,蹈五把十,七十二相,八十一好,周备其身。元君以其生而白首,故号老子,或云自说九名,又云有三十六号、七十二名。《玄妙内篇》云:"老君之生也,天地万神,来集其庭,日童散晖,月妃掷华。七元曜景,三素充庭,万卉扬芬,陆壤生莲,神童玄女,翼其左右,灵音虚奏,天乐骇空是也。"[1]

此文又比《老子化胡经》丰富,提及了三日之内身体有九次变化,还有七十二相、八十一好、三十六号、七十二名,至少在描述老子降生时出现祥瑞的数量上远远超过《老子化胡经》提示的那些祥瑞。最后还引用了《玄妙内篇》。

除了道教内部的文献在唐代已经在老子降生叙事中使用九龙吐水主题之外,当时唐朝皇帝也对这一主题并不陌生,如唐僖宗下《赐亳州太清宫敕》,指出:

> 亳州太清宫是混元降圣之地,名高道祖,福荫皇基。九龙之瑞井涵空,一尘之仙踪在木。累代之祺祥可纪,近年之感应尤彰。所宜严盛于福庭,安可荒凉于净宇?潘稠能施善政,久染真风,广出俸钱,备修宫观。垣墙栋桷,无不精新;像设丹青,弥加焕丽。观图考事,深可慰嘉。其住宫威仪道士吴重元可赐紫,仍号凝元先生;道士马含彰、孙栖梧并赐紫,潘稠加金紫光禄大夫、检校工部尚书,余如故。[2]

---

[1] 《中华道藏》册四五,页193。
[2] 《全唐文》卷八八。

第六章　中古圣传所见九龙吐水之源流

不过,唐僖宗和杜光庭在成都有交往,后者曾获僖宗赐紫[1],所以或许这这个敕文不过是从光庭书中简单引用九龙吐水之说而已。

为什么至唐代道教圣传文献中才出现九龙灌洗的主题呢?我前面已经提示了一些佛教僧人对法护译经中九龙吐水主题的认识和引用。至少在南北朝时期,南朝僧人如僧祐、宝唱各自在他们编集的《释迦氏谱》和《经律异相》中引用了法护译经中发明的九龙灌水主题,但在北朝并没有其他译者在文献翻译、注释、撰述中使用这一说法,只是在北魏皇室构建佛教寺院时对这一说法进行了实践。但是到唐初,道宣、道世、玄奘等人几乎都同时引用了这一说法,看来这一说法在当时僧人学者中较为普遍和流行。这可能是《老子化胡经》的编者将这一主题引入道教文献以便师佛长技以制佛的背景。同时,除了上述宗教论衡因素之外,整理九龙一词在政治文化史上的地位也可以从另外一个侧面帮助我们考虑《老子化胡经》的时代上下文。

除了道教之外,佛教九龙之说亦影响到政治修辞。在中国古代,龙的形象在政治修辞中是十分重要的,除了这里要详细讨论的九龙之外,传统上五龙也是十分重要的政治修辞主题[2]。但是,九龙作为皇室政治修辞的出现应该是受到佛教的影响。具体而言,这里要讨论的问题是,在南北朝隋唐史上,皇帝与佛陀形象的塑造存在相互为用的现象,即皇帝作为佛陀、佛陀作为帝王出现。九龙用来象征皇帝、佛陀,装饰皇帝、佛陀的权力

---

[1] 学界对杜光庭获赐紫的年代并无一致结论,主要文章有罗争鸣:《杜光庭获赠师号、紫衣及封爵、俗职阶品考》,《宗教学研究》,2003年第三期,页109—111;蔡堂根:《杜光庭赐紫时间考辨》,《宗教学研究》,2010年第一期,页17—22;王永平:《唐代道士获赠俗职、封爵及紫衣、师号考》,《文献》,2000年第三期,页67—79。

[2] 比如地方官员在唐代为了祈雨而祭祀当地的九龙神,元稹在长庆二年(822)从相位降为同州刺史时遇旱灾,即作《祈雨九龙神文》,为当地祈雨;其文见《全唐文》卷六五五。五龙的信仰在唐朝亦很重要,如戴何都论及唐代的五龙信仰,见Robert des Rotours, "Le culte des cinq dragons sous la dynastie des T'ang (618 - 907)," *Mélanges de sinology offerts à Monsieur Paul Demieville*, Paris, 1966, pp. 261 - 280. 麦大维指出玄宗支持五龙信仰,因这一信仰带给他运气,五龙的超自然能力在他尚是太子时已经显示他将成为天子。David McMullen, "Bureaucrats and Cosmology: The Ritual Code of T'ang China," in David Cannadine and Simon Price eds, *Ritual of Royalty: Power and Ceremonial in Traditional Societies*, Cambridge: Cambridge University Press, 1987, pp. 223 - 224; David T. Bialock, "Outcasts, Emperorship, and Dragon Cults in the Tale of the Heike," *Cahiers d'Extrême-Asie* 13 (2002 - 2003), pp. 227 - 310,特别270—310探讨龙王与日本天皇的关系。

和权威,皇帝和佛陀降生的祥瑞均以九龙吐水作为修辞[1]。佛陀本人出身王室,正如本书第四、五章揭示的,佛陀世系在佛教话语体系中始终与南亚王权发展联系在一起,佛陀本人的刹帝利种姓出身始终是其天上地上唯其独尊的思想资源。

让我们先来看北魏的情形。北魏杨衒之撰《洛阳伽蓝记》卷一"瑶光寺"条云洛阳城中千秋门内道北有西游园,园中有灵芝钓台。钓台南有宣光殿,北有嘉福殿,西有九龙殿,殿前九龙吐水成一海。凡四殿皆有飞阁通往灵芝台。三伏之月,皇帝在灵芝台避暑。并有五层浮图一所,高五十丈,其作工之妙可以媲美永宁寺[2]。这一构思不是偶然的,我认为这个九龙殿前面的所谓九龙吐水相当可能就是按照佛传特别是《普曜经》的传统来建造的。而北魏之所以在皇家园林中这样打造九龙吐水的主题,乃是为了彰显所谓政治帝王即佛家如来的意识形态。这多少有夸大王权统治范围的意味。

康乐提示了北魏的"帝王如来"观念,他引《魏书·释老志》云北魏僧人法果于皇始(396—397)中受太祖邀请入京,说"太祖明叡好道,即是当今如来,沙门宜应尽礼"。因而他指出,在中国这种固有观念的强烈影响下,无怪乎北魏道武帝时(396—409),道人统(佛教教团的官方领导人)法果会不顾"沙门不敬王者"的传统,致拜于道武,他的理由是:道武帝明叡好道,即是当今如来,因此,"我非拜天子,乃是礼佛耳"[3]。法果作为

---

[1] 宗教被用于政治修辞,在中古时期十分常见,学界颇多讨论,如 N. M. Pankaj, "The Buddhist Transformation of Silla Kingship: Buddha as a King and King as a Buddha," *Transactions of the Royal Asiatic Society, Korea Branch*, 70 (1995), pp. 15 -35;神冢淑子:《道教儀禮と龍——六朝·唐代の投龍簡をめぐって》,《日中文化研究》3,东京:勉诚社,1992年。

[2] 《大正藏》册五一, No. 2092, 页 1003a—b。参见王伊同英译本, Wang Yi-t'ung trans., *A Record of Buddhist Monasteries in Lo-yang*, by Yang Hsüan-chih. Princeton Library of Asian Translations. Princeton: Princeton University Press, 1984, p.47。王伊同指出九龙殿以及吐水工程完成于 235 年,后来被毁,北魏时重修;见《三国志》卷一六,《魏志》卷三。

[3] 康乐:《转轮王观念与中国中古的佛教政治》,《史语所集刊》第六七本,第一分,1996 年,页 109—142;所引文见《魏书》,标点本页 3030—3031。对于《洛阳伽蓝记》中佛寺文化书写的较新论述,参见刘苑如:《佛国因缘——〈洛阳伽蓝记〉中佛国寺园林的自然与文化再探》,《台湾宗教研究》8 卷 1 期,2009 年,页 27—64。而北魏佛教的社会史研究,参见冢本善隆:《支那佛教史研究·北魏篇》,东京:清水弘文堂,1969 年。

第六章　中古圣传所见九龙吐水之源流

佛教领袖显然试图将拜佛和拜天子混淆起来,以调和其佛教实践与政治现实之间的张力。这样看来,我的推测或许不无道理,也从佛传的角度补充了康先生的论述。不过,应该指出的是,康乐先生所引的北魏史料说明"帝王乃当今如来"一说,并非出自皇帝本人,而是出自佛教领袖的表达,这表明乃是佛教一侧主动发展出来的政治话语,显然乃是为了佛教社区的发展而试图以佛教观念介入政治权力。洛阳的佛教社区在这里只是试图将"如来"的头衔赋予皇帝,并未发展出一套神圣化的叙事、传说、传记来神圣化皇帝,这和欧洲中世纪基督教发展出一套话语来神圣化王权非常不同[1]。

无独有偶,在韩国历史上亦有类似的政治修辞。有学者专门撰文讨论佛陀作为国王和国王作为佛陀这样的修辞在六世纪新罗政治史上的意义,认为五世纪由高丽传入新罗的佛教出自中国北朝,偏重神通、灵验、感应和对世俗财富的追求,佛作为转轮王的观念尤其对新罗有影响,从而新罗佛教带有浓厚的护国佛教的色彩。同时,新罗统治者追求国内的祥和和境外的荣耀,将王权与佛教结合起来营造新的佛教政治意识形态,其表现是皇龙寺的出现与阿育王传奇的引入以及仁王会的举行,这些活动可能也受到梁武帝的影响。学者的讨论主要围绕新罗历史上第一位自称转轮王的国王真兴太王(540—576在位)的活动。真兴太王之子真智王仅在位三年,但也为促进弥勒转世信仰进行了造势。随后继位的真平王(579—632在位)进一步强化了佛教政治意识形态,自称净饭王,称其妻为摩耶夫人,刻意将自己的家族营造成佛陀家族转世[2]。

往后也有类似的例子,特别在武则天当政时期。武则天时期,佛教意识形态为政治意识形态利用,九龙吐水作为宗教权力的装饰也被引入政治层面,用以强化政治意识形态。武则天以九龙装饰明堂。富安敦(Antonino Forte)在讨论武则天革命中的佛教意识形态时,认为武则天所

---

[1] 在基督教历史上,拜占庭朝廷和拉丁西欧均发展出所谓神圣王权;参见 Francis Oakley, *Kingship: The Politicis of Enchantment*, Malden, MA: Blackwell Publishing, 2006, pp. 105-131.

[2] 见 N. M. Pankaj, "The Buddhist Transformation of Silla Kingship: Buddha as a King and King as a Buddha," *Transactions of the Royal Asiatic Society*, Korea Branch, 70 (1995), pp. 15-35.

建天堂系基于《证明经》中的思想,这一建筑乃是一供养弥勒佛之巨型佛塔,顶上有数条金龙含珠[1]。他将这个珠译成火球(fire globe)或者珍珠(pearl)。实际上从佛教的角度来看,这可能根本就是水珠,指九龙吐水。他还引用了《旧唐书》二十二和《唐会要》卷十一中有关明堂的描述,云"垂拱三年,毁乾元殿,就其地创造明堂,令沙门薛怀义充使,四年正月五日毕功。凡高二百九十四尺,东西南北各广三百尺。凡有三层,下层象四时,各随方色;中层法十二辰,圆盖,盖上盘九龙捧之,上层法二十四气,亦圆盖。"这两处都提及九龙,可能也和佛教的九龙吐水主题有关。

不过,虽然出现九龙造型,但没有更多细节,我们只能就目前的材料深入挖掘和分析其意义。首先,武则天的政治修辞中大量出现佛教意识形态的借用应不意外。富安敦亦引用《推背图》云龙将现身保护女主,并认为武则天末期的神龙年号实际上反映了这一护国思想。他还指出了神龙年号与佛教的关系,注意到义净将那难陀寺译成神龙[2]。其次,上文提及的武则天建造天堂的思想根据源自《证明经》,此经全称为《普贤菩萨说证明经》,在敦煌发现多达二十余件写本[3]。此经文本中明确提及了释迦从左胁生,号释迦文佛,获九龙与吐水[4]。因此,九龙吐水对于武

---

[1] Forte, *Mingtang and Buddhist Utopias in the History of the Astronomical Clock: The Tower, Statue and Armillary Sphere Constructed by Empress Wu*, Roma: Istituto Italiano per il Medio ed Estremo Oriente, and Paris: École Française d'Extrême-Orient, 1988, p. 234, 270.

[2] Antonino Forte, *Mingtang and Buddhist Utopias in the History of the Astronomical Clock: The Tower, Statue and Armillary Sphere Constructed by Empress Wu*, Roma: Istituto Italiano per il Medio ed Estremo Oriente, and Paris: École Française d'Extrême-Orient, 1988, pp. 296 – 297, 297 注 202;另 p. 167, pp. 203 – 204,也讨论九龙的位置。

[3] 如《大正藏》第八十五册的提示,此经写本有法藏 P. 2186、P. 2136,英藏 S. 1552,后者首缺。但富安敦后来检出更多敦煌文书,并对此经进行了英译和研究。

[4] 富安敦对此经的说明见 Antonino Forte, *Political Propaganda and Ideology in China at the End of the Seventh Century: Inquiry into the Nature, Authors and Function of the Dunhuang Document S. 6502 Followed by an Annotated Translation*, second edition, Italian School of East Asian Studies Monographs volume 1, Kyoto: Scuola Italiana di Studi sull'Asia Orientale, 2005, Appendix B: The *Zhengmingjing*: Introductory Remarks and Summary, pp. 351 – 364. 其他研究着重于此经反映的救世思想,如 Erik Zürcher, "Eschatology and Messianism in Early Chinese Buddhism," in Wilt L. Idema ed., *Leyden Studies in Sinology. Papers Presented at the Conference held in Celebration of the Fiftieth Anniversary of the Sinological Institute of Leyden University, December 8 – 12, 1980*, Leiden: E. J. Brill, 1981, pp. 34 – 56; idem., "Prince Moonlight: Messianism and Eschatology in Early Medieval Chinese Buddhism," *T'oung Pao* LXVIII (1982), pp. 1 – 75.

第六章 中古圣传所见九龙吐水之源流

则天来说,根本不是个陌生的主题。

武则天以佛教的造型用于政治修辞还有其他的例子,比如下面这一条。据《唐新语》,武则天曾在长寿年间征天下铜铁之料,于定鼎门内铸八棱铜柱,高九十尺,径一丈二尺,题曰"大周万国述德天枢"。这一天枢下置铁山,以铁龙负载,而以狮子麒麟围绕。这个铁山下以龙负载,而以狮子、麒麟围绕修饰的造型当然也可看作是部分地受佛教影响,至少算是唐、竺合璧。我们前文已经谈到了这个问题。

再后来,为了劝玄宗立诞生日为千秋节,张说以九龙沐浴比喻玄宗的出生,在奏文中使用了"伏惟开元神武皇帝陛下二气含神、九龙浴圣"一句,这显然是将九龙沐浴的修辞从释迦太子的诞生叙事借用来植入唐朝皇帝的诞生叙事。其文略云:

> 臣闻:圣人出,则日月记其初;王泽深,则风俗传其后。故少昊著流虹之感,商汤本元鸟之命。孟夏有佛生之供,仲春修道祖之箓。追始寻源,其义一也。伏惟开元神武皇帝陛下二气含神,九龙浴圣。清明总于玉露,爽朗冠于金天。月惟仲秋,日在端五。恒星不见之夜,祥光照室之期。群臣相贺曰:诞圣之辰也,焉可不以为嘉节乎?比夫曲水禊亭,重阳射圃,五日彩线,七夕粉筵,岂同年而语也!臣等不胜大愿,请以八月五日为千秋节,着之甲令,布于天下,咸令宴乐,休假三日。[1]

这里面提到了佛教对佛陀生日的庆祝,即所谓孟夏有佛生之供。也提到了道教庆祝道祖即老子的修箓之庆。二气含神主要指道家阴阳二气之含神之说,而九龙吐水显然指佛家之释迦佛诞生。玄宗对儒佛道三家均很重视[2]。他撰写了《孝经注》、《道德经御注》,对一些佛教文献亦不陌生,曾亲自为《金刚经》作注,他的注本在敦煌文书中有不少遗存。所以张说

---

[1]《全唐文》卷二二三,张说:《请八月五日为千秋节表》。
[2] 葛兆光先生认为玄宗在儒释道三个传统中各选三个文本体现了当时知识和思想的风气转向简约、内在;参见《屈服史及其他:六朝隋唐道教的思想史研究》,北京:三联书店,2003年,页113—114。

借用佛教叙事的修辞,对于玄宗来说,心理上并无排斥,反而正中其下怀。

这一将九龙吐水用于皇帝诞生的说法,后来也出现在五代乾祐元年(948)十二月的《上嘉庆节表》中,其文云:"皇帝陛下守位以仁,继明以德,化敷有感,庆洽无疆。当九龙洽圣之辰,是五纬联光之夕,凡蒙地载,共祝天长。皇帝三月九日诞圣,请以其日为'嘉庆节',休假三日,群臣宴乐上寿。"[1]大历诗人顾况在其诗作《八月五日歌》中把佛诞日和圣人诞日特别是玄宗的千秋节排列比较,他写道:"四月八日明星出,摩耶夫人降前佛。八月五日佳气新,昭成太后生圣人。"并注明皇帝生日庆贺乃始自开元九年燕公说,奉诏听置千秋节[2]。从唐玄宗到五代,至少在一些官员的政治话语考虑中,皇帝和佛陀出生地场景紧密联系在一起。考虑到佛教在唐代的影响,佛陀和皇帝均被视为圣人,因而出现这样的比附不让人感到意外。

五、结语

经过这番梳理,希望能帮助读者全面而通贯地了解佛传文献和艺术表现中作为叙事和象征出现的九龙吐水。这里总结一下前文的讨论做出一些简要的结论。第一,通过比较不同的译本,可知月支僧人竺法护在《普曜经》中有关佛陀诞生的部分引入九龙作为吐水的主角。这乃是以中原地区政治话语中用于装饰帝王权威和尊严的九龙来形容佛陀作为王室太子诞生的尊贵和威严。法护这样的创造可能出自他在洛阳游历的背景,他可能对当时九龙殿作为皇室重要建筑象征皇帝威仪印象深刻。这也说明,当佛教这一外来文化系统进入中国之后,虽然佛教文献在翻译、注释的过程为中国佛教徒和读者提供了对于佛陀的形象地描述、叙事和象征,但译者、注释者,以及读者都一方面接受这些佛教文献中所反映的佛教形象,同时亦对这一形象进行再描述、再叙事、再阐释,从而重塑了佛陀的形象。九龙吐水主题的出现正是这一重塑过程的表现之一。

---

[1]《全唐文》卷九六三,作者名不详。此处所谓九龙洽圣或为九龙浴圣之误,洽和浴字形相近,容易混淆。

[2]《全唐诗》册八,卷二六五,页2944。

第六章 中古圣传所见九龙吐水之源流

第二,我们也可以看出,在早期佛陀传记中,由于口传传统到文献传统的变化,而文献传统又经历了从简单到复杂的发展历程,因而佛陀与龙王的关系在文献中也出现了诸多不同的版本,这反映了佛教在不同历史阶段发展的变化。佛陀遣弟子大目乾连驯服龙王并使其皈依佛教之后,龙王才作为佛陀的保护神出现在佛传中,变成释迦太子诞生时为之沐浴的重要角色。从这一叙事主角行为、人物关系、事件情节的变化来看,丰富的佛教文献内部对同一事件在不同历史阶段存在不同的声音,这些声音可能一方面保存了有关这一事件的初始历史记忆,同时这些记忆亦随着历史的变迁发生变化,这些变化再体现在后来出现的文献之中,从而造成同一事件在佛教文献中出现不同的叙述。

第三,尽管《普曜经》在汉译过程中发明了九龙这一话语,但这一话语并未被同时代以及南北朝隋唐时期的译者或者佛教文献的注疏作者普遍接受,这些译者在处理佛传故事时看来没有学习法护的比附法而自创一套。这个九龙吐水的主题只是在唐代佛教文献中才被道宣、道世、玄奘等人普遍引用。这可能亦反映了当时佛教僧人的弘法需要以及宗教之间竞争的激烈。一个主题在不同时代可能引起不同人的共鸣、欣赏甚至扬弃,而这一共鸣、欣赏、扬弃与当时的历史、宗教现实之间存在密切的关联。南北朝后期到隋唐时期,尽管佛教发展很快,在社会中占据非常重要的地位,但因为道教的强势发展,并在唐初因为皇室以李姓附会老子,佛教面临巨大挑战,从而引起佛教社区的反弹,发展出其特有的一些意识形态和话语,以应对这些挑战。由此上下文背景,或可推知九龙吐水的主题符合皇室的尊贵特征,使得其备受佛教学者青睐。

第四,有趣的是,尽管南北朝时期的译者和注疏家们没有特别注意九龙吐水的中国特色,在北朝佛教艺术中,九龙吐水却是非常普遍的造型。早在四世纪初,后赵的石虎在位时,便在佛教行像仪式中采用了九龙吐水的造型。在北魏洛阳皇室支持的瑶光寺中也将九龙吐水的理念付诸实施,创造了九龙吐水的建筑艺术造型。这些九龙吐水的造型均与北朝最高统治者的佛教实践行为结合在一起。同时,北魏造像中的佛传雕刻也不乏九龙吐水灌浴太子的造型。这说明,当时人对九龙吐水的主题较为熟悉,因而将文献上的记载频频用于艺术表现,这些艺术表现保存在造像中,从而为我们留下了线索。

第五,九龙吐水在唐初形成的《老子化胡经》中被引入老子圣传叙事,作为老子出生祥瑞之一的描述,从而进入了道教叙事传统,这一传统在唐末以来一直出现在道教圣传中,比如杜光庭等人的著述中均承袭了这一叙事传统。后来宋元时期的道教文献和艺术作品对此也有所继承。

最后,九龙灌浴通过张说等人的上书用于形容唐代帝王的诞生从而进入了唐代政治话语系统,这一运用也在唐末以及五代帝王所谓诞圣节的演进过程中作为修辞方式留下了一定影响[1]。这样,综合这些讨论,可知九龙吐水原本受到政治修辞的启发被引入佛教译经,最后又回归到作为唐代帝王诞生的修辞出现,经历一个从政治修辞到宗教修辞再到政治修辞的发展过程。

---

[1] 对唐宋之际帝王生日庆祝作为圣节演进历程的详细探讨,见拙撰《礼法、礼制与礼仪:唐宋之际圣节成立史论》,《唐史论丛》第十三辑,2011年,页250—279。

总　　结

因为前面各章的结论部分已经总结了具体的结论,这里不准备再重复这些结论。我想从一个更为广阔的世界历史图景来看看中世纪的动物与政治宗教秩序。本书讨论的内容主要涵盖三至九世纪,这段时间在学术界通常被看作是作为中古时代,或者中世纪[1],这里有必要将动物和宗教、政治的主题放置在一个较大的上下文背景下来考虑前文这些讨论的意义。一方面,要纵向看这数百年来的变化;另一方面要横向看中国和其他地区的比较;但这两方面也要结合在一起讨论。

一、跨文化视野中的中世纪

2000 年加州理工学院的《工程与科学》季刊第二期发表了一篇非常有意思的文章《什么是中世纪的"中"?》,作者是该校年轻的助理教授布朗(Warren C. Brown)[2]。这篇文章发表在学院的内部通俗刊物,当然主要是面向一般读者,尤其是理工专业的读者。但是这篇文章涵盖范围之广,提出议题之清晰明确,论述之简单明了,正适合我这样的欧洲中古

---

[1] 中古和中世纪略有不同,中古强调古代,与现代相对,而中世纪则是介于古典时代与近代之间的时代。这当然都是近代以来史学家所发明的用法。不过,本书大致以二者互换通用,因其在本书中所指代的时代基本相同,即通常所谓魏晋南北朝隋唐时期。

[2] Warren C. Brown, "What's 'Middle' about the Middle Ages?" *Engineering and Science* no. 2 (2000), pp. 9 - 17. 如今十年过去了,他已于 2010 年升为正教授。

史门外汉迅速了解学界对于欧洲中古史的一些基本观感。这篇文章里面有些看法和看问题的角度,实在值得提出来略说一二,特别是对比中国中世纪的研究,很有启发。如果承认天理、人性的普遍性,则东海西海,心同理同。那么从欧洲中古史看中国中古史,有时并不让人感到特别意外。

布朗在文章开篇描绘了美国流行文化对中世纪形象的再现,电影、报纸、杂志、互联网等等,将中世纪描绘为欧洲历史上一段极为神秘的时代,在这一时代活跃的主要角色为国王和王后,骑士和城堡;然后是广为传播的英雄救美故事,听上去中世纪社会上弥漫着悲壮、自由的暴力;中世纪同时也意味着地主对农夫的迫害,意味着教会和僧侣。这个图景和中国当前的媒介对中世纪的形象塑造是很相似的,尤其《水浒传》《西游记》《红楼梦》等名著被改编成电影、电视,普通读者和观众对"中世纪"社会的认知便是皇帝、贪官、侠士、僧人、道士,以及权贵对老百姓的迫害,庙观成为避难所。

不过,布朗随后从史学撰述史的角度回顾了所谓"中世纪"出现的背景,即中世纪的称呼出现在十五世纪中叶,当时欧洲人用以称呼欧洲史上一段与古典古代和当下均不同的历史时期,不古不近是谓"中"。到十八世纪,欧洲史学家明确将中世纪锁定在四至十五世纪中叶,当时欧洲人认为古典古代极为辉煌,而文艺复兴与启蒙开始的近代亦不遑多让,中间的阶段则较为黑暗,因而中世纪常被称为黑暗时代,甚至于在欧洲人心目中,罗马建筑和艺术也被重视装饰性和繁琐的中世纪建筑和艺术风格取代,中世纪的手写本亦非常难以辨认,因为这些建筑和文字被归结为野蛮的"哥特式"或"哥特体",因而野蛮也是中世纪的特征。中国的近代没有出现欧洲那样的文艺复兴,也没有欧洲式的启蒙运动,没有欧洲式的人文主义运动出现,也没有欧洲史上所谓"文明的觉醒",因而也谈不上文明和野蛮的分野。这个分野,在后现代史学看来,如果在中国存在的话,基本上是欧洲现代性对近代中国话语的冲击和强加所构建出来的。中国的所谓近代何时开始也一直存在争论。但近代概念本身,显然是十九世纪末二十世纪初从日本和欧洲逐渐输入的。不过,中国在五至十五世纪这

总　　结

段时间,胡汉、夷夏之别的争论是非常普遍的,所谓胡汉、夷夏之别,亦是从中原中心主义立场出发构建出来的分野,这与欧洲以罗马为中心构建出罗马人和野蛮人、文明灿烂罗马与野蛮落后蛮族的分野又相当近似。

在回顾了中世纪一词的来源及其在近代出现的意义之后,布朗转而提出他自己对中世纪的看法。他特别指出所谓中世纪的形象可以说千人千面,而他的看法只代表自己。我想,中国史的研究同样如此。他首先指出从所谓古典时代的终结到中世纪的开端乃是一个渐进的发展过程,在欧洲各地存在很大的差异,存在一个模糊地带,并非有特定的时间点或事件,每一点上均可看到未来的迹象而同时保存了旧日的痕迹。因而从这个意义上说基督教和农奴制的确立均不能轻易地被视为中世纪的开端。最具争议的事件之一还包括所谓罗马帝国的衰亡。476年西罗马帝国被所谓蛮族灭亡,但实际上史家发现在西罗马帝国晚期,蛮族人在罗马帝国军队中广泛存在,罗马从军事上说可以称为蛮族化的罗马或者罗马帝国的军队可以称为罗马化的蛮族军队,罗马人和蛮族的界限根本不明显。这不得不让我们想起了唐代的所谓胡兵番将。自从陈寅恪在二十世纪四十年代提出一系列影响深远的唐代政治史范式,后来的学者几乎一直在他的框架下工作,隋唐制度的三个来源、关陇本位、河北胡化等等问题,在学界讨论来讨论去,从未走出陈寅恪的框架而发展出新框架。汉化和胡化理论在欧洲对应的其实就是所谓罗马化和蛮族化。陈寅恪所谓北方民族内迁为中原文明注入野蛮精悍之血一说多半是从罗马帝国史研究得到的启发。

从宗教的角度而言,布朗也作了提示。他也认为在罗马帝国时代和中世纪在这方面确实存在较大的差异。在古典罗马帝国时代,地方豪族为了显示自己的财富和权力,会参与地方政府的管理,提拔有希望的年轻人,建造大量的公共建筑,并镌刻上自己的名字。而在中世纪,混合了罗马古典传统和蛮族传统的地方豪族一方面在政治上也继承了罗马帝国豪族的做法,但同时资助建造大量教堂和修道院,支持僧侣。同时,在中世纪,贵族仕女通过支持教会和修道院获得了比古典时代更大的活动空间,甚至在地方和王国均有相当的影响。这也让我们联想到中国中世纪的图景。南北朝隋唐时期,从中央到地方,从皇室到各级地方官员,大量捐赠、资助土地、财富给佛教寺院,舍宅和别业为寺。贵族女性也在佛教社区拥有相当大的影响力,获得新的参与公共生活的空间,同时皇室和贵族女性亦从佛教社区的影响力中获益[1]。这也是中国中世纪和古典时代一个显著的不同。

布朗又指出由于七、八世纪伊斯兰势力的兴起,逐渐控制北非并进而侵入西班牙,这从根本上改变了罗马帝国作为环地中海帝国的版图,罗马帝国完全失去了地中海南岸地区。伊斯兰的征服迫使所谓欧洲文明的发展重心转向西部和北部。从此以后再未重返地中海南岸。布朗从而指出也许公元800年圣诞节乃是真正"欧洲中世纪"的开始,因为这时刻登基的查理曼大帝开始了欧洲的新纪元,他统治下的罗马帝国不再是以地中海沿岸传统罗马地区为重心的帝国,而是真正以欧洲为重心的帝国,因此这个帝国不再是"罗马的"帝国,而是"欧洲的"帝国。同时,他的帝国不再依赖朝廷派出和控制的军团和官僚制度维持其统治,而是依赖封建制来维持,地方自由人以忠诚和追求自身利益来为帝国服务。同时,查理曼的新帝国推行一种统一的书面拉丁文,建立了标准的书写系统,用于不同地区民众、文化和法律传统之间的沟通。这里面有些因素听上去很有点像陈寅恪所谓外族盛衰之连环性及外患与内政之关系,以及他关于府兵制度的论述。中国中世纪的发展亦因北方胡族的不断南侵,而使得经济和文化发展的重心转向江南。想到这里,我疑心陈寅恪是读过相当多罗马史研究论著的,否则他那么多想法不可能单纯看些史料一拍脑袋就构建出中古史的宏观解释模式。

在布朗看来,中世纪还有一些鲜明特征,比如自然世界与超自然世界

---

[1] 相关研究见李玉珍:《唐代的比丘尼》,台北:学生书局,1989年;蔡鸿生:《尼姑谭》,广州:中山大学出版社,1996年;拙撰《中古后妃为尼史事考》,《华林》第二辑,2001年,页133—147。

总　　结

紧密地和有机地纠缠在一起,人们相信各类神迹。圣徒信仰和实践广泛流行,圣徒的遗骨在各类神迹的显现中扮演极为重要的角色。同时,中世纪的人们对于真相和虚构的区分也和今天不同。他们当然也在乎文献所记载之事真实与否,但人们倾向于记录下来他们认为是真实的东西。文献在流传过程中内容常常在不断变化。从我们前文对佛教高僧传的一些分析来看,这在中国中世纪也并非不存在。高僧传记中很多叙事很难说是真实还是想象、虚构。比如第三章讨论的高僧驯虎叙事,一方面高僧在山林行走,确实从常识推断,当时遇到猛虎的机会很多,而且一些高僧确实长期在山林修行,能够和猛虎打成一片,不受伤害;另一方面,这些高僧传记云很多高僧通过诵经、以法杖触摸等行为驯化猛虎,可能是值得仔细辨别的,并不一定是真实的历史,这些叙事至少反映了虚构和非虚构两类历史。虚构的历史乃是指在佛教意识形态影响下以套话和在事实原型基础之上建立的虚构故事。非虚构的故事指僧传中的叙事亦反映出一定的实际历史经验。

作为一位主要关注暴力的学者,布朗指出,欧洲中世纪另外一个鲜明特征是基督教与暴力的和谐共存。暴力主要来自中世纪的骑士阶级。这一阶级在武力和文化两方面均对中世纪有重大意义。一方面在暴力方面成为中世纪的主角,另一方面骑士又发展出特别的骑士文学。他们有很强的宗教背景,骑士实际上将自己的职业看成是一种宗教职业,作为骑士保护弱小维护正义和城堡秩序乃是为了取悦上帝,从而暴力通过基督教价值系统而获得了正义。这是比较特殊的欧洲历史特征,在中国中世纪史上恐怕找不到对应。

如果将动物与政治、宗教秩序之间的密切联系放在漫长的中古历史中审视,可看出中国在中世纪时发生了一些不同以往的变化。这些变化主要体现在两方面,一是胡人政权的南下进入中原,二是佛教的传入。这两个重要的变化,实际上重新塑造了亚洲整个的政治和宗教秩序。以佛教而言,迅速在整个东亚传播,奠定了佛教作为亚洲地区重要文化传统的基调。动物与政治和宗教的关系应放置在这个上下文中考虑。

二、政治和宗教史上的人类与动物关系

在理解世界中世纪史背景的基础之上,我也想在这一节总结一些对于宗教、历史、思想史而言更为一般性和普遍性看法,最后再提出一些在以后的研究中值得进一步思考的问题。所谓一般性和普遍性的看法,首先是动物和人的界限,即重新回到本书导论部分提及的宇宙论问题,什么是动物?在人类世界中动物处于一个什么样的位置?这个位置是否在变化?这个位置的变化与社会关系的变化之间存在何种联系,是否随佛教从南亚进入东亚受不同环境和文化背景影响而处于变化之中?其次,从前面数章具体研究中,可以看出哪些重要社会角色在与动物的交往中创造出新的文化和社会意义?这些意义如何通过环境、历史、认知来理解、塑造、解释?这些问题的复杂性,当然不能仅仅从本书的研究中一一揭示出来,但本书的讨论希望能为以后的研究提供了一些启发。

动物和人的界限是一个关键问题,几乎每一章都涉及这个问题。在我看来,至少在中古时代人们的意识中,人和动物之间的界限主要从以下关系中获得定义:转化关系,即通过转世轮回人和动物的相互转化;依存关系,动物和人类在物质和精神上相互依存,不但两者在社区中构建经济联系,而且也可以说是伙伴关系,人和动物结成灵魂上的伙伴,共同修行,动物作为人的法侣和法徒出现;统治关系,人和动物界都存在统治者和被统治者,王者和平民;教化关系,即人和动物均有精神追求,人对动物可施以教化,像对待自己的同类一样,使其灵魂获得提升。正是这些关系,构建了个人和个人、个人和社会、社会和动物界内部和相互之间的秩序。但是,和近代生物学发展起来之后不同的是,在中古时代的宗教传统中,人们对动物并没有所谓近代科学意义上的客观研究的对象关系,没有以追求客观认知为目标,以计算、测量和实验为手段的对动物的考察和研究。

首先说说转化关系。从前面的讨论来看,动物和人的边界总是在不断变化之中,这仰赖于如何看待这样的边界。比如说,在早期佛教的宇宙观中,动物作为六道之畜生道的有情,因为其业报的缘故,完全可能转世为人。从转世轮回理论来看,人和动物均是六道中的有情,在业报的作用

总　　结

下,并无分别,完全平等。人可以转世为动物,动物亦可转世为人。但是,在这个转世轮回理论之下,有两点值得注意。一是在六道中人道比畜生道仍然要高,即动物如有善报才可能转世到人道,而人有恶报才会转世到畜生道。二是在畜生道也存在差别,有些动物比其他动物道德地位要高,这反映在恶报小的人可能转世为高级而尊贵的动物,如狮子、大象,恶报较大的人可能转世为低级而邪恶的动物。换言之,动物王国内部亦依据每个动物前世业力而存在高低贵贱之分,而这个动物王国内部的道德和社会等级秩序却是以人对动物界的认知为基础塑造出来的。在第二章讨论十二时兽时,特别要注意到,在早期佛教文献中,菩萨被塑造成能以动物形象出现教化世人的形象;而在中国佛教文献中,动物则被塑造成精魅的形象,来干扰人的修行。转化关系除了在转世轮回中获得意义,亦反映在人对动物的象征和隐喻运用之中,即动物可通过象征和隐喻的书写过程转化为人,如狮子之成为佛陀的称号,虎作为高僧特别是律师的美称。

而从动物王国回到人类社会,亦可发现,人类创造出来的动物王国秩序也被引入人类社会的秩序。比如在印度,佛陀之所以被目为狮子,乃在于佛教徒要用动物王国中狮子的所谓高贵和尊崇地位来象征佛陀在人类社会的高贵和尊崇。动物王国的秩序,虽然有其所谓食物链的生物圈秩序。动物圈的确有它自身不受人类干扰和影响的秩序,即在丛林、江海、沼泽中由不同习性动物构成的弱肉强食的秩序。但是这一秩序也是逐渐地被人类认知,而人类的认知实际上和原本自然存在的动物秩序之间亦存在差距。人类的认知指人对于动物形状大小、颜色、外形特征、活动习性的认识。这些认知导致认对动物王国秩序的认知并非完全符合自然而然的自然原则,而带有较强的社会和文化背景,比如人对暴力的认识,因为人们看到暴力导致强权,而使得人对强权的认知亦被用于认识自然界的秩序,生物圈的最强者便是动物界的顶端捕食者。

同时,人对动物秩序的认识亦受到不同地理环境的限制和塑造,因此才会出现不同地域的人将狮子和猛虎分别视为当地的所谓众兽之王,这种认知乃基于人们在日常经验中对狮子、猛虎的形状、颜色和习性的认知。狮子的毛发以黄色出现,在佛教文献中被书写成金色。狮子的外形和运动特点被用于描述修行者的动作和表情。进而南亚和东亚人们以狮子和猛虎象征其政治和宗教秩序的强者。从这里的讨论来看,人类世界和动物界似乎都存在所谓的统治关系,人类社会的政治和宗教秩序都以自身的统治关系来看待动物界的统治关系。

所谓教化关系,主要指动物在人类社会中充当人类构建道德和价值关系的受众。第三章分析驯虎时便揭示了这一关系,猛虎在森林和野外成为僧人的伙伴,在修行中成为僧人的法侣和法徒。其实,在早期佛教文献中,那伽,即汉译文献中的龙,乃是作为证明佛陀觉悟的动物出现,并成为佛陀的保护神。而在中国高僧传记中,猛虎常常作为被驯服的对象出现在高僧道行高妙之修辞中。猛虎和佛弟子一样,在这里乃是调伏和教化的对象。高僧和动物,实际在佛教文献及其塑造的话语中构成文明教化野蛮的关系。

以上主要讨论了人和动物的相互关系,其实仍然是人对动物的关系,动物作为人构建社会和文化关系的对象,动物本身并无文献供我们分析动物作为主体如何将人类作为客体处理。那么进一步而言,人如何将动物当作客体在人类文化背景下创造出新的文化意义呢?我认为通过前面数章的讨论,有几点值得考虑,这主要涉及人类社会、动物、环境、历史等多种因素的相互影响。本书讨论的主题围绕政治和宗教社会展开,涉及君主、官僚阶级、僧侣、在俗佛教信徒等主要社会角色。而在佛教社区内部,又可以依据佛教文献所塑造出来的僧团成员的社会角色分为普通僧人、僧人学者、高僧等角色,他们对环境、动物、历史的认知不同,因而对于动物如何塑造社会和文化关系有不同看法。比如僧人学者特别是律师在维护僧团秩序中扮演解释、重写佛教文献的权威角色,实际上依据佛教传统、借助本地文化传统,重新塑造了佛教话语。道宣即以自己撰写的《量处轻重仪》重新对动植物进行分类,在理解、认识传统佛教文献的基础上,根据他和他周边僧人对当时所处中原环境的适应性重新塑造了关于动物和植物的话语。他的叙述、分类很可能对普通僧人有所影响,因为他的解释实际上很大程度上反映了当时僧人对身边动植物的实际认识和体验,当时僧人对南北地区不同植物和动物的认知有其地域局限性。

其次,除了环境的因素之外,在社会关系和文化、社会、政治、宗教秩序的构建中,历史传统乃是非常重要的因素。这个历史的因素主要是历史传统通过文献重新被谈论和解释,从而进入受众的认知系统中,用于强化受众对于现存新型社会和文化秩序的接受和认同。尽管佛教传入中国乃是在佛陀灭后五百年左右,在中国佛教中,随着中古时期特别是唐代中国佛教的发展,中国中心主义日益被佛教徒接受,但历史上的佛陀及其经历、叙事作为佛教的历史性思想和文化资源不断被提出、书写和解释,这即是历史文化传统的不断重复甚至强化,并常常被赋予新的意义。历史传统以文献的发展为物质依托,本书的研究表明,文献在佛教社会关系和意识形态构建中起了至关重要的作用。有些文献乃是构建佛教文献社区(textual communities)的中心文献,比如《法华经》、《华严经》、《金刚经》、《维摩经》。这些文献广泛流行于佛教作者、注释者、读者、听众之间,他们对这些文献的学习、研究、传播、注释、发展,构成了一定的共识,而这一共识正是佛教社区遵奉同样文献从而形成佛教身份认同向心力的基础。另外,有些文献似乎并非广为人知,但佛教文献社区的作者、注释者、读者、听众熟悉这些文献中的主要议题、故事、隐喻、典故,从而也在作者、读者之间形成共识。比如第二章分析的《大集经》中出现的十二时兽的故事,很多佛教作者和注者均提示了这个故事,尽管角度不同,但这反映了他们对这一故事的熟悉。《普曜经》中出现的九龙吐水也是类似的情形,这一有关佛陀诞生场景的重要典故,广大佛教徒通过经书、注释、绘画、口传等媒介得以了解,从而对其形成共识,这一典故也因而在构建佛教文献社区认同上扮演重要角色。因此,文献实际上以各种形式通过沟通作者和读者参与了构建佛教社区的过程。

中国佛教,作为大乘佛教的一种形式,也继承了大乘佛教的一些特点,其中之一便是将传统上溯到佛陀本人。大乘佛教发展出所谓大乘经典亦传自佛陀但被发现之前藏于龙宫的话语,实际上仍然将经文的权威性归结于出自佛陀的起源。而中国佛教在对经典的构建、对舍利的尊崇、对寺院的建设与重建等方面,均不断提示佛陀作为佛教奠基者的历史文化背景。在对动物的处理上,也存在同样的模式。虽然道宣在处理动物分类时多少有他个人的见解,但仍然借重了所谓佛陀本人的权威。而正如第四章揭示的,中国佛教改造了狮子作为僧人美称的做法,引入传统史学中出现的猛虎称号,但亦保留了对佛陀的尊崇,也因而不将"人中狮子"的美称用于本佛教传统的僧人,而将这一美称局限于对佛陀的尊称。但是,我们也应注意到,在中国佛教社区,对于佛陀权威的上溯存在很大的历史局限性。中国中古僧人在将猛虎引入佛教叙事时,主要还是基于自身的历史经验。佛陀在世时并未频频受到猛虎的侵扰,至少猛虎在其修行生活中不占据重要地位。因此在驯虎的叙事上,中国僧人并未将权威追溯到佛陀本人的修行生涯。

再次,当下的现实处境和个人日常实际生活经验在僧人的认知中亦有较为明显的反映,并体现在僧人留下的文献作品中。这样的日常实际生活经验很难在文献中找到具体证据,我们需要采取了解之同情的态度,试图让自己回到当时的历史情境中,仔细理解其所思所想。这一点需要从两方面阐释。一是僧人对佛教文献的书写带有很强的个人认知背景和个人日常生活经验局限,比如道宣对于动物的认识反映出其局限于个人在北方的日常经验,他对于南方特别是热带的动物并无太多了解,这与早期佛教在对动物的认识上非常不同,可以看作是个人实际所生活环境的印记。二是僧人在翻译和书写文献时已经考虑到了读者和听众的接受程度和接受的可能性,即存在一个创作者和读者之间的默契对话模式。这里所谓创作者包括翻译者和创作者,前者如竺法护,后者如道宣。

所谓对话模式中的日常经验假定,我在这里具体指的是法护可能是考虑到汉文读者特别是中原地区的汉文读者可能对九龙有所认识而将《普曜经》中的二龙灌浴太子译成九龙灌浴太子,这样汉文读者可根据其对九龙作为王权象征的认知来理解太子出身高贵的状态。而道宣在写作

总　　结

《量处轻重仪》时显然也将汉文读者作为其读者对象,故而多以中华文化因素解释佛教思想实践。而第二章关于十二时兽的讨论亦可看出,后世对《大集经》所记载十二时兽部分进行注疏的僧人学者也根据读者的知识背景重新解释了十二时兽,将中国传统的十二干支、阴阳五行观念引入其解释系统,实际上重新在中国语境下阐释了十二时兽的意义,这当然主要是为了让具有中国文化经验的读者更能理解和接受其阐释。

从以上对佛教译经、僧传、注释中有关动物角色、形象及其在佛教社区关系的构建中所起的作用来看,我们不仅在这些译经、僧传、注释中发现佛教的历史、人类宗教社区的历史,实际上,经文翻译、僧传书写、注释实践本身亦是历史的一部分,人类的自然和历史、文化、社会经验在翻译、书写、注释过程中也是历史的重要组成部分,重新塑造了历史过程。没有《普曜经》汉译过程中九龙一词在思想和语言上被创造出来,则不会出现后来在道教圣传和皇帝生日庆祝中一再出现的用于书写出生传奇的素材。而僧传实际上树立了高僧的榜样,帮助后世僧人理解和继承佛教社区的历史和文化以及自然经验的沉淀与积累。在僧人注释经文过程中,僧人本身通过学习获得的佛教传统与他们所处的历史现实、所经历和想象的自然环境,以及日常生活造成的心理状态融合在一起,塑造了其行为以及文献创作,这是历史极为丰富的一部分。我想强调的是,正是这些文献传统、历史现实、自然环境、心理状态,共同构建了历史上的政治、宗教秩序。

最后,我想就动物与宗教的研究再说几句作为对未来的展望。这本小书所讨论的问题无疑是非常有限的,也是非常有选择性的。它所讨论的主题对于丰富、实在的历史来说,不啻为恒河中的一颗沙粒。很多重要的动物均未能在书中涉及,比如鹿、猿、大象、金翅鸟,只能希望在以后有机会在其他场合能再讨论这些在本书中缺席的动物。

在方法上,随着学科内部的反思、学科之间交流的增多,也许要多学科的学者相互合作,从不同角度、不同视野、不同思路来看待主题和材料,才可能取得进一步的成果。

参 考 书 目

一、传统文献

A

《阿弥陀经义疏》，[宋]元照撰，《大正藏》册三七，No.1761。
《阿毗达磨俱舍论》，世亲造，[唐]玄奘译，《大正藏》册二九，No.1558。
《阿毗达磨俱舍释论》，婆薮盘豆造，[陈]真谛译，《大正藏》册二九，No.1559。
《阿维斯塔》，*The Zend Avesta: The Sacred Books of the East*, translated by James Darmesteter, Whitefish, MT: Kessinger Publishing, 2004, reprinted. 法文版：Le Zend-Avesta, 3 vols., 1892–1893, Paris: A. Maisonneuve, 1960, reprinted.

B

《白居易集笺校》，[唐]白居易，朱金城笺校，上海：上海古籍出版社，1988年。
《般泥洹后灌腊经》，[西晋]竺法护译，《大正藏》册一二，No.391。
《抱朴子内篇校释》，[东晋]葛洪著，王明校释，北京：中华书局，1985年。
《悲华经》，[北凉]昙无谶译，《大正藏》册三，No.157。
《北京图书馆藏中国历代石刻拓本汇编》，100册，北京图书馆编，郑州：中州古籍出版社，1989—1991年。
《本草纲目》，[明]李时珍，天津：天津古籍出版社，2006年。
《比丘尼传》，[梁]宝唱撰，《大正藏》册五〇，No.2063；王孺童校注，北京：中华书局，2006年。
《辩正论》，[唐]法琳撰，《大正藏》册五二，No.2110。
《别译杂阿含经》，失译，《大正藏》册二，No.100。
《博物志》，[晋]张华，上海：上海古籍出版社，1988年。

C

《册府元龟》，[宋]王钦若等编，周勋初等校订，南京：凤凰出版社，2006年。
《禅林僧宝传》，[宋]慧洪撰，《续藏经》册七九，No.1560。

参 考 书 目

《长阿含经》，[后秦]佛陀耶舍、竺佛念译，《大正藏》册一，No.1。
《赤松子章历》，《正统道藏》册一八，DZ 615。
《敕修百丈清规》，[元]德辉重编，《大正藏》册四八，No.2025。
《初学记》，[唐]徐坚，北京：中华书局，2004年。
《出三藏记集》，[梁]僧祐撰，《大正藏》册五五，No.2145。
《出曜经》，[姚秦]竺佛念译，《大正藏》册四，No.212。
《慈悲水忏法》，[唐]悟达国师知玄(811—883)，《大正藏》册四五，No.1910。

D

《大般涅槃经》，[北凉]昙无谶译，《大正藏》册一二，No.374。
《大般涅槃经》，[刘宋]慧俨等译，《大正藏》册一二，No.375。
《大般涅槃经会疏》，[隋]灌顶撰、[唐]湛然再治，《续藏经》册三六，No.659。
《大般涅槃经集解》，[梁]宝亮等集，《大正藏》册三七，No.1763。
《大般若波罗蜜多经》，[唐]玄奘，《大正藏》册七，No.220。
《大宝积经》，[北魏]佛陀扇多译，《大正藏》册一一，No.310。
《大乘百法明门论开宗义决》，[唐]昙旷撰，《大正藏》册八五，No.2812。敦煌本。
《大乘起信论义记》，[唐]法藏，《大正藏》册四四，No.1846。
《大乘义章》，[隋]慧远，《大正藏》册四四，No.1851。
《大方便佛报恩经》，失译，《大正藏》册三，No.156。
《大方等大集经》，[北凉]昙无谶译，《大正藏》册一三，No.397。
《大方广佛华严经》，[东晋]佛驮跋陀罗译，《大正藏》册九，No.278。
《大方广佛华严经随疏演义钞》，[唐]澄观撰，《大正藏》册三六，No.1736。
《大楼炭经》，[西晋]法立、法炬译，《大正藏》册一，No.23。
《大唐大慈恩寺三藏法师传》，[唐]慧立本、释彦悰笺，《大正藏》册五〇，No.2053；孙毓棠 谢方点校，北京：中华书局，2000年。
《大唐西域记》，[唐]玄奘，《大正藏》册五一，No.2087。《大唐西域记校注》，季羡林等校注，北京：中华书局，1985年。
《大唐西域求法高僧传》，[唐]义净，《大正藏》册五一，No.2066；王邦维校注，北京：中华书局，1988年。
《大威德陀罗尼经》，[隋]阇那崛多译，《大正藏》册二一，No.1341。
《大智度论》，龙树造、[后秦]鸠摩罗什译，《大正藏》册二五，No.1509。
《道教灵验记》，[唐]杜光庭《云笈七签》卷一二一，《正统道藏》册三七，DZ 590。
《地持义记》，《大正藏》册八五，No.2803。敦煌本。
《洞神八帝元变经》，《中华道藏》册四。
《敦煌宝藏》，黄永武编，台北：新文丰出版公司，1986年。
《敦煌道藏》，李德范辑，北京：全国图书馆文献缩微复制中心，1999年。

F

《法界次第初门》，[隋]智顗，《大正藏》册四六，No.1925。
《法苑珠林》，[唐]道世，《大正藏》册五三，No.2122。
《法华玄义释签》，[唐]湛然撰，《大正藏》册三三，No.1717。
《翻梵语》，《大正藏》册五四，No.2130。

379

《翻译名义集》，[宋]法云编，《大正藏》册五四，No. 2131。
《梵网经》，[后秦]鸠摩罗什译，《大正藏》册二四，No. 1484。
《方广大庄严经》，[唐]地婆诃罗译，《大正藏》册三，No. 187。
《房山石经：辽金刻经》，中国佛教协会编，北京：中国佛教图书文物馆，1992年。
《奋迅王问经》，[北魏]瞿昙般若流支译，《大正藏》册一三，No. 421。
《佛本行集经》，[隋]阇那崛多译，《大正藏》册三，No. 190。
《佛顶尊胜陀罗尼经疏并释真言义》，[唐]法崇，《大正藏》册三九，No. 1803。
《佛名经》，[北魏]菩提流支译，《大正藏》册一四，No. 440。
《佛说安宅神咒经》，《大正藏》册二一，No. 1394。
《佛说称扬诸佛功德经》，[北魏]吉迦夜译，《大正藏》册一四，No. 434。
《佛说大孔雀咒王经》，[唐]义净译，《大正藏》册一九，No. 985。
《佛说地藏菩萨经》，《大正藏》册八五，No. 2909，敦煌本。
《佛说灌佛形像经》，[后秦]圣坚译，《大正藏》册一六，No. 696。
《佛说奈女祇域因缘经》，[后汉]安世高译，《大正藏》册一四，No. 553。
《佛说师子月佛本生经》，失译，《大正藏》册三，No. 176。
《佛说盂兰盆经》，[西晋]竺法护所译，《大正藏》册一六，No. 685。
《佛说无量清净平等觉经》，[后汉]支娄迦谶译，《大正藏》册一二，No. 361。
《佛说无量寿经》，[曹魏]康僧铠译，《大正藏》册一二，No. 360。
《佛说相好经》，黄霞整理，《藏外佛教文献》册三，方广锠主编，1996年。
《佛说兴起行经》，[后汉]康孟详译，《大正藏》册四，No. 197。
《佛所行赞》，马鸣菩萨造、[北凉]昙无谶译，《大正藏》册四，No. 192。
《佛祖历代通载》，[元]念常集，《大正藏》册四九，No. 2036。
《佛祖统纪》，[宋]志磐，《大正藏》册四九，No. 2035。

G

《高丽大藏经》，台北：新文丰出版公司，1982年，影印本。
《高僧法显传》，[东晋]法显，《大正藏》册五一，No. 2085。《法显传校注》，章巽校注，上海：上海古籍出版社，1985年。
《高僧传》，[梁]慧皎，《大正藏》册五〇；汤用彤校注，北京：中华书局，1996年。
《根本说一切有部苾刍尼毗奈耶》，[唐]义净译，《大正藏》册二三，No. 1443。
《根本说一切有部毗奈耶》，[唐]义净译，《大正藏》册二三，No. 1442。
《根本说一切有部毗奈耶破僧事》，[唐]义净译，《大正藏》册二四，No. 1450。
《古清凉传》，[唐]慧祥撰，《大正藏》册五一，No. 2098。
《观佛三昧海经》，[东晋]佛陀跋陀罗译，《大正藏》册一五，No. 643。
《灌顶经》，[东晋]帛尸梨蜜多罗译，《大正藏》册二一，No. 1331。
《国清百录》，[隋]灌顶编，《大正藏》册四六，No. 1934。
《过去现在因果经》，[刘宋]求那跋陀罗译，《大正藏》册三，No. 189。
《广弘明集》，[唐]道宣，《大正藏》册五二。
《广异记》，[唐]戴孚著、方诗铭辑校，北京：中华书局，1992年。

H

《韩非子集解》，[清]王先慎撰，北京：中华书局，1998年。

参 考 书 目

《汉书》,[东汉]班固,北京:中华书局,1962年。
《汉译南传大藏经》,元亨寺汉译南传大藏经编译委员会编,高雄:元亨寺妙林出版社,1995年。
《弘明集》,[梁]僧祐,《大正藏》册五二,No.2102。
《弘赞法华传》,[唐]惠祥,《大正藏》册五一,No.2067。
《后汉书》,[刘宋]范晔,北京:中华书局点校本,1965年。
《华严经内章门等杂孔目》,[唐]智俨,《大正藏》册四五,No.1870。
《淮南子》,[汉]刘安等,《淮南鸿烈集解》,刘文典,北京:中华书局,1997年。
《淮南子集释》,何宁,新编诸子集成第一辑,北京:中华书局,1998年。
《混元八景真经》,《正统道藏》册一九,DZ 660。
《黄帝内经素问集注》,张隐庵著,孙国中、方向红点校,北京:学苑出版社,2004年。

J

《嘉泰普灯录》,[宋]正受编,《续藏经》册七九,No.1559。
《荆楚岁时记》,[梁]宗懔著,宋金龙校注,太原:山西人民出版社,1987年。
《经律异相》,[梁]僧旻、宝唱等集,《大正藏》册五三,No.2121。
《旧唐书》,[后晋]刘昫等,北京:中华书局标点本,1982年。
《旧五代史》,[北宋]薛居正等,北京:中华书局点校本,1976年。
《俱舍论记》,[唐]普光述,《大正藏》册四一,No.1821。

L

《老子化胡经》,《中华道藏》册四。敦煌本。
《黎俱吠陀》, *Rgveda for the Layman: A Critical Survey of One Hundred Hymns of the Rgveda, With Samhita-Patha, Pada-Patha and Word-Meaning and English Translation*, Shyam Ghosh, New Delhi, Munshirm Manoharlal, 2002.
《历代法宝记》,《大正藏》册五一,No.2075。敦煌本。
《梁书》,[唐]姚思廉,北京:中华书局点校本,1976。
《量处轻重仪》,[唐]道宣,《大正藏》册四五,No.1895。
《列子集释》,杨伯峻,北京:中华书局,1979年,新编诸子集成。
《六度集经》,[吴]康僧会译,《大正藏》册三,No.152。
《律戒本疏》,《大正藏》册八五,No.2788。敦煌本。
《录异记》,[唐]杜光庭,《中华道藏》册四五,DZ 591。
《论语译注》,杨伯峻译注,北京:中华书局,1980年。
《洛阳伽蓝记》,[北魏]杨炫之,《大正藏》册五一;范祥雍校注,上海:上海古籍出版社,1978年。

M

《孟子译注》,杨伯峻译注,北京:中华书局,2005年。
《妙法莲华经》,[后秦]鸠摩罗什译,《大正藏》册九,No.262。
《冥报记》,[唐]唐临,《大正藏》册五一,No.2082;标点本,方诗铭辑校,北京:中华书局,1992年。
《明觉禅师瀑泉集》,[宋]圆应编,《大正藏》册四七,No.1996。
《弥沙塞羯磨》,[唐]爱同录,《大正藏》册二二,No.1424。

《摩诃僧祇律》，[东晋]佛陀跋陀罗、法显译，《大正藏》册二二，No. 1425。
《摩诃止观》，[隋]智𫖮说、灌顶记，《大正藏》册四六，No. 1911。

N

《南传大藏经》，高楠博士功绩记念会纂译，东京：大正藏刊行会，1970年重印。
《南海寄归内法传》，[唐]义净，《大正藏》册五四，No. 2125；王邦维校注，北京：中华书局，2005年。
《南齐书》，[梁]萧子显，北京：中华书局点校本，1972。
《南史》，[唐]李延寿，北京：中华书局标点本，1975年。
《南岳总胜集》，[宋]陈田夫，《大正藏》册五一，No. 2097。

P

《菩萨地持经》，[北凉]昙无谶译，《大正藏》册三〇，No. 1581。
《菩萨善戒经》，[刘宋]求那跋摩译，《大正藏》册三〇，No. 1582。
《普贤菩萨说证明经》，《大正藏》册八五，No. 2879；敦煌本。
《普曜经》，[西晋]竺法护译，《大正藏》册三，No. 186。

Q

《起世经》，[隋]阇那崛多等译，《大正藏》册一，No. 24。
《起世因本经》，[隋]达摩笈多译，《大正藏》册一，No. 25。
《起信论疏》，[高丽]元晓，《大正藏》册四四，No. 1844。
《千手千眼观世音菩萨治病合药经》，[唐]伽梵达摩译，《大正藏》卷二〇，No. 1059。
《全上古三代秦汉六朝文》，[清]严可均辑，北京：中华书局，2000年。
《全唐诗》，[清]彭定求编，北京：中华书局点校本，1999年。
《全唐文》，[清]董诰等，北京：中华书局增订本，1999年。
《全唐文补编》，陈尚君编，北京：中华书局，2005年。
《全唐文补遗》1—10辑，吴钢等辑，西安：三秦出版社，1994—2007年。

R

《入阿毗达磨论》，塞建陀罗阿罗汉造，[唐]玄奘译，《大正藏》册二八，No. 1554。

S

《萨婆多毗尼毗婆沙》，失译，《大正藏》册二三，No. 1440。
《萨婆多部毗尼摩得勒伽》，[刘宋]僧伽跋摩译，《大正藏》册二三，No. 1441。
《三宝感应要略录》，[宋]非浊集，《大正藏》册五一，No. 2084。
《三法度论》，[东晋]瞿昙僧伽提婆译，《大正藏》册二五，No. 1506。
《三国志》，[西晋]陈寿，北京：中华书局标点本，1959年。
《善见律毗婆沙》，[萧齐]僧伽跋陀罗译，《大正藏》册二四，No. 1462。
《商君书校注》，[秦]商鞅，张觉校注，长沙：岳麓书社，2005年。
《神农本草经辑》，[南朝]陶弘景集，马继兴辑注，北京：人民卫生出版社，1995年。
《神仙传》，[东晋]葛洪撰，《中华道藏》册四五；北京：中华书局，1991年。
《首楞严义疏注经》，[宋]子璿集，《大正藏》册三九，No. 1799。
《十三经注疏》，[清]阮元校刻，北京：中华书局，1980年，影印本。
《十诵律》，[后秦]弗若多罗共罗什译，《大正藏》册二三，No. 1435。

《十住毗婆沙论》,龙树造、[后秦]鸠摩罗什译,《大正藏》册二六,No. 1521。
《释禅波罗蜜次第法门》,[隋]智顗说、法慎记、灌顶再治,《大正藏》册四六,No. 1916。
《释迦方志》,[唐]道宣撰,《大正藏》册五一;范雍祥点校,北京:中华书局,2000年。
《释迦谱》,[梁]僧祐撰,《大正藏》册五○,No. 2040。
《释迦氏谱》,[唐]道宣,《大正藏》册五○,No. 2041。
《释门正统》,[宋]宗鉴集,《续藏经》册七五,No. 1513。
《释摩诃衍论》,龙树菩萨造,[后秦]筏提摩多译,《大正藏》册三二,No. 1668。
《释氏稽古略》,[元]觉岸编,《大正藏》册四九,No. 2037。
《释氏要览》,[宋]道诚集,《大正藏》册五四,No. 2127。
《四分戒本疏》,《大正藏》册八五,No. 2787。敦煌本。
《四分律》,[后秦]佛陀耶舍共竺佛念等译,《大正藏》册二二,No. 1428。
《四分律比丘含注戒本》,[唐]道宣,《大正藏》册四○,No. 1806。
《四分律删繁补阙行事钞》,[唐]道宣,《大正藏》册四○,No. 1804。
《四分律行事钞资持记》,[宋]元照,《大正藏》册四○,No. 1805。
《寺塔记》,[唐]段成式,《大正藏》册五一,No. 2093。
《宋高僧传》,[宋]赞宁,《大正藏》册五○,No. 2061;范祥雍点校,北京:中华书局,1987年。
《宋书》,[南齐]沈约,北京:中华书局点校本,1974年。
《隋书》,[唐]房玄龄等编,北京:中华书局标点本,1973年。

T

《太平广记》,[宋]李昉等编,北京:中华书局标点本,1986年。
《太平御览》,[宋]李昉等编,北京:中华书局,2000年。
《太上洞玄灵宝业报因缘经》,《中华道藏》册五。
《大正新修大藏经》(Taishō Shinshū Daizōkyō),[日]高楠顺次郎、渡边海旭等编,东京:大正新修大藏经刊行会,1924—1934年。并参考法鼓山中华电子佛典协会的CBETA电子佛典集成(http://www.cbeta.org/)。
《太子瑞应本起经》,[吴]支谦译,《大正藏》册三,No. 185。
《唐大和上东征传》,[日本]元开撰;汪向荣校注,北京中华书局,1979年。
《唐代墓志汇编》,周绍良、赵超编,上海:上海古籍出版社,1992年。
《唐代墓志汇编续集》,周绍良、赵超编,上海:上海古籍出版社,2001年。
《唐会要》,[宋]王溥,北京:中华书局,1955年。
《添品妙法莲华经》,[隋]阇那崛多、笈多译,《大正藏》册九,No. 264。
《天台四教仪》,[高丽]谛观,《大正藏》册四六,No. 1931。
《通典》,[唐]杜佑撰,王文锦、王永兴、刘俊文、徐庭云、谢方点校,北京:中华书局,1988年。
《图经本草》,[宋]苏颂(1020—1101),福州:福建科学技术出版社,1988年。

W

《万善同归集》,[宋]沈振,《大正藏》册四八,No. 2017。
《维摩经略疏垂裕记》,[宋]智圆述,《大正藏》册三八,No. 1779。
《维摩义记》,[隋]慧远,《大正藏》册八五,No. 2768。敦煌本。

《魏书》，[北齐]魏收；北京：中华书局标点本，1974年。
《文殊师利菩萨及诸仙所说吉凶时日善恶宿曜经》，[唐]不空译，《大正藏》册二一，No. 1299。
《文选李善注义疏》，[梁]萧统编，[唐]李善注，高步瀛疏，曹道衡、沈玉成点校，北京：中华书局，1985年。
《五分律》，[刘宋]佛陀什、竺道生等译，《大正藏》册二二，No. 1421。
《五行大义》，[隋]萧吉，南京：江苏古籍出版社，1988年，《宛委别藏》影印本册七〇。
《武林西湖高僧事略》，[宋]元敬、元复述，《续藏经》册七七，No. 1526。

X

《西山群仙会真记》，[唐]施肩吾，上海：上海古籍出版社，1989年。
《贤愚经》，[北魏]慧觉等译，《大正藏》册四，No. 202。
《新唐书》，[宋]欧阳修等，北京：中华书局标点本，1982年。
《新修本草》，[唐]苏敬、尚志钧辑，合肥：安徽科技出版社，1981年。
《新修科分六学僧传》，[元]昙噩述，《续藏经》册七七，No. 1522。
《新修往生传》，[宋]王古辑撰，《续藏经》册七八，No. 1546。
《修习止观坐禅法要》，[隋]智顗，《大正藏》册四六，No. 1915。
《修行本起经》，[后汉]竺大力、康孟祥译，《大正藏》册三，No. 184。
《续高僧传》，[唐]道宣，《大正藏》册五〇，No. 2060。

Y

《邺中记》，[东晋]陆翙，丛书集成初编本，王云五主编，上海：商务印书馆，1937年。
《一切经音义》，[唐]慧琳，《大正藏》册五四，No. 2128。
《艺文类聚》，[唐]欧阳询等编，汪绍楹校，上海：上海古籍出版社，1998年。
《墉城集仙录》，[唐]杜光庭，《中华道藏》册四五，DZ 783。
《酉阳杂俎》，[唐]段成式，方南生点校，北京：中华书局，1981年。
《云笈七签》，[宋]张君房，《正统道藏》册三七，DZ 1032；李永晟点校本，北京：中华书局，2003年。
《元始五老赤书玉篇真文天书经》，《正统道藏》册二，DZ 22。

Z

《杂阿含经》，[刘宋]求那跋陀罗译，《大正藏》册二，No. 99。
《增壹阿含经》，[东晋]瞿昙僧伽提婆译，《大正藏》册二，No. 125。
《正法华经》，[西晋]竺法护译，《大正藏》册九，No. 263。
《正统道藏》，台北：新文丰出版公司，1985年。
《正一法文经章官品》，《正统道藏》册四八，DZ 1218。
《止观辅行传弘决》，[唐]湛然撰，《大正藏》册四六，No. 1912。
《治禅病秘要法》，[刘宋]且渠京声译，《大正藏》册一五，No. 620。
《中阿含经》，[东晋]瞿昙僧伽提婆译，《大正藏》册一，No. 26。
《中华道藏》，张继禹主编，北京：华夏出版社，2004年。
《中天竺舍卫国祇洹寺图经》，道宣，《大正藏》册四五，No. 1899。
《诸蕃志》，赵汝括，谢方校释，北京：中华书局，1996年。

《撰集百缘经》，[吴]支谦译，《大正藏》册四，No.200。
《宗镜录》，[宋]延寿，《大正藏》册四八，No.2016。
《宗四分比丘随门要略行仪》，《大正藏》册八五，No.2791。敦煌本。
《尊婆须蜜菩萨所集论》，尊婆须蜜造，[前秦]僧伽跋澄等译，《大正藏》册二八，No.1549。

二、研究论著

按：中、日文论著按照国际惯例，以姓氏音序排列，日文作者按照其读音音序排列，并在汉字之后附上罗马字读音，西文部分出现的中、日作者均附上汉字，如西文作者有习见汉文名字，亦尽可能附上，以备读者参考。

1. 中、日文

A

赤沼智善（Akanuma Chizen），《汉巴四部四阿含互照录》（*Comparative Catalogue of Chinese Āgamas and Pāli Nikāyas*），名古屋：破尘阁书房，1929年。

B

《保利藏珍》编辑委员会编，《保利藏珍——石刻佛教造像精品选》，广州：岭南美术出版社，2000年。
卞慧新，《重读〈王观堂先生挽词并序〉》，北京大学中国中古史中心编《纪念陈寅恪先生诞辰百年学术论文集》，北京：北京大学出版社，1989年，35—44页；收入《陈寅恪先生年谱长编》（初稿），北京：中华书局，2010年，396—410页。

C

蔡鸿生，《唐代九姓胡与突厥文化》，北京：中华书局，1998年。
———《尼姑谭》，广州：中山大学出版社，1996年。
蔡堂根，《杜光庭赐紫时间考辨》，《宗教学研究》2010年第1期，17—22页。
蔡英杰，《十二地支的文化说解》，《扬州大学学报》第8卷第4期，2004年，66—70页。
蔡哲茂，《甲骨文四方风名再探》，《金祥恒教授逝世周年纪念论文集》，台北，1989年，123—152页。
蔡宗宪，《佛教文献中的山神形象初探》，载朱凤玉、汪娟编《张广达先生八十华诞祝寿论文集》，台北：新文丰出版公司，2010年，977—996页。
曹仕邦，《中国沙门外学的研究：汉末至五代》，台北：东初出版社，1997年。
陈怀宇，《中古后妃为尼史事考》，《华林》第2辑，2001年，133—147页。
———《初唐佛教动植物分类》，高田时雄主编《唐代宗教文化与制度》，京都：京都大学人文科学研究所，2007年，1—39页。
———《以〈量处轻重仪〉为例略说道宣律师之义学》，《复旦哲学评论》第三辑，2006年，78—90页。
———《道宣与孙思邈医学交流之一证蠡测》，《敦煌吐鲁番研究》第9卷，2006年，403—408页。
———《从十二时兽到十二精媚：南北朝隋唐佛教文献中的十二生肖》，《唐研究》第

13卷,2007年,301—345页。

书评: Stephen F. Teiser, *Reinventing the Wheel: Paintings of Rebirth in Medieval Buddhist Temples*, Seattle and London: University of Washington Press, 2007, 载《汉学研究》第26卷第3期(2008),291—297页。

《佛教、佛学、佛法: 中国佛教与现代性》,《清华哲学年鉴》(2008),北京: 当代中国出版社,2009年,164—210页。

《由狮而虎: 中古佛教人物名号变迁略说》,朱凤玉、汪娟主编《张广达先生八十华诞祝寿论文集》,台北: 新文丰出版公司,2010年,1029—1056页。

《狮子与佛陀: 早期汉译佛教文献中的动物装饰与象征》,《政大中文学报》第14辑,2010年,55—84页。

《叙事、隐喻与象征: 中国佛教中的动物》,"佛教史研究的方法与前景学术讨论会"会议论文,上海: 复旦大学文史研究院,2010年9月24—25日。

《中古佛教驯虎记》,刘苑如主编《体现自然: 意象书写与文化实践》,台北: 中研院文哲所,2012年,1—54页。

《礼法、礼制与礼仪: 唐宋之际圣节成立史论》,杜文玉主编《唐史论丛》第13辑,2011年,250—279页。

陈明,《古印度佛教医学教育略论》,《法音》2000年第4期,22—27页。

《印度古代医典中的耆婆方》,《中华医史杂志》2001年第4期,202—206页。

《耆婆的形象演变及其在敦煌吐鲁番地区的影响》,国家图书馆善本特藏部编《文津学志》第一辑,国家图书馆出版社,2003年5月,138—164页。

陈鹏程,《旧题〈大驾卤簿图书·中道〉研究——延佑卤簿年代考》,《故宫博物院院刊》1996年第2期,76—85页。

陈寅恪,《莲花色尼因缘跋》,原载《清华学报》第7卷第1期(1932),收入《陈寅恪集·寒柳堂集》,北京: 三联书店,2001年,169—175页。

《金明馆丛稿二编》,北京: 三联书店,2001年。

陈垣,《摩尼教残经》,《国学季刊》1/2,1923年,531—544页。

《摩尼教入中国考》,原载《国学季刊》第1卷第1期,1923年1月;收入《陈垣学术论文集》第1集,北京: 中华书局,1980年,324—374页;《陈垣史学论著选》,上海: 上海人民出版社,1981年,133—174页。

陈元朋,《荔枝的历史》,《新史学》第14卷第2期,2003年,111—178页。

《传统博物学里的"真实"与"想象"——以犀牛与犀角为主体的个案研究》,《政大历史学报》第33辑,2010年,1—81页。

程德祺,《东西南北字源商榷》,《文史知识》1984年第11期,109—110页。

程章灿,《石学论丛》,台北: 大安出版社,1999年。

池丽梅,《唐代天台仏教復興運動研究序説: 荊渓湛然とその〈止観輔行伝弘決〉》,東京: 大藏出版社,2008年。

千叶照観(Chiba Shokan),《中国における放生思想の展開: 施食思想との関連を中心に》,《天台学报》1993年第36期,89—95页。

储泽祥,《汉语空间方位短语的历史演变的几个特点》,《古汉语研究》第30卷1期,1996年,57—61页。

参 考 书 目

D

邓启耀,《中国巫蛊考察》,上海：上海文艺出版社,1999 年。

土肥孝(Dohi Takashi),《儀禮と動物——繩文時代の狩獵儀禮》,《季刊考古学》第 11 号,1985 年,51—57 页。

杜正胜,《古代物怪之研究(上)：一种心态史和文化史的探索》(一)、(二)、(三),《大陆杂志》104：1(2002),1—14 页；104：2(2002),1—15 页；104：3(2002),1—10 页。

F

榎本文雄(Enomoto Fumio),《〈雜阿含經〉関係の梵語寫本斷片——〈Turfan 出土梵文寫本目録〉第五卷をめぐって》,《佛教研究》15(1985),81—93 页。

樊锦诗、马世长,《莫高窟第 290 窟的佛传故事画》,《敦煌研究》1983 年第 3 期,56—82 页。

范庆华,《东西南北及其文化内涵》,《汉语学习》1991 年第 2 期,35—36 页。

藤井教公(Fujii Kyoko),《天台智顗と『梵網経』》,《印度学仏教学研究》90,1997 年,241—247 页。

福井康順(Fukui Kojūn),《老子化胡經の諸相》,《支那佛教史学》1 卷 3 号,1937 年 10 月,24—46 页；第 2 卷第 1 号,1938 年 3 月,73—106 页。

G

高国藩,《中国巫术史》,上海：上海三联书店,1999 年。

高曜庭,《我国古代动物分类学的初步探讨》,《动物学报》1975 年第 4 期,298 页。

葛承雍,《唐韵胡音与外来文明》,北京：中华书局,2006 年。

　　《唐华清宫沐浴汤池建筑考述》,《唐研究》第 2 卷,1996 年,437—453 页。

葛兆光,《宅兹中国：重建有关"中国"的历史论述》,北京：中华书局,2011 年。

　　《屈服史及其他：六朝隋唐道教的思想史研究》,北京：三联书店,2003 年。

　　《域外中国学十论》,上海：复旦大学出版社,2002 年。

耿剑,《犍陀罗佛传浮雕与克孜尔佛传壁画部分内容比较》,《民族艺术》2005 年第 3 期,99—108 页。

苟萃华,《中国古代的动物学分类》,《科技史文集》1980 年第 4 期。

苟萃华等,《也谈中国古代的生物分类学思想》,《自然科学史研究》1982 年第 4 期。

苟萃华等,《中国古代生物学史》,北京：科学出版社,1989 年。

郭郛、李约瑟、成庆泰,《中国古代动物学史》,北京：科学出版社,1999 年。

H

原田二郎(Harada Jirō),《養生説における精の観念の展開》,《中国古代養生思想の総合的研究》,1988 年,342—378 页。

原田淑人(Harada Yoshito),《漢六朝の服飾》,原刊 1937 年,增补本刊于 1967 年,东京：东洋文库。

　　《唐代の服飾》,东洋文库论丛第五十一,东京：东洋文库,1970 年。

桥本哲夫(Hashimoto Tetsuo),《〈パーリ語韻文シソーラス〉内の"動物"一覧》,《种智院大学研究纪要》4,2003,71—87(L)。

莲泽成淳(Hasuzawa Shōjun),《大集经解题》,《国译一切经》印度撰述部《大集经》二,东京:平文社,1931年初版,1973年改订版,1—24页。
服部克彦(Hattori Katsuhiko),《北魏洛陽における仏教寺院と果樹園》,《印度学仏教学研究》31,1967年,382—386页。
　　　　《中国における仏教芸能と獅子》,《印度学仏教学研究》27,1965年,225—228页。
林巳奈夫(Hayashi Minao),《漢代の文物》,原刊京都大学人文科学研究所,1976年,增订本刊于京都朋友书店,1996年。
何方耀,《汉唐中国佛门的"边地意识"与梵语学习热潮》,《九州岛学林》第3卷第4期,2005年,137—140页。
贺世哲,《敦煌图像研究——十六国北朝卷》,兰州:甘肃教育出版社,2006年。
日比宣正(Hibi Sensho),《唐代天台学序説一湛然の著作に関する研究一》,东京:山喜房佛书林,1966年。
平川彰(Hirakawa Akira),《律藏の研究》,东京:三喜房佛书林,1970年。
外薗幸一(Hokazono Koichi),《ラリタヴィスタラの研究》,上卷,东京:大东出版社,1994年。
　　　　《仏傳としてのŚākyasiṃhajātakaについて》,《印度學仏教學研究》,36-1,1987年,403—401页。
侯旭东,《北朝村民的生活世界:朝廷、州县与村里》,北京:商务印书馆,2005年。
胡先骕:《经济植物学》,北京:中华书局,1953年。
黄俊志,《战国时期虎纹玺探析》,《造型艺术学刊》,2004年12月,129—141页。
黄楠梓《中古的药师信仰》,玄奘人文学院宗教学研究所硕士学位论文,2000年。
黄清连,《享鬼与祀神:纸钱和唐人的信仰》,蒲慕州主编《鬼魅神魔:中国通俗文化侧写》,192—193页。
黄依妹,《戒殺放生と仁の思想》,《鹰陵史学》1987年第13期,29—55页。
黄征,《敦煌草书写卷〈大乘起信论略述卷上〉考订》,《南京师范大学文学院学报》2003年第2期,147—153页。
　　　　《敦煌草书写卷〈大乘起信论略述卷上〉考订》,《南京师范大学文学院学报》2005年第2期,171—179页。
霍旭初,《克孜尔石窟年代研究和碳十四测定数据的运用》,《敦煌学辑刊》,2006年,43—53页。

I

池田温(Ikeda On),《唐研究论文选集》,北京:中国社会科学出版社,1999年。
今井秀周(Imai Hidenori),《中國蝗災對策史——蝗は天灾か人灾か》,《东海女子大学纪要》第22号,2002年,1—22页。
井上圆了(Inoue Enryō)著、蔡元培译,《妖怪学》,上海文艺出版社影印版,1992年,原刊于1920年。
石井仁(Ishi Hitoshi),《虎賁班劍考:漢六朝の恩賜・殊禮と故事》,《东洋史研究》第59卷第4号,2001年,104—136页。
石井公成(Ishi Kosei),《釈摩訶衍論の成立事情》,《鎌田茂雄博士還暦記念論集:中国の仏教と文化》,1988年,345—364页。

参 考 书 目

伊藤清司(Itō Seiji),《中国の神獣・悪鬼たち：山海経の世界》,东京：东方书店,1986年。伊藤清司著,刘晔原译,《〈山海经〉中的鬼神世界》,北京：中国民间文学出版社,1989年。

J

姜伯勤,《敦煌吐鲁番文书与丝绸之路》,北京：中华书局,2004年。

蒋逸雪,《释四方》,原载《扬州师院学报》1981年第4期,收入《中国人民大学书报资料·语言文字学》1982年第1期,34—36页。

K

神冢淑子(Kamitsuko Yoshiko),《南北朝時代の道教造像》,砺波护编《中國中世の文物》,京都：京都大学人文科学研究所,1993年,225—289页。

康乐,《转轮王观念与中国中古的佛教政治》,《中研院史语所集刊》第67本,第一分,1996年,109—143页。

香川英隆(Kagawa Hidetaka),《釈摩訶衍論の史的研究》,《密教研究》8,1922年,1—61页。

河野训(Kawano Satoshi),《漢譯仏傳研究》,伊势：皇学馆大学出版社,2007年。
《初期漢譯仏典の研究——竺法護を中心として》,伊势：皇学馆大学出版社,2006年。

小林正美(Kobayashi Masayoshi),《天台智顗の懺法における"奉請三宝"について：道教のしょう祭儀礼との関連において》,《印度学仏教学研究》79,1991年,65—70页。

小南一郎(Kominami Ichiro),《桃の傳説》,《东方学报》第72册,京都：京都大学,2000年,49—77页。
《六朝隋唐小説史の展開と佛教信仰》,福永光司编《中国中世の宗教と文化》,京都：京都大学人文科学研究所,1982年,415—500页。

黑田日出男(Kuroda Hideo),《姿しぐさの中世史：繪圖と繪卷の風景から》,东京：平凡社,1986年。

楠山春树(Kusuyama Haruki),《老子傳説の研究》,东京：创文社,1979年。

桑谷祐顕(Kuwatani Yuken),《放生思想における共生》,《日本仏教学会年報》1999年第64期,213—227页。

L

赖亮郡,《唐代卫官试论》,高明士主编《唐代身份法制研究——以唐律名例律为中心》,台北：五南图书出版有限公司,2003年,275—310页。

赖鹏举,《敦煌石窟造像思想研究》,北京：文物出版社,2009年。

赖瑞和,《唐代中层文官》,台北：联经出版公司,2008年。

赖亚生,《神秘的鬼魂世界：中国鬼文化探秘》,北京：人民中国出版社,1993年。

劳费尔著、林筠因译,《中国伊朗编——中国对古代伊朗文明史的贡献着重于栽培植物及产品之历史》,北京：商务印书馆,1964年,2001年重印本。

雷玉华,《克孜尔110窟佛传壁画的研究》,《成都文物》2003年第2期,8—14页。

李璠,《中国栽培植物发展史》,北京：科学出版社,1984年。

李丰楙,《六朝镜剑传说与道教法术思想》,私立静宜文理学院中国古典小说研究中心编《中国古典小说研究专集》2,台北:联经出版公司,1980年,1—28页。
　　《六朝精怪传说与道教法术思想》,《中国古典小说研究专集》3,1981年,1—36页。
　　《道教斋仪与丧葬礼俗复合的魂魄观》,李丰楙、朱荣贵主编《仪式、庙会与社区:道教、民间信仰与民间文化》,台北:中研院文哲研究所筹备处,1996年,459—483页。
李鸿宾,《大谷文书所见镔铁输石诸物辨析》,《文史》1992年第34辑,148—151页。
李剑国,《唐前志怪小说史》,天津:南开大学出版社,1984年。
李启文,《论古人是如何看待方位的》,《学术研究》1999年第2期,72—75页。
李茹,《敦煌莫高窟第290窟佛传故事画的图式艺术及其源流试释》,《敦煌学辑刊》2009年第3期。
李树辉,《十二生肖的起源及其流变》,《喀什师范学院学报》1999年第1期。
李玉岷,《河北早期的佛教造像,十六国和北魏时期》,《故宫学术季刊》,11:4(1994),页1—80。
梁家勉,《中国古代植物形态分类学的发展》,倪根金编《梁家勉农史文集》,北京:中国农业出版社,2002年。
梁丽玲,《贤愚经研究》,台北:法鼓文化出版公司,2002年。
　　《汉译佛典动物故事之研究》,台北:文津出版社,2010年。
廖旸,《炽盛光佛构图中星曜的演变》,《敦煌研究》2004年第4期,71—79页。
林富士,《汉代的巫者》,台北:稻乡出版社,1988年。
　　《释"魅":以先秦至东汉时期的文献资料为主的考察》,蒲慕州主编《鬼魅神魔:中国通俗文化侧写》,台北:麦田出版社,2005年,109—134页。
　　《人间之魅:汉唐之际的"精魅"故事析论》,《史语所集刊》第78本第1分,2007年,107—182页。
林礼明,《鬼蜮世界》,厦门:厦门大学出版社,1993年。
林梅村,《汉唐西域与中国文明》,北京:文物出版社,1998年。
林悟殊,《摩尼教及其东渐》,北京:中华书局,1987年;增订本,台北:淑馨出版社,1995年。
刘国忠,《试论十二生肖与三十六禽》,《清华大学学报》第14卷第1期,1999年,12—15页。
　　《〈五行大义〉研究》,沈阳:辽宁教育出版社,1999年。
刘后滨,《论唐代县令的选授》,《中国历史博物馆馆刊》1997年第3期,51—58页。
刘景龙,《龙门二十品》,北京:中国世界语出版社,1995年;《龙门二十品》,东京:中教出版,1997年。
刘乐贤,《睡虎地秦简日书研究》,台北:文津出版社,1994年。
刘淑芬,《中古僧人的"伐魔文书"》,蒲慕州主编《鬼魅神魔:中国通俗文化侧写》,台北:麦田出版社,2005年,135—143页。
刘屹,《敦煌十卷本〈老子化胡经〉残卷新探》,《唐研究》第2卷,北京大学出版社,1996年,101—120页。
　　《试论〈化胡经〉产生的时代》,《道家文化研究》第13辑,北京:三联书店,1998

年,87—109 页。
　　《试论敦煌本〈化胡经序〉的时代》,敦煌研究院编《2000 年敦煌学国际学术讨论会论文集·历史文化卷》,兰州:甘肃民族出版社,2003 年,264—288 页。
　　《神格与地域:汉唐间道教信仰世界研究》,上海:上海人民出版社,2011 年。
刘永华,《中国古代军戎服饰》,上海:上海古籍出版社,1995 年。
刘苑如,《佛国因缘——〈洛阳伽蓝记〉中佛国寺园林的自然与文化再探》,《台湾宗教研究》第 8 卷第 1 期,2009 年,27—64 页。
刘苑如主编,《体现自然:意象书写与文化实践》,台北:中研院文哲所,2012 年。
刘仲宇,《中国精怪文化》,上海:上海人民出版社,1997 年。
鲁迅,《中国小说史略》,北京:人民文学出版社,2006 年。
陆扬,《从墓志的史料分析走向墓志的史学分析:以〈新出魏晋南北朝墓志疏证〉为中心》,《中华文史论丛》第 84 辑,2007 年,95—127 页。
栾殿武译、南方熊楠著,《纵谈十二生肖》,北京:中华书局,2006 年。
罗桂环,《我国荔枝的起源和栽培发展史》,《古今农业》2001 年第 3 期,71—78 页。
罗香林,《敦煌石室所发现的〈老子化胡经〉试探》,《珠海学报》第 8 期,1975 年,1—15 页。
罗新、叶炜,《新出魏晋南北朝墓志疏证》,北京:中华书局,2005 年。
罗争鸣,《杜光庭获赠师号、紫衣及封爵、俗职阶品考》,《宗教学研究》2003 年第 3 期,109—111 页。
吕建福,《中国密教史》,北京:中国社会科学出版社,1995 年。

M

马冬,《唐代服饰专题研究》,西安:陕西师范大学历史系,博士论文,2006 年。
满久崇麿(Maku Takamaro),《仏典の植物》,东京:八坂书房,1977 年。
莽萍,《物我相融的世界:中国人的信仰、生活与动物观》,北京:中国政法大学出版社,2009 年。
增渊龙夫(Masubuchi Tatsuo),《中国古代の社会と国家》,弘文堂初刊,1955 年;东京:岩波书店,1996 年再版。
松原三郎(Matsubara Saburo),《中国佛教雕刻史研究》,东京:吉川弘文馆,1966 年;《中国佛教雕刻史论》,东京:吉川弘文馆,1995 年。
松田稔(Matsuda Minoru),《山海経における動物観》,《国学院女子短期大学纪要》创刊号,1983 年,8—36 页。
松井章(Matsui Aki),《古代・中世の村落における動物祭祀》,《国立历史民俗博物馆研究报告》61 号,1995 年,55—71 页。
南方熊楠(Minamikata Kumagusu),《南方熊楠全集》第 1 册,东京:平凡社,1971 年。
　　　《四神と十二獸について》,《南方熊楠全集》第 2 册《南方随笔》,东京:平凡社,1971 年,147—158 页。
光川丰树(Mitsukawa Toyoki),《初期仏典にみられる"動物":ブッダの教説に関連して》,龍谷大学仏教学会编《仏教學研究》51,1995,1—35(L)。
宫林昭彦(Miyabayashi Akihiko),《道宣の三學觀》,《佛教の實踐原理》,1977 年,189—220 页。

391

水上文义（Mizukami Bungi），《天台大师智顗における〈大方等陀羅尼経〉への視点》，《天台大师千四百年御远忌记念：天台大师研究》，1997 年，221—244 页。

三谷真澄（Mitani Mazumi），《旅順博物館所藏〈賢愚經〉漢文寫本について》，《印度学佛教学研究》52 卷 2 期，2005 年，页 236—239。

森鹿三（Mori Shikazō），《本草学研究》，大阪：武田科学振兴财团，杏雨书屋，1999 年。

牟润孙，《宋代摩尼教》，原刊《辅仁学志》第 7 卷第 1、2 期合刊，1938 年，收入《注史斋丛稿》，中华书局，1987 年，96—98 页。

N

那波利贞（Naba Toshisada），《唐代社会文化史研究》，东京：Sobunsha, 1974 年。

内藤みどり（Naitō Midori），《突厥・ソグド人の東ローマとの交流と狼伝説》，《史観》150，2004 年，29—50 页。

中村生雄（Nakamura Ikuo），《祭祀と供犠日本人の自然観・動物観》，京都：法藏館，2001 年。

《日本人の宗教と動物観：殺生と肉食》，东京：吉川弘文馆，2010 年。

中村生雄、三浦佑之（Miura Sukeyuki）编，《人と動物の日本史》4《信仰のなかの動物たち》，东京：吉川弘文馆，2009 年。

中村生雄、赤坂宪雄（Akasaka Norio）、三浦佑之编，《狩猟と供犠の文化誌》，东京：森话社，2007 年。

中村兴二（Nakamura Kōji），《〈十六羅漢図像学事始〉卷下伏虎羅漢図》，《仏教芸術》227，1996 年，79—97 页。

中村正文（Nakamura Masafumi），《釈摩訶衍論の成立問題について》，《印度学仏教学研究》68，1986 年，66—71 页。

中野美代子（Nakano Miyoko）著、何彬译，《中国的妖怪》，郑州：黄河文艺出版社，1989 年。

苗村高纲（Namura Takatsuna），《智者大師の放生池について》，《宗学院论辑》，1976 年第 22 辑，72—85 页。

仁井田升（Niida Noboru）编，《唐令拾遗》，东京：东方文化学院，1933 年。

O

小田义久（Oda Yoshihisa），《西域出土の写経断片について：〈大谷文庫集成・叁〉を中心に》，《龍谷大学仏教文化研究所紀要》41，2002 年，1—41 页。

《吐浴溝出土の仏典について》，《渡辺隆生教授還暦記念論文集：仏教思想文化史論叢》，京都：永田文昌堂，1997 年，1249—1260 页。

冈村秀典（Okamura Hidenori），《中國古代における墓の動物供犠》，《东方学报》，74（2002），页 1—181。

《先秦時代の供犠》，《东方学报》第 75 册，2003 年，1—80 页。

尾形勇（Ogata Isamu），《中國古代の"家"の國家：皇帝支配下の秩序構造》，东京：岩波书店，1979 年。

小野玄妙编（Ōno Genmyo），《佛书解说大辞典》，东京：大东出版社，1938 年。

大野法道（Ōno Hōdō），《大集經の成立發展翻譯編輯について》，《大正大学学报》第 33

参 考 书 目

号,1942 年,35—47 页。

P
朴亨国,《七獅子蓮華座の図像について——韓国統一新羅後期の石造毘盧遮那仏坐像を中心に》,《密教図像》14,1995 年,34—60(L)页。

《日本における七獅子蓮華座の受容と変容》,《仏教芸術》228,1996 年,15—49 页。

蒲慕州,《追求一己之福:中国古代的信仰世界》,台北:允晨文化股份有限公司,1995 年。

《墓葬与生死》,台北:联经出版公司,1993 年。

蒲慕州主编,《鬼魅神魔:中国通俗文化侧写》,台北:麦田出版社,2005 年。

Q
瞿同祖,《中国法律与中国社会》,北京:中华书局,1981 年。

屈直敏,《从敦煌写本类书励忠节钞看唐代的知识、道德与政治秩序》,《兰州大学学报》2006 年第 2 期,22—32 页。

全佛编辑部编,《佛教小百科》30《佛教的植物》(上),台北:全佛文化事业有限公司,2001 年。

R
饶宗颐,《秦简中的五行说与纳音说》,《饶宗颐史学论著选》,上海:上海古籍出版社,1993 年,151—178 页。

《论七曜与十一曜——记敦煌开宝七年(974)康遵批命课》,《选堂集林》(史林),台北:明文书局,1984 年,771—793 页。

荣新江,《中古中国与外来文明》,北京:三联书店,2001 年。

《敦煌本禅宗灯史残卷拾遗》,《周绍良欣开九秩庆寿文集》,北京:中华书局,1997 年,238—239 页。

《〈历代法宝记〉中的末曼尼和弥师诃——兼谈吐蕃文献中的摩尼教和景教因素的来历》,《中古中国与外来文明》,北京:三联书店,2001 年,343—368 页。

荣新江主编,《吐鲁番文书总目》(欧美收藏卷),武汉:武汉大学出版社,2007 年。

S
桜部建(Sakurabe Hajime),《〈曇無讖訳大集経〉総説(I)》,《藤田宏達博士還暦記念論集:インド哲学と仏教》,1989 年,297—312 页。

桜部建等编,《初期佛教カらアビダルマへ:櫻部建博士喜壽記念論集》,京都:平楽寺书店,2002 年。

斎藤龍一(Sato Ryuichi)编,《道教の美術》,*Dōkyō no bijutsu, Taoism Art*,大阪:大阪市立美术馆(Osaka Municipal Museum of the Art),2009 年。

沢田瑞穂(Sawada Mizuho),《中国动物谭》,东京:弘文堂,1978 年。

坂本広博(Sekamoto Kobaku),《中国における大集経の流伝に関するメモ》,《天台学报》22,1980 年,138—143 页。

滋贺高义(Shiga Takayoshi),《浴仏と行像》,《大谷学报》第 229 号,1981 年,13—23 页。

曽布川宽(Sobukawa Hiroshi),《南朝帝陵の石獸と磚畫》,《东方学报》第 63 册,京都:京都大学,1991 年,115—263 页。

宋兆麟,《巫觋:人与鬼神之间》,北京:学苑出版社,2001年。
宿白,《克孜尔部分洞窟阶段划分与年代诸问题的初步探索》,《中国石窟·克孜尔石窟》第1卷,北京:文物出版社,1997年,10—23页。
苏颂,《图经本草》,福州:福建科学技术出版社,1988年,488—489页。
杉本正年(Sugimoto Masatoshi),《东洋服装史论考·古代编》,东京:文化出版局,1979年。
　　　《东洋服装史论考·中世编》,东京:文化出版局,1984年。
孙晓晖,《唐代的卤簿鼓吹》,《黄钟》(武汉音乐学院学报)2001年第4期,62—69页。

T

武田佐知子(Takeda Sachiko),《古代国家の形成と衣服制》,东京:吉川弘文馆,1984年。
田辺胜美(Tanabe Katsumi),《ソグド美術における東西文化交流——獅子に乗るナナ女神像の文化交流史的分析》,《東京大学東洋文化研究所紀要》130,1996年,213—277页。
唐兰,《释四方之名》,《考古社刊》1936年第4期,1—6页。
寺崎敬道(Terasagi Keidō),《七世紀のインドにおける浴仏供養について》,《駒沢大学大学院仏教学研究会年報》24号,1991年,25—35页。
东京国立博物馆编集,《シルクロド大美術展》(Grand Exhibition of Silk Road Buddhist Art),东京:读卖新闻社,1996年。
冢本善隆(Tsukamoto Zenryu),《支那佛教史研究·北魏篇》,东京:清水弘文堂,1969年。

U

内山纯藏(Uchiyama Junzō),《縄文の動物考古学——西日本の低湿地遺跡からみえてきた生活像》,京都:昭和堂,2007年。
氏家昭夫(Ujike Akio),《大集経におけるダーラニー説》,《印度学仏教学研究》52,1978年,104—111页。
氏家觉胜(Ujike Kakushō),《大集経における陀羅尼説》,《成田山仏教研究所紀要》11《仏教思想史论集》1,1988年,13—47页。
　　　《陀羅尼思想の研究》,大阪:东方出版株式会社,1987年。
宇田川洋(Utagawa Hitoshi),《動物意匠遺物とアイヌの動物信仰》,《東京大学文学部考古学研究室研究紀要》第8号,1989年,1—42页。

W

王国良,《魏晋南北朝志怪小说研究》,台北:文史哲出版社,1984年。
王利华,《中古华北的鹿类动物与生态环境》,《中国社会科学》2002年第3期,188—200页。
王永平,《唐代道士获赠俗职、封爵及紫衣、师号考》,《文献》2000年第3期,67—79页。
王仲荦,《北周六典》,北京:中华书局,1979年
汪亓,《唐锦纹样及其演变溯源》,《唐研究》第8卷,2002年,433—462页。
渡部武译,周肇基著,《中國の歴代〈荔枝譜〉に見える荔枝栽培の歴史と技術》,《アジア・アフリカ言語研究》第40卷,1993年,127—142页。

参考书目

翁俊雄,《唐代虎、象的行踪——兼论唐代虎、象记载增多的原因》,《唐研究》第3卷,1997年,381—394页。

吴钢主编,《全唐文补遗:千唐志斋新辑》,西安:三秦出版社,2006年。

吴康编著,《中国鬼神精怪》,长沙:湖南文艺出版社,1992年。

吴晓龙,《〈金瓶梅词话〉五果五菜食俗小考》,《南昌大学学报》2004年第1期,98—102页。

吴裕成,《十二生肖与中华文化》,天津:天津人民出版社,1992年。

X

萧登福,《道佛十王地狱说》,台北:新文丰出版公司,1996年。

——《道教与密宗》,台北:新文丰出版公司,1993年。

——《先秦两汉冥界及神仙思想探原》,台北:文津出版社,1990年。

谢重光,《晋唐寺院的园圃种植业》,《中国社会经济史研究》1990年第3期,1—7页。

邢莉莉,《明代佛传故事画研究》,中央美术学院,2008年,博士论文。

许全胜,《骍吾、狻猊与蔚昆——浅谈上博楚简"三德"篇的重要发现》,《九州学林》4卷4期,2006年,196—205页。

徐庭云,《隋唐五代时期的生态环境》,《国学研究》卷8,2001年,209—244页。

徐文堪、马小鹤,《摩尼教大神咒研究——帕提亚文文书M1202再考释》,《史林》2004年第6期,96—107页。

Y

山口瑞凤(Yamaguchi Zuihō),《虎を伴う第十八羅漢図の来歴》,《インド古典研究》6,1984年,页393—432。

山口裕文(Yomagucji Hirofumi)、河瀬真琴(Kawase Makoto)编,《雑穀の自然史——その起源と文化を求めて》,札幌:北海道大学図書刊行会,2003年。

山根洋平(Yamane Yohei),《動物供犠における人間と動物との関係から導かれる宗教性についての一考察》,《異文化研究》第4号,2010年,27—42页。

柳田圣山(Yanagida Seizan),《初期の禪史》2,东京:筑摩书房,1967年。

阎步克,《服周之冕——〈周礼〉六冕礼制的兴衰变异》,北京:中华书局,2009年。

晏昌贵,《虎溪山汉简〈阎氏五胜〉校释》,《长江学术》第5辑,长江文艺出版社,2003年。

杨富学、桂林,《回鹘文〈五卷书〉残卷译释——兼论〈五卷书〉在回鹘中的传播和影响》,殷晴、李肖、侯世新主编《吐鲁番学新论》,乌鲁木齐:新疆人民出版社,2006年,135—153页。

杨钟健、刘东生,《安阳殷墟之哺乳动物群补遗》,《考古学报》第4册,中研院史语所专刊第13本,上海:商务印书馆,1949年,145—153页。

扬之水,《磁县湾漳北朝壁画卤簿图若干仪仗考》,《故宫博物院院刊》2006年第2期,114—123页。

叶炜,《南北朝隋唐官吏分途研究》,北京:北京大学出版社,2009年。

印顺,《印度佛教思想史》,台北:正闻出版社,1988年。

吉冈义丰(Yoshioka Yoshitoyo),《宋元時代にをける老子變化思想の歸結》,《道教と佛教》第1,国书刊行会,1970年。

《道教と佛教》第1,东京:图书刊行会,1970年。

于省吾,《释四方和释四方风名的两个问题》,《甲骨文字诂林》,北京:中华书局,1996年。

余欣,《神道人心:唐宋之际敦煌民生宗教社会史研究》,北京:中华书局,2006年。

余英时,《东汉生死观》,侯旭东等译,上海古籍出版社,2005年。

Z

张德鑫,《方位词的文化考察》,《世界汉语教学》第37卷第3期,1996年,62—73页。

张帆,《频婆果考——中国苹果栽培史之一斑》,《国学研究》第13卷,2004年,217—238页。

张广达,《唐代的豹猎——一个文化传播的实例》,《唐研究》第7卷,2001年,177—204页。

《张广达文集·文本、图像与文化流传》,桂林:广西师范大学出版社,2008年。

张光直,《商周青铜器上的动物纹样》,《考古与文物》1981年第2期,53—68页。

张孟闻,《中国生物分类学史述论》,《科学》第26卷1期,1943年,22—82页。

张孟伦,《汉魏人名考》,兰州:兰州大学出版社,1988年。

张燕、赵超,《北朝佛道造像碑精选》,天津:天津出版社,1996年。

张寅成,《古代东亚的咒禁师》,《古今论衡》第14卷,2006年,47—69页。

张蕴,《西安地区隋唐墓志纹饰中的十二生肖图案》,《唐研究》第8卷,2002年,395—432页。

赵超,《古代墓志通论》,北京:紫禁城出版社,2003年。

赵超编,《汉魏南北朝墓志汇编》,天津:天津古籍出版社,1990年。

赵丰,《唐代丝绸与丝绸之路》,西安:三秦出版社,1992年。

郑阿财、朱凤玉,《敦煌蒙书研究》,兰州:甘肃教育出版社,2002年。

郑阿财,《敦煌写本新集文词九经钞研究》,台北:文史哲出版社,1989年。

郑炳林、徐晓丽,《俄藏敦煌文献新集文词九经钞写本缀合与研究》,《兰州大学学报》2002年第3期,9—19页。

郑灿山,《从诸子传说到道教圣传》,李丰楙、廖肇亨主编《圣传与诗禅——中国文学与宗教论集》,台北:中研院文哲所,2007年,309—366页。

中国社科院考古所、河北文物研究所编,《磁县湾漳北朝壁画墓》,北京:科学出版社,2003年。

中国植物学会编,《中国植物学史》,北京:科学出版社,1994年。

周西波,《道教灵验记考探:经法验证与宣扬》,台北:文津出版社,2009年。

周晓陆,《释东西南北中——兼说子午》,《南京大学学报》1996年第3期,70—76页。

周伟洲,《西北民族史研究》,郑州:中州古籍出版社,1995年。

周一良,《魏晋南北朝史札记》,北京:中华书局,1985年。

《敦煌写本杂抄考》,收入周一良著《唐代密宗》,上海:上海远东出版社,1996年,214—222页。

《唐代密宗》,钱文忠译,收入周一良著《唐代密宗》,上海:上海远东出版社,1996年,3—121页。

参 考 书 目

《周一良集》,沈阳:辽宁教育出版社,1998年。

周肇基,《历代荔枝专著中的植物学生态学生理学成就》,《自然科学史研究》,1991年,第10卷第1期,35—47页。

卓鸿泽,《塞种源流及李唐氏族问题与老子之瓜葛——汉文佛教文献所见中、北亚胡族族姓疑案》,中研院史语所集刊第78本第1分,2007年,183—224页。

邹树文,《中国古代的动物分类学》,李国豪、张孟闻、曹天钦等编《中国科技史探讨》,香港:中华书局香港分局,1986年,511—524页。

2. 西文

A

Abe, Stanley 阿部贤次. "Northern Wei Daoist Sculpture from Shaanxi Province," *Cahiers d'Extrême-Asie* 9 (1997), pp. 69‑84.

Abramson, Marc 班茂森. *Ethnic Identity in Tang China*, Philadelphia: University of Pennsylvania Press, 2008.

Acharya, Prasanna Kumar. *Architecture of Mānasāra*. Translated from Original Sanskrit. Mānasāra Series vol. IV. New Delhi: Munshiram Manoharlel Publishers Pvt. Ltd., 1994, reprinted edition.

Adamek, Wendi L. 韦闻笛. *The Mystique of Transmission: On an Early Chan History and Its Contexts*, New York: Columbia University Press, 2007.

Adams, Douglas Q. *A Dictionary of Tocharian B.*, Amsterdam: Rodopi, 1999.

Aelian, *On the Characteristics of Animals*, with an English translation by A. F. Scholfield, Leob Classical Library, Cambridge, MA: Harvard University Press, 1959.

Aftandilian, Dave ed. *What are the Animals to Us? Approaches from Science, Religion, Folklore, Literature, and Art*, Knoxville: The University of Tennessee Press, 2007.

Ahern, Emily M. *The Cult of the Dead in a Chinese Village*, Stanford: Stanford University Press, 1973.

Aigle, A. "Les transformations d'un mythe d'origine: l'exemple de Gengis Khan et de Tamerlan," in *Figures mythiques des mondes musulmans*, ed. D. Aigle, *Revue des Mondes Musulmans et de la Méditerranée*, vol. 89‑90 (2000), pp. 151‑168.

Ailes, Adrian. "Heraldry in Medieval England: Symbols of Politics and Propaganda," Peter Coss and Maurice Keen eds., *Heraldry Pageantry and Social Display in Medieval England*, Bury St Edmunds: Boydell Press, 2002, pp. 83‑104.

Akiyama, Terukazu 秋山光和. "Deux Peintures de Touen-Houang, sur soie, représentant un Pèlerin Portrait des sutras et accompagné d'un Tigre,"《美术史研究》238号,1966年,163—183页。

——"An Yuan Painting of Eighteen Arhats,"《美术史研究》261号,1968年,30—39页。

Alexander, Dominic. *Saints and Animals in the Middle Ages*, Woodbridge, UK: Boydell Press, 2008.

Ali, Daud. *Courtly Culture and Political Life in Early Medieval India*, Cambridge: Cambridge University Press, 2004.

Allan, Sarah 艾兰. "The Tiger, the South, and Loehr Style III," in《迎接二十一世纪的

中国考古学国际学术讨论会论文集》,北京：科学出版社,1998 年,pp. 149 – 182.

Allon, Mark. *Three Gāndhārī Ekottarikāgama-Type Sūtras: British Library Kharoṣṭhī Fragments 12 and 14*, Gandhāran Buddhist Texts vol. 2, Seattle: University of Washington Press, 2001.

Allsen, Thomas T. *The Royal Hunt in Eurasian History*, Philadelphia: University of Pennsylvania Press, 2006.

——"Natural History and Cultural History: The Circulation of Hunting Leopards in Eurasia, Seventh-seventeenth Centuries," in Victor H. Mair ed., *Contact and Exchange in the Ancient World*, Honolulu: University of Hawaii Press, 2006, pp. 116 – 135.

Anderson, E. N. and Lisa Raphals. "Daoism and Animals," in Paul Waldau and Kimberley Patton eds., *A Communion f Subjects: Animals in Religion, Science, and Ethics*, New York: Columbia University Press, 2006, pp. 275 – 290.

Anderson, Virginia DeJohn. *Creatures of Empire: How Domestic Animals Transformed Early America*, Oxford: Oxford University Press, 2004.

Anthony, David W. *The Horse, the Wheel, and Language: How Bronze-Age Riders from the Eurasian Steppes Shaped the Modern World*, Princeton: Princeton University Press, 2007.

Appadurai, Arjun. *Worship and Conflict under Colonial Rule: A South Indian Case*, Cambridge: Cambridge University Press, 1981.

Archer, Mildred. *Tippoo's Tiger*, London, 1959.

Armstrong, Edward A. *Saint Francis: Nature Mystic; The Derivation and Significance of the Nature Stories in the Franciscan Legend*, Berkeley: University of California Press, 1973.

Asma, Stephen T. *Stuffed Animals & Picked Heads: The Culture and Evolution of Natural History Museum*, Oxford: Oxford University Press, 2001.

Assmann, Jan. *Religion and Cultural Memory*, Translated by Rodney Livingstone, Stanford: Stanford University Press, 2006.

Atran, Scott. *Cognitive Foundations of Natural History: Towards an Anthropology of Science*, Cambridge: Cambridge University Press, 1990.

B

Bachrach, David. "Exercise of Royal Power in Early Medieval Europe: The Case of Otto the Great," *Early Medieval Europe* vol. 17, no. 4 (2009), pp. 389 – 419.

Bagchi, S. ed. *Mūlasarvāstivādavinayavastu*, Darbhanga, India: Mithila Institute of Post-Graduate Studies and Research in Sanskrit Learning, 1970.

Bagley, Robert. *Max Loehr and the Study of Chinese Bronzes: Style and Classification in the History of Art*, Ithaca: Cornell University Press, 2008.

——"Ornament, Representation, and Imaginary Animals in Bronze Age China," *Arts Asiatiques* 61 (2006), pp. 17 – 29.

Bagliani, Agostino Paravicini and Giorgio Stabile eds. *Träume im Mittelalter: Ikonologische Studien*, Stuttgart: Belser, 1989.

Bai, Tongdong 白彤东. "The Price of Serving Meat — On Confucius's and Mencius's Views of Human and Animal Rights," *Asian Philosophy* vol. 9, no. 1 (2009), pp. 85 – 99.

Bailey, Harold W. *Khotanese texts V, Saka texts from the Hedin Collection*, Ch. xlvi 0012 a, *Aparimitāyuh-sūtra*, Cambridge: Cambridge University Press, 1963.

——*Dictionary of Khotan Saka*, Cambridge: Cambridge University Press, 1979.

——*The Culture of the Sakas in Ancient Iranian Khotan*, Del Mar, CA: Caravan Books, 1982.

Baker, Steve. *Picturing the Beast: Animals, Identity, and Representation*, Urbana: University of Illinois Press, 2001.

Baldick, Julian. *Animal and Shaman: Ancient Religions of Central Asia*, New York: New York University Press, 2000.

Bareau, André. *Recherches sur la biographie du Buddha dans les Sūtrapiṭaka et les Vinayapiṭaka anciens*, vol. 3, Paris: Presses de l'École française d'Extrême-Orient, 1995.

Barrett, Timothy H. "The Monastery Cat in cross-cultural Perspective: Cat Poems of the Zen Masters," in *Buddhist Monasticism in East Asia: Places of Practice*, eds. by James A. Benn, Lori Meeks, and James Robson, London: Routledge, 2010, pp. 107 – 124.

——*Taoism under the T'ang*, London: Wellsweep Press, 1996.

——"The Emergence of the Taoist Papacy in the T'ang Dynasty," *Asia Major* third series, vol. 7 (1994), pp. 89 – 106.

Bartlett, Robert. *The Natural and the Supernatural in the Middle Ages*, The Wiles Lectures given at the Queen's University of Belfast, 2006, Cambridge: Cambridge University Press, 2008.

Bataille, George. *Theory of Religion*, trans. by Robert Hurly, New York: Zone Books, 1989.

Bauman, Richard. "Verbal Act as a Performance," *American Anthropologist* New Series, Vol. 77, No. 2 (1975), pp. 290 – 311.

Bayly, Susan. *Saints, Goddesses and Kings: Muslims and Christians in South Indian Society 1700 – 1900*, Cambridge: Cambridge University Press, 1989.

Baxter, Ron. *Bestiaries and Their Users in the Middle Ages*, Phoenix Mill: Sutton Publishing and London: Courtauld Intitute, 1998.

Beal, Samuel. *Si-yu-ki: Buddhist Records of the Western World*, Delhi: Motilal Banarsidass Publishers, 1994, reprinted edition.

Beal, Timothy K. *Religion and Its Monsters*, London: Routledge, 2001.

Bechert, Heinz ed. *Die Sprache der ältesten buddhistischen Überlieferung/The Language of the Earliest Buddhist Tradition*, Symposien zur Buddhismusforschung 2, Göttingen: Vandenhoeck und Ruprecht, 1980.

Beckwith, Christopher I. 白桂思. *Empires of the Silk Road: A History of Central Eurasia from the Bronze Age to the Present*, Princeton: Princeton University Press, 2009.

——*The Tibetan Empire in Central Asia: A History of the Struggle for Great Power among Tibetans, Turks, Arabs, and Chinese during the Early Middle Ages*, Princeton: Princeton University Press, 1987.

Bekoff, Marc. "Animal Passions and Beastly Virtues: Cognitive Ethology as the Unifying Science for Understanding the Subjective, Emotional, Empathic, and Moral Lives of Animals," *Zygon* 41: 1 (March, 2006), pp. 75–108.

——*Animal Passions and Beastly Virtues: Reflections on Redecorating Nature*, Philadelphia: Temple University Press, 2005.

——ed. *Encyclopedia of Human-Animal Relationships*, Westport, CT: Greenwood Publishing Group, 2007.

Belfer-Cohen, Anna and Erella Hovers. "Modernity, Enhanced Working Memory, and the Middle to Upper Paleolithic Record in the Levant," *Current Anthropology* vol. 1 Supplement 1 (2010), pp. 167–175.

Bell, Alexander Peter. *Didactic Narration: Jataka Iconography in Dunhuang with a Catalogue of Jataka Representations in China*, Münster: LIT Verlag, 2000.

Bell, Catherine. *Ritual Theory, Ritual Practice*, Oxford: Oxford University Press, 1992.

——*Ritual: Perspectives and Dimensions*, Oxford: Oxford University Press, 1997.

——"Religion and Chinese Culture: Toward an Assessment of 'Popular Culture,'" *History of Religions* 29: 1 (1989), pp. 35–57.

Bellezza, John Vincent. *Spirit-Mediums, Sacred Mountains and Related Bon Textual Traditions in Upper Tibet: Calling Down the Gods*, Brill's Tibetan Studies Library vol. 8, Leiden: Brill, 2005.

Benn, James 贝剑铭, Lori Meeks 梅璐宜, and James Robson 罗柏松 eds. *Buddhist Monasticism in East Asia*, London: Routledge, 2010.

Benson, Elizabeth P. ed. *The Cult of the Feline*, A Conference in Pre-Columbian Iconography, October 31st and November 1st, 1970, Washington, D. C., Dumbarton Oaks, 1972.

Benton, Janetta Rebold. *The Medieval Menagerie: Animals in the Art of the Middle Ages*, New York: Abbeville Press, 1992.

Berger, Peter and Thomas Luckman. *The Social Construction of Reality: A Treatise in the Sociology of Knowledge*, 1966.

Berlin, Brent. *Ethnobiological Classification: Princeples of Categorization of Plants and Animals in Traditional Societies*, Princeton: Princeton University Press, 1992.

Berlioz, J. and M.-A. Polo de Beaulieu eds. *L'animal exemplaire au Moyen Âge, Ve-XVe siecles*, Rennes: Presses Universitaires de Rennes, 1999.

Bertelli, Sergio. *The King's Body: Sacred Rituals of Power in Medieval and Early Modern Europe*, University Park, PA: Pennsylvania State University Press, 2003.

Bialock, David T. "Outcasts, Emperorship, and Dragon Cults in the Tale of the Heike," *Cahiers d'Extrême-Asie* 13 (2002–2003), pp. 227–310.

——*Eccentric Spaces, Hidden Histories: Narrative, Ritual, and Royal Authority from the Chronicles of Japan to the Tale of Heike*, Stanford: Stanford University Press, 2007.

Bildhauer, Bettina. *The Monstrous Middle Ages*, Toronto: University of Toronto Press, 2004.

Black, Jeremy and Anthony Green eds. *Gods, Demons and Symbols of Ancient Mesopotamia:*

参考书目

An Illustrated Dictionary, London: British Museum Press, 1992.

Blakeley, Donald N. "Listening to the Animals: The Confucian View of Animal Welfare," *Journal of Chinese Philosophy* 30: 2 (2003), pp. 137 - 157.

Bleakley, Alan. *The Animalizing Imagination: Totemism, Textuality and Ecocriticism*, New York: St. Martin's Press, 2000.

Bloch, Maurice E. F. *Prey into Hunter: The Politics of Religious Experience*. The Lewis Henry Morgan Lectures, 1984, Cambridge: Cambridge University Press, 1992.

——*Ritual, History, and Power. Selected Papers in Anthropology*, London School of Economics, Monographs on Social Anthropology, no. 58, London: The Athlone Press, 1989.

Bloss, Lowell W. "The Buddha and the nāga: A Study in Buddhist Folk Religiosity," *History of Religions* 13 (1973), pp. 36 - 53.

Bodhi Bhikhu. *The Connected Discourses of the Buddha: A New Translation of the Saṃyutta Nikāya*, 2 vols, Oxford: Pali Text Society, 2000.

Bokenkamp, Stephen R. 柏夷. *Early Daoist Scriptures*, With a contribution by Peter Nickerson, Berkeley: University of California Press, 1997.

——"Time after Time: Taoist Apocalyptic History and the Founding of the T'ang Dynasty," *Asia Major* third series, vol. 7 (1994), pp. 59 - 88.

——"Stages of Transcendence: The *Bhūmi* Concept in Taoist Scripture," *Chinese Buddhist Apocrypha*, Robert E. Buswell ed., Honolulu: University of Hawaii Press, 1990, pp. 119 - 147.

——"Sources of the Ling-Pao Scriptures," in Michel Strickmann ed., *Tantric and Taoist Studies, in Honor of R. A. Stein*, vol. 2, Mélanges chinoises et bouddhiques, no. 21, Bruxelles: Institut Belge des Hautes Études Chinoises, 1983, pp. 434 - 486.

Boodberg, Peter B. 卜弼德. *Selected Works of Peter B. Boodberg*, compiled by Alvin P. Cohen, Berkeley: University of California Press, 1979.

Boomgaard, Peter. *Frontiers of Fear: Tigers and People in the Malay World, 1800 - 1950*, New Haven: Yale University Press, 2001.

Boucher, Daniel J. "Buddhist Translation Procedures in Third-century China: A Study of Dharmarakṣa and his Translation Idiom," Ph. D. diss, University of Pennsylvania, 1996.

——"Dharmarakṣa and the Transmission of Buddhism to China," in *China at the Crossroads: A Festschrift in Honor of Victor H. Mair*, Special Issue of *Asia Major* Third Series 19: 1 - 2, 2006, pp. 13 - 37.

——*Bodhisattvas of the Forest and the Formation of the Mahāyāna: A Study and Translation of the Rāṣṭrapālaparipṛcchā-sūtra*, Honolulu: University of Hawaii Press, 2008.

Bourdieu, Pierre. *Outline of a Theory of Practice*, Translated by Richard Nice, Cambridge Studies in Social and Cultural Anthropology 16, Cambridge: Cambridge University Press, 1977.

Bovey, Alixe. *Monsters and Grotesques in Medieval Manuscripts*, Toronto: University of

Toronto Press, 2002.

Boyce, Mary. "Gōdarz as Historical Figures," *Encyclopaedia Iranica Online*, 2005, available at ww. iranica. com.

——*A Reader in Manichaean Middle Persian and Parthian*, Acta Iranica 9, Leiden: E. J. Brill, 1975.

Boyd, James W. *Satan and Mara: Christian and Buddhist Symbols of Evil*, Leiden: E. J. Brill, 1975.

Boyer, Pascal. *The Naturalness of Religious Ideas: A Cognitive Theory of Religion*, Berkeley: University of California Press, 1994.

Braarvig, Jens ed. *Manuscripts in the Schøyen Collection I: Buddhist Manuscripts*, vol. 1, Oslo: Hermes Publishing, 2000.

Bråkenhielm, Carl Reinhold ed. *Linnaeus and Homo Religiosus: Biological Roots of Religious Awareness and Human Identity*, Proceedings from a Conference at the Faculty of Theology, Uppsala University, 30th of May – 2nd of June 2007 in Connection with the Celebrations of the Birth of Carl von Linnaeus, Uppsala: Uppsala Universitet, 2009.

Brancaccio, Pia and Kurt Behrendt eds. *Gandhāran Buddhism: Archaeology, Art, and Texts*, Vancouver: University of British Columbia Press, 2006.

Bray, Francesca. "Essence and Utility. The Classification of Crop Plants in China," *Chinese Science* 9 (1989), pp. 1 – 13.

Breeden, Stanley. "Tiger! Lord of the Jungle," *National Geographic* 66 – 6 (1984), pp. 748 – 773.

Bretschneider, E. "Botanicon sinicum. Notes on Chinese Botany from Native and Western Sources," *Journal of the North China Branch, Royal Asiatic Society*, 16, 25, 29 (1881 –1895), reprinted in Nendeln, Lichtenstein, 1967.

——"The Study and Value of Chinese Botanical Works," *Chinese Recorder* 3 (1870), pp. 157 – 163.

Brien, S. Jo et al., "Evidence for African Origins of Founders of the Asiatic Lion Speciess, Survival Plan," *Zoo Biology* (1987), pp. 99 – 116.

Brittlebank, Kate. "Sakti and Barakat: The Power of Tipu's Tiger. An Examination of the Tiger Emblem of Tipu Sultan of Mysore," *Modern Asian Studies*, vol. 29, no. 2 (May, 1995), pp. 257 – 269.

Broek, R. Van den. *The Myth of the Phoenix — According to Classical and Early Christian Traditions*, Leiden: E. J. Brill, 1972.

Brooks, D. H. M. "Sacred Spaces and Potent Places in the Bakhtiāri Mountains," in Richrd Tapper and Jon Thompson eds., *The Nomadic Peoples of Iran*, London, 2002, pp. 97 – 102.

Brough, John. "The Arapacana Syllabary in the old *Lalitavistara*," *Bulletin of the School of Oriental and African Studies* 40. 1 (1977), pp. 85 – 95.

Brown, Miranda 董慕达. *The Politics of Mourning in Early China*, Albany: State University of New York Press, 2007.

参考书目

Brown, Peter R. L. *The Cult of the Saints: Its Rise and Function in Latin Christianity*, The Haskell Lectures on History of Religions, New Series, no. 2. Chicago: University of Chicago Press, 1981.

Brown, R. Grant. "The Pre-Buddhist Religion of the Burmese," *Folklore*, vol. 32, no. 2 (Jun. 30, 1921), pp. 77–100.

Brown, Warren C. "What's Middle about the Middle Ages," *Engineering and Science* vol. 63, no. 2 (2000), pp. 8–17.

Buckner, E. D. *The Immortality of Animals: And the Relation of Man as Guardian, from a Biblical and Philosophical Hypothesis*, Philadelphia: George W. Jacobs & Co., 1903.

Buddle, Anne et al. *Tigers round the Throne: The Court of Tipu Sultan (1750–1799)*, London, 1990.

Bulkeley, Kelly ed. *Soul, Psyche, Brain: New Directions in the Study of Religion and Brain-Mind Science*, New York: Palgrave MacMillan, 2005.

Burkert, Walter. *Creation of the Sacred: Tracks of Biology in Early Religions*, Cambridge: Harvard University Press, 1996.

C

Calarco, Matthew. *Zoographies: The Question of the Animal from Heidegger to Derrida*, New York: Columbia University Press, 2008.

——and Peter Atterton eds. *Animal Philosophy: Essential Readings in Continental Thought*, London and New York: Continuum, 2004.

Callou, Cecile, Anaick Samzun, and Alain Zivie. "A Lion Found in the Egyptian Tomb of Maia," *Nature* 427 (January, 2004), pp. 211–212.

Campany, Robert Ford 康儒博. *Strange Writing: Anomaly Accounts in Early Medieval China*, Albany: State University of New York Press, 1995.

——"On the Very Idea of Religions (in the Modern West and in Early medieval China)," *History of Religions* (2003), pp. 287–319.

——*Making Transcendents: Ascetics and Social Memory in Early Medieval China*, Honolulu: University of Hawaii Press, 2009.

Canepa, Matthew P. "The Late Antique Kosmos of Power between Byzantium and Iran: International Ornament and Royal Identity in the Sixth and Seventh Centuries," paper at the 21st Annual Byzantine Studies Congress, London, 2006, pp. 1–23.

Caplan, Harry. "Classical Rhetoric and the Mediaeval Theory of Preaching," in *Of Eloquence: Studies in Ancient and Mediaeval Rhetoric*, edited by Anne King and Helen North, Ithaca: Cornell University Press, 1970.

Carling, Gerd in Collaboration with Georges-Jean Pinault and Werner Winter eds. *Dictionary and Thesaurus of Tocharian A*, vol. 1: A-J, Wiesbaden: Otto Harrassowitz Verlag, 2009.

Carroll, Carlos and Dale G. Miquelle. "Spatial Viability Analysis of Amur Tiger Panthera tigris altaica in the Russian Far East: The Role of Protected Areas and Landscape Matrix in Population Persistence," *Journal of Applied Ecology*, vol. 43, no. 6 (2006), pp. 1056 – 1068.

Carruthers, Mary. *Rhetoric beyond Words: Delight and Persuasion in the Arts of the Middle Ages*, Cambridge: Cambridge University Press, 2010.

Cartmill, Matt. *A View to a Death in the Morning: Hunting and Nature Through History*, Cambridge, MA: Harvard University Press, 1993.

Cassin, Elena. "Le roi et et lion," *Revue de l'histoire des religions* vol. 198 (1981), pp. 355 – 401.

Chang, K. C. 张光直. "Shang Shamans," in Willard J. Peterson, Andrew H. Plaks, and Yü Ying-shih eds., *The Power of Culture: Studies in Chinese Cultural History*, Hong Kong: The Chinese University Press, 1994, pp. 10 – 36.

——*Art, Myth, and Ritual: The Path to Political Authority in Ancient China*, Cambridge: Harvard University Press, 1983.

——"The Animal in Shang and Chou Bronze Art," *Harvard Journal of Asiatic Studies* 41: 2 (1981), pp. 527 – 554.

——*Shang Civilization*, New Haven: Yale University Press, 1980.

——"Changing Relationships of Man and Animal in Shang and Chou Myth and Art," in *Early Chinese Civilization: Anthropological Perspectives*, Cambridge: Harvard University Press, 1976, pp. 149 – 173.

——"Some Dualistic Phenomena in Shang Society," *Journal of Asian Studies* 24, 1964, pp. 45 – 61.

Chapple, Christopher. *Karma and Creativity*; *Nonviolence to Animals, Earth, and Self in Asian Traditions*, Albany, New York: State University of New York Press, 1993.

——*Nonviolence to Animals, Earth and Self in Asian Traditions*, Albany: State University of New York Press, 1993.

——"Animals and Environment in the Buddhist Birth Stories," in Mary Evelyn Tucker and Duncan Ryūken Williams eds., *Buddhism and Ecology: The Interconnection of Dharma and Deeds*, Cambridge, MA: Harvard University Press, 1997, pp. 131 – 148.

Chavannes, E. 沙畹 and Paul Pelliot 伯希和. "Un traité manichéen retrouvé en Chine I," *Journal Asiatique* 10e sér., 18 (1911), pp. 499 – 617.

Chen, Huaiyu 陈怀宇. *The Revival of Buddhist Monasticism in Medieval China*, American University Studies Series VII: Theory and Religion 253, New York: Peter Lang, 2007.

——"A Buddhist Classification of Plants and Animals in Early Tang China," *Journal of Asian History* 43: 1 (June, 2009), pp. 31 – 51.

——"The Rhetoric of Pacifying Birds and Beasts in Tang Tomb Inscriptions from Medieval China," An International Conference "Tang Studies: The Next Twenty-Five Years," sponsored by Tang Studies Society and Department of East Asian Studies, State University of New York at Albany, May 8 – 9, 2009.

Chen, Jinhua 陈金华. *Philosopher, Practitioner, Politician: The Many Lives of Fazang (643 – 712)*, Leiden: E. J. Brill, 2007.

——*Monks and Monarchs, Kinship and Kingship: Tanqian in Sui Buddhism and Politics*,

参 考 书 目

Kyoto: Italian School of East Asian Studies, 2002.
——"One name, Three monks: Two Northern Chan Masters Emerge from the Shadow of Their Contemporary, the Tiantai Master Zhanran (711 – 782)," *Journal of the International Association of Buddhist Studies* vol. 22, no. 1 (1999), pp. 1 – 91.
Chen, Sanping 陈三平. "Succession Struggle and the Ethnic Identity of the Tang Imperial House," *Journal of Royal Asiatic Studies*, series 3, vol. VI (1996), pp. 379 – 405.
Cheng, Anne 程艾蓝. "Filial Piety with a Vengeance: The Tension between Rites and Law in the Han," in Alan K. L. Chan and Sor-Hoon Tan eds. , *Filial Piety in Chinese Thought and History*, London: Routledge, 2004, pp. 29 – 43.
Cheng, Te-kun 郑德坤. "Animal in Prehistoric and Shang China," *Bulletin of the Museum of Far Eastern Antiquities* 35 (1963), pp. 129 – 163.
Chenu, Marie-Dominique. *Nature, Man and Society in the Twelfth Century. Essays on New Theological Perspectives in the Latin West*, with a Preface by Etienne Gilson, selected, edited, and translated by Jerome Taylor and Lester K. Little, Toronto, Buffalo, and London: The University of Toronto Press in association with the Medieval Academy of America, 1997.
Cherry, John. "Heads, Arms and Badges: Royal Representation on Seals," in Noël Adams, John Cherry and James Robinson eds. *Good Impressions: Image and Authority in Medieval Seals*, London: The British Museum, 2008, pp. 12 – 16.
Chomsky, Noam. *New Horizons in the Study of Language and Mind*, Cambridge: Cambridge University Press, 2000.
Chou, Yi-Liang 周一良. "Tantrism in China," *Harvard Journal of Asiatic Studies* 8: 3/4 (1945), pp. 235 – 332; partially reprinted in Richard K. Payne ed. , *Tantric Buddhism in East Asia*, Boston: Wisdom Publications, 2006, pp. 33 – 60.
Christiansen, Per ed. *The Encyclopedia of Animals*, London: Amber Books, 2006.
Ch'u, T'ung-tsu 瞿同祖. *Law and Society in Traditional China*, Paris and the Hague: Mouton, 1961.
Clark, Robert Warren. "Mara: Psychopathology and Evil in the Buddhism of India and Tibet," PhD. dissertation, University of Virginia, 1994.
Clark, Stuart. *Thinkging with Demons: The Idea of Witchcraft in Early Modern Europe*, Oxford: Clarendon Press, 1997.
Clark, Willene B. and Meradith T. McMunn eds. *Beasts and Birds of the Middle Ages: The Bestiary and Its Legacy*, Philadelphia: University of Pennsylvania Press, 1989.
Clauson, Gerard. *An Etymological Dictionary of Pre-Thirteenth-Century Turkish*, Oxford: Clarendon Press, 1972.
Clutton-Brock, J. ed. *The Walking Larder: Patterns of Domestication, Pastoralism, and Predation*, London: Unwin Hyman, 1989.
Coblin, W. South 柯蔚南. *A Handbook of Eastern Han Sound Glosses*, Hong Kong: The Chinese University Press, 1983.
Coggins, Chris. *The Tiger and the Pangolin: Nature, Culture, and Conservation in China*,

Honolulu: University of Hawaii Press, 2003.

Cohen, Jeffrey Jerome. *Of Giants: Sex, Monsters, And The Middle Ages*, Minneapolis: University of Minnesota Press, 1999.

——*Monster Theory: Reading Culture*, Minneapolis: University of Minnesota Press, 1996.

Cohen, Richard S. "Nāga, Yakṣiṇī, Buddha: Local Deities and Local Buddhism at Ajanta," *History of Religions*, vol. 37, no. 4 (May, 1998), pp. 360–400.

Cohen, Simona. *Animals as Disguised Symbols in Renaissance Art*, Brill's Studies on Art, Art History, and Intellectual History, vol. 2. Leiden: Brill, 2008.

Collins, Billie Jean ed. *A History of the Animal World in the Ancient Near East*, Leiden: E. J. Brill, 2002.

Conard, Roswith. "The Domestic Animals in the Cultures of India," *Journal of Indian History* 52 (1974), pp. 76–78.

Constable, Giles. "From Church History to Religious Culture: The Study of Medieval Religious Life and Spirituality," in *European Religious Cultures: Essays Offered to Christopher Brooke on the Occasion of his Eightieth Birthday*, ed. by Miri Rubin, London: Institute of Historical Research, 2008, pp. 3–16.

——"Recent Trends in the Study of the Middle Ages," *Annual of Medieval Studies at CEU* (Central European University, Budapest), ed. by J. A. Rasson and B. Zsolt Szakács, vol. 15 (2009), pp. 355–365.

Cooke, Bernard. *Power and the Spirit of God: Toward en Experience-Based Pheumatology*, Oxford: Oxford University Press, 2004.

Corbey, Raymond H. A. *The Metaphysics of Apes: Negotiating the Animal-human Boundary*, Cambridge: Cambridge University Press, 2005.

Cowell, E. B. ed. *The Jataka or Stories of the Buddha's Former Birth*, Book II, translated by W. H. D. Rouse, Cambridge: At the University Press, 1895; New Delhi: Asian Educational Services, 2000, reprinted edition.

Crist, Eileen. *Images of Animals: Anthropomorphism and Animal Mind*, Philadelphia: Temple University Press, 1999; 2000, paperback edition.

Crossley, Pamela Kyle 柯娇燕. *A Translucent Mirror: History and Identity in Qing Imperial Ideology*, Berkeley: University of California Press, 1999.

Cummins, John. *The Hound and the Hawk: The Art of Medieval Hunting*, London: Weidenfeld and Nicolson, 1988.

Curley, Michael J. trans. *Physiologus*, Austin: University of Texas Press, 1979.

D

Danielou, Allain. *Hindu Polytheism*, London: Routledge and Kegan Paul, 1963.

Darnton, Robert. *The Great Cat Massacre and Other Episodes in French Cultural History*, New York: Basic Books, 1984.

Deane-Drummond, Celia. "Are Animal Moral? A Theological Appraisal of the Evolution of Virtue," in Carl Reinhold Bråkenhielm ed., *Linnaeus and Homo Religiosus: Biological Roots of Religious Awareness and Human Identity*, Proceedings from a Conference at the

参考书目

Faculty of Theology, Uppsala University, 30th of May – 2nd of June 2007 in Connection with the Celebrations of the Birth of Carl von Linnaeus. Uppsala: Uppsala Universitet, 2009, pp. 25 – 39.

De Groot, Jan J. M. 高延. *Le code du Māhayāna en Chine: son influence sur la vie monacale et sur le monde laïque*, Amsterdam: Johannes Müller, 1893.

Demiéville, Paul 戴密微. "La Yogācārabhūmi de Saṅgharakṣa," *Bulletin de l'École Française d'Extrême-Orient*, 44: 2 (1954), pp. 339 – 436.

Demiéville, Paul, Hubert Durt, Anna Seidel eds. *Fascicule annexe du Hobogirin : Répertoire du Canon Bouddhique sino-japonais*, Edition de Taisho (*Taisho shinshu daizokyo*), 2ème édition révisé et augmentée, Paris, Tokyo, 1978.

Derrida, Jacques. *The Beast and the Sovereign*, vol. 1, Chicago: University of Chicago Press, 2009.

Di Cosmo, Nicola 狄宇宙. *Ancient China and Its Enemies: The Rise of Nomadic Power in East Asian History*, Cambridge: Cambridge University Press, 2002.

Diény, Jean-Pierre 杰溺. *Le symbolisme du Dragon dans la Chine Antique*, Paris: Collège de France, Institut des Hautes Études Chinoises, 1994.

Dinerstein, Eric, Colby Loucks, Eric Wikramanayake, Joshua Ginsberg, Eric Sanderson, John Seidenticker, Jessica Forrest, Gosia Bryja, Andrea Heydlauff, Sybille Klenzendorf, Peter Leimgruber, Judy Mills, Timothy G. O'Brien, Mahendra Shrestha, Ross Simond and Melissa Songer. "The Fate of Wild Tigers," *BioSciene*, vol. 57, no. 6 (2007), pp. 508 – 514.

Dinzelbacher, Peter. "Animal Trials: A Multidisciplinary Approach," *Journal of Interdisciplinary History* 32: 3 (Winter, 2002), pp. 405 – 421.

Diószegi, Vilmos. "The Three-grade Amulets among the Nanai (Golds)," In Vilmos Diószegi ed., *Popular Beliefs and Folklore Tradition in Siberia*, Bloomington: Indiana University Press, 1968, pp. 387 – 405.

Dirks, Nicholas B. *The Hollow Crown: Ethnohistory of an Indian Kingdom*, Cambridge: Cambridge University Press, 1987.

Douglas, Mary. *Natural Symbols. Explorations in Cosmology*, London: Barrie and Rockcliffe, 1970.

——*Purity and Danger: An Analysis of Concept of Pollution and Taboo*, with a new preface by the author, London and New York: Routledge, 2002.

——"The Pangolin Revisited: A New Approach to Animal Symbolism," in R. G. Willis ed., *Signifying Animals: Human Meaning in the Natural World*, London: Unwin Hyman (1990), pp. 25 – 36.

——"Animals in Lele Religious Symbolism," *Africa*, vol. 27 (1957), pp. 46 – 58.

Drekmeier, Charles. *Kingship and Community in Early India*, Stanford: Stanford University Press, 1962.

Duara, Prasenjit 杜赞奇. *Culture, Power, and the State: Rural North China, 1900 – 1942*. Stanford: Stanford University Press, 1988.

Dudbridge, Glen 杜德桥. *Religious Experience and Lay Society in T'ang Society: A Reading of Tai Fu's Kuang-I chi*, Cambridge: Cambridge University Press, 1995.

Dupree, Nancy Hatch. "T'ang Tombs in Chien County China," *Archaeology* 32: 4 (1979), pp. 37 – 38.

Durkheim, Émile. *The Elementary Forms of Religious Life*, translated and with an introduction by Karen E. Fields, New York: The Free Press, 1995.

Dutton, Paul Edward. *The Politics of Dreaming in the Carolingian Empire*, Lincoln, NE: University of Nebraska Press, 1994.

Dwivedi, O. P. "Satyagraha for Conservation: Awakening the Spirit of Hinduism," in Roger S. Gottlieb, ed. *This Sacred Earth: Religion, Nature, Environment*, New York and London: Routledge, 1996, pp. 151 – 163.

E

Ebrey, Patricia Buckley 伊沛霞. *Confucianism and Family Rituals in Imperial China: A Social History of Writing about Rites*, Princeton: Princeton University Press, 1991.

Eden, Fanny. *Tigers, Durbars and Kings: Fanny Eden's Indian Journals, 1837 – 1838.* Edited by Janet Durbar, London: John Murray Publishers, 1989.

Edgerton, Franklin. *Buddhist Hybrid Sanskrit Grammar and Dictionary*, 2 vols, William Dwight Whitney Linguistics series, New Haven: Yale University Press, 1953.

——*The Pañchatantra Reconstructed*, vols. 1, 2, New Haven: Yale University Press, 1924.

Eichhorn, Werner. "Das Kapitel *Tiger* im T'ai-P'ing Kuang-Chi," *Zeitschrift der Deutschen Morgenländischen Gesellschaft* vol. 104, no. 9 (1954), pp. 140 – 162.

Eizirik, Eduardo, Jae-Heup Kim, Marilyn Menotti-Raymond, Peter G. Crawshaw JR., Stephen J. O'Brien, Warren E. Johnson. "Phylogeography, population history and conservation genetics of jaguars (Panthera onca, Mammalia, Felidae)," *Molecular Ecology* 10: 1 (2001), pp. 65 – 79.

Eliasberg, Danielle 艾丽白. "Pratiques funéraires animales en Chine ancienne et Medieval," *Journal Asiatique* vol. 280, no. 1 (1992), pp. 115 – 144.

Ellen, Roy. *The Cultural Relations of Classification: An Analysis of Nuaulu Animal Categories from Central Seram*, Cambridge Studies in Social and Cultural Anthropology, Cambridge: Cambridge University Press, 2006.

Ellen, Roy and Katsuyoshi Fukui eds. *Redefining Nature: Ecology, Culture and Domestication*, Oxford: Berg, 1996.

Emmerick, Ronald E. and Maria Macuch eds. *The Literature of Pre-Islamic Iran: Companion volume I to a History of Persian Literature*, A History of Persian Literature XVII, London: I. B. Tauris & Co. Ltd., 2009.

Endsjø, Dag Øistein. *Primordial Landscapes, Incorruptible Bodies: Desert Asceticism and the Christian Appropriation of Greek Ideas on Geography, Bodies, and Immortality*, American University Studies, Series VII, Theology and Religion, vol. 272, New York and Bern: Peter Lang, 2008.

Enomoto Fumio 榎本文雄. "On the Formation of the Original Texts of the Chinese

Āgamas," *Buddhist Studies Review* 3: 1 (1986), pp. 19 – 30.

——"Sanskrit Fragments from the *Saṃyuktāgama* discovered in Bamiyan and Eastern Turkestan," in Fumio Enomoto, Jens-Uwe Hartmann, and Hisashi Matsumura, *Sanskrit-Texte aus dem buddhistische Kanon: Neuentdeckungen und Neueditionen,* erste Folge, *Sanskrit-Wörterbuch der buddhistischen Texte aus den Turfan-Funden,* Beiheft 2, Göttingen: Vandenhoeck & Ruprecht, 1989, pp. 7 – 16.

——with Jens-Uwe Hartmann and Hisashi Matsumura, *Sanskrit-Texte aus dem buddhistische Kanon: Neuentdeckungen und Neueditionen,* erste Folge, *Sanskrit-Wörterbuch der buddhistischen Texte aus den Turfan-Funden,* Beiheft 2, Göttingen: Vandenhoeck & Ruprecht, 1989.

——*A Comprehensive Study of the Chinese Saṃyuktāgama, pt. 1, Saṃgītinipāta,* Kyoto, 1994.

——"On a Sanskrit Fragment of the *Saṃyuktāgama* in the Hoernle Collection: The Chronology of the Chinese Version of the *Saṃyuktāgama,* Vasubandhu and Paramātha's Translation of the *Abhidharmakośabhāṣya,*" in 櫻部建編,《初期佛教からアビダルマへ:櫻部建博士喜壽記念論集》,京都: 平楽寺书店,2002 年, pp. 139 – 153.

Evans, W. E. and J. Bastian. "Marine Mammal Communication," in H. Anderson ed., *The Biology of Marine Mammals,* New York: Academic Press, 1969, pp. 425 – 475.

F

Falk, Nancy. "Wilderness and Kingship in Ancient South Asia," *History of Religions* 13: 1 (1973), pp. 1 – 15.

Fan, Ruiping 樊瑞平. "How Should We Treat Animals? A Confucian Reflection," *Dao: A Journal of Comparative Philosophy* vol. 9, no. 1 (2010), pp. 79 – 96.

Farkas, Ann E., Prudence O. Harper, and Evelyn B. Harrison eds. *Monsters and Demons in the Ancient and Medieval Worlds. Papers Presented in Honor of Edith Porada,* Mainz on Rhine: Verlag Philipp von Zabern, 1987.

Ferré, Frederick. "Theodicy and the Status of Animals," in *American Philosophical Quarterly* vol. 23, no. 1 (1986), pp. 23 – 34; 收入 Ann Loades and Loyal D. Rue eds., *Contemporary Classics in Philosophy of Religion,* La Salle, IL: Open Court, 1991, pp. 249 – 270.

Fisher, Michael H. *A Clash of Cultures: Awadh, The British, and the Mughals,* Riverdale, 1987.

Fitch, W. Tecumseh. "Animal Cognition and Animal Rights," *Current Anthropology* vol. 47, no. 3, June 2006, pp. 559 – 561.

Flores, Nona C. ed. *Animals in the Middle Ages: A Book of Essays,* New York and London: Garland Publishing, Inc., 1996.

Flynn, Clifton, ed. *Social Creatures: A Human and Animal Studies Reader,* New York: Lantern Books, 2008.

Foltz, Richard C. *Animals in Islamic Tradition and Muslim Cultures,* Oxford: Oneworld Publications, 2006.

Forrest, Denys. *Tiger of Mysore: The Life and Death of Tipu Sultan*, London, 1970.

Forte, Antonino 富安敦. *Mingtang and Buddhist Utopias in the History of the Astronomical Clock: The Tower, Statue and Armillary Sphere Constructed by Empress Wu*, Roma: Istituto Italiano per il Medio ed Estremo Oriente, and Paris: École Française d'Extrême-Orient, 1988.

——*Political Propaganda and Ideology in China at the End of the Seventh Century: Inquiry into the Nature, Authors and Function of the Dunhuang Document S. 6502*, followed by an Annotated Translation, Second edition, Italian School of East Asian Studies Monographs volume 1, Kyoto: Scuola Italiana di Studi sull'Asia Orientale, 2005.

——With Jacques May, "Chōsai 长斋 (Long Fast)," in *Hōbōgirin: dictionnaire encyclopedique du bouddhisme d'apres les sources chinoises et japonaises*, vol. 5, Kyoto: Hobogirin Institute, Ecole Francaise d'Extreme-Orient, 1990, pp. 392 – 407.

Foucault, Michel. *Power*, edited by James D. Faubion, translated by Robert Hurley et al., New York: W. W. Norton, 2000.

Foucaux, Philippe Edouard. *Le Lalita Vistara — Développement des jeux*, Paris: Ernest Leroux, 1884, 1892. Reprinted edition, *Le Lalitavistara: histoire traditionally de la vie du Bouddha Çakyamuni*, ed. et trad. du Sanscrit, Paris, 1986.

Franke, Herbert 傅海波. "The Forest Peoples of Mandchouria: Kitan and Jurchens," in Denis Sinor ed., *The Cambridge History of Inner Asia*, Cambridge: Cambridge University Press, 1990, pp. 400 – 423.

Franklin, Adrian. *Animals and Modern Cultures: A Sociology of Human-Animal Relations in Modernity*, London: Sage, 1999.

Fraser, Sarah 胡素馨. *The Practice of Buddhist Wall Painting in China and Central Asia, 618 – 960*, Stanford: Stanford University Press, 2004.

Freedman, Maurice. "On the Sociological Study of Chinese Religion," in Arthur P. Wolf ed., *Religion and Ritual in Chinese Society*, Stanford: Stanford University Press, 1974, pp. 19 – 41.

——"Ancestor Worship: Two Facets of the Chinese Case," in Maurice Freedman eds., *Social Organization: Essays Presented to Raymond Firth*, Chicago: Aldine Publishing Company, 1967, pp. 85 – 103.

Friedmann, Herbert. *A Bestiary for Saint Jerome: Animal Symbolism in European Religious Art*, Washington, D. C.: Smithsonian Institution Press, 1980.

Fudge, Erica. *Perceiving Animals: Humans and Beasts in Early Modern English Culture*, New York: St. Martin's Press LTD., 2000.

——*Brutal Reasoning: Animals, Rationality, and Humanity in Early Modern England*, Ithaca and London: Cornell University Press, 2006.

——ed. *Renaissance Beasts: Of Animals, Humans, and Other Wonderful Creatures*, Urbana and Chicago: University of Illinois Press, 2004.

Fudge, Erica, Ruth Gilbert, and Susan Wiseman eds. *At the Borders of the Human: Beasts, Bodies, and Natural Philosophy in the Early Modern Period*, New York: St. Martin's

参考书目

Press, 1999.

G

von Gall, Hubertus. "The Lion-headed and the Human-headed God in the Mithraic Mysteries," in *Études Mithriaques*, *Acta Iranica* vol. IV, Téhéran-Liège: Bivliothethèque Pahlavi, 1978, pp. 511 – 525.

Garner, Richard Lynch. *Apes and Monkeys; Their Life and Language*, Boston and London: Ginn & Company, 1900.

Geary, Patrick J. *Living with the Dead in the Middle Ages*, Ithaca and London: Cornell University Press, 1994.

Geertz, Clifford. *Local Knowledge: Further Essays in Interpretive Anthropology*, Basic Books Inc., 2000, third edition.

——"Centers, Kings, and Charisma: Reflections on the Symbolics of Power," in *Local Knowledge: Further Essays in Interpretive Anthropology*, Basic Books, 2000, pp. 121 – 146.

——*The Interpretation of Culture: Selected Essays*, Basic Books Inc., 1973.

Geissler, Friedmar and Peter Zieme. "Uigurische *Pañchatantra*-Fragmente," *Turcica*, vol. 2 (1970), pp. 32 – 70.

van Gelder, Geert Jan. *Of Dishes and Discourse: Classical Arabic Interpretations of Food*, Richmond: Curzon, 2000.

George Wilma and Brunsdon Yapp. *The Naming of the Beasts: Natural History in the Medieval Bestiary*, London: Duckworth, 1991.

Germond, Philippe, and Jacques Livet. *An Egyptian Bestiary: Animals in Life and Religion in the Land of the Pharoahs*, translated from French by Barbara Mellor, London: Thames & Hudson, 2001.

Gernet, Jacques 谢和耐. *Buddhism in Chinese Society: An Economic History from the Fifth to the Tenth Centuries*, translated by Franciscus Verellen, New York: Columbia University Press, 1998.

——"Ce qui distingue l'homme de l'animal," *Mélanges de Sinologie offerts à Monsieur Jean-Pierre Diény (I)*, *Études chinoises* vol. 18, no. 1 – 2 (1999), pp. 15 – 30.

Gibson, Thomas. *And the Sun Pursued the Moon: Symbolic Knowledge and Traditional Authority among the Makassar*, Honolulu: University of Hawaii Press, 2005.

Giès, Jacques, Michel Soymié 苏远鸣, and Jean-Pierre Drège 戴仁 et al., *Les arts de l'Asie centrale: La collection Paul Pelliot du Musée nationale des arts asiatiques Guimet*, 2 vols., Tokyo: Kodansha, 1994.

Gilhus, Ingvild Sælid. *Animals, Gods and Humans: Changing Attitudes to Animals in Greek, Roman and Early Christian Ideas*, London & New York: Routledge, 2006.

Gilmore, David D. *Monsters: Evil Beings, Mythical Beasts, and All Manner of Imaginary Terrors*, Philadelphia: University of Pennsylvania Press, 2003.

Glacken, Clarence J. *Traces on the Rhodian Shore: Nature and Culture in Western Thought from Ancient Times to the End of the Eighteenth Century*, Berkeley and Los Angeles:

University of California Press, 1967.
von Glahn, Richard 万志英. *The Sinister Way: The Divine and the Demonic in Chinese Religious Culture*, Berkeley: University of California Press, 2004.
Glass, Andrew. *Four Gāndhārī Saṃyuktāgama Sūtras: Senior Kharoṣṭhī Fragment 5*, with a contribution by Mark Allon, Gandhāran Buddhist Texts vol. 4, Seattle: University of Washington Press, 2007.
Gnoli, Raniero, with T. Venkatacharya eds. *The Gilgit Manuscript of the Saṅghabhedavastu, Being the Seventeenth and Last Section of the Vinaya of the Mūlasarvāstivādin*, 2 vols, Serie orientale Roma 49: 1 - 2, Rome: Instituto Italiano per il Medio ed Estremo Oriente, 1977 - 1978.
Golden, Peter B. "Religion among the Qipcaq of Medieval Eurasia," *Central Asiatic Journal* 42 (1998), pp. 180 - 186.
——"Wolves, Dogs, and Qipčaq Religion," *Acta Orientalia Academiae Scientiarum Hungaricae*, L: 1 - 3 (1997), pp. 87 - 97.
Goossaert, Vincent 高万桑. *L'Interdit du Bœuf en Chine. Agriculture, Éthique et Sacrifice*, Bibliothèque de l'Institut des Hautes Études Chinoises volume XXXIV, Paris: Collège de France, Institut des Hautes Études Chinoises, 2005.
Gorakshkar, Sadashiv ed. *Animal in Indian Art*, Bombay, 1979.
Gordon, Stewart ed. *Robes and Honor: The Medieval World of Investiture*, New York: Palgrave Macmillan, 2001.
Goswami, Bijoya. *Lalitavistara: English Translation with Notes*, Bibliotheca Indica series, no. 320, Kolkata: The Asiatic Society, 2001.
Gottlieb, Roger S. ed. *This Sacred Earth: Religion, Nature, Environment*, New York and London: Routledge, 1996.
Grant. Robert M. *Early Christians and Animals*, London: Routledge, 1999.
Green, Susie. *Tiger*, London: Reaktion Books LTD. , 2006.
Green, Tamara M. *The City of the Moon God: Religious Traditions of Harran*, Leiden: E. J. Brill, 1992.
Griffin, Donald. "From Cognition to Consciousness," Paul Waldau and Kimberley Patton eds. , *A Communion of Subjects: Animals in Religion, Science, and Ethics*, 2006, pp. 481 - 504.
Grim, John. "Knowing and Being Known by Animals: Indigenous Perspectives on Personhood," Paul Waldau and Kimberley Patton eds. , *A Communion of Subjects: Animals in Religion, Science, and Ethics*, 2006, pp. 373 - 390.
Grünwedel, Albert. *Alt-Kutscha*, Berlin, 1920.
Van Gulik, Robert Hans 高罗佩. *The Gibbon in China: An Essay in Chinese Animal Lore*, Leiden: E. J. Brill, 1967.
Gusfield, Joseph R. and Jerzy Michalowicz. "Secular Symbolism: Studies of Ritual, Ceremony, and the Symbolic Order in Modern Life," *Annual Review of Sociology*, vol. 10 (1984), pp. 417 - 435.

参 考 书 目

H

Haidle, Miriam N. "Working-Memory Capacity and the Evolution of Modern Cognitive Potential: Implications from Animal and Early Human Tool Use," *Current Anthropology* vol. 51, Supplement 1 (2010), pp. 149 – 166.

Hallowell, A. Irving, "Bear Ceremonialism in the Northern Hemisphere," *American Anthropologist* 28 (1926), pp. 1 – 175.

Hambleton, Ellen. *Animal Husbanry Regimes in Iron Age Britain*, British Archaeological Reports British Series 282, Oxford: Archaeopress, 1999.

Hammond, Charles. "An Excursion in Tiger Lore," *Asia Major* 3rd series, 4: 1 (1991), pp. 87 – 100.

——"The Righteous Tiger and the Grateful Lion," *Monumenta Serica* 43 (1996), pp. 191 – 211.

Hansen, Valerie 韩森. *Changing Gods in Medieval China, 1127 – 1276*, Princeton: Princeton University Press, 1990.

Harrel, C. Steven 郝瑞. "When a Ghost Becomes a God," Arthur P. Wolf ed., *Religion and Ritual in Chinese Society*, Stanford: Stanford University Press, 1974, pp. 193 – 206.

Harris, Ian. "A Vast Unsupervised Recycling Plant: Animals and the Buddhist Cosmos," Paul Waldau and Kimberley Patton eds., *A Communion of Subjects: Animals in Religion, Science, and Ethics*, New York: Columbia University Press, 2006, pp. 207 – 217.

Harris, Marvin. "The Cultural Ecology of India's Sacred Cattle," *Current Anthropology*, vol. 33, no. 1, Supplement: Inquiry and Debate in the Human Sciences: Contributions from Current Anthropology, 1960 – 1990 (Feb., 1992), pp. 261 – 276.

Harrison, Henrietta 沈艾娣. *The Making of the Republican Citizen: Political Ceremonies and Symbols in China 1911 – 1929*, Studies on Contemporary China, Oxford: Oxford University Press, 2000.

Harrison, Paul M. "Searching for the Origins of the Mahāyāna: What are We Looking for?" *Eastern Buddhist*, n. s. 28: 1 (1995), pp. 48 – 69.

——"The Earliest Chinese Translations of Mahāyāna Buddhist Sūtras: Some Notes on the Works of Lokakṣema," *Buddhist Studies Review* 10: 2 (1993), pp. 135 – 177.

Harrod, Howard L. *The Animals Came Dancing: Native American Sacred Ecology and Animal Kinship*, Tucson: University of Arizona Press, 2000.

Härtel, Herbert et al. *Along the Ancient Silk Routes: Central Asian Art from the Western Berlin State Museums, An Exhibition lent by the Museum für Indische Kunst, Staatliche Museen Preussicher Kulturebesitz, Berlin, Federal Republic of Germany*, New York: The Metropolitan Museum of Art and Harry N. Abrams, 1983.

Härtel, Herbert, V. Moeller, and G. Bhattacharya, *Katalog: Ausgestellte Werk*, Berlin: Museum for Indische Kunst, 1971, 1976.

Hartmann, Sieglinde ed. *Fauna and Flora in the Middle Ages: Studies of the Medieval*

Environment and Its Impact on the Human Mind, Beihefte Zur Mediaevistik, Bern and Frankfurt: Peter Lang Publishing, 2007.

Harvey, Peter. *An Introduction to Buddhist Ethics*, Cambridge: Cambridge University Press, 2000.

Haussig, Hans Wilhelm. *Die Geschichte Zentralasiens und der Seidenstrasse in Vorislamischer Zeit*, Darmstadt: Wissenschaftliche Buchgesellschaft, 1983.

Hay, John. "The Persistent Dragon (Lung)," in Willard J. Peterson, Andrew H. Plaks, and Yü Ying-shih eds., *The Power of Culture: Studies in Chinese Cultural History*, Hong Kong: The Chinese University Press, 1994, pp. 119 – 149.

Hayward, Gregory D., Dale G. Miquelle, Evgeny N. Smirnov, Chris Nations. "Monitoring Amur Tiger Populations: Characteristics of Track Surveys in Snow," *Wildlife Society Bulletin*, vol. 30, no. 4 (2002), pp. 1150 – 1159.

Heath, John. *The Talking Greeks: Speech, Animals, and the Other in Homer, Aehylus, and Plato*, Cambridge: Cambridge University Press, 2005.

Herrington, Sandra. "Subspecies and the Conservation of Panther tigris: Preserving Genetic Heterogeneity," in Ronald L. Tilson and Ulysses S. Seal, eds., *Tigers of the World: The Biology, Biopolitics, Management and Conservation of an Endangered Species*, Park Ridge, NJ: Notes Publications, 1987, pp. 512 – 560.

Hitch, Sarah. *King of Sacrifice: Ritual and Royal Authority in the Iliad*, Cambridge, MA: Center for Hellenic Studies, Harvard University, 2009.

Hobgood-Oster, Laura. *Holy Dogs and Asses: Animals in the Christian Traditions*, Urbana and Chicago: University of Illinois Press, 2008.

von Hofsten, Sven. *The Feline-prey Theme in Archaic Greek Art: Classification-Distribution-Origin-Iconographical Context*, Acta Universitatis Stockholmiensis, Stockholm Studies in Classical Archaeology, no. 13, Stockholm: Stockholm University, 2007.

Holcombe, Charles. *In the Shadow of the Han: Literati Thought and Society at the Beginning of the Southern Dynasties*, Honolulu: University of Hawaii Press, 1994.

Holzman, Donald 侯思孟. "The Place of Filial Piety in Ancient China," *Journal of the American Oriental Society* vol. 118, no. 2 (1998), pp. 185 – 199.

Hou, Ching-lang 侯锦郎. "The Chinese Belief in Baleful Stars," in Holmes Welch and Anna Seidel eds., *Facets of Taoism: Essays in Chinese Religion*, New Haven: Yale University Press, 1979, pp. 193 – 228.

Houston, Walter. *Purity and Monotheism: Clean and Unclean Animals in Biblical Law*, Journal for the Study of the Old Testament Supplement Series 140, Sheffield: Sheffield Academic Press, 1993.

Howard, Angela F. 何恩之. "In Support of a New Chronology for the Kizil Mural Paintings," *Archives of Asian Art* 44 (1991), pp. 68 – 83.

——*Summit of Treasures: Buddhist Cave Art of Dazu, China*, New York: Weatherhill, Inc., 2001, pp. 20 – 21.

Hu, Shiu-ying 胡秀英. *An Enumeration of Chinese Materia Medica*, Hong Kong: Chinese

University Press, 1980.

Hull, David L. and Michael Ruse eds. *The Cambridge Companion to the Philosophy of Biology*, Cambridge: Cambridge University Press, 2007.

Hulsewé, A. F. P. 何四维. *Remnants of Han Law*, Leiden: E. J. Brill, 1955.

Hume, David. *Dialogues concerning Natural Religion and Other Writings*, Edited by Dorothy Coleman, Cambridge Texts in the History of Philosophy, Cambridge: Cambridge University Press, 2007.

Hummer, Hans J. *Politics and Power in Early Medieval Europe: Alsace and the Frankish Realm, 600 – 1000*, Cambridge Studies in Medieval Life and Thought: Fourth Series, Cambridge: Cambridge University Press, 2009.

Hunn, E. S. *Tzeltal Folk Zoology: The Classification of Discontinuities in Nature*, London: Academic Press, 1977.

I

Inden, Ronald. "Ritual, Authority, and Cyclic Time in Hindu Kingship," John F. Richards ed., *Kingship and Authority in South Asia*, 2nd ed., Delhi: Oxford University Press, 1998, pp. 41 – 91.

Ingold, T. ed. *What is an Animal?* London: Unwin Hyman, 1988.

Isaacs, Ronald. H. *Animals in Jewish Thought and Tradition*, Northvale, NJ: Jason Aronson Inc., 2000.

J

Jacobsen, Thorkild. *The Treasure of Darkness: A History of Mesopotamian Religion*, New Haven: Yale University Press, 1976.

Jaini, Padmanabh S. "Indian Perspectives on the Spirituality of Animals," in *Buddhist Philosophy and Culture: Essays in Honour of N. A. Jayawickrema*, eds. by David J. Kalupahana and W. G. Weeraratne, Colombo, Sri Lanka: N. A. Jayawickrema Felicitation Volume Committee, 1987, pp. 169 – 178.

Jalais, Annu. *Forest of Tigers: People, Politics & Environment in the Sundarbans*, London: Routledge, 2010.

James, Jean M. "Some Iconographic Problems in Early Daoist-Buddhist Sculpture in China," *Archives of Asian Art* 42 (1986), pp. 71 – 76.

Jennbert, Kristina. "Sheep and Goats in Norse Paganism." In Barbro Santillo Frizell ed., *Pecus. Man and Animal in Antiquity. Proceedings of the Conference at the Swedish Institute in Rome, September 9 – 12, 2002*, Rome: The Swedish Institute in Rome, 2004, pp. 160 – 166.

Ji, Xianlin 季羡林, in Collaboration with Werner Winter and Georges-Jean Pinault ed., *Fragments of the Tocharian A Maitreyasamiti-Nāṭaka of the Xinjiang Museum, China*, Berlin: Mouton de Gruyter, 1998.

Jing, Yuan 景远 and Rowan Flad. "New Zooarchaeological Evidence for Changes in Shang Dynasty Animal Sacrifice," *Journal of Anthropological Archaeology* vol. 24, no. 3 (2005), pp. 252 – 270.

Johnson, David 姜士彬. *Spectacle and Sacrifice: The Ritual Foundations of Village Life in North China*, Cambridge: Harvard University Asia Center, 2009.

Jones, Timothy S. and David A. Sprunger eds. *Marvels, Monsters, and Miracles: Studies in the Medieval and Early Modern Imaginations*, Studies in Medieval Culture XLII, Medieval Institute Publications, Kalamazoo, MI: Western Michigan University, 2002.

de Jong, J. W. "L'épisode d'Asita dans le *Lalitavistara*," *Asiatica. Festschrift Friedrich Weller zum 65*, *Geburtstag*, Leipzig: Otto Harrassowitz, 1954, pp. 312 - 325.

Joslin, Paul. "Babr (tiger)," *Encyclopaedia Iranica Online*, 2005, available at www.iranicaonline.org.

——"The Environmental Limitations and the Future of the Asiatic Lion," *Journal of Bombay Natural History Society* vol. 81 (1984), pp. 648 - 664.

——"The Asiatic Lion: A Study of Ecology and Behavior," Ph. D. thesis, Department of. Forestry and Natural Resources, University of Edinburgh, 1973.

Jung, Hwa Yol. "Edouard Glissant's Aesthetics of Relation as Diversality and Creolization," in Nalini Therese Persram ed., *Postcolonialism and Political Theory*, Lanham, MD: Lexington Books, 2007, pp. 193 - 225.

K

Kabilsingha, Chatsumarn, "Early Buddhist Views on Nature," in Roger S. Gottlieb ed., *This Sacred Earth: Religion, Nature, Environment*, New York and London: Routledge, 1996, pp. 147 - 150.

Kalof, Linda. *Looking at Animals in Human History*, London: Reaktion Books, 2007.

Kalof, Linda and Brigitte Resel eds. *A Cultural History of Animals*, 6 volumes, Oxford: Berg Publishers, 2007.

Kamitsuka, Yoshiko 神塚淑子. "Lao-tzu in Six Dynasties Taoist Sculpture," in *Lao-tzu and the Tao-te-ching*, edited by Livia Kohn and Michael LaFargue, Albany: State University of New York Press, 1998, pp. 63 - 75.

Kang, Xiaofei 康笑菲. *The Cult of the Fox: Power, Gender and Popular Religion in Late Imperial and Modern China*, New York: Columbia University Press, 2006.

Kapleau, Philip. *To Cherish All Life*, Rochester, NY: Zen Center, 1986.

Kean, Hilda. *Animal Rights: Political and Social Change in Britain since 1800*, London: Reaktion, 1998.

Kearney, Richard. *Strangers, Gods and Monsters: Interpreting Otherness*, London: Routledge, 2002.

Keightley, David N. 吉德炜. "The Religious Commitment: Shang Ideology and the Genesis of the Chinese Political Culture," *History of Religions* 17 (1978), pp. 211 - 225.

Keller, J. E. *The Book of the Wiles of Women*, Chapel Hill: University of North Carolina Press, 1956.

Keskiaho, Jesse M. J. "The Handling and Interpretation of Dreams and Visions in Late Sixth- to Eighth-century Gallic and Anglo-Latin Hagiography and Histories," in *Early Medieval Europe* vol. 13, no. 3 (2005), pp. 227 - 248.

参考书目

Khosronejad, Pedram. "Lion Tombstones (šir-e sangi)," *Encyclopaedia Iranica Online*, 2005, available at ww. iranica. com.

Kieschnick, John 柯嘉豪. *The Impact of Buddhism on Chinese Material Culture*, Princeton: Princeton University Press, 2001.

——*The Eminent Monk: Buddhist Ideals in Medieval Chinese Hagiography*, Honolulu: University of Hawaii Press, 1997.

Kiyose, Gisaburo N. 清瀬义三郎 and Christopher I. Beckwith. "The Origin of the Old Japanese Twelve Animal Cycle," *Arutaigo kenkyū—Altaistic Studies* 2 (2008), pp. 1–18.

Klimkeit, Hans-Joachim translated and presented. *Gnosis on the Silk Road: Gnostic Texts from Central Asia*, San Francisco: Harper San Francisco, 1993.

Klingender, Francis. *Animals in Art and Thought to the End of the Middle Ages*, edited by Evelyn Antal and John Hartman, Cambridge: M. I. T. Press, 1971.

Knapp, Keith 南恺时. *Selfless Offspring: Filial Children and Social Order in Medieval China*, Honolulu: University of Hawaii Press, 2005.

Kohn, Livia 孔丽维. *Monastic Life in Medieval Daoism: A Cross-cultural Perspective*, Honolulu: University of Hawaii Press, 2003.

Ōosrow-nežād, Pedrām. "L'étude et l'analyse des lions tombaux en pierre dans les sociétés nomades Bakhtiâri de l'Iran," mémoire de diplôme d'études approfondies, University of Sorbonne, Paris, 2001.

——"Les lions en pierre sculptée chez les Bakhtiâri: description et significations de sculptures zoomorphes dans une société tribale du sud-ouest de l'Iran," Ph. D. diss., Ecole des Hautes Etudes en Science Sociale.

Koziol, Geoffrey. *Begging Pardon and Favor: Ritual and Political Order in Early Medieval France*, Ithaca: Cornell University Press, 1992.

Kraft Kenneth ed. *Inner Peace, World Peace: Essays on Buddhism and Nonviolence*, Albany: State University of New York, 1992.

Kreinath, Jens, Jan Snoek, and Michael Stausberg eds. *Theorizing Rituals: Annotated Bibliography of Ritual Theory, 1966–2005*, Leidon: Brill, 2007.

Kristoffersen, Siv. "Transformation in Migration Period animal art," *Norwegian Archaeological Review*, vol. 28, no. 1 (1995), pp. 1–17.

Kruger, Steve F. *Dreaming in the Middle Ages*, Cambridge Studies in Medieval Literature 14, Cambridge: Cambridge University Press, 1992.

Kutcher, Normal. *Mourning in Late Imperial China*, Cambridge: Cambridge University Press, 1999.

L

La, Na Hee. "Ideology and Religion in Ancient Korea," *Korea Journal* 43: 4 (Winter, 2003), pp. 10–29.

Lagerwey, John 劳格文. "Dingguang Gufo 定光古佛: Oral and Written Sources in the Study of a Saint," *Cahiers d'Extrême-Asie* 10 (1998), pp. 77–129.

Lai, Chi-tim 黎志添. "The Opposition of Celestial-Master Taoism to Popular Cults during the Six Dynasties," *Asia Major* 3rd series 11: 1 (1998), pp. 1 – 20.

Laland, Kevin N. and Bennett G. Galef eds. *The Question of Animal Culture*, Cambridge, MA: Harvard University Press, 2009.

Lalou, M. "Le culte des Nāga et la thérapeutique," *Journal Asiatique*, 1938, pp. 1 – 19.

Lama, Stephanie Tawa. "The Hindu Goddess and Women's Political Representation in South Asia: Symbolic Resource or Feminine Mystique?" *Revue Internationale de Sociologie* 11: 1 (2001), pp. 5 – 20.

Lamotte, Étienne. *History of Indian Buddhism: From the Origins to the Śaka Era*, translated by Sara Webb-Boin, under the supervision of Jean Dantinne, Publications de l'Institut Orientaliste de Louvain 36, Louvain: Université Catholique de Louvain, Institut Orientaliste, 1988.

Lancaster, Lewis R. *The Korean Buddhist Canon: A Descriptive Catalogue*, Berkeley: University of California Press, 1979.

Laufer, Berthold 劳费尔. *Sino-Iranica: Chinese Contributions to the History of Civilization in Ancient Iran, with Special Reference to the History of Cultivated Plants and Products*, Field Museum of Natural History Publication 201, Anthropological Series vol. XV, No. 3, Chicago: Field Museum of Natural History, 1919.

Launderville, Dale. *Piety and Politics: The Dynamics of Royal Authority in Homeric Greece, Biblical Israel, and Old Babylonian Mesopotamia*, Grand Rapids, MI and Cambridge, U. K.: William B. Eerdmans Publishing Company, 2003.

Law, Bimal Churn. "Animals in Early Jain and Buddhist Literature," *Indian Culture* 12: 1 (1945), pp. 1 – 13.

Lawrence, Elizabeth. "Hunting the Wren: A Sacred Bird in Ritual," Paul Waldau and Kimberley Patton eds., *A Communion of Subjects: Animals in Religion, Science, and Ethics*, 2006, pp. 406 – 412.

Lawson, E. Thomas and Robert N. McCauley. *Rethinking Religion: Connecting Cognition and Culture*, Cambridge: Cambridge University Press, 1990.

Leach, Edmund R. "Magical Hair," *Journal of the Royal Anthropological Institute* 88 (1958), pp. 147 – 164.

Lecocq, Françoise. "L'iconographie du phénix à Rome," in *Images de l'animal dans l'Antiquité: Des figures de l'animal au bestiaire figuré*, Caen: Presses universitaires de Caen, 2009, pp. 73 – 106.

von Le Coq, Albert. *Chotscho: Facsimile-Wiedergaben der wichtigeren Funde der ersten königlich preussischen Expedition nach Turfan in Ost-turkistan*, Berlin: D. Reimer, 1913.

——*Die buddhistische Spätantike in Mittelasien*, vols. 1 – 5, Berlin, 1922 – 1926.

——and Ernset Waldschmidt eds., *Die buddhistische Spätantike in Mittelasien*, VI, Neue Bildwerke II, 1928.

Lefmann, Salomon ed. *Lalitavistara*, Halle: Verlag der Buchhandlung des

参 考 书 目

Waisenhauses, 1902.

Le Goff, Jacques. "Le christianisme et les rêves (IIe - VIIE siècles)," in Tullio Gregory ed., *I sogni nel medioevo. Seminario internazionale Roma*, *2 - 4 ottobre 1983*, Lessico Intellettuale Europeo 35, Rome: Edizioni dell'Ateneo, 1985, pp. 171 - 215.

Levi, Jean. *Les fonctionnaires du divin. Politique, despotisme et mystique en Chine ancienne*, Paris: Seuil, 1989.

Lévi, Sylvain et E. Chavannes. "Les seize arhat protecteurs de la Loi," *Journal Asiatique*, sér. II, vol. 8 (1916), pp. 189 - 304.

Lévi, Sylvain. "Les Missions de Wang Hiuen-ts'e dans l'Inde," *Journal Asiatique* 9th ser., 15: 3 (1900), pp. 401 - 468.

Lewis, Gilbert. *Day of Shining Red: An Essay on Understanding Ritual*, Cambridge: Cambridge University 1980.

Lewis, Michael. "Indian Science for Indian Tigers?: Conservation Biology and the Question of Cultural Values," *Journal of the History of Biology*, vol. 38, no. 2 (2005), pp. 185 - 207.

Li, Hui-lin 李慧林. "The Vegetables of Ancient China," *Economic Botany* 23 (1969), pp. 253 - 260.

——Trans. *Nan-fang ts'ao-mu chuang. A Fourth Century Flora of Southeast Asia*, Hong Kong: Chinese University Press, 1979.

Linzer, Andrew. *Animal Theology*, Chicago: University of Illinois Press, 1995.

——*Why Animal Suffering Matters: Philosophy, Theology and Practical Ethics*, New York: Oxford University Press, 2009.

——And Tom Regan eds. *Animals and Christianity: A Book of Readings*, Eugene, OR: Wipf & Stock Publishers, 2007.

——And Dorothy Yamamoto eds. *Animals on the Agenda: Questions about Animals for Theology and Ethics*, Urbana: University of Illinois Press, 1998.

Ling, Travor Oswald. *Buddhism and the Mythology of Evil: A Study in Theravada Buddhism*, London: Allen & Unwin, 1962.

Liu, Yang 刘阳. "Manifestation of the Dao: A Study in Daoist Art from the Northern Dynasty to the Tang (5th - 9th Centuries)," Ph. D. diss., SOAS, University of London, 1997.

Lizot, Jacques. *Tales of the Yanomami: Daily Life in the Venezuelan Forest*, Cambridge Studies in Social and Cultural Anthropology, Cambridge: Cambridge University Press, 1986.

Loeffler, Lorenz G. "Beast, Bird and Fish: An Essay in Southeast Asian Symbolism," in N. Matsumoto and T. Mabuchi, eds., *Folk Religion and the Worldview in the Southwestern Pacific*, Tokyo: The Keio Institute of Cultural and Linguistic Studies, 1968, pp. 21 - 35.

Loehr, Max. *Ritual Vessels of Bronze Age China*, New York: The Asia Society, 1968.

Loewe, Michael 鲁惟一. "The Cult of the Dragon and the Invocation for Rain," in *Chinese*

Ideas about Nature and Society: Studies in Honour of Derk Bodde, eds. by Charles Le Blanc and Susan Blader. Hong Kong: Hong Kong University Press, 1987, pp. 195-213.

Lopez Jr. Donald S. *Buddhism and Science: A Guide for the Perplexed*, Chicago: University of Chicago Press, 2008.

Lu, Yang 陆扬. "Narrative, Spirituality, and Representation of Foreign Monks in Early Medieval China: The Case of Huijiao's Biography of Kumārajīva," *Asia Major* the third series, vol. 17, part 1 (2004), pp. 1-43.

M

Ma, Tai-loi 马泰来. "The Authenticity of the *Nan-fang ts'ao-mu chuang*," *T'oung Pao* 64 (1978), pp. 218-252.

MacKenzie, D. N. "Buddhist Terminology in Sogdian: a Glossary," *Asia Major* 18: 1 (1971), pp. 28-89.

Maclagan, Michael and Jiri Louda. *Line of Succession: Heraldry of the Royal Families of Europe*, London: Little, Brown & Co., 1999.

Macuch, Maria. "On the Treatment of Animals in Zoroastrian Law," in A. van Tongeloo ed., *Iranica Selecta. Studies in Honour of Professor Wojciech Skalmowski on the Occasion of his Seventieth Birthday*, Silk Road Studies VIII, Turnhout, 2003, pp. 167-190.

Magnus, Albertus. *On Animals: A Medieval Summa Zoologica*, Translated by Kenneth F. Kitchell Jr. and Irven Michael Resnick, Baltimore: John Hopkins University Press, 1999.

Mainka, Susan A., and Judy A. Mills. "Wildlife and Traditional Chinese Medicine: Supply and Demand for Wildlife Species," *Journal of Zoo and Wildlife Medicine*, vol. 26, no. 2 (1995), pp. 193-200, esp. pp. 194-195.

Mair, Victor H. 梅维恒 ed. *Contact and Exchange in the Ancient World*, Honolulu: University of Hawaii Press, 2006.

——*Painting and Performance: Chinese Picture Recitation and Its Indian Genesis*, Honolulu: University of Hawaii Press, 1994.

——"The Khotanese Antecedents of *The Sūtra of the Wise and the Foolish* (*Xianyu jing*)", in John R. McRae and Jan Nattier eds., *Buddhism across Boundaries: Chinese Buddhism and the Western Regions*, Taipei: Fo Guang Shan Foundation for Buddhist & Culture Education, 1999, pp. 361-420.

——"The Linguistic and Textual Antecedents of *The Sūtra of the Wise and the Foolish* (*Hsien-yü ching*) with an appended translation of 'Sudatta Raises a Monastery'," *Sino-Platonic Papers* 38, April, 1993.

Major, John S. "Animals and Animal Metaphors in *Huainanzi*," *Asia Major* (third series), vol. 21, no. 1 (2008), pp. 133-151.

Majupuria, Trilok Chandra. *Sacred Animals of Nepal and India*, Lashkar, 2000.

——*Religious and Useful Plants of Nepal and India: Medicinal Plants and Flowers as*

参考书目

  Mentioned in Religious Myths and Legends of Hinduism and Buddhism, Lashkar, 1988; D. P. Joshi, revised edition, 1989.

———*Sacred and Symbolic Animals of Nepal: Animals in the Art, Culture, Myths and Legends of the Hindus and Buddhists*, Kathmandu: Sahayogi Prakashan Tripureswar, 1977.

Manning, A. and J. Serpell eds. *Animals and Human Society: Changing Perspectives*, London: Routledge, 1994.

Manz, Forbes. "Tamerlane and the Symbolism of the Sovereignty," *Iranian Studies* 21/1-2 (1988), p. 118.

Marinatos, Nannó. *The Goddess and the Warrior: The Naked Goddess and Mistress of Animals in Early Greek Religion*, London and New York: Routledge, 2000.

Marshak, Boris I. *Legends, Tales, and Fables in the Art of Sogdiana*, with an Appendix by Viladimir A. Livshits, Biennial Ehsan Yarshater Lectures (School of Oriental and African Studies University of London, May 10 - 17, 1995), no. 1, New York: Bibliotheca Persica Press, 2002.

———"The Tiger, Raised from the Dead: Two Murals from Panjikent," *Bulletin of the Asia Institute*, New Series, vol. 10, Studies in Honor of Vladimir A. Livshits, 1996, pp. 207-217.

———"Literary Subjects in Sogdian Art," *Ehsan Yarshater Lectures on Iranian Art and Archaeology*, SOAS in London, 1995; *Legends, Tales, and Fables in the Art of Sogdiana*, New York: Bibliotheca Persica Press, 2002, pp. 109-158.

Martin, Dan. "Tibet at the Center: A Historical Study of Some Tibetan Geographical Conceptions Based on Two Types of Country-Lists Found in Bon Histories," in Per Kvaerna ed., *Tibetan Studies: Proceedings of the 6th Seminar of the International Association for Tibetan Studies*, vol. 1, Oslo: Institute for Comparative Research in Human Culture, 1994, pp. 517-532.

Mason, David A. *The Spirit of the Mountains: Korea's San-Shin and Traditions of Mountain Worship*, Seoul: Hollym International Co., 1999.

Mayo, Lewis. "The Order of Birds in Guiyi jun Dunhuang," *East Asian History* vol. 20 (2000), pp. 1-59.

Mazumdar, B. C. "Durgā: Her Origin and History," *Journal of The Royal Asiatic Society of the Great Britain and Ireland* Vol. 38, no. 2 (1906), pp. 355-362.

McCauley, Robert N. and E. Thomas Lawson. *Bringing Ritual to Mind: Psychological Foundations of Cultural Forms*, Cambridge: Cambridge University Press, 2002.

McCulloch, Florence. *Medieval Latin and French Bestiaries*, Chapel Hill, N. C.: University of North Carolina Press, 1960.

McDermott, James P. "Animals and Humans in Early Buddhism," *Indo-Iranian Journal* 32: 2 (1989), pp. 269-280.

McDonough, Christopher. "Ridiculus Mus: Of Mice and Men in Roman Thought," Paul Waldau and Kimberley Patton eds., *A Communion of Subjects: Animals in Religion, Science, and Ethics*, 2006, pp. 413-422.

McMullen, David 麦大维. "Bureaucrats and Cosmology: The Ritual Code of T'ang China," in David Cannadine and Simon Price eds, *Ritual of Royalty: Power and Ceremonial in Traditional Societies*, Cambridge: Cambridge University Press, 1987, pp. 181 – 236.

——*State and Scholars in T'ang China*, Cambridge: Cambridge University Press, 1988.

Metcalf, Peter and Richard Huntington. *Celebrations of Death: The Anthropology of Mortuary Ritual*, Cambridge: Cambridge University Press, 2001, 2nd edition.

Metzger, Thomas A. 墨子刻. "Was Neo-Confucianism 'Tangential' to the Elite Culture of Late Imperial China?" *The American Asian Review* 4:1 (1986), pp. 2 – 3.

Michaels Axel ed. *Ritual Dynamics and the Science of Ritual*, vol. 1: *Grammars and Morphologies of Ritual Practices in Asia*, Wiesbaden: Harrassowitz, 2010.

Middendorf, Ulrike. "Inside the Minds of Animals: Towards a Theory of Consciousness and Feeling in Early China," *A Passion for China: Essays in Honour of Paolo Santagelo, for His 60th Birthday*, ed. by Chiu Ling-yeong, with Donatella Guida, Leiden: Brill, 2006, pp. 237 – 258.

Mitchell, Robert W., Nicholas S. Thompson, and H. Lyn Miles eds. *Anthropomorphism, Anecdotes, and Animals*, Albany: State University of New York, 1997.

Mitra, Rajendralala. *The Lalita-Vistara or Memoirs of the Early Life of Śākya Siñba*, translated from the original Sanskrit, Bibliotheca Indica new series, no. 455, Calcutta: The Asiatic Society of Bengal, 1881.

Mitra, Sudipta. *Gir Forest and the Saga of the Asiatic Lion*, New Delhi: Indus Publishing Company, 2005.

Moazami, Mahnaz. "Evil Animals in the Zoroastrian Religion," *History of Religion*, vol. 44, no. 4 (2005), pp. 300 – 317.

Mollier, Christine 穆瑞明. *Buddhism and Taoism Face to Face: Scripture, Ritual, and Iconographic Exchange in Medieval China*, Honolulu: University of Hawaii Press, 2008.

——*Une Apocalypse Taoïste du Ve Siècle. Le Livre des Incantations Divine des Grottes Abyssales*, Mémoires de l'Insitut des Hautes Études Chinoises, volume XXXI, Paris: Collège de France, Institut des Hautes Études Chinoises, 1990.

Monier-Williams, Monier. *A Sanskrit-English Dictionary*, Oxford: Clarendon Press, 1899.

Moore, John A. "Understanding Nature: Form and Function," *American Zoologist*, vol. 28, no. 2 (1988), pp. 449 – 584.

Moreira, Isabel. *Dreams, Visions, and Spiritual Authority in Merovingian Gaul*, Ithaca, New York: Cornell University Press. 2000.

Morgan, Carole. "Inscribed Stones: A Note on a Tang and Song Dynasty Burial Rite," *T'oung Pao*, LXXXII, 4 – 5 (1996), pp. 317 – 348.

Mortensen, Eric. "Raven Augury from Tibet to Alaska: Dialects, Divine Agency, and the Bird's-Eye View," Paul Waldau and Kimberley Patton eds. , *A Communion of Subjects: Animals in Religion, Science, and Ethics*, 2006, pp. 423 – 436.

Mundkur, Balaji, Ralph Bolton, Charles E. Borden, Åke Hultkrantz, Erika Kaneko, David

H. Kelley, William J. Kornfield, George A. Kubler, Harold Franklin McGee, Jr., Yoshio Onuki, Mary Schubert, John Tu Er-Wei. "The Cult of the Serpent in the Americas: Its Asian Background," with comments and replies, In Current Anthropology, Vol. 17, no. 3 (1976), pp. 429–455.

Mylius, Klaus. *Geschichte der Literatur im alten Indien*, Leipzig: Verlag Reclam, 1983.

N

Nattier, Jan 那体慧. *A Guide to the Earliest Chinese Buddhist Translations: Texts from the Eastern Han and Three Kingdoms Periods*, Bibliotheca Philologica et Philosophica Buddhica X, Tokyo: The International Research Institute for Advanced Buddhology, Soka University, 2008.

——*A Few Good Men: The Bodhisattva Path according to the Inquiry of Ugra (Ugraparipṛcchā)*, Honolulu: University of Hawaii Press, 2003.

——*Once Upon a Future Time: Studies in a Buddhist Prophecy of Decline*, Nanzan Studies in Asian Religions, 1, Berkeley: Asian Humanities Press, 1991.

Naymark, Alexandr. "Sogdiana, its Christians and Byzantium: A Study of Artistic and Cultural Connections in Late Antiquity and Early Middle Ages," Ph. D. diss., Indiana University, 2001.

Needham, Joseph 李约瑟. "The Development of Botanical Taxonomy in Chinese Culture," *Actes du douzi'me congrés international d'histoire des sciences* (1968), pp. 127–133.

Nelson, Janet. *Politics and Ritual in Early Medieval Europe*, London: Hambledon Press, 1986.

Neubecker, Ottfried. *Heraldry: Sources, Symbols and Meaning*, Maidenhead, England: McGraw-Hill, 1976.

Nguyen, Tran Huan. "Esquisse d'une histoire de la biologie chinoise des origines jusqu'au IVe siècle," *Revue d'histoire des sciences* 10 (1957), pp. 31–37.

Norman, K. R. *The Group of Discourses (Sutta-Nipāta)*, 2nd edition, Oxford: Pali Tetx Society, 2001.

——"Middle Indo-Aryan," in Jadranka Gvozdanovich, *Indo-European Numerals*, Trends in Linguistics, Studies and Monographs 57, Berlin: Mouton de Gruyter, 1992, pp. 199–241.

——"Solitary as Rhinoceros Horn," *Buddhist Studies Review* 13, 1996, pp. 133–142.

Nylan, Michael 戴梅可. "Confucian Piety and Individualism in Han China," *Journal of American Oriental Society* vol. 116 (1996), pp. 1–27.

O

Oakley, Francis. *Kingship: The Politics of Enchantment*, Malden, MA: Blackwell Publishing, 2006.

Ohnuma, Reiko 大沼玲子. "The Gift of the Body and the Gift of Dharma," *History of Religions* 37: 4 (1998), pp. 323–359.

—— *Head, Eyes, Flesh, and Blood: Giving Away the Body in Indian Buddhist Literature*, New York: Columbia University Press, 2007.

Oldenberg, Hermann. *Die Religion des Veda*. Berlin: Verlag von Wilhelm Hertz, 1894, second edition, 1916; English translation, *The Religion of the Veda*, trans. by Shridhar B. Shrotri, Delhi: Motilal Banarsidass, 1988.

Olsen, Sandra L., Susan Grant, Alice M Choyke, and Laszlo Bartosiewicz, *Horses and Humans: The Evolution of the Human-Equine Relationship*, British Archaeological Report, International Series 1560, Oxford, 2006.

Olsen, Stanley J. "The Camel in Ancient China and an Osteology of the Camel," *Proceedings of the Academy of Natural Sciences of Philadelphia*, vol. 140, no. 1 (1988), pp. 18-58.

Ooms, Herman. *Imperial Politics and Symbolics in Ancient Japan: The Tenmu Dynasty, 650-800*, Honolulu: University of Hawaii Press, 2009.

Ölmez, M. "Ein weiteres alttürkischen Pañchatantra-Fragment," *Ural-Altaische Jahrbücher* N. F. 12 (1993), pp. 179-191.

P

Page, Tony. *What Does Buddhism Say about Animals*, London: UVAKIS Publications, 1998.

——*Buddhism and Animals: A Buddhist Vision of Humanity's Rightful Relationship with the Animal Kingdom*, London: UVAKIS Publications, 1999.

Pankaj, N. M. "The Buddhist Transformation of Silla Kingship: Buddha as a King and King as a Buddha," *Transactions of the Royal Asiatic Society, Korea Branch*, 70 (1995), pp. 15-35.

Patton, Kimberly. "'He Who Sits in the Heavens Laughs': Recovering Animal Theology in the Abrahamic Traditions," *The Harvard Theological Review* 93, no. 1 (2000), pp. 401-434.

——"Animal Sacrifice: Metaphysics of the Sublimated Victim," Paul Waldau and Kimberley Patton eds., *A Communion of Subjects: Animals in Religion, Science, and Ethics*, 2006, pp. 391-405.

Paulson, Ivar. "The Animal Guardian: A Critical and Synthetic Review," Translated from German by Nancy E. Auer, *History of Religions*, vol. 3, no. 2 (1964), pp. 202-219.

Payne, Richard K. ed. *Tantric Buddhism in East Asia*, Boston: Wisdom Publications, 2006.

Pe, Hla. "Burmese Attitudes to Plants and Animals," in G. B. Milner ed., *Natural Symbols in South East Asia*, London: School of Oriental and African Studies, 1978, pp. 88-104.

Peil, Dietmar. "On the Question of a *Physiologus* Tradition in Emblematic Art and Writing," in Nona C. Flores ed., *Animals in the Middle Ages: A Book of Essays*, New York and London: The Garland Publishing, 1996, pp. 103-130.

Pennock, Robert T. "Biology and Religion," in David L. Hull and Michael Ruse eds., *The Cambridge Companion to the Philosophy of Biology*, Cambridge: Cambridge University Press, 2007, pp. 410-428.

参 考 书 目

Perkins, David. *Romanticism and Animal Rights, 1790 - 1830*, Cambridge: Cambridge University Press, 2003.

Perlo, Katherine Wills. *Kinship and Killing: The Animal in World Religions*, New York: Columbia University Press, 2009.

Petropoulou, Maria-Zoe. *Animal Sacrifice in Ancient Greek Religion, Judaism, and Christianity, 100BC - AD200*, Oxford: Oxford University Press, 2008.

Phelps, Norm. *The Great Compassion: Buddhism and Animal Rights*, NY: Lantern Books, 2004.

Piggott, Stuart. *Wagon, Chariot and Carriage: Symbol and Status in the History of Transport*, London: Thames and Hudson, 1992.

Pluskowski, Aleksander ed. *Just Skin and Bones? New Perspectives on Human-Animal Relations in the Historical Past*, British Archaeological Reports International Series 1410, Oxford: Archaeopress, 2005.

——*Wolves and the Wilderness in the Middle Ages*, Woodbridge, UK: The Boydell Press, 2006.

——*Breaking and Shaping Beastly Bodies: Animals as Material Culture in the Middle Ages*, Oxford: Oxbow Books, 2007.

Pocock, R. I. "The Lions of Asia," *Journal of Bombay Natural History Society*, vol. 34 (1930), pp. 638 - 665.

Pollard, Elizabeth Ann. "Pliny's Natural History and the Flavian Templum Pacis: Botanical Imperialism in First-Century C. E. Rome," *Journal of World History* — Volume 20, Number 3, September 2009, pp. 309 - 338.

Pontynen, Arthur. "The Deification of Laozi in Chinese History and Art," *Oriental Art* 26: 2 (summer, 1980), pp. 192 - 200.

Poo, Mu-chou 蒲慕州. "The Completion of an Ideal World: The Human Ghost in Early Medieval China," *Asia Major* 3rd series, 10 (1997), pp. 69 - 94.

——"Ghost Literature: Exorcistic Ritual Texts or Daily Entertainment?" *Asia Major*, 3rd series, 13: 1 (2000), pp. 43 - 64.

Poppe, Nicolas trans. *The Twelve Deeds of Buddha: A Mongolian Version of the Latitavistara*, Seattle: University of Washington Press, 1967.

Pössel, Christina. "The Magic of Medieval Ritual." *Early Medieval Europe*, vol. 17, no. 2 (2009), pp. 111 - 125.

——"Symbolic Communication and the Negotiation of Power at Carolingian Regnal Assemblies, 814 - 840," Ph. D. thesis at Trinity Hall, University of Cambridge, 2004.

Powers, Martin J. *Art and Political Expression in Early China*, New Haven: Yale University Press, 1991.

Preece, Rod. *Awe for the Tiger, Love for the Lamb: A Chronicle of the Sensibility to Animals*, London: Routledge, 2002.

Pregadio, Fabrizio. *Great Clarity: Daoism and Alchemy in Early Medieval China*, Stanford: Stanford University Press, 2006.

Przyluski, J. and M. Lalou. "Notes de Mythologie bouddhique," *Harvard Journal of Asiatic Studies*, vol. III (1938), pp. 40 – 46.

Pulleyblank, Edwin G. 蒲立本. "Why Tocharians?" in *Journal of Indo-European Studies*, vol. 23 (1995), pp. 427 – 428.

Q

Queen, Sarah A. *From Chronicle to Canon: The Hermeneutics of the Spring and Autumn, According to Tung Chung-shu*, Cambridge: Cambridge University Press, 1996.

R

de Rachewiltz, Igor 罗义果. *The Secret History of the Mongols: A Mongolian Epic Chronicle of the Thirteenth Century*, volume 1, translated with a historical and philological commentary, Leiden: E. J. Brill, 2006.

Radick, Gregory. *The Simian Tongue: The Long Debate about Animal Language*, Chicago: University of Chicago Press. 2007.

Rappaport, Roy A. *Ritual and Religion in the Making of Humanity*, Cambridge Studies in Social and Cultural Anthropology 110, Cambridge: Cambridge University Press, 1999.

Raschmann, Simone-Christine and Ablet Semet, "Neues zur alttürkischen 'Geschichte von der hungrigen Tigerin'," in *Aspects of Research into Central Asian Buddhism: In Memoriam Kōgi Kudara*, ed. by Peter Zieme, Turnhout, Belgium: Brepols, 2008, pp. 237 – 275.

Raulwing, Peter. *Horses, Chariots, and Indo-Europeans: Foundations and Methods of Chariotry Research from the Viewpoint of Comparative Indo-European Linguistics*, Budapest: Archaeolingua, 2000.

Rawlinson, Andrew. "Nāgas and the Magical Cosmology of Buddhism," *Religion* 16 (1986), pp. 135 – 153.

Rawson, Jessica. "Strange Creatures," *Oriental Art* 44: 2 (1998), pp. 24 – 28.

——*Chinese Ornament: The Lotus and the Dragon*. London: British Museum Publications Limited, 1984.

Regan, Tom. *The Case for Animal Rights*, Berkeley: University of California Press, 1983.

Regenstein, Lewis G. *Replenish the Earth: A History of Organized Religion's Treatment of Animals and Nature — Including the Bible's Message of Conservation and Kindness toward Animals*, New York: The Crossroad Publishing Company, 1991.

Reinders, Eric. "Animals, Attitude toward: Buddhist Perspective," in William M. Johnston ed. *Encyclopedia of Monasticism* (Fitzroy Dearborn, 2000), pp. 30 – 31.

Petkov, Kiril. *The Kiss of Peace: Ritual, Self, and Society in the High and Late Medieval West*, Cultures, Beliefs and Traditions Medieval and Early Modern Peoples, Leiden: Brill, 2003.

Refael-Vivante, Revital. "Of Lion and Foxes: Power and Rule in Hebrew Medieval Fables," *Revista Paz Conflictos*, no. 2 (2009), pp. 24 – 43.

Reynolds, Frank E. and Mani B. Reynolds trans. *Three Worlds according to King Ruang: A Thai Buddhist Cosmology*, Berkeley Buddhist Studies Series no. 4, Berkeley: University of California, 1982.

Rhie, Marylin Martin. *Early Buddhist Art of China and Central Asia*, vol. 2, *The Eastern Chin and Sixteen Kingdoms Period in China and Tumshuk, Kucha and Karashahr in Central Asia — Illustrations*, Leiden: E. J. Brill, 2002.

Robson, James 罗柏松. *Power of Place: The Religious Landscape of the Southern Sacred Peak (Nanyue) in Medieval China*, Harvard East Asian Monographs 316, Cambridge: Harvard University Asia Center and Harvard University Press, 2009.

Rostovtzeff, M. *The Animal Style in South Russia and China*, Princeton Monographs in Art and Archaeology 14, Princeton: Princeton University Press, 1929; reprinted edition, New York: Hacker, 1973.

Rothfels, Nigel. *Savages and Beasts: The Birth of the Modern Zoo*, Baltimote: The John Hopkins University Press, 2002.

—— ed. *Representing Animals*, Bloomington and Indianapolis: Indiana University Press, 2002.

des Rotours, Robert 戴何都. "Le culte des cinq dragons sous la dynastie des T'ang (618–907)," *Mélanges de sinology offerts à Monsieur Paul Demieville*, Paris, 1966, pp. 261–280.

Ruppert, Brian K. "Buddhist Rainmaking in Early Japan: The Dragon King and the Ritual Careers of Esoteric Monks," *History of Religions* 42 (2002), pp. 143–174.

Russell, Jeffrey Burton. *Lucifer: The Devil in the Middle Ages*, Ithaca and London: Cornell University Press, 1984.

S

Sabatier, Paul. *Life of St. Francis of Assisi*, trans. by Louise Seymour Houghton, New York: Charles Scribner's Sons, 1902.

Sadakara, Akira 定方晟. *Buddhist Cosmology: Philosophy and Origins*, trans. by Gaynor Sekimori, with a forward by Hajime Nakamura, Tokyo: Kōsei Publishing Co., 1997.

Sagart, Laurent. "The Chinese Names of the Four Directions," *Journal of American Oriental Society* 124: 1 (2004), pp. 69–76.

Salisbury, Joyce E. *The Beast Within: Animals in the Middle Ages*, London: Routledge, 1994.

——ed. *The Medieval World of Nature: A Book of Essays*, New York and London: Garland Publishing, Inc., 1993.

Salomon, Richard 邵瑞祺. *Ancient Buddhist Scrolls from Gandhāra: The British Library Kharoṣṭhī Fragments*, Seattle: University of Washington Press and London: The British Library, 1999.

——*A Gandhārī Version of the Rhinoceros Sūtra*, Seattle: University of Washington Press, 2000.

Salter, David. *Holy and Noble Beasts: Encounters with Animals in Medieval Literature*, Cambridge: D. S. Brewer, 2001.

Sälzle, Karl. *Tier und Mensch. Gottheit und Dämon. Das Tier in der Geistesgeschichte der*

Menschheit, München: Bayerischer Landschaftsverlag, 1965.

Sangren, P. Steven 桑高仁. *History and Magical Power in a Chinese Community*, Stanford: Stanford University Press, 1987.

Sarton, George. *Introduction to the History of Science*, Baltimore, Publication for the Carnegie institution of Washington by the Williams & Wilkins Company, 1927.

Saunders, Nicolas J. "Predators of Culture: Jaguar Symbolism and Mesoamerican Elites," *World Archaeology*, vol. 26, no. 1, Archaeology of Pilgrimage (June, 1994), pp. 104–117.

——"Tezcatlipoca: Jaguar Metaphors and the Aztec Mirror of Nature," in R. G. Willis ed., *Signifying Animals: Human Meaning in the Natural World*, London: Unwin Hyman, 1990, pp. 159–177.

——"The Jaguars of Culture: Symbolizing Humanity in Pre-Columbian and Amerindian Societies," Ph. D. thesis., Department of Archaeology, University of Southampton, 1992.

——ed. *Icons of Power: Feline Symbolism in the Americas*, Routledge: London and New York, 1998.

Schafer, Edward H. 薛爱华. "Cultural History of the Elaphure," *Sinologica* 4 (1956), pp. 251–274.

——"Hunting Parks and Animal Enclosures in Ancient China," *Journal of the Economic and Social History of the Orient* 11 (1968), pp. 318–343.

——*The Golden Peaches of Samarkand: A Study in T'ang Exotics*, Berkeley: University of California Press, 1963.

——*The Vermilion Bird: T'ang Images of the South*, Berkeley: University of California Press, 1967.

Schaller, George B. *The Deer and the Tiger: A Study of Wild Life in India*, Chicago: University of Chicago Press, 1967.

Schipper, Kristopher 施舟人. *The Taoist Body*, translated by Karen C. Duval, forward by Norman Girardot, Berkeley: University of California Press, 1993.

——"Purity and Strangers: Shifting Boundaries in Medieval China," *T'oung Pao* 80 (1994), pp. 61–81.

Schipper, Kristopher and Franciscus Verellen 傅飞岚 eds. *The Taoist Canon: A Historical Companion to the Daozang*, Chicago: University of Chicago Press, 2004.

Schlinglff, Dieter. *Guide to the Ajanta Paintings*, vol. 1: *Narrative Wall Paintings*, translated from German by Miriam Higgins, New Dehli: Munshiram Manoharlal, 1999.

Schlumberger, Daniel. "La prospection archeologique de Bactres (prin-temps 1947)," *Syrza*, XXVI (1949), pp. 173–190.

Schmidt, Hanns-Peter. "Ancient Iranian Animal Classification," *Studien zur Indologie und Iranistik* 5/6 (1980), pp. 209–244.

Schmidt, Leopold. "Der Herr der Tiere in einigen Sagenlandschaften Europas und Eurasiens," *Anthropos*, vol. 47 (1952), pp. 509–538.

Schmidt, Gerhard and Thomas Thilo. *Katalog chinesischer buddhistischer Textfragmente* I, BTT VI, Berlin: Akademie Verlag, 1971.

Schmithausen, Lambert. *Buddhism and Nature: The Lecture Delivered on the Occasion of the EXPO 1990. An Enlarged Version with Notes*, Tokyo: The International Institute for Buddhist Studies, 1991.

——"The Early Buddhist Tradition and Ecological Ethics," *Journal of Buddhist Ethics*, vol. 4 (1997), pp. 1 - 74.

——*The Problem of the Sentience of Plants in Earliest Buddhism*, Studia Philologica Buddhica, Monograph Series 6, Tokyo: The International Institute for Buddhist Studies, 1990.

——*Plants as Sentient Beings in Earliest Buddhism*, Faculty of Asian Studies, Australian National University, Canberra, 1991.

——*Martrī and Magic: Aspects of the Buddhist Attitude Toward the Dangerous in Nature*, Österreichischen Akademie der Wissenschaften, Philosophisch-Historische Klasse Sitzungsberichte, 652, Band. Wien: Verlag der Österreichischen Akademie der Wissenschaften, 1997.

Schmitt, Jean-Claude. *Ghosts in the Middle Ages: The Living and the Dead in Medieval Society*, Chicago: University of Chicago Press, 1998. 法文版 Jean-Claude Schmitt, *Les Revenants: les vivants et les morts dans la société médiévale*. Bibliothèque des Histoires, Paris: Gallimard, 1994.

Schmitt, Charles B. and Quentin Skinner eds. *The Cambridge Companion to Renaissance Philosophy*, Cambridge: Cambridge University Press, 1988.

Schnepel, Burkhard. "Durga and the King: Ethnohistorical Aspects of Politico-Ritual Life in a South Orissan Jungle Kingdom," *The Journal of the Royal Anthropological Institute*, vol. 1, no. 1 (March, 1995), pp. 145 - 166.

Schober, Juliane ed. *Sacred Biography in the Buddhist Traditions of South and Southeast Asia*, Honolulu: University of Hawaii Press, 1997.

Schubring, S. "Zum Lalitavistara," *Asiatica, Festschrift F. Weller*, Leipzig, 1954, SS. 610 - 655.

Schulman, David and Guy G. Stroumsa eds. *Dream Cultures. Explorations in the Comparative History of Dreaming*, New York: Oxford University Press, 1999.

Seetah, Krish. "Butchery as a Tool for Understanding the Changing Views of Animals: Cattle in Roman Empire," in Aleksander Pluskowski ed. *Just Skin and Bones? New Perspectives on Human-Animal Relations in the Historical Past*, British Archaeological Reports International Series 1410, Oxford: Archaeopress, 2005, pp. 1 - 8.

Seidel, Anna 索安. *La divinization de Lao tseu dans le taoïsme des Han*, Paris: École française d'Extrême-Orient, 1969.

——"The Image of the Perfect Ruler in Early Taoist Messianism: Lao-tzu and Li Hung," *History of Religions* 9 (1970), pp. 216 - 247.

——"Le Sûtra merveilleux du Lingbao suprême traitant de Laozi qui convertit les barbares (le manuscript S. 2081)," in Michel Soymié ed. , *Contributions aux etudes de Touenhouang*, vol. 3, Paris: École française d'Extrême-Orient, 1984, pp. 305 – 352.

Seidensticker, John, Sarah Christie, and Peter Jackson, eds. *Riding the Tiger: Tiger Conservation in Human-Dominated Landscapes*, Cambridge: Cambridge University Press, 1999.

Sela, Ron. *Ritual and Authority in Central Asia: The Khan's Inauguration Ceremony* (Papers on Inner Asia), Bloomington: Indiana University Research Institute for Inner Asian Studies, 2003.

Serpell, James. *In the Company of Animals: A Study in Human-Animal Relationships*, Cambridge: Cambridge University Press, 1996.

Shahar, Meir 夏维明 and Robert Weller 魏乐博 eds. *Unruly Gods: Divinity and Society in China*, Honolulu: University of Hawaii Press, 1996.

Shenton, Caroline. "Edward III and the Symbolism of the Leopard," in Peter Coss and Maurice Keen eds. *Heraldry Pageantry and Social Display in Medieval England*, Bury St Edmunds: Boydell Press, 2002, pp. 69 – 81.

Shinohara, Koichi 筱原亨一. "Two Sources of Chinese Buddhist Biographies: Stupa Inscriptions and Miracle Stories," in Phyllis Granoff and Koichi Shinohara eds. , *Monks and Magicians: Religious Biographies in Asia*, Oakville: Mosaic Press, 1988, pp. 119 – 228.

Shipman, Pat. "The Animal Connection and Human Evolution," *Current Anthropology*, vol. 51, no. 4 (August, 2010), pp. 519 – 538.

Siklos, Bulcsu. "The Evolution of the Buddhist Yama," in Tadeusz Skorupski ed. , *Buddhist Forum* vol. IV, London: School of Oriental and African Studies, University of London, 1996, pp. 165 – 189.

Silk, Jonathan. "Incestuous Ancestries: The Family Origins of Gautama Siddhārtha, Abraham and Sarah in Genesis 20:12, and The Status of Scripture in Buddhism," *History of Religions*, vol. 47, no. 4 (2008), pp. 253 – 281.

——"Marginal Notes on a Study of Buddhism, Economy and Society in China," *Journal of the International, Association of Buddhist Studies*, vol. 22, no. 2 (1999), pp. 359 – 396.

Silverstein, Michael. "'Cultural' Concepts and the Language-Culture Nexus," *Current Anthropology*, vol. 45, No. 5 (December, 2004), pp. 621 – 652.

Simoons, Fredenck J. and Elizabeth S. Simoons. *A Ceremonial Ox of India: The Mirhan in Nature, Culture and History*, Madison: University of Wisconsin Press, 1968.

Simpson, George G. *Principles of Animal Taxonomy*, New York: Columbia University Press, 1962.

Sims-Williams, Nicolas. "Indian Elements in Parthian and Sogdian," in K. Röhborn and W. Veenker eds. , *Sprachen des Buddhismus in Zentralasien*, Wiesbaden: Otto Harrassowitz, 1983, pp. 132 – 141.

Singer, Peter. *Animal Liberation: A New Ethics for Our Treatment of Animals*, Second edition, London: Jonathan Cape, 1990.

——*Practical Ethics*. Second edition, Cambridge: Cambridge University Press, 1993.

——"Animal Protection and the Problem of Religion," Paul Waldau and Kimberley Patton eds., *A Communion of Subjects: Animals in Religion, Science, and Ethics*, 2006, pp. 616 – 618.

Skilling, Peter and Paul Harrison. "What's in a Name? Sarvāstivādin Interpretations of the Epithets 'Buddha' and 'Bhagavat'," in 《佛教とジャイナ教:長崎法潤博士古稀記念論集》,京都:平楽寺书店,2005 年,页 700 – 675(L)。

Smith, Brian K. "Classifying Animals and Humans in Ancient India," *Man* 26: 3 (1991), pp. 527 – 548.

——*Classifying the Universe: The Ancient Indian Varna System and the Origins of Caste*, New York: Oxford University Press, 1994.

Smith, Joanna F. Handlin. "Liberating Animals in Ming-Qing China: Buddhist Inspiration and Elite Imagination," *Journal of Asian Studies* 58: 1 (1999), pp. 51 – 84.

Smith, Jonathan Z. *Imagining Religion: From Babylon to Jonestown*, Chicago: University of Chicago Press, 1982.

Soper, Alexander. "South Chinese Influence on the Buddhist Art of the Six Dynasties Period," *Bulletin of the Museum of Far Eastern Antiquities* 32 (1960), pp. 47 – 112.

Southgate, Christopher ed. *God, Humanity and the Cosmos*, London and New York: T & T Clark International, 2005. Second edition, revised and expanded.

Speake, George. *Anglo-Saxon Animal Art and Its Germanic Background*, Oxford: Oxford University Press, 1980.

Sperber, Dan. *Rethinking Symbolism*. Translated by Alice L. Morton, Cambridge Studies in Social and Cultural Anthropology 1, Cambridge: Cambridge University Press, 1974.

Spring, Madeline K. 司马德琳. *Animal Allegories in T'ang China*, New Haven: American Oriental Society, 1993.

Srivastav, Asheem and Suvira Srivastav. *Asiatic Lion on the Brink*, Dehra Dun: Beshen Singh Mahendra Pal Pal Singh, 1999.

Steckley, John edited and translated. *De Religione: Telling the Seventeenth-Century Jesuit Story in Huron to the Iroquois*, Norman: University of Oklahoma Press, 2004.

Stein, Rolf A. 石泰安. "Religious Daoism and Popular Religion from the Second to Seventh Centuries," Holmes Welch and Anna Seidel eds., *Facets of Taoism*, New Haven: Yale University Press, 1979, pp. 53 – 81.

Steiner, Gary. *Anthropocentrism and Its Discontents: The Moral Status of Animals in the History of western Philosophy*, Pittsburgh: University of Pittsburgh Press, 2005.

Sterckx, Roel 胡司德. "Of a Tawny Bull We Make Offerings: Animals in Early Chinese Religion," Paul Waldau and Kimberley Patton eds., *A Communion of Subjects: Animals in Religion, Science, and Ethics*, 2006, pp. 259 – 272.

——"Animal Classification in Ancient China," *East Asian Science, Technology and Medicine* 23 (2005), pp. 96 – 123.

——"Transforming the Beasts: Animals and Music in Early China," T'oung Pao 86: 1 – 3 (2000), pp. 1 – 46.

——"An Ancient Chinese Horse Ritual," *Early China*, vol. 21 (1996), pp. 47 – 79.

——"Transcending Habitats: Authority, Territory and the Animal Realm in Warring States and Early Imperial China," *Bulletin of the British Association for Chinese Studies* 1996, pp. 9 – 19.

——*The Animal and the Daemon in Ancient China*, Albany: State University of New York Press, 2002.

Stewart, Andrew. *Art, Desire, and the Body in Ancient Greece*, Cambridge: Cambridge University Press, 1997.

Stock, Brian. *Listening for the Text: On the Uses of the Past*, Philadelphia: University of Pennsylvania Press, 1990.

Stoczkowski, Wiktor. *Explaining Human Origins: Myth, Imagination and Conjecture*, translated by Mary Turton, Cambridge: Cambridge University Press, 2002.

Strickmann, Michel 司马虚. "The Consecration Sūtra: A Buddhist Book of Spells," *Chinese Buddhist Apocrypha*, eds. by Robert E. Buswell Jr. and Kyoko Tokuno, Honolulu: University of Hawaii Press, 1990, pp. 75 – 118.

——*Mantras et mandarins: le bouddhisme tantrique en Chine*, Paris: Gallimard, 1996.

Strong, John. "The Legend of the Lion-Roarer: A Study of the Buddhist Arhat Piṇḍola Bhāradvāja," *Numen* 26: 1 (1979), pp. 50 – 88.

——*Relics of the Buddha*, Princeton: Princeton University Press, 2004.

——*The Legend and Cult of Upagupta*, Princeton: Princeton University Press, 1992.

Sullivan, Herbert P. "A Re-Examination of the Religion of the Indus Civilization," *History of Religions*, vol. 4, no. 1 (Summer, 1964), pp. 115 – 125.

Sung, Hou-mei 宋后楣. *Decoded Messages: The Symbolic Language of Chinese Animal Painting*, New Haven: Yale University Press and Cincinnati: Cincinnati Art Museum, 2009.

——"Chinese Tiger Painting Themes and their Symbolic Meanings," Part 1 and Part 2, *National Palace Museum Bulletin* 33: 4 (September-October, 1998), pp. 1 – 17; and 33: 5 (November – December, 1998), pp. 17 – 33.

Swearer, Donald K. *Becoming the Buddha: The Ritual of Image Consecration in Thailand*, Princeton: Princeton University Press, 2004.

T

Tambiah, Stanley J. *Buddhism and the Spirit Cults in North-east Thailand*, Cambridge: Cambridge University Press, 1970.

——*The Buddhist Saints of the Forest and the Cult of Amulets: A Study in Charisma, Hagiography, Sectarianism, and Millennial Buddhism*, Cambridge Studies in Social Anthropology 49, Cambridge: Cambridge University Press, 1984.

Taylor, Rodney. "Of Animals and Humans: The Confucian Perspective," in Paul Waldau and Kimberley Patton eds. , *A Communion Subjects: Animals in Religion, Science, and*

Ethics, New York: Columbia University Press, 2006, pp. 293 – 307.

Teiser, Stephen F. 太史文. *Ghost Festival in Medieval China*, Princeton: Princeton University Press, 1988.

——*The Scripture on the Kings and the Making of Purgatory in Medieval Chinese Buddhism*, Honolulu: University of Hawaii Press, 1994.

——*Reinventing the Wheel: Paintings of Rebirth in Medieval Buddhist Temples*, Seattle: University of Washington Press, 2007.

——"Popular Religion — the state of the field," *The Journal of Asian Studies* 54: 2 (1995), pp. 378 – 395.

——"Social History and the Confrontation of Cultures: Forward to the Third Edition," in Erik Zürcher, *The Buddhist Conquest of China. The Spread and Adaptation of Buddhism in Early Medieval China*, the third edition, Leiden: Brill, 2007, pp. xiii – xxxvii.

Theuws, Frans and Janet L. Nelson eds. *Ritual of Power: From Late Antiquity to the Early Middle Ages*, Leiden: Brill, 2000.

Thomas, Richard. "Perceptions versus Reality: Changing Attitudes Towards Pets in Medieval and Post-medieval England," in Aleksander Pluskowski ed., *Just Skin and Bones? New Perspectives on Human-Animal Relations in the Historical Past*, British Archaeological Reports International Series 1410, Oxford: Archaeopress, 2005, pp. 95 – 104.

Thomas, Werner. *Probleme der Übertragung buddhistischer Texte ins Tocharische*, Akademie der Wissenschaften und der Literatur, Stuttgart: Franz Steiner Verlag, 1989.

Tilia, A. Britt. *Studies and Restorations at Persepolis and Other Sites of Fārs II*, Rome: Istituto italiano per il Medio ed Estremo Oriente, 1978.

Till, Barry. "Some Observations on Stone Winged Chimeras at Ancient Chinese Tomb Sites," *Artibus Asiae*, vol. XLII, no. 4 (1980), pp. 261 – 281.

Tilley, Christopher. *Material Culture and Text: The Art of Ambiguity*, London: Routledge, 1991.

Tokyo National Museum 东京国立博物馆 ed. *Chinese Paintings of the Yuan Dynasty on Buddhist and Taoist Figure Subjects: January 31 – March 2, 1975*, Tokyo: Tokyo National Museum, 1975, an Exhibition Catalogue.

Tremblay, Xavier. *Pour une histoire de la Sérinde: Le Manicheisme Parmi Les Peuples et Religions d'Asie Centrale D'Apres Les Sources Primaires*, Veroffentlichungen der Kommission fur Iranistik, no. 28, Wien: Verlag der Österreichischen Akademie der Wissenschaften, 2001.

Tripāṭhī, Chandrabhāl. *Ekottarāgama-Fragmente der Gilgit-Handschrift*, Studien zur Indologie und Iranistik, Monographien 2, Reinbek: Dr. Inge Wezler, Verlag für Orientalische Fachpublikationen, 1995.

Trizin, Sakya. *A Buddhist View on Befriending and Defending Animals*, Portland: Orgyan Chogye Chonzo Ling, 1989.

Tsai, Kathryn Ann trans. *Lives of the Nuns: Biographies of Chinese Buddhist Nuns from the*

Fourth to Sixth Centuries, A translation of the *P'i-ch'iu-ni Chuan*, compiled by Shih Pao-ch'ang, Honolulu: University of Hawaii Press, 1994.

Tu, Cheng-sheng 杜正胜. "The 'Animal Style' Revisited," in Whitfield Roderick, and Wang Tao 汪涛 eds. *Exploring China's Past: New Discoveries and Studies in Archaeology and Art*, International Series in Chinese Art and Archaeology 1, London: Saffron, 1999, pp. 137 – 149.

Tuan, Yi-fu 段义孚. *Dominance and Affection: The Making of Pets*, New Haven: Yale University Press, 1984.

Tucker, Mary Evelyn and Duncan Williams eds. *Buddhism and Ecology: The Interconnection of Dharma and Deeds*, Harvard University Center for the Study of World Religions, 1997.

Turner, James. *Reckoning with Beast: Animals, Pain, and Humanity in the Victorian Mind*, Baltimore: The Johns Hopkins University Press, 2000.

Twitchett, Denis 杜希德. *The Writing of Official History under the Tang*, Cambridge: Cambridge University Press, 1992.

U

Upadhyaya, Manorama. *Royal Authority in Ancient India*, Jodhpur: Books Treasure, 2007.

V

van der Kroef, Justus M. "Dualism and Symbolic Antithesis in Indonesian Society," *American Anthropologist*, New Series, vol. 56, no. 5, Part 1 (Oct., 1954), pp. 847 – 862.

Vavilov, N. I. *The Phyto-geography Basis for Plant-breeding, Origin and Geography of Cultivated Plants*, Cambridge: Cambridge University Press, 1992.

Van Straten, F. T. *Hiera Kala: Images of Animals Sacrifice in Archaic and Classical Greece*, Leiden: E. J. Brill, 1995.

Vendermeersch, Léon. "Ritualisme et juridisme," in A. Blondeau and K. Schipper eds., *Essais sur le rituel, Colloque du centenaire de la Section des Sciences religieuses de l'Ecole Practique des Hautes Etudes*, vol. 2, Louvain and Paris: Peeters, 1990, reprinted in Etudes sinologiques, Paris: Presses Universitaires de France, 1994, pp. 209 – 220.

Verellen, Franciscus 傅飞岚. "Shu as a Hallowed Land: Du Guangting's *Record of Marvels*," *Cahiers d'Extrême-Asie* 10 (1998), pp. 213 – 254.

de Visser, M. W. *The Dragon in China and Japan*, Amsterdam: Johannes Miller, 1913.

Vita, Silvio. "Li Hua and Buddhism," in Antonino Forte ed., *Tang China and Beyond. Studies on East Asia from the Seventh to the Tenth Century*, Kyoto: Italian School of East Asian Studies, 1988, pp. 97 – 124.

Vitebsky, Piers. *Reindeer People: Living with Animals and Spirits in Siberia*, London: Harper Collins Publishers, 2005.

de Voragine, Jacobus. *The Golden Legend Readings on the Saints*, Princeton: Princeton University Press, 1993.

参 考 书 目

W

Wagner, Anthon. *Heralds and Heraldry in the Middle Ages: An Inquiry into the Growth of the Armorial Function of Heralds*, London: Oxford University Press, 1939.

Wagoner, Phillip B. "'Sultan among Hindu Kings': Dress, Titles, and the Islamicization of Hindu Culture at Vijayanagara," *Journal of Asian Studies*, vol. 55, no. 4 (1996), pp. 851–880.

Waldau, Paul. "Animals," in *The Encyclopedia of Religion*, vol. 1, New York: Macmillan Reference USA, 2005, 2nd edition, pp. 355–362.

——*The Specter of Speciesism: Buddhist and Christian Views of Animals*. Oxford University Press, 2001.

——"Buddhism and Animals Rights," in Damien Keown ed., *Contemporary Buddhist Ethics*, The Curzon Critical Studies in Buddhism Series, Richmond, Surrey, England: Curzon Press, 2000), pp. 81–112.

——and Kimberley Patton eds. *A Communion of Subjects: Animals in Religion, Science and Ethics*, New York: Oxford University Press, 2004.

Waldschmidt, Ernst. *Das Mahāparinirvāṇasūtra: Text in Sanskrit und Tibetisch, Verglichen mit dem Pāli Nebst Einer Übersetzung der Chinesischen Entsprechung im Vinaya der Mūlasarvāstivādins*, Parts 1–3, Berlin: Akademie-Verlag, 1950–1951.

——And Heinz Bechert, Georg von Simson et al. *Sanskrit-Wörterbuch der buddhistischen Texte aus den Turfan-Funden*, Göttingen: Vandenhoeck & Ruprecht, 1972–1994, Band I.

——"Central Asian Sūtra Fragments and Their Relation to the Chinese Āgamas," in Heinz Bechert ed., *Die Sprache der ältesten buddhistischen Überlieferung/The Language of the Earliest Buddhist Tradition*, Symposien zur Buddhismusforschung 2, Göttingen: Vandenhoeck and Ruprecht, 1980, pp. 136–174.

Walshe, Maurice. *The Long Discourses of the Buddha: A Translation of the Dīgha Nikāya*, Somerville, MA: Wisdom Publications, 1995.

Wang, Aihe 王爱和. *Cosmology and Political Culture in Early China*, Cambridge: Cambridge University Press, 2000.

Wang, Eugene Y. 汪悦进. *Shaping the Lotus Sutra: Buddhist Visual Culture in Medieval China*, Seattle: University of Washington Press, 2005.

Wang, Tao 汪涛. "Shang Ritual Animals: Colour and Meaning (Part 1)," *Bulletin of the School of Oriental and African Studies* 70: 2 (2007), pp. 305–372.

——"Shang Ritual Animals: Colour and Meaning (Part 2)," *Bulletin of the School of Oriental and African Studies* 70: 3 (2007), pp. 539–567.

Wang, Yi-t'ung 王伊同. Trans. *A Record of Buddhist Monasteries in Lo-yang*, by Yang Hsüan-chih, Princeton Library of Asian Translations, Princeton: Princeton University Press, 1984.

Watson, James L. 华琛. "The Structure of Chinese Funerary Rites: Elementary Forms, Ritual Sequence, and the Primacy of Performance," in James L. Watson and Evelyn S.

Rawski eds., *Death Ritual in Late Imperial and Modern China*, Berkeley: University of California Press, 1988.

Wayman, Alex. "Studies in Yama and Māra," *Indo-Iranian Journal* 3 (1959), pp. 44 – 73.

Wessing, Robert. "Symbolic Animals in the Land between the Waters: Markers of Place and Transition," *Asian Folklore Studies*, vol. 65, no. 2 (2006), pp. 205 – 239.

——"The Last Tiger in East Java: Symbolic Continuity in Ecological Change," *Asian Folklore Studies*, vol. 54, no. 2 (1995), pp. 191 – 218.

——"'Bangatowa,' 'Patogu' and 'Gaddhungan': Perceptions of the Tiger among the Madurese," *Journal of Southeast Asian Studies*, vol. 25 (1994), pp. 368 – 380.

——"A Tiger in the Heart: The Javanese Rampok Macan," in *Bijdragen tot de Taal-, Land- en Volkenkunde* 148: 2 (Leiden, 1992), pp. 287 – 308.

——*The Soul of Ambiguity: The Tiger in Southeast Asia*, Monograph Series on Southeast Asia, Special Report no. 24, DeKalb, IL: Center for Southeast Asian Studies, Northern Illinois University, 1986.

Whatley, E. Gordson, Anne B. Thompson, and Robert K. Upchurch eds. *Saints' Lives in Middle English Collections*, Kalamazoo, MI: Medieval Institute Publications, 2004.

White, D. G. *Myths of the Dog-Man*, Chicago: University of Chicago Press, 1991.

Whitehouse, Harvey and Robert N. McCauley. *Mind and Religion: Cognitive and Psychological Foundations of Religiosity*, Walnut Grove, CA: Alta Mira Press, 2005.

Whitfield, Roderick 韦陀 ed. *The Art of Central Asia: The Stein Collection in British Museum*, 3 vols., Tokyo: Kodansha International, 1982 – 1985.

Whitfield, Roderick and Anne Farrer. *Caves of the Thousand Buddhas: Chinese Art from the Silk Route*, New York: George Braziller, Inc., 1990.

Whitfield, Roderick, Susan Whitfield 魏泓, and Neville Agnew. *Cave Temples of Mogao: Art and History on the Silk Road*, Los Angeles: The Getty Conservation Institute and the J. Paul Getty Museum, 2000.

Whitfield, Susan. *Life along the Silk Road*, Berkeley: University of California Press, 1999.

Williams, David. *Deformed Discourse: The Function of the Monster in Mediaeval Thought and Literature*, Montreal: McGill-Queen's University Press, 1999.

Williams, Duncan. "Animal Liberation, Death, and the State: Rites to Release Animals in Medieval Japan," in Mary Evelyn Tucker and Duncan Williams eds. *Buddhism and Ecology: The Interconnection of Dharma and Deed*, Cambridge: Harvard University Press, 1997, pp. 149 – 164.

Williams, C. A. S. *Chinese Symbolism and Art Motifs: A Comprehensive Handbook on Symbolism in Chinese Art through the Ages*, with an Introduction to the New edition by Terence Barrow, with over 400 Illustrations, fourth revised edition, Tokyo: Tuttle Publishing, 1974.

Williams, Howard. "Animals, Ashes & Ancestors," in Aleksander Pluskowski ed. *Just Skin and Bones? New Perspectives on Human-Animal Relations in the Historical Past*, British Archaeological Reports International Series 1410, Oxford: Archaeopress, 2005, pp. 19 – 40.

Williams, Megan Hale. *The Monk and the Book: Jerome and the Making of Christian Scholarship*, Chicago: University of Chicago Press, 2006.

Willis, R. G. *Signifying Animals: Human Meaning in the Natural World*, London: Unwin Hyman, 1990.

Wilson, Don E. and DeeAnn M. Reeder eds. *Mammal Species of the World: A Taxonomic and Geographic Reference*, Baltimore: The John Hopkins University Press, 2005, 3rd edition.

Wilson, Stephen. *The Magical Universe: Everyday Ritual and Magic in Pre-Modern Europe*, London and New York: Hambledon and London, 2000.

Wittmer-Butsch, Maria Elisabeth. *Zur Bedeutung von Schlaf und Traum im Mittelalter*, Medium Aevum Quotidianum Sonderband 1, Krems: Medium Aevum Quotidianum, 1990.

Wolf, Arthur P. 武雅士. "Gods, Ghosts, and Ancestors," Arthur P. Wolf ed., *Religion and Ritual in Chinese Society*, Stanford: Stanford University Press, 1974, pp. 131 – 182.

——ed. *Religion and Ritual in Chinese Society*, Stanford: Stanford University Press, 1974.

Woodcock, Thomas and John Martin Robinson. *The Oxford Guide to Heraldry*, New York: Oxford University Press, 1988.

Woodmansee, Martha and Peter Jaszi eds. *The Construction of Authorship: Textual Appropriation in Law and Literature*, Durham: Duke University Press, 1994.

Wriggins, Sally. *The Silk Road Journey with Xuanzang*, Boulder: Westview Press, 2004, revised and updated edition.

Wu, Yuhong 吴宇虹. "Two Sumerian Names in the Mouths of the Akkadians: The Etymology of Nanna and Inanna: Lord of Heaven and Queen of Heaven," in W. H. van Soldt ed. In cooperation with R. Kalvelagen and D. Katz, *Ethnicity in Ancient Mesopotamia*, papers read at the 48th Rencontre Assyriologique Internationale Leiden, 1 – 4 July 2002, Leiden: Nederlands Instituut voor het Nabije Oosten, 2005, pp. 446 – 451.

Wynne, Clive. *Do Animals Think?* Princeton: Princeton University Press, 2004.

Y

Yamabe, Nobuyoshi 山部能宜. "The Sūtra on the Ocean-Like Samādhi of the Visualization of the Buddha: The Infersusion of the Chinese and Indian Cultures in Central Asia as Reflected in a Fifth Century Apocryphal Sūtra," Ph. D. dissertation, New Haven: Yale University, 1999.

Yang, C. K. 杨庆堃. *Religion in Chinese Society: A Study of Contemporary Social Functions of Religion and Some of Their Historical Factors*, Berkeley: University of California Press, 1961.

——"The Functional Relationship between Confucian Thought and Chinese Religion," in John K. Fairbank ed., *Chinese Thought and Institutions*, Chicago: University of

Chicago Press, 1957, pp. 269 – 290.

Yang, Lien-sheng 杨联升. "The Organization of Chinese Official Historiography: Principles and Methods of the Standard Histories from the T'ang through the Ming Dynasty," in *Excursions in Sinology*, Harvard-Yenching Institute Studies XXIV, Cambridge, MA: Harvard University Press, 1969, pp. 96 – 111. It originally appeared in *Historians of China and Japan*, ed. by W. G. Beasley and E. G. Pulleyblank, London: Oxford University Press, 1961, pp. 44 – 59.

Yifa 依法. *The Origins of Buddhist Monastic Codes in China: An Annotated Translation and Study of the Chanyuan qinggui*, Honolulu: University of Hawaii Press, 2002.

Yu, Chün-fang 于君方. *Renewal of Buddhism in China: Chu-Hung and the Late Ming Synthesis*, New York: Columbia University Press, 1981.

Z

Zieme, Peter. "Hybrid Names as a Special Device of Central Asian Naming," in Lars Johanson and Christiane Bulut eds., *Turkic-Iranian Contact Areas. Historical and Linguistic Aspects*, Wiesbaden: Otto Harrassowitz, 2006, pp. 114 – 127.

Zimmer, Heinrich. *Myths and Symbols in Indian Art and Civilization*, Bollingen Series XI, Princeton: Princeton University Press, 1972.

Ziolkowski, Jan. *Talking Animals: Medieval Latin Beast Poetry, 750 – 1150*, Philadelphia: University of Pennsylvania Press, 1993.

Zürcher, Erik 许理和. *The Buddhist Conquest of China: The Spread and Adaptation of Buddhism in Early Medieval China*, Leiden: E. J. Brill, 2007, 3rd edition.

——"Late Han Vernacular Elements in the Earliest Buddhist Translations," *Journal of the Chinese Language Teachers Association* 12: 3 (1977), pp. 177 – 203.

——"Buddhist Influence on Early Taoism: A Survey of Scriptural Evidence," *T'oung Pao*, vol. 66 (1980), pp. 84 – 147.

——"Eschatology and Messianism in Early Chinese Buddhism," in Wilt L. Idema ed., *Leyden Studies in Sinology. Papers Presented at the Conference held in Celebration of the Fiftieth Anniversary of the Sinological Institute of Leyden University, December 8 – 12, 1980*, Leiden: E. J. Brill, 1981, pp. 34 – 56.

——"Prince Moonlight: Messianism and Eschatology in Early Medieval Chinese Buddhism," *T'oung Pao* LXVIII (1982), pp. 1 – 75.

——"A New Look at the Earliest Chinese Buddhist Texts," in Koichi Shinohara and Gregory Schopen ed., *From Benares to Beijing: Essays on Buddhism and Chinese Religion*, Oakville: Mosaic Press, 1991, pp. 277 – 304.

附录一　动物史的起源与目标

一、引言

此处所要探讨的动物史(Animal History)并非传统史学中有关动物的历史学研究,而是近三十年来逐渐形成的一个独特的新领域,也有学者称之为历史学的"动物转向"(the animal turn)。比如2016年11月3日,范德萨默斯(Dan Vandersommers)在美国历史学会(AHA)杂志《历史的视野》上发表"历史中的动物转向"(The "Animal Turn" in History)一文[1],指出这是继1970年代历史学出现文化转向(the cultural turn)和1980年代出现语言学转向(the linguistic turn)之后的又一转向。这一转向大约出现在八十年代,在学术的内在理路上讲正是史学内部不断反思新问题新方法的结果,而在外缘因素上则受到七十年代以来席卷全世界的动物权利保护运动影响。它的起源与目标和传统史学与现代史学对动物的关注非常不同,值得略作梳理。

这里所说的动物史,并非自然史(natural history)所谓的动物史,也并

---

[1] Dan Vandersommers, "The Animal Turn in History," *Perspectives on History*, November issue, 2016.

非科技史(history of science and technology)所谓的动物史,也许称之为新动物史更为合适,因为它受到欧美地区风行一时的文化研究(cultural studies)理论影响下的动物研究(animal studies)理论影响,动物研究有别于生物学(biology)上的动物学(zoology),乃是文化研究的一个分支,类似于种族研究(ethnic studies)和性别研究(gender studies),将动物视为一个物种(species),与种族、性别一样,存在权力的不平等问题。和少数民族、女性一样,动物在历史书写中处于无权或者权力弱势的地位,常常在历史上被掌握权力的人"代为发声"。换言之,动物史或新动物史的产生在于历史学者试图发掘动物的历史主体性,站在动物的立场上,以动物的利益和权利为出发点,为动物在历史长河中的重要角色和地位在史学中赢得一席之地。过去有关动物的历史研究更多地将动物视为客体,历史的配角,人类的追随者,而现在动物史则要尽力改变这种局面。这当然也是受到现实政治和社会环境的影响,即人类的未来与动物的未来联系在一起,需要共同面对全球气候变化和生态恶化的命运。

在动物史兴起以前,历史学者们也不是没有关注过动物史,但他们的关注方式,以及对动物的书写方式,与动物转向所引起的动物史存在着很大区别。与动物史关系密切的领域包括后现代史学(postmodern historiography)中的新社会史(new social history)和新文化史(new cultural history),也包括现代史学中的科技史和动物考古学(zooarchaeology),以及现代史学兴起前的自然史[1]。本节的目的便是对动物史的兴起过程中受到这些学术领域的影响略加介绍和辨析,并将所谓动物的历史研究放在欧美学术史的脉络中将其分为"自然史""科技史""(新)动物史"三个阶段,分别代表早期现代、现代和后现代史学的三个传统。

---

[1] 本章偏重史学发展史视野中的动物史,有关动物史的主要研究特色,参见 Erica Fudge, "A Left-handed Blow: Writing the History of Animals," Nigel Rothfels ed., *Representing Animals*, Bloomington: Indiana University Press, 2002, pp. 3 – 18; Hilda Kean, "Animal-Human Histories," in Sasha Handley, Rohan McWilliam, and Lucy Noakes eds., *New Directions in Social and Cultural History* (London: Bloomsbury, 2018), pp. 173 – 189;欧美动物史研究的概观,参见沈宇斌《动物史与全球史》一文,《史学月刊》,2019 年第 3 期。

二、动物史的自然史传统

说到对动物的历史研究,不能不提到自然史。自然史在欧洲学界有着漫长的历史,然而同样一个名词,在不同的时代,其内涵并不相同。在今天看来,公元一世纪老普林尼的《自然史》(*Naturalis Historia*)一书几乎可以看作是一部有关自然界和人类生存之自然环境的百科全书,不仅涉及到天文地理、地质、矿产、动植物等人类赖以生存的自然条件,也覆盖了人类制造的艺术品。这与近代欧洲的"自然史"并不相同。近代欧洲的"自然史"被视作是西方自然科学(natural sciences)的源泉,虽然不像近代自然科学一样重视实验和理论,但重视对自然物质细致的观察和详尽的描述,换言之,重视实证主义精神与方法。这种实证主义精神直接导致了自然科学的兴起。

近代自然史时代的动物史重视文献考订与田野调查相结合,着重于对动物的分类、分布进行详尽的观察和描述,对于野生动物尤其关注,可以看作是所谓"动物的自然史"。这一时期自然史学者的目标是科学地认识动物并对其进行分类。对于动物的分类和分布之观察的自然史研究,直接导致达尔文提出生物进化论。生物进化论又反过来影响学者对动物的观察和分类研究,这一时期的动物史研究显然是受自然科学特别是生物学影响的动物史。随着地理大发现,欧美学者开始对全球自然环境即动物、植物、矿产资源开始了全面系统的考察、调查、认识,而启蒙运动和人文主义的兴起也推波助澜加速了人类对自然的征服性认识和利用。随后兴起的殖民主义则在时间和空间上拓展了自然史的深度和广度,比如恐龙化石的发现。

"自然史"随着殖民主义的扩张被欧洲殖民者带到美洲新大陆。尽管当地的印第安人有他们自己的自然史知识,但新来的殖民者以探险家的身份对美洲的有机体从林奈学术传统出发进行了重新发现、分类和编目[1]。

---

[1] 比如洪堡对美洲的探索,见 Andrea Wulf, *The Invention of Nature: Alexander von Humboldt's New Worlds*, New York: Alfred N, Knopf, 2015.

这种新的自然史传统在瑞士地质学家和动物学家阿加西（Jean Louis Rodolphe Agassiz）为哈佛建设比较动物学博物馆时达到了顶峰。阿加西的口头禅是"假如你只是在书上研究自然，你走出门去根本找不到它"。这种亲近自然的传统在十九世纪后半叶广泛存在于北美。1813—1823年间一些学者在波士顿设立了林奈学会，1830年成立波士顿自然史博物馆以取代林奈学会，两者的主要成员都是医生。两个组织都致力于自然物质的收集和展示，分析物种，以及对公众进行有关自然的教育[1]。

虽然近代中国学者常常使用所谓"博物学"来称"自然史"，但这实际上是一个历史的误会。不仅一些中国学者进行了辨析，欧美学者也有人持类似的立场，认为自然史乃是欧洲之特产。比如安德森的《自然史之历史》一书完全采用欧美视角，他认为欧美的自然史发展有其自身的内在逻辑和连贯性，而且也是现代生态学的渊源所在。归根结底，至少直到十八世纪，现代科学的很多研究因素主要是自然史学者在推动，而且这些人大多数是多面手，在化学、物理、植物学、动物学等领域都有一定成就，而且通晓哲学和神学[2]。这种试图从哲学、神学、自然史等诸多方面来思考自然与社会的结构与发展由来的现象，至少在安德森看来，仅限于欧美。

中国的所谓博物学传统不同于欧洲学术史传统中的自然史[3]，中国的博物学并没有促进近代科学在中国的诞生，而自然史乃是欧洲近代科学的前身之一。欧洲近代自然史研究不仅仅是对动植物进行观察和分类，也对气候、纬度、景观分布的观察和详细描述非常重视，正如近代考古学之重视地层学，而不仅仅是对器物进行编年和分类。中国博物

---

[1] Richard I. Johnson, "The Rise and Fall of the Boston Society of Natural History," *Northeastern Naturalist* 11: 1 (2004), pp. 81–108.
[2] John G. T. Anderson, *Deep Things out of Darkness: A History of Natural History* (Berkeley: University of California Press, 2012), p.4.
[3] 有关这一点，也参见吴国盛的辨析，见《自然史还是博物学》，《读书》，2016年第1期；《博物学：中国的传统科学》，《学术月刊》，2016年第4期。吴先生在这两篇文章中对博物和博物学等名词和学科在中国近代的出现有很详细的讨论。不过对他其中一些抬高传统博物学的看法，我持保留意见。

附录一 动物史的起源与目标

学与欧洲自然史之区别正如中国金石学传统与欧洲近代考古学的区别一样,中国传统的金石学没有可能演变为近代考古学。无论如何,欧洲近代对动物的历史研究,不仅从自然史和考古学中吸收了思想和方法资源,也从人类学中得到启发,即不完全依赖文献,面对动物本身没有留下文字记载材料的限制,用田野考察的研究方法对动物的行为、情感、交往网络进行观察,发展出近代动物历史学研究传统。中国的所谓博物学传统中有关动物的研究应该被视为前现代史学(premodern historiography)中的动物历史研究,即以文献考订为方法、以名物考订为目标的动物的文献学研究(textual studies of animals in history)。这种方法也见于对植物的研究,如所谓本草学研究。而这一传统也传到了日本[1]。西村三郎正确地指出了所谓"东洋博物学(本草学)"注重名物考证的特点[2]。不过他仍然不能放弃用所谓"西洋博物学"来穿凿附会欧洲的"自然史"传统,让人不解,也许是出于让日文读者更能接受这一学术体系的考虑。

　　进一步而言,顾名思义,欧洲的自然史以"自然"为中心,中国的博物学以"物"为中心。欧洲的自然史研究传统注重观察动植物及其所处的生态环境的起源、进化、行为习惯等等,一定要在自然环境下来观察动植物,涉及到地质、气候、水文等生态因素,和中国博物学家将物抽离出自然的实际生存状态进行研究不同,也和近代科技发达之后生物学家在实验室人为设定的环境下研究动植物标本不同。欧美自然史的兴起和发达后来直接导致了欧美近代生命科学(life sciences)的兴起,而博物学以"物"为中心,并不以"生命"为中心。中国所谓"生物学"也与"生命科学"(life sciences)有所区别,尽管二者皆以有机体/生命为研究对象,博物学并没有以关注生命有机体起源进化为目标的比较不同生命体有机体的观察和描述。中文的所谓"生物学"实际上还是把动植物当作"物",相对于

---

[1]　山田庆儿:《東アジアの本草と博物学の世界》,京都:思文阁,1995年。
[2]　西村三郎:《文明のなかの博物学:西欧と日本》,东京:纪伊国屋书店,1999年。

"人"的他者[1]。生命科学将不同的生命体放在一起考虑,人、植物、动物都是生命体、有机体,"生命"科学的说法更为全面。

欧美自然史着重科学性、公众性、教育性,服务于公众的科学教育,这使得它在社会中的角色和责任也与中国博物学存在本质的区别。这里仅举一例为证,波士顿自然史协会(Boston Society of Natural History)在其活跃的前四十年里已经成立了一个自然历史展览馆和一个图书馆,出版科学论文,组织系列讲座,关注公众教育[2]。这与中国的所谓博物学传统从宗旨和实践方式两方面来看都完全不同。十九世纪以来逐渐在欧美兴起的动物园也扮演了类似的科学研究和公共教育的双重地位和角色,这与中国帝制时代的皇家禁苑豢养奇禽异兽主要服务皇室及其宠臣也很不一样[3]。

三、动物史的科技史传统

随着近代自然科学的发展,十八、十九风行一时的自然史逐渐被自然科学取代,而自然史对动植物的研究也在二十世纪中叶逐渐被科技史取代。十九世纪美国很多人热衷于观察和采集动植物,以认识、描述有机体和为有机体编目为爱好。第二次世界大战之前,全美的中学和大学仍然将教会孩子熟悉身边的自然特别是动植物作为教育目标,熟悉自然史的学者在大学里广受尊敬。但这种状况在二战后迅速改变了。派尔(Robert Michael Pyle)认为主要有以下三个原因:一、高度量化、实验性和专业化学术的发展,即所谓硬科学的发展;二、乡村人口的减少和城市化的急剧展开;三、二战与冷战的后果。他注意到1939年Comstock出版的《自然学习手册》(Handbook of Nature-Study)已经让自然学习处于守势了,书中前言指出自然学习不仅是一种生活的学习,也是一种生活的经

---

[1] 中国近代将自然史译成博物学是历史的误会,博物馆也是一个错误的译法。Museum本意是献给艺术之神缪斯的展示艺术品的神庙。

[2] Richard I. Johnson, "The Rise and Fall of the Boston Society of Natural History," *Northeastern Naturalist* 11: 1 (2004), p. 97.

[3] Gary Bruce, *Through the Lion Gate: A History of the Berlin Zoo* (Oxford: Oxford University Press, 2017), pp. 5-6.

附录一 动物史的起源与目标

验,但自然学习被当作是一种进入科学学习的导论。一些科学家开始出来指责自然史学者在所谓自然的研究中表现太过于主观,也即是太过于依赖个人的主观印象和经验,而不是依赖以数学理论为基础的严格数据分析或通过严格设计的实验程序获得的更为科学的数据,数学模型和分子与细胞生物研究方法逐渐将动植物研究改造成实验室科学。医学和基因研究的细致化进一步将科学研究从观察和研究整个有机体拉到分析细胞和分子的结构,实验生物学的基础变得更为坚实。自然史逐渐被视为一个浪漫的艺术品,不再具有科学的权威性。冷战时期,因为现实需要,实验室科学获得飞速发展,城市化进程加快,大量人口逐渐脱离了和自然接触的生活方式,自然-学习(nature-study)模式对大多数人来说越来越陌生[1]。对有机体和生命体的研究不能限于计算机和对所产生的数据进行处理和分析,而要将其放在自然环境中进行研究。生命的演变有变异性,故而不能完全依赖实验室中可以重复的实验,而要注重野外观察。尤其是变异的生命体,反映自然界中存在特殊性、变异性,并不可通过假设来证实或证伪。新生命体的发现可能是一种偶然的发现,即自然史家在田野经验中的偶然发现。

科技史的出现,使得动物的历史研究从自然史中脱离出来,变成科技史的一部分。早期主要的科技史从业者大多是自然科学家,他们对自己本学科的发展史进行反思和研究,便形成了早期科技史,这主要体现在医学家、动物学家、基因学家等等对动物的研究。而工业社会与现代科技的发展,也让人类对动物的运用从主要以畜力和畜牧为基础的农业模式转向用机器和生物科技饲养动物以便进行肉类加工以及大量使用动物用于科技实验和医疗药物实验的食品工业与科技实验模式。尤其二战后,大量动物被用于生物科学与基因工程实验,成为实验室的主要"物品"和医学工业的主要"原材料"。

---

[1] Robert Michael Pyle, "The Rise and Fall of Natural History: How a Science Grew that Eclipsed Direct Experience," *Orion: People and Nature* 20: 4 (2001), pp. 16 – 23.

科技史作为一门独立学科的兴起一般认为出现在二十世纪,特别是二战之后。但在这之前,已经出现了一些科学的史学实践研究,这主要归功于一些社会学家和哲学家,如墨顿(R. K. Merton)、卡西尔(E. Cassirer)等人。二战后,英国史学家巴特菲尔德(H. Butterfield, 1900—1979)率先提出了所谓"科学革命"的概念,奠定了此后科学史研究的基调。作为一位大学领袖,他也是剑桥设立第一个科技史教职的主要推手,首先获得这一职位的学者是霍尔(A. Rupert Hall)。尽管长期以来,很多人误认为巴特菲尔德是剑桥科学史学会的创办者之一,但梅耶对此提出质疑,在充分研究该学会相关人员留下的书信和档案资料之后,指出该学会实际上最早在1936年由两位科学家推动设立,只是在二战后才落入人文学者之手,而这种转变也将原先作为自然科学研究下属领域的科技史转型为一个人文学科下属的史学研究领域[1]。这两位创办剑桥科技史学会的科学家即生化学家李约瑟和托马斯(Hamshaw Thomas),后来病理学家佩格尔(Walter Pagel, 1898—1983)取代托马斯担任秘书长[2]。梅耶注意到,1936年秋,剑桥科技史学会组织了一系列讲座,题为"1895—1936年科学的现代发展系列讲座"(Lectures on Modern Developments of Science 1895 - 1936),卢瑟福(Rutherford)做了两次关于四十年来物理学进展的讲座,爱丁顿(Arthur Eddington)做了关于四十年来天文学的讲座,阿斯顿(F. W. Aston)讲四十年来原子理论的报告,纳托尔(G. H. F. Nuttall)讲热带医学和寄生虫学,霍尔丹(J. B. S. Haldane)讲基因学和进化理论。这些人主要关注点是科学重大发现的历程,以及剑桥科学家在这些科学发现中的重大成就。但因为这些讲者本身是剑桥重要科学家,所以他们的讲座或多或少有现身说法的意义。但在这一系列讲座之

---

[1] Anna-K. Mayer, "Setting Up a Discipline: Conflicting Agendas of the Cambridge History of Science Committee, 1936—1950," *Studies in History and Philosophy of Science* 31: 4 (2000), pp. 665 - 689.

[2] J. A. Bennett, "Museums and the Establishment of the History of Science at Oxford and Cambridge," *The British Journal for the History of Science*, Vol. 30, No. 1, British Society for the History of Science, 1947 - 97 (Mar., 1997), pp. 29 - 46.

后,在李约瑟和佩格尔指引下,学会宣讲的重点逐渐从科学发现史本身转向科学的历史、哲学和社会学研究。由于佩格尔本人自纳粹德国逃出,他对欧陆知识界比李约瑟更为熟悉,原本即与海德堡的主要思想史家接触很多,因此在学会的发展方向上注入了更多欧陆思想与学术元素,这主要体现在他先后邀请多位流亡到英国的德国学者前来剑桥演讲,包括当时任教于伦敦经济学院的曼海姆(Karl Mannheim)、瓦堡研究所的萨克斯尔(Fritz Saxl)、牛津的克里班斯基(Raymond Klibansky)等人。这意味着尽管学会主要由科学家发起并领导,但由于佩格尔的影响和欧陆流亡学者的参与,剑桥科技史学会已经体现出较为浓厚的人文色彩。1942年以后,学会的主要三位领导人先后离开领导岗位,佩格尔去了伦敦的一家医院,伯纳尔去了伦敦伯克贝克学院,李约瑟去了中国,学会的主要领导成员变成了人文学者[1]。

科技史在六十年代逐渐专业化,并基本上被纳入了人文学科的范畴。因为科技史学家倾向于将科学的发生发展、所研究的对象以及实验使用的工具历史化,即认为这些因素都是发生在特定的时空和社会、文化条件之中,并不存在所谓本质上的纯科学。这种倾向造成了科技的历史和社会学研究与科技的哲学研究逐渐分离[2]。

随着科技史的兴起,现代史学中的动物史逐渐成为科技史特别是生物学史的一部分,在科技史中动物的历史依附于人类的历史,历史学者关注动物对人类生活各个方面的贡献,作为肉类食物来源、劳动力和交通工具,动物如何为经济、社会服务,特别是在科学技术上对动物的认知和运用成为研究的重点。科技史在一些地区也以"科学、技术与社会"(STS,Science,Technology and Society)为名作为一个学术专业出现[3]。科技史

---

[1] Anna-K. Mayer, "Setting Up a Discipline: Conflicting Agendas of the Cambridge History of Science Committee, 1936—1950," p.676.
[2] Jouni-Matti Kuukkanen, "Historicism and the Failure of HPS," *Studies in History and Philosophy of Science* 55 (2015), pp.3–11.
[3] 该专业对自然史的取代也可参见 Joshua J. Tewksbury et al., "Natural History's Place in Science and Society," *BioScience* 64:4 (2014), pp.300–310.

对动物的研究毫无疑问也带着浓厚的人类中心主义色彩。

四、动物史的文化史传统

二十世纪八十年代以来兴起的动物史(新动物史)则受新文化史影响,实际是对科技史的反思和批判,也是对殖民主义、现代主义、欧美中心主义、人类中心主义的反思和批判。新动物史主张"去中心化"[1],也因而被视作是后现代史学(postmodern historiography)、后人类史学(posthuman historiography)。新动物史强调动物与人类共享过去的历史,在当下和未来共存共荣,气候变化与生态环境的恶化对人类的威胁与对动物的威胁一样。和其他各种人类的弱势群体一样,动物也应该享有人类同样的权利和责任。学者们开始从伦理学角度探讨动物的历史能动性问题。新动物史的出现一方面受到七十年代兴起的动物权利保护运动的影响,特别以1975年辛格(Peter Singer)出版《动物解放》一书为起点。另一方面也受到人文学界"动物研究"(animal studies)趋势的影响。人与动物的界限、人与动物的关系被哲学家、文学批评家、宗教学家重新思考,对动物、动物与人的关系的探讨并非仅限于历史学家。

动物研究(Animal Studies),也称批判性动物研究(Critical Animal Studies)或动物与人类关系(Animal-Human Relations)研究,在欧美学界已经成为显学,主要体现在用批判理论重新看待动物和人类的区别与相互关系。除了德里达、阿甘本等著名哲学家参与讨论,更多的是一些专业动物研究学者的讨论。比如动物研究学者外尔(Kari Weil)认为动物能够帮助人思考(人与动物的)差异性、(人与动物的)自我性与他者性,以及人与动物之间的权力问题[2]。动物研究学者关注的是到底什么将人与动物区分开来?理性、语言、宗教?而人文学界的"物质转向"(material turn)和"情感转向"(affect turn)趋势促使人们思考动物的身体与情感在制造意义上的价值,宗教是否需要文字来记录和表达?身体和情感是否

---

[1] 参见 Natalie Zemon Davis, "Decentering History: Local Stories and Cultural Crossings in a Global World," *History and Theory* 50: 2 (2011), pp. 188 - 202.

[2] Kari Weil, "A Report on the Animal Turn," *Differences* 21: 2 (2010), pp. 1 - 23.

可以构建宗教?[1] 后现代文化转向促使人们重新思考宗教的定义,宗教作为一种社会和文化构建,作为一种学术构建,取决于如何定义。动物如果只有身体和情感体验也可以构建宗教吗? 黑格尔指出,任何人都是思考的产物和结果,人在思考中并且通过思考将自己和动物区别开来。虽然感觉在宗教中扮演重要角色,但宗教归根结底是一种精神。宗教只是人才具有的能力。黑格尔对人的思考能力与动物相区别的认识,在很多宗教学家那里都有体现,比如迪尔凯姆、史密斯(Jonathan Z. Smith),但是格罗斯(Aaron Gross)和谢弗(Donovan Schaefer)对这一西方思想传统提出挑战[2]。

历史学者将动物史放在环境史、生态史、全球史的视野中进行了非常丰富的研究[3]。除了大量个案研究之外,也有不少理论与方法的探讨。如南思指出,兽医学、动物行为学、生态学的方法均值得动物史研究参考,动物史研究提供了文理学科交叉研究的新挑战[4]。米哈伊尔从三个方面强调了动物史研究的重要意义。首先,他认为动物史对于理解和认识任何时代的社会都有根本性意义,因为动物在人类社会历史进程中扮演了极其重要的角色,尤其对于公共健康、商业贸易、农业、小资产阶级文化敏感性、劳动史、宗教概念、暴力等等议题,脱离不了对动物的认识和理解。他指出历史学者可将动物的概念与性别、种族、阶级等放在一起思考,从动物与人的关系角度来解释历史的每个方面。动物史的书写也让历史学者不断反思如何对待本身不能产生文本的群体,包括动物以及其他社会与自然群体。这让历史学者更多地关注历史能动性、史料运用,以及将生物进化数据引入历史分析。其次,米哈伊尔也认为动物史为重新

---

[1] 相关讨论参见 Anna Peterson, "Religious Studies and the Animal Turn," *History of Religions*, vol. 56, no. 2 (2016), pp. 232-245;以及陈怀宇:《动物与宗教:物质主义与情动转向的理论反思》,《世界宗教研究》,2018 年第 1 期,147—152 页。
[2] Paul Robert Matthews, "Why Animals and Religion Now?" *Humanimalia: A Journal of Human/Animal Interface Studies* vol. 9, no. 2 (2008), pp. 68-91.
[3] 相关成果参见沈宇斌《动物史与全球史》一文的介绍。
[4] Susan Nance, "Introduction," in Susan Nance ed., *The Historical Animal* (Syracuse: Syracuse University Press, 2015), pp. 6-8. 类似的人文科技交叉研究也见于数字人文(digital humanities),将计算机技术用于人文研究。

认识早期现代特别是十八世纪中叶到十九世纪中叶这段时期全球范围内从农业社会向国家政权的官僚主义转化提供新的洞见。以奥斯曼帝国统治下的埃及而言,从动物史的角度来看,其中一个重要转变是人与动物关系的结构重置,主要体现在动物在人类社会的政治、经济、社会、生态关系中的地位和角色发生了根本变化,其中一个鲜明的特征是肉类生产的中心化,即从松散的农村生产转向城市为中心的集中生产和市场化流通。最后一点,在米哈伊尔看来,从动物史角度看十九世纪现代化进程会发现当时随着全球商品交换网络的发展,人和动物等生物都被商品化和资本化,而促使这些变化发生的因素是知识新领域的发展,如兽医学、人类医学、资本主义经济学、城市卫生学等等。随着机械化的发展,人类不仅在生产劳动的各个方面逐渐用机器取代动物,甚至机器也逐渐取代人的某些作用,使得人类生产活动更有效能、更经济[1]。

五、结语

总而言之,近三十年来兴起而不断繁荣的受动物研究、批判性动物研究影响的动物史或新动物史,其实是对欧美自然史、科技史中所体现的现代性特别是殖民主义、现代主义、实用主义进行批判和反思的产物。博物学作为一种前现代学术,更偏重个人趣味,特别是艺术与审美,在材料(sources)上侧重文献与器物,而自然史与科技史作为现代学术则更注重所谓学术方法(methodologies and approaches)的科学与严谨。作为后现代学术的动物史转向对学术思想(intellectual thought)进行反思,也同时对现代方法的历史局限性与主体性进行反思。随着全球各地联系变得更为密切,全球性议题也进入了史学视野,科技特别是生物基因工程、人工智能的飞速发展,人类关注的对象也投向了非人类的动物以及智能机器人(cyborg),人类历史的进程将在很大程度上变成人类与非人类生命体相互塑造的过程,在这个意义上说,动物史的研究也是后人类史学

---

[1] Alan Mikhail, *The Animal in Ottoman Egypt* (Oxford: Oxford University Press, 2014), pp. 180–181.

(posthuman historiography)的途径之一。可以期待的是,动物史不仅成为沟通人文学内部包括文学、神学、哲学、宗教学等诸多学科之间的桥梁,也在建立人文学术和自然科学之间的密切联系方面提供了许多新机会。

附录二　历史学的动物转向与后人类史学

一、引言

什么是动物史？本章所要讨论的动物史并非是涉及动物的历史研究，而是受到动物研究（animal studies）转向影响的历史研究，它既与传统的科技史（history of science and technology）研究、环境史（environmental history）研究有所关联，又有其自身特点，套用现在比较流行的术语如"新"文化史、"新"政治史、"新"社会史等模式，也许应该称为"新动物史"，以便和以前传统史学与现代史学中涉及动物的研究相区别。一些学者也逐渐将"新动物史"和后人类研究（posthuman studies）联系在一起，以彰显其去人类中心主义的理论诉求。学者们为何重视这一新的史学研究取向，动物史是如何起源的，它的目标又是什么，动物史作为一个新兴的研究领域，其合法性何在？动物史何以成为当代史学思想史上回顾过去展望未来的重要一环？本章希望就这一当代史学重要动向的发展稍作梳理，以备感兴趣的读者参考。

新动物史的起源并没有一个明确的时间点，然而新动物史的鼓吹者主要从二十世纪八十年代起开始活跃起来[1]。最近二十年来,讨论动物史的定义、理论与方法的作品不断涌现,学界不但对于动物史的内涵和外延试图进行梳理和总结,也同时对现代史学的动物研究以及动物史作为新领域出现之后的史学状况进行反思,这可以看作是当代史学史逐渐对新动物史有了一种强烈的自觉意识。一些介绍当代史学潮流的作品也逐渐将动物史单列出来,比如2018年出版的《社会史与文化史新方向》一书,专门请知名的动物史学者基恩(Hilda Kean)撰写了"动物-人的历史"一章,回顾和反思这一新领域的起源和演变,并展望未来的新方向[2]。基恩是牛津拉斯金学院前院长,在当代史学中以研究动物史知名,也是很活跃的公共史学家,继承了英国左翼史学关心下层民众的传统,积极参与国际动物权利保护运动。她的知名作品包括《动物权利:自1800年以来英国的政治与社会变化》等著作[3],从中可以明确看到动物史继承了英国社会史的思想传统,将史学研究关注的焦点转向传统和现代史学不太重视的"受压迫阶级和物种(the oppressed classes and species)"。然而在她之前,动物史领域奠基性著作是长期任教于麻省理工学院的瑞特沃(Harriet Ritvo)在1989年出版的《动物产业:维多利亚时代英格兰的英格兰人与其他众生》[4]。她在此书中通过分析维多利亚时代英国人对动物的分类和态度以及捕获、狩猎、陈列等处理方式来建构大英帝国殖民主义话语霸权和意识形态,将动物史放在帝国史和殖民主义的分析框架之中,动物成为分析和研究殖民主义意识形态构建及实践的主要对象。

尽管在这之后出现了一系列有关动物史的著作,但真正井喷式发展

---

[1] 法吉在回顾动物史兴起的历史时,提到了1974年Charles Phineas在《社会史学刊》的文章,提出史学也可以考虑研究宠物,见Erica Fudge, "A Left-handed Blow: Writing the History of Animals," Nigel Rothfels ed., *Representing Animals*, Bloomington: Indiana University Press, 2002, pp. 3-18.

[2] Hilda Kean, "Animal-Human Histories," in Sasha Handley, Rohan McWilliam, and Lucy Noakes eds., *New Directions in Social and Cultural History*, London: Bloomsbury, 2018, pp. 173-189.

[3] Hilda Kean, *Animal Rights: Political and Social Change in Britain since 1800*, London: Reaktion Books, 2000.

[4] Harriet Ritvo, *The Animal Estate: The English and Other Creatures in Victorian England*, Cambridge, MA: Harvard University Press, 1989.

出现在二十一世纪初期。2000年以后大量著作被"生产"出来,研究的地理范围也逐渐从欧美拓展到世界其他地区,并借助于全球史热潮的兴起,动物史的影响更为广阔而深远。2016年11月3日,范德萨默斯(Dan Vandersommers)在美国历史学会(AHA)杂志《历史的视野》上刊出"历史中的动物转向"(The "Animal Turn" in History)一文[1],借助史学界最大的学术专业组织平台比较正式地揭示史学界的这一重要转向,认为这是继1970年代文化转向(the cultural turn)和1980年代语言学转向(the linguistic turn)以语言、意义、表征、权利、能动性、他者化和知识生产来重新定义人文学之后的又一转向,这一转向的出现乃在于进入二十一世纪以来人们开始关注新媒体、气候变化、环境危机、人口增长、全球化、生化科技等全球性议题并进而反思人类中心主义的问题。他指出史学家进入动物史的路径包括环境史、思想史、文化史、商品史、边缘化的史学、科技医疗史、世界史、全球史、大历史、进化史等等。他也注意到史学之外的其他新兴领域对于动物的关注对史学家关注动物也有促进作用,特别是动物研究(animal studies)、人与动物研究(human-animal studies)、批判性动物研究(critical animal studies)、人类动物学(anthrozoology)、环境人文学(environmental humanities)等等。不过,其实范德萨默斯没有提到的一点是,在其他一些相关学科中同样存在一个所谓动物转向,比如文学、人类学、宗教学等等[2]。无论如何,动物转向已成为二十一世纪人文学发展一个重要特征。在以下的讨论中,我想略述(新)动物史起源的内在理路与外缘因素,这二者实际上关系极为密切,相互影响。

二、动物史兴起的理论背景

正如前文所说,史学家已经注意到动物研究、批判性动物研究特别是后者对动物史兴起的影响,而批判理论正是在学者对现实问题的关注上

---

[1] Dan Vandersommers, "The Animal Turn in History," *Perspectives on History*, November issue, 2016.
[2] 相关讨论参见 Anna Peterson, "Religious Studies and the Animal Turn," *History of Religions*, vol. 56, no. 2 (2016), pp. 232-245;以及陈怀宇:《动物与宗教:物质主义与情动转向的理论反思》,《世界宗教研究》,2018年第1期,第147—152页。

附录二 历史学的动物转向与后人类史学

发展起来的。尽管动物史的兴起有其史学史内部发展的逻辑,但外在的政治和社会伦理关怀无疑起了更为重要的促进作用。新文化史的代表人物戴维斯(Natalie Zemon Davis)在《去中心的史学》一文中梳理了第二次世界大战之后西方史学史上的三次重大变化[1]。前辈学者如陈寅恪早已指出,一时代有一时代之学术,一旦新的学术"知识增长点"出现,东西方学者如果能够预流,皆会有所贡献。学者一方面继承前人的学术思想遗产,另一方面也适应时代需要创造出新的史学方法和史学领域。故此,稍微留意一下史学史的发展,可以发现二十世纪五十年代无疑是社会史兴起的时代,六十年代则主要转向性别史、女性史、家庭史,七十年代随着"文化转向"的出现,新文化史开始勃发生机。五十年代欧美史学界深受马克思主义思潮影响,关注社会主义革命的发展和劳工阶级状况,社会史的繁荣并不让人意外。随着民权运动的蓬勃发展,女权运动也随之而来,女性史的兴起适应了时代政治和社会变化之需求。无论是劳工阶级还是女性,都是当时社会中缺乏话语权,在政治、经济、文化上被特权阶层压迫的对象,带有理想主义情感的史学家致力于为这些在历史上被"消声"的社会阶层发声,挖掘并昭示他/她们对于人类历史发展的贡献。而八十年代则逐渐兴起动物史,动物史的兴起也正是史学家出于同情动物在人类历史进程中的重要作用但在传统史学中缺乏自己的"声音"而逐渐发展起来。在动物史兴起过程中,深受批判理论影响的左翼学者对于被人类压迫、被人类代表的动物表现出极大的兴趣。从中也可看出,这些不同时代出现的新兴学术领域,常常并非伴随大量新史料的涌现而出现,而是学者们思考史学新议题、转换研究角度和视野、让一些常见史料重新焕发出史学价值的结果。

随着新文化史的兴起,史学家对于人类社会的不同阶级、性别、物种的理解又加上了一层"文化因素",认为这些所谓阶级、性别、物种,其在

---

[1] Natalie Zemon Davis, "Decentering History: Local Stories and Cultural Crossings in a Global World," *History and Theory* 50: 2 (2011), pp. 188 – 202.

人类社会中的角色以及定义可能均带有浓厚的人类社会和文化制造与建构色彩,因而需要对传统史料所塑造的阶级(class)、性别(gender)、物种(species)形象进行解构,从而提供更为深入的理解和接受不同阶级、性别、物种在历史进程中的角色、地位和意义。换言之,研究阶级、性别、物种在文献中的修辞性变得更为迫切而重要。所以,动物史的研究开始重视对于动物作为历史主体的角色、功能和意义,动物的能动性(agency)也引起了学者的反思。相当一批史学家也同时具有动物权利保护主义者的政治和社会身份,如法吉、基恩等人。动物史的研究也就逐渐脱离了传统的史学研究,成为在社会史和新文化史研究基础之上发展出来的带有强烈现实关怀的学术新趋势。

自动物史兴起三十年来,特别是最近二十年,各种语言的相关著作如雨后春笋般层出不穷。学者们也对这些动物史著作开始总结和反思。比如,法吉认为当前的动物史研究存在三种主要思路,即智识史(intellectual history)、人文史(humane history)、整体史(holistic history)。有关第一种思路,她举出三本主要研究中世纪动物的作品,包括萨利斯伯里(Joyce E. Salisbury)的《自然之中古世界》(*The Medieval World of Nature*)、弗洛雷斯(Nona C. Flores)的《中世纪之动物》(*Animals in the Middle Ages*)、托马斯(Keith Thomas)的《人与自然世界》(*Man and the Natural World*)。这几部书都侧重探讨人类如何理解和书写动物并用之来建构中世纪人类的自然观和宗教秩序[1]。而从人文史角度进行探讨的作品则包括马尔科姆森(Robert Malcolmson)和马特里斯(Stephanos Mastories)的《英国猪》(*The English Pig*)、基恩(Hilda Kean)的《动物权利》(*Animal Rights*),这类作品更为关注人与动物的关系,但侧重从动物的角度来讨论人的生存处境和状况。例如基恩的书虽然以"动物权利"为主标题,但其书中的重点则是副题所说的英国政治与社会变化,其主要贡献乃是通过考察十九世纪人

---

[1] Erica Fudge, "A Left-handed Blow: Writing the History of Animals," Nigel Rothfels ed., *Representing Animals*, Bloomington: Indiana University Press, 2002, pp. 3 – 18.

们对虐待动物的态度以及参与反对活体解剖运动来分析大众政治之成长与展开。第三种思路即整体史，法吉举出瑞特沃（Harriet Ritvo）的《动物产业》(*The Animal Estate*)和吉特（Kathleen Kete）的《深闺之兽》(*The Beast in the Boudoir*)为代表。在法吉看来，这些著作一方面继承了人文史的思路，着重于讨论人与动物的关系；但另一方面却从动物的角度重新思考人不同于其他物种的定义问题，也即是所谓人的定义依赖于动物的参与，动物参与塑造人类社会和文化生活，并通过这种塑造帮助人重新定义自己。法吉自己的《感知动物》(*Perceiving Animals*)一书即通过分析人对动物的感知来认识所谓的人之所以成为人的人性（human-ness），主张人应该重视人与动物的共生关系。

三、动物史兴起的现实关怀

谈到人与动物的共生关系，也必须从历史与现实两个层面来理解。动物在人类历史上的重要作用，业已被众多历史学者从各个角度进行揭示。甚至早在动物史作为一个新的学术领域兴起之前，人们即已注意到动物在历史上的重要意义。而在动物史兴起之后，学者们更为关注人类如何将动物视为文化象征（cultural symbolism）用来构建政治权力和意识形态，这主要体现在政治、外交层面，如狮子和猛虎作为权力象征被古代和近代的欧亚大陆一些政权广泛运用[1]。皇家狩猎并非是一种单纯的娱乐活动，乃是欧亚大陆古代政权构建政治权威的重要活动。正如瑞特沃和其他学者指出的，动物作为宠物也是构建人类不同阶层政治、社会、文化身份和地位的重要物质和文化资本[2]。驯化动物、征服自然界和动物界，也是古代帝王展示政治权威的一种表现。而一些珍禽异兽则常常

---

[1] 参见本书第五章。大象对中世纪印度伊斯兰政权构建政治权威极为重要，参见 Ali Anooshahr, "The Elephant and the Sovereign: India circa 1000 CE," *Journal of Royal Asiatic Society* series 3, vol. 28, no. 4 (2018), pp. 615–644.

[2] 除了瑞特沃的著作之外，其他相关代表性作品还有很多，这里仅举数例，如 Thomas Allsen, *The Royal Hunt in Eurasian History*, Philadelphia: University of Pennsylvania Press, 2006; John M MacKenzie, *The Empire of Nature: Hunting, Conservation and British Imperialism*, Manchester: Manchester University Press, 1988; Louise E. Robbins, *Elephant Slaves and Pampered Parrots: Exotic Animals in Eighteenth-Century Paris*, Baltimore: Johns Hopkins University Press, 2002.

当作构建外交关系的贡品和礼品,比如中古时期鹦鹉在中日关系中的地位即非常重要[1],而历代朝贡中均有来自世界各地的各种珍禽异兽[2],现当代中外关系中则有熊猫外交的理论与实践。动物对人类经济社会生活影响更为深远,相关论著不仅见于相当多的农业史、环境史论著,也有不少动物史论著[3]。马和象乃是军事史较常涉及的两大动物[4]。从日常生活的角度来说,人的生老病死都离不开动物及其表征形象的参与。世界很多地区的出生礼仪涉及到以瑞兽形象出现的文化象征,很多族群都将族群起源与珍禽异兽联系在一起,动物常常作为族群的图腾象征出现。有关死亡的葬仪也同样如此。比如,为人熟知的是,波斯人在祆教仪式中会有犬视(sagdid)的程序,而在藏人的天葬文化中将遗体喂食秃鹫以便回归自然。巫鸿近年更通过研究古代艺术中的动物形象从人与动物关系的角度揭示动物在中国古代社会仪式中的重要意义[5]。这里只是一些相关的例子,实际上有关动物对人类社会影响和动物与人类共同创造历史的研究不胜枚举。

随着动物史研究的深入,一些学者已经不满于将动物史研究的重心放在历史时期人与动物的共生关系上,而试图探讨甚至强调动物作为历史的主体,在历史上起到过决定作用。另一个问题是在古生物学看来动物的历史远远长于人类的历史。可以定义为动物的生命体在震旦纪(埃迪卡拉纪)即已出现,而在寒武纪时期获得爆发性发展。换言之,至少在距今五亿五千万年前,动物世界已经逐渐成型。而人类的出现则晚得多,最早也就不过距今两百万年而已。以这一点而言,动物史的研究范围或

---

[1] 比如皆川雅树:《鸚鵡の贈答—日本古代对外关係史研究の一齣》,矢野建一、李浩编:《长安都市文化と朝鮮日本》,东京:汲古书院,2007年,第209—231页。
[2] Thomas Allsen 和其他学者都举出了波斯与中亚对中华帝国贡献狮子的史事。较近的研究参看邹振环:《郑和下西洋与明朝的麒麟外交》,《华东师范大学学报》,2018年第2期,第1—11页。
[3] 仅举出一代表性作品,如 Virginia DeJohn Anderson, *Creatures of Empire: How Domestic Animals Transformed Early America*, Oxford: Oxford University Press, 2004.
[4] Thomas R. Trautmann, *Elephants and Kings: An Environmental History*, Chicago: University of Chicago Press, 2015, 第二部分 the spread of the war elephants.
[5] Wu Hung, "Rethinking Meaning in Early Chinese Art: Animal, Ancestor, and Man," *Critical Inquiry* vol. 43 (2016), pp. 139-190.

附录二 历史学的动物转向与后人类史学

许也应该包括史前时期的动物生存状况以及早期动物发展对后来人类出现的意义。这不应该仅仅局限在古生物学家的研究思路,更应该进入人类学家和动物史学家的视野。在人类社会出现之前,动物世界已经经历过多次物种大灭绝的苦难历程,许多史前时代的大型动物如猛犸、恐龙早在人类出现之前已经灭绝。这引发了一个问题,动物世界是否存在其自身发展的轨迹,不受人类活动影响的自身发展的动力和目标?历史上的动物在多大程度上存在能动性?是否以其自身的利益来应对气候、环境之变化?随着近年环境恶化、生态危机等全球性议题的展开,人们对动物物种灭绝极为担心,虽然说动物在可预见的未来不一定会全部灭绝,但是我们的子孙后代跟我们相比似乎难以避免地将看到更少的活生生的动物物种。随着地球的全面开发,新的物种不再容易发现,现有的物种却在不断减少。人们对于动物物种不断减少的担忧比以往任何时代都要急切。

  动物史的发展从而也与人类的现实关怀紧密结合在一起,现在全球性重大议题即包括生态危机、环境污染、气候变化、健康疾病等与人类福祉直接相关的一些问题,这些问题超越政府、族群、性别、宗教、种族,涉及整个人类的未来和地球的未来,人类是否能作为单一物种在地球上孤独终老也被提上了议事日程。怀特(Lynn White Jr.)在1967年发表了一篇影响深远的文章,将当代的生态危机归结为中古时期西方基督教文明的影响,他指出人类对于生态的态度和处理方式取决于他们如何看待人类及其周边万物[1]。因为基督教从其创世论出发主张人类地位高于动物,

---

[1] Lynn White Jr., "The Historical Roots of our Ecological Crisis," *Science* 155 (1967), pp. 1203 – 1207. 此后人文地理学家、宗教学家陆续加入讨论,如段义孚试图从中国宗教和文化传统反思它们可能对生态问题的贡献,见"Discrepancies between environmental attitude and behavior: examples from Europe and China," *Canadian Geographer* vol. 12, no. 3 (1968), pp. 176 – 191;哈佛大学则在上个世纪九十年代组织了一系列讨论会并结集出版了三本论文集讨论儒释道对于生态的看法和处理方式,Mary E. Tucker ed., *Buddhism and Ecology: The Interconnection of Dharma and Deeds* (1997), Mary E. Tucker, John H. Berthrong eds., *Confucianism and Ecology: The Interrelation of Heaven, Earth, and Humans* (1998), Xiaogan Liu, N. J. Girardot, James Miller eds., *Daoism and Ecology: Ways Within a Cosmic Landscape* (2001);此后一系列会议均对这一主题有所涉及,如 Helaine Selin ed., *Nature across Cultures: Views of Nature and the Environment in Non-Western Cultures*, Dordrecht: Springer Science, 2003.

人类自然有权为了人类的利益而征服自然、利用动物。而在当代犹太伦理学家格罗斯（Aaron Gross）看来，近代欧洲启蒙运动再次确认了人作为万物之灵的崇高地位，甚至神圣权力对人的约束也在启蒙思想中被解除了，这虽然使得人类迅速进入现代化阶段，但却也让人类更为忘乎所以地支配、剥削、虐待动物，人类中心主义（anthropocentrism）成为支配学术发展的关键意识形态。他对近代人文社会科学兴起过程中所出现的人类与动物、社会/文化与自然、进步与落后、现代与传统等相关概念及其造成的影响进行了深刻的反思和批判，指出现代性因素急剧恶化了动物地位，应对当前的动物和生态问题承担责任[1]。反思现代性与反思启蒙思想，在当代思想学术界并非是一些个案，二百年来人类历史发展出现的一些现代化病症，也许值得将其进行后现代主义和后启蒙主义反思。

传统的中国思想比如天人合一、道法自然是否能制约破坏性强大的现代性因素，相当一些学者的研究对此表示怀疑。这些研究表明，至少在中国漫长的历史长河中，这些思想并未真正对占主流的朝廷与士人心中强大的"教化"思想传统对自然的征服形成有力的平衡作用，以人为中心的文化和思维传统始终占据主导地位。至少在中国政治和文化精英发展起来的传统宇宙观之中，人类的中心地位相当牢固而持久，动物始终未能与人类平起平坐[2]。

现代化进程的确对全球范围内的生态、环境、动物状况产生了不可估量的破坏作用，而学者们在对这一现状进行反思时提出了"人类世"或"人新世"（anthropocene）的概念[3]。人类如何与其他物种共存，和其他物种一起创造历史，科技如生化技术、克隆技术、人工智能可否帮助人类

---

[1] Aaron S. Gross, *The Question of the Animal and Religion: Theoretical Stakes, Practical Implications*, New York: Columbia University Press, 2015.
[2] 金鹏程即否认道家可以被看作是环境保护主义，见 Paul R. Goldin, "Why Daoism is not Environmentalism," *Journal of Chinese Philosophy* 32: 1 (2005), pp. 75-87. 2018 年 5 月我提交给特拉维夫大学亚洲动物与宗教会议的论文也对道教保护野生动物的态度和处理办法持保留意见。
[3] 相关评述见陈怀宇：《动物与宗教：物质主义与情动转向的理论反思》，《世界宗教研究》，2018 年第 1 期，第 147—152 页。

附录二 历史学的动物转向与后人类史学

重现历史上已经灭绝的动物如猛犸,以及拯救行将灭绝的动物,近年这些议题被不断提出来[1]。尽管史学家长期以来关注的是人类历史的过去,但常常也注意到历史如何启示未来,而人文学近年来的各种转向已经无形中迫使历史学家更多地思考人类社会发展的前瞻性议题,这也是历史学重新获得持久活力的契机。理论上和实践上,任何学者的思考均必须有前瞻性,人类如何面对后人类社会(posthuman society)的挑战?除了动物之外,也涉及到外星生物(extraterrestrial species)、人类自己创造的人工智能机器人(AI Cyborgs),以及人与动物的混合生物,人与机器的混合生物,这些新型物种的出现将给人类社会的组织、法律的建立和解释以及伦理道德的认知带来许多难以预料的挑战。然而,人类社会正是在各种挑战中不断前行。动物史的研究将帮助我们重新审视另一物种在史前、历史时期、后人类社会的角色、功能、意义,帮助人类社会往前健康而持续发展。

---

[1] David Schultz, "Should we bring extinct species back from the dead?" post in: *Biology, Plants & Animals*, AAAS Website, September 26, 2016, doi: 10.1126/science.aah7343; Christine Ro, "The Increasingly Realistic Prospect of Extinct Animal Zoos," *BBC Future*, 28 March, 2018.

附录三　动物与宗教：
　　　　争论与反思

一、引言

　　动物与宗教，近年来逐渐成为欧美学界热点，与之相关的一些重大议题，引起宗教学界持续关注和讨论。其中最受瞩目的议题无疑是动物是否有宗教这一问题，不仅涉及宗教的定义和起源，也提醒人们思考动物生活世界的丰富性。这一议题也深受当前人类所面临的现实挑战影响。在全球化风起云涌的今天，人类活动是否根本性地改变了环境，并对动物的生活世界产生了决定性影响？动物能否独立地、主动地反过来影响人类社会？动物是否有能动性？随着经济全球化的发展，工业化规模的扩大，城市化程度日益增长，人类的活动范围前所未有地扩大，动物的生存空间日益受到挤压。不少人都担忧人类的大规模经济和社会活动将对地球环境产生根本性的影响，对一些动物物种的灭绝形成潜在的威胁。气候变化、全球变暖已经变成全球性的政治、经济和文化议题，在相当一部分国家影响深远，政治人物和科学家之间也因此存在一种紧张关系。一些学者鉴于对人类这一现实处境的认知，试图从宗教与动物关系的角度提出一些理论思考和现实影响的评估。

　　目前而言，讨论这些问题的学者大多数来自亚伯拉罕诸宗教

附录三 动物与宗教：争论与反思

(Abrahamic religions)背景，考虑问题的出发点主要来自犹太教、基督教传统，思维方式还是二分法，即主要集中在主体与客体二分，自然与文化二分，人与动物二分，环境与社会二分，科学与宗教二分。这些二分法思维至少可以追溯到近代启蒙运动的思想影响。欧美学界当前有关动物研究的讨论，有一种趋势是对这些二分法思维模式进行反思，本章将加以说明。同时，亚洲一些宗教特别是佛教的思维模式与欧洲近代启蒙运动所开启的二分法思维模式相当不同，也许可以提供一些思想资源，参与这一问题的学术对话。

近年来出版的有关动物与宗教研究的新书主要集中在两大主题，一是动物有无宗教？这一问题不仅牵涉如何定义动物和人类，也有对宗教定义的反思。二是动物在宗教中扮演何种角色？这一讨论则主要集中在两方面，即对动物在各个宗教传统或具体宗教现象中扮演的不同角色进行探讨，以及对动物在各大宗教中扮演的角色进行归纳总结，分别是特殊性与一般性的探讨。本章将主要关注第一个问题，即动物有无宗教，结合分析近年出版的论著所提出的观点、立场，对其方法进行反思。

动物研究在宗教学领域的兴盛主要出现在最近十年，而这种动物转向在近几年尤为明显。对于这一转向，我在本书的导论中有所申说。2016年11月芝加哥大学出版的《宗教史学刊》刊出一篇书评论文，题为《宗教与动物转向》，评述了六本比较有代表性的著作[1]，其中的两

---

[1] Anna Peterson, "Religious Studies and the Animal Turn," *History of Religions*, vol. 56, no. 2 (2016), pp. 232 – 245; 这六本著作分别是 *The Question of the Animal and Religion: Theoretical Stakes, Practical Implications* by Aaron S. Gross (New York: Columbia University Press, 2014), *Holy Dogs and Asses: Animals in the Christian Tradition* by Laura Hobgood-Oster (Urbana: University of Illinois Press, 2008), *Animals and World Religions* by Lisa Kemmerer (New York: Oxford University Press, 2011), *Kinship and Killing: The Animal in World Religions* by Katherine Wills Perlo (New York: Columbia University Press, 2009), *The Wisdom of Animals: Creatureliness in Early Modern French Spirituality* by Catharine Randall (Notre Dame, IN: Notre Dame University Press, 2014), *A Communion of Subjects: Animals in Religion, Science, and Ethics* edited by Paul Waldau and Kimberley Patton (New York: Columbia University Press, 2009).

本我都在不同场合做过介绍[1]。这六本著作虽然也提及一些东亚和其他地区的宗教,但它们的讨论仍然主要围绕亚伯拉罕诸宗教。而本章最关注的一本则是2015年格罗斯(Aaron S. Gross)出版的《动物与宗教之问题》。无独有偶,2016年11月3日范德索默尔斯(Dan Vandersommers)在美国历史学会(AHA)杂志《历史的视野》上发表《历史中的动物转向》(The "Animal Turn" in History),对最近三十年史学中出现的动物研究趋向与环境史、科技史、思想史、文化史、消费品史、大历史、全球史研究之关系做了简短梳理,并特别指出,在最近三十年间,由于新媒体的出现、气候变迁与环境灾难话语的流行、恐怖主义的兴起、生物科技的发展、人口大量增长、经济全球化等等因素,导致人文学受到各种挤压,而促使史学家转向动物研究。

除了全球化、气候变迁、环境危机等现实因素之外,宗教学的动物转向也有其内在理路,这即是物质主义转向(the materialist turn)与情动转向(the affect turn)的直接影响。情动转向可看作是物质主义转向的产物,深受物质主义转向重视身体与情感的启发,与传统宗教研究重视经书(scriptures)与文本(texts)研究、教义(doctrines)与理论(theories)研究有着明显差异,也和宗教艺术史强调对图像和建筑的研究不同。后两种转向无疑也对动物转向起了很大的推动作用,这三种转向其实在当代宗教学研究中是密不可分的,本章也将加以评说。

在进入讨论正题之前,我想对宗教学在一个多世纪来的一般变化做一点简单的梳理。简而言之,作为一门现代学科,宗教学的兴起,只有不到两百年的历史,而其兴起正是现代人文社会科学研究兴起的一个重要组成部分,这一兴起,不仅使得宗教学与传统的神学研究划清界限,也使得它在现代人文社会科学研究中获得一席之地,尽管最初的现代宗教学常常与社会学、人类学密不可分。有关现代宗教学兴起的历程,不少学者已做了梳理。不过,学术发展到今天,我个人认为宗教学的取向可以大体

---

[1] 我在本书2012年版中简要提示了瓦尔多与巴顿主编的《主体的交流:宗教、科学与伦理中的动物》,后来又在《人文宗教研究》第二辑(北京:宗教文化出版社,2011年)中介绍了克默尔的《动物与世界宗教》。

划分为三个阶段,即古典的研究、现代的研究、后现代的研究,这三种研究取向虽然出现的时间不同,但现在却难分难解,甚至常常出现在同一位当代学者身上。

古典研究取向(the classical approaches)主要以《圣经》文献和文本研究为主导,主要研究对象是文字写成的文本资料(literary sources),重视文本的阅读、编辑、分析和解释,深受传统圣经文献学(the biblical literature)和近代印欧语文学(Indo-European Philology)影响,这一研究在对宗教的哲学、历史学、文学研究方面取得丰硕成果,直到今天仍然是宗教学界最有影响的学术传统。

现代研究取向(the modern approaches)则转向更为多样的资料,除文献之外,亦强调口传资料(oral materials)、表演(performance)、视觉资料(visual materials)、访谈(interviews)以及田野考察(fieldwork)的研究,将宗教当作人类社会和文化发展的一个面向、人类社会生活的一个重要组成部分来研究,试图揭露人类社会生活与文化发展的丰富性与复杂性,这主要体现在人类学、社会学和考古学的研究,其中对神话和仪式的研究尤其引人注目[1]。

后现代研究取向(the post-modern approaches)则主要体现在受到后现代理论思路影响而出现的若干转向,如文化转向、物质主义转向、情动转向与动物转向,这些文化研究(cultural studies)、物质主义研究(materialist studies,特别是身体研究与物质文化研究)、情动研究(affect studies)以及动物研究(animal studies)在很大程度上消解了现代人文社会学科的界限,常常开辟一些跨学科研究领域。这些转向尽管仍然专注于传统的主要议题,如宗教理论、教义、实践、仪式等等,但却开始重新反思宗教学的现代研究所奠定的一些理论、方法,特别是思维模式、概念、话

---

[1] 这一研究取向可以从学界所流行的九种宗教理论中窥见一斑,见 Daniel L. Pals, *Nine Theories of Religion*, Oxford and New York: Oxford University Press, 2016, 3rd edition;该书主要介绍了九位社会科学家(人类学、社会学、心理学)对宗教的理论思考,包括弗雷泽、弗洛伊德、迪尔凯姆、马克思、韦伯、詹姆斯、埃利亚德、埃文斯-普里查德、格尔茨。

语,甚至挑战宗教、仪式、人类、动物、实践等基本概念与认知,解构和消解这些概念中的现代性,特别是现代性所体现的文化权力因素。其中一个重要的议题是现代人文社会科学的兴起深受近代人文主义与启蒙主义的影响[1],在学术上引入一系列二分法,如人与非人动物(nonhuman animals)、主体与客体、现代与前现代、文明与野蛮、自然与社会、文化与环境、理论与实践、宗教与科学、理性与非理性、启蒙与蒙昧等等。这些现代概念常常将人类社会划分为两个对立的营垒,而划分者常常在思维模式上不自觉地将自己置于带有优越感的一方而不自知,只因为他们拥有话语权。

简而言之,在当代深受后现代思想影响的宗教学之中,如果说现代研究取向将人从神权下解放出来,将人的地位抬高,并置于动物之上,将人性从神性下解放出来,置于动物性之上,那么后现代的研究则是将动物从人权的优越性中解放出来,将动物性和人性至少置于同等地位来思考问题。这种动物研究的思路,与二战以后的民权运动、女权运动、环保运动、动物权利运动等社会思潮分不开,也与六十年代以来迅猛发展的生物工程技术密切相关。六七十年代的这些社会运动消解和解构了现代人权观念与实践的单向度和局限性,促使学界反思社会的多向度以及人类未来永续发展的途径,直面现实社会所面临的种族与性别矛盾、人与环境的冲突、人文价值与科技发展之间的冲突。同时,生物工程技术,特别是基因工程的发展,改变了动植物的自然生长状况,试管婴儿的出现,也对传统人类伦理造成新的挑战。学界不得不面对这些新变化,对传统的学术认知进行反思,无论正确与否,的确在思想、学术上也提出了一些宗教学乃至于人文学的新议题,促进了学术界各领域之间的反思和对话,值得重视和持续讨论。

---

[1] Susan Crane, *Animal Encounters: Contacts and Concepts in Medieval Britain*, Philadelphia: University of Pennsylvania Press, 2013, 指出所谓批判性动物研究(Critical Animals Studies)作为一门新领域的出现,正是在于反思植根于古代哲学与圣经学的学术传统,这种传统所宣扬的人文主义重视人类与其他物种之间的高低区别,而文艺复兴以来的人文主义虽然挑战传统神性的统治地位,强调人性的地位,却也同时贬低动物性。

二、动物有无宗教

动物有无宗教的讨论绕不过什么是动物与什么是宗教这两个基本问题。本节所关注的动物主要指所谓非人类动物(nonhuman animals),至于人的心理与理性所认知的动物以及人类通过艺术和文学创造出来的动物[1],并不容易用于讨论动物有无宗教之问题。比如中国文化传统中出现的凤凰、麒麟、龙,在此并不容易讨论它们是否有宗教这一议题。对于什么是宗教,历来学者讨论甚多,但近二十年则以阿萨德(Talal Asad)与史密斯(Jonathan Z. Smith)对宗教的性质及宗教学的起源进行的反思较为引人注目。我在下文中将略为申说。

对于动物有无宗教的问题,学者们讨论的焦点深受自身关注的面向以及当代较为流行的一些理论的影响,而这些理论的反思,大多数都是以分析亚伯拉罕诸宗教为背景,其反思的对象则是近代启蒙运动以来的一些概念与思维。在格罗斯看来,宗教研究一定会有价值判断,问题的关键在于如何认定主体,根本性的问题是谁可以被算作宗教能动者(religious agents)。他反思了西方学者研究动物与宗教时常常不自觉地流露出自身传统的文化偏见,这些偏见反映了西方学者对动物的认知更多来自西方而非东亚或南亚,更多来自现代而非中世纪,更多来自新教而非天主教或东正教,更多来自基督教而非犹太教,更多来自与男性相关而非与女性相关的背景。这些偏见影响下的学者更多是将现代基督教对主体的理解当作自然而然的东西。格罗斯对其他宗教了解不多,所以很少采用亚伯拉罕宗教以外传统的例证。我认为这些反思也值得从亚洲宗教特别是佛教的角度来进行再反思。在以下的讨论中,我打算先述介格罗斯的新书《动物与宗教之问题》以及谢弗的新书《宗教情动》中的一些相关论述[2],理清其看待这一问题的线索,再加以反思和批判。

---

[1] Alan Bleakley, *The Animalizing Imagination: Totemism, Textuality and Ecocriticism*, New York: St. Martin's Press, 2000, pp. 38–40, 提示了人类经验中的三类动物。
[2] Donovan Schaefer, *Religious Affects: Animality, Evolution, and Power*, Durham: Duke University Press, 2015.

格罗斯首先回顾和总结了前人讨论宗教与动物关系的一些基本看法,指出动物与宗教问题的理论思考长期并未被重视,或者学者们认为这一问题并不很关键,或者偏重神学的阐释。当代最负盛名的动物权利主义学者之一辛格(Peter Singer)倾向于在讨论动物权利时忽略宗教或仅将其视为问题的一部分。神学家林泽(Andrew Linzey)强调基督教解放思想的潜力,认为这也可以用于人类对待动物的解放议题。米格雷(Mary Midgley)认为在人类与动物的成问题的关系问题上,宗教既不是问题的根源也不是问题的首要解决办法。瓦尔多(Paul Waldau)强调认识和解释真实存在的动物,并关注人类对待动物的物种主义。帕顿(Kimberly Patton)着重讨论动物和人类关系的神圣性想象,指出亚伯拉罕宗教传统中想象动物客体的神圣性之三大主题,包括人对动物的神圣同情与特殊关照、神与动物之间的交流与相互感知、动物对神的崇仰等等[1]。

接着格罗斯转向现代宗教学的一些奠基者对动物与宗教关系的立场和看法。首先是迪尔凯姆,他强调人在生物学意义上的非决定性,人不是出生在社会中,而是被社会产生。社会同时在构建人和被人建构,社会组织、制度和文化被人通过其理性、感性、行为塑造与建构,而社会组织、制度、文化反过来也塑造和建构人本身。迪尔凯姆作为社会学人类学的奠基人之一,不认为宗教是神圣启示,认为宗教只是人类文化的普遍特征,正是人类社会实践的产物。而人的所谓特殊性,即其与动物之区别,乃出自人类自身建构出来的认识,不过他不认为这种独特性不是真实的,因为在他看来,人类生活的道德与伦理地位存在于人类生活的真实性之中,并非只是构建的概念。

格罗斯指出了动物与宗教的关系在迪尔凯姆和埃利亚德的理论中实际上服务于人的定义。动物有其固定的特性,从宗教现象的参与、概念性思想、社会中被切断了。格罗斯也总结了埃利亚德的看法。埃利亚德认

---

[1] Gross, *The Question of the Animal and Religion*, p.59.

附录三 动物与宗教：争论与反思

为人产生于神话的制造，而神话的制造本质上是意义的制造。埃利亚德认为人之所以能够有宗教主要体现在三方面，直立行走、制造工具，以及能够为杀害和食用动物作出决定。直立行走帮助人类创造出所谓神圣空间，制造工具特别是使用火将人与动物区别开来，而人类能够决定何时及如何杀害动物则为献祭仪式开辟了道路。因此，在格罗斯看来，迪尔凯姆与埃利亚德的理论将宗教定位于人类历史的开端和动物历史的结束，即宗教的出现将人与动物区分开来。他们两人对动物的前宗教行为不感兴趣，基本上将动物排除在宗教之外，并将宗教视为人与动物区别的特征。

格罗斯认为在当前动物与宗教研究中存在一个理论化（theorizing）的缺席问题，并试图从哲学的角度对这一问题进行反思，认为近代以来人的科学与生命科学的分野这样的二分法在结构上正是人与动物的分野，比如近代思想家狄尔泰指出人文学的唯一性乃是由于人的唯一性，而现代哲学的主体性传统正是植根于这种对人的唯一性的认识。现在很多学者比如阿萨德（Talal Asad）与史密斯（Jonathan Z. Smith）等人均认为宗教只是人基于学术研究的目的建构出来的对象，如果是这样的话，当然动物就谈不上有无宗教。

不过，格罗斯认为他讨论的动物，从哲学上可以归纳为三类，即实际的动物（生活中的与文本中的）、人类的根源他者、象征性动物。他从哲学本体论和认识论的角度试图重新考虑这样一些问题，如动物作为主体、客体，动物作为概念、词汇，动物作为生物物种等等。他对近代哲学史上出现的根据主客体将人与动物进行二分的思维方法进行反思，认为这种思维模式受到一些基督教新教流派的影响。在他的理解中，想象宗教作为一种严格的人类现象即人类非动物部分的宗教，确实对理解人类社会和文化很有帮助，但是也唱和了西方基督教文化中一系列等级制的二分区别，这些区别将人置于动物之上，同时也将思维（mind）置于身体（body）之上，超越（transcendence）置于内在（immanence）之上，精神性（spirituality）置于物质性（materiality）之上，精神（spirit）置于文字（letter）之上，信仰（faith）置于律法（law）之上，现代（modern）置于原始

(primitive)之上,西方置于东方之上,基督徒置于犹太人之上,等等。

格罗斯在具体论述中主要分析了四位理论家——迪尔凯姆、卡西尔、埃里亚德、史密斯的理论。他提示了这四位理论家的语言、族群、性别和宗教身份与背景,这四人分别来自德语、法语、罗马尼亚语、英语学界。他们虽然都是来自西方世界,但民族和语言非常不同。他们也都是男性,四人之中有三人(迪尔凯姆、卡西尔、史密斯)来自犹太背景,但并非传统宗教意义上的犹太背景,更多是世俗犹太人(Secular Jews)。在这些犹太思想家的理论体系中,他们对宗教的理解不再植根于基督教思想的概念。应该注意的是,格罗斯本人也是持非神学立场的世俗犹太思想学术背景的宗教史学者,这使得他希望不断反思犹太与基督教思想学术传统给人文学带来的固有观念。

格罗斯认为迪尔凯姆与卡西尔代表区分人与动物的不同伦理倾向。两人各自发展出认识人类的思想体系,都强调人类的起源与发展存在一个"幼态持续(neoteny)"的独特性,这是一种生物学现象,即人类可以被理解为幼态持续的猿,与其他猿类相比,人性的独特性在于缺乏固定性,人类在离开子宫多年之后心性并未成熟,甚至在很多重要方面,从未成熟到一个固定状态。在人类出生在一个不成熟的世界并保持较长一段时间的情况下,文化逐渐进来填补这种不成熟性留下的空隙。换言之,人类其实拥有一种开放性结构,其身上反映了自然与文化之间的界线其实是相当模糊的,人的心性创造出文化,文化同时也塑造人的心性。我对格罗斯的解读这样理解:在迪尔凯姆和卡西尔的体系中,如果宗教是人类的独有文化现象,则宗教也是人类心性塑造出来的产物,而宗教又反过来塑造人的心性。

迪尔凯姆是社会学、人类学的主要奠基者之一,也是现代宗教研究的开创者之一,其影响极其深远,格罗斯也对其着墨较多[1]。他认为迪尔

---

[1] 主要针对迪尔凯姆的《宗教生活的基本形式》(渠东、汲喆译,上海人民出版社,1999年)。

附录三 动物与宗教：争论与反思

凯姆的学术贡献主要体现在四大方面：一是宗教研究；二是对概念性的思想探讨，特别是分类的功能（即二分法，人与动物，神圣与世俗等等）；三是对人从动物中分离出来的探讨；四是对何者构成社会基础的探讨。这四点在迪尔凯姆的理论体系中相辅相成。迪尔凯姆认为人之所以和其他动物相区别在于人类在形式上是唯一无形的（uniquely formless），智人在成长过程中逐渐学会成为人[1]。换言之，人并非生而为人，而是一个不断学习成长成为人（being a human）的历程，人的世界每件事都与神圣和世俗密切相关。迪尔凯姆倾向于认为原始社会正是没有完全将人和动物分离开来，在精神上是有局限的。迪尔凯姆认为宗教是概念性思想、人、社会通过神圣世俗二分法共同创造出来的产物，也是人类文化的普遍特征，自然（nature）只是给人和动物的不同提供程度上的差异。

格罗斯认为迪尔凯姆的思想在人与动物二分上非常接近在西方社会占据统治地位的犹太和基督教神学传统，或者说受其影响较深。尽管迪尔凯姆试图通过分析一些原始部落来提升非西方社会在学术研究上的地位，并且其本人具有很强的人文主义倾向，但他只是再次重复了西方传统思维模式对宗教的理解，这种理解认为狩猎采集社会混淆了人与动物的区别。不过，迪尔凯姆的理解与犹太和基督教神学还是不同。传统神学对人和动物的区别定义为人类具有灵魂、人类具有神的使命（divine mandate）、人类超越自身的独特能力、以及概念能力，人与动物不同在于宗教。迪尔凯姆则认为人的概念性能力、社会与宗教共同作用，相互纠葛。

迪尔凯姆和卡西尔均同意人并非生而为人，前者强调人的概念性能力，后者强调人的象征性能力。卡西尔尤为重视语言能力，认为儿童不具有说话能力之前或者一个人生下来不能发展语言能力或者人丧失了语言能力，则不能被视作正式的人。卡西尔主张，人之所以为人，乃在于具有

---

[1] 卡西尔也将智人定义为具有独特的、弹性的象征性功能的物种；见 Ernst Cassirer, *An Essay on Man: An Introduction to a Philosophy of Human Culture*, New Haven: Yale University Press, 1972.

独特的通过象征性功能创造世界的能力,并且能够按照自己的意志穿行于这些不同的世界。通过自然选择,人的有机的、生物性身体进化出这种前所未有的能力。这种能力是人通过不断地对外界的反应形成的,这种反应逐渐将信号变成了象征。

卡西尔认为人的象征性能力不可避免地在神话、艺术和宗教中被展现出来。人自从发展出这种能力之后,开始生活在象征的宇宙之中,语言、神话、艺术、宗教都是这个宇宙的一部分。人与神话是同时出现的,象征、神话、人、宗教同时互相创造出来。他比迪尔凯姆更注意从动物到人的延续性。卡西尔还是为生物科学研究某些特殊的动物物种产生的实证、科学的信息保留了一席之地,对自己理论的局限有相当清楚的自觉。他虽然坚持人与动物的明确二分,但也承认一些猿类具有一定的象征性处理能力(certain symbolic processes)。他对动物行为科学的研究很关注,也愿意因为新出现的科学证据而修正自己的理论。他虽认为人类高于动物,但不像迪尔凯姆,他也注意人与动物的相似性,并且对动物抱有好感,同时注意到人与动物团结一致的因素。

格罗斯指出,迪尔凯姆和卡西尔这类人与动物的二分法,无论是有意的还是无意的,实际上刻画了人文主义内心中对动物的暴力否定(a violent disavow)。格罗斯批判迪尔凯姆对动物重要性的概念性理解(conceptualize)很简单地看上去对动物缺乏洞见、想象和同情,在著作中常常反映其贬低动物的倾向。

迪尔凯姆、卡西尔、埃里亚德,在格罗斯看来,都将宗教的开端视作是动物的结束,人变成宗教的人(being religious)。格罗斯指出这三人在对宗教和人的出现进行理论化时,都没有否定人和群体真正的宗教,他们著作里面的宗教不再是欧洲或(现代意义上)文明的特权,而首先是一种人类活动,他们没有特别强调西方文化的特殊性。但他们对原始与现代二分的设定是有问题的。他们的人文主义将动物排除在外,实际上是将一系列二分法的合法性建立起来:人与动物、男与女、文化与自然、现代与原始、内部人士与外部人士、像我们一样的人和与我们不一样的人等等。

附录三 动物与宗教：争论与反思

这种人文主义将人文科学定义为反对生命科学，并且最终具有讽刺意味地威胁到智人的尊严，而它实际上想保卫这种尊严[1]。

格罗斯分析的第三位理论家是埃里亚德[2]，埃氏强调人制造神话和制造意义的能力，而这些乃是人类独一无二的活动，人对动物的超越性成为宗教本身的开始。埃里亚德着重从三方面构想了人与动物之区别：神圣的(the sacred)、意识(consciousness)、意义(meaning)。想成为人，动物必须有加法(animal plus)，即动物必须加上神圣之物、意识、意义，而这些正是通过制造神话才得以实现。格罗斯认为这种看法使得动物生命看上去毫无意义，人类的动物部分正如一块白板，智人之所以能成为宗教人(homo religiosus)乃在于神话的制造，完成成为人的关键一步。埃里亚德也主张直立行走使得人类具备了将一些空间视为神圣空间(sacred space)的能力，只有人才能与所处的空间建立神圣的关系。动物只有区域、交配地以及其他与土地建立的亲密关系，但不会有神圣性发展出来。人类的神圣空间概念使得人与空间、记忆和意义结合在一起。埃里亚德也主张人对工具的使用特别是火的掌握使人区别于动物[3]。格罗斯认为晚近的研究表明不少动物也能在某种程度上制造和使用工具，动物制造和使用工具的广度仍然没有引起人类足够的重视和研究。埃里亚德同时认为，人能对杀害动物下决定最终导致性别区分的产生以及献祭结构

---

[1] Gross, *The Question of the Animal and Religion*, pp. 80–81.
[2] 格罗斯讨论的主要文本包括埃利亚德的下列著作，Mircea Eliade, *A History of Religious Ideas*, 3 volumes, Chicago: University of Chicago Press, 1978; *The Quest: History and Meaning in Religion*, Chicago: University of Chicago Press, 1984; *Myth and Reality*, Prospect Heights, IL: Waveland Press, 1998.
[3] 略检汉代班固《白虎通义》，可知燧人氏钻木取火在中国古代传统中也被视为文明的开端，该书提到中国早期文明创造者的传说时指出："三皇者，何谓也？谓伏羲、神农、燧人也。或曰伏羲、神农、祝融也。《礼》曰：'伏羲、神农、祝融，三皇也。'谓之伏羲者何。古之时未有三纲、六纪，民人但知其母，不知其父，能覆前而不能覆后，卧之詓詓，起之吁吁，饥即求食，饱即弃余，茹毛饮血而衣皮苇。于是伏羲仰观象于天，俯察法于地，因夫妇正五行，始定人道，画八卦以治下。下伏而化之，故谓之伏羲也。谓之神农何？古之人民，皆食禽兽肉，至于神农，人民众多，禽兽不足。于是神农因天之时，分地之利，制耒耜，教民农作。神而化之，使民宜之，故谓之神农也。谓之燧人何？钻木燧取火，教民熟食，养人利性，避臭去毒，谓之燧人也。谓之祝融何？祝者，属也；融者，续也。言能属续三皇之道而行之，故谓祝融也。"

的出现[1]。献祭的仪式与神话的制造之间存在密切关系,人类赋予它们意义。埃利亚德通过对神话的研究和分析,将人的三大特性解释为相辅相成的因素,人制造神话的行动将宗教人(homo religiosus)提升出动物性(animality)之外,因而神话也体现在仪式行动之中,人能够用仪式来献祭和消费动物的肉。

当代宗教史学者史密斯则继承了前面三人的学术传统,认为宗教的研究归根结底就是人的研究,宗教只是学者为了学术研究的便利所创造出来的东西。对于史密斯来说,在宗教研究和人的研究之间并没有自然的或必须的界线,只有学者为各种治学目标所划出来的界线[2]。史密斯强调说,人的科学研究(the human sciences)是作为神的科学研究(divine sciences)的对立面出现的,将宗教纳入人文研究曾经非常有突破性,宗教研究与神学研究的分离植根于人与神的二分法,这种二分法应该重新考虑。格罗斯认为史密斯所表达的情感十分保守,甚至是新教的,肯定是启蒙式的,实际上加强了旧式人文主义思维。史密斯虽然成功地挑战了宗教与非宗教之间的界线,但代价是划出了处理人与动物、人与非人之间的界线。

格罗斯认为史密斯并未真正将宗教充分地从神的科学(divine sciences)的局限中完全转型出来。史密斯和他前面几位理论家的不同在于,他确实有考虑到人与动物区别这样的大问题,因为他清楚地指出,如果将世界区分为人类与非人类(包括动物)会导致出现一个"像我们的人们(people like us)"和"不像我们的人们"(people not like us)之间的二分,换句话说,造成一种新的自我与他者之间的冲突和斗争。

---

[1] 应该指出的是,佛教中所谓不杀生也涉及埃里亚德的杀害动物与献祭问题,如同其他一些欧亚宗教一样,婆罗门教和儒家都使用动物献祭,但佛教不赞成动物献祭。不过这种反对献祭的立场本质上是人类优越性的体现,因为佛教之所谓杀生与不杀生,并不是首先为了动物,而是为了人的业报与解脱。当然这种不杀生的观念也适用于其他众生有情。

[2] Jonathan Z. Smith, *Imagining Religion: From Babylon to Jonestown*, Chicago: University of Chicago Press, 1988; *Map is not Territory: Studies in the History of Religions*, Chicago: University of Chicago Press, 1993.

附录三　动物与宗教：争论与反思

在什么是动物、什么是人、什么是人与动物之区别这些问题上，格罗斯最后分析了人类学家因格德(Tim Ingold)对狩猎采集社会的研究，认为因格德的研究对于反思人与动物关系的传统二分法具有重要意义。因格德提出，在狩猎采集社会，人们放弃了人与动物二分法，而将动物与人都视为社会中活动的个体(person)，这种一视同仁的个体性(personhood)立场体现在他们对狩猎的态度上，他们将狩猎看成是非暴力的行为，是动物主动进入猎手的环境，狩猎动物的行为基于一种人与动物之间的互信。成功的狩猎乃是一种启示，猎手并不转化世界，而是世界向其敞开大门，猎手不是为了控制动物，而是寻找启示[1]。

因格德研究狩猎采集社会，认为应该放弃主体与客体、主观性与客观性的语言和思考方式，这些社会的一大特征是不存在人与动物、文化与自然的明确区分。他认为现代人是"观看世界"(viewing the world)，即把世界当作客体，而狩猎采集社会则是"领会世界"(apprehending the world)。这种"领会世界"的状态反映了人类形成人与动物、文化与自然、主体与客体二分之前的情况，给这些社会通过"构建一种观看"来领会世界留出了一个可能性[2]。狩猎采集社会，是人直接从自然界获取日常生活所需的物质，并没有通过农业劳动来改造大自然，或者驯化动物、饲养动物。

因格德强调的采集狩猎社会这种生存状态与农业社会有着很大区别。众所周知，农业生产对气候要求较高，靠天吃饭。如果遇到干旱季节，人类通常会举行祈雨仪式以求降水[3]。动物不从事农业生产，不需要考虑降水问题，也就没有祈雨仪式。动物也不驯化其他动物，也不处理、保存剩余的动物类肉制品。

不过，列维·斯特劳斯拒绝因格德这种混淆自然文化二分的立场。

---

[1] Tim Ingold, *Hunters, Pastoralists, and Ranchers: Reindeer Economies and Their Transformations*, Cambridge: Cambridge University Press, 1987; *What is an Animal?* London: Unwin Hyman, 1988.
[2] 格罗斯于此深受启发，见 Gross, *The Question of the Animal and Religion*, p. 100.
[3] 祈雨仪式几乎存在于每种文化传统，一个跨文化的简单考察见 Cynthia Barnett, *Rain: A Natural and Cultural History*, New York: Penguin Random House LLC, 2015, 第三章。

他指出,使用自然、文化二分当然有其局限性,因为这种二分法有其历史与文化特殊性,但他仍然认为自然与文化、人与动物的二分乃是科学阐释人类社会发展的重要学术工具。而格罗斯则指出,因格德考虑到人类理性(reason)常常和人与动物、文化与自然、思维与世界二分法纠缠在一起,狩猎采集社会的本体论缺乏对人类理性的强调,这是具有很大启发意义的。培根将理性想象为一种独特的人类思维器具(human instrument of mind),可以和确定的事实对话(in dialogue with secure facts),允许我们作为感知的主体站在世界之外来解剖世界从而知道它真的是什么。而格罗斯则认为人的这种所谓理性忽视了情感的认知能力,人和动物完全可能常常以情感与他者和环境交流。格罗斯的这一点提示当然值得注意,我在下文将讨论情动理论。

谢弗的《宗教之情动》一书利用情动理论(the affect theory)来重新讨论动物是否具有宗教的议题,对传统宗教研究的缺陷进行了反思和批判。他首先指出,当前学界对人与动物的区别之探讨存在两个阵营,这两个阵营的争论主要围绕理性、情感与语言进行。

一派主张,语言不是区分动物与人的必然的鸿沟,动物也有语言。学界传统上认为,语言与理性关系密切,语言也是概念化能力的体现,语言、概念、理性,让人与动物区别开来。如果有人认为,动物也有语言能力,则人与动物的区分并非语言,动物也有概念化能力和理性,不过这方面的证据需要求助于动物行为学和生物进化理论。

另一派则认为,应该研究语言之前或语言之外的宗教情感与行为,语言和文献并不必然反映宗教的特殊性或者作为定义宗教的唯一要素,人强调语言和文献来研究宗教乃是近代启蒙运动、理性主义、人文主义的产物,这种重视和研究忽视了宗教情感和行为的前语言特征。语言总是和话语联系在一起,但物质主义转向注重理解身体的物质性,这种物质性并不取决于话语和文本[1],而这正是利用情动理论探讨动物有无宗教议题

---

[1] Schaefer, *Religious Affects*, p. 58.

附录三 动物与宗教:争论与反思

的出发点。

情动理论强调人类身体的物质性,这种物质性也体现在人的身体与外部物质世界之间的互动以及人的身体对非物质世界的感知和反应。人的身体和动物的身体一样在渴望、寻找、期待他们所处世界的各种事情。无论是人还是动物,其身体对各种物质性都有感知能力,如对颜色、形状、图像、声音、嗓音,以及外部世界的变动、改变等等[1]。换言之,这种物质性体现在活的(living)物质或非活的(nonliving)物质[2]。这种对身体物质性的强调用于解释宗教,就是强调身体的感觉对于行动的指导作用,而此时理性并不起作用,所以才会有信徒通过自杀和殉道等身体实践获得其期待的神圣与现实意义,即身体的实践也可以制造出象征意义。

谢弗认为,传统的宗教研究过于强调理解和阐释自我与他人在社会行为上的理性计算,认为人在寻找生存意义、制造意义、探寻团结、获得同情与快乐时总是从理性出发来计算,但情感经济学则超越了这种传统看法。对宗教的物质性强调帮助学者认知物质性的东西也是宗教实践中塑造和构建权力的重要因素。换言之,传统研究太急于在文本中寻找逻辑,而忽略了实际宗教生活中情感、想法与概念等对宗教的塑造和建构同等重要。宗教和政治、权力、身体之间有着极为密切的相互关系,所以身体、情感、物品与权力之间的关系值得深入讨论。

传统宗教研究过度依赖文本(texts)、语言(language)和对信仰(belief)的强调,这一点早在 2002 年美国宗教学会会长纳拉亚南(Vasudha Narayanan)的演讲中就有所反思。表演和舞蹈,以及其他视觉经验,逐渐被宗教学者作为至少是和文本与语言同等重要的因素来加以分析和考量,比如舞蹈便被认为是能够将身体和空间结合在一起的实践方式。谢弗进一步推进了这一研究趋向[3]。他一方面强调人的身体与

---

[1] 较近的对东亚传统中颜色的研究,见新编会议论文集,Mary M. Dusenbury ed., *Color in Ancient and Medieval East Asia*, New Haven: Yale University Press, 2015.
[2] Schaefer, *Religious Affects*, pp. 100 – 105.
[3] Schaefer, *Religious Affects*, p. 150.

情动先于语言的存在,另一方面则由此出发指出动物和人一样具有情动能力从而与外部世界有着互动。这也是他认为宗教研究必须考虑这些新趋势的出发点。

传统研究认为动物没有文字,人类有文字,且认为文字是文明的起点,文字将人与动物区分开来。但现在情动理论认为这只是理解和认识历史的一个方面,而人与动物身体的动作、表情、情感,都是历史与文化的一部分,已经颠覆了认为人与动物在文字与语言上相区别的传统主张。

三、在宗教研究中反思人与动物关系

动物与宗教问题的讨论当然深受物质主义转向影响,而这种物质主义转向又是对传统宗教研究中所体现的文本主义(textualism)的修正。这种物质主义修正的出现不能不考虑科学技术的维度。格罗斯对动物与宗教问题的梳理乃在于他注意到美国一家犹太食品加工厂基于犹太教仪式对肉牛用机器进行残酷无情杀害的录像片段的流出,从而激发了一种对牛这种动物的同情,并进而从学术角度来考察人对动物的看法以及动物与宗教之关系。这种犹太肉品加工厂试图制造一个现代科学技术与犹太教精神完美结合的当代修辞,但格罗斯对此提出质疑,这体现了现实问题对于学术研究的推动。在格罗斯的认知之中,人文主义虽然将人从神权下面解放出来,却也衍生出破坏大自然生态系统的现代主义,人的优越性、优越感不断爆发,使得人类在现代化过程中长时间对环境、自然、动物造成极大的破坏。当代的肉品加工业非常残忍,近代英国殖民者在南亚、东南亚也曾大肆猎杀狮子和老虎等猛兽[1],欧洲殖民者在非洲、美洲也曾大肆屠杀动物,这对当地自然环境造成极大的破坏,一些动物逐渐在当地消失。

虽然文艺复兴运动、人文主义兴起将人从神的权威下解放出来,理性

---

[1] 英国殖民者在南亚的猎虎活动之研究,见 Joseph Sramek, "'Face Him Like a Briton': Tiger Hunting, Imperialism, and British Masculinity in Colonial India, 1800—1875," *Victorian Studies* vol. 48 (2006), pp. 659 - 680. 有关人类活动影响大型哺乳动物在东半球地区生存的一个概观,见 Robert M. McClung, *Lost Wild Worlds: The Story of Extinct and Vanishing Wildlife of the Eastern Hemisphere*, New York: Morrow, 1976.

附录三 动物与宗教：争论与反思

主义、进步主义的思潮却在现代社会将人的地位抬得太高，让人忘乎所以，真以为自己是万物之灵，从而对其他物种予以极为蔑视的态度，造成了物种生存危机。科学昌明的社会并未给人带来幸福感和满足感，这是格罗斯以及当代一些动物权利保护运动参与者的立场和看法。到了后现代社会，不少人开始强调动物作为平等物种的地位，开始反思人的优越性，提倡敬畏自然、热爱动物。所以，动物有无宗教并非是一个单一议题，实际牵涉到当代全球政治与经济问题。

当代食品加工业乃是现代科学技术与工业化进程紧密结合的案例，人类为了生存的需要追求丰富而容易获得的食物，包括肉类。当代民族国家政权常常认为政府的一项重要功能便是满足公民的安全健康饮食需要，能够"养活"全国人口乃是政府合法性的重要支柱。而现代食品工业则为了赢利的需要追求成本最低、利润最高的肉类生产和加工模式，这种模式又转而要求食品工业界对科学和技术的发展进行投资，这里即涉及复杂的政治、经济和科技之相互关系。

从科学技术史的角度而言，基因工程的发展已经改变了人性和动物性，技术成为人类和其他物种发展的第三种因素，整个地球处于自然、社会、技术三者交互作用的网络之中。人不但被自然和社会塑造，同时也被技术塑造。甚至于科学技术的发展，使得人的饮用水、食物均不再是直接来自大自然的馈赠，而是经过技术加工的水和食物，这使得技术直接参与了人的身体的塑造。人的个性受遗传的影响，也就是受基因的影响，则基因的变化也会引起人个性的变化。科学技术与人的心性相互影响，而技术的发展也寄托了人的理想和期待，实际上也是人的意志的体现。总之这是一个难以逆转的相互作用的进程。

动物权利学者罗林（Bernard E. Rollin）认为，在对待动物方面，传统农业和现代工业化农业有一个显著区别，传统农业的畜牧业通常可以看作是人类与动物之间的一个协议，生产者的生产效率取决于动物的劳动效率和自然生长，并不需要社会伦理来确保合理地对待动物。近代反残忍对待动物法令主要适用于社会上残忍地、心理变态地对待动物的人。

人出于保护自己的利益并不愿意刻意去驱使动物提高生产效率,我想这也即是中国人所谓的"靠天吃饭"。但是第二次世界大战后这一协议被人类改写。因为各种原因,农业科学家与政府官员极端关注为公众提供便宜而丰富的食物,基于技术的工业化农业开始大规模发展起来。畜牧业也成了工业化的一部分,传统农业的核心价值被摒弃了,强调效能和生产率的工业价值取代了传统农业价值,甚至这一价值改变也影响到大学制度,动物畜牧系(Department of Animal Husbandry)变成了动物科学系(Department of Animal Sciences)。畜牧业开始在喂养食用动物时大量运用人工添加剂,六十年代以来,科学和工程领域也大量使用动物用于测试生物试验品、医学试验品、化学药品。总而言之,工业化农业、科学工程实验和测试大量使用动物,与传统畜牧业人类与动物的协议关系模式完全不同[1]。

近年来,这种科学技术的发展所造成的问题,随着人们对全球性气候变化、生态改变的警惕,逐渐引起学界的广泛关注和讨论。相当一部分学者认为,动物也是历史发展的主体,和人类一起参与人类社会的发展与演进,塑造人类社会,也是人类历史的创造者,同时人类历史也通过社会和技术改造动物。但是对于部分生物学家特别是动物行为学家、生物伦理学家来说,问题在于动物是有意识地参与创造历史和塑造社会还是无意识地参与创造历史和塑造社会?动物是否有主观能动性和自由意志?是否有意识地创造历史、社会、语言、仪式、道德?动物的意识和其行为的目的存在很大区别,值得深入讨论。人类社会有无发展目标则是类似的问题,人类的知识、智力、判断、理性、对未来的预见性和期待塑造历史与社会,人类的社会性即以社会意识塑造社会关系而产生,社会关系不断重塑人类社会性。如果宗教是社会的产物,则它在何种意义上是人类或动物有意识的、有目的的、有社会性的产物即成为一个重要议题。

---

[1] Bernard E. Rollin, "Animal Rights as a Mainstream Phenomenon," *Animals* Vol. 1, no. 1 (2011), pp. 102 – 115.

附录三　动物与宗教：争论与反思

当前学界对于全球性气候变化、环境变化的讨论同时引发了学者们对所谓人新世(anthropocene era)的讨论[1]。人新世的主旨是如何看待人类对地球环境的广泛影响,这在学界存在相当大的分歧,有些学者认为人类活动对地球环境的影响自近代大规模工业化开始,也有人认为人新世应该追溯到人类的出现,即数十万年以前。无论如何,从逻辑上说,如果宗教是人新世出现的,则动物没有宗教。如果动物有宗教,则宗教并非是人类时代(或人新世 the anthropocene age)的产物,而是在人类出现之前就已经出现。另一方面,物种之间的竞争也是在人新世之前即已经出现。大量史前动物的灭绝并非完全是人新世造成的,动物界内部生态系统的平衡和食物链都与人类活动无关,而至于史前时代宇宙特别是星际事件如陨石入侵造成物种灭绝等等,则更与人类无关。

其次,说到物质主义转向对文本主义的修正,不能不提到最近二三十年仪式研究的复兴。尽管在近代社会学、人类学兴起过程中即有不少关于仪式问题的讨论,但在八十年代以来,仪式研究有一股复兴的趋势[2]。仪式研究也可以看作是对文本研究的修正。仪式与宗教有无不同？仪式如何传递教义、伦理、身份以及塑造社区认同等等,在近代宗教社会学、宗教人类学以及当代宗教研究中,始终是学者关心的议题。动物是否也有仪式？如果有,动物的仪式如何塑造自身的历史和记忆,并不是容易解决的问题,恐怕和动物有无宗教的问题同样重要和复杂,也同样难以在学界取得共识。仪式研究的物质性获得学界重视同样是物质主义转向的产物。一些动物行为学家试图指出动物的行为带有仪式性特征,即存在重复性、象征性,创造出神圣意义,但这些解读也是见仁见智。动物有无仪式与动物在人类仪式活动的应用是两个问题,后者已经得到学界的不少

---

[1] 最新的讨论见 Jeremy Davies, *The Birth of the Anthropocene*, Berkeley: University of California Press, 2016.
[2] 见 Catherine Bell 两本概论性著作中的梳理, *Ritual Theory, Ritual Practice*, Oxford: Oxford University Press, 2009; *Ritual: Perspectives and Dimensions*, Oxford: Oxford University Press, 2009.

关注和讨论[1]。

以佛教为例,尽管佛教主张因果报应适用于一切有情众生,从业报与转世轮回对众生所起的作用来说,一切众生无论人还是动物,都是平等的。而佛教中最基本的皈依仪式以及受五戒的仪式最初却首先是为人类设计的,是为了防止人类造业设立的。这里面涉及一系列可以讨论的伦理、道德与行为问题,这些问题不仅涉及人与动物的区别,也涉及其他四道众生有情。对于五戒的规定,不仅见于早期佛教,也在大乘佛教中得到广泛承认,这五戒包括不杀生、不偷盗、不邪淫、不妄语、不饮酒。这五戒如何在现实中适用于动物,牵涉到的问题是动物如何看待五戒和实践五戒。比如动物如何看待其他物种以及自身的生命,动物如何理解偷窃的伦理问题,动物的性生活是否有伦理的维度[2],以及动物能否分辨语言中的妄语因素,动物能否运用工具制造酒类饮料并享受酒类饮料带来的欢愉。类似的问题可以扩展到其他传统关注的中心议题,比如基督教关心的是,动物是否有理性?动物是否有灵魂?[3]而儒家关心动物是否理解礼乐并能制礼作乐,动物是否理解仁义、德性并能实践它们?诸如此类的问题都值得进一步讨论。

再次,动物的伦理问题与动物的行为之间的关系,长期以来都是动物行为学家的研究焦点。动物的道德研究涉及多个学科,比如认知动物行为学、社会脑科学、道德心理学、哲学等等。一些动物行为学家倾向于认为动物的行为带有伦理维度。别科夫(Marc Bekoff)和皮尔斯(Jessica Pierce)认为,动物不仅有正义感,而且也有同情、原谅、信任、互惠以及其

---

[1] 比如本书第182—183页即有对动物受戒仪式的提示。

[2] 这里应该对人类社会的性生活和婚姻进行区别。人类的性生活伦理问题以婚姻制度为核心,而婚姻制度则是社会制度,是社会的产物,而性生活本质上并非社会产物,本质上不存在伦理的问题。在佛教五戒中之所以存在性伦理正说明其被制造出来乃是因为佛教本身是社会的产物,这一性伦理被佛陀提出乃是为了追寻佛教的社会伦理目标。有关佛教性伦理的概论见 Peter Harvey, *An Introduction to Buddhist Ethics*, Cambridge: Cambridge University Press, 2000, 第八、九、十章;以及 Bernard Faure, *The Red Thread: Buddhist Approaches to Sexuality*, Princeton: Princeton University Press, 1998.

[3] P. Sobol, "The Shadow of Reason," *The Medieval World of Nature: A Book of Essays*, 1993, pp. 109-128; P. De Leemans and M. Klemm, "Animals and Anthropology in Medieval Philosophy," *A Cultural History of Animals in the Medieval Age*, Berg, 2007, pp. 153-177.

附录三 动物与宗教：争论与反思

他道德感。动物们有非常丰富的内在世界，也有道德行为。它们不仅有情感，也有较高程度的智力。动物的行为也常常带有弹性，甚至有谈判情节，并且会在活动中改变其内部社会关系，能够构建内部社会关系网络，为了维持社会平衡在一定的行为规则下生活。简单说，动物们很懂得合作、公平、信任对于在一个群体中生活下去的重要性。别科夫和皮尔斯也认为不存在单数的狼性，而是有复数的狼性(wolf natures)，这是对应埃里希(Paul Ehrich)所提出的复数人性论。两位作者也指出道德行为的进化与社会性的进化密切相关，社会复杂性也是道德复杂性的显著特征。他们用三组概念来研究动物的道德：合作(altruism, reciprocity, honesty, trust)、同情(sympathy, compassion, grief, consolation)、正义(sharing, equity, fair play, forgiveness)[1]。不过他们的研究主要集中讨论哺乳动物，其他动物的研究缺乏足够的数据进行分析。他们也认为道德至少部分是基因的产物，即道德有其生物学基础，但并非全部基础，也不是最终起作用的因素。但是，应该说动物习性研究涉及动物行为的各个方面，比如动物之间的交流模式、动物带有攻击性的行为、动物之间的性行为、动物对自身即他者的认知、动物的学习模式与情感模式、动物的文化等等，可能需要更为复杂的多学科交叉和合作，才能得到更多答案。

最后，人类对动物世界内部的研究，还存在很多盲点。人类对哺乳动物的研究远远超过对其他动物的研究，而对哺乳动物的研究在多大程度上可以帮助人类理解整个动物界，这是非常令人怀疑的。正如人类对人类的研究常常强调个体性和差异性一样，人类对动物的研究常常也注意到动物的个体性和差异性。但后现代主义哲学家却更愿意理解和探析人类与动物之间的共性，至少从格罗斯的分析来看，他试图强调人与动物的共性，来弥补近代以来二分法造成的人对动物的优越性。而他的讨论中所引用的德里达也强调物种之间的关系(要么是跨不同物种 trans-species

---

[1] Marc Bekoff and Jessica Pierce, *Wild Justice: The Moral Lives of Animals*, Chicago: University of Chicago Press, 2009.

relations，要么是各个物种之间 inter-species relations)，特别希望强调不同物种之间的自我与他者之关系，但这一趋向实际上忽略了同一物种内部对自我与他者(the self and the other within species)的区分，有些物种内部的争斗也是非常残忍可怕的，如在非洲草原上，动物们为了争夺生存空间打得不可开交。

格罗斯和德里达显然都更注重讨论与人类生活关系较为紧密的动物，对于史前动物或者昆虫、鱼类，似乎并没有特别的关注。除了都比较关注哺乳动物之外，无论是格罗斯还是德里达都过多强调了物种之间的普遍性差异，但对物种的个体性与群体性之间的差异对物种之间的关系所造成的不同影响没有给予足够的重视。个体性与群体性对于动物而言，正如人口数量对于人类而言，有时候具有非凡的意义。比如大型动物个体对小型动物个体有优势，但对群体却不一定有优势。这一原则也同样适用于动物和人的关系，格罗斯等人关注的所谓人类的狩猎、渔猎、驯化行为和活动即存在这样的问题。如果动物数量占据绝对优势，个别人类生活在一大堆动物之中，人类也会被狩猎、渔猎甚至驯化，人猿泰山的传说便是一例，还有各种狼孩的故事，都属于此类。当人类个体位于大量动物之中，为了在丛林中生存下去，会不由自主地学习动物的生活习性。即便是在动物物种内部，数量的变化，对于环境的改变，也是非常关键的，比如亚洲鲤鱼对北美内河生态系统的侵袭，以及佛罗里达鳄鱼、澳洲鼠灾在当地造成的垄断性生态影响等等。在中国古代，蝗灾、虎灾也说明了动物数量达到一定程度，对人类社会有极大的破坏作用[1]。在非洲草原，动物界内部如狮子与公牛、狮子与鬣狗、狮子与河马等等的争斗，也是个体性与群体性差异的典型案例。

再举一个当代的例子。比尔·盖茨成立基金会之后，其中一个最主要的资助方向即是公共卫生。鉴于亚洲的非典、非洲的塞卡等公共疾病危机，他在近年来尤为关心全球性公众健康。他在一篇发表于 2014 年的

---

[1] 见本书第四章的提示。

博客文章中即指出,对人类威胁最大的动物实际上是蚊子,世界上至少有2 500种蚊子,除了南极洲之外,蚊子几乎出现在任何有人类活动的区域,而且很多蚊子携带致命病毒,在世界上一年死于蚊子携带病毒感染的人约有72万5千人,而死于人类自身之手的人则居于第二位,约47万5千人。尽管如此,这一事实却常常被人忽视,媒体上常见的是鲨鱼伤人事件,而事实上鲨鱼一年杀死的人类不过10人左右[1]。无论如何,学界应该充分注意到动物与人的个体性、群体性和社会性。

四、结语

在动物与宗教的问题上,虽然后现代主义哲学家们提出了一些值得注意的看法,不过我觉得还是应该注意到时空的限定,特别是历史语境,否则容易走极端。格罗斯在书中说有些动物比人类婴儿心智高明,就反映出一种超越时空和语境的比较,将成年动物与未成年的人类婴儿进行智力比较是否有问题,这是值得注意的。哲学的讨论有时过于强调概念和观念,有去历史化、去空间化的弱点[2]。

就换位思维而言,格罗斯的一些看法也是值得商榷的。他说在犹太教传统中存在所谓人类优越感(ascendency)和慈悲(kindness)思想,其实这正是人类中心主义思维模式,这一思维模式在处理人类与动物的关系时仍然以人为中心,强调人对动物的优越感(ascendency)和慈悲(kindness)立场。其实应该换个位置来问一下,大型哺乳动物对人是否会有同样的优越感(ascendency)和慈悲(kindness)心。比如一只猛虎或猛狮,在面对单独一个人或襁褓中的人类婴儿时是否会有类似的情感?

---

[1] Bill Gates, "The Deadliest Animal in the World," April 25, 2014 (https://www.gatesnotes.com/Health/Most-Lethal-Animal-Mosquito-Week).
[2] 我们亦可从此引申出普遍人权和普遍动物权问题。人既然生而非人,人成为人乃是历史与文化发展而逐渐发生的过程,则人权并非与生俱来,端看个体的人自身成为人的经历和经验,也要看个体与他者的互动发展出来的结果,人无法摆脱一切社会关系以及历史的羁绊。或者用佛教的话说,人的自性和他性总在不断变化之中,并没有一个永恒不变的自我,自我乃是无常的。动物权的普遍性应作如是观,动物并非生而为动物,也要看它自我的成长以及与他者的互动,与人类社会和自然环境的互动,多种因素造就动物权的合理性和合法性。现实社会中的所谓普遍人权无疑具有其特定的政治和法律限定,并非是哲学意义上的概念。

虽然个案不多，但还是有一些案例值得分析。而且事实上，人类在面对幼兽与成年猛兽时，从情动理论上来讲，感觉会非常不同，因为无论是人类还是兽类，对身体的大小、颜色、表情，反应可能是不同的。而人类在多大程度上可以为动物或者仅仅是哺乳动物代言也是一个未知数。

传统非黑即白的二分法思维模式，当然有很大问题。但是动物是否具有普遍动物权，正如人类是否具有普遍人权一样，并非一个非黑即白的问题，还是需要放在特定时空下讨论。正如迪尔凯姆、卡西尔等人指出的，人之所以为人，并非与生俱来，而是一个不断成长而逐渐成为人的过程。在人类对待动物方面，如果说只要吃过动物的肉，就可以被认定为伤害过动物，参与过对动物的迫害和伤害，那么人与生俱来就是有原罪的，毕竟从出生起没有吃过肉的人类可能是屈指可数的。动物主体论和物种主体论与性别、族群问题类似，应该考虑复杂的时空与语境限定。

动物是否被视作劣于其他物种，某种性别和族群是否比其他性别族群更弱势，必须放在具体的时空中，放在文化和历史的框架中去认识。每个个体的身份其实都是比较复杂的，物种、性别、族群某个单一身份并不是决定性因素。格罗斯所讨论的那些被屠宰场屠杀的牛之所以应该得到人类的同情，并不仅仅因为它们是牛，是动物，而是因为它们是无辜的，它们被人类使用特定饲料饲养并以暴力方式杀害。同样，一位母亲之所以应该被同情，她必须是无辜的，如果她是不道德的、犯罪的，则不一定会因为母亲这一单一身份受到同情，母亲的身份并非决定其社会地位以及其他人态度的唯一因素。女性、儿童、动物的物种身份不应该构成其天生具有道德、应该被同情的根本基础。从这个角度来说，佛教的因果报应思想提供了一个更好的解释，任何个体的现状和她/他与其所生活的世界以及所处的过去现代时空之间的联系，即所谓各种因缘相结合，才是塑造其当前道德地位的全部因素。

附录四 传统与现代的交织：从亚洲视角重访虎人传说

一、引言

人类学家温策勒(Robert L. Winzeler)在他的《人类学与宗教》一书中提示了动物在宗教中的重要意义，指出动物在宗教中以神祇、崇拜对象、图腾、动物变身、守护者、信使、超自然力量的载体以及禁忌等角色出现。其中动物作为变身主要体现为在欧洲以狼人出现，而在印尼、马来西亚则以虎人形象出现[1]。实际上，在东亚地区，有关虎人的传说和叙事也不遑多让。虎人的传说与亚洲的自然环境和生态条件密切相关。老虎是半个亚洲动物界的霸主，历史上曾经广泛分布于中亚、南亚、东南亚、东亚和东北亚各地，但中亚地区的里海虎早在十世纪便已灭绝，东南亚地区

---

[1] Robert L. Winzeler, *Anthropology and Religion: What We Know, Think, and Question*, 2nd edition (Lanham: Altamira Press, 2012), p. 81. 印度一些部落也有虎人传说，很早即有学者注意到，如 Konda Reddis 等，见 L. A. Cammiade, "Man-Eaters and Were-Tigers," *Man* 31 (1931), pp. 217 – 220。在印度缅甸边境的 Naga Hills 地区，当地人并不明显区分虎豹，所以也有所谓的"豹人(leopard-men)"和"虎人(tiger-men)"传说，他们用 angshu 指虎和豹；见 J. H. Hutton, "Leopard-Men in the Naga Hills," *The Journal of the Royal Anthropological Institute of Great Britain and Ireland* 50 (Jan.-Jun., 1920), pp. 41 – 51. 有关 Orissa 地区虎人的研究，参见 Francesco Brighenti, "Kradi Mliva: The Phenomenon of Tiger-Transformation in the Traditional Lore of the Kondh Tribes of Orissa," *Lokaratna* vol. 4 (2011), 网络版。

的爪哇虎和巴厘虎也在半世纪前灭绝，只有孟加拉虎、苏门答腊虎、华南虎、东北虎尚在南亚、东南亚、东亚、东北亚一带活动，但也多半见于自然保护区。在与人互动的过程中，老虎不仅以其真实的存在，也以象征和想象的形式，进入亚洲的社会与文化生活，而宗教生活中老虎的形象和角色更是丰富多彩。

随着十九世纪以来殖民主义的发展，一些欧洲人不断深入亚洲地区，逐渐接触到有关猛虎和虎人的相关信息，并进而在二十世纪发展出有关虎人的学术研究传统，这一传统的起源和发展深受欧洲人对狼人的认知影响。有关中国虎人的研究可以追溯到1901年荷兰汉学家高延（Jan J. J. de Groot）在《中国宗教系统》（*The Religious System of China*）第四卷中用一章的篇幅在欧洲狼人传统的启发下探讨了中国中原地区古代和中古的"虎人"问题，主要利用传统文献描述了各类老虎变化为人的故事。近一个世纪后，韩孟（Charles E. Hammond）又分析了中国古代民间故事中对虎的象征意义的运用以及虎人的传奇故事[1]。一些东亚学者主要基于文学研究的视角探讨了古代的虎变故事。最近二十多年来，一些从事南亚和东南亚研究的学者对这些宗教文化中的老虎研究做出了很大成绩[2]，大大丰富了我们对这些地区虎变叙事的认识，取得了前人研究中国中原地区虎变叙事所未能有机会深入了解并纳入比较视野中的新成就。如果结合这些新的研究，放在一个更为广阔的大亚洲虎文化背景下，对中外虎变叙事进行比较，也许会更有趣。

基于近年来学界对人文研究中的动物转向（the animal turn）与物质主义转向（the material turn）的理论反思，本文试图重返有关中国古代"虎人"的旧问题，从跨亚洲的视野重新加以审视。这里所说的亚洲视角，一是从传统史料出发，换个视角探讨古代和中古时期中原地区传统思想有

---

[1] J. J. de Groot, *The Religious System of China*, vol. 4, 1901, pp. 162–181. Charles E. Hammond, "Excursions in Tiger Lore," *Asia Major* 4.1 (1991), pp. 87–100; and idem, "Sacred Metamorphosis: The Weretiger and the Shaman," *Acta Orientalia Hungaricae* 46.2–3 (1992–1993), pp. 235–255.

[2] 具体讨论见下文。

附录四 传统与现代的交织：从亚洲视角重访虎人传说

关虎变的论述与域外传入的佛教业报思想在虎变机制上的碰撞和相容，二是从中外虎变故事的相似性来看中国虎变叙事与亚洲其他地区虎变叙事的联系与比较。动物转向强调人文研究中的动物主体性，突出动物与人共同塑造历史进程的重要意义[1]。而物质主义转向则强调研究对象的非文本特征，即物质性，如身体及其相关的情感反应等等[2]。虎变主要指人在身体形态上发生变化，以虎的形态出现，这是一种生命体（life forms）之间的身体转化（body transformation），但这种身体的物质变化也带来情感、心理和认知的变化，即物质性变化带来精神性变化[3]。这就涉及中国古代思想对生命形态及其相关的物质和情感问题的认识，这种认识在佛教进入中国之后，与佛的生命观发生碰撞，从而存在一个互相调和适应的过程，进而形成关于虎变的新认知和新话语。在结构上，本文第一部分将首先回顾和反思前人的研究，指出前人遗留的问题；第二部分将探讨中古时期本土与域外思想之间关于虎变的叙事论述的碰撞与调和；第三部分再基于"虎人"传奇在亚洲地区的广泛分布，对虎变叙事进行跨亚洲研究，从中发现相似性以及可能的联系，比较中国虎变故事与其他国家和地区虎变故事之异同。尽管本文涉及亚洲各国的虎人传说，但限于

---

[1] 比较有代表性的讨论参见以下论著：Erica Fudge, "A Left-handed Blow: Writing the History of Animals," Nigel Rothfels ed., *Representing Animals*, Bloomington: Indiana University Press, 2002, pp. 3 – 18; Hilda Kean, "Animal-Human Histories," in Sasha Handley, Rohan McWilliam, and Lucy Noakes eds., *New Directions in Social and Cultural History*, London: Bloomsbury, 2018, pp. 173 – 189; Anna Peterson, "Religious Studies and the Animal Turn," *History of Religions*, vol. 56, no. 2 (2016), pp. 232 – 245; Aaron Gross, *The Question of the Animal and Religion: Theoretical Stakes, Practical Implications*, New York: Columbia University Press, 2014.

[2] 主要作品如 Donovan Schaefer, *Religious Affects: Animality, Evolution, and Power*, Durham: Duke University Press, 2015. 作者认为，所谓物质性也体现在人的身体与外部物质世界之间的互动以及人的身体对非物质世界的感知和反应。人的身体和动物的身体一样在渴望、寻找、期待他们所处世界的各种事情。

[3] 近年来宗教研究也颇重视情动理论，重视考察身体和情感的关系在宗教生活中的意义，见 Donovan Schaefer, *Religious Affects: Animality, Evolution, and Power*, Durham: Duke University Press, 2015. 每种文化对身体和情感的认识都不太相同，这两者的关系在不同文化接触之后会发生变化，并由当事人重新进行理解和解释。不过，传统文献中的所谓"变"与"化"有所不同，"变"可能是局部性的，也可能是整体性的，而"化"则是整体发生变化，在具体个案中，"变"和"化"可能相同，也可能不同。不过，也许用现代所谓身体的物质性变化和精神性变化仍不足以体现传统文献的本意。另一方面，我们也应避免过度迷信传统文献记载和叙事的精确性，可能文本本身即存在模糊性。

篇幅和学识,肯定不能面面俱到,主要将聚焦于不同地域文化之间有关虎人传说的可以探讨和验证的联系,侧重环境、动物、历史、文化之间的互动。比如尽管中亚地区历史上曾存在猛虎,但其虎人传说似在文献中难寻其踪,则不在文中讨论。而日本虽有虎人传说,因当地环境并不存在猛虎的踪迹,显见其虎人传说只是外地传入的"文献传统",似亦可暂不列入讨论。而中国西南与印度东北地区的虎人传说因有所谓"五爪"和"五趾"身体特征的相似性,尽管材料来源于不同时代,则列入讨论的范围。学术发展到今天,即使是处理中古时期的传统议题,我们已经无法仅就中古史研究的传统路径(approaches)以及汉文史料(sources)来进行讨论,需要积极引入史学以外的其他学术路径、资料以及亚洲其他地区现当代研究成果,从一个更广阔的语境来理解并认识传统议题,而从物质主义角度来说,则所用资料不限于文本资料,也将引入当代人类学调查的资料。基于这样的考虑,本文对虎变问题的研究做一点尝试,期盼学界方家指点。

二、前人的研究成果及遗留问题

研究中国古代虎变叙事的学者各国均有,而对虎变叙事最为集中全面地论述并提出重要阐释性论点的欧美学者,主要是高延和韩孟。1901年高延在《中国的宗教系统》第四卷讨论哲学与民间概念中的灵魂主题时专门辟出一章题为"虎变"(Tigroanthropy)[1],讨论虎人问题。他首先指出在中国辽阔领土的每一个省几乎都存在所谓"虎人"(were-tigers)的故事,只有少数几地如山东等没有。中国历史上有记载的第一位虎人是公牛哀,出现在刘安的《淮南子》里。高延认为中国的作者如同欧洲的作者一样,很早便证明"狼变症"(lycanthropy)常常与致命的疾病、谵妄症以及疯癫联系在一起。在漫长的历史上,一个人精神失常一般会显示其嗜血性、对人肉的饥渴以及不可胜数的谋杀和残暴。高延认为虎人作为一

---

[1] J. J. de Groot, *The Religious System of China*, vol. 4, 1901, pp. 162–181. Charles E. Hammond, "Excursions in Tiger Lore," *Asia Major* 4.1 (1991), pp. 87–100; and idem, "Sacred Metamorphosis: The Weretiger and the Shaman," *Acta Orientalia Hungaricae* 46. 2–3 (1992—1993), pp. 235–255.

附录四 传统与现代的交织:从亚洲视角重访虎人传说

种想象对象的出现与人饱受疾病和暴力折磨从而转而想象自己被最凶狠的怪兽附体紧密联系在一起。他提到在汉代除了公牛哀之外,《述异记》还提到了变化成虎的封邵,此人为宣城太守,人称封使君,统治很糟糕,系一无德之人,所以才变成虎。人们还说即使是真虎也不一定食人,而变化成虎的人却更为凶暴。

高延很敏锐地注意到中国南方的"虎人"故事与东南亚地区的"虎人"故事存在相似性,三世纪作品《博物志》中,提到湖北江陵地区有一群勇猛的人可以将自己变为猛虎。变成猛虎之后,他们假装是人,可无法隐藏自己的尾巴,即所谓"虎化为人惟尾不化,须烧尾为人"。高延也比较了爪哇以及苏门答腊地区的虎人信仰,也存在虎采用人形之后有些身体特征无法隐藏的问题,比如上唇之类。不过高延认为这个故事主要说明一些特定的部落人群可以随心所欲变化成虎,这些人被认为是"蛮"族。除了湖北之外,还有四川的巴人也可以变化成虎,因为他们的祖先是虎族,曾饮用人血。

在爪哇的 Lamongan 山上,当地虎人村的村民也可以变化为虎,他们拒绝外人在此地过夜,主要担心别人知道他们的危险力量。而在 Palembang 的一座火山 Dempu 附近的一个村庄,当地村民也有变化为虎的能力。在同一个岛屿的另一个村庄,村民则有能力变化为虎或猪,并能恢复人形。

高延比较了中国"虎人"与其他地区的变种人出现的技术手段。他根据古书中的记载,提示了人化为虎的技术,主要靠施魅、符咒、巫术等等,如加罗人用药物贴在前额变化成虎,爪哇人则用符咒。欧洲的狼人也主要用巫术,巫术道具则为狼皮、神秘的戒指、束带等等。高延比较了欧洲与中国故事中用工具变化成虎的记载,认为欧洲主要是利用束带,而中国则是穿上虎怪之皮,比如宁波的陈十三老人,因坐卧虎皮十载,后来突然蒙上虎皮变化成虎外出抓家畜回家,后来被暴雷震死在野外。

高延注意到这些故事显示人类灵魂与动物的拟人性(metamorphosis)。比如公牛哀变化成虎,其灵魂也随着身体的改变而改变。而西南地区的蛮族则是身体没有变化成虎,而是在其死后灵魂变化成虎怪。封邵也是死后吃人,据《述异记》曰:"汉中有虎生角。道家云:虎千岁,则牙蜕而角生。汉宣城郡守封邵一日忽化虎,食郡民,民呼曰'封使君'。因去,不复来。故时人语曰:'无作封使君,生不治民死食民。'"这些故事都没有涉及一个人从英雄变为残忍之人的转型,而且也没有故事提到人变为虎再恢复人身是否灵魂发生了迁移。高延举《旧唐书》卷三十六彬州佐史因病化为虎欲食其嫂被抓住之后才发现乃是人的记载,认为中国古代民间的虎人信仰实际上被士人阶层接受了,举明代士人陈继儒的《虎荟》为例,该书收入了很多有关虎的传说故事。他特别分析了晋代豫章郡吏易拔变化成虎的例子,因为这个故事描述了一个人变化成虎过程中人性与性格缓慢变化的历程。他认为英法狼人的变化有时是恶魔惩罚人将人变为狼的结果,而这种现象同样存在于中国,比如秦时宿县有个江神祠坛,会将那些路过此坛却不怀敬意的人变为虎,以示惩罚。晋代太康年间荥阳广陵太守郑袭的门人也被社公变化为虎,并施加鞭刑进行折磨。类似的故事还包括贞元年间王用因捕食黑鱼被惩罚而变为虎被村人格杀。

高延也指出有些虎怪其实是无害的,只要给他们提供家畜作为供品,他们就不再伤害人类。女虎怪则常常释放善意,特别对那些被其情色所吸引的人。比如晋代太元末徐桓的故事,徐桓为一女子美色所吸引,后女子变化成虎将徐送回。欧洲也有类似好心的女狼人。但高延总结说,总体上中国的虎人和狼人故事显示了其不好的一面,即虎人的残暴、嗜血、吃人或毁牛。因此在这个意义上,他们仍属于广义的恶魔和妖怪。

韩孟长期致力于研究中国思想与文学中的虎。他继续探讨了中国的"虎人"问题,在一些主题上延续了富永一登的讨论。在韩孟看来,尽管猛虎是中国文化统治性的重要象征,但虎人信仰可能被非汉人实践影响了,中国一些虎人传奇与东南亚的虎人传奇故事有很多类似之处,萨满教的影响不容忽视[1]。他认为唐代女性虎人的出现可能与武则天统治有

---

[1] Charles E. Hammond, "The Demonization of the Other: Women and Minorities as Weretigers," *Journal of Chinese Religions* 23:1 (1995), pp. 59–80; p.62.

附录四 传统与现代的交织:从亚洲视角重访虎人传说

关,猛虎可能代表可怕的女性权力。他接着分析了唐代传奇故事中作为萨满的小珠发生虎变,小珠被当地人喂食生肉因此被证实为已变成虎,当地人杀死了小珠,但很快遭到虎害的报复。韩孟认为这种小珠的虎变体现出一种叛逆的色彩,小珠作为虎人代表了被压迫的女性权力,在男性占据统治地位时,不得不奋起反抗,摧毁男性的压迫。这个故事发生在南方,靠近中央权力中枢的边际,小珠是一位男子的妻子。韩孟据此认为在男性统治的社会男人面临边疆蛮族和女性的双重反叛。他分析的崔韬传奇也与之相似,崔的妻子披上虎皮完成虎变,吃掉了崔,拒绝自己作为妻子的从属地位,又吃掉了他们自己的儿子,拒绝了自己作为母亲的角色,从而变成了一个食人魔。

韩孟指出宋以后的虎人常常是女性,在《夷坚志》中出现三例,均是以妻子的角色出现,体现出儒家父权思想占据统治地位时对女性的谴责,女性有一种妒忌的力量,这种力量让她们开始食人,撕咬身边的仆役,以及丈夫的妾。虎人除了代表女性之外,韩孟也主张虎人与外族联系在一起。他举出干宝的《搜神记》记载南方的楚人、苗人的后裔都可能发生虎变,一本托名陶潜的书也说蛮人可以变化成虎。此外,一条明代的材料说云南的蛮人可以发生虎变吃人,而贵州则有人穿着虎皮[1]。他的结论是,虽然一些传奇也提示了汉人可以变为虎并食人,但这些虎常常是为了表达天意,或作为萨满来输送牺牲品而非为了吃掉牺牲品。他认为女性的虎人形象反映了古代男权社会的实际情形,女性和其他非汉人部落被看成是动物而人性弱于男性及汉人,这体现了古代儒家思想中的男性权力和汉人权力。

与高延一样,韩孟也认为中国古代的虎变传奇与欧洲的狼人传奇极为类似[2]。人变为虎有时是受虎的魔力导致,有时则是受天的力量导致。和高延不同的是,他利用的主要资料是明清时期的一些资料汇编,如

---

[1] 《太平广记》卷429收录了原出于《河东记》的申屠澄故事,见《太平广记》第四册,上海:上海古籍出版社,1990年,页199。
[2] Hammond, "Sacred Metamorphosis: The Weretiger and the Shaman," pp. 235–255.

《虎苑》《虎荟》以及《谈虎》。这些资料汇编收录了不少唐代以及唐以前的传说,却没有明确的纪年,因此不太容易了解这些传说的起源。他指出与欧洲将狼人视为恶魔不同,中国古代对老虎的看法更矛盾,但主要是充满魔力和神圣的野兽。中国古代将虎变看成是一种自然的变化,或道教所谓的自然过程。佛教徒不认为人变为虎是轮回转世成动物,而是一种直接转变。他举九世纪柳祥编《潇湘录》所载杨真的故事,认为杨真死后变为虎是人的异化,人性变为兽性。他也认为通常变为动物需要披上兽皮和使用咒术,但在中国只需披上兽皮即足以变为兽。韩孟还举出《宋高僧传》中的僧人变虎故事,不过他说这不算严格意义上的转世,尽管这种转变与佛教业报概念分不开。

韩孟指出虎和虎人在中国古代的一些传说中与神圣的权力联系在一起,被认为是神圣的,能够执行天意。不过他举的例子来自清代。他也指出,在佛教中僧人和寺院有能力对付虎的威胁,并用佛教的力量感化猛虎让其重新变成人。在探讨虎人作为萨满的议题时,韩孟认为中国的虎人萨满与其他萨满不同,一是与萨满的相遇常常表现为受害者与治疗者一对一地见面,虎人萨满可以治愈和挽救濒死的受害者;二是虎人萨满以巫师的角色出现时,通常也是天意的载体。

在中文和日文学界,相当一部分论著将虎变故事当作传奇小说叙事,主要在文学研究的学术谱系中进行讨论[1]。尽管诸多论文都涉及这一

---

[1] 以下略举数例:董乃斌:《中国古典小说的文体独立》,北京:中国社会科学出版社,1994年,页226;程国赋:《唐五代小说的文化阐释》,北京:人民文学出版社,2002年,页150;汪玢玲:《中国虎文化》,北京:中华书局,2007年,页371;李道和:《民俗文学与民俗文献研究》,成都:巴蜀书社,2008年,页110;孙国江:《虎伥故事的历史根源》,《民族文学研究》,2003年第5期,页147—152。王立则追溯了《聊斋志异》化虎故事与印度佛经本生故事之关系,见王立:《聊斋志异化呆化虎复仇故事的中印文学渊源》,《华南师范大学学报》,2008年第1期,页59—66。他以前的一些研究也关注变形母题,如《古小说"人化异类"模式与本土变形观念的形成》,《西南师范大学学报》,2002年第1期,页141—147;《宗教民俗文献与小说母题》,长春:吉林人民出版社,2001年,页150—161。梁苍泱认为唐代小说中的人虎变身可能受到中国传统天命观、佛教报应观和老庄思想影响中的心念所动等因素影响,见《唐小说中的人身异物化缘由探究》,《云梦学刊》,2014年第3期,页99—103。最新的文章见龙圣、李向振:《病患:变婆故事的社会隐喻》,《民族文学研究》,2019年第3期,页5—15,主要关注中国西南地区"活变"与"死变"两种变婆故事,活变即主要讨论虎变故事。但令人遗憾的是似乎无人注意到高延和韩孟的研究。

附录四　传统与现代的交织：从亚洲视角重访虎人传说

主题，但中文学界最为详细的研究是1991年洪瑞英在逢甲大学中文研究所完成的硕士论文。这篇论文探讨了人虎变形的思想逻辑、内容以及故事反映的心理意识[1]。该文首先界定了所谓人虎变的概念，其实主要指变形，而且是虎皮变形，并进而指出早期变形思想虽与图腾信仰有关，即人具有图腾物的特性，但随着六朝小说的发展，其时出现的人虎变形故事更多体现人对社会、人生、道德、心理的思考和投射。她接着追溯了古代虎暴现象频仍以及西南地区虎图腾遗存的历史背景。在内容方面，她归纳出官吏化虎、人虎婚姻、神力或业报变形、巫术与法术变形、灵魂精气变化、老虎外婆以及虎妖等方面。

在日文学界，有两篇较为专门的论文值得一提。日本学者富永一登归纳总结六朝到唐代志怪与传奇小说中的化虎故事，指出六朝时期的虎变传说主要有四种模式，一是地方官的残暴引发人民对恶政的恐惧，从而发展出地方官化虎的传说，二是触怒地方庙神引发庙神为惩罚世人而导致虎变，第三种模式与健康有关，人得了狂疾引发虎变，最后是周边蛮夷的化虎传说[2]。岛森哲男也涉及了若干模式，唯重新分类，将六朝隋唐的虎变故事分为人变虎、虎变人、人虎恋三大类，并将人虎之间的变化约略划分为穿上和脱去衣服作为手段两种类型，即人作为倮虫与动物之间的变化。他也注意到道教中神可以驱使动物作为使者的思想对虎变传说的影响以及佛教的相关故事等等[3]。

上述学者的研究已经讨论了一些主要史料，但也遗留一些问题。比如他们都没有讲清楚虎变的故事在佛教传入之前和传入之后发生的变化，这使得中国思想中固有的动物变化论述传统与佛教传统的相互关系

---

[1] 后列入《古典文学研究辑刊》第30册出版，洪瑞英：《中国人虎变形故事研究》，新北：花木兰文化出版社，2011年。

[2] 富永一登：《"人虎伝"の系譜——六朝化虎譚から唐伝奇小説へ》，《中国中世文学研究》13(1978)，页1—17。

[3] 岛森哲男：《中国の人虎変身譚—"脱ぐ／着る"の民話学(その二)》，《宫城教育大学纪要》53号(2018)，页403—426。比较奇怪的是岛森似乎并未参考富永的论文。户仓英美也梳理了变身故事在中国古代文学史中的变迁，见《变身故事的变迁：由六朝志怪小说到〈聊斋志异〉》，辜美高、王枝忠主编：《国际聊斋论文集》，北京：北京师范学院出版社，1992年，页161—198。

并未被系统展示，尤其未能揭示中外不同宇宙观中生命和物种变化的物质性基础，值得在动物研究和物质转向的理论框架下加以补充。其次，尽管这些研究都试图从欧洲狼人传奇的研究传统出发，也试图结合亚洲其他地区的虎人传奇进行比较，但空间有限。根据近三十年来其他学者对南亚和东南亚地区"虎人"的研究，仍然可以做一些补充。需要指出的是，本文以下将主要侧重讨论"虎人"相关议题，即人与虎之间相互转化的问题。有关农业、生态环境史、动物史角度对人与虎相互关系的探讨，前人业已做出相当多的成果[1]，除非直接涉及本文议题之处，相关文献不再一一讨论。

三、佛教入华前后本土与域外"虎变"思想之碰撞

对于前人已经从文学研究角度详细进行虎变故事分类的讨论，本文从略，而着重梳理中古以来域外传入的佛教转世轮回教义与中国传统变化思想的结合过程，然后转而发掘中国传统中讨论动物物质性的思想根源，点出阴阳五行思想对虎变叙事变化的影响，及佛教思想与这一传统思想的交融。在我看来，有关虎变的叙事需要置于佛教入华的大背景下进行考虑。佛教入华乃是中古时期的大事因缘，对中国的政治、经济、文化、风俗等各个方面的影响是巨大的。有些佛教思想在中国并无对应，前人探讨较多，如佛、菩萨、四圣谛、转世轮回等观念及其相关实践的研究，又如出家、寺院制度，以及佛诞节等等。也有一些佛教的认知，在中国本土早已有漫长的传统，比如佛教六道众生的观念，尽管天道、阿修罗道、地狱道等观念不见于中国，而畜生道众生大体可以对应中国所谓动物。因此当佛教的畜生观念入华之后，并非是像涅槃、转世轮回等观念那样作为全新观念被介绍进来，而是与中国固有的动物观念之间存在一个互相适应

---

[1] 相关研究参见 Robert B. Marks, *Tigers, Rice, Silk, and Silt: Environment and Economy in Late Imperial South China*, Cambridge: Cambridge University Press, 1998；黄志繁：《山兽之君、虎患与道德教化：侧重于明清南方地区》，《中国社会历史评论》第七卷，2006年，页1—16；陈怀宇：《动物与中古政治宗教秩序》，上海：上海古籍出版社，2012年；侯甬坚、曹志红、张洁、李冀：《中国环境史研究第三辑：历史动物研究专辑》，北京：中国环境科学出版社，2014年。另有很多散篇研究论文，此处不赘。

附录四 传统与现代的交织:从亚洲视角重访虎人传说

和调和的过程[1]。

中国中古时期的虎变思想存在两个源流,一个是前佛教时代中国固有之物怪变化传统[2],一个是佛教入华之后传入的轮回思想传统。佛教在入华之后逐渐意识到中国传统中存在固有的"变化"思想,在中国本土发展出的佛教叙事中逐渐接受并揉合了中国固有的物怪变化思想,用来解释佛教的轮回,这样的变化经历了漫长的过程。正如本文引言中所说,人虎之间的变化涉及当时人对人和动物生命的不同看法,两者都是物种,而且都具有身体的物质性,其五蕴六识都会对周围自然和社会环境的变化作出反应,这种反应的结果可能是以改变身体形态体现出来。无论是人还是虎,随着其身体形态物质性的改变,精神性也发生改变。

我们先看一些佛教类书中收录的"虎变"故事,这些故事并未明确提到佛教的因素。即便是《法苑珠林》,其中收录的一些虎变例子,其实很多与佛教无涉。如引《异苑》中所谓晋太康六年(285)南阳获两足虎,其中只是说:"虎者,阴精而居乎阳,金兽也。南阳,火名也,金精入火而失其形,王室乱之妖也。"[3]以及晋代豫章郡吏易拔变成三足大虎。《续搜神记》讲述南方寻阳县北山中的蛮人有巫术可以使人化为虎,毛色牙爪非常逼真。其办法是在一张纸上画大虎,旁边画一个符,受此法需要三尺布巾、一赤雄鸡、一斗酒。尽管这些例子被用于表达佛教的所谓灵验,但故事本身并未提及佛教的因素。晚唐时期的《广异记》中所记涪陵里正范端变虎故事亦未涉及佛教。真正涉及佛教转世轮回观念的虎变故事则有一显一隐二例。比较明显涉及轮回的例子见于武昌北门外三官殿僧人为虎所害故事,该僧在俗时以种园为业,以锄捶杀邻家的猪。后来被杀的

---

[1] 有关论说亦见于本书第四章,专门讨论了虎与僧人的互动,其主旨是僧人借帮助地方社会处理虎患来宣扬佛教的议题,其中也涉及若干人虎变化的史料,但未详细讨论。

[2] 对物怪的讨论,前人多有论述,见李丰楙:《六朝精怪传说与道教法术思想》,《中国古典小说研究专集》3(1981),页1-36;泽田瑞穗:《中国动物谭》,东京:弘文堂,1978年;刘仲宇:《中国精怪文化》,上海人民出版社,1997年。杜正胜:《古代物怪之研究(上):一种心态史和文化史的探索》(一)、(二)、(三),《大陆杂志》104:1(2001),页1—14;104:2(2001),页1—15;104:3(2001),页1—10。

[3] 《法苑珠林》,《大正藏》第53册,531页下栏。

猪变为虎前来报仇,啮杀该僧[1]。这个故事说明猪可以变为虎,又可以黑衣人形态出现,也可以用人声与人谈话交流,并不完全局限于"人变为虎",而是人与动物之间的相互转变。另一提及宿罪报应变化成虎的故事出自《齐谐记》,晋义熙四年(408)东阳郡太末县吴道宗的母亲因为宿罪变成乌斑虎,危害乡里,形成虎灾,后来发展到杀害数人,被人射中腹部,死于家中[2]。这里所谓宿罪变虎即指前世造恶业转世为虎,不过,吴母前世具体所犯何罪文中并未明说。正如下文将揭示的,中国的传统虎变故事与佛教的虎变故事有着很大的不同,佛教的转世轮回思想解释虎变时是将其置于六道众生转世的宇宙观之中,人因为宿业可以转世为虎或其他动物,而传统思想中的虎变则特别基于虎的特性,虎对应阳精以及五行之中的"金",主残暴。

传统的虎变叙事与佛教转世轮回思想影响下的人与动物变化存在很大差异,中古时期佛教试图用业报思想改造中国传统动物变化叙事。佛教徒试图在宣扬佛教因果报应思想时指出人变为动物乃是"佛教变异形报之验",但在列举一些例证时常常举出佛教入华以前的故事,这些故事原本与佛教无关,但佛教徒都归入业报叙事。如隋人李士谦年轻时以孝闻名而后皈依佛门,他在与别人讨论佛教业报思想时,特意举出历史上和传说中人变化为动物的例子,指出:

> 佛曰:轮转五道,无复穷已。而贾谊亦云:千变万化,未始有极。至若鲧为黄能,杜宇为鶗鴂,褒君为龙,牛哀为虎,君子为鹄,小人为猿,彭生为豕,如意为犬,黄母为鼋,宣武为鳖,邓艾为牛,徐伯为鱼,羊祜前身李氏子,此皆佛家变异形报之验也。[3]

在他看来,变化都出自心业。但他举出的很多例子都来自前佛教时代。李士谦出家之前受过很好的传统教育,对这些传统动物变化故事并不陌

---

[1] 戒显:《现果随录》,《续藏经》第88册,No. 1642,35页中栏,"武昌僧为菜害猪江心招报"。杀虎导致人变为虎的故事见《续搜神记》檀侯故事。
[2] 《法苑珠林》,《大正藏》第53册,532页中栏。
[3] 《佛祖历代通载》第10卷,《大正藏》第49册,页559中栏;《隆兴编年通论》,《续藏经》第75册,页153中栏。

附录四　传统与现代的交织：从亚洲视角重访虎人传说

生,是以出家后从佛教的角度重新阐释这些传统故事,赋予它们佛教思想基础。

一旦一种思想传统被创造出来并写入文献,这种文献中的阐释和书写传统将在特定的意识形态约束下,延续很长时间。也许佛教徒认为这种改造有利于传播佛教,所以这种以佛教业报解释中国古代人与动物变化现象的做法延续到明清时期的佛教文献。如《居士传》载江西泰和曾端甫所著《通翼》,该书"出入内外经传,推阐罪福因缘,苦空无常之旨,解愚俗之惑"。其中的"护生篇"更为深切,其中一段是回答客人问人吃羊与羊吃人生生世世不息的轮回之理,认为"轮回之说,报应之谈,据事似诞,寻理必然"。人和禽兽同体,用力太猛则在生前轮回转化,力缓则死后转化。其中画师之为马,靳尚之为蟒,是死后之变;而封邵之为虎,明珍之为蛇,系生前之变[1]。这里面举出的一些变化与佛教本无关涉,但佛教出于护生的需要调和了传统思想与佛教思想。

明末刊刻的《圣朝破邪集》卷八收入僧人释如纯所撰《天学初辟》,主要目的是批驳天主教教义,在讨论轮回理论时,提示了虎变的儒家和佛教两种解释传统并进行调和。他指出早在佛教传入中国之前,人变为动物已经较为常见,并非出自佛教的轮回之说,而是古代圣人所谓"精气为物,游魂为变"。文中说,"若曰:佛教入中国始闻其说。是大不然。虽无其言,业有其事。如鲧化为熊,望帝为龙,牛哀为虎,彭生为豕,如意为犬,黄母为鼋,宣武为鳖,邓艾为牛,徐伯为鱼,铃下为乌,书生为蛇,李微为虎等。此种种皆儒书记载,尽释教未入中国以前昭昭有之,特未揭出轮回两言耳。盖有其言而无其事者,或有之矣。未有有其事而无其言,并不信其实有之事者亦惑"。他试图糅合儒释二教对于轮回的解释,认为轮回之理也合乎儒家经典,"程子尝曰,亲见村民化为虎,自引虎入其家,食其猪羊。圣人亦曰'精气为物,游魂为变',甚有深意。盖生而曰心,死而曰魂,非二物也。圣人曰'变',吾佛曰'轮',理则一也,此非又一证乎？何

---

[1]《居士传》第47卷,《续藏经》第88册,页272中栏。

499

遽谓无轮回耶？则知此身既不可以尝保，倘背善而趣恶，固不免为异类"[1]。这里试图用儒家的变化来对应佛教的轮回，为佛教的轮回思想正名。

上述这些现象只是佛教将虎变叙事纳入转世轮回的业报论之中进行说明，但并没有详细论述。而自六朝以来，则出现了佛教僧人引入传统的阴阳五行思想中有关物变的解释来调和佛教关于业报导致虎变的论述，这是值得注意的趋势。这似乎说明，先有六朝时期的虎变现象进入佛教的宣教叙事，然后在唐代形成以传统阴阳五行思想的宇宙论基础来阐释虎变叙事[2]。换言之，先有佛教以佛教业报宣教故事的书写（writing）来改造传统虎变故事，再以传统阴阳五行思想来理论化（theorizing）佛教业报故事。以下先对传统虎变故事的思想基础进行梳理，再看佛教徒如何引入基于传统宇宙观的阴阳五行论来解释佛教的虎变叙事。

在佛教传入中国之前，显然在中国传统中存在所谓人变为动物的传统，即所谓"精气为物，游魂为变"[3]。而据上文所引系列文献来看，与"虎人"直接相关的精气主要是构成物质世界的五气之一的"金精"，金精之气混浊则产生暴力的动物性（animality），故变化成虎之后其特性表现为残暴成性。这里就涉及中国传统对于动物身体物质性（materiality）的认识，即动物的身体构造及形态作为一种物质存在的性质，实际上受阴阳和五行思想影响。在阴阳思想对物质世界的认识中，虎作为一种猛兽是阳性精气之物，而在五行思想看来，动物也和不同的五行物质相对应，猛虎对应的是"金"。《淮南子》卷三《天文篇》讨论宇宙观时认为宇宙产生

---

[1]《圣朝破邪集》（1639年刊）卷八，《大藏经补编》第28册 No. 155，页343上栏。本文着重论述"精气"变化思想及其所体现的佛教与传统阴阳五行思想之间的交融。正如匿名评审人所指出的，"游魂"变化思想亦是人与动物或精怪变化的一个重要方面，但因本文尚未确定其理论变迁之脉络，故留待以后再行仔细研究。佛教固有思想中并没有所谓"魂"的概念，所以中国佛教对于中国传统中"魂"的接受亦颇值得关注。
[2] 这非常类似十二时兽的变化，尽管叙述十二时兽化众生的故事早就出现在北朝《大集经》译本中，但以阴阳五行来解释这一叙事却迟至唐代才出现；见陈怀宇：《从十二时兽到十二精魅：南北朝隋唐佛教文献中的十二生肖》，《唐研究》卷13（2007），页301—345。
[3] Michael Nylan. "Humans as Animals and Things in Pre-Buddhist China," *Religions* 2019, 10, 360, p. 4; doi: 10.3390/rel10060360.

附录四 传统与现代的交织:从亚洲视角重访虎人传说

气,气分清浊,清气为天,浊气为地。"天地之袭精为阴阳,阴阳之专精为四时,四时之散精为万物。"动物作为物质世界的产物,也分阴性阳性,即所谓"毛羽者,飞行之类也,故属于阳;介鳞者,蛰伏之类也,故属于阴"。所以传统上《尔雅》所说的四类动物,鸟兽为阳(有毛、会飞),虫鱼为阴(主要行为特征为蛰伏)。葛瑞汉(A. C. Graham)列出一个表格,将五德与四季、四方、五色、五物、五音对应,五德的金对应四季之秋、四方之西、五色之白、五物之毛类之兽、五音之商[1]。实际上,这种四季、五行、五色的对应见于更早的《吕氏春秋》,其《应同篇》云:"及汤之时,天先见金刃生于水,汤曰'金气胜',金气胜,故其色尚白,其事则金。"《孟秋纪》七月纪云:"是月也,以立秋。先立秋三日,大史谒之天子,曰'某日立秋,盛德在金'。天子乃斋。立秋之日,天子亲率三公九卿诸侯大夫以迎秋于西郊。还,乃赏军率武人于朝。天子乃命将帅选士厉兵,简练桀俊;专任有功,以征不义;诘诛暴慢,以明好恶,巡彼远方。"[2]这里不仅提示了秋季与金德之间的联系,更将其和武力、暴力关联在一起。虎的勇武、暴猛本性,正与这些特征对应。这体现了古人对于环境与社会活动、动物习性存在相似性的一些直观性观察和认知,并进而用于建立人与动物之间的对应关系。

汉代以来,天、地、人、动物的对应系统逐渐变得更为系统和全面。天人感应关系不仅包括自然与社会,人与动物,还包括日月星辰,比如以太白称金星,而白虎主兵,从而与暴力、不祥结合在一起[3],如《说苑·辨物

---

[1] A. C. Graham, *Yin-Yang and the Nature of Correlative Thinking* (Singapore: Institute of East Asian Philosophies, 1986); John S. Major, *Heaven and Earth in Early Han Thought: Chapters Three, Four, and Five of the Huainanzi* (Albany: State University of New York Press, 1993).

[2] 吕不韦著,陈奇猷校释:《吕氏春秋校释》,上海:学林出版社,1990年,页677。范毓周指出:"甲骨文已有四方、四方风的记载,商代关于四方的观念被周代继承。方位观念的术数化约至春秋末期才开始出现,如墨子与日者的对话反映了方位与天干、四色之龙相匹配的信仰。方位的西对应天干的庚辛、龙色的白。然后是邹衍的五德说,主要保存在《吕氏春秋·应同篇》。"《"五行说"起源考论》,见艾兰、汪涛、范毓周编:《中国古代思维模式与阴阳五行说探源》,南京:江苏古籍出版社,1998年,页118—132。

[3] Ching-lang Hou, "The Chinese Belief in Baleful Stars," in Holmes Welch and Anna Seidel eds., *Facets of Taoism: Essays in Chinese Religion*, New Haven and London: Yale University Press, 1979, pp. 209–219. 他也指出早期道教经典《太平经》也接受了白虎作为死亡之星象征的思想。

篇》云:"天之五星,运气于五行。"而《汉书》中李寻云五星者乃五行之精。《论衡·说日篇》云:"星有五,五行之精。"《史记·天官书》记五星为辰星、太白、荧惑、岁星、填星。《汉书·律历志》又以五星对应五行:水合于辰星,火合于荧惑,金合于太白,木合于岁星,土合于填星。在此之前的马王堆帛书已经有五行之说:东方木,其神上为岁星;西方金,其神上为太白;南方火,其神上为荧惑;中央土,其神上为填星;北方水,其神上为辰星[1]。《后汉书》卷三十下《郎顗襄楷列传》,郎顗继承父业,善于占候吉凶,曾给汉顺帝上条陈,云:

> 有白气从西方天苑趋左足,入玉井,数日乃灭。《春秋》曰:"有星孛于大辰。大辰者何? 大火也。大火为大辰,伐又为大辰,北极亦为大辰。"所以孛一宿而连三宿者,言北辰王者之宫也。凡中宫无节,政教乱逆,威武衰微,则此三星以应之也。罚者白虎,其宿主兵,其国赵、魏,变见西方,亦应三辅。凡金气为变,发在秋节。臣恐立秋以后,赵、魏、关西将有羌寇畔戾之患。宜豫宣告诸郡,使敬授人时,轻徭役,薄赋敛,勿妄缮起,坚仓狱,备守卫,回选贤能,以镇抚之。金精之变,责归上司。宜以五月丙午,遣太尉服干戚,建井旟,书玉板之策,引白气之异,于西郊责躬求愆,谢咎皇天,消灭妖气。盖以火胜金,转祸为福也。[2]

可见其占卜术认为金气变化与寇敌入侵联系在一起,象征着暴力,且金气与白虎、西方对应。诸如此类,也逐渐将人变为虎怪的出现理解为金气混浊的结果。宋代《太平御览》皇王部八引《春秋演孔图》曰:"夏民不康,天果命汤。白虎戏朝,白云入房。"编者注释云:"白虎,白云,皆金精也。"金精之与猛虎联系在一起,还可以在西汉时期的《焦氏易林》"泰之"章看

---

[1] 刘屹指出,战国、秦汉时,人们在"气化宇宙论"的基础上还普遍相信:神灵不仅是元气凝结而成的,还与天上的星辰相对应。《神格与地域》,上海:上海人民出版社,2011年,页58。汉代的最高神太一的实体被认定为北极星。普鸣也有讨论,见 Michael Puett, *To Become a God: Cosmology, Sacrifice, and Self-Divinization in Early China*, Cambridge: Harvard University Asia Center, 2002, pp. 109–117.

[2] 《太平御览》天部十五云:"谢承《后汉书》曰:郎顗上书曰:'去年闰月,白气从天汉入玉井西,将有叛戾之患,金精之变,太尉所掌,宜责以灾异。'"

附录四　传统与现代的交织：从亚洲视角重访虎人传说

到,该章在解释"坎"卦时说:"金精耀怒,带剑过午;两虎相距,虽惊无咎。"汉代以来虎丘一名的起源也将猛虎的出现和金精之气结合在一起,见于东汉《越绝书》之《外传记吴地传》[1]。由上可知,汉代以来阴阳五行、天人感应思想的结合逐渐形成虎变叙事的传统思想基础,天上的太白星出西方,对应金气、金精,象征暴力侵袭、武力征伐,也因而对应地上的猛虎,都是武力和不祥的象征。

可能正是基于这种汉代以来中原地区人们普遍接受的金精之气导致猛虎出现的社会意识形态,佛教不得不借助于这一流行观念来解释域外所传佛教轮回报应之说。这种佛教徒援引中国古代传统来重新解释佛教轮回思想的传统在六朝以后逐渐成为常态,最初出现于志怪传奇之中,在唐宋以后逐渐为高僧引入其编著之中。唐代僧人道世在《法苑珠林》卷三二专门辟出《变化篇》,举出各种历史上有关人与兽的变化。他在道论中指出凡人和圣人虽然不一样但都可以变化,这一点是相同的。在他看来,因为佛教信因果,所以认为变化来自因缘相假。"外俗"则只考虑"缘起",不谈"因成"。他引干宝《搜神记》第十二卷来说明。其文首先讨论了天有五气构成万物的物质基础,这五气对应五精和五礼,不同的气性质不同,云:"天有五气,万物化成,木精则仁,火精则礼,金精则义,水精则智,土精则恩。五气尽纯,圣德备也。木浊则弱,火浊则淫,金浊则暴,水浊则贪,土浊则顽。五气尽浊,民之下也。中土多圣人,和气所交也。绝域多怪物,异气所产也。苟禀此气,必有此形。苟有此形,必生此性。"随后进入人和动物相互变化的解释,指出"人生兽,兽生人,气之乱者也。男化为女,女化为男,气之贸者也。鲁牛哀得疾七日,而化为虎"。最后再转入佛教的业报思想,认为众生的形体之出现乃在于"本识杂业熏成,

---

[1] 吴平著,袁康补,李步嘉校释:《越绝书校释》,北京:中华书局,2018年,页31—32。《吴越春秋》也有类似的说法:"阖庐死,葬于国西北,名虎丘,穿土为川,积壤为丘,发五都之士十万人,共治千里,使象挽土,冢池四周,水深丈余,椁三重,倾水银为池,池广六十步,黄金珠玉为凫雁,扁诸之剑鱼肠三千在焉。葬之已三日,金精上杨,为白虎据坟,故曰虎丘。"周生春撰:《吴越春秋辑校汇考》,上海:上海古籍出版社,1997年,页24。

因种既熟,缘假外形,情与非情,随缘兴变"[1]。因缘的变化导致外在形体的变化。该文非常有意思的地方在于从中国传统思想和佛教思想的结合来重新解释万物的变化,不仅涉及佛教的缘起论、转世轮回说,更将其与传统的五行、五常联系在一起。其中所涉及的本识与外形之关系,很容易让人想到玄奘所译《摄大乘论本》卷上有关阿赖耶识的论述,阿赖耶识即所谓根本识、一切种子识,由于个体因缘不同,在与业杂染上存在三种熏习差别,由此产生的生命物质形态也不同[2]。不过,中古时期并没有人将佛教的五蕴(色、受、想、行、识)构成六道众生的教义引入讨论,一般都只是泛泛地讨论转世轮回。

宋人晁迥在《法藏碎金录》卷四中讨论了两种人,一种是病人,一种是迷人,病人如牛哀,身体生病而变为虎食其兄,迷人指那些恃权挟私打击别人的人。"病者识随形变,本无害人之心,止可同于过失。若怙威枉杀,有欲心以取宠,有忿心以摅憾,于理自断,罪合如何?报应影响,非无至论。"[3]在佛教徒看来,古人关于"至淫化为妇人,至暴化为虎"的说法是可以接受的,人和作为异类的动物佛性相同,只是形状和心与禽兽不同罢了。如果人没有慈悲之心,一味地杀生食肉,则和动物具有人形并无二致[4]。"至淫化为妇人,至暴化为虎"的说法也见于五代谭峭的《化书》,可见这是当时佛教和道教都认可的论说,成为中古时期流行于各种宗教传统的普遍观念。

四、亚洲视角下的"虎人"文化

在汉字文化圈,虎人的传说似乎常常与佛教联系在一起,在韩半岛和中南半岛的越南即存在这样的例子,这些例子并非出现在这些地区本地文字系统被发明之后,而是出现在这些地区的汉文文献之中[5]。如《太

---

[1]《法苑珠林》第32卷,《大正藏》第53册,页530中栏至下栏。
[2] 玄奘译《摄大乘论本》卷上,《大正藏》第31册,页137中栏至下栏。
[3]《法藏碎金录》卷四,《大藏经补编》第27册 No.153。
[4]《净慈要语》卷二,《卍新纂大日本续藏经》第61册 No.1166,页829上栏。
[5] 日本亦有虎人传说,基于日本并无土产老虎的自然环境,其有关老虎的叙事当来自外地,特别是中韩等本地有老虎的地域,换言之,即日本的虎人传说系一种外来文学影响,并非受到本地环境影响的产物;但日本的狼人传说传统似相较于虎人传说更为古老而影响深远;其研究见菱川晶子,《狼の民俗学:人獣交渉史の研究》;东京:东京大学出版会,2009年,增补版,2018年。

附录四　传统与现代的交织：从亚洲视角重访虎人传说

平广记》卷429所收的申屠澄妻子化虎故事即被古代新罗作者改写,收入《三国遗事》卷五。在元圣王(785—798在位)统治时期,当时人们热衷于绕兴轮寺之殿塔做功德。有位叫金现的男子到深夜还在绕塔不休。当时一位少女也在绕塔念佛。两人在目光交接之后顿生感情,悄悄躲到无人之处私通。女子随后要回家,金现依依不舍相随。他们走到西山之麓入一茅店。茅店中的老妇问少女为何有人跟着她。她告知实情。老妇认为虽然是好事,但是不如没有这样的事发生。不过少女并未听她的话,只是把金现藏起来。一会儿三只老虎咆哮而至,用人话说家里有腥膻之气,希望吃一吃以充饥。老妇和少女都加以斥责。这时上天唱道,你们嗜害生命尤多,应该杀一以惩恶。三只老虎听说之后非常忧虑。少女对他们说,三位兄长请躲远一点,我能够代大家受罚。于是三只老虎远遁而去。少女入内告知金现原委,自己虽然不是人类,但对金现也是义重结褵之好。因为她三位兄长非常凶恶,所以遭到天厌,她愿意牺牲自己来抵挡全家遭殃。她声明与其死于等闲人之手,不如伏刃于金现,以报答金现的恩情。她决定第二天去市场上大闹,让大王募集人手捕捉,请金现不要胆怯,追入城北树林之中,她在那里等他。金现说他不愿意为了一世的爵禄而牺牲自己的伉俪情深。不过少女坚持自己的寿夭乃是天命,死于金现之手是她的愿望,也是金现的庆幸,还是虎族之福,更可让新罗人欢喜。只是希望金现在她死后能为其建寺作为回报。第二天,一只猛虎在城中肆虐,无人敢挡。元圣王下令杀虎者进爵二级。金现自告奋勇去捕虎,在进入林中之后,见猛虎变为娘子,告诉金现,请他不要牵挂以前的旧情,而被她抓伤的人可以涂抹兴轮寺的酱以及聆听寺中的螺钵声来治好,之后拔出金现的佩刀自刎而死。金现考中科举做官之后,在西川边创建寺院,即称虎愿寺[1]。

---

〔1〕　不少中韩学者都注意到这则故事的改写,参见金程宇:《域外汉籍丛考》,北京:中华书局,2007年,页69—70;陈益源、徐锦成:《论域外汉文笔记小说中的虎》,王三庆、陈益源主编:《2007东亚汉文学与民俗文化国际学术研讨会论文集》,台北:乐学书局,2007年,页425—441。

这个故事很容易让人想起两个佛本生故事，一是九色鹿为了不让猎人因猎捕不到自己而被国王处死，出于慈悲心主动牺牲自己，二是菩提萨埵太子为了挽救饥饿的母虎及其孩子牺牲自己。这个传统非常特别，但故事本身并未提及这两个佛本生故事。这个故事看上去已经脱离了中国传统的阴阳五行精气思想影响下的佛教转世轮回说，反而继承了佛教本生故事中菩提萨埵舍身饲虎的叙事传统，说明新罗的佛教徒对中国传来的虎变故事在改造过程中有所取舍和考虑，重新回归了早期佛教的本生叙事传统。

而在位处中南半岛的越南，当地流传的"虎人"传说则与高僧利用神通能力治病救人联系在一起。据越南中古时期留下的传奇小说集《岭南摭怪》卷二《徐道行、阮明空传》，越南李朝时期有位高僧明空国师居住在国清寺，受其师父道行指点，期待救助患病的人主。刚好"时李神宗方撄奇病，愦乱心神。愤痛之声，阅虎可畏。天下良医应诏而至者以千万计，不能措手，时有小童谣曰'欲治天子病，须得阮明空'"，于是派使者去请明空：

> 明空既至，诸方硕宿，已在殿上行法，见明空朴陋，不有加礼。明空亲把大钉，长五寸许，钉于殿柱。抗声曰："有能拔此钉，方能疗病。"如是再三，莫有应者。明空乃以左手两指拔之，钉便随出。众皆惊服。及见神宗，明空厉声曰："大丈夫尊为天子，富有四海，故为发如是狂乱哉？"帝乃大惊栗。明空令取巨镬贮油，煮既百沸，以手搅之数四，遍洒帝身，其病辄愈。即拜明空为国师，蠲户数百，以褒赏之。[1]

这一虎变来自生病的传统，虽然也见于中古早期中国，但更可能受到宋以后中国思想影响。

古代有些部落被认为存在整个部落成员都可变化成虎的传统，而这种传统来自部落的出身可能是虎族。张泽洪先生利用传世文献和地方民间文献特别指出中国西南少数民族宗教中存在虎崇拜现象，他从以下几

---

[1] 戴可来、杨保筠、武世营整理：《岭南摭怪等史料三种》，郑州：中州古籍出版社，1991年，页40—41。《大越史记全书》(1479)本纪卷三神宗皇帝，丙辰四年(1131)三月，"帝病笃，医治不效。僧明空治之愈，拜为国师，蠲户数百"。孙晓标点校勘：《大越史记全书》，重庆：西南师范大学出版社，2016年，页914。

附录四 传统与现代的交织：从亚洲视角重访虎人传说

个方面提示了这种现象：一是唐代的南诏政权即有崇虎习俗，虎皮被当作政权和军功的象征；二是彝人、羌人、吐蕃人古代宗教政治生活中都有虎崇拜，虎皮被广泛用于葬俗，而且彝人认为祖先来自虎变，死者以火葬完成还原为虎的归宿；三是在他看来，这种化虎传说普遍存在于西南、江南、中原各地[1]。不过，他未对这些不同地域之间的化虎传说是否存在相互联系进行深入讨论。其实，中国西南地区的这种现象值得注意，可以和南亚地区的虎变现象进行比较。比如《博物志》说江汉地区有所谓貙人能变化为虎，当地俗称"貙虎化为人"。该部落成员喜好着葛衣，变化之后的虎如果有五个脚趾，则是貙人。而《搜神记》则将江汉之域貙人能变化成虎的传统追溯到其祖先，这些人作为廪君之苗裔能变化为虎。长沙所属蛮县的居民制槛用来捕虎，结果捕获一位亭长，此人赤帻大冠，陷在槛中。问其缘故，亭长大怒说："昨忽被县召，避雨，遂误入此中。"脱身出来之后，随即化为虎上山。《搜神记》也说这个地区的老虎如果有五个脚趾则是貙人[2]。这个故事本身并不涉及佛教，但非常有趣的是，在西晋聂承远译《佛说超日明三昧经》卷下出现如下的记录：

> 如人从亲生，更不孝父母。貙者化为虎，不觉为人时；寻还害家中，不别其亲疏。人本从空生，憎无亦如是！迷乱于阴入，犹醉者裸驰。貙者变为人，乃识家亲属；已分别本无，乃解一切空。空者不念空，空亦不见空；已达无所生，乃能解自然。欲求菩萨行，度脱众生

---

[1] 张泽洪：《中国西南少数民族宗教中的虎崇拜研究》，《中南民族大学学报》2007年第6期，页38—43。
[2] 这类部落似乎常见于南方，如《全唐诗》卷四百三十九《东南行一百韵寄通州元九侍御澧州李十一舍人果州崔二十二使君开州韦大员外庾三十二补阙杜十四拾遗李二十助教员外窦七校书》："亥日饶虾蟹，寅年足虎貙。成人男作卯，事鬼女为巫。"另见于岭南道，如宋代类书《太平御览》卷一七二州郡部十八"岭南道"一节引《郡国志》曰："俗以青石为刀剑，如铜铁法。妇人亦为环钏，代珠玉也。夷人往往化为貙（貙，小虎也）。"明代刘基《郁离子》卷下"虎貙"篇云："若石隐于冥山之阴，有虎恒蹲以窥其藩。若石帅其人昼夜警，日出而殷钲，日入而燎辉，宵则振铎以望，植棘树墉，坎山谷以守，卒岁，虎不能有获。一日而虎死，若石大喜，自以为虎死无毒己者矣。于是弛其机，撤其备，垣坏而不修，藩决而不理。无何，有貙逐麋而止其室之隈，闻其牛、羊、豕之声而入食焉。若石不知其为貙也，叱之不走，投之以块，貙人立而爪之毙。君子谓若石知一而不知二，宜其及也。"刘基著，魏建猷、萧善芗点校：《郁离子》，上海：上海古籍出版社，1981年，页63。

类;当了一切法,自然如幻化。[1]

明显这个故事是有佛教背景的,"貙者化为虎,不觉为人时;寻还害家中,不别其亲疏"之句,是说这些人在变化成虎之后不能辨别家人,所以很可能危害家人,而在貙者变为人之后则能识认自家亲属。这个说法似乎能看到汉代公牛哀的影子,在他变为虎之后便六亲不认。如果聂氏的译本受到传统思想影响,那是很有意思的事,因为这个译本似乎将"貙虎"传奇与公牛哀变虎传奇糅合在一起了。

动物不识人伦,食用同类,在古代中国似是通识。一些文献认为人如果不遵守伦理道德,则和禽兽无异,特别是类似于貙的动物。古人常常将枭和破镜(也叫"獍")这两种动物食母食父的特殊习性与人的大逆不道联系在一起,认为古代圣王比如黄帝已经下令百官用其作为祭祀的供品以便杀绝这些吃父母的恶逆动物。可是一些注释却逐渐用貙兽来比附破镜,比如唐代杜佑《通典》卷五三《礼》十三云:"汉武帝时,有人言,古者天子以春解祠,祠黄帝,用一枭破镜。"接着引张晏的注释说:"黄帝,五帝之首也。春,岁之始也。枭,恶逆之鸟。方士虚诞,云以岁始被除凶灾,令神仙之帝食恶逆之物,使天下为逆者破灭。枭,鸟名,食母。破镜,兽名,食父,如貙首而武眼。"《述异记》云"獍之为兽,状如虎豹而小。始生,还食其母,故曰枭獍。"《汉书音义》曰:"貙兽以其立秋日祭兽,王者亦此日出猎,用祭宗庙。"可见在注释过程中,后人不免犯错将獍解释为貙了。

值得注意的是,用老虎的足有五趾作为标志来判断其出自人的变化并非中国中原地区专有,在其他地区同样有类似的现象,亚洲其他地区特别是南亚和东南亚出现的类似现象正是在当代学者不断推进的研究中得以揭示,而本文也因此颇受启发,试图将它们与中国传统文献中的记载联系在一起做一个跨亚洲的考察。正如本文引言所说,动物的物质性研究近年愈发引起学者重视。对于东亚和东南亚地区虎文化的关联与对比研究,虽然在传统文献上没有直接关联,但对于老虎物质性特征的讨论可能

---

[1] 西晋聂承远译《佛说超日明三昧经》卷下,《大正藏》第15册,页545上栏。

附录四 传统与现代的交织:从亚洲视角重访虎人传说

可以帮助我们理解不同地区之间对于虎人文化的类似记忆和理解。在物质主义研究(the materialist study)看来,无论是人还是动物,其身体对各种物质性都有感知能力,如颜色、形状、图像、声音,以及外部世界的变动等等[1]。正是基于这样的考虑,在上文主要讨论传统文本之后,下文将转入现当代人类学的田野考察。

有关印度东北部地区猛虎以及虎文化的研究,持续引起学者们的兴趣。正如 Kharmawphlang 指出的,在印尼、马来西亚、老挝、越南、柬埔寨、缅甸等地,和在印度东北部一样,猛虎被当地部落视为速度、力量和勇猛的象征。当地部落也认为野生动物与人类之间存在密切的精神联系,并广泛相信动物同样具有灵魂[2]。他着力于讨论印度东北部的 Khasis 部落(The Khasis of Meghalaya)对猛虎的认识和互动。在他的田野调查中,他注意到当地人对猛虎的态度较为复杂,既有敬畏亦有恐惧。不过,他认为延贯千年的态度使得当地出现了一种历史悠久的信仰,即"虎人"(the weretiger or the tigerman)信仰。这种信仰植根于当地由来已久的万物有灵论,即从岩石到大米,从植物到动物都被认为有灵魂。当地人将这种广泛存在的灵魂称为 Ka Rngiew,人也同样因为这种灵魂而活着。一个完整的人必须具备 Ka Met(身)、Ka mynsiem(灵)与 Ka rngiew 三部分。在这个背景下,Ka rngiew 实际上是一种"精"(essence),乃是塑造和决定人行为、思想和动机的力量,赋予人梦想和憧憬,这种力量是不灭的。在 Khasi 北部山区的一些部落中,有些男女被认为拥有猛虎的 Ka rngiew 从而被认为是"虎人",当地人称为 Khla Phuli。无论是当地山村还是这些人自己,都用这个词来称呼这些人。偶尔也有当地人称他们为"五爪"(San saram),这是为了将他们区别于山里丛林中真正的猛虎。当地人相传从人变来的猛虎有五个手指和五个脚趾,真正的自然界中的猛虎则只有四趾,所以他

---

[1] 参见陈怀宇:《动物与宗教:物质主义与情动转向的理论反思》,《世界宗教研究》,2018 年第 1 期,页 147—152。

[2] Desmond Kharmawphlang, "In Search of Tigermen: the were-tiger tradition of the Khasis," *India International Centre Quarterly*, Vol. 27/28, Vol. 27, no. 4/Vol. 28, no. 1 (Winter 2000/Spring 2001), pp. 160-176.

们在地上留下的印迹不同。

　　Khasi 地区的虎人在熟睡时灵魂（rngiew）会穿梭到类似于梦境或幻觉中，实际上便是老虎的境域甚至他们祖先的境域（ramia）[1]，在那里他们会消耗食物和饮水，从而变成猛虎。这很像是 the Patani Malays 的传统。Kharmawphlang 认为 rngiew 的离开可能意味着这人对自己人性的控制减弱，即人对自己的意愿控制力减弱，实际上是牺牲品。当地人认为虎变的传统与当地传统宗教密切相关。当地传统宗教的核心是女性社会的信仰风俗，其女性祖先是 Iawbei，以及女性 maternal uncle Suidnia。当地人相信一个村庄、一块岩石或一条河流都住着一个神（tutelary deity），即 ryngkew，这也是自然界中猛虎的名字。虎变实际上是家族传统 clan tradition，虎变的能力只在女性亲属之间传承，即姨母传给外甥女、母亲传给女儿，即传女不传男。

　　而在印度缅甸交界的 Naga Hills 地区，当地部落相信人和虎（或豹）的远祖紧密地联系在一起，当地人传说第一神灵（first spirit）、第一只虎（first tiger）和第一个人（first man）其实都是出自同一位母亲，神灵和人忙于照看母亲，老虎却在房前屋后制造麻烦。虎吃生食，人吃熟食，神灵吃烟薰干的食物。后来母亲疲于处理家庭矛盾，遂在丛林中树立一个标靶，让三方去争抢，首两位触靶者将在村中居住，最后一位则留在丛林中。在比赛中，神灵用射箭的方式首先触靶，而人则在奔跑中触靶，并宣称比虎先触靶，于是猛虎在怨愤中留在丛林之中。尽管后来虎和人存在很多冲突，但仍认为彼此是兄弟。有趣的是，当地一些部落认为所谓豹人或虎人并非是身体转化为豹或虎，而是人的魂依附于虎豹的身上。一般虎豹留下的爪印是四趾，而豹人或虎人留下的爪印是五趾，这是分别真正的豹、虎与豹人、虎人的特征。人的魂通常是在睡梦中附身于豹，而在白天回到人身上[2]。

---

　　[1]　Khasis 地区的人也有一种信仰，认为森林是神圣的，而森林的守护神（ryngkew）常常以虎的形式出现。
　　[2]　J. H. Hutton, "Leopard-Men in the Naga Hills," *The Journal of the Royal Anthropological Institute of Great Britain and Ireland* 50 (1920), pp. 41-51.

附录四 传统与现代的交织：从亚洲视角重访虎人传说

人在睡梦中会变化成虎、出入猛虎的境域也见于中国中古时期的传奇，如《太平广记》引《潇湘记》，讲述了一个睡梦中人变为虎与虎类交游的故事。邺中有一位叫杨真的人，家境富裕，平生好画虎，到老年却令家人尽毁其所画之虎。九十岁时生病，召集儿孙说自己画虎则喜，不见虎则不乐，经常在梦中与群虎游，生病后又梦化身为虎，梦醒之后才复人身。他担心自己死后化为虎，请儿孙辈遇到虎慎勿杀之。不过这个故事并不涉及祖先和保护神问题，相反杨真作为父亲告诫后人不要杀虎，人成为保护猛虎的力量。

在印度Orissa地区，当地部落的人之所以能够变化成虎，乃在于当地土地女神（earth goddess）赋予人的超自然能力。所以化虎实际上体现了当地地方神祇的意愿。当女神感到当地人没有提供足够的牺牲供奉自己时，即以老虎的身份出现以食人作为对当地部落疏于奉献牺牲的惩罚。但她也赋予一些部落成员变化成虎的能力，从而免于被自己所杀，这些虎人实际扮演女神和当地部落的信息协调人的角色[1]。

在苏门答腊南部的Dempo山区，在当地爪哇人的想象中，山顶的湖区被认为是不可见的宫殿所在地，那里住着众灵之主（the Lord of Souls, Raje Nyawe）以及其他超自然存在物，以及山地部落的apical祖先。各个部落的人们都相信他们的祖先并未逝去，而是暂时离开了，但隐居于此。这些祖先居住在普通人肉眼不可见的Talang Pisang村，时不时下山去探访他们的后人。这些祖先在与活人交流时即是以"虎人"形象出现，可以作为超自然生物在人和虎的两种形态之间互相转化[2]。不过在岛上的七峡地区，却有一种山里的怪物也被称为"虎人"（weretigers），从未以人形出现，而是一种以虎形出现的怪物，被妖魔化，被认为是常常下山来侵扰当地民众寻找猎物的反社会妖魔。

---

[1] Francesco Brighenti, "Kradi Mliva: The Phenomenon of Tiger-Transformation in the Traditional Lore of the Kondh Tribes of Orissa."
[2] Bart Barendrgt, "A Supernatural Topography of the Southern Sumatran Highlands," *Crossroads: An Interdisciplinary Journal of Southeast Asian Studies* 18：1 (2006), pp. 113 – 125, esp. 119 – 120.

维辛(Robert Wessing)长期研究爪哇社会,也注意到当地的虎人现象。据他观察,在爪哇的 Perumahan Panji Laras Indah 地区,当地人相信存在女性神灵、虎人、有胡子的老人作为当地部落的守护神。不过,当地人都避免与这些神灵直接接触,也不供应牺牲给他们。在当地人看来,正是这些守护神的存在,其他可能会危害当地部落的生灵才不敢近前。比如虎人的存在使得当地森林中的猛虎远离村落,免遭猛虎侵袭[1]。维辛指出在爪哇,虎人一向被认为是祖先灵魂和萨满以虎的形态出现,他们受人尊敬,扮演保护神的角色,他们的出现是为了帮助他们仍活着的部落后代[2]。不过当地人也相信有一部分人有特殊的超自然能力将自己变化成虎,这些人是真正的虎人(were-tiger 即当地人所说的 macan gaddhungan)。但这种能力并非类似于萨满的能力。因为这种虎人在去世时其所拥有的知识(ilmu)不会传给后人,他们的灵魂和知识会以虎的形态转世,变成危险的生灵。转化者在转化前会扔掉自己身上的衣物,这些衣物一旦被其他人捡到,虎人则无法变回正常人。尽管变化为虎的能力偶尔也会是好事,但通常是服务于坏事。维辛认为这种裸身转化实际上是人放弃人的形态离开人类社会堕落为野兽重归森林[3]。

五、结语

本文旨在说明中国中古时期的虎变叙事存在两个传统,即佛教入华前的虎变传统,以及佛教入华后的轮回转世传统。佛教入华前,中原地区

---

[1] Robert Wessing, "The Last Tiger in East Java: Symbolic Continuity in Ecological Change," *Asian Folklore Studies* 54 (1995), 191-218, esp. 198; idem., "Homo Narrans in East Java: Regional Myths and Local Concerns," *Asian Folklore Studies* 65: 1 (2006), pp. 45-68, esp. 55. 欧洲殖民者将爪哇虎塑造成攻击农畜和村民的形象,实际上造成了杀虎的舆论。随着人类活动的拓展,当地老虎大量被杀。到 1940 年代爪哇虎仅有 200—300 只,已经开始被提上建立自然保护区进行保护的日程。但到 1960 年代,当地猛虎基本绝迹,有人认为爪哇虎可能已经灭绝,有人认为也许只有 Meru Betiri 地区存在四至五只。

[2] 本文的一位匿名评审人指出东南亚地区文化或受到印度化影响,因此虎人的传说或有印度化的痕迹。不过,即以维辛的研究而言,似乎看不出印度东北地区虎人与东南亚特别是爪哇地区虎人传统之间的直接联系,特别是有关"五趾"的特点,并不见于爪哇地区,而这一点却是中国西南与印度东北地区的关键联系。限于学识,本文目前尚未能对东南亚地区的这一背景深入摸索,期待以后再行探讨。

[3] Robert Wessing, "'Bangatowa,' 'Patogu' and 'Gaddhungan': Perceptions of the Tiger among the Madurese," *Journal of Southeast Asian Studies* 25: 2 (1994), pp. 368-380, esp. 377-379.

附录四　传统与现代的交织：从亚洲视角重访虎人传说

传统的五行思想与五气思想结合在一起，成为人可以变为动物的理论基础。单以虎变故事而言，人之所以会变为虎，乃是性情暴力的结果，而人之所以出现性情暴力，乃在于五气中的金精之气混浊。这一观念在古代和中古一直被广为接受，出现在各类文献之中，也被中古时期的佛教徒接受并与转世轮回思想结合以便进行宣教，这体现了中国传统思想与域外传来的佛教思想在中国的调和，这种调和的背景是佛教为了扎根中原地区社会的需要，不得不借重传统思想的阐释来服务于佛教的宣教目的。后来，新罗和越南都接受从中国中原地区传入的汉文化和佛教文化，同时接受了汉文文献中的虎变叙事，但是都根据其自身需要进行了改造。新罗的虎变故事扬弃了中原地区经过改造的书写传统，转而继承佛本生故事中的舍身饲虎叙事传统。越南的虎变故事则转向患病虎变与佛医治疗传统。

猛虎广泛分布于南亚、东南亚、东亚和东北亚，虎人的故事实际上遍布大半个亚洲，可以在这些猛虎曾经活动的广大地区的文献和民俗中找到各种不同的表现形式，这些来自亚洲各地的虎变故事一方面带有极强的地方性，同时也有一些共同特征，比如本文揭示的亚洲各地人民都用虎有五趾来辨别其为人所变而非来自自然界。也许这样的共同性反映出一个单一的来源，即对南亚地区孟加拉虎的观察，也许它们在各自的部落中独立发展出来。总之从亚洲视角来看，各地的虎变传统虽有相同点，但更多带有各自的地方特色。在南亚、东南亚以及中国南方，虎变传统与部落的祖先崇拜结合在一起，而在南亚和东南亚，所谓"虎人"又常常以保护神的面目出现，保护部落本身以及猛虎赖以生存的森林，这也许应被视为传统与现代的交织。

正如本文引言中所说，我们今天处理有关汉文文献的议题，无论从思路还是资料而言，不应局限于传统史学和资料，而应放开视野。因此，本文的一点探讨不仅希望能借鉴和吸收其他领域比如亚洲其他地区虎变叙事研究的成就，也希望这一讨论能对其他领域有所启发，从而发展不同领域和地域之间的学术对话。

复旦文史丛刊（精装版）

《动物与中古政治宗教秩序》（增订本）　　　　陈怀宇 著

《利玛窦：紫禁城里的耶稣会士》　　　　〔美〕夏伯嘉 著

向红艳　李春园 译　董少新 校

《朝鲜燕行使与朝鲜通信使：使节视野中的中国·日本》

〔日〕夫马进 著　伍跃 译

《禅定与苦修：关于佛传原初梵本的发现和研究》（修订本）

刘震 著

《从万国公法到公法外交：晚清国际法的传入、诠释与应用》

林学忠 著

《中国近代科学的文化史》　　　　〔美〕本杰明·艾尔曼 著

王红霞　姚建根　朱莉丽　王鑫磊 译

《礼仪的交织：明末清初中欧文化交流中的丧葬礼》

〔比利时〕钟鸣旦 著　张佳 译

《宋代民众祠神信仰研究》　　　　皮庆生 著

《形神之间：早期西洋医学入华史稿》　　　　董少新 著

《明末江南的出版文化》　　　　〔日〕大木康 著　周保雄 译

《日本佛教史：思想史的探索》　　　　〔日〕末木文美士 著　涂玉盏 译

《东亚的王权与思想》　　　　〔日〕渡边浩 著　区建英 译